After Hitler

Recivilizing Germans, 1945—1995

文明的重建

战后德国五十年

[美国]
康拉德·H. 雅劳施
— 著 —

刘志刚
— 译 —

译林出版社

图书在版编目（CIP）数据

文明的重建：战后德国五十年 /（美）康拉德·H. 雅劳施著；
刘志刚译. —南京：译林出版社，2025.3
（译林思想史）
书名原文：After Hitler: Recivilizing Germans, 1945—1995
ISBN 978-7-5447-9900-3

Ⅰ.①文… Ⅱ.①康… ②刘… Ⅲ.①德国－现代史－研究
Ⅳ.① K516.5

中国国家版本馆 CIP 数据核字（2023）第 176820 号

After Hitler: Recivilizing Germans, 1945—1995, First Edition by Konrad H. Jarausch
Copyright © 2006 by Oxford University Press
This edition arranged with Oxford Publishing Limited
through Andrew Nurnberg Associates International Ltd
After Hitler: Recivilizing Germans, 1945—1995, First Edition was originally published
in English in 2006. This translation is published by arrangement with Oxford University
Press, Yilin Press, Ltd is solely responsible for this translation from the original work and
Oxford University Press shall have no liability for any errors, omissions or inaccuracies or
ambiguities in such translation or for any losses caused by reliance thereon.
Simplified Chinese edition copyright © 2025 by Yilin Press, Ltd
All rights reserved.

著作权合同登记号　图字：10-2019-535 号

文明的重建：战后德国五十年　［美国］康拉德·H. 雅劳施/著　刘志刚/译

责任编辑　王瑞琪
装帧设计　韦　枫
校　　对　孙玉兰
责任印制　董　虎

原文出版　Oxford University Press，2008
出版发行　译林出版社
地　　址　南京市湖南路 1 号 A 楼
邮　　箱　yilin@yilin.com
网　　址　www.yilin.com
市场热线　025-86633278
排　　版　南京展望文化发展有限公司
印　　刷　徐州绪权印刷有限公司
开　　本　718 毫米×1000 毫米　1/16
印　　张　29
插　　页　4
版　　次　2025 年 3 月第 1 版
印　　次　2025 年 3 月第 1 次印刷
书　　号　ISBN 978-7-5447-9900-3
定　　价　99.00 元

版权所有·侵权必究
译林版图书若有印装错误可向出版社调换　质量热线：025-83658316

目　录

中译版导言　// 001

序　言　// 005

导论　文明的断裂　// 001

　　惨无人道的滔天暴行　// 003

　　解读纳粹的野蛮行径　// 009

　　书写一部战后重建史　// 014

上篇　无可奈何的转向

第一章　告别战争　// 026

　　联合裁军　// 028

　　走出伤痛　// 035

　　渴望和平　// 045

　　被遗忘的改变　// 051

第二章　对民族的质疑　// 054

　　肃清纳粹分子　// 057

　　　　远离民族主义　// 065

　　　　一个后民族国家？　// 075

　　　　民族之累　// 082

　第三章　摒弃计划　// 085

　　　　被迫重组　// 087

　　　　回归市场　// 094

　　　　社会市场经济　// 103

　　　　德国模式的局限　// 110

　结语　自由的前提条件　// 113

中篇　自相矛盾的现代化

　第四章　拥抱西方　// 122

　　　　个人接触　// 124

　　　　政治结盟　// 132

　　　　民间的美国化　// 143

　　　　"去德国化"的矛盾　// 151

　第五章　抵达民主　// 155

　　　　形式民主化　// 157

　　　　内化民主价值　// 166

　　　　议会制政府的考验　// 176

　　　　学会的民主　// 184

第六章　反抗权威 // 187

　　反对复辟 // 189

　　一场文化革命 // 195

　　更自由的社会？ // 209

　　失败的后果 // 216

结语　现代性的悖论 // 220

下篇　公民社会的挑战

第七章　放弃社会主义 // 230

　　废除公民文化 // 232

　　恢复社会活力 // 239

　　一场公民革命 // 250

　　乌托邦的失落 // 258

第八章　寻求常态 // 261

　　接受分裂 // 264

　　选择统一 // 270

　　常态中的动荡 // 281

　　公民社会与国家 // 290

第九章　对外来者的恐惧 // 293

　　至关重要的移民政策 // 295

　　意想不到的难民危机 // 304

　　进退两难的移民困境 // 314

文明的试金石 // 322

结语　剧变的影响 // 325

结论　柏林共和国的雏形 // 329

　　公民学习的过程 // 331

　　全球性挑战 // 338

　　文明的任务 // 344

专有名词缩写 // 347

参考文献 // 350

索引 // 430

中译版导言

本书试图回答一个核心问题，即1945年以后，德国人是如何从好战的纳粹分子和大屠杀的刽子手转变为爱好和平的民主主义者的？在第三帝国时期，德国人拥护独裁统治、种族主义、种族清洗和对外侵略，可谓臭名昭著，其行径还最终导致第二次世界大战的爆发。然而，进入战后时期，他们却摇身一变，变成支持非军事化、非民族化和民主化的模范生，德国作为西方大家庭的一员，也重新加入了国际社会。应该说，在西德与东德先后发生的这场政治变革是相当惊人的，而如何解释这场变革则已成为一项意义重大的历史挑战。因为这中间包含了许多经验教训，它对我们理解后专制主义时代的其他转型问题同样会有所启发。

然而，对于这场变革，无论是乐观派还是悲观派，都没能给出令人信服的解释。支持基督教民主联盟的保守派学者倾向于认为，由于军事上的失败、议会制度的建立、康拉德·阿登纳任内总理民主制的发展，实际上，早在20世纪50年代这场变革就已完成。但笔者认为，该观点忽略了一项事实，即大量存在的纳粹残余其实是经过数十年时间才被完全清除的。与此形成对比的是，左派知识分子更同情维利·勃兰特领导的社会民主党，他们发现威权主义和种族主义的残余仍然比比皆是，其观点更强调改革的不彻底性。但是，这一批判视角却也经常无视实际转变的程度，坚信德国错失了很多机会。那么，在这些不同的解释当中，究竟哪个更为准确呢？

应该说，这问题确实不好回答。我个人认为，这场转变本身是一个充满争议的社会学习过程，其间普通德国人逐渐认识到，在冷战时期，纳粹主义将德国引向了另一场失败与政治分裂。在国际压力与国内发展（如经济奇迹、文化自由化）的双重协助下，这场改造运动重在通过恢复价值观（如人权）、民主治理、福利制度、和平外交政策等手段，解决纳粹遗留的"文明断裂"问题。然而，尽管发生了翻天覆地的变化，但由于少数右翼分子仍然心怀威权主义的怨恨，所以国家的再定位始终没有彻底完成。这场转变历经数十年的风风雨雨，前后可分为三个历史阶段：起始于战后盟军的占领，在抗议不断的20世纪60年代中得到深化，最终在80年代和90年代的和平变革与国家统一中达到顶峰。

所谓战后再定位，主要是指通过非军事化、非民族化和取消经济规划等手段清理纳粹的历史遗产。占领国的施压为根除消极传统提供了比例适当的动力与支援，帮助德国人当中的关键少数获得权力，进而实现民主宪政与自由化，避免重蹈魏玛共和国的覆辙。20世纪60年代，在充满纷争的现代化进程中，联邦共和国开始主动拥抱西化，流行文化与高雅文化都在积极向西方靠拢。与此同时，经济重建的成功促进了民主意识的内化，人们不再仅仅满足于形式上的自治制度；也因此，在青年反抗运动风起云涌之际，在面对抗议挑战的时候，联邦共和国才能表现得足够灵活。20世纪80年代，公民社会的发展启迪了很多东德人，让他们在"和平变革"中最终抛弃了社会主义。而随着统一的实现，一个新生的民族国家就此诞生。最后，完成统一的德国还要面对民族迁徙和国际移民潮等诸多意想不到的问题，所以它必须寻找新的常态。而历经上述重大变化以后，所谓

"柏林共和国"也终于发展成为欧洲最强大的国家。

在本书出版以后的十数年里，相继出现了若干新的问题，这些问题对原有的解读发起了挑战。社会科学家和知识分子热衷于记录东德融入联邦共和国的过程，以便能够准确评估两德统一的来龙去脉。经济史学家则更关注贸易全球化、资本流动与流行文化等问题，因为这些问题不但导致采煤、炼钢、造船等传统产业的非工业化，更进而危及德国的整体竞争力，尽管新计算机技术的兴起部分抵消了前者造成的影响。至于环保积极分子，他们以对抗全球变暖为己任，将目光转向了气候变化带来的冲击以及绿党的出现。最后还有为争取平权不遗余力的女性主义者们。他们从性别视角重新审视历史，试图以此拓展女性在政治与经济领域所发挥的影响。回望过去的二十年，包括上述例子在内的各种发展动向，一直在不断扩大原有的问题领域，创造出一部新的"当前史"。事实证明，在拓宽话题范围的同时，此类视角的加入非但没有推翻原有的立论，反而对这段转变史本身做出了有益的补充。

综上所述，本书认为德国的战后表现堪称后法西斯时代成功转型的楷模；统一以后的德国努力走出战败的低谷，摆脱被国际社会排斥的困境，并最终重返文明国家的大家庭。军事失利与冷战对抗等外部影响造成的偶发性冲击，使整个国家得以迅速重返正轨。而同时，批判型知识分子与基民盟、社民党、绿党等民主党派的不懈努力，也在内部极大地推动了社会学习的过程，成功消除了纳粹的恶劣影响。一开始，东德推行的实验似乎充满希望，但结果证明，那其实是一条走不通的死路。相反，西德积极推行民主制度，成功实现国民的改造，并征得邻国与第二次世界大战的战胜国的同意，最终完成了国家的统一。在经过这场多层次的社会变革以后，一个崭新的德意志民族国家终于诞生，并一跃成为欧洲大陆的"无冕之王"。"柏林共和国"虽然面积较小，但很快就崛起，并成为欧洲的经济引擎、欧洲一体化的领头羊、移民与难民的避风港。当然，各种新的问题也随之产生，包括如何应对德国另类选择党（AfD）鼓吹的民粹主义，是否应该军援乌克兰，以及怎样抵御移民潮带来的巨大压力。但尽管如此，总体而言，德国在战后的表现还是相当出色的。实际上，凭借其稳定的民主治理，"德国模式"已经成为社会市场经济繁荣发展的国际典范。

康拉德·H. 雅劳施
2023 年 10 月

序　言

在美国，人们对德国的感情是有些矛盾的。一方面，很多观察家对它仍心存疑虑，尤其是那些有家人在第二次世界大战中深受其害的人，他们对这个国家的积怨还很深。许多知识分子将纳粹的罪行视为终极邪恶的化身，因而对于"这凶犯之国也许已经改过"的说法依然深表怀疑。即便是那些知名记者，如《纽约客》的简·克雷默、《华盛顿邮报》的马克·费希尔，也都对德国黑暗的过去而非后来发生的变化更感兴趣。但另一方面，也有评论者对德国比较宽容：在德国生活过的士兵与商人，多半对那里勤劳、友好的人民留下了美好的回忆；在他们眼里，德国人似乎和自己并无太大区别。比方说，很多美国兵在越南丛林中苦战时，都梦想能被派驻到"德国老家"去。最近，乔治·W. 布什总统还以德国战后的转变为例，来为他在海外推行民主做辩护，尽管这么做不免有些误导性。

究其原因，这些相互矛盾的评价乃是源于一种认知上的脱节：一方面，消极的纳粹记忆仍然普遍存在；另一方面，人们对德国在20世纪后半叶发生的积极转变又缺乏了解。例如在对"灭绝性反犹主义"的控诉中，丹尼尔·J. 戈德哈根为我们描绘出一幅生动的画面，揭露了普通德国人的共犯身份；但同时，他又不加解释地告诉我们，1945年以后德国奇迹般地发生了转变。学术界关注希特勒的夺权过程，大众关注纳粹大屠杀的累累罪行；相比之下，很少有人关注德国人如何踏上摒弃民族主义、重返国际社会的艰难旅程。几乎任何一本封面印有纳粹万字符的书，都会吸引读者的眼球，因为它保证能满足你对终极邪恶的迷恋。然而，对于此后发生的物质重建与道德复苏，却很少有人试图去加以解释，因为大家都认为成功是理所当然的。

为纠正上述的认知偏差，本书将着重讲述一段被人忽略的历史，即希特勒倒台以后，德国人如何实现自救与复兴的奋斗故事。在这里，分析历史错误固然必不可少，但是，展现纳粹浩劫之后恢复正常的过程同样很重要，因为独裁统治结束后的复苏与赎罪并不只是德国所面临的问题。由于罪行严重，加上歼灭战造成的大肆破坏，德国很难在1945年立即挽回所有损失、改造战争主犯。而冷战期间剑拔弩张的对抗，不仅让德国内部进一步分化，同时还在欧洲与世界各地造成对立。结果，战后重建的过程也变得更为艰难。那么，德国的成功转变究竟该归功于谁呢——是战胜国，还是战败国自己？重新定位一整套政治文化的最佳手段是什么呢——是威逼，还是利诱？想回答这些问题，我们不但需要剖析失败的原因，而且还得解释成功的秘诀。

就分析战后重建而言，目前的学术文献乏善可陈，因为大部分著作都是从制度而非文化层面研究问题的。英语世界的研究，如安东尼·J.尼科尔斯、亨利·特纳以及丹尼斯·巴克和大卫·格雷斯的那些，提供了大量有关总体发展的基本信息。然而，他们都忽视了东德的情况，并且都把国家作为研究重点。至于政治学领域的研究，如大卫·康拉特编撰的通用教科书，则为剖析政府的形式结构提供了有用的材料。可是，这些研究对德国人态度的潜在变化并未予以足够重视。而在德语学术界，阿克塞尔·希尔特、安塞尔姆·德林-曼陀菲尔、海因里希·奥古斯特·温克勒等学者，虽然指明了"西化"这一重要过程，却未能正视这一概念有问题的本质。实际上，只有玛丽·弗尔布鲁克、彼得·格雷夫·基尔曼斯埃格提到过文化转变的问题，但很可惜，其研究往往流于简单的讲述和解说。

笔者的观点与上述作者都不同，因为我有着横跨欧美的视角，我的看法与大西洋两岸流行的解读有所区别。我出生于第二次世界大战期间，在德国长大、上学，但四十多年前就来到美国接受学术训练。我在北卡罗来纳大学教堂山分校出任欧洲文明史的吕尔西讲座教授，同时还在主持德国波茨坦当代史研究中心的工作。这两项机构职责的区分，更加深了我对文化杂糅的体会。我熟悉德、美两国的话语，但即便如此，有时我仍然感觉自己像个局外人，不禁想要挑战一下两边的某些基本假定。所以说，以下的思考全部源自一个跨大西洋的双重视角。我试图将德国（我的出生国）发生的转变告诉美国（我的居住国）的大众，描述转变涉及的领域，解释转变发生的原因，从而消除人们的疑虑。

在本书中，我想提出一个观点，即希特勒垮台以后，德国人经历了一个集体学习的过程，实现了从犯下不可言说的罪行向真诚守护人权的巨大转变。其他学者关注的更多是德国人如何对待纳粹的过往（查尔斯·迈尔、杰弗里·赫夫），而我则不同，我的研究更关注那些实际教训，关注一个迷失方向的民族如何正视错误、痛改前非。我的分析尤其注重探讨两股力量之间的关系：一方面是美、苏两国的外部干预；另一方面，德国内部的反法西斯少数派也有其自身的认识——他们正摩拳擦掌，想要重整旗鼓。本研究试图整合两种战后史的论述，同时将西德在浩劫中遭受的创伤，拿来和东德从灾难中吸取教训的努力进行比较。由于整个转变过程相当漫长，在此我将聚焦三个不同的发展阶段，即战后时期、20世纪60年代和90年代。

在对"西化"的替代提法进行过一番探究后，我最终决定将"文明"

这一概念作为评估战后德国转型的一项标准。后殖民主义评论家说，学者在为性别与种族压迫辩护的过程中滥用"文明"的概念。这样的指责虽然不无道理，但我选择由此切入也自有原因。首先，同时代的名人，从汉娜·阿伦特一直到富兰克林·D. 罗斯福，都认为德国偏离了西方文明的价值，并以此作为他们的主要论点。其次，在修正例外论（Sonderweg）的过程中，拥有以色列与德国双重国籍的历史学家达恩·迪纳表示，纳粹的大屠杀摧毁了普遍的伦理规范，导致了不折不扣的文明断裂（Zivilisationsbruch）。再次，"公民社会"概念的骤然兴起既是对冷战中独裁的反抗，也是自发性社会行动的集中体现。它把两种独裁政体联系在一起。因此，"文明"或许可以作为人权斗争的一种简略表述。

想要探究结构转变与大众意识变化之间的关系，就必须将个体经验的分析与公共话语的研究相结合。遵照散文作家塞巴斯蒂安·哈夫纳的建议，我将从如何评判各类事件对普通人生活的影响出发，进而研究信仰与行为的逐步变化，并观察其对日常生活的影响。想要批判地看待这段学习过程的历史，就必须关注个人对戏剧性事件的反应，同时还要记录关于重大社会与政治议题的集体辩论。随后的观察与评论也更多地用到了各种个人日记、自传文字、小说家瓦尔特·肯波夫斯基汇集的回忆录大全，以及众多亲历者的访谈记录。不过，由于个人陈述的内容多限于早年，所以后面的几章内容就只能越来越依赖平面媒体，以及柏林奥托·苏尔政治学研究所的新闻档案中收藏的其他公开资料。

本研究以具体资料为基础，试图回答一个纳粹浩劫过后的重要问题，而这也正是该案例具有典型意义的原因：德国人究竟是如何成功地从本应让他们受到指责的毁灭性战争与大屠杀导致的物质破坏和道德沉沦中再度崛起的？想要回答这个问题，就必须还原德国如何通过最终接受西方人权观念来告别侵略与权威统治的整个过程。事实上，奥地利作为"第三帝国"前成员、日本和意大利作为"轴心国"盟友,也都面临着同样的问题,并且在战后重建中表现出了各自的差异。而这以后,在向民主过渡的进程中,拉丁美洲、地中海、东欧等地区也都相继遭遇了类似的问题。因此,德国的"人性回归"便成为本研究的核心问题。实际上,早在1947年,社会民主党法学家古斯塔夫·拉德布鲁赫就曾为此大声呼吁过。然后,由此引申,我还会探讨那个更普遍的问题,即德国是如何肃清独裁统治的流毒,使国家恢复常态的。

导 论
文明的断裂

纳粹独裁统治的恐怖之处，直到战争临近结束时才被完整披露。1945年那个"难以置信的春天"最终将战火延烧到了德国本土——坦克碾压过支离破碎的农田，手榴弹把墙壁炸得千疮百孔，燃烧弹吞噬了城里的每一条街巷。在盟军的猛攻之下，由老弱士兵仓促组成的"人民冲锋队"（Volkssturm）开始溃散，曾经不可一世的纳粹国防军首先落荒而逃了。尽管约瑟夫·戈培尔号召不惜任何代价顽抗到底，然而，几百万人还是对此置若罔闻，退出了纳粹党。上层军官倒还好说，他们自有保命的办法，但底层士兵就只能藏起制服，求盟军饶过一命。正如一名记者所写的那样，"人人都在叛离阿道夫，没有人想和这个政权有任何瓜葛"。与此同时，整个德意志帝国也开始崩溃，大片大片的疆土被占领，幸存的战俘、被强征的劳工、集中营的囚犯相继获释。等到公共管理难以维持的那一刻，社会秩序也随之瓦解，断水断电，物资供应告急，街道也变得很不安全。[1]

德国人眼看大势已去，心里自然五味杂陈。记者玛格丽特·博韦里曾这样描写4月底的柏林："人们并不怎么谈论战争，看得出来，大家都已经受够了。"不过，最后的战役总得先挺过来，然后是接受盟军的占领，而这又将带来一系列新的危险。当然，再也不用害怕被杀，这着实让人大舒了一口气。可是，胜利者的到来也不免引起新的焦虑。人们害怕盟军会奸杀掳掠，肆意报复。"他们抓住我，"另一名女性这样描述她遭受强暴的情景，"我又是叫又是喊……地窖的门砰的一声在我身后关上了。"尤其对顽固的纳粹分子、爱国者和军方人员而言，放下武器无异于跪地求饶。一名士兵"对背叛的事实感到极度愤慨。这就是我们奋战六年的结果。俄国人杀来了，可我都不知道家里人是死是活，也不知道他们的下落"。[2]可是，对反抗成员、被强征的劳工、集中营的囚犯而言，盟军的到来却意味着真正的解放，意味着充满希望的未来。至于其他德国人，则是一边感到深深的失落，一边庆幸大难不死；如此，两种情绪持续交替着，让人怎么也捉摸不透。[3]

1945年，美国记者玛格丽特·伯克-怀特随美军进入"第三帝国"。在她拍摄的一组照片中，希特勒独裁统治的遗毒异常醒目。触目惊心的废墟、堆积如山的瓦砾、被炸毁的桥梁、被破坏的工厂、被烧焦的房屋、被损毁的武器，放眼望去，到处是一片荒凉景象。这里不仅有被迫自杀的受害者，不计其数的坟冢，而且还能看到烧焦的尸体悬挂在铁丝网上，累累的尸首堆放在集中营的火化炉前。如果说纳粹信徒油光满面，流露出专横与傲慢，反映了第三帝国的辉煌，那么，这个政权的反对者则只剩下一脸深深的皱纹，让人同情怜惜。而一众受害者那凹陷的双颊上瞪大的眼睛，则像是在恳求宽恕。相比之下，胜利者自信地望着镜头，并且不顾种种禁令，已经开始和心甘情愿的"德国小妞"眉来眼去。然而，就在这被炸毁的房舍间，在沦为废墟的工厂里，在拥挤不堪的火车上，在坑坑洼洼的马路上，生活似乎仍在继续，尽管一切都已发生。[4]

正是这些触目惊心的画面，赤裸裸地证明了一个政权的毁灭性后果：它所采用的歼灭战和种族屠杀，早已超出了正常战争的界限。可是，物质的破坏固然十分惊人，但道德的灾难或许更为深重。不出所料，人们对未来普遍感到忧心。因为第三帝国遭受的失败远甚于第一次世界大战后的德意志帝国，所以一个又一个问题横亘在茫然的德国人面前：遭人痛恨的德国还有存活的机会吗？获得解放的邻国会不会展开血腥报复？占领国会如何对待这个战败的民族——是瓜分它的领土，索取高昂的赔款，还是发一笔最低生活费，让人们好歹能活下去？同盟国会允许昔日的敌人在国内重建民主秩序，并再度积极参与国际事务吗？希特勒煽动的"对文明世界的蔑视"，对于德国的战后重建而言，既是先决条件，也是一种障碍。[5]

惨无人道的滔天暴行

1945年初，各种骇人的战争罪行大白于天下，一时间举世哗然，德国人自此声名狼藉，长达数十年之久。由于柏林决战伤亡惨重，所以一开始，人们都觉得五百多万犹太人惨死于奥斯威辛的传言难以置信。[6]但内部消息渐渐开始流出，全球媒体纷纷将真相公之于世："3 000个骨瘦如柴的活人、2 700具没有埋葬的尸体"在多拉（位于诺德豪森）集中营内的V-2火箭地下工厂被发现；盟军战俘竟然曾被迫进行大规模的"死亡行军"。[7]然而，直到1945年4月美军在魏玛城郊解放布痕瓦尔德集中营的那一天，德国人才终于接受了无可辩驳的事实。21 000名囚犯的惨状（这其中许多人已经奄奄一息），以及监狱委员会记录的32 705人被无辜杀害，种种事实彻底消除了人们的怀疑。"惨不忍睹，"记者哈罗德·丹尼这么写道，"要不是亲眼所见，我简直不敢相信。"他震惊于这些"训练有素的施虐行为"，发誓"世人决不能遗忘这样的事情"。在他的报道里，一个被解放的俄国人指着杀人如麻的纳粹党卫军开设的"卫生研究所"，不无嘲讽地说:"瞧,德国人有多么文明!"[8]

为拆穿"我们一无所知"的谎言,美军强制1 200个魏玛市民"亲眼看看他们在臭名昭著的布痕瓦尔德集中营,如何用恐怖、残忍且卑鄙的手段对待他们的'邻居'"。根据《纽约时报》记者吉恩·柯里凡的报道,这次"死亡工厂"的参观活动首先从死人的皮肤开始。这些皮肤被加工成带有刺青图案的"羊皮纸",然后再做成灯罩。"今天,德国人目睹这一切,无不潸然泪下。而那些没流眼泪的也都觉得羞愧。"接着是参观"科学实验室"。在这里,德军进行过各种人体实验,包括蓄意让人感染伤寒,这种疾病的致死率高达98%。第三站是参观军营,一个"有着无法形容的恶臭、污秽与苦难"的地方。臭名远扬的刑讯室、使用频繁的绞索架当然也在参观之列。但最恐怖的还数火葬场。尸体像木料一样堆在货车上,等着被投进三座很现代的焚化炉。"眼前的情景让他们泪流满面,不少人(包括护士)当场就晕了过去。"[9]即使很多爱国者起初不愿相信这些报道和图片,但眼尖的人都知道,他们不可能一直否认自己的罪行:"那些关于解放集中营的报道令人毛骨悚然,我们读的时候都被吓坏了。"[10]

此后,各地又相继发现了另外三座集中营:卑尔根-贝尔森(下萨克森州)、达豪(巴伐利亚州)、萨克森豪森(柏林城郊外)。这些"无可辩驳的证据"愈加坚定了同盟国的立场,他们对希特勒垮台以后的德国有了更清晰的认识。为了克服人们对第一次世界大战中宣传的"所谓德国暴行实录"挥之不去的怀疑,美国军方便委托前战俘欧根·科贡就布痕瓦尔德"灭绝工厂"的真相起草一份正式报告。[11]许多美国的国会议员,包括艾森豪威尔将军在内的主要军事官员和记者,也都先后参观了被解放的集中营,实地考察那"几乎无法形容的惨状"。[12]皮包骨头的战俘、随处可见的万人坑、种种触目惊心的画面让惩罚政策的拥护者更加坚定了决心。这其中也包括财政部长亨利·莫根陶,他和富兰克林·D. 罗斯福总统一样,认为德国人"必须明白，这个国家的人都参与了一场非法阴谋，妄图破坏现代文明的行为准则"。[13]而且，被揭露的罪行越多，理性温和派也就越难站住脚。譬如陆军部长亨利·史汀生，就认为"迦太基式的和平"与纳粹的所作所为并没什么两样，换句话说，这"本身就是对文明的犯罪"。不过，尽管如此，这场辩论的双方都同意，修复纳粹造成的短期伤害固然重要，但同时，也必须断除德国政治文化中那些根深蒂固的坏传统，因为短期伤害至少部分是由这些传统造成的。[14]

此外，对德国人而言，战败的结果虽然加速了他们脱离第三帝国的进程，但未必能让他们承认自己的罪行。1945年6月初，美国的一项民意调查表明，德国人似乎相当无助，他们普遍认为纳粹领袖才是罪魁祸首，并因此要求"彻底清除纳粹余孽"。[15] "和其他民族相比，德国人已经变成低人一等的贱民，"一名来自汉堡的女性疑惑地感叹道，"因为一个疯狂的想法，他们便对无辜者施以暴行，于是，德国的荣耀终于被残忍取代。"她还说："谁也没想到，德国人居然会干出这种勾当……谁也没想到，孕育了歌德、席勒、洪堡和康德的国度居然会堕落成这样。"[16]只有在流亡中，托马斯·曼这样的知识分子才会对他所谓"我们的耻辱"进行较为深入的分析。他认为，"针对启蒙理性主义所发动的浪漫主义反革命运动"是造成纳粹式"歇斯底里的野蛮行为"的元凶，因此他呼吁德国回归西方文明的价值观。[17]而在极少数独立观察家和反法西斯主义者看来，很显然，各方面都必须除旧布新，一切要从头来过。[18]

随着真相水落石出，对欧洲犹太人实施的"冷血而科学的大屠杀"，同样为波茨坦会议的召开投下了阴影。而这次会议的目的正是要"真正恢复欧洲文明"，为未来指明方向。尽管同盟国管理层面临很实际的问题，但是，1945年6月5日德国停止行使主权的事实，其实已经指明了从严惩治的方向。[19]也因此，"三巨头"就德国前途所做的决议，从最初的暂行实施到最后的拍板定案，始终以惩罚与报复为目的，这并不让人意外。此外，鉴于第三帝国残害数百万人的事实，同盟国还提出瓜分东部领土、索取巨额赔款的要求，希望以此保障军事安全与物质补偿。应该说，这些要求似乎也完全合理。《纽约时报》的一篇社论将这样的条件形容为"强硬而具有约束力的"，说它试图"转变德国人的思维方向，剥夺其发动战争的潜力，改变它的经济结构，实现经济分权"。简单地说，《波茨坦公告》试图将这个昔日的欧洲工业强国转变为一个以农业和非军用国内生产为主的国家。不过，德国人倒也不觉得这三项条件——去军事化、去纳粹化、去卡特尔化——会"扼杀所有的希望"；相反，他们可以借此机会，"在民主与和平的基础上，为生活的最终重建做好准备"。[20]

同盟国的决议一出，占领后最初几个月的各种疑虑和不安顿时烟消云散。而且，诚如艾森豪威尔所言，它还为此后分步骤的重建工作订立了明确的条款。"我们同样对《波茨坦公告》感到失望，并努力解读其中的含义。"记者玛格丽特·博韦里在日记中这样写道。特别是在被分而治之的柏林，人们"几乎总在为东方还是西方的问题"争论不休——换句话说，究竟是奉行布尔什维克主义，还是跟随美国人的脚步？此外，他们还在争论"除这两者以外，是否还存在第三种选择，一个属于德国人自己的选择"。自由派犹太学者维克托·克伦佩雷尔，虽然在纳粹的种族迫害中死里逃生，但同样因这份公告深受打击："这萎缩的小德国将会变成一个可怜的农业国，既不能独立自主，也无法东山再起。"[21]多数"压抑且不满的"德国人当然不明白，为什么"外部世界要把纳粹犯下的罪行算在他们头上"。但是，部分失势的社会精英（例如保守派历史学家格哈德·李特尔）却在努力抢救这个民族的优秀品质。尽管大家还在争论未来改革的方向和幅度，但多数人都很清楚，是军国主义和民族主义将德国推向了万劫不复的深渊。[22]

不管纽伦堡审判存在什么问题，它毕竟通过司法手段，对纳粹"肆意破坏文明传统"的罪行予以了清算。这是非常必要的一次尝试。"希特勒上台以后，欧洲所遭受的全部人员伤亡和物质损失，包括 570 万名遭到系统性灭绝的犹太人的鲜血，最终都被归咎于他们的犯罪阴谋。"所有控诉都聚焦在不断增加的罪名上；这些罪名来自国际联盟的各项条约，从战前准备（罪状一）到发动侵略（罪状二），再到悍然发动歼灭战，破坏战争的传统规则（罪状三）。此外，还有一项"反人类罪"。这项指控是对于集中营里那些惨烈画面做出的反应，也是司法上的一个创新，适用于"战前和战争期间灭绝、奴役或驱逐平民的行为"以及"基于政治、种族或宗教立场所施行的迫害"。这第四项指控表明，同盟国不但要追究德国在发动战争、实施暴行上的罪责，而且还要对任何针对非战斗人员所犯的罪行予以严惩，而这在过去是完全难以想象的。如此，通过法律程序，纽伦堡审判既成功惩治了纳粹的犯罪行为，同时也试图借此重申人权至上的原则，实现惩前毖后的目的。[23]

纽伦堡审判的地点正是以前纳粹举行党派集会的城市。德国人目睹对战争罪行的一系列公开审判，心情十分复杂。有些观察者发现，"对权力的贪得无厌和无知暴露在阳光下，没有丝毫遮掩。这对人、对国家都是一次疯狂的实验"。然而，尽管审判程序无懈可击，纳粹的辩护者还是轻易将它定义为"胜利者的正义"，因为他们发现苏联人犯下的罪行，例如 1940 年发生在卡廷森林的大规模枪杀波兰军官的惨案，居然也都被归咎于纳粹。尽管如此，许多个人与组织接受庭审的恐怖画面，经由报纸、新闻短片、教育电影（《死亡工厂》）的传播，还是达到了一定的效果。后来，据美国人所做的调查，约一半的德国人认为惩罚罪犯是完全正当的。一方面，参战者片面的供词更加证实了此前的多项指控；另一方面，对旧时代精英分子（如经济部长亚尔马·沙赫特）相对轻微的量刑则表明，个人抗辩还是有可能成功的。总而言之,纽伦堡审判进一步巩固了纳粹的罪犯形象,并使之深入人心。同时,这项国际司法史上破天荒的实验也让德国人产生了"事不关己"的脱罪感,因为很多德国人终于可以宣称,他们要么对这些罪行一无所知,要么只是在执行上级下达的命令。[24]

在占领国的监护下,重建工作可能会漫长而又艰难。这主要是因为各同盟国在必要转型的目标与手段上的意见分歧日益严重。"严厉政策"连同强制的去纳粹化意在削弱德国的经济以及政治体制。这么做固然在华盛顿和莫斯科颇受欢迎,然而,同样明显的是,它将很难引领一个战败的民族走上民主道路。因此,有些务实的决策者,例如美国驻德军政府首领卢修斯·克莱,更提倡推行一项"积极计划",包括为此后艰难的物质重建设置各种奖励,以及为公共生活的转向(这也是更为棘手的任务)提供各种建议。与此同时,部分观察家则担心,"政治真空"的存在会迫使战败国在美式民主与苏联共产主义这两种对立模式之间做出选择。最后,还有些问题也尚未有明确的答案:是否会另立一个德国中央政府?政治生活的恢复是否必须遵守各占领国的意识形态要求?[25]

而此时的德国人则仍在顾影自怜;从他们的角度看,为民主化开列的这些条件似乎并不十分有利。只有少数人,尤其是前政权的反对者与受害者,真正把打败纳粹国防军视为摆脱独裁统治的契机。[26]尽管多数德国人对战争的结束欢欣鼓舞,但也有很多人对战胜国怀恨在心,对纳粹未能履行诺言感到失望:"他们欺骗了我们,背叛了我们。"这是当时许多人的情绪。美国记者在采访中可能发现德国人"对国防军的残暴怀有潜在且可能是根深蒂固的负罪感",但那种近乎"抑制不住的想要倾诉的渴望"似乎更多是为了模糊个体的责任,从而将一切归咎于纳粹领导人。[27]所以,在德国寻找真正的民主人士的行为,最后基本都是徒劳的,因为多数德国人似乎仍然无法摆脱威权主义的行为模式,几乎本能地想要奉承和讨好占领国。而同时，正派的基督徒在与政权的交往中始终洁身自好；"准备清理门户"的社会民主党（以下简称"社民党"）则决意在政治上重整旗鼓。可是，相比之下，这两派人物实在是凤毛麟角。[28]

鉴于纳粹罪行的规模，相较于1918年，1945年以后的重建工作必须大幅增加干预的力度。为预防德国人将来实行再武装，战胜国坚决要求他们接受"无条件投降"、全面占领、主权终结以及对战犯的法律制裁。而当目睹高空轰炸、东部战场的惨重伤亡，以及同胞们纷纷逃离或被逐出东部领土时，许多占领区的德国人才终于明白，全面溃败必将导致比第一次世界大战结束后更为严重的后果。无论如何推脱个体的责任，德国人在歼灭战与大屠杀中犯下的罪行，其规模之大、伤亡之惨重都是无可争辩的。毕竟，当时德国境内仍有数千名战争亲历者可以作证，其中包括幸存的犹太人、以前的奴工、重获自由的战俘。也许，这种无法想象的屈辱会比任何其他事情都更让宪政国家的内部重建以及重返国际社会的进程变得十分漫长。正如青年知识分子卡尔·耶林坦所言，"我们之所以遭到排斥，是因为我们背叛了人类文明"。[29]而在整顿德国政治文化方面，战胜国和不愿妥协的少数派究竟能取得多大的成功，那就有待观察了。

解读纳粹的野蛮行径

亲历第二次世界大战时代的人和后来者都发现，人们很难解释纳粹的野蛮行径为何会复发。美国人当时的解释采用了一种模式，即认定德国偏离了西方文明的正轨，而后者乃是一项不证自明的标准。可是，我们不该忘记，"西方文明"的观念直到第一次世界大战结束后才在美国高校出现。当时有退役军人质疑，为什么来自爱荷华的农家子弟要死在蒂埃里堡的战壕里。而该模式正是对此质疑的答复。简言之，这一观念表明，在西方大国当中，人权和民主同样历经了演变；但俄国是个例外，因为其发展并不符合自由的进程。讽刺的是，第一次世界大战期间，德国的知识分子也曾强调"英雄与贩夫"的分别（社会学家维尔纳·松巴特语），或者如作家托马斯·曼所言，"文化与文明"并不完全等同。[30]哲学和历史学的导论课都会宣扬一种源自启蒙运动的、家喻户晓的人权观念，而这也从侧面说明，希特勒的独裁统治是偏离正轨的异数，必须受到谴责。而这样一来，德国的罪恶史似乎就可以上溯到16世纪，并一直延续到20世纪：它肇始于威权气息浓厚的宗教改革运动、神圣罗马帝国的领土分裂，随后发展至了普鲁士的军国主义、浪漫时期的非理性主义，并在德意志第二帝国的霸权帝国主义中达到高潮。[31]

有趣的是，苏联知识分子也在文明观念的基础上对德国的野蛮行径进行了批判，只不过，其所采用的是马克思主义的标准。俄国人对德国文化向来存有一份敬意，这也导致其分析出现了两极化：一方面是"资产阶级"人道主义和劳工运动等进步思想，一方面则是容克、资本家所代表的反动利益。不同的是，西方更注重历史的偶然性，并明确指出在几个历史转折点上（例如1848年），德国如何偏离了文明的正轨，而马克思主义对法西斯主义的理解则首先基于针对阶级结构的经济分析，认为纳粹主义主要是国际垄断资本主义危机的产物。[32]相比之下，西方的"错误分析"更倾向于以有限的制度改革作为纠偏手段，而德意志民主共和国的"反法西斯主义"则是国家认可的，它要求德国在政治复苏以前首先实现根本的社会转型。与此同时，共产党更多把传统的精英阶层当作主要批判对象，而对多数有名无实或者无足轻重的纳粹分子则经常既往不咎。[33]

在联邦德国，到了20世纪60年代末，美国人关于纳粹偏离文明轨道的观念［今天所谓"特殊道路论"的思想内核］已经深入人心，尤其在年轻一代的知识分子当中，情况更是如此。他们通过交流项目与个人接触认识了西方的公民社会，获得了正面的体验，因而很容易接受对德国历史的这种批判性解读，而这种解读的作者恰恰是逃出希特勒魔爪的一批流亡者。与此同时，文明偏离的概念也正好回答了一个结构连续性的问题：想当年，围绕德国对第一次世界大战爆发该担负什么责任的问题，历史学家也曾有过颇为激烈的讨论，即所谓"费舍尔争议"。另外，从政治史到社会史（Gesellschaftsgeschichte）的方法论转向，也方便了人们从相邻的社会科学中借鉴新的方法与理论。这些累积起来，便产生了一种对德国史的全新解读；它更强调中产阶级的长期软弱性，强调民族国家形成的滞后，而其结果便是社会学家拉尔夫·达伦多夫所称的民主无能。根据这一解读，第三帝国便不再是对各种德国传统的**偏离**，而更像是这些传统的逻辑结论。[34]"特殊道路论"还有个好处：它有利于激发一种新型的政治介入方式，可以通过社会的严格自由化，与西德社会中残存的腐朽传统彻底决裂。

在过去二十年里，德意志"特殊道路论"的概念进一步演化为一种"西化"的愿景，也只是让问题由此变得愈加复杂。20世纪80年代初，英国历史学家杰夫·埃利、大卫·布莱克伯恩曾极力反对"特殊道路论"的基本前提，并因此引起过不小的风波。因为偏离欧洲现代化主流模式的其实并不是德国而是英国，所以说汉斯-乌尔里希·韦勒、于尔根·科哈等学者立论的经验基础并不充分。[35]在此后的辩论中，还出现过一个"特殊道路论"的修改版，其重点在于强调联邦德国的西化，即海因里希-奥格斯特·温克勒所谓"通往西方的漫漫长路"。但即便如此，它还是把纳粹的浩劫主要归咎于别具特色的德意志帝国（Reich）传统，一种与民族国家相融合的君主政体。[36]这一解读准确指出了德国在地理上的向西转移，政治和经济上的向西倾斜，以及消费与流行文化的美国化。然而，这一观点同时也盲目将西方奉为圭臬，未能检视其各种历史负债（比如蓄奴制、帝国主义和剥削），而只是呈现了一个早就被女性主义和后殖民主义质疑的理想化形象。[37]

相对于"特殊道路论"的主流论述,在20世纪80年代的"史家之辩"中,具有德以双重国籍的历史学家丹·迪纳还提出过一个新的概念——"奥斯威辛的文明断裂"。追根溯源,这个新名词其实是由德国流亡作家汉娜·阿伦特首先发明的。1943年,当阿伦特听闻大批犹太人惨遭屠杀的相关报道时,她对这一远远超出军事必要性的暴行感到极度恐惧:"就像地狱之门[突然]洞开……别的都还可以饶恕,但这绝对罪不可赦。这件事根本就不该发生。"也就是说,在迪纳看来,奥斯威辛之恶造成了一种"广泛而深层的断裂",触及了"文明本身的信仰基础",进而动摇了人类共存的根本前提。"官僚化组织、工业化执行的灭绝行动无异于对文明的全然否定。文明的思考与行为遵循一定的逻辑,要求有最低限度的互信。"纯粹想要消灭一个民族的行径不仅违反普适的伦理行为规范,同时也灭绝了始自启蒙运动的、对世俗进步的希望。所以说,这不仅仅是犹太人受难的问题:"奥斯威辛反映了一个普遍的问题,一个人性的问题。"[38]

"文明断裂"一词的迅速流行,说明这个概念本身具有极大的直觉吸引力。不同于西方的文明偏离论,或是马克思主义的阶级分析,它明确将纳粹大屠杀的"道德之耻"认定为"对人性与文明的整个根基的攻击"。[39]也因此,"文明断裂论"对"文明"一词的神秘定义提出了新的历史问题。这些问题远远超出了诺贝特·埃利亚斯的人类学分析;它们涉及对个人情绪的控制以及国家对权力的集体垄断。[40]同时,这一概念还凸显了现代性与种族灭绝之间错综复杂的关系。诚如社会学家齐格蒙特·鲍曼所言,"纳粹大屠杀的发生只能说明,文明(理性指导下的人类行为)在驯服病态本能或任何自然残留的过程中遭遇了失败。"[41]尽管"文明断裂"一词本身有夸大之嫌,容易沦为空洞的口号,但它还是比其他概念(例如"零时")更明确地强调,歼灭战与大屠杀期间犯下的暴行必将成为所有战后德国史的起始点。[42]

而同时，另一个相关概念"公民社会"也突然再度流行。它为进一步明确文明的含义提供了可能性。公民社会（societas civilis）是介于家庭和国家之间的一个领域，以 17 和 18 世纪的政治理论来看，它首先是将人类与自然及野蛮划分开来的一道界线。通过经济交换、文化创造、社会解放，文明化可以被视为一个促进人类共存的进步过程。关于这一概念，英国思想家多从公民社会与宪政国家的相容性着眼，而伊曼努尔·康德等欧陆批评家则更强调公民自我组织的意愿，也因此给它赋予了潜在的反专制色彩。[43]**公民社会**的概念在备受诟病的"资产阶级社会"之外为人们提供了另一种解读。它在再度流行以后，很快便成为东欧反独裁批评的关键词，并在 20 世纪 80 年代恢复人权的运动中被异议分子采用。公民社会的提出预示了一种民主化自我实现的希望，它超越经济必需和政治约束，因此在西方知识界的范式讨论中，同样开始再度引起反响。

不过，要成为政治发展的标尺，"公民社会"的概念还需要一个历史的定义，唯有如此，才能厘清其具有的各种针锋相对的含义。根据于尔根·科卡的看法，其最重要的特征是公民在公共领域内为追求集体利益而自由结社，进而实现社会的自我组织。另一重要维度所涉及的则是公民之间的非官方交流模式、非暴力的社交、国与国之间的非军事关系。同时，这个概念还包含文化礼节、宗教宽容、公民勇气和对社区的责任感。此外，经由不设限的市场（允许个人追逐自我的经济利益）实现经济的自我调节，也是颇为重要的方面，尽管这里面问题重重。最后，公民社会还要求公民参与地方自治、争取全国性的民主参与权。[44]如果我们把公民社会看作一张复杂的关系网，那它就不再是某项法典化的条款或者固定的意识形态，而是力图促进各个社会群体和平交流的动态过程的产物。

重点关注这些公民社会的核心特征，或许会有助于解释战争期间人们对纳粹违背西方文明价值观与实践的看法。对国内的批评者来说，假如政党的控制延伸至社会的方方面面，那就无异于将公民的自由社团扭曲为臣民的强制性组织。同样，外部观察者认为，美化针对异议分子的暴力正是德国准备军事侵略邻国的前奏。纳粹受害者将宗教、种族和政治偏狭的后果视为其遭受迫害的根源，而德国无产者与外籍奴工则认为，一旦经济沦为意识形态的附庸，剥削也就变得天经地义。"我们真是全世界报纸上写的野蛮人吗？"当被问到这个问题时，有些纳粹的拥护者可能仍然倾向于回避。不过，歼灭战和大屠杀的惨状让其他德国人清楚地看到，盲目信仰国家元首会导致怎样的后果。因为第三帝国的社会几乎在各方面都已野蛮化，所以文明的重建必须彻底扭转政治文化的局面。[45]

相比于"特殊道路论"，公民社会的概念提供了更全面的标准，能够更好地衡量不同国家的发展程度。和"西化"不同的是，它并不依赖于胜利的西方各大国的一种理想化模式，因为这些国家的历史本身就留有许多种族主义、帝国主义和剥削的烙印。相反，公民社会的乌托邦是欧美进步思想家（包括黑格尔这样的德国名人）的思考产物。诚然，公民社会也欢迎关于"资产阶级社会"的讨论，但它主要不是指作为阶级的资产阶级，也不是指作为国家成员的公民。[46]另外，这个以文明化为目标的概念本身的规范性，或许有助于我们绕开两个误区：一是将德国的重建描绘成一个不加批判的现代化的"成功故事"；二是将今胜于昔的变化当作一个合乎目的论的进步过程。棕色的与红色的独裁政权都曾违反过这个标准，这使得现代性本身的极度矛盾性越发凸显；同时，民主制度的明显缺陷也表明其自身理想的实现是何其困难。

书写一部战后重建史

纳粹的独裁统治造成了巨大的文明断裂，这给所有战后史的写作都提出了一个重大问题：在滔天罪行发生以后，德国人该如何重返那个 1933 年之前就已初具规模的公民社会？政治学者彼得·格雷夫·冯·基尔曼斯埃格的见解很独到，他说："恰恰是这场浩劫让德国人拥有了追求民主的能力。"[47]保守派观察家认为，20 世纪 40 年代后期，随着货币改革的实行、《基本法》的颁布、联邦德国的建立，决定性的改变已经发生。相反，自由派知识分子则批评转变的不足，强调必须由社民党和自民党协同推进改革，必须经过 20 世纪 60 年代的代际反抗。同样，马克思主义者将联邦德国斥为法西斯统治的延续，尽管它已改头换面；在他们眼中，反法西斯的社会主义德意志民主共和国（GDR）才是更好的德国。[48]即便在共产主义崩溃，德意志联邦共和国（FRG）明显胜出以后，关于德国战后重建的时机、目标与程度，也仍然存在各种争议。

因此，想要防止压迫、战争、种族灭绝的再度发生，个人和集体的学习过程就必须得到历史性的改造。相较于第一次世界大战以后的勉强推脱，第二次世界大战后更为严峻的形势似乎让德国人在政治观上发生了剧烈的变化。[49]那么，在关于"德国厄运"的社会学习过程中，在面对"史无前例"的"嫌恶、病态与疯狂"时，个人反思又是如何进行的呢？文明的惊人断裂在特定领域（例如对军队的态度、对国家的理解，以及经济的组织方式）里造成了怎样的后果？尽管遭遇巨大阻力，思想改造毕竟还是发生了；但同时，它也提出了更为尖锐的问题：当战胜国怂恿德国人投机取巧、模仿战胜国的修辞与行为方式时，变化是否真是由他们主导的？德国人首先亲历的纳粹主义造成的破坏，连同诸媒体公布的可耻罪行，有没有让种族民族主义彻底失信，进而引发人们对纯净价值观的追求？[50]

在本书中，我将从几个不同层面探讨繁冗的反思过程。这样的反思发生在一个战败的社会中；这个社会摒弃了传统，却又始终把传统当作拯救的依靠。首先，我会重点分析个人如何与自己的过去达成和解。实际上，在战后时期，用人单位的确曾要求应聘者如实告知个人在第三帝国时期的活动情况。其次是考查团体（如学生社团）与公共机构（如教会）如何解释他们与希特勒体制或近或远的合作关系。最后，我还会研究有关第三帝国灾难的公开辩论，因为这也许最有助于为在国家层面上恢复政治生活创造条件。在所有这些不同领域里，德国人试图同时认识他们与纳粹主义、战败与占领的不同经验，以便为将来制定更好的政治规划。为了让"冷战"时期的公众相信他们的观念是正确的，德国人曾构建过不同的意识形态话语，一再试图从发生的事情当中吸取经验教训。[51]

为充分展现这一坎坷的学习过程，本书将重点关注德国人如何在现实而非思想层面上对待他们问题重重的历史。尽管许多人继续对自己在独裁统治与战争中的共犯身份闪烁其词，但重建任务逼着他们从第三帝国和其后的战败经验中得出了实际的结论。左派批评家指责对内心罪恶感的压抑，右派人士则辩称沉默更有疗愈的作用。双方争执不下，但也都未能充分考虑各自立场的实际后果。[52]20世纪50年代早期，曾有人批评过具有复辟性质的"历史政策"，继而引发人们对逃避责任的行为的关注。但这些批评并未触及制度的重建、社会关系的再肯定，也因此未能排除重蹈纳粹覆辙的可能。[53]目前，大家都在关注一种批判性记忆文化的出现，并准备正视德国人对纳粹大屠杀必须承担的责任。不过，这种关注更强调对受害者的道德敏感，而非政治行为上的实际变化。[54]因此，会更见成效的做法，似乎是去分析那些通常含混不清的努力，例如个人决定、集体讨论、政治决策，以防止不幸再次发生，减轻灾难造成的后果，建设更加美好的未来。

为了探索20世纪后半叶德国的政治文化，我们还可以采用一种问题导向的综合性思路，它会对东西德的发展进行对比。只要两德历史还是分开书写的，那么，战后分裂就会在学术中延续。由于最新的德国史主要在称颂西德民主的成功，所以破产的共产主义制度往往被置于从属地位。[55]自从历史学家克里斯托夫·克勒斯曼呼吁进行系统比较以后[56]，有些学者因为受到激励，也开始在研究当中探索东西德的非对称关系，只不过，他们都还是以分裂的两国作为起点。[57]而我则认为，若要评估整体的转变，还是应该循序渐进，先研究若干核心论题，进而对两德之间明显的差别与部分相似点进行纵向分析和主题分析。如此一来，叙事部分便无须苛求平衡，而可以根据主要学习过程随时变换地点；同时，对反面意见只需做有选择的评论。[58]

以下关于德国重返文明世界的思考主要集中于三个关键时期，一系列重大转变都是在这几个时期中汇聚。创造出转型条件的基本决策都是在战争刚结束以后制定的。战胜国发布的波茨坦计划明确了这项任务的双重目标：一方面，德国人需要为其犯下的"滔天大罪"做出补偿；另一方面，他们也将获得机会，"在民主与和平的基础上为生活的最终重建"做好准备。而要达成这两项目标，首先必须承认战败，并"在德国境内实现全面裁军和去军事化"。第二个条件是彻底解散"纳粹党及其所有附属组织"，废除所有纳粹机构，全面禁止纳粹宣传。第三个条件要求实现经济的非集中化，从而"消除德国再次发动战争的可能"，防止经济权力"过度集中"。[59]综上，我会首先回答一个问题：作为此后重建工作的引线，这场消除纳粹影响的运动究竟取得了多大的成功？

实际上，打造现代公民社会的真正突破，要等到发展的20世纪60年代才发生，也就是在阿登纳主政，社会变得相对稳定的时期之后。虽然早在20世纪40年代末，社会条件的结构性转变就已启动，但只有在这十年里，随着变化的加速，历史的积弊才逐一得到清理。这是因为此时推动进程的主体已经变为具有批判能力的德国人自己。而最后，西化的趋势也进一步得到了加强。这不只是因为领土的西向转移，政治上与西方结盟，也是因为人们受到消费主义与流行文化的影响，甚至连价值观和行为都已经美国化。与此同时，人们越来越适应新的政权，越来越认可它在扩大繁荣、内化自由价值、推行代议制民主等方面所取得的成就。一方面，柏林墙建成以后，东德越来越自我孤立；另一方面，一代人的反抗、社民党-自民党联合政府在选举中的胜利、社会价值观方面的其他变化，这些因素合力推动西德社会加速朝着自由化的方向发展。[60]在这一章节中，我又提出了我的第二个问题：20世纪60年代究竟是促成了传统道德的消亡，还是给"内部民主化"带来了决定性的进步？

恢复文明常态的最后一步，很多方面来说也是尚未完成的一步，与1989年至1990年的"公民革命"密切相关。这场发生在联邦德国的民权运动十分令人惊讶，它表明公民社会重新崛起。可是，民主觉醒固然能够战胜专制，但两德统一——破产的东德与相对成功的西德——却也导致了内部团结的问题，进而迫使德国人必须放弃一些不切实际的幻想。[61]事实上，一个到如今已缩小很多的民族国家就这样意外地再度崛起了，并且其发展和正在进行中的欧洲一体化完全吻合。于是，这个民族就必须重塑一个新的身份——这又是一项非常艰难的尝试。在此过程中，人们不免会对昔日的西德甚至衰落的东德有些留恋。与此同时，经济的加速全球化、跨国的移民潮也都对德国造成了压力，要求德国向全世界敞开大门，尽管这是一项全新而又陌生的挑战。在德国内部，面对急剧的变化，少数人感到了威胁，于是像条件反射一样再度开始盲目仇外。[62]在全书的结论部分，我将回答最后一个问题："柏林共和国"真的已经变成"正常国家"了吗？又或者，它只是个暂时保持低调且仍然难以预料的欧洲霸权国家？

尽管存在各种不足，德国在20世纪后半叶进行的文明重建工作仍然堪称典范，因为它表明了摆脱道德灾难、实现自我救赎的可能性。一些批评家和观察家，如美国情报官员绍尔·帕多弗和大屠杀的犹太幸存者维克托·克伦佩雷尔，起初都对深层次的转变表示怀疑，因为这需要付出极大的努力。[63]而较为乐观的评论家,如瑞士新闻记者弗里兹·勒内·阿勒曼,则对20世纪50年代中期政治文化的复兴大加赞赏,尽管当时这一进程仍未结束。[64]这就给分析带来了两项挑战:一是判定变化与转型的准确范围;二是查明是哪些因素促使了情况的好转。德国人果真已经吸取惨痛的教训,摒弃将自己和邻国引向灾难的消极模式了吗?后来的转变究竟主要是全面战败的产物,还是国际现代化运动的结果,又或者是出于悔悟的自主决定?[65]至于那些残留的问题,尤其是潜藏的排外情绪,则在警告我们,绝不能把战后取得的成就解读为理所当然的成功故事。因为这件事的示范意义,恰恰在于为达到和维持一个宽容的公民社会而进行的戏剧性斗争。

上 篇
无可奈何的转向

雅尔塔会议期间，战胜国各方虽然在和平方案上存在意见分歧，但在如何对待德国人的问题上是一致的："我们要坚决消灭德国军国主义和纳粹主义，保证这个国家不再具有破坏世界和平的能力。"有鉴于纳粹国防军残酷的战争罪行，富兰克林·D. 罗斯福、温斯顿·丘吉尔、约瑟夫·斯大林并不想严格区分滥杀无辜的纳粹分子和那些为虎作伥的民众。实际上，1945年冬天，当他们进行协商时，感情上更倾向于惩罚而非重建。占领军最初颁布的指令，以及美国参谋长联席会议的第1067号指令，也都用了类似的口气："占领德国不是要解放它，而是因为它是战败国。"[1]由于1939年发动的突袭似乎可以证实德国在1914年的战争罪行，所以同盟国将避免再度发生侵略战争设定为最重要的目标。

因此，战后的挑战并不只是"将纳粹暴政斩草除根"，而且还要彻底改变德国的政治文化，且力度必须超过第一次世界大战以后那次。纳粹主义的体制与态度给世界带来了太多苦难，当然需要彻底根除，但同盟国同时也在考虑该如何让德国与其传统彻底断除关系，因为这些传统正是导致希特勒专政与无数暴行的根源。然而，挪威作家西格丽德·温塞特却认为，要扭转"民族心理"其实非常困难，因为"源自德国思想"的那些恐怖罪行是"无论如何都不会被忘记的"。[2]被解放的集中营不仅给人留下了难以磨灭的印象，同时也在不小程度上影响了波茨坦占领计划的制订。因此，占领计划坚持在德国广泛推行去军事化、去纳粹化和去卡特尔化，并以此作为德国将来经由民主化重返文明世界的前提条件。[3]"终有一天，德国会对人类文明做出自己的贡献，"1945年夏天，一本写给德国战俘的英国宣传手册里这样承诺道，"但你们和你们的同胞必须为此尽自己的一份力。"[4]

然而，这个"全民再教育"计划的成功也不只是因为占领国施加了压力，同时，它还有赖于战败国人民的自愿参与。[5]"站在第三帝国的废墟前，我们全身颤抖。这个帝国之所以灭亡，是因为作为其基础的那些根本原则是错误的。面对废墟，我们不禁会想，德意志民族必须对这场席卷欧洲的浩劫承担起主要责任。"以上这段十分沉痛的文字摘自莱茵河地区第一大报纸《新莱茵报》的头版。大多数曾经的纳粹支持者都只顾保命，但也有不少德国人纷纷走出集中营和破败的城市，准备承担罪责，并试图从灾难中吸取教训。"我们的目标是创造一个新的、更好的未来。这是我们必须关注的事情。"新近履职的北莱茵州州长汉斯·富克斯这样强调。"我们必须创造一种新生活，不仅在物质上，也要在思想和精神上。"[6]

虽然谁都了解深层改变的必要性，但"究竟要在多大范围内用什么办法进行"这一问题，还是引发了激烈的争吵。精英阶层因为曾经和前政权有过合作，所以备受打击。纳粹倒台以后，为挽回部分的民族延续感，他们到宗教信仰或人文传统里寻求庇护，因为这些都未遭到第三帝国的破坏。于是，按照这一思路，哲学家卡尔·雅斯贝斯便呼吁"通过自我教育的方式实现转变"。也就是说，一方面将独裁政府的罪行公之于众；另一方面，为了强化"个体的责任"，必须在西方文明的基础上进行"历史反省"。[7]相比之下，在布痕瓦尔德集中营发表宣言的作者们，本着反法西斯的立场，将第三帝国的覆亡（这里当然有占领国的一份功劳）视为实现激进变革的一个契机。然而，就像维克托·克伦佩雷尔一样，他们也必须在几大占领国当中选定一幅蓝图："谁才是那匹良马？苏联？美国？民主？共产主义？"[8]

德国人在1945年以后发生的转变，既是外界施压所致，也是内心的愿望使然。谁想要解释这一现象，都必须从波茨坦公约的几个要点谈起。一方面，那三个著名的"去"字，即去军事化、去纳粹化、去卡特尔化，在关系日益紧张的同盟国大阵营内部形成了最低限度的共识，而这正是国际社会对德国政策所造成的罪恶进行批判的典范。[9]另一方面，与美化军队、民族傲慢、经济权力的过度集中这些历史糟粕的决裂，也是国内许多民族主义反对者（多半属于左派）的心愿。这些人要么长期流亡海外，要么积极参与反抗运动。所以说，想要实现根本转变，占领国就必须和有志于改革的群众通力合作，只有这样，德国才有可能重返文明世界。[10]以下几章将重点讨论：同盟国在再教育过程中对德国人采取了什么措施？哪些学习过程在群众当中发挥了作用？由此引发的转变到底取得了多大的成功？

第一章
告别战争

时间来到1945年，失败已无可避免，德军上下都开始丢盔弃甲。部分狂热分子响应纳粹"决一死战"的号召，仍在负隅顽抗，尤其是东部地区。但很多撤退的士兵纷纷扔下沉重的步枪、钢盔、手枪和弹药，他们的举动几乎已变为一种规定的仪式：首先，撕掉军服上的肩章和其他展示军衔与职务的标识；然后脱下军装，套上老百姓的衣服；最后，处理掉个人的军证、身份识别牌，以及任何可能暴露身份的东西。[1]因为害怕被抓，特别是被俄国人抓，加上不想在回乡路上被认出来，成千上万的士兵先后完成了这套个人去军事化的仪式。他们努力销毁所有参与过战争与大屠杀的痕迹，只求保住性命。曾几何时，这些打了胜仗的士兵最爱戴上军功章，站到照相机前。可现在，要是有机会的话，他们都打扮成了灰头土脸的老百姓，装出一副安全无害的样子。

尽管国防军是部分自行解散的，然而，挺进中的盟军还是勒令他们无条件投降。所谓全面投降，首先要求有系统地遣散约1 200万人的国防正规军（陆军）、武装党卫军（精英卫队）和人民冲锋队。实际上，也就是将他们捉拿归案，或转移至战俘营，也有的被送去劳动改造。不过，首先还是要严密追捕那些在欧洲犯下暴行的战犯。与此同时，全面战败也意味着，盟军会占领第三帝国的领土，收缴德军的武器、军火库、粮仓、营房和操场，并拆毁所有防御工事。另外，为防止有人规避条例，全面征服还意味着，盟军会控制战时经济的所有设施，并掌握对其进行改造的权力。[2]

防范另一场侵略战的爆发，不仅需要没收所有武器，同时还要求"消灭军队与军事传统"。不出所料，"同盟国管制理事会"的第二号法令规定，必须彻底解散"德国的所有海陆空部队、党卫军、冲锋队、安全局和秘密警察部门……包括全部总参谋部人员和军官队伍"。鉴于魏玛时期失败的裁军经验，这些规定旨在摧毁德国的军事体制，让它无法死灰复燃，从而一劳永逸地消除隐患。与此同时，法令还进行了一系列社会文化方面的限制，其力度也更甚于前："禁止德国人参加所有军事训练、军事宣传和军事活动"，包括各个传统保护单位、退伍军人团体以及类似组织。[3]出台这些措施的目的，就是要彻底消除军国主义的思维方式。

历来的研究很少关注这项惊人的社会和平实验，因为学者一般都想当然地把随后发生在政治文化上的变化视为"波恩共和国"的功劳。"军国主义"这个关键词仍然意义含糊，与之相关的文献大致可分为两类：社会经济角度的和文化角度的。[4]无怪乎美国的第二次世界大战史更注重美国自己的胜利，而非此后占领时期那些琐碎的问题。[5]德国的军事史文献详尽记载了各国关于去军事化的协商内容。相比之下，即便是格哈德·韦蒂希的开山之作也基本忽略了这一过程的社会与文化层面。[6]而在和平研究这个比较新的领域里，对于西德再武装引发的普遍反对，目前已有非常深入的调查。但同样，直到最近才有学者开始关注德国人和军方先前就有的心理隔阁,而这正是发生在他们回顾恐怖战时经验的过程中。[7]

所以,要分析去军事化的问题,就必须首先唤醒这段被人淡忘的记忆,解释变化发生的原因:欧洲历史上规模最大的军事机器是怎么消失的?军事精神又是被如何转变为一种更文明、更和平的面貌的?目前,同盟国所规定的行政遣散还有很翔实的记载,所以要再现历史比较容易。相较而言,德国人思想上的去军事化虽然程度更深,但迄今只有零星的官方记录,还有些出现在文学描写和口述历史中。[8]此外,还应该考虑西德试图在民意基础上实现再武装所带来的长远影响,特别是当它以民用形式出现,并与德意志民主共和国积极准备再武装的态度形成了强烈对比的时候。[9]所以说,士兵们放下武器、脱下军装的那一刻,并不是重返文明的第一步。实际上,只有在德国人向昔日的统一思想挥别时,文明才真正开始回归。

联合裁军

1945年5月8日凌晨2点41分,第二次世界大战在欧洲结束。这场战争前后历经五年八个月零六天,惨绝人寰,史无前例。此刻,在法国兰斯,疲惫却不肯服输的阿尔弗雷德·约德尔将军正提笔在投降书上写下自己的名字;与此同时,陆军元帅威廉·凯特尔也在柏林签署了一份几乎相同的文件。美苏两军在易北河畔的托尔高郊外胜利会师,希特勒畏罪自杀,第三帝国的首都柏林被攻陷。这一切表明,所有的顽抗都是徒劳,尽管在斯堪的纳维亚、波希米亚和奥地利仍有纳粹国防军的余部。海军上将汉斯-格奥尔格·冯·弗雷德堡试图在东部继续战斗,以此保住那些被西线盟军俘获的士兵。然而,他的计划并未成功,因为德怀特·D.艾森豪威尔将军坚决要求德军在所有战场同时放下武器。由于投降条件极为苛刻,战败的约德尔只能恳求战胜国宽宏大量,能够善待德国人民及其军队。[10]

德国的去军事化是让各同盟国能够大致取得共识的少数目标之一。要求德国永久解除武装的想法，最开始出现在《大西洋宪章》的宗旨里。《大西洋宪章》是由富兰克林·D. 罗斯福总统和温斯顿·丘吉尔首相于1941年8月14日共同颁布的。两年后，在德黑兰会议上，约瑟夫·斯大林又将这一理念从军事领域扩展至经济领域。而"欧洲咨询委员会"的一系列谈判（其主要目的是防止德国取得再次发动战争的能力）则为美国第17号征兵计划令和参谋长联席会议第1067号指令奠定了基础。最后，这些前期准备工作终于在雅尔塔会议上开花结果：

> 我们决定解散德国的所有武装部队，并解除其武装；永久解散曾多次策划军国主义复辟的德军总参谋部；没收或销毁德国的所有军事设备；消灭或控制所有可用于军工生产的德国产业；公正且迅速地惩办所有战犯。[11]

这项计划不仅要解散纳粹国防军，而且还试图大力改革德国的政治和经济结构，纠正德国人的思想倾向，从而防止侵略的再次发生，永远保住同盟国的胜利果实。

同盟国之所以出台这项去军事化决议，其实主要是因为人们普遍忌惮普鲁士军国主义，而后者的代表正是德军总参谋部。1937年，德国流亡作家阿尔弗雷德·瓦格茨在他颇具影响的一部著作中，将军国主义定义为"与军队和战争有关，但又超越了军事目标的一整套习惯、兴趣、荣誉、行动与思想"，也因此，它"会把军人的思维、行为模式和决定带入平民生活"。西方知识分子因为深陷于自身对第一次世界大战的暴行宣传，所以在容克阶层"对战争的贪嗜"中发现了真正的敌人。纳粹主义掩护着这个潜藏的敌人，所以必须消灭它。与此同时，纳粹军队最初的几场胜仗也让人震撼。盟军首领称赞说，敌人"打了一场漂亮的卫国战争"，要不是"纳粹党的干预和无能，德国未必会被打败"。艾森豪威尔的总部认为，国防军最高指挥部里的那帮"精诚团结的军事祭司"正是德国军国主义的源头，他们掌握着"帝国的实权"，是策动侵略战争的元凶。《纽约时报》的一名记者由此想到当年第一次世界大战结束后，德国如何千方百计规避《凡尔赛条约》规定的裁军条件，所以才会写道："艾森豪威尔将军和他的情报官员绝不允许历史重演。"[12]

勒令永久裁军的另一个原因是，纳粹国防军和党卫军犯下了无数战争罪行，早已将其曾经的军事荣誉挥霍殆尽。签署投降书的当天，《纽约时报》刊登了"苏联国家非常委员会"的一份报告，它估计奥斯威辛灭绝营的死亡人数约为400万。来自289名幸存者的见证更是呈现了一幅触目惊心的画面，其中包括计划性谋杀、人体实验、在附近工业设施里实行的强迫劳动。[13]同样，获释的盟军战俘也纷纷披露食物短缺、看守人员滥用酷刑等内幕，而这些其实都违反了《海牙公约》中与陆战相关的条例。美国媒体大亨约瑟夫·普利策在参观过集中营以后大为震撼，主张"将整个德军总参谋部、德国的工业家和金融家、纳粹秘密警察和党卫军的几乎所有成员［约150万人］作为战犯并处以死刑"。[14]由于国防军实在罪大恶极，各方一致认为，人们已不可能对其进行改革重组，而必须将其彻底解散。

想要解散军队，前提是要在所有战场停止战斗，国防军必须放下武器。然而，投降令的执行并非易事。弗朗茨·博梅将军统帅的挪威驻军仍然自觉"斗志昂扬"；直到外长卢茨·什未林·冯·科洛希克宣布停战以后，他们才无奈放弃战斗。这些顽强防守的战争"飞地"，从大西洋沿岸一直深入到波罗的海和爱琴海。他们在投降和撤军时是极不情愿的。最后，同盟国只能把投降令传达到停留在公海的100多艘U型潜艇上，命令它们驶往指定的集合地点，然后再将它们护送至盟军控制的港口。[15]毋庸讳言，宣布停战以后仍然有零星的交火发生，德军也仍然害怕昔日敌人的报复，但总体上，投降过程中并未出现任何重大意外。

然而，投降以后，在收缴德国全部武力的过程中，盟军却遭遇了巨大的后勤组织问题。由于5月初的国防军仍有约1 000万在役人员，所以在营房建成以前，大批战败的士兵只能生活在露天集中营。就食物、居住环境和卫生设施而言，在这些临时圈定的场地里，条件经常是极为恶劣的。不过，这更多是因为盟军实在无力应付，而非故意虐待战俘。[16]此外，遣返奴工的任务也很快就导致人力的极度短缺。于是，为应对由此造成的混乱，盟军便立即释放普通士兵，并令其转入工农业生产。其他的对策还包括指派身体健康的战俘参加清理行动，或者将他们转送至法国或苏联作为战争赔偿。截至同年7月底，在美军俘获的559万多名士兵当中，共有2 046 757人获释，922 566人被撤销指控，另有818 159人无故失踪。只有三分之一的战俘，或者说1 803 689人，仍在拘留中。[17]

所谓裁军，还包括没收军事设备、拆除防御工事、控制军事设施、停止武器生产。一名观察家发现，"有海报明令禁止私藏武器，一经发现，有可能被判死刑"。实际上，仅美军就缴获了约4 600万枚子弹、2 400万枚小型炮弹、25 900万只防毒面罩、709 000枚手榴弹、82 000支步枪和手枪、148 000颗地雷、34 000枚火箭武器、1 842艘船舰、420架飞机。遍布全国的防御点，如地堡、火箭发射台、防空基地、地雷区等，也都需要在战俘的协助下拆除。另外，几百个兵营、部队操场、机场、港口和海陆空三军的供应站正在等待接管，其中有些还会被盟军改为己用。然而，最艰巨的任务还是捣毁各军工生产点，因为"车间、研究所、技术资料等"并没那么容易被发现。[18]

解除动员同样需要搜捕战犯，战胜国对此立场十分坚定，因为他们相信德国人"意图破坏文明的法则"。首先，要记录犯罪事实、逮捕叛乱成员，同盟国就必须努力获取个人资料和卷宗等书面记录，其来源包括军事单位、军职人员，还有冲锋队、纳粹主义汽车军团（NSKK）、帝国劳动服务队（RAD）、托特（Todt）等准军事组织。其次，为更快审讯罪犯，战胜国必须在释放所有战俘以前对他们进行系统筛查。因此，战胜国首先羁押了上将、陆军校官以及25万名党卫军成员，将他们扣留到纽伦堡庭审判决宣布那天为止。这是因为无论个人还是整个组织（如国防军和党卫军的总参谋部、最高指挥部）都已遭到起诉。这些审判的目的不仅是要个人赎罪，同样也是为了揭露整个德国军事集团的罪恶本质。[19]

按照这一逻辑，系统裁军的最终目的是要与卡尔·邓尼茨上将的看守政府终止合作，而这个政府的统治合法性本来就很薄弱。所以几周之内，同盟国都更愿意和希特勒指定的继任者进行谈判，因为他们需要这些人在投降书上签字，并协助整个解除动员的过程。然而，尤其在英国人眼里，这位U型潜艇舰队的前司令官本身就可能是一名战犯。其内阁主要由贵族、公务员和商人组成，代表旧时精英阶层的利益，而这些人因为与希特勒合作过，信用早已破产。就这样，同年6月5日，由于德国武装部队的"全面战败与无条件投降"、有效政府的缺失，以及维护公共秩序的需要，德国最终被顺理成章地废除了主权。因此，同盟国管制理事会在决定成立四国联合军政府的时候，便将"在德国全面实现裁军"作为其中的一大理由。[20]

在完成这些解除动员的初期任务以后，同盟国又制定了一个更宏伟的目标——去军事化，目的是要永远地"转变德国人的思想"。"物质层面的去军事化已顺利完成，"艾森豪威尔在祝贺占领区报纸《新报》创刊时特别指出，"但这并不足以保证德国将来不会再次把全世界卷入战争。我们还必须消除德国人头脑中的军国主义思想。对整个文明世界来说，战争在原则上是不道德的，但我们仍然要帮助德国人明白这个不证自明的道理。"[21]于是，1945年9月25日，同盟国管制理事会正式下令解散"德国陆海空三军、党卫军、秘密警察及所有相关组织、人员与机构"。这些政策不仅意图摧毁德国的军队体制，而且还明确禁止歌颂尚武传统、开展军事训练，从而切断军国主义的社会文化源头。和许多中立的评论者一样，同盟国希望这些措施有助于德国人养成"真正爱好和平的习惯"。[22]

紧接着，同盟国又出台了一整套措施，希望能渗透到社会生活的深层，切实贯彻去军事化政策。同年8月底，为回应苏联的施压，管制理事会下令"禁止穿戴所有制服与徽章"，佩戴"奖章、勋饰、军衔标识"都会受到处罚。然而，这条禁令在执行过程中却遇到了困难，因为许多人连最基本的普通衣服都穿不上。老百姓中很快就流传开一句口头禅，叫"不染色就会死"（färben oder sterben）。所以八个月后，管制理事会不得不重申这项禁令，不过将警察和消防员仔细地排除在外。[23]有些出乎意料的是，直到1946年初，同盟国才宣布禁止持有武器、弹药和爆炸物。[24]同年4月，禁令的范围有所扩大，军事用地的规划、建设与维护也被列为非法。当局之所以严格限制持有武器，是因为担心匪徒袭击占领军；而制服禁令的颁布则旨在断绝战败国人民与军方的感情联系。

此后，同盟国又陆续发布了几道禁令，要求停止延续德国的军事传统，尤其是严禁继续美化战争。8月20日，所有"军校、俱乐部和军事性社团"被勒令停办。此外，因为担心成为潜在的复仇主义庇护所，同盟国当局还解散了所有退伍军人协会，甚至取消了军人的生活补贴和其他福利。到了12月中旬，管制理事会更是命令"体育部门实行去军事化"，关停了"所有军事性体育协会"，包括与飞行、跳伞、击剑或射击相关的运动俱乐部！而对于将体操列为"军事体育项目"的荒唐做法，就连美国资助的《新报》也不免给予了辛辣的嘲讽。[25]然而，同盟国并未就此罢手，他们继续推行既定政策，并于1946年5月下令禁止鼓吹军国主义的"纪念品、纪念碑、海报、标语牌、雕像等意图维护德国军事传统的物品"。[26]这些措施都是为了在公共空间里永久杜绝对昔日军事成就的美化。

在这场文化领域的去军事化运动中，学校和图书馆同样无法置身事外。知识分子和占领官员相信，在这里或许能找到军国主义真正的源头。比如在英占区，想要继续工作的教师必须保证既不"美化军队"，也不"协助备战"。同年5月中旬，监管理事会又命令德国各出版社、研究机构和图书馆核查并上缴所有宣扬暴力的书籍。这其中，受影响最大的是"所有提倡军事训练和教育、维护或推动潜在战争的材料"。而在苏占区，莱比锡的德意志图书馆甚至编订了一份有关法西斯和普鲁士军国主义的书目——共涉及15 000种书籍及150种刊物，并全面禁止它们继续流通。吊诡的是，这整个运动竟然和十年前纳粹查抄违禁书籍的做法颇为相似，尽管两者的具体情况并不相同。马堡大学教授里夏德·哈特曼则更进一步，呼吁对德语本身进行一次清洗："概念的去军事化是我们社会重建中最重要的任务之一。"[27]

为保证德国人永远不再发动战争，1946年5月，美国政府提议签署一份"德国裁军条约"，以便将再武装的日程延后二十五年。虽然英法两国政府都赞成这项提议，但苏联很快就表示了拒绝，因为它不希望四国共同控制东德的工业。另一方面，国际社会在获知"德国占领区再度大量生产武器材料"以后，也开始感到担忧。[28]不过，即便如此，在经过艰难的谈判后，各方最终还是在5月达成了一项有关"四国裁军管制"的协议。在这份协议中，各国同意成立一个联合委员会，负责"根据《波茨坦协定》密切监督战争清算与工业潜能等事宜"。这个"军事安全委员会"负责编制军工企业的清单，以便捣毁其中的专门军工生产点。此外，它还负责监督可能用于生产战备物资的厂家，同时解除对那些面向民用生产的无害企业的控制。[29]

即便有些禁令执行起来比较困难，但同盟国这些去军事化措施的累积效应还是相当可观的。在 1946 年 6 月的一份有关"英占区去军事化"的详细报告中，布莱恩·罗伯逊中将总结道："应该说，目前取得的进展还是令人满意的。"首先，"德国国防军及其所有准军事组织均已被解散"；现在，除了警察，"任何有组织的武装团体"均已不复存在。其次，"所有德国武器、军事设备、兵营与仓库"的拆除工作已大致完成，其中 95% 的战舰、军机及其他设备已被销毁。最后，"雷区的清理、防御工事和军事设施的拆除"也都完成了四分之三以上。尽管如此，罗伯逊还是断言，"消灭德国的战争潜力"将是"未来较长一段时间内"的任务；至于更为重要的"思想转变"，任何人想要评估其成败，都只能在遥远的将来才有可能实现。[30]

走出伤痛

由于多年的胜利宣传，许多德国士兵一开始都不愿接受全面战败的事实。1945 年夏天，盟军记者在采访中屡屡发现，一些年轻的列兵仍然坚信希特勒是伟人，坚信"我们并没有真的战败"。当记者向其展示集中营内的恐怖画面时，他们仍然表示怀疑："这不是真的。没见到尸体之前我不信。照片也有可能是伪造的。"有些老百姓，特别是在那些未发生过轰炸和地面战斗的地区的人，甚至声称"我们从没打过败仗"，而有些人则"认为战败不过是一场意外"。在心存疑虑的美国观察家看来，投降后继续保持军纪的做法，凸显了"军官的傲慢"，而罕见地欢迎从战场归来的军队，则更证明军国主义精神未被扼杀。所以，战胜国严厉对待此事，目的就是要向战败国人民昭示"'征服'的全部意义"。[31]

尽管如此，对许多国防军的前成员而言，正是战败的过程去除了战争的浪漫光环。当久经沙场的士兵发觉东线战场"大势已去"，他们便断言，

"现在我们只有西进，向着易北河挺进，去打英国人和美国人"，这样才不会被俄军俘虏。于是，人人"自求多福"，军纪很快就涣散了，各小分队也开始相继撤逃。党卫军重拳出击，想以死刑重整军纪，但还是未能避免由此造成的混乱。最关键的求生考验，发生在举旗投降的那一刻——"一面用衬衫做的'白'旗挂在卡宾枪的刺刀上"——因为这时决定你生死的是你的对手。[32] 但更多的情况是，胜利者根本不接受投降，这时，很多背水一战的士兵当即就沦为束手就擒的俘虏。这类关于战争失利的报道重复过几百遍以后，会让人体会到命运受人摆布的无助感，而这也恰好塑造了战争末期的集体记忆。

对列兵个人而言，被俘的羞辱还暴露了战争的徒劳。临时搭建的战俘营带来了新的生存考验，因为措手不及的胜利者根本无法为他们提供食宿："卫生条件极其恶劣，一周以后，供给也差不多断了。"起初，美国人对待战俘非常凶狠，一是因为德军的暴行刺激了复仇情绪，二是美国人受了战时宣传的影响，所以才变得怒不可遏。特别是俄国人与法国人，他们会征募战俘来修复战争造成的损害，故意让德国兵也体会一下他们曾经强迫奴工干过的苦力。然而，借助于营地自办的报纸和各种文化集会，那些羁押时间较长的士兵也能好好反思所谓"军国主义偶像"或是"人的新形象"，多了解什么叫"自由与个性"，还有"尊严与价值"。还有些士兵发现，他们只要肯出卖劳力给盟军，就能很快获得释放，因为同盟国正迫切想要恢复农业生产。不过，无论个人经历如何，所有德国士兵都一样屈辱地被囚禁着，他们也一样对此感到震惊。[33]

即便如此，多数战俘都为还能活着感到庆幸。"活着的感觉太棒了。虽然全面战败肯定会让人觉得难过，但毕竟活下来了，"一名前纳粹军官回忆道，"只有个别人知道家人有没有躲过劫难，而许多人，特别是来自东部的人，现在……都在担心家人的生死。"另一名军官在 6 月初的日记里这么写道:"很多人越来越厌恶军人,而且还不是最差劲的那类军人。"因为纳粹犯下的罪行和防御战略的无效,军人已经失去往日的魅力——现在,整整一代人只想尽早回家,重返平民生活。即使部分当过兵的学生,因为没别的衣服,所以还穿着"染过色的破军装",但他们还是刻意地想和国防军的"军营色"有所区别。"今天看来,这或许有些荒诞,但我们还是尽量像平民一样对待彼此。"经过六年的战争,"平民"的价值观与"文明"的处世之道终于再次回归,这和粗犷的军队作风形成了强烈的对比。[34]

对于几百万复员军人来说,战败的事实在一件事上表现得尤为明显:德国女人开始和盟军士兵交往,这说明他们已经失去魅力。1945 年 8 月的首次民意调查显示,许多刚刚获释的士兵看见姑娘们和美国兵眉来眼去,都极为愤怒。老兵们虽然也赞同取消交往禁令,认为这不切实际,可是,当他们发现德国女人向敌军投怀送抱时,还是颇为震惊。他们抱怨说:"六年来我们出生入死,可现在,她们居然跟美国人勾搭上了。"虽然有些老兵承认以前也跟法国、荷兰的女人调过情,但角色的互换还是刺伤了他们的自尊心。就像一个美国人发现的,1941 年的"超人"已经变成"1945年的次等人,虽然心不甘情不愿,可还得在破败的城市里清除瓦砾,在从前战斗过的土地上辛苦劳作。对这支曾经自命不凡的军队来说,战败是个难以承受的结局"。最后他还说,在感到自己无能为力以后,"除了极少数人,大家都接受了德国战败的残酷现实"。[35]

从战时经验中恢复的集体过程主要是靠讲故事;士兵们彼此分享,偶尔也说给妻子和孩子听。通过重复和交流,这些故事逐渐定型,并成为国家的社会记忆,尽管政客、记者和历史学家都更希望忽略它们。口述历史的采访(尤其是工人的采访)显示,回忆的内容往往惊人地一致:受访者几乎都将第二次世界大战称为"乱世"。诚然,老兵们也时常提及战争的那些积极的方面，比如参加"很棒的派对"、认识遥远的异国、经历各种冒险。但总体而言，极度负面的评价还是占了大多数。谈论残酷暴行和对死亡、饥饿与溃败的持续恐惧，也许让人感觉不好受，但这些悲惨的经历引起了几乎一致的反应："战争是最糟糕的东西，简直糟透了。"与对第一次世界大战的英雄化截然相反，被第二次大屠杀"灼伤的孩子"多半都慨叹"我们经历的一切绝不能再发生第二次"。[36]

与士兵讲述的故事相似，老百姓当中也流传着有关城市遭到轰炸、人民逃离或被逐出东部的各种传闻，其传播者通常为女性。防空洞里度过的恐惧之夜，炸弹的呼啸声，高射炮的轰鸣，绝望地试图救火，财产损失殆尽……各地的传闻大同小异。每个人都在重复一句话："战争太可怕了，我一辈子都不会忘记。"战胜国保证东部的大驱逐会"有序、人道地"进行，然而，各种有关恐慌的报道反而凸显出难民命运的悲惨。"1945年6月，各个村庄和市镇里的德国人，被大批手持武器的波兰人强行赶出家门，然后在同一地点集合，其间还不时遭到殴打。连着几日，他们被驱赶着一路向西，忍饥挨饿，风餐露宿。"这是当时比较委婉的一段描述。[37]当然，这些故事都是被驱逐的德国人及其后代为争取物质补偿和所谓"家园权"所做的辩护。尽管如此，它还是表明老百姓正在遭受无处不在的苦难，而这些苦难无疑会让他们对战争的后果留下负面的记忆。

对战争的文学化处理则提供了一种记忆档案，它同样强烈地表现着"民族的苦难"。尽管风格各异，但关于第二次世界大战的通俗演绎（如汉斯·赫尔穆特·基斯特的《最后的8月15号》、特奥多尔·普利维埃的《斯大林格勒》、弗里茨·沃斯的《猎犬，你们想永生吗?》）和那些更为成熟的文本（沃尔夫冈·博尔歇特、海因里希·伯尔、西格弗里德·伦茨、亚历山大·克鲁格、克里斯塔·沃尔夫）却有着同样的基本倾向。[38]这些对战争之恶的血腥描写侧重于表现乱世求生的主题，所以更有助于去除战争经验的神话色彩。同样，对秩序和道德信仰的彻底崩溃的描绘也能避免让人妄下结论。在两卷本《大逃亡》中，作家于尔根·托瓦尔德强调说，如果把德国人描绘成受害者而非作恶者，那么，所有苦难都将是无意义的。[39]虽然将德国人的恐怖经验特殊化，一定程度上会强化受害者的自我认知，但它也留下了有关第二次世界大战的批判性记忆。

即便是电影这种诉诸幻想的艺术形式，同样不能完全逃避它表现战争破坏性的义务。战后的最初几年里，电影曾试图形象地表现死亡与损毁，比如伯恩哈德·维基执导的《桥》。但是，很快它们就被那些伤感作品取代。例如《斯大林格勒的军医》，就是改编自海因茨·孔萨利克的畅销小说，而后者本来是一部粗制滥造的作品。把非常"正派"的个人塑造成英雄，提供若干可以被认同的正面人物，这么做是想给观众带来安慰。然而，它既不能模糊战争的恐惧，也无法否认纳粹党和党卫军犯下的罪行。伤感影片试图用通俗的方式在"乡土电影"（Heimatfilm）中重构一个健康的、非政治的家庭概念。即便如此，它们仍然非常倚重未遭破坏的世界与战争中人的悲惨命运之间的对比。最终，还是好莱坞电影的成功彻底扭转了情感的认同，因为美国的战争片通常都把美国兵塑造成英雄，把德国兵塑造成反派，从而混淆观众的同情对象。[40]

尽管第二次世界大战的死亡人数更多，但缅怀死者的方式比第一次世界大战后的文明得多，军国主义色彩也更少。为杜绝魏玛时期对阵亡英雄的那种复仇式的死亡崇拜，一开始，同盟国确曾下令禁止举行追悼军人的仪式。这期间，虽然在第一次世界大战基础上又增加了几块牌匾，但新建的纪念物很少；只有在东德，俄国人倒是竖起了很多红军纪念碑。回过头看，令人震惊的溃败只是让生命的牺牲显得更加徒劳，任何想要利用悼念活动煽动复仇的企图都是没有意义的。全国哀悼日从纳粹的"英雄纪念日"到"和解、信任与和平的纪念日"，这种蜕变表明，安慰已经变得比复仇更重要。另外,由于德军阵亡将士的坟墓遍布欧洲各国,而这些国家当然都敌视德国,所以从很多方面看,到处兴建德国英雄公墓的想法同样不切实际。[41]

尽管遭遇惨败,但是对战争的美好回忆、根深蒂固的军国主义思想当然不会被完全消灭。在某些私人的描述中,回想起战争初期的几场胜仗以及最后抗敌行动中展现的勇气,失落的自豪感便足以被重新点燃。另外,在前线战友的半公开集会里,军纪严明的普鲁士传统和德国士兵的彪悍作风也可能会受到赞扬。[42]将军们在各自的回忆录中,指责希特勒犯了战略错误,指责纳粹党无能,认为党卫军的罪行是导致战败的根源。在有些人看来,最高指挥部在纽伦堡审判中集体被判无罪,就如同恢复了国防军的荣耀,即使军官个人都分别被判了刑。[43]军国主义思想在极右翼圈子里的确存续着;成员们都盼着有朝一日能够转败为胜。[44]但是,也只有部分老兵还想维护这样一个臭名昭著的传统,年轻人对此并无太大反应。一名退伍老兵感叹道:"这次的失败非常彻底,已经完全没必要背后再插一刀。"[45]

暂停军事机构、厉行裁军政策、推动去军事化,经过十年的改造,多数德国人的确又过上了平民生活。除了仍在军营的那些战俘,战胜国仅雇用了1万名现役军人去找矿和从事其他无关紧要的工作。这些人虽然仍旧身穿制服,但绝不被允许持有武器。[46]尽管有些措施不免过激(例如拆除柏林宫威廉一世雕像等"危险纪念物"、废除贝尔-阿莱恩斯等带有军武色彩的街道名),但是军事传统的中断也为扭转数百年来的社会军事化趋势提供了契机。[47]对高傲的军官来说,从特权阶层突然沦为低贱的平民无疑是痛苦的,尤其是在他们同时丧失经济基础的情况下。然而,就政治文化而言,破除军队权威也为人们学习新的、更和平的价值观与行为方式提供了一个特别的机会。[48]

警力部署是这项政策唯一的例外,因为权力的真空导致了一些安全问题。同盟国的宪兵部队在维护内部纪律上都有困难，所以更无力应付来自未受监控的地区的各类犯罪团伙和黑市商人。由于第三帝国的警察一直被用作"镇压工具"，所以同盟国必须肃清其内部的纳粹流氓，恢复其专业精神。为此，英国人开设了专门的课程，用于训练新老警员。新设计的蓝制服展现出一种不同的精神状态，"可以协助德国人一路走向民主"。然而，由于无法保障人员安全，严厉裁军的政策并未得到贯彻落实，手枪也逐步被再次配发给警察。在苏占区，整顿警察队伍的力度甚至更大，其目的是要稳定德国统一社会党（SED，以下简称"统社党"）的力量。[49]

数年之内，战俘陆续刑满释放，这个过程形象地提醒人们不要忘记战争的伤痛。1945 年，在第一波大规模释放以后，英国仍羁押着超过 30 万的德军官兵，法国关押着 70 万，而苏联关押的则可能有 200 万之多。这其中，有些人在从事补偿劳动，有些人在接受政治隔离。然而，士兵们并不只是在战俘营内从事苦力；有些人发现在这里还有机会接受民主再教育。因为有英国政府出面支持，并且德国民众的呼声也越来越高，1946 年秋天，出于政治、卫生和人力的考虑，释放战俘的速度开始加快。与此同时，西占区释放的犯人和苏联战俘营的幸存者形成了强烈对比；后者所受的"摧残简直令人触目惊心"。[50] 然而，"很多情况下，被释放回家的战俘也都面临着悲惨的现实"，因为"他们往往是一个陌生世界里的陌生人"。因此，如何让这些走投无路的老兵重新融入社会，便成为战后德国社会最严峻的挑战之一。[51]

1945 年以后，西德当局对老兵采取了既限制又扶持的政策，从而成功阻止了大型复仇性压力集团的形成。民众对这场毁灭性惨败的惊愕使这些老兵失去了社会的尊重，他们的津贴补助被取消了，并被迫融入平民生活，因为只有这样他们才能维持生计。另外，最初颁布的反结社禁令也断绝了老兵在政治上寻求利益代表的可能。而且，即便在这些限制逐渐放宽以后，退伍军人也只被允许在涉及物质利益的事务上进行有限的游说活动，而军事宣传则依然被严厉禁止。所以，他们只能诉说个人在生活上遭遇的困难，于是，改善待遇便成了他们最大的诉求（尤其是成千上万的残疾老兵，还有随处可见的战争寡妇）。由于税收增加，各州都在努力向人民发放最低水平的补贴，联邦政府则通过了一系列法规，向特困群体增加支出。此外，许多老兵发现希特勒的征服战、歼灭战"毫无意义"，于是，"对任何与军队有关的事物也都开始持怀疑态度"。[52]

西德的《基本法》将战后初期开始的和平主义学习过程正式写入了法典，并在前言中积极倡导世界和平。尽管如此，在赫伦基姆湖宫和议会的宪法讨论中还是出现了争议。这是因为解散独立武装部队以后，国防事务要么被转给战胜国管理，要么被交给一个可信度并不高的国际安全体系。[53]社民党（SPD）要求宣布战争非法，基督教民主联盟（CDU，以下简称"基民盟"）则主张保留国防，两派之间存在着原则冲突。因此，最后《基本法》第26条第1款规定，所有"可能或意图破坏国与国之间和平关系，特别是预谋发动侵略战争的行为"为非法行为。除非联邦政府特许，战争武器的生产同样被禁止；公民基于良知而拒绝服役也被作为一种权利写进了宪法。另外，民主德国的第一部宪法也宣称坚持和平原则，尽管私底下人民警察已经开始推行再武装政策。[54]

然而，真正体现去军事化成功的反倒是民众对再武装的强烈抵制。1948年秋，公共知识分子欧根·科贡声称，为回应东德人民警察的武装化，英美两国"已开始对德国人［西德人］进行军事训练"。消息一出，公众的反应相当消极。此前，社民党的恩斯特·罗伊特曾要求"消除战争氛围"，新教教会也在战后的首次大会上声称"我们不需要战争"。[55]然而，1949年初《北大西洋公约》的签署却制造了一个有关西德领土的问题。"北约"只答应"在盟军占领期间"对西德予以保护。在关于"德国在西方防务中究竟能有什么贡献"的激辩中，总理康拉德·阿登纳力图表明，"德国［已经］失去太多，它需要集中精力重建，而不是考虑再武装"。不过，阿登纳狡猾地暗示，只有获得完全平等的地位，并且在"欧洲武装部队"的监督下，德国才有可能实行再武装。但由于舆论的负面影响，最后内阁和联邦议会又都明确表示"反对武装备战"。[56]

之所以赞成西德重整军备，最主要是担心东德"在苏占区建立一支红军"，进而实现"再武装"。1948年秋天，一名叛逃的军医施莱伯宣称，东德人民警察"因为有战俘的加入，队伍已日渐壮大……他们配备了重型武器，而且就驻扎在军营里"。同样，身穿统一制服的"军警"被调派至各家工厂，这也让西德民众忧心忡忡。另外，有关东德兵团的退伍士兵在希腊内战（共产党对保皇党）中被当作"炮灰"的谣言也被传得满天飞。与此同时，西方媒体还转载了施泰默尔将军的观点。这位将军自1946年以来一直担任东德人民警察的总指挥，他预测德国将会爆发一场内战："应该指派我们的警察协助两德实现统一。"不过，话虽如此，这场半真半假的闹剧却有着真正的内核。东德的统社党想通过相对警力的加强来率先夺取国内的控制权，然后在盟军撤离以后，再为关乎德国未来的政治斗争做准备。[57]

相比之下，阿登纳的再武装战略则主要是用以回应国内外可预见的反对意见。在听取前总参谋部官员（如阿道夫·豪辛格、汉斯·斯派德尔）的简报以后，阿登纳相信，为保障自身安全，这个新建立的国家确实需要具备一定的自卫能力。不过，这位新上任的总理行事极为谨慎。1949年，他委派特奥多尔·布兰克研究再武装的可能性，此后又任命他为国防部长。因为预计会遭到反对，布兰克办公室最初的规划都是暗中进行的。同样，他们与西方大国的磋商也未被公开。最后，双方一致同意，德国增强防卫的所有举动必须国际化：要么加入"欧洲防务共同体"（该方案未获法国国民议会通过），要么退而求其次加入"北约"。阿登纳战略的最终目标是想通过西德部队的再武装，在西方军事结构中获得完全平等的对待，并以此反驳一项可预见的指控，即"他只是在为西方提供雇佣兵"。[58]实际上，因为海外普遍担心德国军力再度崛起，所以直到朝鲜战争爆发以后，那些怀疑者才相信再武装确有必要。

然而，很多人对再武装的反应却是"别把我算在内"。这表明，反军国主义已经同时具备广泛的群众基础。调查显示，1947年12月，美占区有94%的居民认为"战争不会有好结果"，而1948年初则有五分之三的人担心再度爆发世界大战。随着有关军备的传言越来越盛，美占区62%的受访者表示反对再武装。而到了20世纪50年代，这一数字更是上升至72%。受访者回想起惨痛的战时经历，都不想再与战争沾上任何关系。在前内政部长古斯塔夫·海涅曼的宣传与统社党的鼓动下，德国国内开始兴起反对再武装的群众运动。因为有教会、工会和知识分子推波助澜，运动很快就征集到了400万至500万个签名。可是，在朝鲜向韩国发动袭击以后，舆论出现了转向。人们开始担心同样的事也会发生在同样分裂的德国；深入人心的和平主义开始处于下风——这在工人和妇女当中尤其明显。截至1950年9月，约有63%的德国人表示愿意接受西德组建军队并加入欧洲防务系统。[59]

然而，国内外的普遍质疑同样也产生了其他后果，即西德再武装形式的相对文明化。毫无疑问，阿登纳支持部分恢复德国的军官团。实际上，这件事早在纽伦堡军事法庭上就已启动，并最终由艾森豪威尔的一封信正式宣布生效。[60]不过，为确保前国防军军官的政治可靠度与专业能力，阿登纳同时也坚决要求他们接受独立人事小组的审查。另外，公民基于良知而拒绝服役的权利也获得了承认，并在此后的司法裁决中有所扩大，而这也大大提高了再武装的社会接受度。即便如此，新建立的军队和传统之间还是存在严重的问题,因为无论筛选多么严格,军官团的成员都难逃与纳粹国防军的干系。而由于这种延续性,他们就必须更努力地否认曾经参与过大屠杀。最终,经过多次辩论,联邦国防军还是认可了反抗分子在1944年7月20日那场刺杀行动中所展现的良心自由,并以此作为开启新传统的一个另类参照点。尽管对爆发第三次世界大战的担忧未能阻止再武装的进程,然而,人们对军国主义的普遍反感最终还是让它的势头有所减弱。[61]

渴望和平

德国领土上不该再爆发任何战争,这一新建立的信念在"冷战"时期接连发生的危机中得到了巩固。来自两个敌对阵营的成千上万的士兵配备了重型武器,被派驻于铁幕两侧。不仅如此,由于超级大国之间的核对抗——简称MAD("确保相互摧毁",这倒是名副其实)——东西德的地区性常规冲突变得愈加复杂。战略性军事演习和战术演习将德国从昔日的好战之地转变为第三次世界大战的可能战场。无论国防始于莱茵河畔还是两德边境,这个国家眼看着都不免要再经受一次毁灭。有句话虽然听着刻薄,但形容这种困境倒是很贴切:"导弹射程越短,德国人死得越快。"无论在东德或西德,人们都陷入了一种根本的矛盾中:他们既想要一套系统的和平政策,但同时又在参与一场声势浩大的军备竞赛。[62]

两个继承国分别加入两大对立阵营,其结果必然是占领状态的延续,尽管盟军采用了不那么严厉的"驻兵"形式。东西德领土的很大部分仍处于各自盟友的控制下:他们的军事设施、操场、补给站变成了一座座无人管辖的岛屿,其住宅区、商店、学校和体育设施构成了一种平行社会,而在那里工作的雇员则成了他们与外界平民接触的唯一渠道。虽然多数人对英文与俄文的路牌视而不见,但身旁川流不息的军车很难被忽略。夏日里,这些车子呈扇形散开,加入作战演习,过程中经常毁坏农田。不过,这些外国部队虽然增加了人们的安全感，但同时也会令人感到自卑，因为万一发生冲突，当地人通常会无计可施。[63]战争虽然已经结束几十年，但盟军士兵仍未撤出，这既限制了德国的主权，也导致了一种奇特的责任感的丧失，因为说到底，两个国家对涉及自身安全的决定都没有最终控制权。

　　第二次世界大战的创伤仍在隐隐作痛，核毁灭的恐惧又挥之不去。可想而知，在这种氛围里，要在20世纪50年代中期部署好德国的十二个师该有多么困难。经过激烈的辩论，基民盟和社民党最终达成妥协，为西德新成立的武装部队"联邦国防军"勾勒出了雏形。此外，联邦议会还设立了部队专员办公室，象征性地表示平民政府对军队拥有管辖权。与此同时，在国防次长沃尔夫冈·鲍迪辛伯爵的宣传下，"内部领导"的理念试图培养出所谓的"戎装平民"，从而和过去盲目服从的传统一刀两断。另外，义务兵役被缩短到了12个月，出于良心而拒绝服兵役的人也可选择在医院和养老院履行公民义务。新的制服和头盔是按西方款式做的，用色柔和，介于军官服和士兵服之间，和普鲁士传统截然不同。实际上，早在1949年就有漫画描绘过一种双头怪，凸显这支军队的矛盾性，漫画边上还配了这么一行字："看门狗朝东，小白兔向西。"[64]

　　与此相反，在东德，因为国家级"人民军队"的创建，社会对再军事化的呼吁变得愈加公开。1956年，国家人民军（NVA）成立，其成员来自人民警察的各级组织；这是一支效忠于共产党的专业志愿者队伍。不过，由于部分群众反对，直到柏林墙建立以后，义务兵役制才正式推行。根据1974年的宪法，德意志民主共和国"与苏联具有永久不变的联盟关系"，红军对其委托人行使直接控制权。同样，统社党在国家人民军中占有主导地位，并受到国防委员会总书记与政委制度的保障。共产党一方面针对西德开展和平运动；一方面在学校和青年组织中招募新人，储备新生力量，以此彻底实现东德社会的再军事化。就这样，国家人民军的经典灰色制服、阅兵时走的正步、飒爽英姿，很奇怪地在外表上恢复了普鲁士的军事传统，尽管这支军队举着无产阶级的旗帜。[65]

到了 20 世纪 50 年代末，因为战术原子武器的问题，对和平的渴望与安全防范之间的冲突在西德到达了顶峰。联邦德国明确表示放弃《巴黎条约》所规定的原子、生物与化学武器，但同时，阿登纳和他意气风发的国防部长弗兰茨·约瑟夫·施特劳斯又想在这个"终极问题"上争取一定的影响。此后，盟军举行了一场空中演习，模拟核打击造成数百万德国人死亡的场景。对于这项政策，以诺贝尔奖得主马克斯·普朗克为首的十八位物理学家发表了轰动世界的《哥廷根宣言》，公开表示抗议。随后，古斯塔夫·海涅曼等社民党元老、众多工会成员、赫尔穆特·戈尔维策等批判型新教神学家，以及海因里希·伯尔在内的知识分子又发起了一场"反对核死亡运动"。据统计，该运动仅在 1958 年的汉堡就动员了超过 15 万人参与抗议。然而，尼基塔·赫鲁晓夫不久就对柏林发出最后通牒。新的威胁出现了，抗议运动迅速从内部瓦解，联邦议会批准引入核武器运载系统，前提是核弹头的控制权仍归同盟国所有。[66]

联邦国防军遭遇的第一场考验发生在越战时期。这次可能的兵力调度奠定了西德适度克制的军事原则。1965 年 12 月，美国总统林登·约翰逊请求德国派遣一支医疗队和一个工兵营到南越，国防部长罗伯特·麦克纳马拉甚至还提到了作战部队，但这些都遭到路德维希·艾哈德总理的拒绝。实际上，最后西德只是向南越政府提供了部分宽松信贷，并向越南海岸派遣了一艘名为"赫尔戈兰号"的医疗船。对此，西德外交部的解释是，联邦德国"由于第二次世界大战遗留的影响和德国分裂造成的问题，在军事事务上的行动自由受到了限制"。而在国内，老年人在历数第二次世界大战造成的创伤，年轻人猛烈抨击美帝国主义，大家都一致反对卷入类似的军事行动。于是，社会上便开始盛行一种对《基本法》的解释，即德国只有在遭到袭击时才能允许调遣兵力。[67]相比之下，东德统社党政权则完全不顾公开的和平承诺，悍然向非洲派遣大批国家人民军的指战员，协助当地的民族解放运动。

1969年以后，西德的两党联合内阁更重视如何通过新的"东方政策"（Ostpolitik）进一步缓解国际紧张局势。它试图"在联邦德国与其邻国之间［建立］正常化的关系"，希望以此消除第二次世界大战遗留的影响，减轻"冷战"造成的压力。西德与苏联及其卫星国所达成的各项"东方协议"形成了一张"放弃武力的网络"。它试图通过展现爱好和平的诚意，来反驳外界对其复仇主义的指控，减少大家对德国人心存的畏惧。同样，波恩方面在事实上承认民主德国的存在，是想以合同协议的形式消弭德国内部的冲突，"以合作促改变"。最后，《柏林协议》也的确为防止东西德再度发生对抗提供了部分保障。此外，联邦德国还在"欧洲安全与合作会议"（CSCE）的国际化及其会议记录的整理中扮演了主要角色。只要后者承认西德在欧洲大陆上的现状，那它就必须接受波茨坦会议所确立的战后国界以及德国的分裂。[68]从长远看，这种积极的和平政策是相当成功的。

到了20世纪70年代末，维持国防自卫能力与寻求减少紧张局势之间的矛盾变得越发尖锐。赫尔穆特·施密特试图保护两德关系业已取得的进展，同时防止美国和西欧的战略"脱钩"。然而，其想法却遭到普遍的反对，因为大众显然低估了苏联新近部署的SS-20中程导弹的威力。施密特总理宣布，德国将在境内设置同等射程的潘兴导弹，同时愿意与各方继续和平谈判。然而，德国显然给谈判蒙上了一层阴影。于是，一场新的和平运动就此诞生。在复活节游行中，人们举行烛光守夜、请愿与和平祈祷活动，成千上万的民众走上街头，抗议北约的双轨政策造成了核毁灭与世界末日的恐慌。"现在，我们这些老人想要干点不一样的，"一名前战地摄影师这么写道,"因为在纳粹时期我们不是为虎作伥,就是视而不见、保持沉默。"[69]然而,有些讽刺的是,施密特总理虽然来自社民党,但该党否决了他的提议,这让自民党于1982年毅然决定加入保守派政府,该政府当时正不顾一切地推动军力部署。[70]

和平运动的出现表明德国社会已趋于两极化:一边是热爱生态与和平的理想派,一边是中产阶级的政治现实派。拒服兵役属于城市青年专业人士主导的社会运动的一部分,而"参军入伍"在较传统的小城镇仍然受到欢迎。此外,和平主义在工会、新教教会、知识分子中也有广泛的影响。社民党和绿党中也有很多人组织各种倡导和平的活动。相较而言,军队的支持者则多来自工业家、天主教会、基民盟和自民党。在东德,统社党通过和平口号与秘密资助的方式,试图加强对西德的批评,包括它的联邦国防军、原子武器和中程导弹。[71]于是,就在中产阶级保守阵营努力想要赢得关键性的1983年大选之际,全社会对和平的渴望迫使新一届的科尔政府和外长汉斯-迪特里希·根舍不得不在外交事务上有所克制。然而,美国方面并不赞成这项所谓"根舍主义"的政策。

20世纪80年代早期,随着两德紧张关系的缓和,德国人的"集体责任感"也在日益增强,维护中欧和平正在变成一种自觉。在各种动机当中,对纳粹罪行的内疚感在意识形态上依然普遍存在,并继续扮演着重要角色。尽管如此,西德也十分关心它在两德贸易中的通行利息和对方经济的偿债能力,因为当时东德经济正在快速陷入停滞状态。就西德的东方政策而言,跨越柏林墙的"人道救济"措施同样十分重要。这其中包括换取战俘自由、简化互访程序、建立新的城市伙伴关系。对这张日益紧密的关系网的保护,不仅启发了西德的施密特与科尔,某种程度上甚至也启发了东德的埃里希·昂纳克,让他们能在新一轮冷战当中抵御住超级大国之间的对抗,而两国首脑间的互访恰恰是这一新型和平友好关系的象征。[72]

然而，具有讽刺意味的是，就在两国关系缓和的背景下，民主德国竟然也爆发了一场和平运动。抗议者严正指出，统社党的和平主义宣传与军国主义做法根本就是自相矛盾的。几位勇敢的新教牧师公开声援拒服兵役者，宣扬"化剑为犁"的道理，这在对官方推行军国主义不满的青年当中引发了强烈的反响。统社党发现这件事很难回应，因为国内的批评者可以援引东德自己的和平宣传来迎合国际舆论。秘密警察对异议分子的迫害非但无效，反倒让他们发现在现有社会主义体制内争取传统人权是多么重要。为此，抗议者甚至还专门成立了一个自称"和平与人权倡议"的小组。[73]此外，还有少数和平主义者利用教堂礼拜、示威队列和静默游行，极力向尚未觉悟的同胞们宣讲不惜一切代价保卫和平的必要性。在此过程中，一批优秀的异议分子相继脱颖而出（如芭尔贝·波利、赖纳·艾波曼，以及马库斯·梅克尔），这表明该运动确已成为1989年秋天全民动员的一部分。

可见，对东西德政坛来说，放弃战争会带来矛盾的后果。由于战时的苦难，一种朴素的对和平的渴望油然而生，它超越了意识形态的壁垒，凝聚在一句流行的口号里——"永不再战"。然而，"冷战"还是迫使两国在各自的联盟里实行再武装，因为谁也无法逃避盟友的施压。不过，尽管也有丑闻传出，西德的联邦国防军还是体现出了文明，其程度远胜于再军事化以后的东德国家人民军。在外交上，融入西方的战略与此后的"东方政策"既限制了西德的军力，又促进了多边主义的发展，从而成功驯服了政府的公权力。可是在东德，虽然也发生过类似的事情，但那更多是因为国家本身的孱弱，而非文化心理的转变。与此同时，和平运动的再度兴起［不完全是东德秘密警察（斯塔西）演出的好戏］还显示了一个和平化的学习过程，尽管它有时也不免矫枉过正，因为其令人恼火的道德优越性其实全靠几个大国的保护。[74]

被遗忘的改变

第二次世界大战结束又过了半个多世纪，社会去军事化的过程多半已经被人遗忘。如今看来，它的成功似乎是不言而喻的。要全面了解这其中的变化，我们必须记住一点：1945年的时候，超过一半的符合征兵年龄要求的德国男性都穿着制服，不论他们是陆军、空军、海军，还是党卫军、冲锋队，又或者是防空队、劳务队。另外，老百姓对军人都怀有深深的敬意，对他们的赫赫战功感到无比骄傲，并且都相信战争是必要的。相比之下，五十年后，超过一半的义务兵都拒绝服兵役，德国人本能地像平民一样思考问题。同样不出所料的是，人们对派兵海外普遍表示怀疑，尽管它举着联合国或者北约多边合作的旗帜。这一态度从世贸大厦遇袭后所做的调查中就能看出来。[75]"公民"（civil）、"平民"（civilian）、"文明"（civilization）三者之间的词源学关系表明，与军事和战争保持距离是德国人迈向文明再造的第一步，而这目前尚未引起人们足够的重视。

同盟国在去军事化的必要性上达成了共识，这对转变具有决定性的影响。这场转变的目标是要将德国永远地从"纳粹主义和普鲁士军国主义"中解放出来。关于德国发动侵略的深层原因，第二次世界大战期间曾有过激烈的讨论。讨论结果表明，想要实现真正的转变，仅仅解散纳粹国防军及其战争机器是不够的——它还要求实现"思想和精神上的去军事化"。1943年9月，罗斯福总统在美国国会发表演说，他宣称："希特勒和纳粹灭亡的那一天，普鲁士的军事集团也必须一起灭亡。想要求得天下太平，好战的军国主义团伙就必须从德国——以及从日本——的土地上被连根拔起。"为了改造军国主义思想，1945年10月，美国占领军的一名职员提出，禁止军事相关的"文学和各种象征，断绝传统，禁止所有形式的军事教育和训练，都是铲除德国军国主义的手段"。[76]即使一刀切的禁令有时近乎荒谬，但推广工作还是成功地把军国主义崇拜彻底赶出了公共空间。

但同样重要的是，德国人自己是怎么对待战争创伤的，因为只有他们不再美化军事英雄主义，复仇之火才不会死灰复燃。回过头看，战场上的惨败及在国内造成的恶果让德国人实在无法再去美化第二次世界大战："我们这些前线的战士已经受够了。我们知道什么叫告别，但不知道是否还回得来。……十八岁的时候，这么做也就算了，但现在，我可不想再来一遍。"关于纳粹的罪行，很多故事里都有隐晦的暗示："最刻骨铭心的是战争的惨状。我很理解为什么德国人……到哪儿都不受欢迎。仔细想想，这不是没有原因的。"因为全社会都承认这是一场"毫无意义的战争"，于是，战时记忆就变得越来越私人化，那几年也被人称为"失去生命的时期"。[77]一方面，大屠杀和群体死亡对人造成的心理影响不利于战后重建；但另一方面，也许正因为对惨痛的个人经历有过反复的深思，所以人们才会主动远离甚而厌恶战争。

心理受创引发的政治效应便是极度分化的舆论。公众虽然容忍有限的再武装，但更希望严格限制军力的使用。调查表明，原则上，人们对动用武力化解国际冲突表示怀疑，但若是共产国家发动侵略，人们则愿意使用常规武器进行自卫。20世纪70和80年代，五分之四的西德人反对在国内部署任何大规模杀伤性武器，也不希望德国的军火库储备这类武器，就算是用于军事威慑也不行。尽管如此，也有约五分之三的人敦促政府加强军备，防止东德的袭击，而可以容忍在德国领土上再起战火的人数仅勉强过半。受访者当中，仅有三分之一的人认为参军入伍是为保护和平，而大多数老一辈的人则仍然赞成兵役。[78]另一方面，政府试图推行一项严格的平民政策，使这些人完全与军方脱钩，而这恰恰反映出舆论本身矛盾暧昧的一面。

由此可见，在战后的集体学习过程中，抵制军国主义堪称是首个重要成果，它改变了1945年以后的德国。德国人曾经"半主动、半被动地参与过"犹太人大屠杀、战俘大处决、对强迫劳工的驱逐、对游击队员的血腥镇压。而现在，他们也承认在第二次世界大战中，国防军确实犯下过"滔天大罪"。这表明，在20世纪后半叶，德国人在态度上发生了根本的转变，即托马斯·伯格所谓"反军国主义文化"。[79]诚然，对于军事史学家的这一论断，还有少数保守的老一辈的人坚决不同意，而年轻的光头党也仍然痴迷于德国的军事传统。但是，一项名为"歼灭战：国防军之罪"的巡回展览却在各地大获成功。这显示德国人的态度确实发生了巨变。也许有人会问，这一文化上的转变是否言过其实了？德国人果真不考虑具体情况，将和平视为无可辩驳、永远正确的至善，正如他们从前看待战争那样吗？这种"谦卑的傲慢"会不会产生不良后果？[80]

第二章
对民族的质疑

德国人慑于战胜国的威力，同时也因为对希特勒的承诺不抱任何希望，所以全面战败后很快就主动疏远了纳粹主义及其组织。"我们先是把希特勒的画像从墙上摘下来，然后又清空了整个书架。"前"希特勒青年团"成员根特·埃斯多回想起1945年春天家里曾进行过一次大扫除，当时全家人都很慌张："希特勒的《我的奋斗》一书当然在清除之列，但更危险的是那些纳粹徽章、会员名单和其他暴露身份的证据。"还是祖父比较有经验——老人家毕竟经历过几次政权更迭，他让子女把家里所有带纳粹标志的东西都扔进臭粪坑。"我感觉自己挺可耻，像亵渎了神灵一样，可又害怕被枪杀，毕竟保命最要紧。"就这样，无数人把纳粹主义的标志清除得干干净净。然而，这个自我去军事化的过程还只是停留在表面，要消除其背后的民族主义则要困难得多。埃斯多承认："当然，多数德国人……都为第三帝国的灭亡感到痛惜，因为他们自身并未受到纳粹政权的迫害"。[1]

从一开始,去纳粹化就是同盟国和德国反法西斯分子(无论在抵抗运动时期还是海外流亡时期)共同的主要战争目标。推翻纳粹暴政是占领德国的首要任务,也是波茨坦会议的头号决议:首先取缔纳粹党及其各个组织,然后彻底"打倒所有占据权位的纳粹分子"。实际上,去纳粹化被视为战后欧洲恢复和平的关键前提。[2]同样,德国抵抗运动的各项宣言中也都要求"扫除腐败、正本清源",坚持认为"纳粹主义的暴政必须连根带叶统统铲除"。[3]然而,全面消灭纳粹力量的要求其实是建立在一种自我安慰的假设之上,即认为纳粹党与德国人民之间存在本质的区别;只要消灭少数作恶者,其他人或许就能醒悟。同样,在美国,纳粹"匪徒"、纳粹"顽疾"的比喻流传甚广。这说明德国人还有病愈的希望;只要摆脱罪恶的纳粹政权,灭除荼毒政治文化的病菌,德国就能恢复健康。[4]

然而,并非所有观察家都相信,"纳粹政府"和德国人民可以截然分开,并在此基础上实现战后重建。因此,在一封私信当中,富兰克林·D.罗斯福用很极端的语言(这在战时宣传中颇为常见)将这场战争形容为"拯救文明的生死决战,否则暴政崇拜必将摧毁人类生活的全部尊严"。[5]在这样的措辞背后潜藏着一种历史观,即认为普鲁士军国主义和服从权威本就是德意志国民性中不变的特质。同样,苏联作家伊利亚·爱伦堡、美国记者雷蒙德·丹尼尔也都认为,德国人对纳粹政权的支持恰好证明其绝对的堕落:"欧洲和整个世界逐渐意识到……我们要对付的并不是皇帝与希特勒,而是所有德国人。因为面对这样的暴行,任何一个民族都不会袖手旁观、默不作声,除非它有什么严重的道德缺陷。"有些同盟国的政要(如英国外交家罗伯特·范西塔特爵士、美国财政部长亨利·莫根陶)也相信罪魁祸首不只是一小撮纳粹分子。他们想"把整个民族作为罪犯"来对待。他们认为,德国人根深蒂固的民族主义才是第三帝国犯下滔天大罪的根源。[6]

以前的研究只从个人净化与意识形态转向的某些角度出发，所以严重忽略了问题的其他方面。现在，通过深入的局部调查，去纳粹化研究还记录下了管理层试图清除纳粹党员的努力，并借此揭示了当时人员交往的总体情况，尤其是西占区的情况。随着德国的投降，"反法西斯委员会"所要求的决裂获得了普遍支持。但这一形势让很多作者将去纳粹化视为彻底的失败，并因此无法认可其所造成的有限但仍然十分重要的历史间断。他们频繁引用西德历史学家卢茨·尼特哈默尔所谓"［赦免］罪犯工厂"的例子——尽管这本身就是一种曲解，其目的无非是要证明这个过程使得前纳粹分子太轻易地就摆脱了过去的包袱，而且其成效经常只是流于表面。[7]实际上，正是这样的想法造成了一种印象，人们以为苏占区对前纳粹分子的清洗要更为严厉，尽管实际上，他们在某些领域（如医药、技术、军事）对纳粹分子的容忍度也很高。[8]另外，有关再教育政策的文献资料也未能提出一项切实的对策，因为它更注重对学校结构的改变，反而忽视了改造过程中那些应以内容为导向、应重在教化的方面。[9]所以到最后，有关1945年以后德国民族问题的研究几乎都集中到了一个点上，即两德统一涉及的国际与国内问题，而完全忽略了文化身份的延续或转变。[10]

因此，要分析20世纪后半叶德国人与民族疏远的现象，就必须突破去纳粹化的限制，从更广的层面上探讨民族主义是如何被扬弃的。狭义的"清洗"当然仍是至关重要的起点，因为无论在东德还是在西德，对占据领导地位的纳粹狂热分子的肃清，乃是进一步改革政治文化的基础。然而，更重要的还是在更广的层面上分析民族主义的衰落、民族概念作为参照物的崩溃、对其他忠诚联系的追求，因为不同于其他民族，德国人对自身民族身份的缺失感或是自豪感，都将继续由这些因素决定。最后，在本章中，我们还将探讨一种具体的德国人身份。这种身份即便改换了形式，其持久性却十分惊人。而且，若没有它的感召，东德各州就不会在1990年毅然加入联邦德国，而重建一个驯服的民族国家也就只能是纸上谈兵。"后民族国家"（postnational nation）的提法，直接击中了这一事物在概念层面的核心，因为它貌似悖反的特性本身就需要得到解释。[11]

肃清纳粹分子

在德国人的集体记忆中，有一套标准叙事负责描述去纳粹化的过程，它在许多自传里都曾以风格化的形式不断再现。例如亚历山大·迪克，当时生活在鲁尔区的一名青少年，在几十年后回忆道：

> 每个德国人都得回答一份同盟国政府发放的问卷，问卷很长（共计131项），有些问题问的是你有没有加入过纳粹组织或参与过什么活动，让人觉得挺尴尬。如果想谋职的话，那你得有一张去纳粹化的证书，证明你只是名义上的追随者或者受惠者。去纳粹化委员会试图查明受审者的纳粹黑历史，但经验……告诉我们，和同盟国的再教育计划一样，这些去纳粹化的举措其实收效甚微。[12]

这段描述包含了去纳粹化过程的基本故事线的所有要素：筛查的政治目的、填写冗长问卷的方法、去纳粹化委员会之前的司法程序、宣告肃清失败的确凿判断。由于这类叙事广受欢迎，且对编撰历史影响甚巨，所以更需对其进行解构：这些对事件的演绎可靠吗？对事件影响的判断能有多确定无疑？

这段描述并未提及去纳粹化本身的矛盾性。实际上，在此过程中，随着时间的推移，去纳粹化的目标与方法都历经了很大的变化。卢修斯·克莱将军承诺："有纳粹思想、在纳粹党里很活跃的人都要肃清，而且要立即肃清。"受到这句话的激励，初期的肃清工作重在解散各种纳粹组织、革除行政岗位上的纳粹分子、拘留高级别公职人员及潜在的战犯。[13]对垮台的中坚分子而言，被关在拘留营无疑是极大的震撼。因为他们被视为第三帝国的核心，所以受到的惩罚也比普通战俘更严厉。起初，多数人无法正视德国灭亡的事实，民族自豪感依然昂扬。他们不承认纳粹犯下过任何罪行："结果，他们居然全都否认了对自己的'指责'。"由于可靠的记录均已在战后的混乱中遗失，而残酷的审讯也未能揭露太多真相，所以证据的听证过程有时会拖得很久，而这一来，战俘们便又生起新的怨恨，纷纷指责战胜国"出尔反尔、言行不一"。[14]

尽管美军采取了果断行动，但因为不是所有审讯官都能掌握足够的语言技能且了解当地的文化，所以有些罪犯便成了漏网之鱼。身穿美军制服的德国移民，例如受过特训的"里奇营男孩"，在占领时期扮演了很重要的角色，而绝大多数美国兵则很难分辨狂热分子、投机分子与名义上的纳粹拥护者（包括抵抗运动成员）之间的细微差别。至于释放战俘时那些狂轰滥炸式的警告，比如"现在你们回去吧，再没有希特勒，再没有纳粹主义，再没有希特勒青年团，再没有纳粹党卫军"，其实根本就没什么效果。有些顽固的纳粹分子为逃避责任选择了自杀，也有些转入了地下。但更多人则在考虑如何破坏证据，掩盖自己的罪行。1945年7月，美国军政府首领自豪地宣布已彻底解散纳粹党，逮捕8万名纳粹领导人，开除7万名纳粹激进分子的公职。即便如此，去纳粹化政策执行中的局部差异还是给大众造成了过于武断的印象："在城里，但凡加入过纳粹党的官员和公务员全被开除了。美国人决意要实现去纳粹化，所以出手比英国人、法国人都要狠，甚至连俄国人都得甘拜下风。"[15]

遵照1945年7月7日发布的军方指示，去纳粹化运动很快就暴露出官僚化的特点，而这也将成为它为人诟病的地方。由于太多文件在战火中遭到破坏，美国军政府试图借助一份包含131个独立问题的详细问卷来生成自己的信息资料，以便全面掌握纳粹分子的情况。所幸，一名造纸厂的工人保存了一份纳粹党员的档案，可用来核查问卷的回答。[16]在同年9月26日颁布的另一部法律中，美国军政府办公室（OMGUS）规定，任何行业不得"雇用纳粹党成员"从事普通工人以外的工作，希望以此缉获仍然活跃在商业领域的纳粹帮凶。当然，肃清工作的重点还是在美占区的30万名公务员身上；这其中约有一半人都受到了某种指控。可是，仅仅以党员身份和职衔作为开除的标准，并不能准确区分"名义上的拥护者"与真正的罪犯；相反，这会导致"能力强、政治上又可靠的替补人员严重不足"。也难怪，在受此影响的多数德国人看来，这种程式化的操作"很像荒诞戏剧里的场景"。[17]

直到1946年3月5日颁布"脱离纳粹主义与军国主义的相关法律"以后，去纳粹化的任务才最终转交到了德国审查委员会手里。美国民众因为受到纽伦堡审判的影响，不断向驻德美军施压，要求对德采取强硬措施，但是，当地军政府却面临更为实际的问题，比如在80%—85%的中小学教师被开除以后，谁来负责教育孩子。与此同时，借用巴伐利亚州州长海因里希·施密特的说法，部分德国州政府正在呼吁军政府公布"单独调查程序"和罪行的分类标准，以便审讯官区分不同轻重的罪行。同样，各州政府还请求通过设立去纳粹化委员会，至少恢复对法律保障的认识。至于委员会的成员，则可以从记录清白的反法西斯分子当中招募。最后，在与军方进一步的磋商以后，新的法律终于出台。这项法律将罪犯共分为五类：1. 主要纳粹分子；2. 纳粹分子（活跃分子、军国主义分子、受惠者）；3. 次要纳粹分子（缓刑）；4. 名义上的拥护者；5. 无罪人员。这部法律尽管废弃了举证责任，但还是创立了一套程序，允许被告人一定程度上为自己辩护。[18]

对被判有罪的很多人来说，去纳粹化的程序绝非小事，因为如果拿不到免罪证明书，就难以保住一份正常的工作。首先，所有十八岁以上的成年人都必须到当地政府登记全家人口。与此同时，去纳粹化委员会面向社会招聘成员，条件是审讯官必须"秉持公平原则而非挟私报复之心"，同时要熟悉当地情况，有能力揭穿各种借口。另外，老百姓可以公开谴责纳粹及其帮凶，这有助于委员会获取所需的重要信息。至于建议的处罚则相当严厉，包括长达十年的劳改、没收财产、开除公职、取消政府津贴、剥夺投票权。最后，军政府还负责全面监督审查的执行情况，并保留直接干预的权利。比如，它怀疑第六届慕尼黑委员会"审判不公"，于是便将它解散了。[19]因为填写问卷实在太麻烦，许多受此影响的人都认为，去纳粹化对个人的未来构成了真实的威胁。

　　不过，也有很多人对军政府的宽大留下了深刻印象。这种印象主要来自去纳粹化委员会做出的大量裁决。一个典型的案例发生在对纸艺工程师S.的诉讼过程中。此人经审查被定为第三类罪犯，即"次要纳粹分子"。1903年，S.出生于符腾堡州，年轻时参加过体育和歌唱社团，接着在瑞士担任过几年商店主管，最后来到奥地利，成了一名高级工程师。1937年，他加入纳粹党和劳工阵线，一年后加入"人民福利"（NSV），最后又加入"帝国防空联盟"。此外，从1944年开始，他还担任过纳粹基层小组的领导。在辩护中，S.声称"只在名义上参加过纳粹活动"，而他担任小组领导则是迫于高层的压力，况且因为身体残疾，他还可以免服兵役。实际上，传唤证人也都证实了他的这些说法，声称并未注意到他的党员身份，认为他"只应该归为名义上的纳粹拥护者"。同样，调查也显示"当事人并不具备任何政治危害性"。所以，最后委员会便将他判定为第四类罪犯，即"名义上的拥护者"，另外还重罚了他一千德国马克，作为诉讼费用。就这样，他似乎很轻松地过了关。1969年，在S.此后成立的公司举行十四周年庆典之际，当地的一家报社甚至还专门做了报道。因为很多纳粹党员其实都是投机分子，所以回过头看，委员会将他们定性为"名义上的拥护者"的做法，似乎也不无道理。[20]

而在情节较轻的案例中，审查通常以宣判无罪告终，这样，被告人就能继续正常的生活。以戏剧导演 D. 为例，他在 1937 年加入纳粹党，在 1940 年加入纳粹冲锋队，并且更是早在 1933 年就已加入"人民福利"。起初，他被判定为第四类罪犯，即"名义上的拥护者"。但在接受委员会审查时，他声称自己"首先是个艺术家，并不热衷于政治，尤其是党派政治"。因为这次表态连同几句"强烈反纳粹"的誓言、"一向宽容且政治上无可非议的"行为，最后，针对他的所有指控全部被撤销。同样，一名担任校长的贵族"由于纳粹党员的身份"，曾一度被禁止参加任何教学活动。可是，因为她公开拥护宣信会（新教教会的一支），反对纳粹的宗教政策，而且不雇用纳粹分子做教员，所以最后同样被判无罪。虽然审查过程似乎像一种羞辱，但起码这所知名的私立学校还可以继续办下去。以上仅仅是从数千件案例中选取的部分典型；这些案例表明，多数情况下，对于洗白性质的证词——基于自私自利的"你先为我作证，我再为你作证"的原则——去纳粹化委员会更倾向于不做过分严厉的检查。[21]

然而，尽管许多判决非常宽大，但是，把纳粹分子从公职上肃清的法律还是掀起了一波怒潮。在一封公开信中，"福音派教会联盟"批评该政策在法律追溯上"过于严格"，所以结果总是适得其反。同样，在写给瑞士日报《行动报》编辑的一封信当中，读者痛斥该法律"逻辑混乱、不公不义、颠倒黑白"，因为它以集体罪恶作为假设前提，"完全只考虑政党政治"。而在一份油印的简报中，保守派天主教徒冯·吕宁克男爵也对同盟国"无礼的伪善"大加挞伐。他指责盟军从没为自己的暴行（如轰炸德累斯顿）赎罪："他们凭什么居高临下，对我和我的同胞说三道四？"吕宁克拒不承认审查程序的优点，声称"即使今天，不公义的事仍在发生，束缚和限制仍在扩大，其手段与方法和纳粹如出一辙"。[22]同样，恩斯特·冯·

萨洛蒙的畅销小说《问卷》也揭露了审查程序给德国人造成的精神重创。德国人的自尊因此受到伤害，而这种伤害掩盖了战后任何潜在的内疚感。[23]

虽然军政府想要继续厉行肃清纳粹的政策，然而，由于任务本身过于艰巨，加上民怨日益高涨，所以最后他们只得改变执行方式。美国军政府首领克莱抱怨审查进程太慢，以及被告人自我洗白太明显。尽管如此，巴伐利亚的去纳粹化部长还是指出，当局需要宽待那些"名义上的纳粹党员"。为加速处理涉案的366万人（美占区总人口为1 341万），美国军政府办公室宣布对青年进行大赦，凡是1919年以后出生的人都将免受进一步的刑罚。此后，美军最高统帅约瑟夫·T.麦克纳尼将军听取美国工会的建议，又赦免了1万名年收入低于3 600德国马克的名义上的纳粹分子。这样一来，去纳粹化委员会也就能集中精力处理更为棘手的案子。[24]1947年夏天，各州政府又提出一项进一步简化程序的方案，不过，这一次军政府并未予以采纳。直到1948年初，苏占区宣布结束去纳粹化运动以后，美国才决定及时跟进。[25]

虽然迫于美国的压力，西方列强也都推行了彻底的去纳粹化，但各国优先考虑的事项却不尽相同。例如，英国人比较务实，他们不想危及"行政部门的活力"（尤其在鲁尔区采矿业的问题上），而是允许人们更积极地参与整个过程。不过，在公共服务、教育等重要领域，他们的执行"力度倒是相当大"："要审查的不是问卷，而应该是人。"[26]然而，英国人也不是"胡子眉毛一把抓"。对于犯有具体罪行的一类、二类纳粹分子，他们都亲自审查，而其他仅需承担一般政治责任的审查对象则交由德国人自己处理。因为持续受到来自各方（如新教教会）的批评，1948年初，英国人对审查程序做了相应的修改，不久之后更是完全停止了这项工作。[27]令人惊讶的是，对于去纳粹化，法国人的态度甚至更加宽容。这可能是因为他们主要想求得自身的安全，避免再次遭受攻击，所以对他们痛恨的"鬼子"（boches）并未严格区分。[28]他们拘留并释放了一小部分纳粹党员，将其中近一半的人判定为"名义上的拥护者"，而其他人则完全免于处罚。[29]也就是说，前纳粹分子只要将定居地迁到区外，就有可能躲过审查。

相较而言，苏占区"肃清纳粹余毒"的力度则要大一些，因为其目的主要是通过重组社会关系，巩固少数派共产党的权力。[30]占领期间，苏联军队及共产党员把能找到的纳粹分子全部逮捕并将他们从工作中开除。1945年秋天，"净化"法在州一级颁布实施，"反法西斯民主"阵营的新规出台，于是，共产党也开始区分纳粹战犯、活跃分子和名义上的党员。结果，有些行业（如教师、法官、警察）便出现了集体开除的现象。由于执行过程中存在地区差异，苏联驻德军政府（SMAD）在1946年12月下令，各部门应严格遵守管制理事会的第12号指令，务必"肃清所有纳粹活跃分子，而不只是名义上的拥护者"，以及所有其他占领军的敌人。[31]然而，集体开除的做法马上就遭到抨击，理事会不得不修改1948年8月发布的第201号指令，允许部分名义上的"纳粹分子"恢复原职，不过这是根据每个人对战后重建的贡献来确定的。另外，此前因为土地改革和打倒"战犯"的全民公投，"容克大地主"和"垄断资本家"曾被没收财产，进而造成社会动荡。所以，为结束动荡，苏联军政府便于1948年2月宣布肃清工作顺利完成，并立即解散了各个委员会。[32]

对于肃清工作，当时媒体普遍都表示赞赏，但在老百姓的记忆中，它却非常失败。两者出入如此之大，不禁让人对其实效产生疑问。可是，因为现有统计数据并不可靠，且东西两大阵营又彼此攻讦——西占区指责苏占区"将资本主义赶尽杀绝"，苏占区指责西占区是"纳粹天堂"，所以迄今也没有一个准确的答案。[33]即便如此，从西德的汇总数据来看，大致情况还是相当清楚的：在涉案的3 660 648人当中，1 677人被划定为重罪分子，23 060人被判为"犯罪情节较重"（不包括英国的数据），150 425人属于"犯罪情节较轻"。所以加总之后，其实只有4.8%的人被判定为纳粹的核心成员，并受到相应惩罚。995 874 人，即总数的27.2%，被划定为名义上的纳粹党员；1 213 873 人，即总数的33.2%，被判无罪。此外，还有 358 317 人被特赦，782 803 人未予起诉，124 629 人未被分类。而 1947 年 1 月 1 日的一份同类调查则显示，在东占区的 553 170 名纳粹分子当中，有 307 370 人被强行从工作中开除，83 108 人被禁止再谋职业，其余在铁路、商贸或医药行业工作的人则被勒令"暂时留在原位"。[34]

那么，声势浩大的去纳粹化运动最终到底有何成就呢？第一，同盟国管理委员会于 1945 年 10 月 15 日颁布第二部法律，要求"终止并解散所有纳粹组织"。结果，纳粹党及其机构、组织与所有附属团体很快就消失了。从此，除零星势力转入地下以外，纳粹主义基本在德国绝迹。第二，尽管执行情况存在差异，而且其间还爆出过丑闻，但主要的纳粹分子团体已被完全铲除。另外，"冷战"期间，铁幕两边的批判性公共领域都保持了高度警惕，没有允许任何具有深厚纳粹背景的政客占据权力高位。[35]第三，经过纽伦堡审判和此后的多次庭审，纳粹主义作为一种意识形态已彻底破产。人们已不再允许公共领域里出现被认定为纳粹主义的言论。这为根本改变德国的政治文化奠定了基础：一方面，它是对国外现代化力量的一种回应；另一方面，它也和国内的进步传统有关。

要说这其中有什么不足之处，那就是没能将前纳粹分子从职业生活中彻底清除。当然，从一开始，这就是个不切实际的目标。第一，尽管国际社会不断施压，国内反法西斯分子强烈呼吁，但是，要将 650 万人全都送去劳改、参加战后重建是不可能的，因为如果没有专业人才，战败国的管理工作和经济很快就会崩溃。第二，这场实验没能让旧精英阶层里的纳粹中坚分子全都为自己的过错赎罪。这是因为去纳粹化委员会必须首先处理问卷，于是律师只能将多场听证会延后，直到肃清工作全部结束——而这主要是因为"冷战"已经开始。第三，军政府先后通过拘留营和授权媒体，试图改造所有纳粹投机分子，但同样效果不彰，因为这些人经常只是嘴巴上改变了说辞，但心里仍死抱着种族主义和反共的偏见。最后，这场运动没有被德国人普遍接受。民意调查显示，1946 年 3 月，民众对该政策的接受度为 57%，但到 1949 年 5 月已跌至 17%。实际上，因为目标定得过高，执行方式又很官僚主义，德国人到最后对肃清运动是很抵触的。[36]

尽管如此，在右派的记忆中，"失败的去纳粹化"仍不失为一段传奇。不过，由于主要依靠隐含的标准，左派对肃清运动的负面评价同样具有误导性。假如预期目标是要清除所有党员，那么，1945 年以后复出的每个纳粹分子都足以证明去纳粹化的失败。但如果标准是超越眼前的崩溃，拥有长远的政治影响，那么，这场运动显然是成功的。在苏占区，去纳粹化的推行力度更大，被告人甚至丧失了自辩的权利，可以说是独裁统治再度出现——这难道不是事实吗？无论事实会让某些人多么恼火，但名义上的纳粹分子即便复出也没有构成实际的威胁。因为他们先后被拘留、释放、筛查，所以在占据行政职位、组织政党等方面，反法西斯分子和那些记录清白的人还是更占优势。实际上，纳粹拥护者在占领军和公众的严密监视下的重新融入社会，推动了联邦德国的战后重建与民主化，因为这有助于防止顽固派亚文化的形成。而这难道不也是事实吗？所以说，大清洗真正的悖论在于：短期内它的确高开低走，但从长远看，多数既定目标最终都实现了。

远离民族主义

在围绕去纳粹化的争议背后，一项更艰巨的挑战是如何与激进的民族主义决裂。这是因为民族主义比纳粹主义更加深植于德国文化中。头脑清醒的观察家都明白，想要回归西方文明的价值观与常规，"民族思想"就必须经历根本的改变，只有这样才能一劳永逸地根治痼疾、克服德意志民族普遍的傲慢心态。政治记者道尔夫·斯滕贝尔格目睹爱国主义在纳粹霸权下被"严重扭曲"，不免痛心疾首。他反驳道："祖国的观念只有在**自发**状态下才会形成。"[37] "我看出来了，一个时代已经走到尽头。我生活多年的世界，赋予我人生意义的这个世界，似乎已经朽坏，"亚历山大·迪克事后这样回忆道，"那是一种很不安的感觉，我感到头晕目眩，六神无主，因为谁也不知道接下来会发生什么。"[38] 而且，需要接受失败的还不仅是普通人，知识分子同样必须面对。于是，问题也就来了：转型究竟是怎么发生的？其间什么东西遭到了压制？人们最后从中学到了什么？

1945年6月5日，同盟国夺取德国的主权，纳粹统治正式结束，这无疑是社会顺利恢复常态的前提。"在弗伦斯堡，政府里所有人都被剥夺了公职，海军上将弗雷德堡在一艘船上服毒自尽。"曾在5月28日，一名汉堡女子也带来如此简短的消息："邓尼茨[被]赶下台，关进了大牢。"盛极一时的德意志帝国竟落得这么个下场，这是谁都不可能忘记的。"往后这几天，我们的政府要跟各同盟国组成的委员会进行面谈。面谈的目的是要协调各区指挥官的行动。顺便说一句，这些指挥官对投降的老百姓[德国人]态度傲慢，完全不讲道理。"由此可见，大国之间的对抗已经初露端倪。美国报纸总让人感觉"美国逐渐为在政治上被苏联胜过而自惭形秽"。[39] 同盟国掌权后，德国发生了两大重要变化：一方面，它变成了国际政治的竞技场；另一方面，内部开始逐渐分裂，民族主义在政治舞台上销声匿迹，德国终于在政治上彻底瘫痪。

然而，相比于普鲁士解体等象征性动作，更关键的是要让占领军出现在公共空间，凸显德国的败落无能。[40] 满载着英美两国士兵的车队"浩浩荡荡，川流不息"。他们开着吉普和卡车，穿着干净的衣服，看上去营养良好。这让德国的幸存者都十分羡慕，而他们自己正在遭受"蹂躏"。街角张贴着双语公告，内容涉及宵禁指示、武器禁令和粮食控制。所有这些都在提醒人们，不仅纳粹元老已经倒台，就连仍然在职的行政人员也只能在占领军指定的范围内行动。此外，人们也很担心盟军会任意驻扎，因为这不但影响前纳粹分子，同时也让那些战乱的幸存者忧心忡忡。最后，还有在黑市牟取暴利和卖淫等类似问题。这些也都暴露了军事占领的丑恶面。有个叫汉斯·德里的演员曾经把德国国歌改了词，用来调侃这种任人宰割的心情：

> 从尼尔斯河到尼斯河，
> 从艾德河到因河，
> 整个是一大坨屎，
> 而我们就坐在屎堆上。[41]

同盟国试图以"胡萝卜加大棒"的方式，在媒体、学校和文化领域内声讨民族主义，从而实现德国社会的转向。为终止专门从事造谣的纳粹宣传，占领国首先查禁了全部德国报纸、电台节目和电影。然后，为填补由此造成的信息空缺，杜绝流言四起的现象，各同盟国又尝试使用自己的新闻机构，包括使用由归国侨民制作的节目。在由苏联控制的柏林，《每日评论》从1945年4月就开始公开发行。"我们面对的是对党的教条无休止的重复，以及对苏联制度拙劣的歌颂。"该报的一名员工这样抱怨道。7月中旬，英占区创办《新莱茵报》，用于传达政府的各项政策，反映莱茵兰地区的"民意"。同年10月，美国资助的《新报》也随后面世。该报在制作上更为专业，旨在"以客观报道、对真相无条件的热爱和业界高标准"为变革后的新闻界树立一个榜样。至于德国出版商和新闻业者，则只有通过严密筛查、证明可靠以后，才允许发行自己的出版物。[42]

改造工作的下一个目标对准了各中小学,希望至少让年轻一代戒除民族主义的毒瘾。为确保成功,首先必须肃清教师队伍,任命背景清白又有民主精神的教师担任校长。至于年轻人,他们曾经深受"希特勒青年团"口号的荼毒,战败后更是一蹶不振。所以,务必让他们摆脱种族主义和沙文主义的思维习惯,尽管这相当困难。另外,必须"暂停所有历史课程,因为历史课大纲需要重写,这一点学者们责无旁贷"。年轻人读过《布痕瓦尔德地狱》之类的文章,了解了集中营的真相;看过《死亡工厂》之类的电影,了解了集中营解放的情况。这些都带给他们极大的震撼。一名当年的学生回忆说:"我们也知道,假如帝国继续存在,我们这些持异见者是不会有好下场的。可是,另一方面,我们也不想一味谴责当初灌输给我们的一切。"事实证明,当老师困惑、挣扎的时候,他上的课反而更有说服力。相反,如果他只是用新意识形态代替旧的陈词滥调——这在苏占区很常见,则往往"引起抵触与反抗"。[43]

在文化领域,占领国一样试图压制有害的影响,并同时巩固积极正面的传统、传播自己的观念,以此作为替代。作家阿尔弗雷德·德布林结束流亡以后,从美国回到故乡,德国人如饥似渴的阅读欲让他印象深刻。毕竟,在纳粹独裁统治时期,这个民族曾一度与世隔绝:"人们想了解外面的世界,知道外界的消息,想要获得新的冲动和新的力量。"为克服知识阶层对大众文明的轻蔑,起初美国人着重通过新成立的"美国之家"输入其自身的高雅文化,希望德国人由此接触到现代国际潮流。但其实,在德国年轻人眼中,丽塔·海华斯出演的首部电影、美军广播网播放的正统摇摆乐反而更有魅力。相比之下,"东德文化协会"则更多致力于"铲除法西斯思想",挖掘进步传统,普及马克思主义经典,宣传苏联的光辉成就,尽管这么做收效甚微。不过,阅读以前的禁书,如杰克·伦敦、厄普顿·辛克莱、海因里希·曼、里昂·孚希特万格的作品,确也起到了解放思想的作用。一名青年这样评论道:"新的世界在眼前打开,我不知道[竟还有]和民族主义无关的文学,[所以]特别激动。"[44]

除了同盟国的各种推动计划,战败引发的自觉学习过程同样帮助德国人戒除了民族主义的本能反应:"人们像是失去了勇气。生活还能恢复正常吗?"在经历被占领的巨大震撼以后,一名普通市民回忆起他年轻时的心路历程:"问题马上就来了:怎么会这样?谁该为这场灾难负责?"虽然经过多年的宣传,但是看似牢不可破的制度竟这么快就崩坏了。于是,对于战争的目的,从前被压制的疑问也终于浮现。"我们的儿子都战死了,要不就是被炸成了残废。德国被打趴在地上。废墟向体制发出了控诉。"来自集中营的骇人报道似乎是难以理解的,特别在多年奋战于东线战场的军人看来。"我简直要精神崩溃了,我问[自己]:'为什么这样虐待我们士兵?德国人到底在坚持什么?'"[45]这样的追问表明,即便个人已经认罪,但这也只是漫漫长路的第一步,许多基本信条还有待反思。

同样,德国人在被迫检视纳粹经验的过程中,也对其背后的民族主义产生了质疑。回过头看,其实普通人很难理解,一个久经世故的民族怎么会服膺如此简陋的思想意识,所以也就更不会去质疑"纳粹的罪行——那不可饶恕的思想体系,对经济与人口等基本事实的无知,野蛮的生物主义,使他们无法理解技术的进步;信仰千禧的奴隶心态,才会选出个疯子和屠夫当救星"。正因为笃信的纳粹分子只占少数,所以希特勒才需要更多文化诱因来谋求多数人的合作。德国人"沦为了一种关于祖国与伟大、威权与顺服、军事力量与自我牺牲、藐视人类与种族癫狂的意识形态的受害者"。这是一名亲历者几十年后的反思。"德国人自己也有错,因为他们追随的是假先知。"[46]即便有些狂热分子否认两者之间的关联,但最后,叫嚣种族灭绝的纳粹主义还是占据了上风,并且经久不衰。而较为温和的民族主义,尽管建立在更为古老的次要道德上,却遭到了攻击和诋毁。

对许多人来说，摆脱纯粹的思维习惯绝非易事。例如，当被指责这是集体犯罪时——指责声主要来自海外，德国人的情绪反应就很能说明问题。事实上，"一些积习难改的人根本就不想认罪"；他们在继续推卸责任，或者试图掩盖自己扮演过的角色。多数名义上的支持者都将暴行归咎于纳粹"犯罪团伙"，而非反思自己是否成了帮凶："外国人没法体会我们承受的重压。谁也不能公开反抗，因为盖世太保的幽灵就盘旋在头顶。"而信仰马克思主义的反法西斯者则认为，贵族和资产阶级精英才是罪魁祸首。这从一名东德女生的激烈言辞里就能得到佐证："俄国人把他们当作'资本主义的猪''嗜血的剥削者'，把他们拘留在集中营里。"[47]只有马丁·尼莫拉等少数知识分子反对利用新教教会的认罪举动为他人的不公正行为开脱："即便如此，我们还是要在上帝和人民面前认罪。"一首讽喻诗甚至认为德国人本来就罪有应得：

> 而上帝说："不。"
> 我不得不击杀你们，也想要击杀你们，
> 因为你们在罪上加罪，
> 你们的杯子已经满溢。[48]

另外，知识分子对民族主义之恶的反思及其提出的替代方案，也在疏远民族主义方面起到了某些作用。马堡大学校长尤利乌斯·埃宾豪斯痛斥激进民族主义的破坏性，提倡回归一种基于"法治"的爱国主义，而这样便无须躲开"道德世界的那面镜子"。同样，瓦尔特·戈尔茨等自由派历史学家也试图清除种族主义中的爱国成分，谴责"反犹历史论"是"对史实庸俗而蓄意的歪曲"。[49]在东占区，信仰马克思主义的记者亚历山大·阿布施讲述了"一个国家在与进步势力做斗争的过程中，如何被反动精英逼上自杀之路"的故事。信奉民主的西德知识分子则不同。他们中有些人没有依赖"社会主义者的国际主义",而是在社会学家阿尔弗雷德·韦伯的带领下,共同探讨如何在联合国的框架内"摆脱此前的民族国家,逐步形成一种合法又可行的世界秩序"。还有些具有独立思想的知识分子则努力想在促成欧洲统一的过程中摒弃民族主义。实际上,早在第二次世界大战期间,就有人已经在反抗运动中提出过这个想法。[50]

面对身为德国人的不幸,最激烈的反应莫过于通过移民逃离这声名狼藉的国家。一名男青年这么回忆道:"我们最想做的事就是移民。你看看目前的情况,再看看未来的形势,哪个德国人不想呢?"正如一封典型的推荐信所言,人们想要离开"破败而饥饿的故乡",主要是希望"在异国、在远离同胞的地方过上幸福的生活"。然而,在遥远的异乡重新开始需要资源和关系。也正因为缺少这些,所以他们的计划多半都失败了。[51]更何况,其他国家通常都优先考虑广大的纳粹幸存者。这些人经历过集中营、劳改营,现在被称为"流民",因为他们已无家可归。然而,"被捕的德国科学家"、转入地下的纳粹分子,还有因为逃难和被逐而流离失所的百万普通人,也都想到国外碰碰运气。[52]可是,许多人一旦来到陌生的新环境,马上就发现自己的德国人身份反而更惹人注目了。

不过,话虽如此,在从纳粹种族主义"民族群体"到受害者群体的转变过程中,很多德国人还是尽量保留了某种超越战败的身份感:"因为共同的命运,即便在战后,德国人仍然非常团结。"前线的战友情谊、防空洞里因恐惧而相依的姐妹深情、第三帝国崩溃所导致的混乱,这些构成了集体受难的新坐标。首先,那些并未犯下任何罪行的人发现,他们之所以被驱逐、之所以要逃难,无非是因为自己有"身为德国人的先天特质"。所以说,捷克人不加选择地惩罚、剥削和驱逐所有可恨的德国佬,并非想要报仇雪恨,它同时也是基于一种国民刻板印象的推想。占领、囚禁、饥饿、严寒共同构成了一种新的集体经验，其交集正是同属一个民族的血缘关系。很多民众因为新近堕落为受害者而不免自怜起来，这有助于将从前咄咄逼人的民族主义转变为一种对"德意志人的不幸"的防御性怨恨。[53]

此外，战后初期，为应对生存挑战，共享的救济措施与支撑法律也为民族团结奠定了新的社会基础。美国的"爱心包裹"提供了"许多渴盼已久的美味"；同盟国的学校午餐计划等救助行动也提供了至关重要的帮助；与此同时，在占领期最艰险的时刻，亲戚好友也给很多人提供了食物、住宿和心理支持。"一家人终于又团圆了，"一名反法西斯官员回忆道，"生活可以重新开始了。"[54]教会与工会也伸出了援手，尽管对这个撕裂的社会来说，他们提供的帮助常常导致分化。因为在配给粮食时，社会可能会被撕裂成不同的权利团体，例如"法西斯的受害者""体力劳动者"都会被优先考虑。虽然名义上整个民族都在遭受苦难，但救济只能在州一级领取。这个事实对德国人的自我认知具有决定性的影响。人们通过有难同当的全民制度向那些在战争中毫发无伤的人征收特殊税，以此弥补战争的损失。这在德国人当中凝聚起一种新的社会团结。于是，昔日优等的雅利安种族就这样最终转变为一个由残疾老兵、寡妇、孤儿、难民、被驱逐者、无家可归者组成的福利社会群体。[55]

与此同时，同盟国下令用国土沦丧的事实对激进民族主义进行羞辱。这延续了民族问题，因为现在德国再次陷入了分裂状态。诚然，《波茨坦协定》结束了长达数百年的多民族帝国的传统："如果把东部岛屿计算在内，那么，苏联等于控制了从前帝国的一半领土。欧洲的疆域被缩减到了查理曼帝国的大小。"但讽刺的是，尽管占领区按疆界划分为不同的行政与经济板块，尽管各同盟国对未来的规划截然不同，但是人们对国家统一的愿望反倒更执着了。于是，1946年夏天，在杜塞尔多夫出现了战后的首次群众游行。游行群众一致表示支持"德国在政治与经济上实现统一，无论政治立场和世界观有何差异"。同样，在昔日的帝都柏林，统社党始终坚称"无产阶级的统一就是德国的统一"。[56]和早期谋求霸权不同的是，新成立的党派虽然都想在"统一大业"中争取领导地位，但这种竞争都只限于保护德国残剩的领土。

另一方面，奥地利人很快就接受了国家分裂的事实，但受到帝国解体影响的其他群体仍然坚守着德国人的身份。被驱逐者始终坚持"拥有家的权利"，这本身就带有各种情感与物质目的。它既为彰显出身与籍贯，同时也为将来回归故土奠定法律基础。"冷战"期间，人们回忆起痛失的东部领土，总是亲切地称它为"腹地"，而这也是右派人士对苏占区的首选名称。1945年以后，荷兰、比利时、卢森堡曾先后提出"更改国界线"的要求，希望从此由战败国转入战胜国的阵营。然而，该要求却遭到了1万名西德人的强烈抵制。同样令人惊讶的是，萨尔州人民明确表示既不愿被法国吞并，也不愿在两国间保持中立；他们宁愿回归彼时仍在建设当中的联邦德国。[57]不过，即便在战后初期，大德意志民族主义的余毒也仍未肃清；但总体而言，这种立场终究也只能是最终的喘息，有些人尽管仍固守着这一身份，但不知这身份已然发生了问题。

1949年，两个彼此竞争的国家的建立在当时被看作一个临时的解决方案。人们冀望将来会逐渐形成一个大一统的德意志民族国家。关于两德统一问题，西德《基本法》的序言中明确要求，"整个德意志民族以自决形式实现德国的统一与自由"。它一方面要求对德意志帝国合法继承；一方面以1937年划分的疆界为准、以民族血统为基础，对公民身份做出了宽泛的定义。这表达了一种延续的民族感情，而不只满足于彼时正在酝酿当中的西德。同样，东德宪法也明确表示代表整个民族："德国是一个由德意志各州组成的不可分割的民主共和国。"这一立场虽然后来或许有所减弱，却一直延续了下来。1968年的宪法或许在形式上有所削弱，但依然重申

"德意志民主共和国是德意志民族的社会主义国家"。实际上，直到1974年，"民族"的提法才被彻底废弃，转而改为"工人与农民"。[58]一言以蔽之，第二次世界大战的惨败决定性地将激进民族主义最终转变为一种残留的防御性民族感情。

此外，有效的复仇运动已经绝迹，这也是激进民族主义式微的另一标志，尽管1945年以后德国人的问题尚未解决。魏玛共和国初期的内战氛围和1945年以后相对平静的大气候是有区别的，其原因有很多：不同于1918年，第二次世界大战的失败是广泛而彻底的；长期的占领打破了任何转败为胜的幻想。其次，相比于魏玛时期，失势的精英遗老更成功地被纳入政党（西德的基民盟和东德的国家民主党），从而避免了大规模反动党派的形成。另外，军事制度的延续性打破以后，"国中之国"的发展趋势也随之被成功阻断，例如1920年代汉斯·冯·西克特将军的帝国防卫军从此便无生存的可能。此外，西德对新纳粹团体（如社会主义帝国党，SRP）的全面禁止、东德对被驱逐者的组织性镇压，也都限制了复仇运动的扩大。最后，"冷战"的两极化凸显了东西两大阵营的意识形态冲突，这是谁都无法回避的。于是，民族议题也就被搁置在一边。所以说，虽然顽固的右翼核心成员都得以幸存下来，但在战后，沙文主义的没落也是不争的事实。[59]

由此可见，1945年以后对激进民族主义的摒弃是两股力量汇合的结果，其性质颇为复杂：一方面是同盟国颁布的各项限令与改造措施，一方面是德国人的学习与适应过程。早在战后初期，人们仍在全面战败的震撼中惊魂未定，但思想的世俗改造已基本确定。第三帝国领土的沦丧，东部省份的割让，国体的分崩离析，占领国的赫然存在，这种种事实让最顽固的人都清楚地看到，激进民族主义造成了多么深重的灾难。虽然有人想改换国籍逃避责任，但更令人瞩目的是，某种民族凝聚力并未因战败而消亡；不但如此，它还形成了国民互助的基础。虽然德国人的身份被纳粹的暴行严重损害，但它并未就此完全遗失，而是转变成为"命运共同体"。第二次世界大战结束后，身为德国人变为一种国际性的耻辱，所以德国人只能忍气吞声，或者顶多以良好的行为减弱这种耻辱感。

一个后民族国家？

摒弃激进民族主义以后，德国人中出现了剧烈的情绪波动，以至于影响到其对自我身份的认知。保守派评论家（如民意测验调查员伊丽莎白·诺埃尔-诺伊曼）试图用低迷的调查结果证明德国人是个"受伤的群体"。相比于欧洲其他国家高涨的热情，德国人民族自豪感的丧失令他们十分痛惜。自由派评论家（如政治学者卡尔-迪特里希·布拉赫）对这一趋势的解读则比较正面；他们提议"在民族国家当中建立一个后民族民主政权"。针对自我意识极度不安的现实，他们煞费苦心地创立了"后民族"的概念，并坚称和其他"后"概念相似，德国人已经深知民族主义之苦，并从中汲取了教训。[60]不过，虽然西德民众对民族主义的认识越来越负面，但在东德，为从西德获取私人或国家的援助，人们仍然将民族作为基本的参照物。于是，便出现了这样的悖论：一方面，德国人普遍对民族主义敬而远之；一方面，某种形式的民族凝聚力却依然存在。

为回应第三帝国时期的民族主义狂热，许多一向头脑冷静的德国人在战后都退回到很大程度上是前政治时期的德国意识。保守派在克服"极度混乱与无助"以后，开始对占领政策的失误展开批评。然而，他们却未能提出令人信服的替代方案。尽管社会上对"群众时代"的危害有着诸多议论，但由于总统当局与纳粹合谋夺取政权已成事实，所以各种专制主义政府的概念全都因此受到玷污。其次，1944年7月20日刺杀行动发生以后，希特勒展开血腥报复，这在很大程度上摧毁了传统的民族主义精英阶层，而专制精英们却毫发无损。另外，保守派总是在外交事务上束手束脚，因为"冷战"期间他们不得不仰仗西方大国的保护，而同时，西方大国则要求德国适当开放其国内政治。保守派历史学家，尤其是格哈德·李特尔，曾试图去除德国民族主义中的危险成分（例如盲目顺从、对制服的信任）来拯救德国的民族主义，但这种努力终究未能挽回它的声誉。[61]

相比之下，左派爱国者非但面临着内部分化，同时在对苏的外交政策上也自相矛盾。有些政客（如雅各布·凯泽、库尔特·舒马赫、古斯塔夫·海涅曼）试图以民族中立恢复两德之间的政治一体性；然而，由于"冷战"的两极化趋势，他们的努力并未获得成功。此外，东德的"人民议会运动"中明确的民族主义言论却在西德遭到了冷遇，因为这等于宣告将来两德统一后统社党将成为整个国家的主宰，而在财产权问题上也将爆发一场彻底的革命。再者，由"反分裂委员会"所代表的超党派联盟运动，同样无法对德国的政治文化或实际政策产生持久的影响。[62]左派的民族主义之所以失去吸引力，部分是因为其国际主义传统与国家目标之间存在内在矛盾，部分则源自社民党与统社党之间的权斗。最后，苏联在政策上的摇摆不定也使真正的合作化为泡影：有人主张以侵占领土或绑架一个社会主义卫星国的方式对德实行惩戒；也有人希望与一个中立、统一的德国保持和平关系。[63]

就这样，负面联想和观点的缺失导致许多德国人对自我身份避之不及，并像变色龙一样不断寻求其他身份。在此过程中，西德人按照美国提供的民主范例实现了自我改造。这是因为相比于其他占领国，美国的经济实力和轻松的生活方式似乎更具魅力。一方面，西德的政治精英保证会抵御共产主义入侵，生意人也看到了恢复大规模生产的希望；另一方面，知识分子都为现代主义高雅文化的创造性所倾倒，而年轻人则被好莱坞电影和摇滚乐迷得神魂颠倒。[64]相较之下，在东德，尽管红军长驱直入的情景仍然历历在目，但在有些人看来，胜利的苏维埃、真实的社会主义成就，似乎同样在昭示一个更昌明的未来。甚至部分资产阶级学者（如维克托·克伦佩雷尔）也都消除了疑虑，开始对未来有所憧憬。[65]不过，除此之外还有另一项选择，那就是将它作为一个跨国实体转向欧洲，因为两者毕竟具有共同的西方意识，且一体化对双方的经济都有好处。[66]

铁幕两侧的德国人在经历了蒸蒸日上的战后重建，以及1954年足球"世界杯"夺冠后，受挫的自信心开始恢复。的确，战后初期，历经饥寒、军事占领、去纳粹化、工业解体这样纷乱的世局，只要能保证生存，人们也就很满足了。在西德，币制改革以后，经济稳步地加速发展，为社会繁荣奠定了基础。与此同时，国际市场对德国产品的需求不断增长，证明德国的竞争力正在逐步加强，而这同样让德国人倍感自豪。在东德，经济复苏起步较晚，成效也差很多，即便如此，人们还是为取得的成就感到骄傲，社会上下充满了一种"东山再起"的意气，这也在某种程度上消除了1945年以后所受的种种屈辱。自信的恢复虽然与意识形态无涉，但无疑和精诚、勤勉等传统的民族刻板印象有关。尽管如此，它还是给德国的劳动者提供了一个替代的身份，而这最终又将发展为一种彻底的"德国马克民族主义"，成为炫耀经济成就的资本。[67]

相比之下，整个20世纪60年代，知识分子中的自我批评的风气越来越浓厚。最终，他们抛弃积极例外论的传统，转而接受了一种极为消极的德国身份观。和受过教育的资产阶级前辈不同，这个名为"脑力劳动者"的新阶层对民族主义持否定态度；他们有很现代的生活方式，有国际观，也更多抱有批评的姿态。[68]为揭露肮脏的历史，西德小说家君特·格拉斯、海因里希·伯尔，包括罗尔夫·霍赫胡特、彼得·魏斯在内的剧作家，都在各自作品中正面探讨了纳粹活跃分子以及消极支持者的罪责问题。同样，克里斯塔·沃尔夫、斯蒂芬·海姆等东德作家也在努力与纳粹的遗产保持某种批评距离，尽管他们的作品常被统社党当作宣传工具，用来为政权争取民意支持。和多数人越来越正面的自我形象不同，知识分子更强调德国在发动第二次世界大战中的责任问题，更关注犹太人所遭受的有组织的大规模灭绝。因此，在西德知识分子中，最终形成了一种所谓"大屠杀身份"；而在东德的受教育者当中，则逐渐发展出一种反法西斯的自我人格。[69]

到了1968年，世代反抗运动兴起，这种文人式的自责更是被提到了新的高度，造就了一种消极民族主义的悖反形式。尽管在其他西方社会中，价值观也在向后物质主义趋近，但在西德，由于上一代人痛失因第三帝国而长久积累的权威，所以这一趋势要更为明显。[70]问责和认罪在控诉父辈的过程中发挥了重要作用，因为这样一来，子女就能更果断地抛弃传统的民族主义价值观。年轻人为淡化个人的出身背景，推崇一种相当高调的国际主义，即一种教化意味浓厚的第三世界的思想意识；同时，他们也同情所有反帝国主义解放斗争，尽管这份同情经常是相当幼稚的。[71]与邻国相比，德国的新社会运动更强调维护和平的责任、环境的重要性和女性解放。它们提出的要求具有激进的性质，其中隐含了一种倒置的德国例外论。这种对民族的否定行为，或被誉为后民族自由的先声，或被痛斥为一种集体性的自我仇恨。而对此究竟该如何评价，那就完全要看个人的政治立场了。

进入20世纪70年代，为回应政治团结基础的问题，左翼民主派提出了"宪法爱国主义"的方案。这一概念是由政治学者多尔夫·施特恩贝格尔提出的，并在社会哲学家于尔根·哈贝马斯那里得到了普及。与一般的国家论述截然不同，"宪法爱国主义"不是以民族为基础，而是建立在人权等道德观念上。实际上，这个概念也确实反映了一种越来越强烈的认知，即《基本法》为非主流的个人与批评群体提供了至关重要的保护，使其免遭国家权力的胁迫。[72]同样，1974年颁布的民主德国宪法中也未废除

"民族"的提法,因为它已将马克思主义的意识形态原则作为其政治制度的基础。由于和民主存在明显的联系,"宪法爱国主义"的理念对知识分子极具吸引力;但另一方面,其鲜明的理性主义色彩无法满足大众对集体情感认同的需要。所以,最后两派之间的隔阂也就越来越深:知识分子偏爱批判性的自我形象,而大众则更喜欢正面的、扎根于种族的认同感。

进入20世纪80年代,随着双民族主义思潮的盛行,传统的民族观遭遇到更大的冲击。双民族主义不仅默认两个德国的事实存在,并且还试图在道德上为其提供辩护。左派作家和历史学家呼吁全面承认民主德国的存在,接受东德人的公民身份。这一呼吁部分是出于伦理的考虑,部分则是基于某种政治主张。[73]关于"奥斯威辛"的罪恶根源,有种简单化的观点认为,大屠杀的发生正是因为有德意志民族国家的存在,而德国的分裂也就成为历史的必然。另一种同样轻率的观点认为,德国人必须主动接受国家分裂的事实,从而为维护中欧和平创造先决条件,为它曾经分裂欧洲大陆的过错赎罪。由于国家统一的论调不得人心,于是,一些更务实的评论家指出应该加强东西德团结,毕竟双方都已逐渐形成各自的特色,两国分治的现状似乎已成定局。然而,尽管该分析准确指出了两国分立的趋势,但事实证明这仍然言之过早。

由于上述的发展变化,第二次世界大战结束后,只经过一代人的时间,多数西德人就已显露出身份割裂的明显迹象。保守派政客哀叹,只有约一半的公民仍然保有民族认同,其比例远低于其他欧洲国家。此外,知识分子在媒体与校园里的批判性影响日渐增强,这代人的反抗进一步削弱了青年与民族之间的联系。同样,由于不断强调历史罪行,多数高中毕业生都很排斥德国人的身份认同,而文化层次较低的族群则仍然保持着相当正面的民族自我形象。这其中,德国人在各项国际体育赛事中频频获奖应该起到了很大作用。最后,西德人的身份感往往异常两极化,这是因为只有右翼群体还保持着十分高昂的情绪,而左派则对国家问题普遍敬而远之。另据不完全统计,尽管东德大力宣传具有社会主义特色的国际主义,但人们仍表现出较强的民族性,民族主义思想也较浓厚。[74]不过,虽然民意测验显示民族团结的感情仍有残留,但同时,也有一部分人在日常生活上正在与其渐行渐远。

社民党-自民党联合政府的"东方政策"部分承认民主德国的存在,而基民盟的反共立场则拒绝面对既成事实。从长远看,在维护两德关系方面,前者要比后者更为成功。尽管如此,几十年后,西德人对统一的热情呼唤,统社党政府在哈尔斯坦主义指导下所采取的不接触政策,1953年反抗统社党起义纪念活动中象征性的称呼"东部的弟兄姊妹们",所有这些努力都不再奏效。[75]相较而言,反倒是"渐进政策"帮助勃兰特-谢尔政府在隔离墙上凿出了小孔,恢复了两国人民之间的经济、文化与个人联系。西德总理维利·勃兰特、其继任者赫尔穆特·施密特和东德领导人埃里希·昂纳克的国事访问,连同两国政客之间的大量接触,或许不足以移除铁幕,但确实开启了内部对话,缓和了紧张的双边关系。在20世纪80年代的第二场"冷战"中,东西德都曾流行过所谓"责任共同体"的说法,两国人民呼吁各自一方的大国停止军备升级。此外,日渐热络的跨境贸易也对改善东德人民的生活水平做出了贡献。联邦德国提供的数十亿信用贷款无疑有助于稳定统社党的老人统治,但同时,也为潜在的异议分子创造了一定的空间。[76]

随着关系日渐缓和,两德间的交流突破柏林墙的阻碍,重又恢复到原有的水平,且程度之深远非其他邻国可以相比。这其中,电子媒体发挥的作用尤其重要,因为在东德大部分地区,只要关掉干扰设备、解除架设天线的禁令,就能收到西德的广播、电视节目。所以到最后,几乎每天傍晚,东德人都会围坐在电视机前,足不出户去西德神游几小时。另外,由于更多线路开通，两国间的通话量也随之激增；到了 20 世纪 80 年代，双方的人员往来更是急剧增加。以 1987 年为例，除忠诚于统社党的特权"旅行干部"以外，共有约 500 万东德人（还不仅限于退休老人与探亲者）到访过西德。此外，有几十座城市建立了伙伴关系；文体领域的交流也在变得日益频繁。[77]尤其是参与这类交流的年轻一代，正可借此机会了解那个传说中的"德国"，要不然，它就只能永远留存在老辈人的记忆当中了。

与这张人际网相应的还有一种思想意识，即"文化民族"的观念。这其实是个前民族国家的委婉说法，意思是全天下说德语的人是一家。[78]东德著名作家海纳·穆勒、乌尔里希·普伦茨多夫的作品频繁出现在西德，而西德批判作家海因里希·伯尔、君特·格拉斯的作品也偶尔在东德出版。就这样，文化交流成功跨越了国境。在此过程中，德国古典主义的传统和纳粹留下的罪与苦难，逐渐成为文学的主流；与此同时，乌韦·约翰逊等东德流亡作家对现实生活的描写则在异军突起。[79]20 世纪 80 年代，学术交流（例如在社会历史学家之间）也日益增多。有人试图在政治层面上建立对话关系，比如社民党和统社党的理论家们就曾以社会主义的未来与和平为题，草拟过一份颇具争议的"讨论稿"。[80]有时，这些努力或许不免天真，但其目标是一致的，那就是批判纳粹主义，呼吁超越"冷战"的和平，追求更加公正的社会。

所以，就这样，尽管两国已经疏远，但一种不对等的民族感情在东西德人民之间得到了延续，并且，它已不再受到鲜明的民族主义的影响。民意调查显示，在西德，赤裸裸的爱国主义容易遭人质疑，但人们仍希望有朝一日国家能够统一；西德人虽然不免流露出些许优越感，但依然将东德人视为同胞，而非普通邻居。[81]尽管我们没有类似的统计数据，但零星的证据表明，东德人对民族的兴趣更大，尽管这种兴趣是由西德的消费和流行文化所激发的。特别是有些东德人，他们在西德有亲戚，从西德媒体上获取资讯，或者还有幸到访过西德，所以不管东德政府如何警告，他们依然与西德保持着密切接触。而其他东德人，则更看重德国马克的购买力与优质的西德产品。[82]国家分裂期间，尽管右翼极端主义偶尔也会加剧，但总体而言，执着于收复领土的沙文主义始终未成气候。

久而久之，战后的这些集体学习过程便塑造出一个不断变化的德国人身份，其内涵或许可用"后民族国家"一词来定义，尽管这看似自相矛盾。一方面，它表示这种身份感明显区别于以前的民族主义，而后者的弊端是连最虔诚的爱国者都无法否认的。非但如此，大众消费、流行文化和旅游拓宽了领导层的视野，开阔了他们的心胸，这无疑加速了国际化的进程。不过，另一方面，后民族主义也可能意味着经济奇迹促进了集体自尊的恢复。人们越来越认同柏林共和国的稳定与文明，即认同"德国模式"的一切——"德国模式"是20世纪70年代社会民主运动中的一句口号。最后，这个概念本身的矛盾性会让人想到德国最高法院对国家统一的一贯立场，也就是说，只要东西德依然并存，那么，民族问题就不会得到解决。[83]

民族之累

在有些地方，比如美国，"民族"是集体自豪感的源头，但在德国，即便在统一以后，这仍是一个精神创伤的参照物。每年10月3日是德国人庆祝统一的国庆日，就像法国人庆祝7月14日攻破巴士底狱那样；但在德国，这个节日很难激发起同样的热情。这证明，德国人对自己的身份仍然疑虑重重。[84]然而，这份不安并非只是源于一种普遍认识，即21世纪初，由于受到全球化、国际恐怖主义等因素的挑战，民族国家已经遭遇危机。[85]更确切地说，它是某种潜在负罪感的产物——对两次世界大战带来的无穷苦难，对斯拉夫人的种族清洗，对犹太人的大肆屠戮，对整个欧洲大陆的奴役。这种负罪感使得许多善于自省的德国人干脆把民族国家和野蛮等同了起来。无论是光头党青年咄咄逼人的民族主义，还是知识分子中奇缺的自信，都在表明德国人的民族身份问题依然没有得到解决。

从21世纪的长远眼光来看，民族身份的问题化或许可视为战后非民族化这一基本过程的成功。具有极端种族主义色彩的纳粹思想，直到政权垮台以后才暴露其凶残的本性，而他们宣扬的民族主义也从此名誉扫地。毋庸置疑，同盟国实施的去纳粹化推动了这一转变，并在德国反法西斯主义者的协助下使之得以贯彻。不过，更重要的或许是，德国人在第三帝国彻底崩溃后进行的集体再思考的过程。1945年5月，不来梅市长特奥多尔·施皮塔宣称，以前的纳粹支持者现在都很鄙视纳粹党，因为"人民感觉被骗了，被出卖了"，因为"神奇的武器"始终没有发挥作用，那些纳粹大佬不过是胆小的奸商，"生命和城市的无谓牺牲"并未能避免战败的结局。因为希特勒缺乏"任何宗教、道德的底线与责任"，所以其政策总是和目标背道而驰。"希特勒力图缔造一个属于所有德国人的大德国，结果却毁了德意志帝国，导致国家分裂。"[86]

诚如作家里卡达·胡赫所言，老一辈人试图以"战胜民族主义"的方式，至少拯救一种净化过的防御性"民族感"。幸存者因为所受的苦难而自认是纳粹的牺牲品，并结成所谓"命运共同体"。而这一共同体又借助福利救济为缓解战争遗留问题提供了基础。右翼复仇主义分子一直寻求恢复1937年划定的疆界，但第二次世界大战失败后，其主张并未能吸引大批追随者。也因此，温和派政客才能集中精力挽救德国的领土：一方面反对继续修改国界；一方面争取将萨尔州并入德国。然而，时过境迁，一度高涨的统一热情终究还是冷却下来了。这是因为各战胜国本就分属对立的阵营，谁也不希望对方从中获利，所以统一终究只能是纸上谈兵。不过，最关键的或许是，民族这一概念本身就具有消极的含义，因为人们往往会利用它来为纳粹的罪行进行辩护（例如在战争赔偿问题上）。[87]

1945年以后，年轻一代努力在思想上逃避其国族身份，但总体而言并不成功，因为身为德国人的耻辱其实很难摆脱。不用说，政客们都在争做"优等生"，向各自的占领国效忠。他们不仅谨慎因循占领国的意识形态路线，而且还大肆模仿后者的生活方式。其次是自我形象的欧洲化。这要求德国人必须将情感依恋的对象从自身转向新兴的欧洲，而这无疑有利于"旧大陆"在政治和经济上实现统一。然而，如此消极的民族主义立场——45%的受访者不以身为德国人为荣——并没有被其他民主国家所理解。后者并不想步德国的后尘，放弃自我身份，和过去一刀两断。一场又一场研讨会试图寻找一种剥除了民族主义的德国人身份，但这往往遭到外界的冷笑。讽刺的是，德国知识分子极力想要"与民族遗产保持一定距离"，但这姿态似乎本身就带有鲜明的德国特色。[88]

从历史角度看，这种不安指向了一个更核心的问题：民主的爱国主义是可能的吗？民族忠诚与追求人权是可以调和的吗？或许，1989年至1990年间实现的两德统一为融合团结与自由的理念提供了很重要的前提条件，因为一个萎缩的民族国家，有公认的疆界，没有少数派，竟然浴火重生了，这让只专注于收复失地的激进民族主义显得尤其狭隘。另一个前提条件是，在思想上认识到需要建立一种与政治体制的联系，保证既能遵守《基本法》，又能包容某种对异质文化开放的自我价值。各界人士（如东德神学家里夏德·施罗德、基民盟政客沃尔夫冈·朔伊布勒、西德历史学家海因里希·奥古斯特·温克勒）都赞成融合民主与爱国主义。他们希望继承1848年和1919年的革命遗产，从中找到一条出路。[89]所以说，德国人目前正面临双重的挑战：一方面，要警惕激进民族主义造成的威胁；一方面，要和自己的国家建立起更正面的关系。

第三章
摒弃计划

1945年初，尽管悉心保护，德国经济还是卷入了第三帝国崩溃的旋涡当中。德军在前方节节败退，老板和工人在后方犹豫踌躇：到底应该听元首的私人秘书马丁·鲍曼的命令，摧毁德国的基础设施；还是保护好基础环境，为战后重建做好准备？由于轰炸和地面战对水厂、发电站造成重创，能源服务开始陷入危机。运输的中断导致食品供应出现短缺；尤其在城里，市民们大排长龙，抢购风潮使得本就匮乏的食品出现严重浪费。无人看管的仓库遭到本地人和外籍劳工的抢劫。由于商业活动逐渐停摆，邮件已不再投递，电台停止了广播，报社中断了发行。最后，军火生产也终止了，找一份固定工作已经变成奢望。一名当地官员特奥多尔·施皮塔发现不来梅"急缺煤炭和棺材"。"经济、货币和支付活动将会中断很久，甚至可能完全被破坏。"[1] 德国人曾经强加给整个欧洲的苦难，如今全都降临到了自己身上，而且它来势汹汹，更甚于前。

实际上，战时的德国经济是在增长的。此时，德国人虽然战败，但其经济仍蕴藏着潜能,而对此,战胜的同盟国一时还没想出对策。因为德国的战争经济本身就是国家强制与私人自愿相结合的矛盾体,所以相比于军国主义和纳粹主义,问题的分析与改进就不会那么明晰。在苏联领导人和西方马克思主义者看来,这场空前浩劫的根源非常清楚。根据共产国际的定义,法西斯主义代表了帝国主义统治下垄断资本主义的最高形式。除了重建所需的赔偿以外,为长期保证德国不再发动侵略,其社会与经济制度必须实现根本转变;实际上,这也就等于彻底废除资本主义制度。这里唯独需要考虑的一点是,国内和国际联盟的政策都表明,这些长期目标应该逐步实现,而不能急于求成。因此,1945年6月,在首次公诉当中,德国共产党(KPD)坚决要求"没收纳粹大员与战犯的全部财产""清算其名下的大宗地产"。[2]

相比之下,在美国人眼里,德国经济的问题就比较复杂了,因为他们必须在彻底削弱和有限重组之间做出选择。为避免爆发第三次世界大战,财政部长亨利·莫根陶、银行家伯纳德·M. 巴鲁克、参议员哈利·基尔戈提议对德国实施惩罚,用全面非工业化破坏德国发动战争的能力:"我们必须防止德国——同样还有日本——再度壮大起来,变成随时可能发动战争的工业强国。"[3]然而,如此强硬的政策却遭到商界及军政府内部务实派的反对。这些温和派认为,严惩德国人"并不划算",因为德国在战前尚且无法自给自足,现在,如果再把它疲弱的经济打回至农耕状态,那会彻底摧毁这个国家。而这一旦发生,美国的纳税人势必要为此付出代价,因为德国的邻国若要复苏,欧洲最大的经济体就必须首先恢复常态。况且,这种经济上的压制也有违《大西洋宪章》的宗旨,更别提美国在自由贸易方面的自身利益。因此,《纽约时报》提倡采取一项折中方案,"既有利于欧洲的重建,又能将德国的威胁控制在一定范围内"。[4]

虽然在伤痕文学里,饥饿与贫穷随处可见,然而,在战后的史书编撰中，外部经济干预和内部学习过程的问题却只是一笔带过。一方面，它的不受重视是由于概念本身太模糊，同盟国的决议中就经常将非工业化、去卡特尔化、解散、赔偿等概念混用，从未有过一个固定的称谓。[5]另一方面，学术研究的关注点转移到了不同问题上，譬如1945年后工业国有化的失败。在批判型知识分子看来，这是一次"痛失的良机"。[6]相较而言，经济史学家则更注重延续性的问题，因而忽视了"马歇尔计划"和货币改革对西德经济复苏的影响。[7]与此相反，对苏占区的研究认定，计划经济初期的艰难条件、大规模没收政策造成的影响、精英阶层的强制改造是削弱德国经济的三大关键问题。[8]

然而，公民社会的概念却显示，经济秩序和政治制度之间的关系十分紧张，因为它描绘了一个通过追求物质利益完成自我实现的空间。历史学家于尔根·科卡认为，在工业化的影响下，该领域已被"[再]定义为一个由必需品、劳动力、市场与特殊利益共同构成的体系，[它既]排斥国家，又隶属于国家——是一个中产阶级统治的领域"。[9]尽管如此，在西德建设社会市场经济，在东德确立社会主义计划经济，这种比较本身就是一项伟大的社会实验，人们可以用近乎教科书的方式比较两种不同意识形态系统的优劣：和苏联支持的中央计划相比，美国所要求的市场经济转向进展如何？发生在联邦德国以及此后民主德国的"经济奇迹"，其成因、过程和影响是什么？为什么现实的社会主义制度会在经济上遭遇失败？参与全球竞争的社会市场经济存在哪些局限？[10]

被迫重组

1945年夏天，战胜国在面临一项挑战，即如何保证德国的武器生产安全无害。有鉴于此前欧洲的沦亡以及后来纳粹的失败，改造德国的战争经济、使之服务于民便成为当务之急，而且，这过程必须由同盟国管理委员会开展实施。其次，制定决策前必须吸取历史教训。想当年，魏玛共和国曾巧妙规避《凡尔赛条约》中的裁军条款，秘密与苏联合作开发武器。而第三帝国更是公开进行再武装；虽然这其中有许多临时举措，但给人的印象是酝酿已久且行动十分果断。[11]除了这些因素以外，还要考虑通货膨胀与"经济大萧条"造成的重创。也因此，政府采取的行动，包括重工业的国有化，才会同样引起共产主义者与温和派知识分子的兴趣。因为更多是出于恐慌，而非全面了解实际的破坏，所以同盟国的规划者建议强势干预。

参谋长联席会议第1067号指令首次提议建立所谓"经济原则"，并在《波茨坦协定》中予以了详细说明，其用意是要永久削弱德国经济。而要消灭德国的战争潜力，首先必须严令禁止"武器、弹药、作战工具以及各种飞机和远洋船舶的生产"。对与战争经济间接相关的"金属、化工产品、机械等"则必须严格监管。同样，还要制定各项规范，消除非重点生产力，以此作为一种赔偿形式，或者干脆全部销毁。与此同时，同盟国还要求实现彻底的去卡特尔化，从而"消灭经济力量过度集中在卡特尔、辛迪加与托拉斯当中的现象"。相反，工作重点应该"放在农业经济与国内经济中非战争工业的发展上"。至于200亿元的战争赔偿，则不应该包括"现金付款"而应该"通过资本货物、战备物资与制成品的形式交付"。对此，英国的《经济学人》杂志曾犀利地指出，"该政策若严格执行，必将导致德国的大规模非工业化"。[12]

在苏占区，第二次世界大战结束前就已开始废除德国的工业，因为苏联领导人认为摧毁工业设施等同于"另一种对敌作战方式"。由于纳粹国防军曾在撤退过程中实行过"焦土"政策，所以苏联这么做也情有可原。但同时，这些行动也是为了收割战利品，以便向德国人和本国人民形象地展示取得的胜利。实际上，苏联解体后，人们在其官方档案中发现了一份1946年底的总结报告。该报告透露了3 000多家德国公司解散的详细内幕，并为这场摧毁整个工业体系的破坏活动提供了令人震撼的证据。毋庸置疑，此举旨在从经济上实现德国的去军事化；但同时，它和苏联国内的经济重建也不无关系。很显然，苏联经济从战利品的大规模转让中得到了好处，尽管其间也出现过一些分配不当的情况。由于这场声势浩大的洗劫运动，东德工业的数量最终锐减了四分之一。不过，后来苏联认识到，如果还要让这个新的卫星国继续发展，就不能剥夺它全部的经济基础。[13]也正是到了这一天，整个掠夺才真正结束。

根据《波茨坦协定》，西方同盟国也采取了一系列严厉措施，用以削减任何超过"德国人与占领国所需的"工业产能。1945年7月24日，美国军政府占领化工巨头IG法本的工厂，改由自己代管，希望以此终止该公司"对德国工业的垄断"，并消除"其发动战争的潜力"。[14]同年9月初，英国人逮捕了包括奥托·施普林戈鲁姆在内的40名大工业家，意图一举摧毁鲁尔区的煤炭辛迪加，追究其领导人参与战时生产的责任。同年12月，他们又关押了384名钢铁公司的企业主，理由是后者曾支持希特勒发动战争并从中谋取暴利。此外，他们还没收了大批资产，以此向英美民众显示同盟国正认真致力于德国战争贩子的去纳粹化。不过，相比于公共行政部门，私营经济中的好战分子更加难以辨别。同盟国规定，任何公司想要重启生产，都必须事先获得各项许可。而这也显示了他们加紧控制德国战争潜能中经济核心的决心。[15]

尽管许多观察家担心德国很快就会恢复实力，但战后前几个月的经济现实丝毫不容乐观。美国通讯记者格莱德温·希尔目睹了当时的惨状："曾几何时，鲁尔河谷的上千座大烟囱傲然于世，但如今，眼前的景象是如此凄凉。"市中心多半已经破败不堪，"街上长满了野草"，士兵、难民和本地人拥挤在一起。"供水系统基本正常，但部分只用于消防目的"；下水道已完全停止排污。"没有柴火"，只有少些煤炭，尽管"政策不允许纵容德国人"。食品供应充其量只能维持最低水平,即约等于美国一个灾区的供应量。每人每天800到1 500大卡的热量标准"实际只能满足一半左右"。由于战后清理工作需要大量人手,加上日益加剧的通货膨胀,社会上很快就出现了劳力短缺,毕竟"银行出纳可干不了矿工的活儿"。记者希尔的报道非常生动;他在全文结尾处这样写道:"同样,在此情况下,鲁尔区任何具有威胁的工业复苏在目前都是难以想象的。"实际上,就连美国军政府首脑本人都漠然地承认,"只有不到10%的工业公司仍在正常运转"。[16]

在对形势进行现实评估的基础上,经济学家呼吁采取更为温和的方式控制好经济,并对其进行结构改造,而非一味推行大规模非工业化。虽然各大委员会仍在起草待解散行业的完整名单,但敏锐的观察家把"将德国降级为农业国的行为"称为"荒谬的经济错误",坚称这将会对整个欧洲造成不良后果。他们认为,只有当经济勉强能够运行时,它才能为各行各业注入资金,才能对抗日战争做出贡献,才能完成赔偿,才能喂饱人民的肚子。[17]同年10月初,为了把德国人的生活提高到邻国的水平,美国军政府办公室的一批务实派经济顾问提议尽快恢复出口、扩大钢铁生产。他们强调必须重振德国经济,否则长此以往,这会成为美国纳税人肩头的重担。[18]1946年初,经过漫长的协商谈判,同盟国终于通过一项经济计划。这说明各国最终在经济裁军、赔偿要求和维护德国人"民生之本"等方面达成了妥协。[19]

为实现经济权力关系的重组,首先要对经济政策的制定者与大工业家提起司法诉讼。纽伦堡审判的首席被告中有5人分别被控犯有组织奴工(弗里茨·绍克尔、阿尔伯特·施佩尔)、掠夺被占领土(瓦尔特·冯克)、为战争筹集资金(亚尔马·沙赫特)、武器生产(古斯塔夫·克虏伯)等罪行。其中,只有绍克尔一人被处绞刑。施佩尔和冯克被判无期徒刑，沙赫特被判无罪，而克虏伯则因病重获释。1947年2月，"弗里克审判"正式拉开帷幕。被告人弗里德里希·弗里克系"帝国时期钢铁军工产业界最大的私营企业主"。他被指控曾参加"雅利安化"运动，雇用强迫劳工，抢劫竞争对手的财产，支持纳粹党卫军。然而，这场审判也只取得了部分成功。由此可见，弗里德里希·弗里克、IG法本的主管和阿尔弗雷德·克虏伯被判的刑期都是中等长度。而多数商界领袖，则更是在刑满释放后很快就东山再起。所以说，许多有罪的工业家都只是暂时离任而已。相比之下，因为西方固有的私人财产观念，精英阶层并未接受集体改造。实际上，商业领袖们仅仅被要求恢复较人道的管理方式，接受失去欧陆主导权的现实。[20]

与此同时，美国人秉承"取缔垄断"的传统，也试图靠解散大型企业来改变经济的基本结构。然而，1945年8月创立"跨联盟德国经济非集中化委员会"以后，他们发现很难准确定义"何为权力过度集中，何为不公平优势，换言之，可以允许什么，必须禁止什么"。比如说，苏联建议将员工人数超3 000、年盈利2 500万德国马克以上的工厂全部解散，但英国认为这行不通。所以最后，因为他们反对，同盟国管理委员会指定的一部普通法未能通过。[21]尽管德国人反对割裂"有机培植起来的关系"，然而，同盟国还是成功解散了部分最大的工业企业，从而强化了企业间的竞争。以IG法本为例，它最终被拆分为拜耳、赫希斯特与巴斯夫3家公司。而那些关系错综复杂的煤炭与钢铁工业则被分割为23个独立的钢铁制造企业和几十座煤矿。同样，金融业也未能幸免于难。德国最大的银行当中，有3家被改造成各自独立的小公司，尽管此后有些公司重又部分合并。德国最大的烟草制造商利是美是主动要求解散的，而家电行业巨头西门子和博世，则因为主政者较为开明，最终躲过了重组的命运。[22]

此外，禁止卡特尔、辛迪加、特拉斯实施其他限制竞争的措施，也是为了努力冲破经济结构外表的硬壳。与英美的自由贸易不同，德国自1897年起就一直流行善待卡特尔的做法。卡特尔将经济协议视为应对市场波动的必要物，同时还能让企业在国际竞争中占取优势。因为它，不同经济部门便能够在国家准许的情况下开展合作，而在两次世界大战中，这些合作形式也确实成为德国组织经济的基础。这就是同盟国为什么对它恨之入骨的原因。1947年2月美国颁布了第56号法令："其目的或结果在于限制国内或国际贸易或任何其他经济活动，加大在上述领域的垄断控制，限制国内或国际市场准入的所有协议与合营企业。"最后，为鼓励更自由的竞争，价格管制、市场份额协议、生产配置、专利转让全部被明令禁止。[23]不过，到了20世纪50年代中后期，由于销售困难，同盟国的控股公司"德国北部钢铁公司"只得允许鲁尔区的煤炭辛迪加恢复运营。

英美占领区的工业公司较晚才开始解散；其目的更多是向苏联和其他17国履行赔偿，而非经济的结构性改造。各同盟国经过长期谈判，于1947年10月公布了一份解散名单。682家工厂榜上有名，其中302家属于军工企业，并且部分已被拆除。一方面，阿登纳对"掠夺德国工业"的行径颇为不满；另一方面，业界代表认为，德国只有靠生产才能完成战争赔偿："削减工作岗位，没收机械和工具，进而剥夺我们的工作可能性，这种做法是违反经济逻辑的。"[24]当推土机出现在等待拆除的工厂门口时，激烈的对抗便已经开始酝酿。示威工人殴打勾结外人的叛徒，极力阻挠拆除工作，最后，同盟国只得派遣部队入场干预。法国人非常赞成解散德国的军工产业，但是，左派出版家维克多·戈伦茨、流亡经济学家古斯塔夫·斯托尔帕等人指责拆除工厂的做法过于固执，会阻碍欧洲的战后复苏。1949年10月，在德国政客多次提出反对以后，同盟国官员经过激烈争论，最终决定取消拆除计划。虽然拆除政策引起部分德国人的怨恨，但其实，它仅仅在西德破坏了约5%的产能，其比例远低于东德。[25]

在苏占区，经济重组的推行要更为激烈，因为在统社党看来，中产阶级在与纳粹政权的合作中已经"丧失财产权"。除了要向苏联支付巨额赔款以外，这里的财产关系和经济结构也发生了剧变。剧变的目的不只是为了瓦解军工产业、保障和平，同时也是要消灭大地主、大工业家这整个社会阶级。1945年9月，一场严酷的土地改革在"把土地还给农民"的口号声中拉开了帷幕。按规定，所有250英亩以上的田产都必须分配给以前的农业工人，以及东部的被驱逐者等"新农民"。1946年6月，在举行过反"战犯"、反"巨头"的全民公决以后，萨克森州的所有大型企业主也同样被剥夺了个人财产，其工厂全部作为"人民的财产"收归国有。与此同时，计划经济的基础已经确立，并以此作为保障赔款支付、应对物资短缺、推动战后重建的手段。于是，在苏占区发生了一场精英阶层的大变动。一个新的社会主义领导层成功取代了有产的中产阶级。[26]而在西德，原计划推行的土地改革最终却遭到搁置。[27]

尽管占领国的某些官僚仍一心想要削弱德国的实力，但随着不同经济制度之间的竞争日趋激烈，这个最初的目标也在黯然失色。军事研究人员被迅速捕获，然后移送至美国和苏联。在那里，他们为武器技术的发展做出了卓越贡献。这是早期出现的一个迹象，表明战胜国之间并未建立真正的互信。[28]统社党批评西占区的去卡特尔化、非集中化贯彻得不够彻底；美国人抨击东占区在强行没收财产的过程中"以民主之名行专政之实"。这一互相指责的现象清楚表明，双方的共同议程已经名存实亡。[29]虽然各方都要求对战败者进行经济制裁，但事实证明，这些截然不同的策略终究无法相容：一方是激进的反资本主义改造，另一方则是在资本主义框架内做有限的修正；两者反映了大国之间迥异的意识形态。至于"冷战"，则更注重对各自制度的正当性的证明，以及对各部分潜力的发挥，而不是联合起来剥削德国。

就这样，在战后的前五年里，战胜国优先考虑的事项逐渐从剥夺德国的经济实力变为如何在各自的控制范围内重振已经发生转变的经济。诚然，一开始，部分纳粹军工企业曾经为占领国所利用，但最终整个产业还是被摧毁了，甚至连飞机、船舰都被勒令停产。不过，因为美国国务卿詹姆斯·F. 伯恩斯 1946 年发表的演讲，英美占领区的合并，以及德国被纳入"马歇尔计划"，西方的政策也从降低生活标准开始向推动逐步复苏过渡。1947 年 8 月，三个西方同盟国公布了有关德国工业的第二项计划，决定提高钢铁和煤炭的生产配额（其中，钢铁增加至 1 970 万吨）。这一举措表明，同盟国已经改变观念，它们更希望恢复德国的经济潜力，只要它用于和平目的就行。[30] 作为回应，苏联被迫中止其对德国经济资源的直接清除，并试图以创建苏德联合公司（SAGs）的方式掩盖其进一步掠夺占领区的行径。然而，即便如此，重建工作仍需在发生了根本变化的经济条件下进行，并受到东西德意识形态斗争的制约。

回归市场

有鉴于破坏的实际规模，1945 年夏天，谁也不敢奢望重建会很快完成。尽管如此，战争尚未结束，产业界、政府部门和学界的专家们就已试图抛弃希特勒的春秋大梦，提前为战败后的生活做好准备。不过，基于通货膨胀、"大萧条"和战时经济的经验，这些相当秘密的讨论却得出了不同的结论。中产阶级的反法西斯主义者，如社民党的维克多·阿加兹，呼吁将大型企业收归国有，以便在此过程中剥夺专制工业家手中的权力。与此形成对比的是，一小帮名为奥尔多自由派（Ordoliberale）的新自由主义者活跃于各大高校，以瓦尔特·欧根为首，呼吁释放自由市场的能量，认为只有解除严密的控制才能激发新的经济动能。多数大企业家因为并不感到内疚，所以都愿意在自己熟悉的卡特尔框架内继续工作。只有个别圈外人，比如居住在日内瓦的奥地利裔经济学家威廉·洛普克，把战败视为社会与经济发展的新起点，相信它一定能超越集体主义模式。[31]

为确保过渡期顺利，改组后的地方行政部门协同占领国继续实行一种指令经济。在不来梅等城市，政府的工作在"帝国"崩溃以后变得非常单一——满足市民的基本生活需求。"到处都是废墟，[看着]特别凄凉。居民们必须搬走成堆的瓦砾才能通行。"副市长施皮塔认为，首先得修复市政工程，这样才能恢复水电和燃气供应。"几乎所有房子都没有窗户，有的只剩个大窟窿，有的用木板给封了。"为安置无家可归的群众，就必须改造废墟："商店差不多都毁了，只有几家面包店还开着，门口排起了长龙，不然就没什么可买的了。"因为存货已经卖完，所以必须组织新的货源。"大部分办事处好像还没上班，工厂也多半在忙于清理工作。"此外，还需要创造更多就业岗位。难怪很多人不禁自问："这种生活还有什么意义？"[32]

每个人都感觉像突然被拽进了另一个世界，那里"豺狼法则"盛行，一般规则似乎已不再适用于生存竞争。如果不想到处流浪，而是找个地方住下来，就必须从当地相关部门获取准住证。那些未遭破坏的建筑物需要修理屋顶、更换窗户，暂时还不能住人。由于需要安置难民，并为盟军提供住宿，所以"居住环境极为逼仄、恶劣，我只能跟哥哥挤一张床"，一名青年这样回忆道，"房管所的领导每隔两三天来视察，指望能腾出些地方安置大批无家可归者。"由于采煤行业几乎停摆，"取暖燃料供不应求"，大量树木遭砍伐，甚至有人从行驶的列车上盗窃煤炭。事后很多有钱的德国人回忆说：战后前两年的冬天"被冻得很惨，这之前从没这么挨过冻"。报纸上不止一次报道，有人因为营养不良"冻死在床上"。[33]

同样困难的还有吃饭。由于运输系统遭到破坏，管理部门陷入混乱，所以粮食供应已经全线瘫痪。关于当时的艰难状况，许多回忆录里都有如下的描述:"供给形势日益严峻,几乎到了无粮可买的地步。"不过,穷则思变,很多家庭纷纷重拾起"农家传统",自己动手搅黄油、做果脯。"菜园的犄角旮旯也派上了用场,甚至连烟草都有人种植、晒干、贮藏。"此外,还有人专程下乡觅食;他们拿出家藏的银器、地毯甚至油画,只为换取一些番茄和鸡蛋。也正因为短缺,各种替代品突然成了紧俏货。"有玉米面包,黄澄澄、黏糊糊的,还有让人难忘的热饮"和麦芽咖啡。"德国人个个变得面黄肌瘦。大肚腩不见了。生活就像回到了石器时代。"在这饥荒最严重的时期,只有贵格会提供的学校午餐、美国援外合作署捐赠的"爱心包裹"发挥了一定的救济作用。[34]

为解决供应短缺的问题,德国人一直在稳步推进工作,其目标首先是要保障基本的生存需求。尽管清理、维修和启动工作需要大量人手,但正式工都是无薪的,所以付出并不值得。相反,临时工倒是颇受欢迎,因为可以由此获得实物报酬。也因此,相当多的经济活动最后都转到了黑市。在这里,人们可以找到出高价买不到、用香烟换不来的商品。由于许多紧俏物品(如香烟、咖啡)主要在军人服务社等士兵光顾的盟军商店里出售,所以部分商品便通过类似集邮市场的"交易"渠道流到了社会上。"半只猪能换一台徕卡相机,"一名年轻的黑市商人说,"差不多每个人都把偷到的东西拿来公开出售。在这乱世里,只有会钻营的人才能活下来啊。"[35]当然,这种经验重复过几千次以后,不免会让人感觉回到了原始的以物换物,而这也正是市场不规范带来的机遇和风险。

不过,尽管如此,经济复苏的起始条件其实并没那么糟,因为和民宅相比,大部分厂房都有幸躲过了轰炸。首先,战争经济的扩张创造了新的产能;这些产能一经转化,就能用于和平的消费目的。其次,盟军空袭过后,很多厂房都经过修缮,且大多不止一次,所以虽然工厂被炸,但仍有大批机器运转正常。另外,国家还在继续利用工程师的专业技能、营销人员的营销知识，尤其是利用已释放战俘的人力。战败国面对的这些社会问题，尽管确实造成了巨大的痛苦，但从长远看，也为遭受重创的经济带来了新的机遇。就以大批难民和被驱逐者为例，起初他们的确是很沉重的负担，但另一方面，这也提供了许多有一技之长又愿意工作的劳动力。最后，为保证人民的基本需求，各占领国分别从本国进口粮食到德国，而这同样有助于经济的复苏。[36]

要克服如此巨大的困难，只有靠各方合作让经济逐渐开始复苏。以科隆为例，仅仅是清除市中心约 1 350 万平方米的瓦砾就花费了一年多时间，更别提河道、莱茵河上桥梁与中央火车站的临时修复。而在工厂，好像嫌清理工作还不够繁重似的，"直到真正恢复生产的那一刻，重大问题才相继出现"。这是因为原材料的递送速度下降，而能源供应又一直不太稳定。于是，令人沮丧的各种瓶颈一再阻碍经济复苏。例如，有些矿场好不容易开采出足够的煤炭，可是"没有运输车"把它送到工厂或者居民家里。同样，食材供应也经常告急，因为随着难民涌入，德国人口激增，原有的产量已无法满足需求。另外，短缺物资的配给还导致了严重的社会不公，某些群体和地区明显受到了优待。也因此，截至 1946 年，工业产值仅恢复到战前水平的 50% 到 55%。[37]

1946 年的"饿冬"表明，经济仍深陷于"死循环"中；在经济学家看来，一系列连锁障碍阻挠了真正的复苏。"所有计划和措施都失败了，因为采矿业的复产、额外煤炭的开采，连同更多钢铁、肥料和［其他］经济产品的生产都没有成功。"这其中，同盟国自身要承担部分责任，因为逮捕工业家、持续拆毁工厂、限制生产、官僚气息浓厚的出口许可、美元汇兑的紧缩以及其他同类政策，至少没有为刺激经济提供任何帮助。而在去纳粹化的重压之下，加上再政治化导致的意识形态分裂，德国的主政者对自身的责任范围同样感到迷惑，对推动经济复苏同样感到力不从心。更何况，把商品价格稳定在 1944 年的水平也并未阻止货币进一步贬值。这将经济推向了非货币形式的补偿，就连仅剩的一点购买力也被引入了黑市，而不是用于正当需求。[38]

最后，指令经济的危机还引发了路线的根本变化：同盟国必须放松控制，恢复自由市场已经是大势所趋。1947 年初煤炭计划的失败——计划由英美两国顾问参照工党政策与"新政"共同制定——促使美国军政府首脑卢修斯·克莱决定采取新的政策，"尽快建立起能够自我维持的德国经济"。当然，克莱本人与此也有某些生意上的联系。1947 年 7 月 25 日，跨区经济协商会议在法兰克福召开。这次会议为德国政客带来了一次"历史性机遇"，让他们可以在事关本国经济复苏的问题上畅所欲言。"共克时艰"的另一标志是西占区正式加入"马歇尔计划"。"欧洲复兴计划"（ERP）将德国的复兴纳入了欧洲的大框架内，同时承诺向德国提供贷款，帮助其实现经济起飞。1948 年 1 月，最后一项重要决定出台。因为批评同盟国控制物价不力，约翰内斯·泽姆勒尔被免除跨区经济协商委员会主任一职，而这无疑为路德维希·艾哈德的崛起铺平了道路——在那之前，他几乎不为人知。[39]

1948 年 4 月，在他的首次新闻发布会上，路德维希·艾哈德，这位来自法兰克尼亚的经济学教授郑重宣布"经济政策要转向，要大力发展消费产业。这其中，增加消费品的生产尤为重要，人民的辛苦付出必须得到[相应]回报"。虽然艾哈德本人绝非顽固的新自由派，但经历过纳粹战争经济的低效以后，他也变成了自由市场的拥护者。即便在战后的乱局中，相比于政府推动，他更注重个人的"努力与主动性"——"自由竞争既是成功的诱因，也是成功的衡量标准"。尽管如此，艾哈德还是认为国家在创造竞争条件中应该扮演关键角色，包括建立自由市场、放开价格管制。然而，他之所以愿意冒险放弃"调控干预型的国家指令经济"、转向"自由定价的市场经济"，主要还是因为他的远见卓识："我们的经济必须经历一次结构性转变。"[40]

因为纳粹的军备计划曾引发通货膨胀，所以同盟国一直在探讨货币改革的必要性。然而，由于内部纷争不断，事情一拖再拖。当时，德国正准备将货币大幅贬值。为此，市场经济的鼓吹者（如艾哈德的亲信阿尔弗雷德·穆勒-阿尔马克）和国家指导的拥护者（如君特·凯泽）之间发生了意见冲突。尽管如此，经济顾问委员会还是建议采用折中的解决办法。这其中有几项提议，包括重新引入价格机制，取消对生产、原材料和外贸的限制，可谓相当开明。另外，具体工资将允许在合同的基础上协商决定，而滥用垄断权的行为也将严厉禁止。委员会还给出了一些更具有社会导向的提议，目的旨在维持粮食配给与租金控制，防止资金外流，避免经济出现周期性震荡。同年6月21日，在一场火药味十足的演讲中，艾哈德极力为放开消费品价格的政策做辩护，声称这是为了推动经济尽快脱离瘫痪状态。虽然旧马克贬值10%，存款和负债因此被一笔勾销，但《莱茵邮报》还是以"诚实干活、诚实赚钱"为标题，对新德国马克的引入表示欢迎。[41]

尽管新货币是"在美国印刷的纸钞，蓝色，样子很丑"，但对数百万民众来说，人均40德国马克的分发量绝对是人生的一个关键转折点。几十年后，人们还将记得它所展现的魔力。当得知艾哈德宣布从此废除所有配给卡和商品券的那一刻，学生汉斯·赫尔佐克心想自己一定是"在做梦。毕竟，欧洲的战胜国都还在严格实行配给制……他这么做对吗？不，不可能，绝对不可能，但一夜之间确实发生了惊天动地的大事"。就这样，同样的经历重复了千万次："空荡荡的橱窗里摆满了商品，像开满了花一样。肉铺、面包房、食杂店、被服店都开门了。很快，这些还在使用的票券就会统统作废。"黑市几乎瞬间崩溃，因为可选的商品越来越多，但谁也不舍得花掉手里的新钞。"几乎每个人都挺穷，好些人穷得叮当响。但从那一秒钟开始,谁也不用再挨饿了。这可是了不起的进步啊。"从普通人充满惊喜的评论来看,解禁市场简直就像个奇迹,它重振起人们的乐观精神,同时还释放出新的能量。[42]

"橱窗奇迹"表明,随着货币的重新估值和限制的逐步取消,一场经济复兴已经拉开帷幕。对个人而言,存款的损失意味着"人人都〔得〕每天卖力干活",只有这样才能"保住饭碗并赚到钱"。因为"手里的钱又有了购买力",所以不如回去干一份正式工,为国家重建出一份力,并开始为长远做打算。[43]而当人一旦赚到钱,有了真实的购买力,消费品的生产就能恢复盈利。当然,由于放开的物价在初期有所上涨,失业率攀升,"从前的团结精神……突然出现裂缝",所以转变过程也伴随着一连串问题。不过,亚历山大·迪克发现,也相应地"出现了许多以前避之不及、现在却求之不得的东西"。[44]这一显著变化凸显出价格机制与市场竞争的推动力,经济下滑的趋势就此得到扭转,而这恰恰是多少宣传都办不到的。

反观苏占区,随后也进行了一场货币改革,但影响要小很多,因为其重点更多是在集中规划和消除社会差异上。一方面,苏联模式的工业五年计划要求经济必须由国家严格控制;另一方面,统社党自命为"振兴德国经济的政党",将那些被定性为"战犯和战争投机商"的大地主、大工业家的财产一律没收。为消除战后的"经济乱象",共产党决定采用"征收而非分散"的策略,同时"以计划和控制的方式达成更好的协调"。为统一东德各州的措施,1947年"德国经济委员会"(DWK)成立,其任务是要为全区经济的初步规划制定目标。统社党不相信市场的力量;它更注重"对经济做全面规划,以便合理利用所有的能量,绝不浪费任何东西,把所有原材料和每一件制成品用在最需要也最有效的地方"。[45]

然而,这一根据意识形态制定的计划经济政策却造成了极其严重的后果。尽管在最初的困难条件下,它曾推动经济持续发展到1948年,但此后的重建速度却比西德慢得多，水平也要低很多。德国经济委员会成立以后，国有企业不再允许独立经营，而是要等指令经过工业主管部门与各级"人民企业"（VEBs）董事会的层层过滤。东德的第一个两年计划沿用了斯大林模式，重点是扩大钢铁、煤炭产业（即重工业基础）的规模，而非增加消费品的生产。这么做的后果便是短缺经济的出现。这一点甚至连统社党都无法否认。所以，最后他们只得鼓励加大食品生产（"没人说这些配给已经足够"）。为缓和东德工人的不满情绪，党报《新德意志报》连续刊发多篇文章，分别涉及假想的西德大饥荒、纳粹老板的卷土重来、工业结构变化的不彻底性。[46]可是，不管统社党怎么宣传，到了 20 世纪 50 年代，事实已经非常清楚：计划经济的社会实验已远远落后于联邦德国的新兴自由市场。

由于东德的可怕示范和美国人的推诿搪塞，西占区的工业国有化运动虽然起势强劲，但最后同样一无所获。工会领袖以企业主勾结纳粹为由，要求立即引入"计划经济，实现［工厂的］社会化，允许劳工参与共同管理"。与此同时，社民党也在考虑"特别适合公共接管的重工业"。1947 年 2 月，在"阿赫伦计划书"当中，甚至连基民盟都开始呼吁实行"采矿业的国有化"，进而实现"经济的根本重组"。[47]而在柏林及其他的州，社民党和共产党也发表联合倡议，要求将国有化政策写入宪法。1946 年 12 月，在黑森州的议会选举中，该提案最终以三分之二多数票获得通过。起初，控制鲁尔区的英国人也"赞成在德国实现社会化经济"，可是，新自由派的美国军政府首脑克莱却迟迟没有将它真正落实。由于康拉德·阿登纳个人和商业游说团体的反对，1947 年 3 月，北莱茵-威斯特法伦州议会投票决定将不会就"没收鲁尔区所有熔炉"一事举行全民公决。虽然国有化的倡导者并未因此认输，但是，除了在重工业领域可以提名代表参加公司董事会的权力以外，他们并无任何其他斩获。[48]

1948年6月，当柏林市政府决定在分裂的首都启用两种新货币时，两种经济战略之间终于爆发了一场公开冲突。针对西德的币制改革，苏联元帅索科洛夫斯基下令封锁柏林的所有进城通道，以此维护西柏林与东部占领区的经济统一。紧接着，美国也铤而走险，决定向西柏林空投补给物资。于是，每隔一分钟就会有"葡萄干轰炸机"从柏林上空飞过。然而，这也"只是一场智力与政治斗争的外在形式；在这场斗争中，每个柏林人都表明了各自的鲜明立场"。[49]虽然来自东部的供给并未全部切断，但东、西柏林的生活条件已经成为市场经济与计划经济之间的竞争，人们必须从中做出选择。一方面，"东柏林的商店橱窗不是空空如也，就是摆满了低档货；另一边，西柏林的商店里，不少多年未见的家电产品重又出现在货架上"。由于东德货币在与德国马克的自由竞争中遭遇惨败，因此在随后的市议会选举中，社民党终以64%的得票率大获全胜，而基民盟则赢得了19.4%的选票。这一事实清楚表明，选民更青睐的是自由市场。[50]

虽然在应对纳粹的经济犯罪方面，计划经济似乎更为彻底，但最终胜出的是通过重新引入市场对工业结构进行有限的改良。到最后，东德大肆吹嘘的土地改革与工业征收只是巩固了少数独裁的政治权力罢了。事实证明，计划经济的成效与可持续性都远远落后于市场经济。相比之下，美国军政府和少数德国自由派经济学家力排众议，提倡实施分散化、去卡特尔化政策。这些政策虽然有限，却已在短期内创造出傲人的成绩。在大胆尝试自由竞争一年以后，"德国马克的神奇效果"已经不言而喻，因为生产力"急剧上升的趋势"随即就出现了，生活水平很快就回升至战前水平的85%。当然，美金的大量注入、艾哈德的选择性通缩政策、首部平均负担法所提供的社会缓冲，也都在西德的复苏中扮演了重要角色。[51]然而，人们还是认为，个人主动的基本原则而非集体推动才是成功的秘诀这也确实不无道理。

社会市场经济

由于创造了辉煌的成就，社会市场经济俨然已经成为联邦德国政治文化的重要支柱，就连意识形态挂帅的批评者（如社民党、绿党）也不反对其根本原则。1990年新联邦各州的相继加入，再次证实了这一经济制度的有效性，尽管两德统一和全球化的艰巨挑战依然存在。不过，如此高度的共识却也掩盖了其所面对的巨大困难：它必须在对黑市仍然心有余悸的消费者、对习惯于串通的工业家、对希望全面实现工业国有化的工会组织中确立它的正当性。与此同时，这一模式的成功还掩盖了市场自由主义和福利制度之间的原则冲突与紧张关系。结果，很多人都忘了这其实是一个包含多种元素的混合制度，并且随着时间的推移发生过巨大的变化。[52]那么，这种与马克思主义国家计划截然不同的社会市场经济是如何发展起来的呢？它要解决的核心问题又是什么呢？

一个竞争力强但同时又有社会责任感的经济，如果想求得折中方案，首先要消除民众的疑虑。"社会市场经济"这个新名词是在1949年7月才和"杜塞尔多夫指导原则"一起写进基民盟党纲的："基督教民主联盟以此确认，经济必须承担起社会责任，充分发挥自由且有能力者的潜力，创造最大的经济效益，维护社会正义。"[53]为反对社民党维持配给制的主张，艾哈德极力为开放经济竞争的风险性做辩护："只要自由选择职业和消费的基本人权得不到承认，不能被认为是不可侵犯、不可剥夺的，那么，民主自由的需求就只能是一句空话。"尽管如此，市场也需要国家的规范："自由不等于网开一面，不等于放任自流，而应该是无私、不懈地为大众谋求福利。"身为经验丰富的营销专家，艾哈德甚至运用广告手法（如可爱腊肠犬的连载漫画）推动市场经济的发展，因为他坚信这是一种优越且合乎伦理的经济制度。[54]

此外，艾哈德还必须借助卡特尔政策，强令已经习惯于市场合谋的重工业实行自由竞争。截至1930年,德国共成立了约3 000个卡特尔组织,负责价格管制与市场份额的分配,而这也为后来纳粹发展战争经济提供了便利。艾哈德并未解除美国人的卡特尔禁令,而是始终认为"所有市场协议,尤其是涉及价格的协议,其终极目的都是想以某种形式限制竞争",所以最后必定会伤害消费者。面对德国联邦工业协会(BDI)主席弗里茨·伯格的极力阻挠,艾哈德主张通过卡特尔法来鼓励竞争。他认为,竞争才是市场经济以及经济自由的"核心原则"。[55]由于议会强烈反对,卡特尔法的通过一再拖延;但是,艾哈德在批准若干特例以后,还是于1957年经由联邦议会废除了针对卡特尔与建立卡特尔局的相关禁令。就这样,伴随着重返世界贸易的脚步,借助于德国马克在国际货币市场上的自由浮动,一部被弱化的卡特尔法最终变成了西德经济自由化的一块基石。[56]

那么,社会市场经济中的"社会"部分是否只是引入新自由主义的一块遮羞布呢?为回应左派批评家的质疑,艾哈德坚称:"在我国经济的重要领域,竞争已经产生良好效果,它正推动人民的生活水平不断改善。"然而,因为经济繁荣并未惠及所有人,所以基民盟的社会政策制定者在天主教社会教义的影响下,以及总理出于维护自身权力的考虑,主张引入切实的社会福利来缓和竞争造成的冲击。所以,最后有关责任分担的立法便成为一项很重要的妥协;它将对第二次世界大战中安然无恙者的财富进行再分配,从而一定程度上改善了那些遭受重创者的生活。同样,20世纪50年代的保障性住房建设也是解决基本社会需求的一项必要措施。最后,1957年养老金的调整开始与工资上涨挂钩,其目的是想让广大的退休老人也能分享经济繁荣的红利。如果说艾哈德的自由化政策筹集了必要的资金,那么,这些社会政策则大大提高了人民的购买力,进而推动了经济的复苏。[57]

而就商家个人而言,解除限制、鼓励竞争既带来了巨大的机遇,也意味着很高的风险。例如，一方面，取消纸张的特许限制与配额使得海因茨·德尔这样的出版商能够重新有效地编制预算，出版业因此开始有起色。"其次，币制改革以后，生意好转，公司有很多事情要做。"而随着商业环境的改善，企业势必会雇用合格的员工。这自然给幸存的年轻人带来了晋升的机会，同时也让他们终于可以组建家庭。[58]但另一方面，竞争的加剧也提高了经济风险，因为许多公司仍然面临资金不足的问题。以伯哈德·雷克为例，他本想在法兰克的皮革业、制帽业和毛料业一试身手。但令人失望的是，他发现新产品的引入、消费者不断变化的品味，同样也导致破产和倒闭的公司成倍增加。不过，大型传统企业（如1953年宣告破产的克虏伯公司）还是设法重新站稳了脚跟。生产量开始飙升，雇员人数增加，人们的乐观情绪又回来了。[59]

一旦克服最初的困难，经济马上就进入一段高速增长期。这在20世纪50年代的所有统计指标中都有所反映。以1948年第一季度至1953年第四季度为例，工业产量从57%一直攀升到174%，也就是说，以1950年的数据为准，它在短短五年内增加到三倍多！而同一时期，就业人数也从最初的1 350万左右上升至约1 600万，失业率则从1950年第一季度的12.2%下降了一半左右。在这十年里，生活成本仅上涨了约10%，而实际工资却增加了51%，实际购买力增加了五分之二。对于一个才刚摆脱饥寒的民族来说，能在报纸上看到不断更新的数据记录实在是非常有意思的，因为他们在自己的钱包里就能直接感受到经济的复苏。即使增长的很大一部分只是弥补了"大萧条"、第二次世界大战和战败造成的消费滞差，但整个20世纪50年代，西德经济的年增长率仍然达到了惊人的8.2%，而这也是迄今最高的水平。[60]

很快，这段时期的增长便赢得了"经济奇迹"的美誉。究其原因，其实是一系列因素合力的作用。这些因素虽然并非由艾哈德的经济政策所独创,但受到了后者的激发。这其中,一个关键因素就是充足的劳力,即一支任劳任怨的劳动大军。正如一名工人回忆的那样,"下班后并没有多少娱乐时间"。实际上,生产率年增长7.3%固然与引进新机器有关,但很大程度上也依赖于对工人的剥削。48小时的周工作时数即可印证。[61]其次,资本的迅速积累也是一大因素。企业因为免税政策(1948年至1953年间,储蓄总额从88亿暴增至3 354亿德国马克)积累下一定的资金,并将其大部分用于再投资。最后,持续的自由贸易政策也发挥了很大的作用。借助于这项政策,西德积极寻求进入国际市场,并努力在欧共体内部打造一个单一市场。此外,"马歇尔计划"所承诺的欧洲复兴(ERP)贷款对采矿业和能源部门也都起到了扶持的作用,同时也有助于营造积极的心理氛围。不过,其重要性还是远低于总体经济框架的自由化。[62]

相比之下,东德则是在战争赔款交付完成以后,才有了一次真正的机会来克服初期的困难。由于企业国有化进展迅速,截至1955年,"人民企业"就已占到国民生产总值的近四分之三,而私营经济则进一步受到挤压。1951年的第一个五年计划把近一半的总投资用于工业发展,其中又有约一半用于重工业和采矿业。所以,最后住房建设只分到了13%,而用于消费品生产的甚至不足3%。[63]于是,完成计划目标便成为该政策的主要导向机制,因为它需要吹捧阿道尔夫·亨内克这类多产的"活跃分子",还要负责向工人发放奖金,激发他们的干劲。然而,对食宿交通等基本需求的补助却也扰乱了商品的分配,因为商品售价甚至还不足以抵消生产成本。相反,在同业公会(HO)的官方商店里,购买力却遭到彻底破坏,因为在这里"一块巧克力卖20马克,一双男鞋卖250马克,一双丝袜差不多要30马克"。[64]虽然东德官方统计数据的可靠性值得怀疑,但人们普遍认为,由于自身缺陷和情况改善较慢,计划经济确实无法与市场经济并驾齐驱。[65]

进入 1966 年，由于增长率略有下降，西德经济的奇迹终于开始失去魅力；总理路德维希·艾哈德也因为政治阶级的恐慌反应而被迫辞职。仅仅在一年前，他才刚赢得一场巨大的选举胜利，并呼吁以"有序社会"为口号（多么讽刺啊！），开展"各个群体和利益集团之间的合作"。然而，当失业率上升至 0.5%，通胀率扩大至 3.5%，经济增长率下跌至 2.9%，基民盟党内和党外的批评人士便声称，联邦德国的稳定性似乎发生了危机。[66]不过，经济学教授出身的艾哈德对党派与政治阴谋并无兴趣。他在第二份政府计划书中号召全民"克勤克俭"，可是，已经习惯了高速增长和物质繁荣的德国人根本听不进去。因为德高望重，艾哈德在最后一次党代会上还是保住了他在基民盟的领导地位。不过，党内的戴高乐主义者却极力想动摇他的权威，而灰心丧气的盟友自由民主党（FDP，以下简称"自民党"）则彻底退出了联合政府。所以同年 11 月底，艾哈德这个政坛的"无知小孩"，只得主动请辞总理一职。[67]

基民盟和社民党的大联合政府虽然继续坚持市场经济路线，但为克服 1967 年的经济衰退，也逐步加强了国家控制。新政府的首席经济师是来自汉堡大学的经济学家卡尔·席勒。此人曾在社民党内出现纷争时提出过"竞争不嫌多、计划不可少"的说法；这也间接影响了后来《哥德斯堡纲领》中所确立的路线变化。席勒虽然对市场的活力很有好感，但仍试图加强经济政策中的社会成分。在由总理库尔特·格奥尔格·基辛格与外长维利·勃兰特领导的内阁中，席勒担任经济部长一职，和保守派财长弗兰茨·约瑟夫·施特劳斯唱对台戏。不过，席勒很快就取得了经济的"全面控制权"。其最重要的创新便是所谓"联动"政策；该政策于 1967 年被正式写入《经济稳定与增长促进法》。具体地说，在讨论经济政策的基本方向时，它兼顾了劳资双方的代表和联邦银行庇护下的"经济专家协会"。借由一系列凯恩斯主义的措施，席勒成功地再度带动了经济增长；20 世纪70年代初，增长率曾一度回升到4.4%。然而，国家干预的加强同时也说明政策在倒退，退到了一个问题重重的传统当中。[68]

而在民主德国，瓦尔特·乌布利希则试图通过"计划与指导的新经济体系"（NÖSPL）引入有限的市场激励，为计划经济注入新的活力。然而，每当"红色奇迹"露出端倪，国内就会发生大规模出逃。而这些因农业集体化被迫出逃的群众，也只有靠柏林墙才拦得住。1963年，统社党出台了一系列"经济激励"措施，包括建立更实际的价格体系、扣减薪水用于再投资、为刺激增长提高企业的独立性。此外，乌布利希还想掀起一场"科技革命"，将投资引向电气工程、化工和机械制造业，即基础产业中那些比较依赖创新的部门。由于间接控制效果有限，1965年，计划体系也历经了一次彻底的全面改造。借由上述措施，经济扩张得到了恢复，尽管20世纪60年代约3%的年均增长率仍然令人极度失望。由此可见，埃里希·昂纳克之所以发动政变推翻他的恩人乌布利希的理念，不仅是因为党内官僚害怕自由化，更多是对生活水平迟迟得不到改善的一种反动。[69]

反观西德，在结合经济稳步增长与福利制度持续扩展方面，1969年成立的社民党-自民党联合政府似乎更为成功。一方面，1961年的西德最终实现了全面就业，并开始招聘国外的"客籍工人"。德国员工的薪资因此大涨，连带地还分享到更多的国内生产总值红利。另一方面，国家开始有能力资助新的社会计划。以大、中、小学教育体系为例，其规模发展十分迅速（在1975年的政府预算中，教育经费支出已增至15.8%），受益人群也在日渐扩大。然而，因为工会强烈要求调薪10%以上，社会再分配超过生产力收益，所以也造成了不良后果：由于经济增长过快，通膨率也随之飙升。1973年，这一数字已上升至6.9%，因而再度引起人们的恐慌。与此同时，1970年至1975年间，社会经费支出在国内生产总值中的占比也从26.7%上升至33.7%，实现了战后的最大增幅。[70]然而，向社会政策的持续倾斜同时也让社会市场经济日渐失去了平衡。

因此，在1973年至1974年间，石油价格才会飙涨，而其造成的冲击更是引发了一场深层危机。一方面，每年进口石油只需花费150亿德国马克，再加上美元贬值，所以负担有所减轻。但另一方面，1975年出口减少，国内生产总值下降约2%，经济首次在战后出现真正的衰退。结果，专注于中等技术的工业部门错失了向高科技飞跃的良机，而采矿、造船、光学仪器和消费电子业也面临越来越多的问题。在国际领域，自称"世界经济学家"的赫尔穆特·施密特总理采取了一系列因应措施，基本稳住了德国马克的汇率。而在国内，他却频繁出台经济刺激方案，其成效却越来越不明显，尤其在1979年第二次石油危机引发更深层的危机以后。因为受恶性"滞涨"的影响，联邦债务总额由1969年的454亿德国马克猛增至1982年的3 090亿德国马克，基础失业人数突破200万。但同时，领取各种福利补助的总人数超过了300万。[71]总之，曾经令人引以为豪的德国模式似乎不那么管用了。

而在东德，因为埃里希·昂纳克很晚才转向消费品生产，并扩大了社会政策的适用范围，所以民主德国成功避免了类似的衰退。即便如此，计划经济还是在继续滑向那无可避免的终极危机。毫无疑问，联合所有经济部门的大型国企（Kombinate）的诞生，连同社会支出的增加（例如在住房建设领域）确实刺激了20世纪70年代前半段的经济增长。但是，一进入后半段，这些措施的效果就开始减弱。1976年，统社党宣布要将"经济政策与社会政策相结合"；某种意义上，这是计划经济环境下提高生产率的最后一搏，其采用的方法是提高工资水平、改善消费现状。然而，这次经济扩张很大一部分都依赖于国外贷款。可是，当苏联减少石油输送，并开始将石油价格拉高到国际市场水平时，靠出售精制衍生品便无法偿还这笔贷款。诚然，20世纪80年代初，西德提供的几十亿贷款以及增加的转移支付再次挽救了民主德国。可到了后半段，面对不断攀升的外债、巨额的贸易赤字、投资失败、基础设施老化和其他长期存在的问题，整个国家实际上已濒临破产。[72]

而在联邦德国，科尔总理宣布实行"转向"政策，试图以此缓解经济压力。可是，其力度始终太小，不足以促成体制的结构性变革，尤其和里根总统、撒切尔首相的激进新自由主义政策相比。为应对"极为严峻的经济形势"，自由派和保守派组成的联合政府把社会服务支出降低到国内生产总值的30%以下，又将公共支出总额缩减至45%，希望以此改善营商环境。实际上，这些措施也的确提供了一定的刺激。然而，一旦政府触动到某些人的社会福利权，就必然招致强烈的抗议。而且，这些抗议不仅来自反对派和工会，有的也来自诺伯特·布吕姆领导下的基民盟。虽然20世纪80年代的就业人口显著增加至3 000多万，但失业率一直居高不下，失业人口始终徘徊在200万左右。尽管在欧洲单一市场注入了巨额投资，但西德的经济增长率几乎没有达到过2%，水平远低于英国、美国和日本。由于重心从自由市场转向了社会福利，即使在统一以前，德国经济就已开始在国际舞台上失去竞争力。[73]

德国模式的局限

1945年以后德国境内不同经济制度的发展，恰好对应了关于第三帝国独裁经验的不同学习过程。威廉·洛普克等自由派所宣扬的方案将市场的再引入视为文明再造的经济基础。在经历一定的摇摆以后，该方案最终被美国军政府采纳，并在路德维希·艾哈德的社会市场经济中基本得到实现。[74]纳粹独裁政权曾以第三帝国所谓"合作资本主义"为名，掠夺种族仇敌和被征服的对手，并因此富裕起来。所以，战后必须对经济进行全面改革，使之对外不再构成威胁，对内不阻碍议会民主的发展。在经过一系列起初很强硬但后来较有限的干预以后，经济的基本结构开始转向竞争。而企业家和消费者的集体学习过程正好有助于内化市场提供的机会。[75]然而，竞争的加剧同样也推动了新一波的强劲发展，尽管这其中包含令当事人咋舌的丑闻，尽管强大的福利政策使得竞争有所缓和。

相较而言，东德的计划经济起初在左派知识分子和公众的眼中似乎更具吸引力，但最终走进了死胡同。严厉的干预措施，如土地改革与此后的农业集体化，连同对大工业家财产的没收、商业与各行业领域的多次国有化运动，试图彻底摧毁反动势力的经济基础。但讽刺的是，这一剧烈的变化反而催生了意识形态上与之相左的统社党少数派独裁政权。[76]毋庸置疑，民主德国的初始状况要更艰难，其经济也出现过小小的奇迹，所以"重建一代人"普遍的自豪感确有一定的合理性。然而，无论和联邦德国还是其他国家相比，其对经济的非货币控制都是失败的，因为它只能在远离国际经济的相对封闭的状态下保持繁荣。[77]官僚计划取代市场机制以后，出现了无数新的不平等现象，因为消费品的分配完全取决于个人的政治忠诚度，或者干脆只取决于有没有个人关系。

尽管东德的统计报告往往有所夸大，但在1945年至1989年间，比较计划经济与市场经济的各自表现，每次胜出的几乎都是西德。虽然20世纪70年代初以前，两德在长期趋势上显示出惊人的相似性，但总的来看，联邦德国的增长曲线还是明显高出一筹。直到民主德国消亡的那一天，东德工人的个人劳动生产率仅只相当于西德工人的三分之一。虽然西德的通胀率明显更高，但就可见的两德汇率指标来看，"东德马克"从最初的等价水平一直跌至约五分之二，可见其购买力下降得非常厉害。实际上，到最后，一名普通东德工人的名义总收入只有一名西德雇员的三分之一左右。此外，"塔邦"和"大众高尔夫"、出租公寓和私人住宅之间的对比，也颇能说明两国人民在生活水平上的本质差距。由此可见，尽管存在各种社会不公与衰退风险，但从长远看，西德多姿多彩的消费资本主义还是远比东德单调的社会主义消费更具魅力。[78]

然而，讽刺的是，尽管社会市场经济在西德取得了惊人的成功，但西德模式反倒变成了经济动能的障碍。一方面，因为基民盟与社民党之间的竞争，福利制度逐步扩展，促进了新计划（如长期护理保险）的持续引入。这些计划增加了雇佣双方的社会支出，导致就业出现停滞，即使在经济增长期，基础失业率仍然居高不下，庞大的非法就业市场应运而生。另一方面，卡特尔局的做法反复无常，随着欧洲统一市场的扩张，更是对经济集中网开一面，从而妨碍了内部的竞争。与此同时，在各级政府中深受欢迎的"德国有限公司"（Germany Inc.）里，工会与雇主间的合作催生了一种新社团主义，阻碍了艰难的改革，并最终使经济陷入持久的瘫痪状态。实际上，即使没有统一这项额外负担，"德国模式"也已走上了自我否定的道路。[79]

这种受到无数条国家法规禁锢的"格列佛综合征"表明，德国人从纳粹身上仅仅吸取了一半的教训，这和军国主义、民族主义的情况很不同。毫无疑问，那些关于"经济奇迹"的回忆是波恩共和国创始神话中最富生机的一部分；它崇尚勤劳的实干家精神、大胆的冒险家精神、消费者的牺牲精神，把这视为未来繁荣兴盛的源泉。然而，这背后却又潜藏着深沉的恐惧：对两次大规模通膨的恐惧，对"大萧条"导致普遍失业的恐惧，对战后时期饥寒的恐惧。因为受这些恐惧的支配，公民只得通过一张精密的社会安全网吁求保护。每当经济面临衰退之际，如1967年、1975年、1982年，公众都会一再请求国家扮演铠甲勇士的角色，而不能像公民社会那样依靠自身的力量，制定相应的对策。因此，突破创新的障碍并不要求不加批判地接受新自由主义的"赌场资本主义"，因为后者只会盲目追求短期股东利益的最大化。[80]由于庇护主义盛行，德国的政党政治已经变成一潭死水。所以说，只有当它再次勇于承担风险，再次重视个人的主动性时，社会市场经济才会恢复平衡，更大的动能才会再度出现。

结　语
自由的前提条件

1945年夏天，同盟国占领当局和德国人中的关键少数都在面临"去纳粹化和民主化"的双重任务。清除希特勒政权的那些明显标志出奇地容易，因为多数人都迅速疏远了纳粹主义，把所有罪责推给了一小撮党领导和狂热分子。而深究起来，"吸取战败教训"则要困难得多，因为这要求人们去质疑一向奉为圭臬的传统，戒除根深蒂固的思维习惯。敏锐的观察家们（如流亡作家斯蒂芬·海姆）相继发出警告，说越来越多的人在抵抗改造全社会的实验："作为美国人，我们必须首先在教育、政治和经济等方面，针对德国和德国人制定并实施一项长期战略。"为了在更深层次上改变一个后法西斯主义社会的发展前景，占领国应当以"自身的民主遗产"为模范，将"国家的领导权交给那些背景清白的德国人"，即也就是纳粹的对手们，扶植他们的势力，"直到民主真正在那里扎根"。[1]

起初，打了胜仗的同盟国以干预的方式来确立德国政治文化改革的框架。这么做虽然未必明智，却足以催生真正的变化。在探讨第三帝国深度成因的激辩中（如"军国主义与泛日耳曼主义"），理论派与务实派产生了分歧。前者从国民刻板印象出发，认定德国人是积习难改的野蛮人；后者则找出了具体的问题（如盲目服从的民族性），认为一旦改正这些问题，他们就能引领战败的德国人重返文明。于是，波茨坦会议上有关去军事化、去纳粹化和非集中化的决议便成为一种妥协：同盟国想要同时削弱、惩罚和改造德国，但这本身就是自相矛盾的；而对其总体目标（即政治的根本转向）各国却又含糊其词。至于具体的执行情况，这不仅受到不同国家利益、政治风格与意识形态的阻碍，且各占领区的发展也因此分道扬镳。此外，在最佳治理方案（强制改变还是标榜示范）以及由盟国全面控制还是允许德国参与这一问题上的反复争论，同样也影响了执行效果。[2]

从长远看，真正推动转向进程的其实是德国人自己。由于"冷战"造成的僵局，德国人逐渐恢复了对自身命运的掌控。毫无疑问，他们对国土沦丧、东部人民被驱逐、惩处战犯仍然耿耿于怀，因为士兵仍然对昔日的战绩念念不忘，学生仍然以自己的民族为傲，商界领袖极力反对解散德国的工业体系。然而，和1918年不同的是，1945年的落败是无法否认的，因为精英阶层几乎丧失了智识的优越感，更没有想过报仇雪恨。因为痛恨德国人的恶行，社会上出现了一些批评的声音，特别是在工会、教会和知识界。他们强烈要求国家彻底转向、回归人性："在这些罪行面前，全体德国人都负有不可推卸的责任。只有认识到这一点，我们才能找到完善制度的根基。"[3]得益于机会主义和对自身文化缺陷的认识，德国人逐渐接受了西欧的自由思想和东欧的平等观念，而这也正是其战后政治发展的核心内容。

去军事化、去纳粹化、非集中化，这三项计划的目的都是要和落后的传统决裂，为自由奠定长久的基础。复员令一下，军事机器当即分崩离析，而部队武装的解除则彻底消除了内忧外患。军国主义思想被铲除殆尽，以至于此后的再武装计划每次都遭到民众的强烈抵制。相较而言，肃清纳粹分子的任务则要艰巨得多。诚然，纳粹领导人都已判刑，相关组织也都已经解散，资产被没收，他们对战后政治的影响已经微乎其微。东西德分裂以后，民族主义情绪反而空前高涨，因为人们都希望国家终将再度统一。而在经济上削弱德国实力的计划则更是遭受了重创。即使战争工业被摧毁，即使拆除工作遍地开花（尤其在苏占区），工业产能几乎降至零点；但是非集中化与去卡特尔化依然收效甚微。结果，德国经济不但很快复苏，后来甚至还成长为一支新生力量（只有在西德如此）。而只有当这些条件都已具备，占领国才开始认真推动议会民主或社会主义的民主化。[4]

在西德，这类恶劣影响消除后，一种"公民文化"便随之兴起，并主导了政治舆论，直至20世纪90年代中后期。当德国人脱下制服、摒弃顽固的军国主义思想的那一刻，一个将近十年的新时期便由此开启。从此，德国不再有军队，人民重又变回老百姓，战争唤起的不再是英勇的历史，而是痛苦的回忆。纳粹对社会的全面控制已经解除，一种多姿多彩的社团文化开始复兴，整个社会在前政治空间中得以重组；这既促进了社会交流，同时也是为了追求集体利益。《基本法》通过以后，人权得到了保障，法治再度树立起来，一种政治生活得到了恢复：它坚守基本的民主共识，超越一切党派政治的冲突。最后，重新引入自由市场、回归一种更具社会责任感的经济竞争形式，也都恢复了文明再造的基本条件。因为它们释放了新的经济动能，为个人的自我实现赋予了更大的自由。[5]相反，东德政府遵循马克思主义路线，对经济和社会进行大刀阔斧的改造，其结果反而扼杀了公民社会的主动性，进而导致统社党的少数独裁。[6]

讽刺的是，东西德的学习过程虽然大相径庭，但都出现了矫枉过正的现象，而这也为德国第二个民主政权的深入发展带来了新的问题。例如，随着军国主义的倒台，一种激进的绥靖主义开始在意识形态领域大行其道，并对德国人造成了广泛影响。这些人躲在占领国的羽翼之下，宣扬以德服人的外交政策，却对国际竞争中的力量对比不甚了了。同样，受过教育的资产阶级努力和狂热的民族主义保持距离，结果，受他们启发的继承者（那些现在自称"知识分子"的人）便开展了轰轰烈烈的自我批评，并因此被嘲笑为"消极民族主义者"。后来，他们又转而拥抱其他身份，例如转向欧洲人的立场。然而，此举恰恰暴露了他们在自我理解上的迟疑，同时还触怒了邻国。最后，马克思主义对法西斯主义做出了过于粗疏的解读，致使人们对资本主义大加挞伐。这显然是误解了自由的经济基础，因为它仍然对计划经济深信不疑。讽刺的是，在东德，激进的战后学习过程最终催生出反法西斯的一党专政；而在西德，审慎的变革则通过逐步的自我修正，为民主制度的建立奠定了稳固的基础。[7]

中 篇
自相矛盾的现代化

尽管重要的基础都已在战后奠定，但直到20世纪60年代中期，德国的文明重建才真正取得突破。实际上，战后的前几年里，战败造成的后果（诸如东部领土的沦陷、贵族阶层的消失、被驱逐者试图恢复身份的努力）已然在保守势力的庇佑下开始引发社会变革。[1]即便如此，联邦共和国成立二十年以后，德国社会还是历经了又一场剧变。"如今看来，这很像一场迟到的政治、社会与经济现代化运动"；尽管遭到保守派的抗议，但"总体还是相当成功的"。[2]然而，就在西德朝向"文化现代性"进行转变的同时，两德之间的隔阂却已经在加深。由于早期过于激进，所以20世纪60年代新经济政策失败以后，西德便不再致力于改革。[3]与研究相当深入的"漫长的20世纪50年代"不同，此后"加速变革的十年"提出了一系列解释性的问题，而且这些问题都是逐步进入公众视野的。[4]

理解20世纪60年代的困难之处在于，如何解读"1968"这个具有高度象征意义的年份：它提出了一个独特的分析性难题。"六八年"这个字眼所以能继续唤起强烈的感情，是因为它已变成意识形态身份的某种标记。在自由派的记忆里，这是"迈向民主化的制胜一击"，而保守派却谴责它"颠覆传统、败坏伦理"。[5]由于当事人关于世代反抗的回忆均有神化之嫌，且不同派别间存在显著差异，而实际与此相关的事件又没那么突出，所以要对这段政治史形成一种论述就变得相当困难。其次，由于这一反抗基本未能实现其意识形态的目标，却在社会、文化层面上再度引发巨变，所以两者间的这一矛盾也让传统学者束手无策。最后，西德的反越战集会和东德对镇压"布拉格之春"的抗议，无论在形式还是内容上都存在差别，很难一概而论。然而，历史学家正逐渐认识到，作为一场文化革命，1968代表了一种不同的历史中断，需要我们从文化角度更好地了解它。[6]

如果你想和这起激烈的事件保持一定距离,那就必须将世代冲突置于更广阔的语境当中。实际上,整个20世纪60年代,所有西方工业国家也都经历了社会转型。就德国而言,我们不妨将这些变革视为一段奋起直追的现代化进程。从长期发展的轨迹来看,虽然被两次世界大战打断了进程,但德国的社会经济发展仍具有一定的连续性。[7]例如,这其中包含了第三产业的崛起——也就是说,在培训和教育的基础上,国民经济逐步摆脱了农业生产,服务业应运而生。同样富有戏剧性的是工资成倍增长、量产成本降低,昔日精英阶层享用的消费品变成了寻常物;在消费和娱乐性大众文化的驱动下,繁荣景象再度出现,并迅速惠及整个社会。与此同时,20世纪70年代,石油危机与个人电脑的引入表明高工业主义已然终结,社会正在向后现代过渡。[8]这些结构性的变化最终也蔓延到了民主德国。于是,其背后的转变过程引发人们更为普遍的思考,从而避免对1968做出任何武断的结论。

首先要分析的是,德国人的思想和行为是如何与西方模式逐渐融合的。美国占领者富裕的物质生活已然令战败的德国人羡慕不已,因为这似乎足以证明西方的生活方式确实优越。由于东德的苏维埃化主要被视为一种共产主义的威胁,所以老一辈人只能依靠来自大西洋彼岸的保护,尽管德国知识界的代表人物普遍不认同美国的大众文明。[9]相较而言,德国年轻人痴迷于好莱坞的电影和摇滚乐,所以对大众消费、流行文化所引发的生活方式的转变更为着迷。因为在他们看来,这一"价值观的变化"代表与传统资产阶级道德的决裂,代表向更自由的性道德与享乐主义生活方式的转变。然而,德国青年同样也痛批美国的外交政策,尤其反对它扶植那些坚决反共的第三世界军事独裁政权。[10]其中,关键的一步便是文化的西化。它消除了那些反文明的疑虑,也消除了反美的偏见,推动了联邦共和国的"根本自由化"。[11]

此外,在西德还有一个重要问题涉及社会文化发展和落实参与性民主之间的关系。这个"再造第二共和国"的提法自有其政治与历史的渊源，例如阿登纳时代的结束、社民党－自民党联合执政、新东方政策（Ostpolitik）的通过、公民运动的兴起，这些都能证明这一点。而在民主德国，唯一的变化却只有瓦尔特·乌布利希和埃里希·昂纳克之间的权力移交。[12]不过，这一视角也忽略了专制精英以及普通民众对于民主制度将信将疑的矛盾态度。而在东德，统社党的独裁统治则彻底断绝了这种可能性。若想要根基更加稳固，由战胜国移植而来、得到少数战败国人民支持的民主制度，就必须更深入地了解人权的价值，建立更文明的人际行为模式。这个"内在民主化"的过程，直到《基本法》通过、联邦德国成立以后才真正开始。它代表西德向公民社会迈出了决定性的一步，也因此要求我们对此给出更令人信服的历史解释。[13]

最后还有一项挑战，那就是如何解释20世纪60年代再度兴起的战后社会动员。这场动员直到最后才好不容易得到平息。虽然西德人大多乐见国家日渐繁荣，但批评家仍然呼吁进一步深化社会改革。随着有关纳粹的惊人内幕不断被披露，随着新冲突的持续爆发（如"《明镜周刊》事件"），一个批评的公共领域开始逐渐在西德形成，康拉德·阿登纳总理以民主之名、行威权之实的做法开始受到挑战。与此同时，由于法兰克福学派和非正统马克思主义的影响日益增强，一个"新左派"也随之诞生。他们已不再满足于空喊"物资再分配"的口号，而是要求实现乌托邦式的社会主义变革。因为大联合政府提议扩大紧急权力，引起议会外各方势力的担忧，于是，他们便组建了一个广泛的反对派联盟（包括教会、工会等各类团体），以便共同维护其自身的公民权利。而在东德，个别知识分子（如罗伯特·哈弗曼）也开始呼吁继承布拉格精神，对社会主义进行人性化改造。[14]于是，一种新的非暴力抗议文化就此诞生，并在新的社会运动中达到高潮。而这本身也成为德国迈向公民社会的又一项指标。[15]

第四章
拥抱西方

对于同盟国占领者的"长期访问",德国人既心存畏惧又满怀希望,其态度可谓十分矛盾。精英阶层对各占领国都有不同的判断。一方面,他们痛恨西方文明,歧视俄国人;一方面,却又非常迷恋美国,崇拜英国,热爱法国,而且对共产主义实验也有兴趣。即便是那些试图客观看待战胜国的记者(如玛格丽特·博韦里),也都始终有着复杂的情感。以《美国读本》(1945)为例,作者博韦里试图帮助德国人理解"美国人是一个新的民族",你"不能用我们的标准去评判"他们。把这个西方大国描绘成"自由土地上的一个移民国家",说它属于循规蹈矩的"人格类型",崇尚社会的"标准化一",偏好道德说教,保持极其表面的礼貌,"求新求变"。这其中既有带着反美色彩的陈词滥调,但也不乏一些真知灼见。[1]所以说,德国人需要一个漫长的转变过程,才能最终化解引入改革与维护自我身份之间的矛盾。

然而,战胜国明令要求的政治文化改革却遭遇到双重阻力:一是德国人对外国统治的憎恨；二是各种转型模式之间的取舍。"让胜利者规定价值取向和行为模式，而不是听任传统的指挥；向美国人请教什么是德国人。只有这样，我们才能真正体验失败的滋味。"一名知识分子在1946年如此哀叹道。然而，进入"冷战"时期以后，各占领国先前达成的共识却在一些彼此冲突的观念上发生了裂变（西德的"西方""自由世界"和东德的"社会主义人道精神"）。[2]于是，战败的德国人便利用双方的对抗开始坐收渔利。同样，强制改革与自愿转变之间也存在着矛盾。所以当强制令被认为不公正的时候，就不免引发一定程度的消极抵抗，因为改革若要持续，就必须有德国人配合。因为需要消除反西方的顽固偏见，所以1945年以后的社会转型并非一个单向文化移植的简单过程，而更像一个有争议的跨国文化适应的长期过程。[3]

然而，对这一根本转变的分析却受到了用语混乱的限制。"美国化"与"苏维埃化"这样明显的比较，因为带有政治意味而遭受批评。[4]其中尤以"美国化"一词最为人所诟病。这个幼稚而规范的用词，让人很难区别美国文化的外部刺激与内部挪用。[5]安瑟伦·德林·曼陀菲尔建议改用意义更为宽泛的"西化"，从而将英国、法国和意大利的影响也一并包括在内（例如用托斯卡纳帮代指左派中的亲意派）。[6]同样被滥用的还有"苏维埃化"。这个词是在"冷战"中被创立的，是西方用来抨击苏维埃霸权、谴责其在东欧强制推行斯大林模式的一句口号。[7]相比之下，另一个带有贬义的同义词"东部化"则始终未能流传开来，因为记者们在两德统一期间创造的这个词含有地域指涉，被认为抹黑的意图过于明显。[8]所以说，要考察德国的转变趋势，"西化"的视角似乎更恰当，尽管其内容往往主要指来自美国的影响。

不过，在使用这个概念以前，我们必须阐明西化的确切含义。首先，必须承认"西方"本身就是个非常复杂的说法，其涵盖的意义相当广泛：

它既可能指欧洲社会与文化的某个梯度，也可能指美国人熟悉的辽阔边疆（西部片即是绝佳的体现），又或者是指"万宝路"香烟的广告。在把"西方"当作发展的一般规范的同时，我们往往会不自觉地遮蔽其他相对黑暗的一面，譬如帝国主义、种族主义、奴役和剥削。[9]因此，我们必须比以前更明确地界定这个词的含义，看它在现代化、英美和其他欧洲文化迁移的总体过程中，在源于德国自身发展功能的变化中，分别被赋予了哪些不同的含义。尽管后殖民批评有其正当性，但"西方文明"的说法仍然表明确实存在一种独特的西方文明观。如果我们把它理解为一套共享的价值体系，那么，也许在分析过程中便能克服"西化"这一概念的模糊性。[10]

术语使用的混乱只是表象，真正隐藏在背后的才是问题的核心，即1945年以后德国"漫漫西行路"的起因、过程与结果。那么，我们应该把这个西化的过程主要理解为再教育、再定位等西方政策的成功，还是共产模式的失败？又或者，应该把它看作一种"自我殖民"，通过有选择地接受外部刺激、本土传统的内部平行发展，外来资源和内部学习过程的多种杂合？[11]为了解西化的复杂性，我们不妨先考察大量个案，看个人在战后是如何逐渐转向西方的。然后，再从民众态度转变的角度，看德国与西方的政治联系是如何形成的——这方面目前已有相当深入的研究。[12]最后，还要比较不同世代在消费习惯、流行文化方面的西化过程，从而确定美国化对德国日常生活造成的影响。[13]

个人接触

我们过去常常忽略了德国人在孤立状态中与占领国之间的个人接触。但其实，这很能说明为什么许多德国人会在战后选择拥抱西方。第一印象往往是最难磨灭的。它很关键，也很依赖于发生的具体情境：当外来的战胜者并不像意料中那么暴戾时（此前纳粹曾再三这样严厉警告国人），战败者就可以松一口气了，因为他们开始意识到或许能和战胜者正常相处。这类经验的性质，主要是看第一次接触占领军的人是谁：完全无害的老者？有潜在危险的士兵？风姿绰约的女郎？满心好奇的青年？即使缺乏一个正常的媒体系统，坊间或喜或悲的各种传闻还是逐渐塑造出一个整体形象。虽然它不免有自相矛盾之处，但终究会融汇成一个综合的判断。"幸好是美国人，我太开心了，"有人回忆道，"因为在当时的柏林人听来，'俄国人'……已经是个挺刺耳的贬义词。"实际上，在大量类似的比较中，"西方"一词几乎总是比"俄国人"更受欢迎。[14]

在接触以前，胜利者与失败者对彼此的期待往往受制于根深蒂固的刻板印象；而战争宣传中敌人的形象更是加深了这种成见。法国人厌恶被占领时期纳粹国防军的傲慢态度，英国人痛恨纳粹空军不时发动的恐怖行动，俄国人受够了种族灭绝战争所造成的破坏，而美国人却很少抱怨什么，因为战火并未延烧到美国本土，而且他们参战的时间也比较晚。在德国人的刻板印象里，法国人精致却很懦弱，英国人笨拙却很英勇，俄国人天真却睚眦必报（压抑的愧疚感所致）。相较而言，他们对美国人的看法一直在变化。就连顽固的纳粹分子都不敢确定，到底该欣赏他们的亲切，还是要斥责这个民族的堕落。在与苏联红军的几场防御战接连失败以后，大批逃亡的难民、国防军的散兵游勇都开始自发"西行"，希望由此找到"一条通往英美战线的捷径"。[15]德军虽然也有誓死抵抗的个例，但到了西线多半还是被迫缴械投降。而在东部，民兵武装尽管只剩老弱病残，却坚持到了弹尽粮绝的那一刻，并因此遭到俄国人更为严厉的报复。那么，两相对照，又该如何解释呢？

占领区的界限经过调整以后，我们便可以比较各战胜国之间的异同，而比较的结果几乎总是美国胜出。尽管俄国人偶尔也会对孩子表示友善，但玛格丽特·博韦里和其他目击者一致声称"目睹过令人发指的恶行"。

可见，那些有关俄国士兵烧杀掳掠的传闻恐怕并非空穴来风。[16]演员玛丽安·基弗在日记中就记载过类似的劣行。摩洛哥士兵不但偷窃成性，而且还猥亵妇女，这让她觉得法国人实在"恶臭"至极："我们被吓破了胆，苦苦哀求那些黑人干脆把我们都枪毙算了。"[17]相较而言，曼弗雷德·克劳森笔下的英国人则是冷漠而又傲慢，但同时也非常正派："应该说，在对待德国百姓方面，英国士兵并没有丝毫的不端行为。"[18]至于美国兵，他们到处都很受欢迎，相比于恶劣不堪的同辈，简直就像人民的"救星"。这些美国人"要亲切得多，看着完全不像是占领者，而且给小费时也挺大方"。[19]也正因为有钱又有风度，所以"美国佬"很快便成为代表整个西方的卓越象征。

为了寻求人情温暖和消遣，德国姑娘和占领军士兵保持着最深入的接触。由于苏联士兵后来被限制离开军营，而英法两国的士兵又乏善可陈，所以"爱玩又怕无聊"的美国兵很快就变成最受欢迎的陪伴者。一个德国小伙儿不无羡慕地说："美国兵要什么有什么，所以尽管部队颁布了'禁友令'，但凭借香烟和巧克力，他们很容易就能满足对'小妞'的强烈需求。"然而，吸引姑娘的还不只是这些小礼物（咖啡、尼龙袜）；美国兵活泼开朗的性格同样十分迷人。"有时他们就像来到了狂野的西部"，无视一切交通法规。有个过来人还清楚记得："当时有两个醉醺醺的美国兵坐在吉普车上，向姑娘们挥舞着充了气的避孕套。"而在军事基地附近，到处都开有娱乐场所。姑娘们和美国兵在酒吧里约会，或为谈情说爱，或为卖笑赚钱，还做着远嫁美国、出人头地的白日梦。有明眼人发现："大多数德国人都很瞧不起这些'花蝴蝶'，认为她们的行为有失检点。"[20]

相比之下，成年男性因为普遍被怀疑曾参与纳粹活动，所以个个萎靡不振。在美国人眼里，其用处仅仅是提供一些实际的服务。占领者"吃得好""穿得暖"，而"可怜的德国人却瘦得皮包骨头"（包括许多因战争致残的人），两相对照，更是让这种依赖关系暴露无遗。尽管如此，给"美国佬"干活还是颇受欢迎的，因为"他们不是付你工资，而是给你提供一顿热腾腾的饭菜，这在当时反而更加难得"。谁要能在车队、厨房或者军官俱乐部找到份差事，那他就太幸运了。另外，也正是在占领者与被占领者的这一经济差距中，出现了"一种欣欣向荣的贸易形式"。一方用食物和汽油换取另一方的纳粹纪念品和传家宝。这种非正式的物物交换常常发展成为名副其实的黑市。尽管处罚相当严厉，但查缉"偷盗物品"的定期突击搜查也只能暂时中断交易，而无法将其彻底禁止，因为"小贩们"都已十分擅长藏匿违禁品。[21]

虽然有人还在为希特勒青年团的偶像们感到悲伤，可是，年轻人比谁都更向往美国兵的惬意生活。求知欲旺盛的青年很快就捡起了"在学校学的那一点点英语"。为了骗到一块口香糖，或者坐一回吉普车，他们"头一回正经地将英语派上了用场，虽然有时仍不免露怯"。而如果美国兵借住在德国人家里，那么，时间一长，双方可能就交上了朋友。男孩们把收集的纳粹徽章送给美国兵留作纪念，而得到的回报则是"巧克力、咖啡和香烟"。有些人过后回想起这段往事，内心依然满怀感激："美国人在学校提供免费午餐，帮助我们这些学童度过了那个饥饿的年代。"此外，私人捐赠的"爱心包裹"、贵格会等团体寄来的包裹，也都来得相当及时；如有必要，那些救急的食物和衣服还能用来换取其他物品。有个年轻人在回想起当时迷恋美军广播的情景时描述道："我们的生活越来越受到美国的影响。这是来自另一个世界的声音，纯净又自然，通过展现优越的美国生活方式，向我们这些满脑子极权思想的德国人介绍民主的方方面面。"[22]

为了把不可避免的摩擦降至最低，美国人比其他占领者更努力地争取当地军民的同情。比方说，他们曾组建联合委员会，专门负责解决一些有争议的问题（如因作战演习造成的重复伤害赔偿）。另外，如果设立新的军事基地，他们也经常开放参观，让民众看看围墙内究竟在发生什么，满足一下人们的好奇心。此外，他们还开办青年俱乐部，让美国兵和德国的年轻人一起做运动、看电影、听爵士乐，以此缓和潜在的紧张关系。巧克力、可口可乐虽然可能是最大的诱惑，但这些"德国青年活动"（GYAs）让德国青年和美国人在轻松、愉快的氛围中变得更加亲近。和门禁森严的苏联军营不同，美国士兵也可以不住在基地，而这自然就增加了美国房客与德国房东之间的接触机会。最后，双方共度佳节（如美国的独立日、德国的莱茵狂欢节），这也有助于消除彼此的成见，特别是对于黑人士兵的误解。[23]

不过，比这些更有效的还是官方交流项目。这些项目于1947年至1948年间启动，截至1955年，已将约12 000名德国人被派往美国。项目的参与者中有学生也有教授。前者如历史学家汉斯-乌尔里希·韦勒，他于1952年从新近设立的"富布赖特计划"获得一笔奖学金，开始在俄亥俄大学攻读美国史。后者如法学家瓦尔特·哈尔斯坦，他曾受邀在乔治·华盛顿大学担任客座教授。此外，还有成批的教师代表团（如巴登-符腾堡州文化部长特奥多尔·博伊尔勒率领的代表团）漂洋过海，去美国的中小学观摩学习。同样，通过交流项目，社会组织的成员也对美国有了第一手了解。例如有工会代表曾出席美国的劳联-产联大会，就共同面临的问题进行探讨。在美国，他们受到"极为热烈的欢迎"。同样令人印象深刻的还有两国间的差距：一边是破败、分裂的德意志；一边是和平、繁荣的美利坚，疆域辽阔，横跨整个北美大陆。就这样，双方逐渐淡忘了从前的种种恩怨。[24]尽管无法照搬美国的许多做法，但是"真民主的精神"给参访者留下了深刻印象。从此，便有人定下终生奋斗的目标，发誓要在德国实现同样的自由。[25]

在文化交流中，批判型知识分子和左派政客扮演了比较重要的角色。

他们先后回到家乡，投身于国家重建工作。要知道，移民回国可是要下很大决心的，因为许多人（尤其是年轻一代的难民）已经在国外扎下了根，而美国人又都只关注自身的问题，对官方的邀请向来反应冷淡。即便如此，还是有一些人（其中较知名的有历史学家汉斯·罗特费尔斯、政治学者恩斯特·弗伦克尔、社民党领袖恩斯特·罗伊特、维利·勃兰特）带着宝贵的经验，从美国和其他西方国家回到祖国。相反，信奉共产主义的"瓦尔特·乌布利希"集团（以其思想领袖而命名）尽管在莫斯科遭受过斯大林的迫害，却仍然大肆鼓吹苏联制度的优越性。[26]左派社会主义者、文学研究专家阿尔弗雷德·康特洛维奇辩称，他之所以选择回国，是因为相信个人"在流亡期间获得的知识与洞察"将有助于国家的重建："我们仍然要为建设一个更好、更人性化、更有创造力、更热爱自由的德国奋战到底。这场战斗必须在这里、在这个国家持续下去。"起初，东德的重建工作搞得轰轰烈烈，成功的希望似乎更大，但很快，文学评论家汉斯·迈耶、哲学家恩斯特·布洛赫和其他持异见者纷纷转向联邦德国，尽管它一开始遭遇了更多问题。[27]

此外，在向战败国传递外国新知、向外部世界表达德国愿望方面，各个领域的德国专家也都发挥了关键作用。在涉及细节的难题上，占领国必然要倚重"德国通"的专长。例如教育家爱德华·哈特肖恩、法学家谢泼德·斯通，他们早在战前就和德国打过交道。而记者塞巴斯蒂安·哈夫纳、汉斯·哈贝等归国侨民，则一面用英文撰写有关战后德国的报道，一面用德语撰文，向疑虑重重的国人解释战胜国的改革建议。[28]同样，文化官员也都担负着传播外国文化的任务。他们负责激发人们对各自国家的创造性成就与政治实践的兴趣。他们必须决定到底走精英路线，推广古典乐等高雅文化，还是让步于人们对爵士乐等大众文化的偏好。[29]因为要解决具体的占领问题，务实的决策者们（如美军将领卢修斯·D. 克莱、高级专员约翰·J.麦克洛伊）越来越发现，他们必须顺从战败国人民的意愿。尤其在市一级，占领当局想要把事情办成，就必须和市长（如不来梅的威廉·凯森）进行协商，找出可行的折中方案。[30]

随着时间的推移，偶然的接触逐渐演变为相熟相知，转化为非正式的关系网，有时甚至合并成为双边组织。在地方基层，个人可以同时加入德国和美国的社团，进而结为相互重叠的联盟。而在国家层面，尤其是苏联，则试图给受过教育的中产阶级树立一个俄罗斯文化和共产主义成功的正面形象（"社会主义在苏联大获全胜"）。为此，他们还专门斥资创立了"苏联文化研究会"（即 DSF 的前身），举办各种会议、文化活动和展览。西德也有类似的组织，即更符合精英取向的"大西洋之桥"。该组织成立于 1952 年，其宗旨是减少美国民众对联邦德国仍然抱持的普遍怀疑，增进德国人对"美国生活方式"的同情与了解。与此同时，美国的服务性社团，如扶轮社、狮子会、同济会，也先后在德国设立分部，通过举办慈善活动，让本地商人畅所欲言，进而将美国的服务精神传播到海外。[31]

当然，深化与西方的接触也是德国努力恢复外交关系的结果。例如，超大的经济体量势必只能努力恢复出口，尽管其扮演的角色已经从昔日的主人变成卑微的乞丐。实际上，在盟国经由军事托管人控制公司企业期间，双方就已经开始有试探性的接触。此后，在"冷战"的影响下，这种接触又逐步发展为与重建工作相适应的一种合作关系。根据"马歇尔计划"制订的欧洲复兴计划促进了欧洲贸易的复苏。它不但使之前的工作关系得以恢复，同时也让重新占领旧有市场成为可能。诚然，在变化的政治环境下，有无数谈判要进行，有太多痛苦的战争回忆要承受。可是，西行之路毕竟拓宽了多数经理人的视野，真诚的合作行为也得到了回报，德国的商业模式也顺带着逐渐国际化。[32]

年轻人尤其迷恋西方；他们希望了解邻国，摆脱德国对个人的禁锢。

无怪乎新教和天主教举办的宗教和解大会总是很受年轻人的欢迎，特别是在边境地区。此外，20世纪50年代初，部分大胆的老师还率先组织了境外实地教学。以克雷菲尔德市为例，老师们带领一整车的女中学生前往法国南部，以期提高学生的语言技能，让她们了解普罗旺斯，并通过真实的人际交往减少民族偏见。同样，国际青年组织也开始再度邀请德国派团参加它们举办的会议。1957年，世界童军会邀请德国出席在英国举行的五十周年庆祝活动。在会上，德国代表甚至有幸见到了英国的王室夫妇。[33]当然，不管如何自觉无辜，许多青年都在海外遭到过冷遇，从而意识到自己的德国人身份。但是，借助于友好行为，他们仍然努力消除固有的敌意，为欧洲大家庭的出现做出自己的贡献。

同样推动西德国际化的还有20世纪50年代兴起的海外游风潮。许多德国人因此把出国和度假、消遣、休闲联系在一起。由于铁幕封锁，东部的传统度假胜地已经去不了，所以西德人全都涌向了西边和南边的邻国，起初是坐汽车、坐火车，后来开私家车，最终又开始改乘飞机。1954年复活节假期，20万游客蜂拥来到荷兰，造成所谓"德国的二次入侵"，一时引来各种嘲讽和非议。但是，忙碌的商家当然不会拒绝这些游客，因为他们舍得花钱，很爱买"郁金香球茎、陶制的风车玩具、银汤匙、黄油、茶叶和干邑白兰地"。两名荷兰记者甚至假扮德国人，"在大街上横冲直撞，故意违反所有的停车禁令"。有时，德国游客的言行不够得体，同样会挑起新仇旧恨。即便如此，大体上他们仍然受到了出乎意料的欢迎。"感觉我们就像十年没见面的亲人一样。"[34]对于那些成功摆脱本国文化庇护的游客来说，无论是通过文化研究，还是了解外国的日常生活，境外游都提供了一个开阔视野的机会。

这些多元的接触就像打开了一扇窗，让人领略到异彩纷呈的西方思想与行为模式，认识到它在物质与非物质层面都越来越值得效仿。相比之下，人们对东欧的兴趣则始终很有限，因为和苏联的接触不但范围较小，而且受到严格的控制。另外，语言障碍也影响了彼此的交流。红军一旦被隔离在营房之内，东德百姓便很少有机会和苏联士兵接触。其次，派往苏联学习的各个代表团大多由清一色的统社党的铁杆党员组成。[35]比较起来，西方的诱人之处则更为全面：法国和意大利有宜人的气候、发达的高雅文化，英国呈现了文明生活的多种面貌，还有以"披头士"和迷你裙为代表的青少年文化。当然，这中间最惊艳的还得数美国，它展现了军力、政治影响与经济成就，更别提以消费为导向的流行文化。由于接触往往有助于减少彼此的成见，所以这些相互了解的经验都为德国在战后逐渐转向西方奠定了心理基础。[36]

政治结盟

然而，正面接触并不会自动将西德政治与西方联系在一起。相反，这恰恰是战胜国之间一系列竞争的结果：他们给出两幅不同的蓝图，德国人最终做出了艰难的抉择。毫无疑问，新兴政党基民盟的元老康拉德·阿登纳，已经在1946年3月坦承自己更倾向西方的立场："[我是德国人，]始终都是，但也自认是欧洲人，所以我支持欧洲的发展，支持各国间增进彼此的了解。"与此同时，西占区社民党主席、在第二次世界大战中致残的库尔特·舒马赫，却发表了更为响亮的民族主义宣言："但社民党既不是俄国人的党，也不是英国人的党。它代表的不是法国工人，不是美国工人，而是德国工人。"即使比较激进的社会主义者（如麦克斯·菲希纳）也呼吁和即将成立的统社党、历史的"三冠王"苏联开展合作。[37]就这样，东方阵线的代表、民族中立的支持者、西化的倡导者，经过激烈辩论，最后一条路线最终才占据了上风。

而这场政治转向的起点便是第二次世界大战后根据波茨坦决议实施的

国境西迁。诚然，125万德国人的逃亡与被驱逐是极其惨痛的事件；但其实，东部领土的沦丧——苏联吞并了普鲁士的部分地区，波兰向西扩张，侵占了东普鲁士剩下的部分、波美拉尼亚、勃兰登堡部分地区和西里西亚——反而让德国的战后发展摆脱了易北河以东的容克（曾协助纳粹上台）的影响。这以后，中部地区也随之沦为"东德"领土，再加上铁幕的阻隔，最终西德人只好转向西方邻国，和它们接触、通商、合作。如此，他们便能少受一些限制，发展自己的自由传统，深化与英法两国的经济与文化联系，并开始认同自己是"西欧不可或缺的一部分"。因此，政治学者里夏德·洛文塔尔认为，在领土变迁中诞生的联邦德国才是"几百年来最像西方的德国"，因为在这里"［能演化出］一种具有西方精神的文明生活"。[38]

第二次世界大战结束后的前十年里，中产阶级政客几乎言必称将"基督教西方"挂在嘴边。这个含糊的概念为德国的西化提供了意识形态的理论依据。实际上，在"冷战"期间，它所激发的反土耳其情绪对西方是非常有利的，因为这个词对当时反共斗士的心态进行了必要的修正。尤其在天主教盛行的西部和南部地区，它唤醒了许多人的记忆，让人回想起那个以拉丁语为基础的欧洲文化，让人相信通过与法国、意大利的合作，这种文化或许能得以重建。尽管如此，这句口头禅还是为一些保守派新教徒保留了空间，因为它也包含了最初受希腊人启发而形成的文化传统。在基本伦理价值遭到纳粹主义重创后，"基督教西方"开始向它回归，如此一来，便在幻灭的新保守派和希望在欧洲复兴基督教的信众之间架设起一座桥梁。这个崭新的组合十分注重价值的国际共通性，它似乎在努力让德国文化从精神上与保守的西方再度融合。无怪乎呼唤人性尊严、"回归西方基督教文化的源头"都在基民盟党纲中占据显著位置了。[39]

而在风气较为自由的北德新教地区，进步西方的观念则更多由英美文明的氛围塑造而成。比方说，英国人在工党政府保护下占领了鲁尔谷地区，这无疑发挥了重要作用。但更为丰富的物质资源则表明，美国已然成为西方的第一强国。由于自视甚高，受过教育的德国人一开始对技术卓越的美国文明仍存有疑虑，而且，这不仅仅是因为他们害怕失去自尊。所以，只有少数进步知识分子、务实派、忠诚的民主派、迷惘的青年被美国的实验艺术、经济动能、社区自治与热门音乐吸引。直到后来，随着大西洋两岸的往来日益频繁，美国研究逐步进入大学课堂，那些关于美国的零星印象才开始连成一幅较完整的画面。[40] 如此，这个"在国家、个人、自由和财产问题上观点一致"的国家群体的西方概念，便把西方和美国这对矛盾体融合到了一起。[41]

尽管流传着无数可怕的传闻，苏联模式同样展现了很大的吸引力。在东德，由于红军无处不在，这自然不足为奇；就是在西德，也有部分工人阶级团体对此情有独钟。即便是饱受重创的精英分子（如被俘的"自由德国民族委员会"官员）对苏联人民的奉献精神同样印象深刻，并由此回想起当年普鲁士与沙皇帝国并肩作战的深厚情谊。尤其是工人运动中的活跃分子，他们认为共产党和社民党的合并来得太晚，希望能复制斯大林在工业化、集体化方面的成功经验，尽快在德国也建立起一个社会主义国家。反法西斯主义的知识分子，如犹太裔传奇文学学家、资产阶级民主派维克托·克伦佩雷尔，愿意忽略苏联占领的过当之处与错误，因为共产党承诺会和过去彻底决裂。克伦佩雷尔在日记中简略地写过这么一句话："只有他们呼吁坚决肃清纳粹分子。"[42] 正因为"反法西斯统一战线"在部分人中引起了反响，所以在东面和苏联发展一种密切关系也并非毫无可能。

然而，在战后的"政治真空"里，最终决定德国人忠诚与否还得看各占领国实际政策给人留下的印象。纽伦堡审判中对集体罪恶的暗指、去纳粹化本身的官僚主义性质、再教育过程中笨拙的应对、部分美国政客坚持对德实施惩罚的态度惹恼了许多人。[43]可是，1946年9月，在斯图加特的一场演讲中，美国务卿詹姆斯·F. 伯恩斯向"德国人，一位朋友和助手"，指出了"一条新生的道路"，从而打开了一扇"希望的大门"。此外，西德被纳入欧洲复兴计划，这同样产生了正面效应，因为"马歇尔计划"将经济重建放在欧洲的大背景下，从而加速了西占区的复合。这个更大的实体被戏称为"三区尼亚"，即联邦德国的前身。最后，主要由美国飞行队完成的柏林空投也向德国人发出了令人鼓舞的支援信号。美国空军连续十一个月向西柏林居民空投食物和其他必需品。这一技术上的壮举形象地证明"美国人绝不会见死不救"。[44]

相比之下，苏联的表现则十分让人寒心。统社党的宣传与东德现实之间的落差越来越大，共产主义的信用日益遭到破坏。尽管"红军拯救德国"的口号并非一无是处，但老百姓记忆最深刻的还是它的残暴。"被俄国人毒打、枪杀、逮捕的人不计其数，其中很多人从此下落不明。"虽然对希特勒已经绝望，但许多名义上的纳粹分子很快就厌倦了对斯大林的个人崇拜，因为苏维埃的三军总司令已经被吹捧成一名"集智慧、胆识和谋略于一身"的英雄。[45]"有些人开始加入共产党，希望从中捞些好处"，而其他人则选择退出公共生活，因为"他们已经不再信任自己的亲友"。尽管许多"新农民"和工人赞成没收大地主、大工业家的财产，然而，由于在1946年至1947年间的选举中，统社党的表现实在令人失望，所以它便公布了多份单一候选人名单，而这就等于宣告言论自由的消亡。如此一来，东德人民也就越来越清楚地发现，他们不过是换了一个独裁政权。正如一名失望的老共产党员所言："这就是我们奋斗的结果！"[46]

因此，在这高度紧张气氛中诞生的西德《基本法》，实际上是复兴德国固有宪法传统与引入西方新模式之间的一种妥协。毋庸讳言，在伦敦宣告成立的"西方联盟"为联邦制、基本权利与各国的重新结盟奠定了某种框架，并以官方干预和非正式接触的形式使之更加巩固。但是，议会理事会的成员们都很熟悉德国的议会史，知道如何保留其自身的优点，同时避免魏玛共和国犯过的那些重大错误，例如政党的碎片化、将紧急权力授予总统等。其次，各大政党的元老，如路德维希·贝尔格施特拉瑟（社民党）、赫曼·冯·曼戈尔特（基民盟）、安东·菲佛（基督教社会联盟，以下简称"基社联盟"）、鲁道夫·卡茨（社民党），对西方各类型的议会制都很熟悉，所以在康拉德·阿登纳及卡洛·施密特的协助下，他们有能力针对棘手的难题找出正确的解决方案。尽管缺少参议院和强势的总统，而且也未经公投表决，但《基本法》仍然对德国的西化做出了巨大贡献，因为它很好地融合了德国的自治传统（如专业官僚机构、联邦制）和基本权利、宪法法院等西方理念。[47]

同样，东德也就制宪问题展开了讨论，并试图以此制造人民当家作主的假象，掩盖已在进行当中的苏维埃化。1945年6月，德国共产党在党纲中承诺"为人民谋取民主权利和自由"，而统社党则在1946年初的建党宣言中仅仅提到要将建设一个"反法西斯民主共和国"作为其奋斗的目标。1946年11月，"德意志民主共和国宪法草案"正式发布。该草案借鉴了魏玛共和国的理念，强调以"民族团结、社会进步与保障自由"作为指导原则。[48]为争取西方劳工参与建设社会主义共和国，东德政府在全国范围内发起了一场名为"德国统一全民公决"的签名运动。然而，此举在非共产国家却遭到了冷遇。"肃清纳粹激进分子"、"民主推动土地改革"以及"没收战犯与纳粹分子的财产"以及制订经济计划，这些在西德无疑是民心所向的诉求，在东德却遭到统社党与苏联强制政策的怀疑和诋毁。因此，"人民议会"运动多集中于苏占区，尽管民主德国的首部宪法并未充分反映东德的社会变化已经在多大程度上向苏联模式靠拢。[49]

虽然遭遇了一些挫折，但总的来说，阿登纳主张与西方联盟合作的政策还是成功的。它让心存疑虑的选民相信,与西方的合作越密切,得到的实惠就越多。实际上,1945年初颁布的占领法已经加强了德国的自治权,并将盟国保留的权利全部设置了有效期。德国总理可以利用《彼得斯堡协议》赋予的特权将联邦德国任命为代理人,等待将来德国统一,并争取迅速"收复主权"。只有"逐渐回归欧洲自由民族的大家庭",才可能尽早取消占领国对德国的各项控制,德国才有可能加入欧洲的各大组织,恢复某种行动自由。[50]虽然民族主义者提出的最大要求一再危及"互信合作"的开展,但进步的迹象(例如与美国结束战争状态)也是不容否认的。所以说,"德意志-同盟国总条约的签署"其实也是阿登纳个人"稳健、坚韧"作风的成功。相较于第一次世界大战后围绕修订凡尔赛协议的长期争执,第二次世界大战后各方很快就实现了形式上的平等。[51]

与此形成对比的是,提议创建煤钢共同体的"舒曼计划"则遭到了强烈抵制,因为这将成为德国正式迈向西欧"超国家"联盟的第一步。阿登纳不遗余力地宣扬煤钢生产欧洲化的好处,声称这不但能结束同盟国对鲁尔谷的单边控制、对工业产能的限制,而且会建立起"法德之间的永久和平关系"。尽管德国工会联合会(DGB)接受了欧洲煤钢共同体(ECSC),可是,社民党仍极力反对"对德国经济的削弱",反对欧洲煤钢共同体的"独裁",反对建立一个将英国和斯堪的纳维亚排除在外的"小欧洲"。[52]与此同时,统社党则在鼓动西德矿工举行大规模罢工,更加断然地拒绝了这项"作战计划"。即便如此,联邦德国政府并未就此屈服,相反,甚至还增设了部长理事会、议员大会、高等法院等机构,作为推进一体化发展的核心力量。最终,在联邦议会的辩论中,政府的意见还是占据了上风,因为它能把煤钢共同体描绘成歧视的终结者,这也是欧洲向"经济与政治复苏"迈出的一步。[53]

最重要的是,在统一政策上,民族主义者与社会民主派根本提不出任何可行的替代方案，这无疑坚定了德国西化的决心。东柏林想把民主拒之门外，而波恩方面则在防范"共产专制蔓延全境"。于是，"自由选举"和在邦联基础上签订"和平条约"的诉求便这样抵消了。[54] 1952年初，苏联的"斯大林照会"似乎带来了一丝希望，但民族主义倾向的左翼新教徒古斯塔夫·海涅曼宣称："谁想要实现统一，谁就必须脱离西方。"可是，阿登纳并不想就此掉转船头："单凭我们自身努力，或者苏联的支持，都无法实现国家统一。我们只能依赖三个西方大国的协助。"其政策的目标是要"在自由的前提下完成统一大业——而这靠所谓中立化是绝不可能实现的"。虽然舒马赫继续坚持国家统一的首要性，但政府和百姓认为，在"冷战"期间保持不设防的中立状态风险太大，尤其在西化已经取得长足进步以后。[55]

1953年6月17日，东德突发工人暴动，民族主义者防范与西方合作的立场进一步遭到质疑，因为该事件致使苏联不得不进行军事干预，从而确保统社党岌岌可危的权力地位。在东柏林的斯大林大道上，建筑工人自发举行了抗议活动，抗议劳动定额的增加。随后，抗议浪潮迅速席卷整个东德，并演变为一场"针对统社党的大反抗"。示威工人异口同声，呼吁"进行自由的秘密选举，撤销规定的增加配额，开除肇事的政府成员"。[56] 因为这些诉求，原本小规模的劳资冲突迅速升级为一场政治抗议活动，直接暴露了"苏占区统社党体制的道德败坏"。由于受惊吓的党员对东德警力缺乏信心，所以最后只得由苏联红军出动坦克进行干预，并帮助恢复秩序。因此，党媒《新德意志报》虽然试图将反抗活动贬斥为"法西斯的冒险"，但终究未能奏效。由于苏联坦克粉碎了"工人阶级政党的神话"，所以现在波恩政府可以更加理直气壮地推行其"全力以和平、自由促统一"的政策。[57]

到了20世纪50年代中期，联邦德国的西化程度已经相当深入，所以

第四章 拥抱西方

尽管它在欧洲防务共同体（EDC）那里吃了闭门羹，却获得了"北约"组织的入场券。创建国民军队"和欧洲团结的精神与宗旨并不相符"，所以政府更支持军事合作的提议。但后来，在法国国民议会中，该方案还是遭到了戴高乐主义者与共产主义者的否决。不过，尽管如此，失望的阿登纳还是告诉内阁，"必须一如既往地坚持我们的欧洲政策"。此外，他还提议德国加入"北约"，用以替代已经名存实亡的欧洲防务共同体。[58]而反对派则相信"一波抗议和抵制的风潮将会席卷全国"，所以极力反对批准在巴黎签署的条约。1955年1月29日，在法兰克福圣保罗教堂举行的一场大型集会上，社民党领袖埃里希·奥伦豪尔在神学家赫尔穆特·戈尔维策等知识分子的支持下，公开指责政府"固化分裂状态""分化萨尔人民"。为平息日益高涨的要求举行全民公决的呼声，阿登纳特别强调民选议会要有责任感，特别指出"德国恢复主权"的好处。[59]在联邦议会中，政府排除万难，最终"以绝对多数"通过了条约，因为与其对苏联的让步抱一丝希望，还不如融入西方、获得实实在在的安全感。[60]

令人惊讶的是，提议建立"欧洲经济共同体"的罗马条约却未引发太大争议，尽管其中许多细节同样遭到了严厉批评。让·莫内主张"设立共同机构、逐步融合各国经济、创建共同市场"，再次推动欧洲的一体化。该主张在波恩方面引起了很大的共鸣。妥协的好处是众所周知的，其中包括加大德国工业产品的销量，以此回应法国政府的农业补贴，开展核合作，实行殖民地优惠政策。由于选战惨败，社民党决定在原则上同意这项条约，所以，现在反对声主要来自商界和自民党。自民党因为想要创立一个包括英国在内的自由贸易区，所以拒绝"出高价收购欧洲"。为了反驳条约中存在"许多瑕疵"的指责，政府努力向民众表明，其实德国的很多请求（如柏林限制条款）都得到了采纳，两德之间的商业往来也被当作国内贸易来对待。也难怪比利时外长亨利·斯巴克将该条约的签署称为"欧

139

洲历史上最了不起的有组织的自愿改造"。[61]

直到社民党的《哥德斯堡纲领》通过的那一天，最大反对党的路线才得以扭转，跟进西方的决策才最终在国内政治中完全被接受。在这之前，虽然宣称会优先考虑两德统一和对苏谈判的问题——从舒马赫的早逝，到奥伦豪尔担任党主席，再到1959年的"德国计划"，但其实，无论苏联政府还是西德选民，都未曾充分信守这一承诺。因此，到了20世纪50年代末，年轻一代的外交家（如弗里茨·厄勒尔、维利·勃兰特、赫尔穆特·施密特）便试图将社民党的视线逐渐从东德身上移开，因为事实证明这条路根本就走不通。尽管统社党一再警告不要"投降"，但在1959年11月召开的特别党代会上，社民党还是在赫伯特·魏讷的支持下，毅然放弃许多"陈旧的信条"，接受了市场经济的事实，拥抱"自由-民主秩序的保护"，并借此对国家的武装防御予以支持。虽然社民党仍然青睐于"欧洲缓和带"，但事已至此，西化其实早已渗透至各个角落，所以根本不会再引发任何类似的争议。[62]

20世纪60年代初，随着矛盾的激化，联盟内部爆发了一场有关联邦德国该效仿哪个"西方"的争论。一批自称"大西洋主义者"的人在寻求与英美两国建立密切合作。这一设想早就有不同的领导人（如美国总统西奥多·罗斯福、英国首相奥斯丁·张伯伦、德国皇帝威廉二世）提出过，但一直未曾真正实现。德国商界和公司经理对英美自由贸易的概念尤其感兴趣；他们从中发现了一个不受限制就能在国际市场中运作的方式。同样，军方成员、安全专家、军备说客也都一致向华府看齐，因为事实证明，在朝鲜战争中试用过的传统武器的确更胜一筹。另外，德国还需借用美国的核保护伞，以抵御苏联的威胁；同时，德国本身也在防卫上具有强烈的政治意愿。自由思想家能够在美国的宪政传统和德国的"自由-民主秩序"之间找到价值观的一致性。然而，大西洋的定位问题会随着美国对外政策的变化发生波动,而其对外政策又深受国内政治的影响,即不断在约翰·福斯特·杜勒斯的"推回"政策与肯尼迪总统的求和政策之间摇摆。[63]

另一方面,"戴高乐主义者"则反其道而行之。他们努力要让德国和其欧陆近邻法国走得更近。实际上,两国的伙伴关系可追溯至20世纪20年代前外长阿里斯蒂德·白里安和古斯塔夫·施特雷泽曼之间的合作。即便在维希政府时期,为延续这一关系,德国仍向法国派驻了大使奥托·阿贝茨,尽管这也导致了一些问题。几百年来,西德文化一直与法国有着深厚的渊源。凡是文学、生活方式和法律制度(《拿破仑法典》)无不受到法国的影响;因此,他们赞成与巴黎建立更密切的关系。1956年,西德举行全民公决,要求将萨尔地区归还联邦德国。这曾一度造成两国关系紧张,不过,"和解政治"必须克服这种紧张。1958年,夏尔·戴高乐借助军事政变夺取政权,"第五共和国"的总统制最终稳定了巴黎的政局。和前辈不同,戴高乐将军习惯从历史的角度看待政治问题。由于在战时被人忽视,所以他的积怨很深,总想不再依附于美国。[64]可是,法国的军力毕竟有限。它虽然具备核打击能力,但还不足以为他国提供真正的保护,使其免受来自东部的攻击。所以说,指望巴黎协防并不可靠。

在阿登纳当政的末期,大西洋主义者与戴高乐主义者所代表的另类政治路线曾一度引发激烈的冲突。尽管几次访美行程都很成功,尽管与一些美国人保持着友好关系,但是,年迈的阿登纳对"新大陆"的了解并不深入;相反,让他感觉更亲近的还是那个欧洲的老邻居,他也本能地同情他的伙伴戴高乐。[65]一方面,基社联盟(基民盟在巴伐利亚的兄弟党派)内部的土耳其裔少壮派(如弗兰茨·约瑟夫·施特劳斯、古滕贝格男爵)相信,若选择与巴黎合作,德国实现进一步解放以及获得核武器的机会会很大。另一方面,北德基民盟内部的新教派系(以外长格哈德·施罗德、防

141

长凯-乌韦·冯·哈塞尔为首）则更倾向于亲近英美两国。1963年，《爱丽舍条约》正式签署。该条约旨在确立法德两国的友好关系，加强双方的务实合作。然而，大西洋主义者却在条约的序言中明确表示，绝不允许任何人削弱跨大西洋合作。[66]戴高乐主义者为洗清选战失败的耻辱，最后密谋要将阿登纳的继任者路德维希·艾哈德赶下台。不过，艾哈德尽管倾向英美，但此前遭到过美国总统林登·约翰逊的羞辱。[67]从长远看，这些争论只证明了一点，即一套成功的西方政策既要求和法国保持友好关系，又必须对美国表示忠诚。

西化策略有其意识形态上的渊源，即当时流行的反共思潮。这股强劲的势力将资产阶级保守派和社会民主人士团结在一起，共同抵御来自东欧阵营的入侵。为渲染极权主义的威胁，媒体相继撰文，声称"一种难以想象的恐怖笼罩了苏占区，1 800万同胞生活在它的阴影之下"；而布下这张"密网"的正是特务机关、统社党的附属组织和一些看似无害的社会团体。西德的政府部门与民间组织（如"反内奸行动委员会"）也警告民众注意防范约200个"共产主义掩护机构"的渗透。他们断言，特别是那些和平团体，"背后都是共党分子在操纵，并提供资助"，而西德的共产党则完全由"被遥控的政府官僚"所支配。[68]因此，西德的各类组织，如"反暴力专案组"、"自由法律工作者联盟"以及社民党的"东德事务办公室"，也试图将各自的反共宣传手册偷运至东德境内。与此同时，联邦政府决定"宣布德国共产党违宪"，并在《基本法》第21条的基础上申请了相关的禁令。[69]

另一方面，民主德国则与苏联建立起更紧密的关系。这主要是基于一种共同抗击法西斯的英雄观念：如此一来，当政者便可以将战胜希特勒当作一种道德资本来使用。我们如果从社会经济学的角度把纳粹主义解读为垄断资本主义的最高形式，那么，有些说法也就不言而喻了：在资产阶级统治的联邦德国，法西斯主义并未彻底消亡；美国的那些"北约"将领和纳粹党卫军也并无本质区别。统社党的宣传机器散布了许多荒谬至极的言论：造谣美国人用飞机空投马铃薯甲虫，称其行径"惨无人道"；指控阿登纳是杀人魔头，说他正在策动第三次世界大战；诋毁联邦德国，将其贬斥为"警察国家"。凡此种种无非是想钳制国内群众的思想。[70]与此同时，某些标榜独立的组织（如"两德友好工作组"）还对西德批准舒曼计划、签署总条约、欧洲防务共同体计划等行为公开提出了上诉。为防止持续西化，统社党领导人试图借助广泛的签名运动唤起西德人的民族感情，呼吁双方签订和平条约。[71]

"冷战"的对峙要求德国人无论对内还是对外，都必须在"自由世界"和"社会主义阵营"之间做出明确的选择。民主德国自认为在努力实现"大民主"，所以指责西德不该"接受那个棕色怪物*的［法定］继承"。而联邦德国则更担心"苏联集团的侵略性帝国主义阴谋"，声称它"拥护一种源自基督教的政府理念，拥护自由、民主的精神，并已在民主法治中树立起自身的价值观"。从长远看，在这两种互斥的理念中，西德的选择更能引起共鸣，因为它似乎更贴近现实，使人生的机遇也更开放。为此，"反暴力特别小组"还专门制作了表格，试图用移民人数来展现"东西德各自的魅力"：1950年至1954年9月期间，共有15 840 000人次从东德移居西德，而反向流动的人数却只有164 000。[72]该组织的宣传手册由此得出结论，事实证明，西德的魅力将近是东德的十倍。

民间的美国化

西化的另一重要组成部分是德国庶民文化与大众消费的大规模美国

---

* 指第三帝国。——译注

化。这个概念虽说颇具争议,但用在这里倒是恰如其分,因为此时美国的影响已经具体可感,而不只是现代化的一般表现。由于这些新的动向多半源自美国,所以当时就在"美国化"这一统称下展开了激烈讨论。[73] 然而,这种影响并不是无往不胜,也绝不仅仅是全球追随美国风尚的一部分。相反,由于战后的各种特别因素促成根本性的文化转型,所以它在德国留下了更深的印记。一方面,占领国的政策旨在寻求一种"重新定位",保证既不脱离其固有模式,又能在商业上支持本土文化产品。另一方面,幻灭的德国青年对舶来品抱着异常开放的态度,渴望与外界接触,所以尽管传统的卫道士们一再呼吁警惕堕落的西方生活方式,但他们还是充耳不闻。[74]

起初,美国的文化官员更注重传播高雅文化,希望以此克服德国人因袭的文化优越感。其主要传播途径就是遍布各大城市的几十所"美国之家"。在这里,好奇心重的德国民众能读到各类美国报刊和书籍,一解对资讯的饥渴。其中,最典型的政治讯息要数诗人斯蒂芬·文森特·贝内对美国的赞颂:"有一片希望的热土,自由的热土,五湖四海的人在此居住。地球的子孙啊,我们共有这广阔的天空。"[75] 而最受欢迎的则要数欧内斯特·海明威、威廉·萨洛扬等人的小说。它们为理解这片矛盾重重的土地提供了一把钥匙。同样诱人的还有各种艺术展览。这些展览将流落在美国的现代主义杰作带回德国,并向大众开放参观。相比之下,古典音乐作曲家(如阿隆·科普兰)和剧作家(如桑顿·怀尔德)的作品就没那么容易推广了。有个英语专业的学生,初次读到纳撒尼尔·霍桑的小说,不禁激动地说:"[在这里,]我们终于认识了另一个美国,和报刊、占领者提到的不一样的美国。"[76]

尤其在某个领域,这些思想宣传取得了惊人的成效。20世纪50年代,各大高校先后设立政治学专业,即一门以美国为导向的"民主科学"。各占领国要求尽快恢复中断的传统,以便为将来开展更为广泛的政治教育提供一种"政治学操练"。负责创建这门新兴学科的元老,包括特奥多尔·埃森伯格、欧根·科贡,都是坚定的民主人士,都受过法学、历史学和新闻学的训练。另外,从美国回流的人才也在新学科的创立中扮演了重要角色。这其中包括弗莱堡大学的保守派学者阿诺德·贝尔格施特拉瑟。他正在努力为负责任的公民行为打造学术基础。此外,还有柏林自由大学的自由派学者恩斯特·弗伦克尔。他对纳粹独裁政权的双重性做过极为精彩的分析,也希望德国民主能够遵循西方模式。由于第二代学者经历过方法论的大转变,更加注重行为科学与量化分析,所以,社会科学又恢复了它与美国研究人员所订立的国际标准之间的联系,并继续扮演西方思想传播者的角色。[77]

尽管如此,从长远看,美国流行文化的影响还是比高雅文化更为广泛。以漫画为例,早在20世纪50年代,它就开始取代传统的儿童文学。幻想小说,尤其是卡尔·梅的作品,俘获了广大的青少年读者。在他们的浪漫想象中,印第安土著就是"高贵的野蛮人"。相较而言,弗里德里希·格斯戴克等作家的现实主义作品则往往乏人问津。[78]于是,从那时起,年轻人的阅读兴趣也就从美化国防军战绩的格斗杂志逐渐转向以汤姆·米克斯等西部片英雄为原型的牛仔故事。这些故事之所以特别迷人,是因为读者可以问心无愧地与书中人物产生共鸣。与此同时,米老鼠、人猿泰山和超人等卡通片也陆续被翻译成德语,受到青少年的热烈欢迎,尽管一开始美式的文字和拟声效果会显得有点奇怪。有些教师虽然抱怨"年轻人玩物丧志,以为看'漫画'等于受教育",可是,他们又拿不出东西来抗衡那些诱人的美国玩意儿。[79]

此外,美国流行乐的大举入侵产生了更为强烈的效应,因为音乐比什么都更能引发世代间的激战。摇摆乐风靡一时,变成年轻人反抗纳粹独裁的一种形式。战后一段时期内,大学生尤其对爵士乐情有独钟,因为它用最质朴的曲调表达了北美受压迫黑人的心声。[80]比较起来，摇滚乐的受众则要广泛得多。从20世纪50年代中期开始，同盟国电台（如美军联播网、美国阵线电台）就开始播放摇滚乐。由于节奏强劲、旋律简单，再加上电子扩音的声效，这类音乐尤其受到蓝领青年的欢迎。不过，成年人却认为，"猫王"的扭臀摆胯中充满了性暗示，实在骇人听闻。另一方面，记者还频频报道"猫王"及同类艺人引发"集体狂热"与青少年殴斗事件。的确，在许多批评者看来，整个宣扬基督教的西方似乎突然陷入了危机。然而，当穿着紧身衣和牛仔裤的"无赖"高唱"嘿，巴巴里吧"或其他废话连篇的副歌时，一切已经无可避免。面对共产主义的威胁，德国亟须美国的保护。可是，对于这个西方大国的"负面"影响，它又该如何抵御呢？在联邦德国，自由派最终在"冷战"中冷却了激情；而在东德，针对"布吉文化"的狭隘抗争却仍在继续。[81]

不过，最令人担忧的还数好莱坞的诱惑。自20世纪40年代末起，好莱坞电影便已攻占德国的放映厅，而且似乎在兜售各种危险的价值观。然而，老百姓却十分痴迷于美国电影，尤其是比利·怀尔德等旅外电影人的作品。这是因为美国片的制作要比国产片更精良；其次，它描绘了一个没有硝烟的幻想世界，大大美化了现实生活。此外，在联邦政府的资助下，美国营销企业联盟积极展开攻势，迅速瓜分了德国的传媒市场，这同样重创了德国同行的竞争力。而且，这本来就是华府信息政策的一部分，受到联邦政府的资助。[82]比如某个周末，西柏林的电影院总共上映了不下二十部美国片，包括《牛仔悍匪》《风尘双侠》《泰山降妖记》《伤心河》《枪手喋血记》《黑湖妖潭》《黑枪》《撒旦的摇篮》。对此现象，一份面向新教青年的报纸进行了严厉抨击，声称"纵容这些玩意儿和捍卫自由根本毫无关系"。然而，实际上，德国自产的电影将大自然和农村生活过度浪漫化，所以也未见得多么高明。更有甚者，基民盟要求年轻人主动"远离电影和其他娱乐,免受其蛊惑和强大的影响"。然而,即使把进场观影的年龄提高到 18 周岁,也未能掩盖好莱坞电影的魅力。[83]

此外,新的大众消费模式也加速了德国社会的美国化进程。在占领期间,尤其是"巧克力、咖啡和香烟"都属于"紧俏物资"。相比之下,在军营的服务社里,"好彩牌"香烟都算不上什么稀罕物,各种商品更是琳琅满目。在战败的德国人眼里,这简直就是天堂。尤其是年轻女性,为了吸引美国大兵,特别渴望得到化妆品、尼龙袜和流行服饰。一些美国记者对此大为惊叹,将这称为"少女奇迹"。[84]除了摇滚乐和西部片,各种新潮服饰(如铆钉牛仔裤、紧身衣)和时髦打扮(鸭尾头、波波头)也都相继出现,并立即引来众人效仿。由于最初许多学校禁止穿"蓝布牛仔裤"(东德的禁期更长),所以年轻人反而把它当作反抗传统、争取独立的崇拜对象。殊不知,与此同时,他们已经沦为商业大潮的俘虏。[85]实际上,就连商人也开始模仿好莱坞电影,喝起了苏格兰威士忌、波旁威士忌,穿上美式商务套装,以此显示自身的品位与气度。

进入 20 世纪 60 年代,随着生活条件持续改善,耐用消费品开始走俏。和美国一样,这些商品也都接受分期付款。在蒸蒸日上的荣景中,最先实现的是家居现代化。吸尘器、电烤箱,尤其是电冰箱,将家庭主妇从繁重的家务中解放出来。继收音机、录音机、黑白电视机以后,客厅里又掀起了一场视听娱乐的革命。而进入千家万户的电话更是锦上添花。此外,公共交通的机械化也在突飞猛进。先是电动车、摩托车,接着又有了小型机车、微型轿车(伊塞塔、格哥摩),最后更是出现了大众甲壳虫之类的普通轿车。就这样,昔日只有上流阶层才能享受的舒适生活变得越来越平常。所以,社会精英们最后只得靠彰显生活品质与风格,来抵抗这一"社会平等化"的趋势。[86]虽然很多家用电器其实是由德国设计的,但在推广过程中,为凸显生活的富足,还是参照了"美国人的生活方式"。

此外，制造工艺与分销方式的彻底美国化，也推动了消费品需求的飞速攀升。凭借美国提供的补贴、科研与高级培训课程，现代管理技术开始在德国生根发芽，竞争与利润日益受到重视。另外，特许经营制度也开始为人所接受。为降低采购成本、扩大广告宣传，个体商贩们相继加盟了连锁销售系统。尤其是食品杂货业，还有百货公司，都采用了自助服务的新模式。从此，身为"尊贵的顾客"可以自己选购商品，再也不用向售货员求助。另外，各类广告也比以前更绚丽、更醒目了。冗长、乏味的广告说明遭到冷遇，简短有力的口号（如"休息一下，来杯可口可乐"）更能反映现代生活方式。到最后，就连德国公司也开始使用诸如"幸福结局化妆品"之类的英语标签，以凸显世俗生活的美好。因为这有助于缩小德国和西方邻国在生活方式上的差距，所以"消费社会的逐步建立甚至很有可能推动了德国的文明化发展"。[87]

讽刺的是，就连学生运动所标榜的反拜金主义抗议文化，也同样借鉴了美国民权运动的模式。虽然在越战中美国沦为帝国主义强权的代表，但一些激进分子（如丹尼尔·孔-本迪）还是决定留在美国继续深造，而有些人（如鲁迪·杜契克）则是和美国人结婚生子。马丁·路德·金以非暴力反抗司法不公的策略给予他们很大的启发。事实证明，在揭露美国南方种族歧视的问题上，这一策略相当有效。此外，德国学生还很快学会了"静坐""宣讲"等抗议手段。当时，伯克利、威斯康星等大学正是用这些手段教育学生，讨论美国军事介入东南亚的利弊问题。同样，嬉皮士文化的那些反独裁形式也迅速影响了柏林、法兰克福、汉堡等城市。因为琼·贝兹的抗议歌曲、"花儿"嬉皮士的长发和喇叭裤、海特-阿什伯里街区的性试验和毒品文化，都象征着一种新的自由。正是在这些与其他外部动因的刺激下，德国人发明了"直接行动""有限违法"的抗争策略，作为揭露真实压迫与想象压迫的一种方式。[88]

零星的证据表明,相较而言,在更为严厉的政治高压下,苏联模式对东德民众的影响则要小得多。只有少数受过教育的人对"苏联文化"感兴趣,即官方推荐的俄国文学、古典音乐和芭蕾舞。渐渐地,老百姓对歌颂社会主义建设的宣传电影也习以为常了。不过,知识分子更关注两国关系解冻后有关斯大林主义问题的讨论。毋庸置疑,苏联太空计划的成功激发了很多年轻人对技术的兴趣,因为"斯普特尼克"人造卫星的发射成功,似乎可以预示社会主义必将在未来取得胜利。其次,在欢迎苏联代表团的友好大联欢上,艺术家们弹起三角琴、跳起哥萨克舞,有时也会给人留下美好的印象。然而,这人人称颂的苏德友谊也要克服文化优越感造成的传统偏见。与此同时,人们还必须自我克制,尽量不去想"打倒法西斯、翻身被解放"以后那些惨痛的经历。虽然学校一律将俄语设为必修课,但学生普遍都在消极抵抗。这说明大部分东德人终究不愿接受苏联的文化模式。[89]

统社党官方一向高举反美大旗,痛斥华盛顿是资本主义剥削和国际帝国主义的大本营。即便如此,美国化的趋势还是在民主德国悄然出现了。在寄自西德的圣诞包裹里,在只接受硬通货的"外汇商店"里,美国货向来都是最受青睐的。香烟、酒类、化妆品将外面的香风吹送到东德,同时还确立了国货无法企及的风格品位与质量标准。东德人可以坐在电视机前神游四海。美国的肥皂剧(如《朱门恩怨》)和老电影让他们领略到世界的精彩。要不是限制出境,他们本来还可以去实地比较一下。有近三分之一的东德青年能收听到西方电台(如"卢森堡广播")播放的摇滚乐。由于摇滚乐的魅力过于强大,后来瓦尔特·乌布利希不得不批准在东德建立一个与之对抗的青年电台,即 DT64。[90]有时,东德乐队也会演唱西方的热门歌曲,并经常因此踩到红线,造成所谓"小流氓"的长期问题。套用内部批评家(如安吉拉·戴维斯)的话说,虽然共产党将美国塑造成压迫者与侵略者的形象，但官方越想禁除这一文化，老百姓就越容易把美国想象成一片乐土。[91]

美国化的另一明显标志是美国用语的流行。第二次世界大战结束后的几十年里，其数量一直在急剧增加。很多词汇或者直接借自英语，或者转换成了德语。这种现象在媒体上尤为常见，其次就是日常俚语。所以，最后联邦总统古斯塔夫·海涅曼不得不疾呼："美国用语泛滥成灾，全社会必须坚决抵制。"[93]一方面，某些军事术语（如"越野车"）或者技术行话（如"个人电脑"）可能确实无可避免。另一方面，各种广告锁定年轻受众，不断用"时髦、动感、年轻、新潮、活泼〔或〕性感"的流行语去刺激他们，从而助长了这一趋势的发展。然而，尽管各类团体（如"德国语言协会"）都在努力保护德语，使其"免受英语的侵袭"，但终究还是收效甚微。当时，约有 4 600 个（一说是 20 000 个）美语用词继续在德国大行其道，许多时髦的外来词甚至是错误的。比如"Handy"，在德语里是指手机，但其实美国人根本就听不懂！由于频繁借用美国用语，后来还诞生了一种洋泾浜的"新式德国英语"，有时也叫"德英语"或者"英德语"。这最能体现美国文化对德国日常生活的影响。[93]

讽刺的是，反美情绪的弥漫或许恰好证明了美国化的力量，因为人只有在强烈感到威胁时才会奋起反抗。首先，德国的精英阶层虽然被打倒，但骨子里一向厌恶美国文化，认为它粗鄙、堕落，深受犹太人的荼毒，完全为暴民所挟持。另一方面，马克思主义阵营也在声讨美国。在东德，有一本名叫《美国佬，快滚蛋！》的宣传册，将美国直斥为资本主义剥削者、帝国主义压迫者；1968 年以后，又改称它是"消费者恐惧"的罪魁祸首、"全球化运动"的元凶。应该说，在这种敌意的背后，既有人们对严酷占领的愤懑，也有对失去权势的悔恨；既有对美国经济繁荣的嫉妒，也有对美国言行不一的失望："就目前了解的情况看……我想说，美国人是最虚伪的。"不可否认，美国社会确实存在一些问题，然而，这份恨意更多折射出东德人自身的挣扎。他们想借美国的例子，证明议会制度的低效、军事部署的可厌、反共宣传的不得人心。如此，美国便成为一块很好用的大屏幕，各种对西方的批判都会投射在它上面。[94]

所以说，战后几十年里进行的美国化是个相当漫长的过程，其影响遍及社会与文化的各个领域，但方式天差地别。德国人本来有意参考美国模式推动持久变化，例如向西方民主看齐的对国家的"新定位"。然而，占领官员的频频抱怨已经证明，这种努力只取得了部分成功。相较而言，在适应流行文化与大众消费方面，德国人的表现要更为出色。他们不但从国外直接引进，而且还逐渐发展出类似的潮流趋势。"冷战"期间，位于政治光谱右端的人，虽然要求美国保护德国免遭共产主义的威胁，但通常都反对输入美国文化。至少等到艾哈德上台、两国关系有所缓和以后，西德政府才放松了这方面的限制。相比之下，左翼人士倒是很欢迎较为轻松的生活方式（以服饰、音乐、电影为代表）；可是，对于核武器与第三世界政策，他们却始终坚决反对。不过，无论如何，除了两个极端以外，大多数人都对美国，对其民主制度、蓬勃发展的经济和娱乐文化抱有明确的好感。[95]只有在东德，一种独特的暧昧气氛始终挥之不去：官方公开的敌意和民众的私人兴趣形成了极为强烈的反差。

"去德国化"的矛盾

自第二次世界大战结束以来，因为外界压力和自身的意愿，德国人已经洗心革面，基本摆脱了从前凶悍暴戾的形象。尤其是年轻人，在穿衣打扮、文化习惯、饮食喜好、肢体语言方面，已经很难与西欧邻国的同龄人区分开来。超市的货架上，很多商品来自海外；高档专卖店里，进口货空前丰富。专门烹制"正宗德国菜"的餐厅越来越少，以致德国人都不知该上哪儿招待外宾。在德国开车，一打开收音机，听到的多半是英语歌曲（即便歌手是德国人）。同样，商业电视台和电影院放映的也大多是好莱坞进口片。至于网路用语，则绝大部分源自美国。总之，类似的情况很多，在此不赘述。应该说，生活方式的改变已经无所不在。连文化人类学家赫尔曼·鲍辛格也纳闷："现在的德国人究竟还有多少德国味？"又或许，更确切的问法是："究竟还剩多少德国味？"[96]

以"信息化"为手段逐渐塑造"公民品格"的做法，标志着在东西德之间寻求所谓特殊道路的终结。由于苏联的威胁性政策，共产主义似乎并无多大吸引力；也因此，标榜资本主义民主的西方模式才能消除人们的疑虑，并长期占据上风。尽管没有刻意追求西化，但在德国还是出现了三方面的变化——积极正面的个人接触、西方联盟的军事保护、年轻人对美国流行文化的迷恋。而且，这三个变化过程是相互制约又相互促进的。与奉行平等主义的苏东国家合作，德国自身势必经历剧烈的变化；相比之下，融入"西方"或"自由世界"则不需要经历剧变。这是因为德国本来就有属于自己的公民传统，现在只需将它从极端民族主义中解放出来，而不是发动社会革命将其根除。这些价值观和行为上的变化，经过数十年的积累，最终促成了政治文化的转向。也有人认为德国已经浪子回头，重新融入西方文明的主流。[97]

然而，联邦德国的西化也并非一帆风顺。随之而来的转型过程同样伴随着无数挣扎与重重困难。正如传统反美分子列夫·马基雅斯所言，起初，一些保守分子有很多疑虑。但讽刺的是，到了20世纪60年代，在抨击美帝国主义的时候，左派的罗尔夫·温特居然也用了这套说辞。[98]与此同时，战败以后，德国无条件接受了各自占领国设定的规范。这种"好学生综合征"同样证明，机会主义在德国十分盛行，许多人在国家分裂这件事上难辞其咎。换句话说，否认旧身份、逃避负罪感，既是对待历史问题的一种积极手段，但同时是否也证明记忆遭到了抑制？[99]关于西向政策对本土文化的破坏，一直都流传着某些危言耸听的说法。然而，即使这些说法夸大其词，也不可否认那些照搬来的模式的确不是全都有效。其影响完全取决于德国借鉴的究竟是哪个版本的"西方"。[100]

所谓"自由世界"的黑暗面，其实早就饱受诟病。这说明，即使在众多支持者眼里，战后的"西方"也并非完美无缺的绝对标准。西方大国，比如英国、法国，不也有过帝国主义的历史吗？尽管有种种去殖民化的举措，帝国主义的遗毒不也仍然存在吗？今天的美国不也是这一传统的继承者吗？历史上，种族主义在西方曾经十分猖獗。它为蓄奴制和种族隔离政策辩护，而且即使在这些制度废除以后，仍然煽动针对外来移民的暴力。这难道不是西方的耻辱吗？正因为资本家的贪欲不受法律制约，所以工人才会被大肆剥削。恶性竞争一再导致新的经济危机，破坏业已取得的进步。这难道不是铮铮事实吗？大众消费主义本身不也是一种无休止的猎奇与占有吗？而且，它能带给消费者的满足正在变得越来越少。流行文化不也是一种毒品吗？它让人沉迷于浅薄的娱乐，无法自拔。[101]为了不只是用自己的弊病换取导师的问题，在对待西方时，德国知识分子一定要持批判的态度，既要取其长，又不能承担它的历史负债。

理想的"西方"观念必须包含美国与法国革命的核心价值。唯其如此，"标准西化"的累积过程才能获得最后成功。而解放思想的哲学出发点，首先要将个人从威权的监护下解救出来，并给予他更多自我实现的机会。所以说，要维护这一思想，就必须保障"自由、平等、博爱"的基本人权，以免重蹈覆辙，再度沦为左翼或右翼的独裁统治。另外，这些崇高的理念还必须包含公民社会的基本原则，即公民责任优先于国家，人民有权自行结社，追求共同的目标。最后，主动自发形成的公共领域必须为自我批评提供机会，而这恰恰是专制政权所缺乏的。最后，它还必须能够克服意识形态的偏见和政治上的错误，让民主重新步入正轨。[102]可以说，逐步接受这套文明价值观是战后时期的一大历史成就。而讽刺的是，当前在中东欧的转型过程中，德国人必须担负起新的责任，充当好西化的积极推动者。

第五章
抵达民主

就在国家奋力重建之际,"德国人民的绝大多数"却"对[政治]相当冷淡"。美国军政府的观察家认为,由于"长期的纳粹独裁统治与近期的全面战败",德国人遭受了深重的灾难与打击,所以才会普遍退缩到个人生活当中,"过度关注温饱等生存问题",以至于无暇顾及其他。经历了这些苦难以后,"很少有人"会把新的开始视为"机遇";更多人把它当作一项"沉重的负担"。[1]实际上,同盟国推崇的民主模式也不尽相同,而且因为魏玛的失败,民主理念似乎已经黯然失色。即便如此,有些知识分子(如左倾的天主教神学家瓦尔特·德克斯)还是呼吁在自由和社会主义的基础上,通过"多产的欧罗巴"对欧洲进行彻底的改革;为了把握"'转变'的良机","有志之士理当勠力同心,以天下为己任"。[2]

在战败的"帝国"实现民主,同样也是同盟国的一大战争目标。它们曾在《波茨坦协定》中将这定为一项常规却又长远的任务。然而,想要最终"在民主的基础上改造政治生活",德国人就只能在两种模式间做出妥协：一边是基于自由精神的美式开放策略，一边是标榜"人民民主"的苏式控制策略。原则上，两种模式都认为，想要实现民主，必先恢复基本人权，包括恢复言论自由、恢复地方和地区自治、恢复"所有民主党派"。但其实，保障军事安全往往成为优先考虑的问题，而各方对这项任务的解读也往往大相径庭，于是很快就发生了无休止的冲突。在这个问题上，美国军政府的顾问也都莫衷一是。有人认为重建各级代议机构应是当务之急，有人则坚持把眼光放远，要致力于文化的转向。艾森豪威尔承诺，"我们愿意在民主的基础上帮助贵国重建家园"。殊不知，这承诺本身就包含了一个根本的悖论：一个威权的占领国政权要如何向多疑的战败国人民传承自由的精神？[3]

尽管如此，我们还是可以正面回答以下的问题：德国能实现民主吗？比如日本，虽然同样在第二次世界大战中一败涂地，但我们未必有底气这么问。首先，在民主化进程中，德国人可以承接1848年革命的自由传统；这在巴登-符腾堡等西南地区一直都有相当深厚的基础。其次，他们可以借鉴第二帝国的半宪政体制，继续建设"缓慢形成中的议会制"，同时恢复魏玛时期开始的宪政建设，取其精华、去其糟粕。[4]最后，他们也许还可以利用反纳粹抵抗运动的道德资本，对海外自由人士有关"社会、道德、经济与政治民主改革"的呼吁做出回应。[5]1945年秋天，《新内卡河报》主编鲁道夫·阿格里科拉向国人发出号召，呼吁大家"为德国的[重生]积极创造条件"。另外，康拉德·阿登纳、库尔特·舒马赫等政要也都相继出面解释，"民主的本质与责任"乃是建立在自然法则之上。他们希望以此将"具有欧洲精神的民主发展"纳入西方文明的核心价值。[6]所以说，民主不能只靠外力移植，它还需要在内部打好根基，通过积极参与来习得。

说起战后史的相关文献，虽然可谓汗牛充栋，却较少从这些角度关注民主化问题。正如波恩历史博物馆的陈列所显示的，这个过程通常都被归入普通的成功故事，以东德专制的失败作为反衬。[7]联邦德国成立25周年与50周年时，分别做过两次问卷调查。调查结果表明，人民对"政治奇迹"的满意度越来越高；当然，这也不是完全没有道理。[8]保守派评论家往往流露出一种类似辉格党的乐观情绪，将前期的民主突破归功于《基本法》的通过和康拉德·阿登纳的长期执政。与此相反的是，左派人士对"复辟"的批评更多指向后期的自由化进程，尤其是极具象征意义的1968年。而对德国民主的不足之处，他们则表达了"持续的关切"。[9]至于该如何看待德意志"民主"共和国的民主论述，这同样是个尚无定论的问题。它究竟是统社党独裁政权的掩耳盗铃之举，又或者背后确实存在另一种理念？[10]由此可见，形式归类与常规手段只会让求索与追问愈加脱离特定的历史语境。

若想了解政治文化研究的这一转变，我们不妨先分析一下民主合法性在战后逐渐恢复的过程。这一文化视角将能克服传统文献过分注重制度研究的局限，可以更仔细地观察西德人逐渐接受联邦德国临时协议的过程。政治学者西格丽德·莫伊舍尔对东德政权的稳固与瓦解有非常独到的分析。在她看来，对政治制度"有条件的忠诚"与政治制度本身的"根本合法性"是有区别的。而这种区别又引出了一个问题：为什么人们对联邦德国的态度能够从被动接受逐渐转变为积极支持，而在民主德国，舆论却始终无法对统社党的独裁统治产生好感？这一方法突破了传统政治学研究的局限，将经济、社会和文化因素也都引入到分析中，因为这些因素在对制度的情感依附上同样扮演着重要角色。[11]以下的思考将首先聚焦于民主形式的建立过程，进而分析民主自治的内部接受问题，最后再来探讨议会制是如何熬过重重危机的。

形式民主化

德国的第二个民主政权不是自发建立的，而是战胜国之间妥协的产物。当时，苏联率先允许德国人组建"反法西斯党派"，将共产党（KPD）、社民党（SPD）、基民盟（CDU）、自由党（LDPD）合并为统一战线，以便促成"德国政治的转变"。[12]早在1945年6月的首次宣言中，共产党就已呼吁"赋予人民民主权利与各项自由"，通过全民自由选举建立新的政府，为缔造"新的民主共和国"奠定基础。[13]这一目标在党外也深受欢迎，它以左翼力量的团结为前提，不只满足于恢复魏玛共和国那套失败的民主规程。"没有团结的工人阶级就不会有民主"，这是共产党内部的主流看法。[14]然而，共产党的这项倡议是有问题的。苏联对民主概念的理解不同于西方的自由观念。它要求首先结束经济剥削和民族压迫："工人阶级的专政是劳动者享有的民主。"[15]

此后，美国人也开始尝试"引领德国重返文明社会与欧洲经济"，因为他们认为德国人"在政治生活方面还远未成熟"。为了提供一张路线图，卢修斯·克莱将军委托密歇根大学政治学者詹姆斯·波洛克拟订了一份全面计划，用以"指导德国人迎接即将到来的民主自治"。该计划旨在彻底改造德国的政治文化，其涵盖范围甚广，改造的主要对象为学校、媒体、教会和公共生活。[16]然而，由于军政府的理想与行动之间存在明显的矛盾，所以预期的改造工作遭遇了阻力。正如一名恼火的美国雇员所言："这些人只要已经有了人选，才不管什么民主规则呢。"不切实际的期待让人大失所望，所以若要消除"对民主的误解"，即将它仅仅视为一种议会制政体，若要阐明民主"生活方式"的真谛，同盟国就必须有极大的耐心。因此，只能由坚定的民主人士（如道尔夫·斯滕贝尔格）来为多疑的同胞化解所谓"自由暴政"的矛盾。[17]

实际上，早在战俘营的时候，同盟国就已开始教育德国人转向民主，尽管当时各方优先考虑的意识形态问题差别很大。由于条件极其恶劣，苏联劳改营里的战俘只要听说能得到更多食物，就会自愿去上反法西斯课程。在课上，一些年轻战士（如日后的德累斯顿党领导汉斯·莫德罗）悔过自新，认识了共产主义。[18]美国战俘营中有部分来自"非洲军团"的官员，他们的物质待遇相对好些，这对深入展开热烈讨论是有利的。虽然狂热的民族主义者直到最后才放弃胜利的希望，但一些有识之士（如古斯塔夫·H. 布兰克）已开始给战友宣讲魏玛共和国的历史和"美式民主"。1945 年初，布兰克与另外 150 名细心挑选的候选人被派往内布拉斯加的科尼堡。在那里，他们就如何改善魏玛式民主、如何引领国人重返民主进行了讨论。这些课程邀请到多名讲师，包括著名历史学家霍华德·芒福德·琼斯（教授美国史）、海外学者亨利·埃尔曼（以新的眼光讲述德国史）、政治学者 T. V. 史密斯（介绍民主理论）。最后，在这些培训课程中果然涌现了一大批坚定的民主化倡导者。[19]

为争取年轻一代对民主的好感，改造政策还特别关注了学校。苏占区"中央人民教育管理局"主任保罗·汪戴尔，草拟了一份雄心勃勃的计划纲领："关键是要制定新的学习目标，开设新的课程，研究新的教学方法，培养新的师资队伍，在人民、教师和学校之间建立起新的关系。"这份纲领得到了统社党的支持，也就是说，东德已经决定开办综合学校，招聘合格的教师，设置全新的课程。然而，这一强制重组却遭到学生的极大反对："民主＝统治人民＝新贵阶级的全面专政。"[20]与此同时，西占区也为结构性改革制订了涵盖面甚广的计划。可是，由于遭到坚决抵制，这些计划并未取得成功。一方面，保守派教师坚持宗教教育；一方面，中学教师联合会坚决维护中学教育的精英地位。其次，西德各州都想捍卫各自在教育、文化上的独立性，反对旨在实现教育标准化的所有改革。不过，在"美国之家"和交换项目的帮助下，改革者仍然能够改善教学风格，编写新的教材，推行学生自治，而这些也都在潜移默化中推动了德国学校教育的民主化。[21]

由于大规模的再教育工作经常适得其反，占领国（至少是西占区各国）开始采用比较间接的改造方式。这其中，媒体成为很特别的领域，尽管"由于纸张短缺，报纸只能不定期出版，内容又相当贫乏，而且通常只能'在台面下'获得"。在苏占区，因为共产党的审查制度，媒体内容十分乏味，甚至虚假不实。[22]而在西占区，同盟国实行一套非常严格的审批程序，只允许没有纳粹背景的反法西斯主义者申请执照，希望为年轻一代创造一种"尊重事实胜于表达意见"的新媒体。部分青年媒体人（如鲁道夫·奥格斯坦）有幸领到了令人垂涎的执照，于是便可以创办新的刊物（如《明镜周刊》），把这当作终身职业。即便如此，由于缺乏经验丰富的专业人才，最终，许多曾经活跃于第三帝国时期的宣传人员还是纷纷回流。另外，尽管饱受诟病，这一转向政策还创造了一个新的、具有民主气息的公共领域，到最后，就连汉斯·策雷尔、吉泽尔赫·维尔辛、卡尔·科恩等保守派评论家也不得不进行自我调整，以适应媒体的新气象。[23]

事实证明，在地方一级实行自治，效果要好过其他改造措施。因为如此一来，战败国人民就能自己寻求方法，解决自己的问题。占领国虽然拥有主权，却因为人手不足、语言不通，所以无法单靠自己执行基本的行政任务。于是他们只得向德国专家求助，前提是这些人没有和纳粹进行过合作。不出所料，地方官员和盟国监督者之间一再爆发冲突，尤其在大批接受东部难民的地区。克莱将军因此大发雷霆："德国人还没建立起民主制度，所以不该欺骗自己，以为已经可以从中渔利。"[24]将责任转移给地方专家必然会引起摩擦，可是，当他们共同应对生存问题时，德国人和美国人却又逐渐建立起牢固的工作关系。"混乱的确有所减轻，"柏林市长阿瑟·维尔纳宣称，"城市的日常生活重新步入正轨。"到了这一年的年底，这个"民主实践的试验场"终于获得了第一波真正的成功。[25]

与此同时，地区性和全国性政党也开始重整旗鼓。这些政党虽然建立在传统阵营的基础上，但已在某些重要方面完成自行改造。第一个组建成功的团体是德国共产党。早在1945年6月以前，它就已经自称是一个坚定的反法西斯政党，并因此在政治风潮中领先一步。同样，改组后的社民党也声称并未投票支持1933年的《授权法案》。该党领袖库尔特·舒马赫是一名热忱的民主人士；对他而言，捍卫德国统一绝对是需要优先考虑的问题。相较而言，以莱茵河地区政治家康拉德·阿登纳为领袖的基民盟则是一个真正全新的政党，一个代表中产阶级的跨教派政党。它带领中央党内的天主教徒走出自我封闭的状态，并帮助新教徒逐渐摆脱民族主义的束缚。同样，赖因霍尔德·迈尔领导的自民党也试图将自由主义阵营的散兵游勇整合为一个综合型党派。这次整合取得了圆满成功，因为同盟国禁止所有新法西斯组织的存在，这使得右翼分子不得不加入其他中产阶级党派。由于基民盟和社民党在首轮地方选举中大获全胜，所以共产主义者为增强自身竞争力，便强行加速社民党与统社党的合并。1946年春，社民党进行改组，并正式加入统社党。[26]

民主化的下一步是将占领区内的各州进行重组，然后设置更大的行政单位。这其中，有些州（如巴伐利亚、萨克森）沿袭了历史传统，而有些州（如北莱茵-威斯特法伦、图林根）则基本是新建立的。这些州提供了"很好的机会，让德国官员从中积累自治经验，因为他们……[承担了]提供食品、暖气和其他所有生活必需品的责任"。[27]同盟国根据一份"白名单"，从魏玛时期的政客、反抗运动成员和技术专家中挑选人才、组建政府。由于这些人来自各个民主党派，所以彼此间经常需要做各种妥协。尽管如此，只要占领国认为政策过于保守，他们还是会出面干预。比如巴伐利亚的谢弗内阁，就曾被更为自由的霍格纳政府所取代。截至1946年夏秋季，新成立的各州通过起草宪法文件、举行议会选举，先后确定了执政的合法性。在选举中，西德的社民党与基民盟、东德的统社党分别赢得了胜利。不过，尽管这些州长都是首批当选的德国官员，代表德国人的利益，但其能力毕竟有限。在慕尼黑召开的最后一次联席会议上，他们还是未能就成立全国性联合政府一事达成共识。[28]

由议会理事会通过的《基本法》对上述学习过程进行总结，并形成宪法。这种做法既避免了纳粹的历史错误，同时也参考了战后时期的经验。毋庸讳言，1948年7月同盟国公布的"法兰克福文件"，是促成德国"民主立宪"的重要催化剂。此外，西方顾问的非正式影响也推动德国进一步迈向联邦制，并保障了基本人权。但话又说回来，这份文件本身其实是德国人独立完成的：各个委员会都参与了文件的起草工作，包括基民盟的"埃尔旺根集团"、赫伦基姆湖制宪会议，以及最后在议会理事会进行的辩论。[29]一方面，《基本法》特别强调自然规律的道德准则与人类生活的神圣性，试图以此为联邦德国的临时架构奠定伦理基础。另一方面，它想借助程序保障手段稳定议会政府。这些手段包括削弱总统职权、允许具有建设性的不信任投票，在选举中设置"百分之五的障碍"，防止分裂出来的小派别进入议会。由于《基本法》的起草人不是非利害关系的大众，而是少数坚定的民主人士，所以事实证明其基本导向是极为正确的。[30]

与此同时，人民议会发起的统一运动失败以后，苏占区也决定建立属于自己的"德意志民主共和国"。在它的首次宣言当中，统社党刻意淡化其共产主义立场，将自己标榜为"为缔造一个反法西斯、议会制民主共和国而奋斗的政党"。尽管如此，它也承诺会超越代表"形式民主"的资产阶级权利，颠覆"战争贩子"、资本家和官僚阶级的威权，"真正"体现人民的意志。[31]不过，统社党虽然从1946年秋天的州选举中脱颖而出，成为实力最强的政党，却由于中产阶级政党的号召力而未能在较大的城市获得多数选票，在柏林市的选举中也仅排名第三，远远落后于其他政党。这一局部失利迫使统社党正式订立弃保政策，即事先就候选人名单达成共识，从而消除实际投票的不确定性。然而,如此做法却也让投票沦为徒具形式的口头表决。[32]为阻止西德独立建国,统社党随后又发起了一场声势浩大的人民大会运动,这样一来,通过自我提名产生的议会就能为统一的德国起草一部宪法。不过,因为只有极少数西德代表参加大会,该文件的通过最终催生了一部以魏玛模式为基础的民主德国宪法。[33]

然而,在实践当中,两部宪法的发展方向却截然不同。在联邦德国,也许是因为它的"半独裁性质",从长远看,阿登纳的"总理民主制"更有助于巩固民主成果。《基本法》削弱了总统的职权,并赋予总理向其他内阁成员发号施令的权力,从而提升了总理的地位。其次,凭借个人资历、干练的行事作风、坚定不移的韧性以及在谈判中的灵活反应,阿登纳最终掌握了所有统治权。通过加强总理的职权、保留基民盟党主席的职位,他得以巩固自己在关键时刻的权力,以计谋战胜对手,迫使内阁与议会接受自己的意见。同样,在外交事务上,丰富的经验和不怒自威的态度也让他散发出强大的气场,向质疑者证明民主政府一样可以果断行事。[34]所以,在他的批评者看来,阿登纳俨然像一名"代理皇帝"。可是,和善变的威廉二世不同,阿登纳很快就成为国际舞台上一位备受尊敬的政治家。

相比之下,在民主德国,瓦尔特·乌布利希的激进式"人民民主"很快就演变为彻底的共产主义专政。虽然统社党口口声声说要创建一个"更美好的家园",但其民主论调与压迫政策之间的反差越来越大,党的信用也随之丧失。实际上,创建一个反资产阶级"另类社会"的构想并未引起人们的共鸣,甚至比不上其在西德的有限复辟。所以,政府只能用更严厉的方式强制推行。乌布利希有句很讽刺的格言:"外表一定要显得很民主,但一切必须掌握在我们手里。"为了让自身变成一个实现转变的有效工具,统社党果断清除了右倾的社民党人和马克思主义派系中那些抱有乌托邦理想的左翼成员。实际上,在肃清所有公开的反对派以后,统社党内部已经彻底斯大林化。[35]与此同时，独立政客（如基民盟的雅各布·凯泽）则被边缘化，集团政党也都沦为统社党的拥趸与同谋。从长远看，秘密警察侵犯民权、媒体实行审查制度、选举沦为"橡皮图章"，这种种行径彻底剥除了"民主政治"的外衣，暴露出虚伪的面目。[36]

"冷战"既代表外部的军事威胁，也为内部颠覆种下了祸根。它对民主化的影响很矛盾：既有促进作用，又是一种阻碍。一方面，西方反共势力允许旧精英阶层的民族主义分子参与民主化进程，服从波恩共和国的临时安排，因为他们的威胁比较小，在对抗布尔什维克的斗争中，纳粹的部分参与很容易被忽略。由于人们普遍担心红军的侵袭，所以政府便以"捍卫民主"为名，禁止德国共产党开展活动。但与此同时，它又吸收"被驱逐者与被剥夺公权者联盟"（BHE）、德意志人党（DP）和巴伐利亚人党进入基民盟/基社联盟［但不包括公开的新纳粹党派社会主义帝国党（SRP）］，以此整合全部的中产阶级势力。[37]另一方面，东西阵营之间的冲突让东德的反法西斯主义者可以更加无视党内民主与公共人权所遭受的侵犯，因为强制措施虽然未免残酷，但在一开始或许也是迫不得已。不过，在此过程中，一批激进的民主派与社会主义知识分子（如瓦尔特·德克斯、汉斯·迈耶）想要融汇两种意识形态之精华的希望也就因此落空了。[38]

平心而论，起初德国的第二个民主政权顶多只是没有被大众嫌弃，但并非大众真正的心之所向。对于国力的急剧下降，许多以前的社会精英就有颇多怨言："德国人至今还生活在一个贫穷的国度，但毫无疑问，真正的民主是不会在贫穷中实现的。"至于普通老百姓，因为纳粹背叛了他们的承诺，所以早就对国家失望透顶，而面对各个党派，他们又往往无所适从。有个沮丧的前党卫军军校学员，和其他幻灭的青年一样，也在苦苦探寻新的世界观。但是，在和同龄人讨论问题时，他遭遇到了"旧思想的遗留"，且多少有些生硬……还有马克思主义理论的一些只言片语，或是关于改造世界的玄谈与空想。因为过去的"消极经验",许多人再也不想沾染政治,抱持着"'与我无关'的态度"。只有少数责无旁贷的个人加入了新兴政党,"因为只有积极参与才会创造新的气象"。不过,年轻人的态度还是比较开放:"经历过这些,我现在只想成为一名民主主义者。"当时才 19 岁的赫尔穆特·科尔听说要颁行《基本法》,"激动到无以复加"。和许多同龄人一样,他感觉"这将是一个属于我们自己的共和国"。[39]

那么,联邦共和国是不是意在"复辟旧制",因而错失了重新出发的机会呢?早在初始阶段,欧根·科贡就曾斥责这是"不彻底的变革",让人大失所望。进入 20 世纪 60 年代,知识分子对此深有同感,并且此后的历史文献中也多流露出同样的情绪。但问题是,"复辟"的意图虽然明显,可究竟要复辟什么呢——第二帝国、魏玛共和国还是第三帝国?毫无疑问,"历史[元素]的回归"确实发生了。政府采取具体措施,以在教会和高校恢复了部分优良传统,并试图借助中产阶级重建和谐社会。不过,总体而言,说这是"保守的现代化"似乎更准确,因为其中确实引入了许多真正的创新(如联邦宪法法院),技术已然成为社会发展的新模式。"在德国,想要发展民主,首先得具备这种意识。"而在我们看来,将中产阶级的复辟与技术现代化相结合,这本身就是一种历史的反讽。[40]

以上就是形式民主化的概貌。它为德国民主的渐进发展奠定了基础。和纷争不断的魏玛共和国不同,这一次德国人其实别无选择,因为西方大国强令他们采用新的政体。这股来自外部的推动力至关重要,它给只占少数的本土民主派提供了一次构建议会框架的机会,让不关心政治的大众也能逐渐习惯这套制度。其次,波恩共和国本身是临时性的,这更有利于和新体制保持务实的关系。而新体制也确实解决了一些实际问题,并为抵制来自盟国的繁重任务提供了一种手段。最后,当时西德的民主正日趋成熟;相比于东德统社党的独裁统治,其优势更加明显。宪法机关运转顺畅，说明德国人在民主实践上进步很快。无怪乎美国高级专员詹姆斯·B. 科南特在1954年临别之际对未来充满信心："德国人似乎已经告别了专制的过去。"[41]

内化民主价值

尽管民主制度的建立十分成功，但吸纳民主精神的文化过程遭遇了重重困难，因为极权思维模式和行为习惯仍将继续存在。国内的观察家们发现，即使在波恩共和国成立以后，人们对新近植入的政治体制仍怀有"极大的不信任与发自内心的排斥"，但同时，他们又在寻求真正的政治参与——"说得浪漫一点，或许可称之为一种自然的或实用的德国式民主"。彻底的怀疑、膨胀的期待，这两者的结合导致了不满与冷漠："坦白说，目前仍缺乏广泛的民意基础，而这又恰恰是真正具有活力的民主不可或缺的。"[42]同样，美国的知名社会科学家（如加布里埃尔·A.阿尔蒙德、西德尼·维巴）也认为这两者的差异很成问题：一方面严格执行议会程序（如投票），一方面却对民主理想有所保留。[43]而这样的保留也就让人不禁要问：不同社会团体究竟是怎么踏上民主之路的？哪些因素鼓励他们最终接受了民主？对民主价值的认同是如何逐步加强的？

帮助昔日的社会精英融入新兴的民主体制，让英雄有用武之地，这是消除个人对"大众统治"反感的第一步。尽管存在政治拘禁和去纳粹化，但凭借在管理和政治问题上不容置疑的专才，许多有污点的官僚仍能继续其职业生涯，为盟国、为民主领袖效劳。其次，社会关系网重新建立以后，以前的政治阶级便有能力应对柏林区位优势的丧失，并在新的首都波恩再度产生影响。重新启用曾经遭受解雇的公职人员，这一举措虽然颇具争议，却是依据《基本法》第131条的合法行为。它让名誉扫地的专业人士得以尽快重返工作岗位——包括官僚机构、外交部和国防军，尽管这些多半属于中层职位。因此，虽然美国占领者厉行改革，德国人还是成功维护了自身的主要优势，比如三级教育体制、对法律人才优先聘职的官方任命、终身公务员制。于是，一方面，基民盟和基社联盟为青年才俊（如库尔特·格奥尔格·基辛格、弗兰茨·约瑟夫·施特劳斯）提供晋升的机会；另一方面，奉行"总理民主"的阿登纳则向老一辈人保证，他们肯定会得到尊重，一切将秩序井然。[44]

此外，教会的意愿也得到了重视。有宗教信仰的中产阶级终于相信，民主或将变成一种比传统极权国家更"符合基督教义的政体"。[45]同样，天主教会也希望不会因为在两件事上保持沉默而受到惩罚：一是天主教中央党曾在1933年投票支持《授权法案》；二是它曾和第三帝国签订政教协议，承认纳粹统治的合法性。对天主教徒而言，可能正是因为人性尊严这一基本宗教价值再度引起他们的关注，所以才会成立一个跨教派的政党，才会与民主制度达成和解。[46]由于两大教派都有很坚定的道德立场，所以对于和教育问题、家庭政策相关的决定，他们都能施加巨大的影响。

最后，联邦德国的社会民主化虽然不是一帆风顺的，但有助于工人阶级全面融入社会。[47]在无产阶级占多数的地区和工业州，社民党的确赢得了选举，夺取了地方与地区政权。然而，在联邦层级上，它却始终屈居反对党的次要地位。阿登纳向来处事谨慎，在某些问题上，他主动向工会做出让步（如允许重工业劳工有限度地参与共同决策）。即便如此，他那个影响更深远的计划——生产资料的全面国有化——却最终化为了泡影。其次，舒马赫与阿登纳之间的个性冲突妨碍了他们在立法问题上的持续合作。到最后，社民党别无选择，只能放弃作为议会反对党的角色。于是，由于高等法院的判决和选举屡屡失败，曾在议会外闹得轰轰烈烈的反再武装运动终于偃旗息鼓。联邦政府的决策获得了人民的广泛支持，具备了正当性。[48]而这样一来，对社民党而言，在原则上倡导民主其实已经变为对良知的严峻考验。

因为只有边缘团体继续被禁止参加民主建设，所以极端主义的发展机会变少了，这和20世纪20年代的情况截然不同。当然，前纳粹分子一开始全被剥夺了民权，所有公开的新纳粹活动也都被明令禁止。继承纳粹衣钵的社会主义帝国党，也因此被认定为非法组织。不过，随着去纳粹化政策的逐步放宽，大部分名义上的纳粹分子，甚至包括一些有犯罪前科的人，最终都被免于处罚。与此同时，根据《基本法》第131条，大批之前被开除的公务员也都恢复了原职。也就是说，只要能痛改前非，多数同路人都有权参与公共事务。[49]与此形成对比的是共产主义者。起初，许多占领国军官都对他们刮目相看，因为他们属于最坚定的反法西斯主义者——尽管中产阶级的顾问对此颇有怨言。可是，共产主义者总爱使用激进手段，这最终导致他们失宠，因为东西阵营之间的意识形态对抗恰好证明他们不过是莫斯科的附庸罢了。于是，共产党也被宣布为非法政党。不过，此举的效果很有限，因为来自苏东的物质支援与宣传攻势部分抵消了它的影响。[50]

由于民主德国系统性地与人民为敌，所以在前后四十年里，其合法性始终都非常薄弱。在东德，政府同样禁止新纳粹的活动，同时还以没收财产和整肃的方式清除了前朝遗老（个别人除外）。所以，最后这些人只得向国家民主党（NDPD）寻求庇护。另外，政府一开始还主动与信教的社会主义者进行合作，但很快，因为不愿服从马克思主义的极权主张，教会也受到歧视。于是，东德的基民盟便逐渐萎缩，变成社会主义制度的"同路人"。20世纪50年代以后，形势进一步恶化，政府不再允许来自东部的被驱逐者（官方委婉地称之为"移居者"）自行集结或发声。统社党将社会主义者与共产主义者强行结合在一起，从而控制了整个工人运动，而它自身也就成为名义上的执政党。与此同时，工会成员被吸收进入自由德国工会联盟（FDGB），其影响也就逐渐式微。所以说，工人阶级虽然号称拥有特权，但其实已经失去主导地位。同样，其他社会组织（如妇联）也都沦为执政者手里的工具，不再能够代表集体的利益。[51]

说到底，联邦德国之所以能消除许多人的疑虑，赢得人们对民主制度的支持，很可能是因为它的实际表现。简而言之，和魏玛、东柏林相比，波恩能够带来更好的"成效"。由于生活环境的显著改善，犹豫不决的大众开始不再质疑德国人的自治能力；他们逐渐相信，民主政体足以解决日常生活的实际问题。首先是提供食物、住房和工作，保证基本生存——在这些方面，就连占领国的批评者都承认，西方盟国的援助功不可没。这之后，工作重点开始转向厂矿企业、交通网络和民用住宅的重建。在政府的有效组织和"马歇尔计划"的支持下，德国人埋头"苦干"，很快就实现了上述的所有目标。最后，经济状况的好转为赢得民心起到了关键作用。因为应急控制措施均已取消，所以经济的复苏即可证明社会市场经济获得了成功。[52]由于西占区处理问题的速度要比苏占区快，所以人民也都做出了善意的回应，而这是对民主建设有利的。

在外交政策方面，联邦共和国也有能力保障自身安全，避免引发新的世界大战。因为战争留下的创伤，约一半的西德人活得战战兢兢，唯恐东西阵营之间再起冲突。而朝鲜战争的爆发更是加重了这层担忧。因此，西方驻军的存在尽管不免造成摩擦，却起到了保护作用，所以逐渐受到德国人的欢迎。譬如美军向西柏林空投物资的举动，就很形象地说明了这一点，同时也增加了人们对"北约"的好感。另外，由于种种原因，多数民众也很赞成与西欧邻国加强友谊，即使这必然导致部分主权的丧失（如欧洲煤钢共同体）。虽然多数西德人仍然希望国家统一，但又因自身的反共立场不愿和苏联阵营接触。而呼吁在两大集团之间保持中立的人也只占到总人口的约三分之一。[53]对一个饱经苦难的民族来说，在武装冲突席卷亚洲之际，能够在欧洲维护和平实在是了不起的成就，同时这也更加凸显民主制度的可贵。

在国内政治方面，阿登纳内阁的稳定性让西德人印象最为深刻。相比之下，魏玛共和国、法兰西第四共和国都遭遇过执政危机。当然，三分之二的西德人首先需要改变对政治的消极态度，要相信被严重忽视的《基本法》对德国是有利的。调查表明，这一态度的转变不仅是因为艾哈德的经济政策，同时也归功于阿登纳在社会政策上的让步。不出所料，绝大多数人认为货币改革势在必行，可又担心失业率居高不下。然而，朝鲜战争爆发以后，经济形势好转，这种担忧也就烟消云散了。由于社会主义思想在初期具有广泛的民意基础，所以多数人都支持工会参与管理层的决策。更有压倒性的多数人赞成建立责任分担制，希望社会各方通力合作，共同缓解某些特殊群体（如残疾老兵、战争难民）遭受的痛苦。到了20世纪50年代初，经济繁荣与社会扶助政策已经惠及广大人群，于是人们对民主体制的满意度也随之飙升。[54]

当然，民主德国同样也取得了一定的成功，只是在时间上相对滞后，且水平要低得多。因为苏联索要巨额赔款，加上其他起始条件又很恶劣，所以统社党很难在东德推行计划经济。于是自1948年起，东西德在生产力上的差距越拉越大，再也不复往日。随着大型项目陆续上马（如新建的东柏林斯大林大街、艾森许滕施塔特新工业区），城市重建同样取得了某些进步。但另一方面，由于无人问津和建材短缺，昔日美丽如画的市中心也从此日渐没落。截至20世纪50年代末，战后最初几年的饥饿与供暖问题已经得到解决。政府开始将工作重心转向大型投资项目的建设，多样化的消费品生产因而遭到冷落。当时，东西德边境尚未关闭，所以两者对比之下差距越来越明显：一边是看着有些寒酸的社会主义国家，一边是充满活力（尽管也许不那么平等）的资本主义社会。尤其是两边商店的橱窗——

一个货品丰富、色彩缤纷，一个寥落、暗淡，对比十分明显。正如一名柏林市民所言："还是生活在西柏林好啊，钱包里尽是西德钞票。我们可真走运。"[55]

西德民主化的另一个标志是批判性公共领域的出现。1949年联邦德国成立以后，人们开始愿意"在法治的基础上，捍卫自由的宪政国家"。同盟国制定了严格的执照审批政策，希望以此破除行业陋习，整顿纳粹主导的媒体和粗劣、失之偏颇的新闻报道，向公众提供更为客观的资讯信息。由于后继无人，最后，旧有的媒体网络都进行了自我重组。尽管如此，在世代变化的过程中，年轻一辈的新闻人（如鲁道夫·奥格斯坦、玛里昂·德恩霍夫）在西方的影响下，还是发展出了一套新的职业伦理规范，强调从业者不该对政府的政策随声附和，而应该"敢于提出批评"。到了20世纪50年代初，几大周刊（如《时代周报》《明镜周刊》）发表的意见便开始日趋自由化，并逐渐成为平衡官方消息（由基民盟控制的联邦政府新闻办发布）的另一股力量。新媒体模式的建立（如专门揭发黑幕的电视杂志《广角镜》）、激进派杂志的刊行（如《具体》），为揭露丑闻、评议政策创建了很好的平台。[56]

而一批社会批判型作家的出现，更是推动了文化自由化的进一步发展。这类作家注重的不是哲思和内省，而是如何准确描绘战后社会的种种弊端。起初，"灵魂漂泊"型作家以象征手法反思德国的命运，从而一度主导了整个文坛。但新型知识分子则不同。他们开始形成一个个圈子（如著名的"四七社"），共同探讨问题，公开发表意见，试图把魏玛时期的左派分子全部召唤回来。海因里希·伯尔那些极尽讽刺的短篇小说，君特·格拉斯那些优美的长篇小说，彼得·魏斯那些惊世骇俗的剧作，无论在内容还是风格上，都对注重人文涵养的传统经典发起了挑战。[57]一方面，罗尔夫·霍赫胡特等剧作家试图解决纳粹行为留下的历史问题。一道沉默的铁墙横亘在许多德国人的心头,横亘在繁荣昌盛的现在与满目疮痍的过去之间,压得人喘不过气来。[58]另一方面,马丁·瓦尔泽等作家为读者描摹出一幅幅"富裕社会"的众生相,对其弊端进行了无情的嘲讽与揭露。于是,报纸的副刊和各类刊物上便开始出现一种以人权为要旨且具有颠覆性的新思想、新文化。

紧接着,在这些思潮的推动下,20世纪60年代初又逐渐发展出一套有关民主的批判性话语,提倡实行更广泛的社会自决。当时,法兰克福学派的理论家于尔根·哈贝马斯还很年轻。在《公共领域的结构转型》一书中,他为公共讨论进行了辩护,认为这是实现公民自由的一项重要前提。他没有把民主仅仅理解为一整套政治游戏的规则,而是把自治描述为一个在以"批判公共性"为特征的公民领域里通过辩论达成共识的社会过程。[59]同样,在其开山之作《德国的社会与民主》当中,康斯坦茨大学的社会学家拉尔夫·达伦多夫总结出在现代化发展不完善的情况下,德国之所以会"结构性民主失能"的几大原因,即对冲突的嫌恶、精英阶层的垄断、公共生活的缺失。只有从根本上完成自由化以后,"以社会为基础的自由宪政"才能真正在联邦德国实现。[60]由于这些分析都极具吸引力,所以"民主"便成为20世纪60年代的流行词,表达出人们对文化开放和公共参与的普遍愿望。[61]

这种对民主的理解是崭新的,它超越了狭隘的政治范畴,丰富了概念的原有内涵,将民主扩大为对社会与文化持续转变的需求。比如社会学家维利·斯切莱维茨,他就认为民主不是"宪法或其他事物的完成状态",而是"一个远未完成的过程,不仅涉及政治,并且还涵盖各种社会、经济与文化关系"。这种对民主的宽泛理解,旨在实现基本信仰与行为的自由化,要求在"经济、家庭、学校"等方面进行全面改革。换句话说,西德需要在前政治领域内同威权体制的残余彻底决裂。[62]提出这样的要求是为了扩大公民参与，而不仅仅局限于投票的民主权利。它冲击了威权体制的残余势力，对在波恩共和国时期长大的年轻人特别有感召力。因此，左派呼吁"在社会的所有子系统内动员并行使民主的、解放的反抗权、共决权与自决权"，而这也正是1968年代际反抗的一项核心诉求。[63]

相较之下，保守派因为担心既有的权威全面瓦解，所以要求民主诉求必须严格限制在政府体制内部。基民盟总书记布鲁诺·黑克坚持认为，民主是一种政权组织形式，不该推广至整个社会："社会的政治化，或者说社会的民主化，会让我们丧失自由。"[64]对于反抗者的诉求，哲学家威廉·亨尼斯的反应甚至更为激烈。他认为，"所有社会领域的互补性民主化"是误入歧途的平均主义，目的是"废除西方政治文化的根基"，其本身是违宪的。他援引极权主义的例子，严正警告切勿混淆生活的政治与非政治层面：所以说，激进民主化的"诉求""不是一种意识形态"，"也不只是一种错误的社会意识，而是对自然本身的违抗"。[65]就这样，激进改革的主张遭到坚决反对，并进而引发了一场有关狭义民主和广义民主的原则之争。

战后在西德所做的数次民意调查均表明，由于上述发展变化的影响，人们确实逐渐改变了专制主义的思维模式，并尝试接受了民主的价值观。一方面，关于纳粹记忆和专制主义的习惯性反应仍然影响着人们的思想与行为。起初，人们多半认为纳粹主义的理念并没有错，错只错在执行不力。另外，在争权夺利的时候，人们也会本能地暴露出父权意识的影响。但另一方面，有明确迹象显示，人们的政治态度的确在发生转变。调查表明，在1945年夏至1946年秋之间，对于纳粹主义、共产主义等极端思想，人们的排斥率从22%一路飙升至66%，整整翻了三倍。[66]虽然少数人还在呼吁加强政府领导，但多数人更相信民意而非专家，更赞成实行民主自治。虽然绝大多数人还是不愿参与政治，但自1948年起，在柏林约有一半的受

173

访者（美占区的比例要低一些）表示，民主才是更好的政治制度。尽管社会保障体系仍然扮演着重要角色，但各种迹象表明，到了20世纪40年代末，德国人已经开始认识到意见自由和人权的重要性。[67]

相比之下，在东德人眼里，民主德国的魅力则要逊色很多。截至1950年底，在西柏林兑现货币时接受采访的东德公民中，有四分之三的人表现出低落或十分低落的情绪。其中，最多的抱怨是缺少自由、物资匮乏和无力感。因此，他们普遍赞成阿登纳的倡议，要求尽快实现"自由选举"。据统计，截至1951年，已有五分之四的东德青少年加入"自由德国青年团"（FDJ）。即便如此，他们对西德仍然有着浓厚的兴趣。实际上，他们对苏联和统社党始终怀有很大的戒心，就连那些参加官方活动（如圣灵降临节当天召开的"自由德国青年团"全国大会）的年轻人也不例外。虽然统社党明令禁止，可是，多数人都在收听"美国阵线电台"（RIAS），从中获取资讯和快乐。当然，有些群体（如被迫接受集体化的农民和多数难民）因为深受强制政策之苦，所以对统社党领袖瓦尔特·乌布利希的评价很低。而在西德，虽然也有人批评阿登纳在1953年的暴动中应对不力，但多数人仍然支持他对本国政府采取的"实力政策"。[68]总而言之，一大堆问题都让人很难对共产主义产生好感。

由于对统社党印象不佳，对波恩政府的观感较好，所以渐渐地，不关心政治的群众也开始认识到民主制度的好处。虽然刚开始社民党曾在选举中遥遥领先，但好景不长，到了1953年1月，基民盟的势头开始赶超社民党。同样，左、右翼小党获得的选票也从五分之一下跌至十分之一，不再构成太大的威胁。与此同时，联邦政府的总支持率却在1953年飙升至70%，而在1951年底以前，这一数字从来都是低于反对率的。选举结果也显示出同样的趋势：1949年各党的得票数十分接近，然后1953年基民盟大获全胜，但直到1957年，它才获得史无前例的绝对多数。随着阿登纳内阁的支持率不断攀升,民主制度本身也越来越受欢迎。1953年底的一项统计表明,约44%的选民认为德国的民主建设比往年有进步。[69]由此可见,首任联邦总理的个人威望及其政策的支持度无疑让西德的一整套制度在人民心里扎下了根。

根据自传的描述,在克服对人民主权的成见方面,世代交替发挥了决定性作用。[70]对在第二帝国时期完成社会化的老年人来说,波恩共和国之所以能被勉强接受,主要是因为阿登纳的"总理民主"具有无可争议的权威。而对经历过魏玛时期政治、经济动荡的中年人来说,联邦德国的魅力更多在于社会市场经济带来的繁荣、中产阶级联合政府的稳定性,而不是"适应每一次的政局变化"。至于加入过"希特勒青年团"的这代人,因为对第三帝国的覆灭大失所望,所以他们更期待拥有一个和平、安定的未来,并且也因此对政治参与逐渐消除了疑虑:"只有通过积极合作才能有所创造,因为我们必须为自己犯的错承担历史责任。"然而,在不同年龄层当中,最拥护民主的还数联邦德国成立以后长大的一代年轻人。他们认为民主是不证自明的,而且20世纪60年代,在呼吁真正的"民主思想与行动"的人中,他们也喊得最大声。[71]

关于民主的接受过程,现存历史文献挖掘得还严重不够。实际上,这是个相当漫长的学习过程,而且直到议会制度正式建立以后才有了突飞猛进的发展。讽刺的是,和第二帝国的崩溃相比,第三帝国瓦解、同盟国占领与"冷战"所造成的结构性困局,反而更利于议会制度的引入和移植。在努力吸取历史教训的同时,联邦政府将旧时代的精英分子一并纳入决策过程中,从而让潜在的批评者火力尽失,同时也避免触发反民主的仇恨情绪。正是凭借不容置疑的各项成就,尤其在战后重建、经济奇迹、西化融合方面,波恩共和国最终成功地让不关心政治的怀疑者相信,西德的体制确实比实行社会主义的东德更优越。最后,批判性公共领域的出现,促进了知识分子对民主价值与行为的内化,因为他们被赋予了守护政治良知的角色,必须承担起倡导大民主、改造旧社会的使命。[72]

议会制政府的考验

然而,也正因为民主大获成功,所以一些敏锐的观察者才会怀疑,民主制度的被接受是否只是一场意外,其根基是否真的牢固。"我总觉得,"自由派政治学者希尔德加德·哈姆-布鲁切尔说,"我们的民主还没经历过真正的考验,还很脆弱。"知识分子的这些疑虑表明,人们对联邦共和国的支持是有条件的;一旦形势恶化,它就会化为乌有。而这也正是西格丽德·莫伊舍尔想要区分的两个概念,即对政治体制的暂时性忠诚与其根本合法性。[73]除了议会机构的运行、民主带来的物质回报,这一区分还指出在感情而非理性的基础上,维护公民与政治体制之间情感关系的必要性。那么,对于德国历史上第二个民主政权,它若想在多数人心里扎下根,又必须通过哪些考验呢?

民主制度是否可靠,首先要看政党内部的权力交接。1963 年秋天,发生在康拉德·阿登纳和路德维希·艾哈德之间的职位继承便是一项十分有力的证据。一直以来,阿登纳都非常袒护国防部长弗兰茨·约瑟夫·施特劳斯,以致外界对其是否守法进行了质疑。1963 年,阿登纳因卷入"《明镜》事件"的丑闻,失去议会代表团的支持。另外,自民党原计划和社民党组成大联盟,但后来在修改比例选举制的问题上闹得不欢而散。于是,自民党便强迫阿登纳在 1962 年 10 月签署的联盟协议中"郑重承诺",他会"在 1963 年 10 月前辞职下台"。即将离职的阿登纳深知经济部长人气很旺但做事不够果断,难以胜任总理一职,即便如此,他还是提名路德维希·艾哈德作为他的继任者。结果刚一公布,立场保守的《法兰克福汇报》就兴高采烈地宣称:"现在,最能证明民主制度的举动,莫过于"用保证"议会民主稳定性"的方式,"对魏玛共和国的代议制说不"。于是,就这样,在"遵循最优良民主传统"的同时,德国人完成了一次政府首脑的人事变动。[74]

还有一点也能证明"宪政国家照样能正常运转",那就是艾哈德与库尔特·格奥尔格·基辛格的继承关系。这件事的争议更大一些,因为它是由1966年秋天大联盟的诞生所引起的。艾哈德虽然一路带领基民盟获得竞选胜利,但由于缺乏阿登纳那样的个人威望,所以其"领导风格"越来越受到抨击。此外,战后的首次衰退还打破了他在经济决策上的不败神话。因为不满他的外交政策,议会里的戴高乐主义者都设计陷害他。就这样,腹背受敌的艾哈德似乎日渐"落魄而被孤立"。[75]可是,在他看来,所有能想到的对策好像都有问题。在基民盟与自民党开展合作的同时,自由党和社民党却不敢凭借微弱多数在下议院结盟。所以为应对"突发事件",最后只能拿出大联盟这一"绝招",让基民盟继续掌权,但同时又证明了社民党的执政能力。然而,一个由两大党派组成的内阁是有风险的:它会削弱议会里的反对力量,助长右翼激进主义的气势——实际上,示威学生也都指出过这一点。另外,知识分子发现,长期合作也是"一大隐患",很让人担忧。[76]

1969年10月,社民党-自民党内阁成立,至此,"将政府职责移交给另一反对大党"才终于变成所谓"迟来的经验"。尽管选举结果非常接近,但社民党领袖维利·勃兰特还是采取主动,说服自民党的瓦尔特·谢尔冒险与他结盟,共同在西德推动现代化发展。双方的协议极大地避免了各种繁琐的妥协,重新唤起了人们的"民主激情"。领导人的代际更替、路线的重大变化,标志着战后时代的结束以及社会"革新"时代的到来。[77]尽管在就职演说中数次被嘘声打断,勃兰特还是扼要地概括了他的施政方针:"誓将民主进行到底。"也就是说,除了在教育、社会政策等领域厉行改革，政府还承诺扩大公民的政治参与，并根据理性讨论中提出的建议扩大民主化的范围。可以说，通过恢复强势的反对力量，第一次权力交接和政策方向的转变让议会民主重新焕发了生机。[78]

后来，维利·勃兰特因间谍丑闻被迫下台，将权力移交给赫尔穆特·施密特，即便如此，这也没有损害他的正面形象。1972年，在获得选举胜利以后，社民党-自民党联合政府再也无法承受"每日的煎熬"。"石油输出国组织"上调原油价格，引发石油危机，深化国内改革的财政手段因此遭到破坏。另一方面，旨在与邻国加强友好关系的"东方政策"（Ostpolitik）也再难有大的突破。于是，勃兰特顿时心灰意冷，失去了"执政热情"。而一则恼人却并非致命的丑闻——他的亲信君特·纪尧姆被曝是东德间谍，更让他坚定了挂冠求去的决心。[79]事实证明，他的继任者赫尔穆特·施密特的确"精力更充沛、作风更果断"。面临通货膨胀的威胁，施密特想努力"挽回广大中产阶层的经济与财政信任"。身为以"韧性和专注"见长的总理，他希望"提高国家管理的效率"，所以便尝试以紧缩政策来巩固此前的改革成果。在自由派观察家看来，这项政府改革无疑是成功的，它进一步证明"议会民主在面对危机时能够保持稳定"。[80]

在西德，总理人选是可以公开讨论的问题。而在东德，从瓦尔特·乌布利希到埃里希·昂纳克，"东柏林的卫兵换岗"虽然相当平稳，但也恰恰证明民主德国的独裁本质。1971年，在位四分之一个世纪的总书记已是高龄78岁的老人。当年5月，他以年迈为由，决定"逐步退居二线"："年纪大了，这是没办法的事。"乌布利希的继任者昂纳克曾经是一名纳粹战俘，担任过"自由德国青年团"的书记、国防委员会主席，属于统社党的核心集团。当时他就承诺道："我们将继续沿着既有的道路前进。"实际上，乌布利希同样是从前任威廉·皮克和奥托·格罗提渥那里逐步接管的职务。而这也是1989年秋天最终危机爆发之前，东德四十年历史上唯一一次真正的领导人换届！这次政权移交既未在执政党内部公开讨论，也非经过自由选举产生。相反，它是苏联外部施压与继任者阴谋策划的产物。实际上，昂纳克对乌布利希的政策并不满意：一方面反对他在国内搞自由化，尽管规模非常小；一方面也反对他开启与西方的接触，尽管动作并不大。[81] 虽然隐瞒权力移交的真相能够维持团结的假象，但共产制度的合法性却因此遭到质疑。

此外，还有一个问题更能考验民主的能力，即联邦德国如何应对政治极端主义的威胁。20世纪60年代末，这个问题曾经再度变得尖锐起来。由于担心纳粹主义卷土重来，许多评论家都将右翼民族主义视为洪水猛兽。实际上，当时德国国家民主党（NPD）已经突破"百分之五的限制条款"，进入几个州（如黑森州）的议会。虽然该党口头承认波恩共和国，但1967年联邦宪法保卫局指称，此举意在纠集各派右翼势力，"对民主制度图谋不轨"，因为其最终目标是要改变国家的政体。不过，对于死灰复燃的"法西斯主义"，所有民主派政客、左翼知识分子、有头脑的青年倒是一致反对的。因此，在1969年的选举中，国家民主党最终未能进入联邦议会。[82]另外，也正因为这次失败，党内很快就爆发政治内讧，进而导致该党分裂为若干敌对派系，从此在州议会销声匿迹。所以说，尽管有人预言联邦政府凶多吉少，但它证明了自己能够抵御来自右翼的民粹式攻击。

事实证明，相较之下，它与左翼激进主义的冲突要更为严重，因为后者的代言人"要求［更多］自下而上的民主"。左派对民主的理解是为了"在经济上实现基本人权"，以及"为批判性公共领域争取制度支持"——换句话说，就是要逐步废除威权结构，改革权力的社会关系。[83]然而，议会制度的捍卫者却警告切勿让人"以走后门的方式搞独裁"，并称"在功能性或行政性制度上搞民主化是很荒谬的"，因为这有违管辖权自治的原则。[84]左派批评者曾要求发动一场新马克思主义革命，推翻议会民主制度：

"必须彻底改造社会，废除整个体制。"此言一出，舆论顿时炸开了锅。面对316个激进团体、约95 000名成员的出现，政府部门的反应坚决又不免慌乱："必须捍卫民主。"1972年1月28日，社民党-自民党联合政府通过一项非常极端的决议，要求审查所有公职申请人的宪法可靠性。对此，批判作家们大呼震惊，纷纷指责这是政府"以捍卫民主为借口，大肆破坏自由民主"的又一佐证。[85]

而"红军旅"（RAF）和左翼恐怖主义的出现，更是激化了民主界限的定义之争。这是因为"红军旅"正试图以暴力将少数人的意志强加给所有人。尽管联邦总统古斯塔夫·海涅曼警告说"民主需要激进的批评"，然而，惶惶不安的议员们还是不惜"丧失部分自由"，投票通过了严厉的反恐怖主义法，从而与恐怖分子展开了一场持久冲突。[86]不过，因为几件事的发生，这场冲突并没有变得一发不可收拾：联邦总检察长西格弗里德·布巴克和雇主协会主席汉斯-马丁·施莱尔的残酷被害，对在摩加迪沙被劫持客机的武力营救，"红军旅"领导人安德里亚斯·巴德尔和乌尔丽克·迈因霍夫的离奇自杀。这是因为"恐怖已经改变了这个国家"。就在"安全压倒一切"的呼声中，保守派人士发现了大好时机，试图阻止偏离传统价值的趋势，巩固已被削弱的国家权威。[87]然而，左翼温和派并不愿意共同承担责任，也反对"不思进取的维稳政策"。与此同时，有些在抗议现场的活跃分子眼看苗头不对，便开始和暴力幻想逐渐疏远。[88]所以说，1977年的"德国之秋"造成了很大的冲击，它迫使人们开始反思宪法作为民主基石的价值。

相比之下，公民运动蓬勃兴起，人们通过直接行动争取"参政权"，这是谁也无法轻视的一项建设性进展。进步人士对那些旨在改善环境的地方性倡议（以"公民们，捍卫你自己！"为口号）拍手称赞，认为这是"政治成熟的标志"。而保守派则警告这会"限制政府与议会委员会的行动能力"。[89]比如政府决定在威尔、布罗克多夫建造核电厂，人们就自发出来抗议，连强大的警力、高压水炮和巨额罚款都无法阻止，因为那些官员"一错再错"，早已威信扫地。[90]毋庸讳言，"公民抗命"的精神时常渗透到"严重骚乱"中。但是，在呼吁寻求"应对国家权力的另类途径"以后，在和环保激进分子经过实质性讨论以后，最终大家还是成功找到了一条"示威游行的非暴力道路"。[91]从此，隶属于"环境保护公民倡议联盟"（BBU）的各个组织便逐渐发展为"绿党"（GAL），潜在、分散的抗议力量重又回归议会程序，而同时，抗议的政治风格也随之发生变化。另外，这一突变的成功也让老牌政党认识到，公民需要"更积极地参与政治决策"。[92]

相比之下，20世纪80年代的和平运动是一项更为严峻的考验，因为在这场运动中，人数众多的少数群体的意志与大部分国会议员发生了冲突。西方国家决定用自制的中程导弹对抗苏联部署的SS-20导弹，所以人们"顿时对原子武器充满了恐惧"。1980年12月，抗议者在克雷菲尔德联名向政府提出上诉，要求撤回在中欧的导弹部署，并共计征得近百万人的签名。然而，实施"北约"双轨决议以后，施密特-根舍政府始终未理睬上诉当中流露的末世焦虑。[93]抗议活动受到了工会成员、教会和德国共产党（DKP）的支持。它提出一个十分关键的问题："和平运动会迫使总理改换路线吗？"约25万名群众聚集在波恩市内，"为裁军与欧洲局势的缓和"加入了游行队伍。用社民党卫道士埃哈德·艾普勒的话说，"这是在向一种安全观念表达愤怒，而德国人终将因此自食其果"。对于这场示威，保守派斥之为"历史弃儿的一次游行"，而左派则预言"现有政党体制必将破产"。由于基民盟全力支持新导弹的部署，政府不得不同时改变既有的再武装与谈判政策。即便如此，因为社民党左翼"渴望进行抵制"，所以社民党-自民党联合政府最终还是垮台了。[94]

赫尔穆特·施密特与赫尔穆特·科尔之间的权力转移虽然化解了所谓的总理危机，但其过程备受质疑，人们对政治的不满也在与日俱增。"社民党的内讧"——温和建制派与激进左派之间的冲突——更是导致了双方的决裂。因为强硬的少数派拒绝在"北约"再武装、核能利用、财政紧缩的问题上听命于总理的领导。而自民党主席汉斯-迪特里希·根舍，因为盟友的威信不断下降，也萌生了"挂冠求去"的想法。于是，他便提议和基民盟再组联合政府，尽管自由派新闻人提欧·苏默很得意地说，基民盟主席赫尔穆特·科尔很可能会让民众感到"厌烦"。[95]虽然施密特宣称"我不会主动引退"，但到了1982年9月，因为自民党的部长相继辞职，社民党又否决了自民党内部新自由派提出的削减社会预算的要求，所以联合内阁最终还是垮台了。[96]尽管科尔表示希望联合内阁继续执政，然而，自民党的见风使舵还是让很多人非常不齿，因为人民已不再接受这样的政治摆布，况且，还得为此修改《基本法》，然后再解散联邦议院，并于次年重新进行选举。[97]

　　实际上，科尔-根舍内阁所谓"思想逆转"，通过回归到对民主的一种形式理解，宣告了国家权威的再度确立。其中，变化最显著的要数文化与社会风尚，因为这意味着"回到20世纪50年代的那片净土，这个属于中产阶级的比德迈尔时代"。在新政府的议事日程中，"加强国家领导、削弱民主力量"是很重要的一部分——也就是说，要限制"少数派急剧扩大的权利"。与此同时，还要抛弃"主权在民""平民表决"的思想，要尽量把决策权交给议会。[98]因此，中产阶级的评论者都很赞成"远离科尔时代的乌托邦"，认为那是早该实现的正常化，会让德国人对未来燃起"新的希望"。即便如此，左派批评家还是指出，联邦德国或将沦为一个"旁观的民主国"；在非主流亚文化当中，在心满意足的大众与少数批评者之间，已经出现了一道"鸿沟"。[99]

诚然，科尔的新社团主义政策确实减少了公共冲突，但层出不穷的丑闻也有破坏民主之虞。各种社会力量通过利益分配形成的政治整合，无形中助长了集体惰性以及自助心态。拉尔夫·达伦多夫等自由派人士因此哀叹"德国政治阶级的'某种腐朽'"，提欧·苏默则十分赞赏绿党的反"政治道德沉沦"运动。[100]而预示灾难即将来临的便是"弗里克丑闻事件"。整起事件源于弗里克公司代理埃贝哈德·冯·布劳希奇的一个笔记本。这里面详细记录了弗里克用来贿赂科尔、施特劳和其他政要的财政捐款。此外还有"乌韦·巴舍尔丑闻事件"。它揭露了基民盟在石勒苏益格-荷尔斯泰因州操纵选举的黑幕，所以同样遭到广泛的谴责。作家君特·格拉斯痛斥西德已沦为"丑闻之国"，黑森州州长瓦尔特·沃尔曼却警告说，"政客们之所以'行为失当'，民主本身要负很大的责任"。[101]不过，讽刺的是，直接引发新一轮"信心与信任危机"的却是新保守派的一系列政策。

就这样，经过如此艰难的考验以后，人们逐渐开始相信，联邦德国"并不只是一个经不起风吹雨打的民主国家"。相较于统社党独裁政权的麻痹无力，这里的政权变化虽然争议不断，但最终还是被大家接受了。而这也清楚地证明，议会制度在强压之下照样能正常运转。[102]国家民主党和"红军旅"带来的恐怖主义挑战，没有让纳粹主义死灰复燃；相反，它引发了一场有关"基本价值"的深入讨论，让人们越来越认识到"自由-民主"的可贵，同时，也为正确行使政治权力设定了界限。[103]其次，政治冷感与挫折的反射力也引发了一系列正向反应，譬如对公民主动性的认识、地方参政机会的扩大、揭批政治丑闻的日益深入。[104]毋庸讳言，联邦德国绝没有保守派辩护者说的那么完美，但反过来，左派人士把它丑化成"反自由主义的温床"同样言过其实。截至20世纪80年代末，有近五分之四的西德公民表示，他们对民主制度"很满意或者非常满意"，而这并不让人意外。[105]

学会的民主

每过一个十年，证明联邦德国伟大成功的周年评论都会成倍增加。起初，人们还只是说"波恩不是魏玛"，但时间一久，对国家的认可度就有了很大提高："你看，就像某个笑星说的那样，她丰衣足食，整洁清爽，30 岁的年纪，健健康康——她就是我们的德意志联邦共和国。"因为批评可以修正许多错误，所以在这"被广泛接受的德意志政体"的负债表上，盈余总是远超亏损：可靠的自由保障，高度的法律安全，高效的立法，问题意识强烈的政府，运行良好的联邦体制，严密的社会安全网，广泛的协作基础，如此等等，不一而足，都是值得夸耀的文明成就。[106]这一切绝非理所当然的结果，而是长期学习过程的产物。德国人从初尝民主的失败经验里吸取了重要的教训。而且，这个第二共和国还特别致力于改革。它在《基本法》的框架内一次又一次适应了新的挑战。那么，和魏玛相比，波恩共和国的民主为什么更成功呢？

首先，联邦德国是纳粹战败的结果、盟军占领的产物。两者决定了德国未来发展的结构条件，其影响要大于 1918 年的战败与革命。从消极方面说，通过去军事化、去纳粹化、去卡特尔化打破右倾传统的努力，为开辟新局清除了足够的障碍，尽管有时政策执行得并不彻底。与此同时，在苏占区，统社党的独裁统治则成了某种反面警示，它把左翼的乌托邦搞得声名狼藉。于是，相比之下，温和的议会制便成为"冷战"宣传斗争中唯一明智的选择。从较为积极的方面看，作为西方的超级强权，美国的民主制度和经济成功是个很有吸引力的模范，其形象通过广播、电影和电视进入了西德的千家万户。在此过程中，从海外归国的犹太人（如西奥多·阿多诺）、美籍德裔专家（如谢泼德·斯通）都扮演了重要的角色。他们联通两国的文化，并借此将民主价值引入德国的语境。[107]也就是说，文化的西化与生活方式的美国化推动了政治民主化的进程。

当然，民主之所以能够确立，德国人自己的贡献还是更主要的。没有他们的积极合作，议会制度就不可能在这里永远扎根。少数坚定的民主人士可以利用德国固有的自治传统——这在1848年和1918年都已有所体现，尽管在1945年以前它无法赢得多数人的长久支持。[108]不过，虽然《基本法》有意继承这些宪法传统，但它也在努力避免重蹈魏玛共和国的覆辙。正因为如此，在民众的呼吁下，议会委员会最终改变了它对民主的保留态度，建立起一个制度的框架，一方面可以维护权威、秩序和稳定，一方面又能保障法律安全和意见自由。虽然回过头看某些规定还有些欠妥（例如不同州之间的财政责任分担、参议院在立法过程中过于强势），但事实证明，这部宪法的总体框架抗压性极强，而且还能通过不断修正保持高度的适应性。[109]

即便如此，想要让大多数公民走进这个新的民主家园，在此安身立命，不再离它而去，还需要几十年的时间。不过，好在有一系列正面的经验推动了这个逐渐接受的过程：最初，议会制度允许公民有个情绪的停顿期。在此期间，他们只需履行形式义务，其余时间可用于重新规划个人生活。然后，公民开始提出自己的要求，这时国家便会做出积极、迅速的反应。此外，国家还为经济复苏做了很多组织工作，用指数化养老金的方式为建立社会保障制度做好准备，奋力阻止战争的再度爆发，并因此赢得国际的认可。另一方面，层出不穷的丑闻催生出一个批判性的公共领域。凭借对宪法的司法解释，它已逐渐演变为一个紧急问题的预警系统。而总理与联合内阁之间的权力过渡，不仅为热衷政治的人献上了连台好戏，而且也向怀疑者证明了民主制度的抗压性。[110]和民主德国截然不同，联邦德国的公民可以广泛参与政治，主动解决问题，而这也更加巩固了议会制度的合法性。

而此后关于各种问题的争论，如政治参与的扩大、自由的界限，则都表明民主已经成为政治辩论的新标准。从此,所有冲突都只针对原则的不同阐释;除少数极端分子以外,民主本身已不再受到质疑。左派批评"民主原则的形式与多数人被排斥的现实之间存在严重落差"。于是,公民们受到鼓舞,自发提出扩大参与的倡议,希望由此带来革命性的变化。而保守派政客则很反对斯塔西对左派的渗透,痛斥"公民抗命"的举动是"明显应受惩处的罪行",并警告说:"议会的这些宪法权利不该因少数人的胁迫受到侵犯,更何况他们的行为尚不具备民主合法性。"就这样,在德国出现了两种彼此对立的民主模式:基于革委会模式(即苏联模式)的草根民主制,与受到宪法条款限制的议会制发生了冲突。[111]这一围绕民主民主化的原则冲突,折射出公民价值观与信仰的根本差异,而后者恰好影响了联邦德国的发展路线,并促使它在未来继续发生变化。

第六章
反抗权威

民主化在战后稳步发展了二十年，谁也没想到，进入20世纪60年代中期，"对国家与社会的不满"居然会出现一次"大爆发"。[1]尽管社会学研究仍在哀叹学子们麻木不仁，但其实，在几所大学的校园里骚乱已经开始酝酿。比如1966年6月22日，在柏林自由大学（FU），3 000多名学生聚集在学术评议会门口，抗议学校开除"索托政治研究所"的左派助教埃克哈特·克里彭多夫，而这也是德国历史上的首次"静坐示威"。说起来，这一对立关系其来有自。该校校长一向非常专权，包括禁止作家埃里希·库比来校发表演说，只因后者胆敢质疑反共的好处。此外，抗议学生还要求进行全校整改，保证给予教授、助教和学生各三分之一（即平等的）治校权。另外，他们还要求学校授权，允许学生团体在社会问题上表达各自的立场。也就是说，示威者要求"逐步废除寡头专制，在社会的所有领域实现民主自由"。[2]

20世纪60年代的代际反抗给许多权威人物造成了精神重创。这些人将突如其来的攻击贬斥为"浪漫主义旧病复发""文化的断裂"。老一辈民主派历经过魏玛共和国的覆灭、纳粹独裁统治的罪恶,后来又见证了联邦德国的法治和有序。他们相信,议会制政体虽然存在明显缺点,却代表了巨大的进步。在他们看来,青年反抗运动突破了既定界限,其行为说明非理性主义正在重新抬头,并将危及来之不易的公民社会常态。[3]除了担忧还有猜疑,这种猜疑并非毫无来由,关于东德国家安全部(斯塔西)在资助创办激进刊物(如《具体》)中扮演的角色,关于统社党对左翼组织实施的遥控。[4]此外,还有人(如哲学家赫尔曼·吕伯)批判"激进主义思想的文化前提",警告说这一"新极权主义元素"或将造成极为可怕的后果。[5]所以,保守派一致谴责学生反抗运动,认为这很危险,认为它已危及西方文明的核心价值。

相反,同情"六八一代"的观察者却将这场运动视为"第一次大获全胜的德国革命"。用批判理论家于尔根·哈贝马斯的话说,它实现了西德社会的"根本自由化"。[6]大量自传性文本显示,战后成长起来的一代人,对第三帝国的记忆比较模糊,没有太重的思想包袱,更容易和封闭、压抑的阿登纳体制发生冲撞。不出所料,相较于波恩政客的自我吹嘘,愤青们更能接受左派作家和文人对于复辟的批评。因此,回首往事的时候,当年的参与者都把这场反叛视为一次寻求不同意识形态观点与反极权主义生活方式的尝试,执着却又有些困惑。而其依据的思想资源也比较驳杂,包括青年时期的马克思、研究批判理论的法兰克福学派、赫伯特·马尔库塞等心理分析批评家。在他们的回忆中,这场运动被描述为摆脱家庭桎梏的一次个人尝试、颠覆社会成规的一次集体努力,其本身具有政治解放的作用。[7]总体而言,左派对这场代际反抗的评价更为正面;他们把由此引发的变革看作公民社会的一次扩大发展,是第二共和国的事后重建。[8]

因此,对当代历史学者来说,1968这个具有象征意义的年份既让人着迷又问题丛生,因为在政治叙事的传统框架内,你很难把握它的真实含义。[9]首先,个人记忆的情绪两极化会造成障碍。因为这样,研究者将很难保持必要的分析距离。[10]其次是伴随事件的次要性。因为它们虽然与反抗相伴而生——从示威学生本诺·欧内索格的枪杀事件一直到"特格勒街之战",但论重要性不如其在媒体掀起的风暴。[11]再就是国际代际反抗运动(席卷了全球各大高校)与国内政治动向(例如党派大联盟的终结、社民党-自民党改革时代的开启)之间的关系。因为前人很少探索两者的关系,所以这也成了一大难点。[12]有效分析的最后一道障碍是:由于缺乏明确标准,很难判断社会文化变革对短期内价值观与行为变化的长远影响。[13]那么,革命政治计划的彻底失败与文化态度转变的意外成功,这一悖论到底该如何解释呢?

想要分析20世纪60年代后期社会动员对德国文明化的贡献,我们就必须少关注意识形态和具体事件,多关注运动支持者与反对者的期望和经历。首先,也许该回顾一下西德的抗议传统。至少左派批评家都认为,这一传统虽然以失败告终,但对20世纪50年代的中产阶级复辟(尽管尝试取得了成功)仍然起到了广泛的抵制作用。其次,还要探寻随后十年中代际动乱的根源,分析它的意识形态追求与抗争方式,简要总结这动荡的一年(1967—1968)里发生的主要事件。为了公正评判其影响,我们不妨把对立的两方面结合起来考查,比较其造成的负面后果(如恐怖主义)和留下的宝贵遗产(如新社会运动)。最后,还要和东德的发展做比较。相信这会呈现多个维度,从而将1968年和1989年之间的断层部分联通起来。[14]

反对复辟

20世纪60年代的社会动员起源于50年代,因为代际反抗正是建立在早前反抗运动的经验之上。有人说20世纪50年代是很平静的十年,政局基本稳定，但这描述未免有些保守，且容易引起误会。实际上，在阿登纳主政期间，由于对复辟妥协方案不满，曾经发生过数次重要的群众运动。例如同盟国拆毁工厂、纳粹受害人遭虐待、被驱逐的流民问题、退伍军人的待遇问题，都导致过自发的公民抗议以及有组织的示威活动。只不过，各种记录多专注于议会民主的进步，忽视了它们的存在。[15]在西德，直言不讳的批评曾引发激烈的政治辩论，尽管辩论未能达成既定目标；而在东德，统社党借助广泛的宣传攻势，扼杀所有异见，控制了公共生活。今天，西德的这段抗争史虽然已被淡忘，却留下了宝贵的遗产，包括不同的政见、个人活跃分子、初步建立的网络系统。这其中蕴藏着批评的潜能，加速了此后十年的社会动员。

抗议浪潮此起彼伏，目的都是要恢复"生活的适度常态"，让市民阶级享受短暂的"小阳春"，让西德的社会制度恢复原貌。曾几何时，纳粹主义鼓吹社会平等，将贵族的特权一扫而尽；而同时，大的工会组织才刚重新出现，工人阶级的力量仍很薄弱，还不足以在政坛独当一面。所以必须重建秩序、恢复安全，而这也让中产阶级的传统美德——勤劳、节俭、清洁——得到了延续。顾名思义，父权制家庭结构的重建、自发组织的重建、社会机构的重新开放、公务员制度的重新引入、公民自豪感的恢复，都在试图回归第二帝国的自治传统。然而，在公民社会的重建中也存在某种强制力量。它对德国社会的物质基础与精神价值造成了严重损害，常常使人感觉少了一点真正的自由。[16]

在批评者当中，有些是东西德的左派知识分子。为了彻底改造政治文化，他们组成一个个松散的讨论圈，合作出版各类报刊（如《法兰克福手册》《呐喊》），坚持隔着铁幕进行思想交流。这些思想家（包括欧根·科贡、汉斯·维尔纳·里希特、汉斯·迈耶、恩斯特·布洛赫）虽然背景各异，但一致严厉谴责与纳粹合作的精英分子，强烈要求实现公共生活的彻底民主化。与此同时，他们还呼吁推行社会变革，在吸收基督教与马克思主义元素的基础上，实现经济企业的社会化和土地的公平分配，从而减少社会不公。[17]尽管"冷战"导致的两极化、各州之间的激烈竞争很快让这些思想蒙上了阴影，但战后早期批评者的纲领性论述以及文学演绎，还是对东德的斯大林式专制政策、西德的复辟趋势进行了尖锐的批判。

此外，工人构成了另一个更大的抗议群体。为争取更多权利、改善工资待遇，他们时常举行罢工——1951年，黑森州就有75 000名金属工人走上街头。当时，德国的《劳动关系法》只授予工会代表反对权，这让他们在公司董事会里总是居于少数。1952年5月，为了在国民经济的所有领域获得"真正的共决权"，又有1 666 550名工人走上街头。然而，即使各大报社为此罢工三天，阿登纳还是只同意就工人的代表权做出有限的让步。[18]相比之下，1953年6月17日发生在东德的反抗事件则更是充满了戏剧性。事情起源于反对提高劳动定额的一系列自发性抗议活动，但是，很快这就演变为一场工人与公民表达政治诉求的运动，遍及全国约270个地方。于是，为保护岌岌可危的政权，统社党只得向苏联红军求援。据统计，随后发生的镇压活动共造成约55人死亡。[19]实际上，抗议失败以后，东德工人就再也无力改变自身的状况，而西德的工会分子也将集体谈判的重点更多放在每周四十小时工作制、提高工资和其他福利上。不过，尽管德国共产党已被取缔，但在西德，尤其在工人阶级的极左派当中，抗议力量并未就此沉寂。

此外，还有针对再武装的抗议，其影响范围比工人运动更广，因为它除了工会工人以外，还包括神职人员、知识分子和共产主义者。为阻止国防军的重建，民主德国对西德的"和平运动"表示支持，但对本国的同类反对分子绝不姑息。在联邦德国，第一波抗议由著名的牧师（如马丁·尼莫拉）与政客（如古斯塔夫·海涅曼）领导，重点是呼吁政府取消再武装的初步决定。在欧洲防务共同体失败以后，1955年又发生了所谓"圣保罗教堂运动"。这是抗议的第二阶段，目的是要阻止联邦议院通过加入北约的决议。当时，有超过100万的示威者表示反对签署《巴黎条约》。第三阶段的抗议以"向核死亡说不"为主题，以阻止国防军的核武装为目标。《哥廷根宣言》发表以后，仅仅在1957年至1958年间，就有约1 644 000人次联名请愿，表达对核毁灭的担忧。[20]不过，后来宪法法院宣布请愿要求举行全民公决为非法，所以抗议活动很快就偃旗息鼓了。即便如此，这场发生在议会外的群众运动还是充分展现了愤怒民众的力量。

此外，还有一个由新闻业者组成的抗议团体。虽然人数可能少很多，但在"《明镜》事件"发生以后，在目睹政府公然破坏言论自由以后，他们团结一心，表现得相当优秀。实际上，对于来自基社联盟的弗兰茨·约瑟夫·施特劳斯，这位精力充沛却让人难以捉摸的国防部长，鲁道夫·奥格斯坦早就怀恨在心。到了1962年10月，他终于再也无法抑制个人的积怨，于是在《明镜周刊》上发表了一篇题为"国防战备严重不足"的文章，意在揭露联邦国防军的真相。另外，文中还披露了"北约"计划中的一场军事演习的内幕。这场代号"Fallex 62"的演习将模拟核战争在中欧爆发的可怕后果。施特劳斯读到文章以后，当即下令搜查《明镜周刊》编辑部，并以叛国罪逮捕他的死对头奥格斯坦以及文章作者康拉德·阿勒斯。事发之后，反对派马上宣布"宪政国家遭遇危机"，甚至连《法兰克福汇报》等保守派报纸也都群情激愤。于是，丑闻的焦点便从泄密转移到了破坏新闻自由上。与此同时，在民众的抗议之下，基民盟/基社联盟与自民党的联合执政也出现了危机，最终施特劳斯只得引咎辞职，长期袒护国防部长的阿登纳也因此名誉受损。[21]而对于媒体来说，这起事件更加坚定了他们坚持批评报道的决心。

针对普遍的不满情绪，各方都在尝试为此提供一个理论的基础。其中影响最大的是"新左派"：他们既狠批西德的财富分配不公，也抨击东德的一党专制。所谓"左派新社会主义运动"的提法，最早见于英国杂志《新左派评论》。它是由历史学家爱德华·P. 汤普森和文化批评家雷蒙德·威廉斯率先提出的，目的是要宣传当时并非主流的葛兰西马克思主义观。而在德国，推崇这套理论的主要有两类人：一是以社会学家西奥多·阿多诺为首的法兰克福学派，其次是"社会主义同盟"，即围绕在马堡大学政治学者沃尔夫冈·阿本德罗特身边的一批左派社会民主主义者与独立社会主义者。[22] 为了让批判更贴近时代，"新左派"主要想就马克思早期著作中假设的异化问题形成一套全新的阐释，以此对消费社会中各种不易察觉却令人反感的剥削问题做出回应。由于无产阶级似乎对其分享的繁荣大致满意，所以想要找一个革命阶级来正视剥削问题，就只能寄希望于新一代的知识分子，即对现状不满的学生和白领雇员。在批判性媒体的协助下，他们或许能形成"一股抗衡势力"，用独创的策略揭露资本主义固有的法西斯倾向，进而动员那些仍处于弱势的劳动工人。[23]

宣扬批判性马克思主义的还有一个叫"德国社会主义学生联盟"（SDS）的先锋组织。这是个由知识分子创立的辩论学会，他们在 20 世纪 60 年代中期就已经从抗议过渡到了直接行动。学会的成员多半参与过劳资冲突与反再武装运动。他们血气方刚，不认同社民党在《哥德斯堡纲领》中提出的意识形态转向，不接受该党的社会市场经济和西方一体化政策。1961 年 10 月，上级党组织与社会主义学生联盟脱离关系，从此他们不得不自力更生，并逐渐成为非正统马克思主义思想的复兴基地。他们坚持要彻底改变现有秩序，绝不放弃希望。联盟中的活跃分子经常就各种社会主义经典进行辩论，内容涉及 V. I. 列宁、罗莎·卢森堡等人。此外，他们还钻研新一代社会批评家的著作，包括 C. 赖特·米尔斯、赫伯特·马尔库塞、威廉·赖希、格奥尔格·卢卡奇的作品，希望从多元的思想资源中提炼出一套贴近时代的革命理论。与此同时，他们还揭批许多教授的"黑历史"，并起草了一份"大学备忘录"，开始抨击恶劣的教育环境。[24]

媒体则更关注小众的反极权主义亚文化，关注生活在部分大城市的波希米亚艺术家，关注他们自觉的激愤与挑衅行为。在法国存在主义和情境主义画派的影响下，一些先锋艺术团体开始陆续形成——最初在慕尼黑的施瓦宾格地区，后来又扩展至法兰克福和柏林。他们痛恨"阿登纳时期闭塞、压抑的氛围"，希望以"颠覆行动"为名，找到表现这份恨意的夸张形式。这种个人主义的反叛吸引了一众离经叛道的青年——特别是那些试图逃离专制规训的年轻人，因为这样他们就能尝试新的生活方式，同样重要的是，还能将个人的性冲动付诸实践。迪尔特·孔策尔曼，这其中思想最大胆的践行者之一，曾经很坦诚地谈到过关于创建首个艺术公社的构想："我们想要在资本主义社会内部建立一个共产主义、情境主义的核心。"这些艺术家发明了许多有趣的抗议形式，意在挑衅中产社会的各种成规——比如他们的诉求："我们是在一本正经地找乐子。"而这恰恰是让卫道士们最恼火的。[25]尽管这些反极权主义者的革命思想始终不甚明确，但他们还是在独创"事件"中逐步发展出新的抗议形式，以夸张的方式揭露极权主义的统治模式。

批判型知识分子、左派工会主义者、激进派神职人员和抗议学生并肩作战，共同反对议会通过《紧急状态法》。当这一幕发生时，多种抗议传统便在议会外连成一片，凝聚为一股强大的反对力量。为此，"民主紧急委员会"专门组织了一场群众运动，抗议宪法修正案扩大行政部门在国家紧急状态下的权力，因为他们担心联邦德国也会像魏玛共和国那样，被各项紧急法令逐步削弱权力。在1966年的法兰克福大会上，哲学家恩斯特·布洛赫在5 000名听众面前怒称，公民的基本权利正在遭到剥夺："让我们一起来阻止这个发展势头。"[26]由于社民党也是大联盟的成员，也负责起草

《紧急状态法》，因此抗议者便组织罢工、举行示威活动，最后还号召6万人走上波恩街头，试图阻止立法的继续，而所谓议会外反对运动（APO）也就此形成。不过，对法西斯复辟的担忧最后证明是被夸大了，因为法案的最终稿其实是大幅削弱了行政部门的权力。另一方面，由于抗议运动未能阻止法案的通过，从此，青年抗议者便越来越疏远议会及其代表的制度。[27]

尽管取得了显著的成就，但到了20世纪60年代中期，联邦德国内部还是蓄积了巨大的反抗力量。人们在自我批评时，最爱谈论财富分配不公、消费社会内虚、核军备竞赛、人权遭受威胁等话题。与此同时，在代议制民主政体内部出现了批判型知识分子的网络、大型雇员组织、学生运动核心与批判性声音之间的合作形式。这些元素只要互相结合，社会动员便有可能持续下去。[28]相比之下，在修筑起柏林墙以后的几年里，整个东德却始终寂静得像墓地一样。1961年8月13日以后，统社党全面设置党派管治委员会，成功镇压了工会与教会中的最后一批反共分子，肃清了内部所有具有托派或其他色彩的马克思主义思想。[29]而就在东德取缔自发性社会组织的同时，西德的公民社会却允许人们宣泄紧张情绪，只要它不危及基本的社会、经济与政治秩序。

一场文化革命

现在各方都试图对"六八"运动进行解释，说法也五花八门。这说明，知识分子评论家和学术观察家对如何看待代际反抗都有些力不从心。另外，因为媒体照例在纪念仪式中肆意渲染，于是就连当初参加过运动的人也都只顾着追忆、怀旧，而不是审慎地分析。[30]另外，对运动的阐释也出现了政治两极化。有人将它判定为"成功的败局"，痛斥青年反叛者的恐怖主义行径；有人盛赞他们解放了人的思想，说他们居功至伟。然而，这种政治两极化的解读对于学术理解并无太大帮助。[31]有些社会学理论认为存在着一个由白领工人构成的"新阶级"：这些人具有反叛倾向，因为他们在极为"自由宽松的环境里长大"，有着独特的社会心理观念（红尿布理论）。也有人从政治学的角度研究这些"新社会运动"，对教育体制中的"青年异化"问题进行学术分析。[32]不过，学者们也逐渐意识到，这一现象终究还应置于历史语境下进行审视，因为只有这样，我们才能凭借详细的描述做出更细致、更全面的解释。

根据自传材料透露的情况，20世纪60年代初，年轻人和父母之间的关系曾一度变得异常紧张。这是我们分析问题的第一条线索。以来自班堡的迪尔特·孔策尔曼为例，数不胜数的"准则、莫名其妙的规范、老师的无理苛责"，加上无聊的银行学徒生活，让他对"一成不变的中产阶级生活"特别反感，"对任何形式的秩序、安全和规制"都深恶痛绝。而对因加·布曼来说，问题"更多出在我父亲身上"，而且"我们也很讨厌学校、讨厌老师"，更别提"多数人的伪善与卑鄙"；再就是，父母都拒绝"谈论幸福与性的话题"。至于鲁迪·杜契克，他住在东德的卢肯瓦尔德，很想解决"社会的问题、信仰的问题"，理解第二次世界大战爆发的原因。相反，对来自伊瑟隆的弗里德里希-马丁·巴尔策而言，那是一种强烈的心理需要，需要抵御伴随成年而来的"顺从理性"，需要在生活中找到自己的独立之路。[33]

在整个20世纪60年代，许多正常的青少年问题常常变得十分尖锐，并最终走向某种象征性的决裂。母亲50岁生日那天，19岁的孔策尔曼离家出走，搭便车来到巴黎，开始了清醒的流浪汉生活，而晚上就睡在塞纳河的桥下面。虽然几个月后怀着悔意回到家中，但他还是说服父母出钱让他在施瓦宾格过上了另类生活。至于布曼，起初还规规矩矩地念书，但后来开始转向诗歌创作，迷上了波希米亚式的生活，被关进"疯人院"，成为巴黎的一名妓女。直到最后参加了社会主义学生联盟的活动，她才重新振作起来。还有杜契克，他在"自由德国青年团"的集会上大放厥词，触犯了众怒，最后只得潜逃至西柏林："我一听到'枪毙'两个字，吓得直冒冷汗。没人想要打仗。禁止进入西德的规定是对个人自由的侵犯。全体德国人应该团结起来。"再说巴尔策，他作为优等生在毕业典礼上致告别辞，演讲内容颇具理想主义色彩，而且同样令听众大为震惊："我们要向全世界的当权者发难。我们要勇敢捍卫正义。我们要批判和质疑一切所谓可靠、真实、神圣的事物。"[34]

在自由派的成人看来，青年的反叛似乎是件"非常奇怪的事"，让人觉得诧异，而不是同情或理解。玛里昂·德恩霍夫曾在《时代周报》撰文，把这种反叛和捷克人的自由之战进行对比。她说："这代年轻人出生时就遗传了［民主］基因。他们中有些人很向往苏联的制度，谴责多元主义，对自由主义者的恨超过了对法西斯的恨。"而当这种"幼稚病"总不见好时，图宾根大学校长特奥多尔·埃森伯格，便忍不住给予了负面评价，尽管他很同情青年"对自由与解放的渴求"："但对我而言，更具意义的是作恶的冲动，因为反传统也许才是这场革命最重要的方面。"然而，在这本能的排斥背后却隐藏着老一辈人的失望。他们发现，年轻人并不珍惜来之不易的文明成果——从第三帝国的废墟中抢救回来的法治与自治："这代人成长于经济奇迹的年代，对德国苦难的过去一无所知。"[35]

由于观点存在分歧，个人冲突不断激化直至最终爆发，演变为一场集体反抗，深刻影响了几乎整一代人。"因为个人生活中的冲突与社会经济方面的矛盾［交织在一起］"，所以当不可避免的"青年与成人世界的决裂"以集体形式公开发生时，一场代际的反叛也就逐渐成形，对抗也就变得普遍而情绪化。在此过程中，团结的力量（一个自称的代际共同体建立并且被认可）扮演了主要角色。[36]和20世纪50年代人数众多、以劳工阶级为主的"大老粗"（Halbstarke）相比，大学生、中学生以及行业学徒凝聚了更广泛的世代团结力量，并且表现在生活方式和政治行动的方方面面。[37]这其中，真正活跃的固然只是少数，但他们发起的对抗却激励了多数同龄人，而且至少部分打破了阶级、性别与国族的隔阂。[38]

世代隔阂首先源于传统恢复后高校学习条件的不足。格奥尔格·皮希特一直痛陈"教育危机"的严重性。受他的影响，1965年夏天，"学生联合委员会"发起运动，揭露了长期困扰各大高校的冗员问题。[39]两年后，汉堡的学生高喊着响亮的口号——"长袍下［滋生了］千年的霉菌"，公开抗议"在位者的独裁"，直指某些教授行使的霸道专权。柏林自由大学本来也想在校园内严明纪律，校长彼得·施耐德呼吁学生"停止争吵，都坐到大厅的地板上"，但此举遭到极力反对，学生指责这是"对个人'民主权利'的侵犯"。因为嫌自由派教授不够激进，抗议活跃分子便自办了一所"批判大学"，以便"对大学制度进行持续的批判"，推动"实质性的大学改革"。与此同时，他们还占领了校内的各个科系，强令对课程设置进行政治化改革。[40]就这样，从学生日常生活的问题中逐渐形成了一套将大学作为一项社会制度加以批判的基础理论。

第二个争议点是德国政府该不该支持美国干涉越南内战、对付越南共产党。来自第三世界国家的学生激发起人们对反独裁、反帝国主义解放斗争的同情，虽然这份同情被过度浪漫化了（例如统治刚果的莫伊兹·冲伯，其后台正是华盛顿）。与此同时，越南战争也是史上第一场电视直播的军事冲突。西德观众在荧屏前目睹美军和南越部队的暴行，惊骇于一幕幕恐怖的画面，而来自北越的影像资料却少之又少。于是，声势日益高涨的和平运动便大肆谴责发生在西贡的"虐囚、杀囚"事件，以及美国人滥用"燃烧弹［和］有毒化学物质"的行径。学生举行游行示威，痛斥这类"杀戮行为"，而宣传册则疾呼"美国佬滚出越南！"1966年，德国社会主义学生联盟在法兰克福召开越南问题大会。会上，赫伯特·马尔库塞宣称：“无论从战略、技术还是民族层面看，我们都没必要为正在越南发生的事——屠杀平民——进行辩护。”[41]讽刺的是，这些抗议虽然名为反越战，但其实是在批评西方大国忽视自身文明伦理的行径。

相较而言，青年抗议兴起的第三个原因不是那么明确：他们很厌恶"富裕社会里中产阶级的顺从态度"。敏感的青少年最痛恨中产阶级的传统价值，认为它直接导致人在追求上的趋同性。相反，他们十分推崇先锋艺术的狂放姿态，纷纷把"忠诚、爱国、木讷"视为自己的人生座右铭。在许多年轻人看来，长辈对消费的迷恋是广告催生的假性需求，也是他们极力想要逃避的丑事。正因为如此，迪尔特·孔策尔曼才会把1967年发生在布鲁塞尔的百货大楼火灾视为欧洲的"越南化"。他还反问："什么时候柏林的连锁商店也会跟着烧起来？"[42]此外，中产阶级性道德的虚伪和双重标准也让人深恶痛绝。"我们必须解放性，同时还要重新阐发情色文学的意义。"还有些观点激进的传单则把矛头对准了财产占有权，嘲笑这是小资产阶级的可恨之处："如果你不想带钱包，那就自己偷吧！"[43]既然对成人社会已经如此失望，那么合理的反应便是退出、重组，发展出一种另类的生活方式。

最后，世代隔阂之所以形成，也是因为父辈对个人曾参与纳粹政权的历史始终讳莫如深。有些反叛者（如尼克拉斯·弗兰克、伯恩瓦德·费斯佩尔）只是出生于和纳粹有关的名门望族。即便如此，还是有很多人逼问自己的父亲："老爸，战争期间你做过什么？"假如父亲骂儿子："你这废物！"儿子反驳道："你这希特勒青年团团员！"那么，家长的威信和规矩也就荡然无存了。而更普遍的情况是，大批有"污点"的法官、政客与教授遭到揭发，去纳粹化的不彻底性和妥协制度的连续性暴露无遗。关于法西斯主义，有一种马克思主义的分析流传甚广。根据这种分析，资本主义在联邦德国的存在恰好证明西方民主的准法西斯性质。还有一种传单说得更直白："纳粹种族主义者、屠戮犹太人的凶手、残害斯拉夫人的恶魔、绞杀社会主义者的刽子手，属于纳粹的一切糟粕，它们仍在散发着恶臭，仍在荼毒这一代人。让我们消灭它吧！"于是，反叛者秉持实事求是的反法西斯精神，呼吁开展一场"持久的反纳粹运动。让我们准备好，准备对抗纳粹一代人"。[44]

正因为上述的各种摩擦，所以有很大一部分年轻人开始相信那句口号——"30岁以上的人不可信！"其实，早在20世纪50年代，反叛青年与成年人之间就曾因为生活方式的问题（如穿牛仔裤、听摇滚乐）爆发过冲突。即便在民主德国，在那些出生于1949年以后、普遍比较听话的孩子当中，也有人时常因为这些问题发生对抗。然而，进入20世纪60年代以后，世代冲突被政治化，正常的紧张关系也开始变成对西方社会的根本性批判。1968年曾经流行过一首诗，就很能说明生活方式上的叛逆与政治反抗之间的密切关系："你喜欢节奏乐，／想跳舞，最想做爱，／这些我也都想要。"因为有些成年人自视甚高，比如纳粹时期的居委会主任，可能会"看不惯这些"，所以诗的作者告诫大家："要小心，千万别随它去。"他呼吁人们反抗极权、扔臭鸡蛋、阻塞交通，最后还强势地威胁道："假如国家不准你／跳舞，不准你做爱，／那就砸烂这个国家！"[45]

受这些代际紧张关系的启发，便有人尝试从左派的各类传统中梳理出一套社会批评理论，创立一种反意识形态。然而，青年理论的构建却也遭遇了阻碍。因为在纳粹的独裁统治下，许多批判思想早已被湮没，所以当务之急是要联系灾难的受害者，回顾尘封的专著，努力重建那些批判思想。其次，统社党政权并未真正地去斯大林化，这对马克思主义的发展构成了障碍，因为它不仅迫害异议分子，而且还盲目排外，败坏社会主义的名誉。在这场运动中，为提高对现状的认识，一些领袖人物（如鲁迪·杜契克、汉斯—于尔根·克拉尔）孜孜不倦地读书，读各种社会学文本。即便如此，他们还是没能炮制出一套真正具有解释效力的理论。随着冲突日益加剧，他们的观点变得越来越激进。可是，因为他们始终只关注眼前的问题，所以并不能形成任何经得起时间考验的深刻见解。[46]因此，所谓的"六八一代"也许最好被理解为一场寻求理论答案的运动，目的是要找到它与意识形态之间的语境和工具性关系。

马克思主义虽然让人失望过，但它仍是所有意识形态工作的参照点，因为经过工人运动的长期斗争，它早已成为反对压迫、获得社会解放的同义词。许多抗议者感到孤立无援，所以对卡尔·马克思青年时期的著作特别感兴趣，因为那些作品探讨的正好就是这个话题。当然，东德难民（如鲁迪·杜契克、贝恩特·拉贝尔）上学时都被迫研读过列宁的著作。可是，由于苏联的斯大林化，现在他们更服膺非正统共产主义者（如列夫·托洛茨基、罗莎·卢森堡、列夫·托洛茨基）的观点。至于新马克思主义者（如格奥尔格·卢卡奇、恩斯特·布洛赫、赫伯特·马尔库塞）的见解，似乎就更贴近现实了，因为他们分析的是"晚期资本主义社会"，目的是要加速它的解体。随着运动越来越激进，革命的焦点明显转向了反帝国主义领域，于是，切·格瓦拉和弗朗兹·范恩的口号也越来越有影响力。[47]虽然社会主义学生联盟用马克思主义的流行语来包装革命主张，但是，因为其对象局限在对革命并不热衷的工人身上，所以他们终究没能为富裕社会发明一套革命理论。

另一种理论冲动来自反专制主义的社会心理学概念，它要求在人际关系上做出改变。该理论形成于西奥多·阿多诺流亡美国期间，旨在鉴别"专制主义人格"的特点。专制主义人格执着于资产阶级的道德观，很容易受法西斯主义的诱惑。后来，阿多诺的同事麦克斯·霍克海默又将此概念扩大到对整个"专制国家"的批判。当时，"专制国家"已经放弃与独裁相关的公开镇压策略，正改用更狡猾的方式遏制民主的发展。此外，威廉·赖希的一项再发现也很重要。他吸取马克思与弗洛伊德的研究成果，抨击资产阶级的伪善，似乎很赞同年轻人对性解放的呼吁。不过，代表"六八"运动的关键文本还要数赫伯特·马尔库塞的《单向度的人》。在这本书中，作者谴责资本主义从福利国家向技术型战争国家的转变，认为只有通过"法律管辖以外的"抵抗才能打破它的"压迫性宽容"。[48]综合来看，这些五花八门的作品为抗议运动提供了一整套语汇，似乎对青年的反叛予以了思想上的辩护。

理论探讨中经常被忽视却又至关重要的方面是资本主义社会的大民主问题。社民党加入大联盟的决定让知识分子极为震惊，因为从此波恩政府就"不再有反对党"，也不会致力于改革。柏林的社会学家约翰内斯·阿尼奥利依据马克思主义理论，对代议制政体进行了批判。他认为，多元主义的伪装只会掩盖联邦德国权力关系的本质。此言一出，立即就引起广泛的关注。[49]另一方面，进步历史学者重新发现了一种替代的政体，即直接民主制的市议会形式。这种政权形式曾在1918年至1919年的革命中短暂出现过。与现行的代议制不同，它允许公民直接参与革命，允许公民自发地表达政治意愿。[50]不过，因为群众拒绝追随少数革命派，于是，一个很关键的问题也就摆在了面前：究竟要如何推动民主化——采取直接行动，建设革命干部队伍，还是照温和派的意思，"在体制内长途跋涉"？虽然多数诉求中多少含有"直接民主"的内容，但其含义并不总是那么明确。[51]

这是一杯意识形态的鸡尾酒，里面有非正统的马克思主义，有反专制主义心理学，还有参与性民主的观念，而其造成的影响也有好有坏。一方面，它所确定的基本方向推动了一些真正积极的发展：马克思主义的论述催生了一种社会批判，加强了与第三世界国家的团结关系；反专制主义的思维有助于消除个人盲从、性解放和社群生活方式的发展；参与冲动为批评现有体制以及社会动员的直接形式提供了正当性。但另一方面，这些冲动的危害也同样严重：马克思主义术语的不断重复简化了人们对社会冲突的理解，同时还让人对新革命产生不切实际的幻想。而反专制主义的姿态则公开否定中产阶级道德，毁坏人与人之间的温情，加剧了个人生活的危机。最后，基层民主的假象以呼吁公决权的方式使整个高校系统瘫痪，并因此导致教学质量的降低。尽管学者们试图发明一种"革命性与科学性兼具的分析方法"，但由于缺乏成熟的理论基础，它最终反而加速了运动的消亡。[52]

相比之下，这场运动的动员策略和抗议技巧倒是非常新颖；其目的是想通过象征性的举措揭露权力的真相。这些非暴力的批评形式大多源自美国的民权运动，并且和年轻人的消费风格一样，很快就从柏克利传到了柏林。德国示威者大量借用"静坐""宣讲""事件"等英语用词，以此补充自身不断变化的抗议语汇。另外，抗议的游戏性质也让治安与司法部门屡屡感到意外，因为他们只熟悉工人运动和政党的有序示威，但对学生自发、混乱、花样百出的操作却往往束手无策。而且，警察越显得无助，抗议者就越起劲地想点子，所以官方的反应总是慢半拍，总是疲于应付。[53]不过，非暴力抗议的实行也并不容易。它需要公共领域正常运行，需要有法治保障，也就是说，他们在理论上排斥公民文化，但又必须直接依赖于它。事实上，正因为缺乏这些条件，所以在东德尽管也存在某些生活方式上的紧张关系，却始终未能兴起类似的运动。

抗议运动中用到的横幅和标语牌、喊过的口号，同样显现出非凡的机智与反讽。毫无疑问，有些乏味的说法（比如"向人民学习、为人民服务"）会让人想到统社党的那些无聊集会。但也有些口号（比如"教授都是纸老虎""白天逞英雄、晚上变狗熊"）在嘲讽权威方面效果奇佳。借用警察的方法，但同时颠覆其原有的含义，这是另一种成功策略。例如，为表示与伊朗革命派同仇敌忾，抗议者印制了一幅海报，上面写着"通缉屠夫、暴君穆罕默德·礼萨·巴列维"。还有一块标语牌控告"西柏林警察总长、维尔纳党卫军""杀害欧内索格"。[54]此外，还有运动活跃分子效仿天主教的做法，像手捧圣体匣一样，高举着红旗和切·格瓦拉、胡志明的画像上街游行，试图以此嘲讽当时在西方甚嚣尘上的反共浪潮。不过，要说最有创意的点子可能还要数一些象征性的行动，比如派几百个所谓将军护送一名示威者。又比如，在为社民党元老保罗·勒贝举行国葬期间，全国的气氛本来相当凝重，孔策尔曼却穿着白色长睡衣躺在棺材里，让人抬着上街游行，然后又猛地掀开棺材盖，开始分发传单。[55]

所谓非暴力抗议形式，是指以非常规方式规避官方的禁令，通过"破坏不合理权力的既定规则"来震慑秩序的卫道士。以静坐法为例，它在美国民权斗争中出奇制胜，有效阻止了非参与者的活动，而做法又极其简单——长椅上、台阶上、走廊上，随便哪里都行。并且，人一旦开始睡在地板上，静坐就会变成对官方机构的占领，时长可达数日甚至几周。然而，在高校最受欢迎的还数宣讲，一种反越战的方式。这是因为宣讲意在用情绪化的形式对一个颇具争议的问题表达颠覆性的观点。最后，运动活跃分子还参与了一系列新的街头抗议活动（如群体性的"散步示威"）。抗议者可以随时集结、随时分散，从而规避相关的示威禁令。[56]由于参与者表现得都很平和，所以警察无法取缔抗议活动、驱逐示威群众；否则，在旁观者看来，警察的行为即构成主动挑衅。

由于双方资源的不均等，"与国家威权的对抗"往往需要蓄意挑衅政府，逼它出手镇压。因为只有这样，才能揭露国家权力的压迫本质。"我们可以靠挑衅为自己营造一个公共空间，"鲁迪·杜契克声称，"可以在此传播我们的思想、我们的愿望、我们的需求。如果不主动挑衅，谁也不会注意到我们。"违反校规是为了被开除、被处分，这样就会引发更大的抗议，因为学生会更加觉得校方并不重视自己的诉求。街头抗议也是用类似的机制。青年示威者一旦因轻微的违规行为遭武警逮捕，国家的法西斯本质就会充分暴露。同样，在法庭审理中，被告人也试图展现指控的琐碎与荒谬，从而揭露司法系统的专制性。[57]就这样，到了一定的时候，挑衅引发镇压的策略便在抗议者与警察之间形成一套"发起-反应"的精巧仪式。而在这仪式当中，双方都像在扮演一个命中注定的角色。

媒体报道将大众的注意力集中到少数抗议者的行动上，这对运动的传播起到了关键作用。首先是施普林格出版社旗下的那些报纸（尤其是八卦小报《图片报》），它们起的标题都很耸动、刻薄，让老百姓对抗议非常反感："如果你制造恐慌，你就得承受严重的后果。"相较之下，左派报纸的报道要更为深入。即便如此，社会主义学生联盟还是呼吁开辟"一个提供有用信息的另类公共领域"，以便借由传单和地下文学发表个人对事件的看法。[58]但更重要的还是图片，因为它不必借助语言，就能在电视和报纸头版上传播讯息：照片中的警察身穿制服，个个怒容满面，他们向手无寸铁、衣着整齐的学生挥舞着警棍。这样一来，国家暴力的滥用也就一目了然。相反，也有些记者把镜头对准长发、吸毒的公社成员，投掷石块的小流氓，负伤的西德警察。这当然会让正直的公民更加忧心。[59]耸人听闻的报道、充满争议的评论，就这样，一种新型的象征性政治被带入了非参与者的生活，塑造了旁观者的意见和看法。

尽管成年人对此持怀疑态度，但由于采取了新的反抗形式，在1966年至1968年间，抗议运动的确传播、深入、激化得相当快。示威活动虽然发源于柏林、法兰克福、慕尼黑、汉堡等大城市，但很快就蔓延到较小的大学城，包括哥廷根、马堡、海德堡、图宾根，最后又传到了波鸿、比勒费尔德等新兴地区。由于受戏剧性事件（如本诺·欧内索格被杀）的刺激，参与者的人数不断攀升，抗议活动也随之扩展到其他的社会圈子（如学徒工）以及新的年龄层（如高中生）。面对这一急剧增长，鲁迪·杜契克等运动领袖开始转变思路。起初，他们想发动"革命反对势力"，但后来发现"革命夺权"也不无可能。[60]虽说如此，反叛者还是无法实现这一理想，因为波恩政府和被包围的巴黎政府不一样，它从未陷入真正的困境，且德国社会也不像芝加哥那样严重分裂。最重要的是，这套体制本身和布拉格不同，它从未受到本国大众的根本质疑。

在挑衅性校园抗争的鼓动下，20世纪60年代末兴起了一场思想普及运动，成千上万的学生参加到共同行动中。美国的反种族歧视民权运动通过直接接触传授理念与方法，成为这场运动效仿的模式。不过，德国的学生反抗运动同样也受到荷兰青年无政府主义者的影响。后者一直试图通过"日常生活的变革"摆脱资产阶级的局限。另外，反抗者虽然抱怨"大学的沉沦""学生的沉沦"，但同时也响应老一辈和平主义者的传统，喝令"美国佬""滚出越南！"[61]经过马克思主义的理论武装以后，社会主义学生联盟一改其原有路线，从有限的学术批判——粗陋的大课堂、空洞的讨论课、荒唐的考核要求，极其糟糕的工作环境——逐渐演变为对整个"自由民主秩序"的攻击。相应地，其诉求内容也发生了变化：起初他们争取学生的"自组权"，希望在社会讨论中有更多发言机会，但后来则要求彻底改变整个政治制度。[62]

凭借"积极不服从"的策略，社会主义学生联盟将运动的讯息传播到了更多领域。然而，这场运动的突破口，即它能发展成为一场大规模运动的原因，却是1967年夏天一名学生的惨死。在写法高明的传单里，抗议者痛批民主制度徒有其表，而那些突发事件（如向美国副总统休伯特·汉弗莱投掷布丁）则暴露了国家权力机构的荒谬。[63]可是，更普遍的社会动员却是发生在本诺·欧内索格被杀以后。事发当天，在西柏林歌剧院门前举行的反沙*示威活动中，身心俱疲的警官卡尔-海因茨·库拉斯举枪射杀了大学生本诺·欧内索格。"对我和许多人来说，6月2号是决定性的一天，"因加·布曼这样描述她所受到的震撼，"在那以前，我一直犹豫要不要真的参与运动。但那一刻，我什么都明白了，事情已经无法挽回。"事发后，柏林市长海因里希·阿尔贝茨试图替警方隐瞒罪责，与此同时，数千名学生自发参加了死者的葬礼，成年的知识分子对此表示同情，而叛逆的高中生则宣誓要与抗议者共进退。于是，社会主义学生联盟便据此断言，"联邦德国的后法西斯主义制度已经回到了前法西斯主义的老路上"，并呼吁所有反对者加强合作，以便"从经济、公共领域和国家机关等方面向资本主义寡头政治的权力地位发起猛攻"。[64]

1967年的冬天，"直接行动"导致抗议迅速激化，而运动本身也日渐接受了针对国家的"革命反暴力"。焦急的反叛者无视告诫，开始蠢蠢欲动。对此，哈贝马斯颇为失望，忍不住斥责他们是"左派法西斯"。在针对仇恨象征物（如"美国之家"）的示威活动中，抗议者向窗口投掷鹅卵石，因为"只有破坏行动才是解放行动"。[65] 1968年2月，越南问题会议在柏林召开，公众的关注度到达了顶点。来自世界各地的与会代表一致呼吁，"在企业单位、政府部门、高等院校和中小学争取革命性的解决方案"，进而"在大都会的中心区建立起第二道反帝国主义阵线"。[66]可是，很快又有人在小报《图片报》发起的抹黑运动中不幸遇难。4月11日当天，一个名叫约瑟夫·巴赫曼的新纳粹分子向学生反抗运动领袖鲁迪·杜契克的头部连开数枪，令其当场毙命："我们都深感悲痛，义愤填膺。"至此，短短一年内竟发生两起血案，于是，人们再也按捺不住满腔的怒火："谁是真正的凶手，这已经一目了然。"在柏林、汉堡、慕尼黑，愤怒的示威

---

* 沙，英语Shah，旧时伊朗国王的称号，此处专指穆罕默德·礼萨·巴列维。——译注

者闯入施普林格出版社的大楼，开始焚烧运货卡车。[67]

然而，尽管"集会与示威活动接连不断"，抗议运动却未能在此后的数月内成功挑战国家的权力结构。"革命前的形势"之所以未能转变为实际的革命，原因大致如下：虽然工厂内部的劳资冲突曾引发数次非法罢工，但德国工会联合会拒绝加入抗议队伍，因为它既不愿在物质利益上受损，也不想削弱自身的政治影响力。[68]与此同时，1968年5月，"议会外反对运动"发起反紧急法运动，集结各方势力在波恩举行抗议游行，希望数千名示威者的施压能够阻止法案通过。尽管如此，联邦政府还是无视大型抗议活动，最终批准了该项法案，而这也让反抗者更加失望。[69]最后，社会主义学生联盟的各派系在策略选择问题上越来越难达成共识。是坚守原则、充当体制内的反对派，还是在都会中心打游击、开展武装斗争？[70]于是，因工会不愿加入而政党又拒绝满足其要求，纯粹学术背景的社会动员便暴露出它的局限。

夺权企图的落空，很快就导致意识形态的分歧与组织的散乱。可以说，这场运动来得快也去得快。紧急法的通过摧毁了"议会外反对运动"的共同目标，因为它证明议会外反对运动是无效的，而其所谓隐忧也都言过其实。1968年8月，"光荣的红军"在布拉格一举粉碎了"带有人性面孔的社会主义"改革方案。激进分子们顿感"希望破灭"，因为苏联根本就无视西方同情者的所有抗议。[71]其次，左派律师霍斯特·马勒尔的庭审引发了所谓"特格勒街之战"。叛乱者不顾催泪瓦斯，奋勇抗争，用石块砸伤了一百多名警察。对他们而言，这是一场来之不易的胜利。不过，后来的执法人员配备了保护头盔和盾牌，于是街头的力量对比随即发生了变化。另外，由于杜契克长期在海外康复疗养，实际上，社会主义学生联盟早已群龙无首。与此同时，日渐下滑的支持率也让形势变得越来越不明朗，而联盟领袖又根本无法做出统一的回应。于是到了1969年，德国社会主义学生联盟，这场反抗运动的核心组织，终于悄无声息地解散了。[72]

左派统一行动之所以失败，问题主要出在暴力的使用上。这在1968年的冬天变得尤为急迫。铁杆的激进分子受到巴黎"五月风暴"、芝加哥巷战的诱惑，组织了一场针对警方的"反暴力"运动，事实证明效果很好。此外，他们还以"物理暴力"的形式对抗体制的"结构性暴力"，虽然这一策略似乎更多属于无政府主义而非马克思主义。[73]为了在意识形态上理顺现时的阶级关系，反抗者组成了针锋相对的意识形态团体，其精神资源部分来自毛泽东思想，部分来自托洛茨基主义，还有部分来自斯大林主义。他们在工厂建立基层组织，希望在受压迫的无产阶级中扩大群众基础，却很少获得成功。此外，在西德重建共产党（接受统社党的控制与资助）则提供了另一种选择。可是，如果要加入"德共"，就必须服从民主德国的"现实社会主义"，所以西德的激进分子多半都表示拒绝。[74]在墙报宣传、研究所会议和个人行动方面，这些敌对的"K团体"（从共产党分裂出来的小派别）经常拼得你死我活，而且因为自身的派系色彩太浓，其影响力也在变得越来越小。

更自由的社会？

虽然学生运动瓦解得很快，但青年的反抗在政治参与、社会行为和文化风格等方面都产生了深远的影响。早在20世纪70年代，目光锐利的社会科学家（如罗纳德·英格尔哈特）就已发现，在整个西方社会的青年中出现了深刻的"价值观变化"。对勤劳、清洁、俭朴等传统资产阶级规范，年轻人多持批判态度。相反，调查显示，年轻人更崇尚社会平等、性自由、国际和平等"后物质主义"理想，其态度也更趋向于享乐主义，更能包容多元的生活方式。保守派评论家（如哥尔特·朗古特）认为蔑视传统权威的态度非常危险，因为这可能会颠覆既有的秩序："在这方面，我们尤其要批判地看待'六八'运动的影响。"而较为进步的观察家（如弗雷堡大学历史学者乌尔里希·赫伯特）则认为，这一价值观的转变和20世纪70年代的新社会运动恰恰是德国长期推行社会政治"自由化"所取得的成果。[75]这样，上述互相矛盾的评价便向我们提出了一个问题：这场世代反抗究竟产生了哪些实际的效应？

1968年动乱的批评者可以拿出大量证据来支持他们的负面评价。首先，事实证明，反抗运动对其策源地（即高校与中小学）的影响是很有问题的。例如，占领官方机构、"将德国文学研究转化为启蒙生产力"的做法，其实是要把教研强行套进一个马克思主义的意识形态模式。然而，开设新课程、发展超越法兰克福学派的激进理论又谈何容易，尽管新左派的宣传部门（如柏林出版的《德国日报》）的确给新闻界带来了新气象。[76]讽刺的是，为了在教育决策中贯彻师生共决的原则，高校的治理反而陷入了文山会海；纪律的普遍松懈严重降低了中小学的教育标准；研究方法的意识形态化削弱了学术创新能力。不过，从行动到分析的转向也启发了部分反叛者；他们开始了一种新的也是更为成功的探索，即所谓"体制内的长途跋涉"。[77]

另一个可疑点则是对反极权姿态的过分夸大。反叛者扬言要解放个人，进而彻底改造整个社会。他们声称要摒弃资产阶级价值观，自己却时常表露出怠惰、肮脏和粗鲁的言行。不出所料，孔策尔曼的"第一公社"和"第二公社"最后均以失败告终；其原因不外乎创立者的自我膨胀、性放纵引起的争端以及媒体的过度曝光。其次，一旦资金出现短缺，部分另类分子便开始占用空置的公寓和其他建筑，把它们变成无人监管的"解放区"，在那里进行包括性解放在内的各种实验。这些场所的环境极其脏乱，令多数成年人无法忍受；有些地方甚至聚集了一些地痞流氓，也时而引发暴力冲突。如同伯恩瓦德·费斯佩尔的邪典小说《旅行》所描述的，瘾君子们开始只是吸食相对无害的大麻，但后来都会踏上迷幻之旅，其结果往往是致命的。与此同时，一些企业家发现了青年市场的潜力，于是便将摇滚乐、T恤和其他服饰迅速商品化，这样他们就能迎合另类生活方式，从中牟利。[78]

不过，问题更严重的还是K团体里的那些正统马克思主义者，他们反对"体制"固执到不可理喻的程度。这些人曾预言工业化国家的社会矛盾必将进一步激化。然而，由于福利制度的扩展，这一预言并未成为现实。相反，他们推崇的反帝国主义解放运动倒是在逐步演变为左翼的独裁统治，和他们所谓的反动派一样残酷地镇压对手。一方面，各派都在很教条地阐释马克思主义经典，而且还互不买账；但另一方面，谁也无法完全否认外界的质疑，即认为他们暗中接受了统社党的资助。最后，由于"完全脱离实际"，共产党和广大学生产生了类似不同教派之间的隔阂。毛派和托派尽管仍在选举中占据优势，但地位在不断边缘化，其追随者也在日益减少，而且即使深入工厂基层，也已无法挽回颓势。正如彼得·施耐德在其中篇小说《青春》中描述的那样，对知识分子来说，参与马克思主义运动的经历实际上已经变成一种过渡仪式，仪式结束后，人们会尽快将它遗忘。[79]

说到学生的激进运动，其最危险的产物就是恐怖主义。一些运动活跃分子用马克思主义的术语粉饰其恐怖主义的实质。柏林的"破坏分子"、法兰克福的"激进分子"开始自制莫洛托夫酒瓶炸弹——被他们亲切地称为"小莫"。在黑暗中和警方秘密周旋的时候，他们就把这些汽油弹投向施普林格出版社之类的建筑物。公开谴责，搜查住宅，然后正式批捕。这么做虽然能让运动活跃分子暂时发挥不了作用，但是，警方的"镇压"也加深了青年亚文化对戏剧性夸张行为的迷恋。在针对个人的暴力事件中，营救小流氓安德里亚斯·巴德尔是最精彩也最具有决定性的。一名天才记者乌尔丽克·迈因霍夫策划了这整起事件。[80]激进分子手持武器闯入法庭，救出正在受审的囚犯，然后被迫转入地下。在这次非法行动以后，激进分子们还曾引导他人抢劫银行，为更大规模的恐怖袭击寻求资金来源。就这样，他们在犯罪的道路上越走越远。最后，一小撮"带枪的列宁主义者"决定公开使用暴力。事实证明，这个所谓红军旅（RAF）确有能力给波恩共和国造成困扰，但却绝不可能让它屈服。[81]

最后，恐怖分子美化暴力、漠视人的生命，这同样让他们备受质疑。毋庸讳言，红军旅、"六二"运动和其他继任团体成功组织了一系列出色的攻击行动。起初，学术界甚至还替他们找借口，说这是对抗新法西斯趋势的一种防卫方式，只是它并不在法律管辖范围之内。然而，"武装民主"却也让当局反应非常强烈——例如用水泥护栏封堵波恩的政府办公区域，将人身保护扩大到主要经理人或政客，警方加强对犯罪分子的严查。结果，恐怖分子也就越来越难得逞。1977年的"德国之秋"，双方的对抗到达了顶点：雇主协会主席汉斯·马丁·施莱尔被杀，一架客机在摩加迪沙遭劫持后被成功营救，巴德尔和迈因霍夫神秘自杀。在经历过上述事件以后，反抗者才终于醒悟。激进分子发表"梅斯卡勒罗宣言"，公开表示反对继续使用暴力。同情反抗者的知识分子也开始和刺杀计划保持距离。这样，恐怖分子也就失去主要的支持力量，陷入了孤立状态。[82]由于暴力策略的失败，其他激进分子（包括约施卡·菲舍尔）也逐渐回归到宪政状态当中。

尽管各方对代际反抗百般指责，但也有人为之辩护，认为它同样产生了一些积极影响，发挥了解放思想的作用。首先，社民党和自民党组成的联合政府成功地将温和民主派重新纳入政治体制。勃兰特曾发誓"将民主进行到底"，这很符合民主派的改革愿望。他还努力和东欧邻国达成和解（"东方政策"），终止冷战对抗，所以这似乎是值得拥护的。其次，随着中学和大学的兴建,教育迅速普及,新一代的学人得以在课程改革领域大显身手。在不来梅,有想法的老师可以成立"民主进步教师联盟",开设"新的科目,公开评分标准,建立民主的学校制度",让师资队伍和行政管理重新焕发生机。另外,他们还发起"创办综合院校的倡议",且有能力推动建立一所更为自由的大学。"突然间,有更多空气可以呼吸了。"[83]在温和派的活跃分子看来,勃兰特-谢尔政府对创新的包容态度、日渐普及的社会政策似乎证明联邦德国是有能力实行改革的。

除此以外,文化极权的反抗者也以其无政府主义的"游戏"态度,促进了生活方式上的建设性变化。这期间,年轻人的面貌发生了显著变化:20世纪60年代中期,参加静坐的学生比较严肃,仪容和着装都很整洁。可是五年以后,他们的举止却变得很随便,很有挑衅意味,而且蓄起了长发,穿上了破旧的牛仔服。[84]其次,公社呼吁陌生青年住在一起,而出于经济考虑,也的确有很多人响应了这项倡议。于是,一夜之间,"同居社区"遍地开花,尤其是在大城市。在性方面,年轻人普遍摆脱了资产阶级的传统束缚,尽情享受着新近获得的自由。特别是在较大的城市地区,一座座"反极权岛"相继形成;有些社区还打造出一道由非主流酒吧、商店和社会倡议共同构成的"风景线"——一个不受管辖的实验空间,强烈地吸引着新一代的高中生和学徒工。[85]由于能迎合年轻人对自由发展的需求,渐渐地,生活方式的解放也带来了整个价值观的改变。与此同时,地方上制定的各项方案则为新社会运动的发展奠定了基础。

另一项积极的改变是以两性平权为目标的新女性运动。这场运动源于社会主义学生联盟的一次会议。当时,赫尔克·桑德因不堪忍受替别人煮咖啡,于是便向在场的男权倡导者投掷番茄。这一象征性的举动旨在表明女性是多么希望摆脱作为男性欲望对象的被动角色。[86]随后,在一场有关堕胎的辩论中,公众也开始参与到运动中。阿莉塞·施瓦策尔和几十位女性名人在报上刊登广告，承认有过堕胎的经历。实际上，早在1974年，社民党-自民党联合政府就已放宽相关法规，但不幸的是，该提案遭到了最高法院的驳回。然而，女性支持者们并未就此放弃。她们设法让联邦议院拟订了一项妥协方案，准许怀孕不满三个月的女性在特殊的医疗与社会条件下接受堕胎。女权活跃分子不但要求扩大两性的合法平等权，而且也在为女性争取更多的教育和就业机会。此外，她们还积极创办连通平权官员（即妇女代表）的自助网络、妇女之家和非正式幼儿园，由此建立起一个广泛的支援系统。[87] 毋庸讳言，新女性主义的确有过一些分离主义的过激行为，但是，它在政坛的地位确实在逐渐提高，同时也为西德女性争取了更多的个人自由。

代际反抗的另一积极影响：生态运动的发展壮大。德国人对环境问题尤其敏感，因为他们有保护大自然（Naturschutz）的悠久传统。[88] 作家们（如蕾切尔·卡森）发出的警告、由"罗马俱乐部"赞助的17位科学家共同撰写的备忘录，都在联邦德国引起了强烈反响。在这个人口稠密的国家，人们能很直接地察觉到生态恶化造成的后果。因此，知识分子（如伦理社会主义者埃哈德·艾普勒）都呼吁优先考虑生活质量，而不是经济的进一步发展。与此同时，因为对粗暴的技术规划不满，普通公民开始自发地团结起来，抗议政府以"都市更新"和"改善交通"为名肆意推倒古旧建筑、建造高速公路，因为这些做法严重破坏了老百姓的社区。[89] 为保护社区环境，市民们积极反对政府官员和商家的决定，最终导致一系列象征性的对抗局面，成功阻止了部分可能会破坏日常生活品质的形象工程。

由于民选权力机构无法对公民的需求做出回应，于是，一系列草根运动也随之蓬勃兴起，从地方扩展至更广大的区域，形成了覆盖全国乃至跨越国界的网络。事实证明，公共官员在处理核能问题方面特别无能，并因此引发了普遍的末日恐惧。人们担心，商用核电站一旦发生重大故障，就会造成类似于广岛、长崎核爆的毁灭性破坏。于是，各个公民团体很快就联合起来。他们虽然身份各异（包括当地农民、城市居民、学生活跃分子、左翼知识分子和其他理想主义者），但大多同意采用非暴力的抗议手段，并从民权运动中吸取了丰富的经验，只有少数激进分子主张以暴力对待镇压。社民党等老牌政党因为笃信科技进步，所以对这场公民骚乱完全缺乏对策。后来，由于政府没有召开听证会，一小帮激进分子便开始在威尔、布罗克多夫等地占用核电建设工地，创立所谓"自由社区"，也就是说，他们虽然自命正义，其行为却触犯了财产法。[90]

同样，和平运动的迅猛发展也遵循了一条类似的轨迹：从地方发起到全国乃至国际联盟的建立。1979年"北约"出台双轨政策，新一轮军备竞赛蓄势待发。于是，人们对核事故的担忧加上挥之不去的大战记忆，很快便演变为对于世界末日的极度恐慌——一场核大战将会使整个地球毁于一旦。而对一个"位于两大阵营边界上的"国家而言，这问题更是具有"特殊的重要性"，因此许多工会、教会和青年团体纷纷通过决议，表示拥护和平。最终，有超过400万人在克雷菲尔德陈情书上签了名。他们谴责原子武器的扩散，呼吁停止军备武装和针锋相对，对苏联部署SS-20中程导弹的行为做出对等反应。1981年10月，运动到达了高潮，约有30万恐慌的市民游行前往波恩，"为裁军和欧洲局势的缓和"举行示威。[91]不过，虽然抗议活动致使社民党内部分化、施密特总理被迫辞职，但其继任者赫尔穆特·科尔拒绝在"这一关键问题"上让步，联邦议院也投票决定部署潘兴Ⅱ型导弹，以便解决西线战略失衡的问题。[92]

然而，尽管双方关系如此紧张，联邦政府最终还是通过组建新的政党，将新的社会运动纳入了常规的政治管道。1980年1月，在若干地方获得成功以后，各方力量终于联合起来成立了"绿党"，并公布了一份涉及生态与社会的反战纲领，欢迎全民参与。虽然在意识形态上，价值保守派和左翼激进派之间存在各种争执，意识形态的理想派和政治务实派之间存在各种分歧，但因为弥漫的核恐慌，对生态环境的担忧与对和平的深切渴望结合在一起，所以这个新成立的政党吸引了大批受过良好教育的年轻支持者。[93] 其次，科学证明酸雨正在摧毁森林，所以想要维护良好的条件，保障人类与动植物的生存，就必须彻底改变工业资本主义的路线。到了20世纪80年代中期，绿党终于获得足够选票，让以前的青年反叛领袖约施卡·菲舍尔当上了黑森州首任生态部长，尽管当时他仍然穿着牛仔裤和网球鞋。而此后发生的切尔诺贝利核事故似乎也证明，传统政客确已"一败涂地"。[94]

代际反抗引发的变化是极为深刻的。1982年基民盟重新执政，基督教保守势力试图扭转局面，但大多情况下都已无力回天。宗教团体、学生联谊会中的多数成年人和事业心较重的少数年轻人，一向不赞成批评联邦德国和生活方式的宽松化。在"学术自由联盟"、基督教民主学生联盟（RCDS）看来，左派对体制的攻击形同一种"意识形态狂热团体的道德恐怖"，对文化构成了威胁，所以必须抵制。1982年赫尔穆特·科尔上台以后，反激进主义的保守派终于获得一次机会，能够对1968年的历史遗产表明自己"在精神和道德上的反对立场"。[95] 然而，这一路线的变化也只取得了若干局部成功（例如在高校恢复教授的权威），因为实际的举措根本达不到过高的预期。让文化保守派失望的是，制度的民主化、生活方式的转变早就木已成舟，一次简单的政权更迭根本就不足以挽回什么。

失败的后果

风起云涌的1968年已经过去数十载，但这个象征性的年份至今仍是个人身份的某种标志，并将其评论者划分为两大对立的文化阵营。由于每年都举行纪念活动，昔日的青年斗士，即如今的"革命老前辈"，总不免神化当年的抵抗行动，而批评者同样会夸大叛乱造成的后果。那些"被抗议塑造"的人总爱历数自己做出的贡献：制度的民主化、生活方式的宽松化、对纳粹历史的深度清理、社会福利制度的建成、新社会运动的兴起。而那些"被抗议伤害"的人则更多强调其显而易见的流弊。马克思主义教条导致意识形态僵化，委员会的工作导致高校陷入瘫痪，学术标准的降低导致教学质量下滑，恐怖主义盛行导致对暴力的美化，凡此种种都是不可否认的事实。[96]而要打破这个美化与丑化的循环，就只能努力还原历史，用比较的方法审视这场旨在巩固公民社会的运动，探究它的起因、经过和结果。[97]

当然，这么做在思想上是有挑战的，因为要充分了解这场代际反抗运动，解释其中的诸多矛盾，就必须超越非此即彼的记忆。应该说，如今再回首，这仍是一场具有国际影响的运动。这一方面归因于媒体的整合效应，一方面也与个人经历有关（在法国的丹尼尔·孔-本迪、在美国的格雷琴·多茨克-克洛茨）。同样，"新左派"在意识形态上的不懈追求也很令人钦佩。他们将非正统马克思主义、反专制主义思想和对直接民主的热情熔于一炉，创造出一套新的学说，决然不同于劳工运动中诞生的老牌共产主义和社会主义。最后，这场运动还具有极为鲜明的代际语境。这其中，除个别指标性的成年人以外，几乎整一代的热血青年都将父母视为不共戴天的仇敌。[98]不过，在德国的语境下，我们还必须提到另外两点，因为这两点使情况变得更为复杂：一是和纳粹独裁政权有过合作的相关记忆被部分压制了；二是德国已经分裂为两个意识形态对立的继承国。那么，反抗的起因究竟是什么？运动又是如何展开的？最后，它造成了怎样的后果？

反抗运动在伯克利和柏林、巴黎和布拉格同时兴起，这表明其成因肯定不限于当地的环境，肯定超越了国界。这场反抗运动是战后一代人发起的；他们不必再为基本的生存需求担忧，他们将某种程度的富裕生活视为理所当然。所以，有思想的青年便能在政治承诺与现代文明的现实之间发现差距，而对于父辈做出的妥协，自己也不必完全赞同。"冷战"造成的意识形态两极化，让他们感觉束缚越来越多。他们想要摆脱正在从列强转向第三世界的各种冲突。因此，对于消费社会和流行文化，战后这代人的反应总是很矛盾：一方面，他们对拜金主义嗤之以鼻；另一方面，却又把商业摇滚和牛仔服饰当作反抗的象征。[99]由于加薪和其他让步措施已基本满足工人运动的传统诉求，所以参加大规模自发抗议活动的大多是血气方刚的大学生、中学生、部分行业学徒，以及有一定地位的知识分子。

然而，反抗运动的历程也表明，在现代大众社会中，任何完全以代际冲突为核心的革命都蕴藏着潜力，但同时也有局限。通过挑衅招致镇压，少数活跃分子发起的非暴力抗议活动升级为影响多数年轻人的大规模运动，这是连运动领袖都始料未及的："我们像吸了毒似的兴奋不已，"一名参与者回忆道，"以为自己能改变整个世界。"警民之间加剧的冲突使得抗议变得日益激进。示威者不再满足于高校改革、终止越战之类的诉求；他们要让整个社会变得更自由、更平等。然而，在决定性的权力考验当中，除个别罢工活动以外，工会组织显然不愿加入反叛的行列，因为如果和学生携手并肩，高举革命浪漫主义的大旗，那么，他们来之不易的成果就会受到损害。所以，西方各国的议会政府最后都通过局部改革，成功摆脱了抗议的困扰，而在捷克斯洛伐克，则是等红军出面干预以后，才又恢复了"秩序"。因此，在运动过后，人们记忆中的1968年5月所发生的仅仅是一场非凡的社会动员，一次稍纵即逝的变革机会。[100]

尽管如此，政治上的失败还是促成了威权结构的逐步瓦解、自由生活方式的普及、政治参与度的提高，而这些全都深刻改变了西德的文化。自我组织的经验、非暴力的抗议手段，为发展一种"天马行空、生动有趣的抗议和示威文化"奠定了基础。包括警务在内的局部改革虽然困难重重，却切实改变了政府机构的内部环境及其对待公民的行为。另外，个人的思想转变则让社会价值观变得更为开放，人们对非传统生活方式越来越包容，一场真正意义上的"性革命"终于爆发了。[101]而在民主德国，这样的变化基本没有发生。这不仅给统一后东西德的融合增加了困难，同时也凸显这场温和的"文化革命"对于联邦德国的文明进步具有多么重要的意义。"它[1968年]像熊熊的烈火，点燃了一切成规，从捷克斯洛伐克到美国，留下一道道风景，人的思想也为之改变。"在这场代际反抗运动中，尽管出现过一些骇人听闻的恐怖主义反常行为，但从根本上说，其社会与文化影响力的确为建设一个更包容的公民社会做出了重大贡献。[102]

结　语
现代性的悖论

　　20世纪60年代，在社会文化领域，德国经历了一场影响广泛的变革。在现代性的问题上，铁幕两边给出了截然不同的诠释。技术进步与社会传统本是两种对立的趋势。历史上，帝制时代的德国为求自保，曾试行过"局部现代化"，后来在第三帝国时期，又一度宣扬过自相矛盾的所谓"反动现代主义"。然而，真正成功调和这对矛盾却是在第二次世界大战以后。[1]在度过战后危机之后，德国人再度将现代化提上了日程。他们把现代性视为无可置疑的典范，因为仅仅是这个观念就能带来机遇，让国家赶上世界的步伐，让个人卸下历史的重担。在城市的图景中到处洋溢着这份忙碌、奋发的激情。一边是20世纪50年代早期的老建筑，简陋、朴素，权作挡风遮雨之用；一边是20世纪60年代的新建筑，混凝土结构，闪闪发亮的玻璃窗，散发着现代大都会的气息。两相对照，差别尤为明显。然而，这种狂热的现代化冲动也随之带来了先进工业社会的各种问题。[2]

　　讽刺的是，正是因为"冷战"，德国人才被迫在两种现代化模式——

社会主义和资本主义——之间做出选择。在这场竞赛中，苏联能够利用的资源包括马克思主义乌托邦的革命光环、斯大林式工业化与集体化的成功经验、红军打败纳粹国防军的赫赫战功。相较之下，西方强国则只能靠政治自由、物质富有、公民社会来吸引人；不过，这些特色虽然不那么鲜明，也很难有立竿见影的效果，但长远来看更为有效。[3]其次，德国人与盟军士兵之间轻松的个人接触、众多中介机构所做的努力、精心策划的各类交流项目，也都增添了西方的魅力。另外，西德与"北约"的政治联盟、与邻国的经济融合，基本都是自主决定的结果，并不受制于任何专断的指令。最后，美式消费社会和流行文化更大程度上满足了个人的欲望，而社会主义只能顾及人的基本需求。正因为如此，在这场竞赛中，铁幕两边的老百姓普遍都更青睐西方，而非苏东国家。[4]

另外，事实证明，与统社党的独裁相比，西德的议会制同样更具吸引力。起初，反法西斯主义者也曾在东德为民主大声疾呼，尽管这听来有些讽刺。这种民主观以列宁主义对共同意志（volontégénérale）的理解为基础，认为党是工人阶级的领导，有权代表人民执政。也因此，东德社会学家德特勒夫·波拉克才会把"民主的缺失与正当性不足"视为民主德国总体落后的主因。[5]相比之下，西德议会则允许就根本性问题进行更为公开的辩论，允许在州议会进行权力的差异化分配，允许通过自由选举改变政策路线。于是，不同利益群体的融合，取得的各项成就（如经济奇迹），批评体制的机会，所有这些逐渐让人开始相信民主的力量。另外，波恩体制通过了各种现实考验，例如政权的交接、激进主义的崛起、新社会运动的出现，这一事实同样很有说服力。[6]在东德，公民只能扮演旁观者的角色，为政权鼓掌欢呼；而在西德，人们对国家和地方各级的决策都有较大的影响力。因此，西德的民主制才会有更大的发展空间。

东德实行福利专政，西德崇尚多元主义。面对伴随社会变化而来的各种冲突，多元主义的解决方式更具有建设性。在建设社会主义的过程中，公民社会与中产阶级遭到了系统性的瓦解。很多自发组织被置于统社党的控制之下，从此一蹶不振，再也无法自主代表任何人的利益。对于有分歧的意见只允许在党内进行辩论，否则就会被压制、被消声。[7]而在联邦德国，因为公民社会的复活，各种自治机构与组织得以重建，其成员的心声得以抒发。此外，《基本法》规定的人权也为许多抗议行动提供了公共平台，让它们能够宣扬自己的理念，吸引更多的追随者，进而影响政治决策。在西德的公共领域内，20世纪60年代的文化革命与反叛可以更有效地发展，可以挑战统治权威，可以引导反专制主义的价值观转变——尽管它们未能夺取政权，而这些在此后的几十年里都将彻底改变这个国家。[8]

东德的宣传部门总是不厌其烦地说，联邦德国和其他先进工业社会一样，也得面对同样棘手的社会问题。为了让福利专制更容易被接受，统社党不断警告人民失业何其危险。巧的是，20世纪70年代经济严重衰退，这句话竟然一语成谶。此外，还有一种流行的说法也被用来证明东德强制实行平均主义的正当性，即西德的"三分之二"社会。在这种社会里，底层的三分之一人口（主要是穷苦的劳工）始终被排除在外，无权分享财富。再就是西德的高犯罪率。这也是东德记者喜欢的攻击目标。为了粉饰自己身处的警察国家，他们极尽夸张地描述吸毒的种种危害。[9]另外，机动化、工业化和城市化因为不受约束，导致环境急剧恶化，这同样让西德的批评者抱怨连连。[10]然而，事实证明，对现代化弊端的批评声越大，就越能凸显它对战后德国人生活经验的强大影响力。

和魏玛时期的官僚不同，西德知识分子对文化前景并不悲观；相反，他们欣然接受了这次现代性的飞跃，将它视为文明化进程中一项迟到的成功。因为进步观历来被奉为启蒙运动的宝贵遗产，所以一直都是无可辩驳的存在，而它引起的种种变化也都被看作是有益的，而非破坏的。西方评论家认为，西化、民主化和社会动员最终将德国拉回到正轨上，把它转变为西方文明的一名正常成员——除了那段不堪回首的历史以外。于是，社团文化、城市自治等公民社会的元素，便能进一步渗透至所有的社会和政治领域。[11]相比之下，民主德国的指令经济、社会支援和文化指导多大程度上能被视为"现代"，那就很值得商榷了。对于"现代性方案"，于尔根·哈贝马斯等重要思想家的态度是很坚定的，但对后现代和绿党批评者的反对意见，他们不屑一顾。而这也恰恰说明，20世纪60年代的现代化发展确实深刻改变了德国人的身份认同。[12]

下 篇
公民社会的挑战

20世纪80年代末到90年代初,第三波变革的浪潮意外降临德国。正当一切似乎陷入僵局之际,正当两德已经接受分裂现实的时候,共产主义突然在东欧垮台了,东德人民揭竿而起,要求和西德实现统一。1990年10月3日,也就是统一日当天,国内的评论家都在为开放边境而欢呼;这其中,柏林墙便是最好的象征。不仅如此,人们还将有机会分享社会市场经济的红利,自由与法治也将扩散至东部。这些曾经梦寐以求的好处同样令人欣喜。实际上,即便是海外的观察家们,虽然仍旧心存疑虑,但也乐见德国恢复完整主权,乐见一个历尽沧桑的民族国家再度崛起,乐见划定的国界获得国际承认。[1]因为"冷战"结束,第二次世界大战遗留的问题才有可能解决,所谓战后时期才能画上句号。然而,统一也严重影响了德国的部分新公民,使他们陷入一场意想不到的危机,因为制度的改变确实让很多人不知所措。[2]

政客们总爱在选举中歌颂统一,就如同在讲述一则成功故事。殊不知,这会妨碍我们理解其中涉及的多种变化。保守派评论家尤其喜欢把这"意外的团圆"解读为对联邦共和国的肯定,因为多数东德人都明确选择了西德模式。[3]与此同时,就连左派人士也认为,既然"现实社会主义"已经宣告失败,那证明共产主义实验是行不通的。当然,乌托邦的破灭、梦想的落空多少会引起一点疼痛,并且这种痛不可能挥之即去。[4]可是,这些截然不同的记录却经常忽略了几点事实:共产制度的崩溃覆盖了整个苏联帝国;反对势力正在各地为恢复人权而奋斗;东欧各国的再度整合对全欧洲构成了挑战。[5]在后共产主义转型期,过分强调德国情况的特殊性(例如重建而非分裂民族国家,将西方制度移植到东德地区以及提供大量经济援助)有时只会遮蔽这个更大的欧洲语境。

1989 年至 1990 年期间，德国发生了一场动乱。从比较的角度看，这与公民社会的巩固有着莫大的关系。所以，我们若要讨论动乱的原因、过程和影响，就该单独分析一些问题。在对抗国家的非法侵犯方面，这场动乱捍卫了公民自由，发挥了"保护作用"。这也许是我们首先应该关注的。[6]其次，逃离纳粹主义统治的难民分享了恐怖的个人经历，这又为极权理论的形成提供了基础。极权理论强调共产专制的压迫性，尤其是它对社会自治组织的系统性破坏，所以特别适用于斯大林主义初期。[7]然而，它对压迫性的过度关注却无助于分析个人异议和独立社会组织的再度崛起。实际上，通过研究"日常生活史"，看到在影响被统治阶级的"自我意识"（Eigen-Sinn）方面的"独裁统治的局限"，我们反而更容易理解上述现象。[8]1989 年秋天的"民主觉醒"虽然看似轰轰烈烈，但在多数受影响的国家里，在公民社会的新体制中，随后发生的制度转变却始终后劲不足。[9]

第二个问题与公民社会的"社群功能"有关；它暴露了重建民族国家所引发的各种后果。一个属于全体德国人的国家意外地再度崛起，这果真是实现"民族复兴"的大好机会吗？换句话说，久埋地下的民族传统果真应该恢复吗？对此，部分右翼批评家（如卡尔·海因茨·博尔）早已迫不及待。其次，这个属于德国人的民族国家，其存在会对欧洲本身的自由与和平构成威胁吗？至少有些后民族主义知识分子（如小说家君特·格拉斯）是这么认为的。另外，对这个"让人又爱又恨的祖国"（神学家里夏德·施罗德语），民主爱国主义（把自由和爱国结合在一起）的中间道路可行吗？[10]再就是所谓身份问题。对此，国际上存在着一些争论，其内容主要围绕德国将在欧洲承担的责任，譬如参与军事部署的请求、转向美国还是融入欧盟。最后，种族民族主义的复兴（已然在中东欧初露端倪）能够和国内的多元主义、欧洲一体化相协调吗？当然，协调的前提是不能在内部招致镇压或造成对立。[11]

最后一个冲突点与公民社会的"社会化功能"有关，尤其是在实践公民道德方面（如容忍、大度）。衡量一个民主政权的自由度，重点要看它如何对待"他者"，不管这个他者是归国同胞，还是来自异质文化、较难融入的难民。由于后共产时期移民潮不断来袭，政府不得不对移民提出"德国血统"的身份要求；但同时，出于道义，它又必须为难民提供庇护——在这方面，逃离纳粹主义统治的惨痛回忆想必起到了部分作用。[12]这些难民和移民大致分为三类：有些来自前东德或东欧，彼此很熟悉或者有一定关系；有些来自内战频仍的巴尔干半岛，他们对这里完全陌生；还有些来自第三世界，属于不折不扣的经济难民。于是问题来了：究竟该优先考虑谁呢？由于自身也存在经济困难，加上陈旧的社会偏见，人口倍增的德国已经很难进一步放宽归化与移民政策。它在这个问题上的暧昧态度表明，现阶段的容忍是有限度的。[13]

所以，这些由共产主义崩溃所引发的问题让我们不禁要问：德国统一以后发生的变化是否更加巩固了一个"具有反思能力的公民社会"？[14]一些迹象表明，我们可以对此做出乐观的评价。首先，第二个独裁政权（共产主义政权）的光环已被彻底打破；其次，民族国家的问题得到了妥善解决，尽管德国的国际化程度仍未最终确定。其他显著的进步还包括社会自治组织的媒介作用、多元公共领域的交流功能。不过，部分老大难问题的存在说明对此仍需保留一定的质疑。大屠杀的记忆实在过于深刻。战后时期的动荡不安，60年代的剑拔弩张，统一之后的深重危机，这些都让昨日的伤痛挥之不去。其次，全球化引发了全新的问题，"德国模式"开始在政治、经济领域暴露其局限性。公民社会被视为一个标准的"期待概念"，所以五十年的发展变迁并非不可逆转的成就，而更像未来提出的挑战——不断变化的挑战。[15]

187

第七章
放弃社会主义

　　1989年，在建国四十周年的庆典上，两场"对比强烈的游行"预示民主德国大限将至。10月16日，在热烈的欢呼声中，戈尔巴乔夫亲临纪念大会现场。会上，这位来自苏联的贵宾慷慨陈词，大谈苏联正在推行的各项改革；他的发言赢得了满堂喝彩。与此形成对比的是，大会主持人埃里希·昂纳克用"极其微弱的声音"赞美了民主德国的伟大成就，并郑重承诺社会主义必将战胜现阶段的挑战。一场由超过十万名"自由德国青年团"成员参加的火炬游行，洋溢着喜庆的节日气氛，预示"祖国"的未来必将更加繁荣。[1]可是，到了第二天晚上，气氛却完全变了。在东柏林，约有6 000至7 000人公开向统社党当局抗议，这在东德建政的几十年里可是前所未有的稀罕事。示威者高喊"新论坛""新闻自由"等口号，要求恢复各项基本人权，那场面就像在自己的国土上排演一场民主起义。起初警察都非常惊讶，但都尽量保持克制。可到了晚上，斯塔西和保安部队开始强行介入。他们残忍地殴打抗议者，并当场逮捕数百人。[2]于是，我们不禁

第七章　放弃社会主义

要问：东德面临的这些挑战究竟来自何处？

实际上，民主德国最主要的累赘恰恰是"冷战"中的另一世界强权——苏联，因为它过于依赖后者。在"伟大的卫国战争"中，为打败纳粹国防军，苏联红军付出了血的代价。他们坚信，被吞并的东普鲁士大部分领土、受控制的德国中部地区是其理所应得的战利品。占领期间，俄国人最开始优先考虑的不是建立一个新的卫星国，而是修复战争造成的损害，防止大战的再次爆发。[3]苏联体制具有"真正无穷的……力量"，人们对它寄予了厚望。而它之所以被引入东德，是为了取代腐朽的资本主义西方。然而，这并非活跃于1917年至1918年之间的议会共产主义，充满了革命激情。相反，它是1945年至1953年之间盛行的后期斯大林主义，崇拜"当代最伟大的天才"，对民主德国的创立影响至深，令其制度具有极大的压迫性。[4]因此，统社党别无选择，只能谴责针对"俄国人"的积怨，把它当作蓄意诽谤的宣传，以此捍卫"苏联占领政权的各项进步政策"。[5]

再就是统社党政权的强制性问题。这之所以也成为一种负担，是因为统社党继承进步传统的做法只有少数人支持。毋庸置疑，该党的创建者威廉·皮克与奥托·格罗提渥，都把民主德国的诞生视为1848年革命的结束、工人运动克服严重分歧以后希望的实现。但其实，早在魏玛时期，信奉共产主义的领导核心就已有反民主倾向，反抗运动的老手们就已经很擅长使用阴谋，而来自苏联的流亡者也都深受斯大林主义的影响。[6]其次，人们并未完全忘记那些对社民党实行"社会法西斯主义"的指控；党中央控制委员会的整肃对象既有从西方回国定居的侨民，也包括左派异议分子，尤其是托派。[7]起初，反法西斯同盟的政策是要劝说进步知识分子（如德莱顿大学罗曼语文学学者维克托·克伦佩雷尔、莱比锡大学德语教授汉斯·迈耶）参与建设一个更好的德国。[8]然而，就长期看，因为思想观念过于狭隘，统社党领导层终究是反资产阶级、反自由的。

如今再回翻当时的新闻报道、社会科学与历史文献，我们发现民主德国的失败似乎差不多是由多种因素导致的。另外，由于内部资料陆续公开，研究界出现了空前的盛况，各种意识形态上并不相容的话语也随之产生。[9]在保守派学者的倡导下，极权主义理论再度受到重视。该理论既揭穿了反抗势力的企图，同时也暴露了统社党政权的压迫机制。然而，这对了解东德灭亡的具体过程并无太大帮助。[10]相比之下，"失败实验"的概念倒是更能体现行动者建设社会主义的理想与抱负。另一方面，对于东德政权的阴暗面及其崩溃的原因，它却经常三缄其口。[11]此外，还存在第三种变体，即纳粹独裁政权和其他苏联附属国之间的差异比较。相较而言，这更受自由派学者的青睐，而且似乎较少背负意识形态的压力。那是因为它将民主德国视为一个充满内在矛盾的系统，并试图把压迫与日常生活相联系，尽管这听着像是个悖论。[12]

以下的反思无意描绘民主德国演变的全景，而是要概述公民社会在其消亡过程中扮演的角色。一方面，中东欧各国的共产党政府有计划地取消了所有社会力量的独立性；另一方面，异议分子（如塔德乌什·马佐维耶茨基、瓦茨拉夫·哈维尔）重新发现了"公民社会"这个概念，并以此为由，呼吁在政治以外创造一个自主的批判活动空间。在这个探索过程中，公民社会既是规范的目标，又是改变的动因，因为异议分子希望一个受压迫的社会能够通过创建前政治网络与另类公共领域，找回原本的行动力。[13]虽然公民社会这个概念引入较晚，但它的周期循环过程——压迫、回归、再兴、巩固——对理解东德发展具有非凡的意义。因此，研究分析必须从行动观点出发，必须综合考虑政治形势、经济要求和组织的可能性。[14]

废除公民文化

在马克思列宁主义的社会乌托邦里实行的是集体主义。和西方个人主义不同，这里没有给独立的公民活动留下多少空间。阶级冲突的教条导致极端化思考，所以资产阶级的"垄断资本领主"、贵族阶级的"容克大地主"都被视为头号敌人，其权力必须在"反法西斯民主"复兴以前被打破："此举的目标是要建立一个社会主义社会，消除一切人对人的剥削，消除贫富之间的阶级矛盾，实现最终和平，引进一套发展成熟的民主制度。"而要实现这个计划，就必须具备两项政治前提：一是建立统一社会党，实现"工人阶级大团结"；二是与"一切建设性的人民民主力量"开展合作，和其他党派与组织共建统一战线。[15] 该计划旨在克服阶级冲突，创造社会和谐，同时在统社党的领导下促成进步团体之间的合作——建立一个与资本主义社会不同的模式，重在消除社会差别而非遵从人权要求。[16]

要推行社会统一性，首先必须确立共产主义的统治地位。这最初是靠偏袒、徇私的非正式手段，但很快也利用了正式特权。由于红军攻占了柏林，所以德国共产党的附属群体便有机会组建政府，就能比中产阶级的对手领先一步。所以到最后，去纳粹化不但针对纳粹党的前成员，而且也用于对付可能会挑战苏维埃政权的所有竞争者。与此同时，共产主义团结党成立，它承诺实现经济的普遍国有化，因而大大增加了共产主义的影响。因为有较多纸张印制传单，有机会上电台自我宣传，所以在1946年秋季的州选举中，统社党赢得了约半数选票，从而在国民的欢呼声中稍稍确立了自身的合法性。然而，在随后的柏林市自由选举中，统社党却遭遇惨败。于是，它便卸下所有民主伪装，在投票以前预先确定了"全国统保单"中的席位分配，并以扩充警察和其他保安部队的人数作为备选保障。[17]

根据马克思主义的逻辑，第二步是要通过一系列紧急措施对经济结构进行重大改革，以此永远地转变各类财产关系。1945年7月23日，因为苏联想要控制货币，所以银行和其他金融部门便率先启动了国有化改造。此外，同年9月1日，土地改革运动也大规模地展开。这项措施不但要

"把土地归还广大农业工人、难民和有地无钱的农民",而且要剥夺"大地主"(被贬为反动势力大本营)的"经济及政治权利"。其次,最大的工业企业统统被没收,以此惩罚它们曾经与纳粹"战犯"合作的行径。而在此后的几年里,"为服务广大群众的利益",采矿、钢铁、能源等部门的企业也都陆续接受了国有化。另外,政府还逐步引入计划经济,用以协调新兴的"国有企业",促进"民主经济"建设,提高工农的生活水平,争取尽快展现社会主义的优越性。[18]

此外,各类协会也都转变为共产主义群众组织,其过程和1933年纳粹的"协调"计划十分相似。其中,"联合工会"的成立尤为重要。自由德国工会联盟(FDGB)是个新成立的组织,其宗旨是要结束工人阶级一盘散沙的局面,引导各方在"改善经济基础"方面开展合作,扮演好支持而不是反对国有企业的新角色。[19]"独立青年组织"自由德国青年团(FDJ)的建立也是为了实现一个类似的目标,即团结不同的青年组织,使之"在民主重建过程中发挥强大的作用"。[20]此外,成立综合性的"文化联盟"也是为了同样的目的,即鼓励知识分子反思德国的罪恶,从而保护"德国思想生活的绝对同一性"。[21]起初,民主妇女联合会(DFD)等新组织还能畅所欲言,好像仍然"没有党派色彩",但假以时日,事情便水落石出,原来它们同样受到统社党的控制。简而言之,仅仅在几年时间内,东德社会就丧失了大部分自我组织的能力。[22]

在统社党的极权统治下,唯一能置身事外(至少部分程度上)的势力只有新教教会。这是因为东德的天主教徒势单力薄,还不足以产生任何政治影响。最开始,"基督教社会主义"也曾风靡一时,在人民与新政权之间架设起某种沟通的桥梁。但很快,由于东西德的对峙、统社党与基民盟的权斗、自由德国青年团和基督教青年组织之间的冲突,双方关系顿时变得十分紧张。于是,1945年8月,皮克与格罗提渥不得不公开明确统社党对宗教的宽容政策，强调"基督教与马克思主义"之间的合作机会。即便如此，保守派新教主教奥托·迪贝柳斯还是批评东德的变化是建立在"威逼与欺诈"之上的。他甚至把"人民警察"的行径和盖世太保相比，强烈抱怨国家侵犯信仰自由。相反，一名效忠于政权的乡村牧师却在为苏占区的"和平政策"极力辩护，而统社党内的知识分子威廉·吉努斯更是将教徒的公开表态斥为政治干预。[23] 由此可见，政教之间的冲突可能暂时平息，却绝不会彻底化解。

独立建国以后，民主德国不再介意西德的反应，于是，公民社会中的其他成员压力倍增。例如，统社党开始要求在自身内部"根除［社民党的］机会主义"，从而使这个"新型政党"完全符合马列主义精神。[24] 由于共产主义者打压西德支持的基民盟，企图消灭它的最后一点独立性，所以新成立的团体（如奉行后法西斯主义的国家民主党）都比较顺从，集团党派也完全听命于统社党。各类群众组织，比如当时由埃里希·昂纳克领导的"自由德国青年团"，则越来越多地公开认同"捍卫与巩固反法西斯专政"的共产主义目标。[25] 为了诋毁联邦德国，统社党将西德的选举贬低为"反动选举制度的产物"，称其结果无异于"民族之耻"。与此同时，它还发起一场人民议会的大规模请愿活动，试图以 790 万个签名为独立建国、为"缔造统一、独立、民主的德国"做辩护。[26]

统社党宣称，自 1952 年起，在"社会主义建设"时期，东德将"不断深化阶级斗争"，从而在更多经济领域实现社会化。通过发起一场"反经济犯罪运动"，当局成功逮捕了企业主并没收其财产，指控其有蓄意破坏行为，包括与西德公司保持生意来往。[27] 事实证明，间接手段的效果甚至更明显，例如减少原材料配置、拒绝信贷投资、区别对待供货合同、巧立税收名目、强迫接受国家入伙。由于这个"圈套系统"的存在，1948 年至 1952 年间，私营企业在工业产值中的占比由 60% 大幅跌至 19%；这其中，只有较复杂的消费品工业与手工业得以苟延残喘，继续保持自身的独立地位。截至20世纪50年代末，交通业和通信业的95.2%、工业生产的89.1%、零售业的75.3%均已收归国有，而农业、手工业的比例却只有53%和22.1%。[28]就这样，这项严厉的征用政策逐渐摧毁了公民社会的经济基础。

面对这些强制措施，社会各界进行了全方位的抵抗，其中尤以1953年的人民起义最为激烈。然而，因为缺乏组织，加上国家力量的强势，这些最后都失败了。此外，部分资产阶级政客、前社民党党员和学生也都进行了英勇的抗争，社民党东德党部、"反暴力专案组"、西柏林的电台则予以了大力支持。尽管如此，由于孤军奋战，个人抗争也终究无济于事。[29]直到后来，因为供应不足、劳动定额增加、中产阶级遭受歧视，导致广大人民群众怒不可遏，形势才开始发生逆转。6月16日，柏林建筑工人举行示威集会，一时间，抗议活动"如野火般传遍了大街小巷"，人们不断高喊着口号："提高薪酬、自由选举、释放政治犯！"很快，反抗的浪潮便席卷了300个不同的地点。惊慌失措的统社党官员见势不妙，只得请求苏联出动坦克入场维护秩序。虽然统社党领导人诋毁这场起义，将它斥为"法西斯暴动"，但独立调查的结果证实，"这场反抗运动是受压迫群众，尤其是工人阶级的起义"，既非事先策划，也没有外部势力插手。[30]

实际上，在动乱爆发的数日前，地位动摇的统社党曾经宣布"新的路线"，试图做出部分妥协，改变其一味镇压的基本思路。为平复群众的不安情绪，政府采取了一些"大胆、切实的步骤"，例如重开占领区之间的边境、丰富私营经济资源、增加消费品配置、释放数千名囚犯、允许被开除的中学生重返校园。此外，统社党还号召自由德国工会联盟的成员"加倍努力"，因为据说这将"提高他们的物质与文化水平，增强对国家、对工人阶级政党的信心"。然而，与此同时，却又有10 283名示威者被捕，1 359人移交法办，数十人在证据不足的情况下被判死刑，累计约55人在动乱中丧生。其次，国家安全部的下属部队、驻营人民警察（东德再武装的核心）和工人民兵队伍还分别进行了扩编，配备了更精良的武器，也加强了思想灌输。[31]

同样，统社党和知识分子的关系也相当暧昧，因为它既需要后者为社会主义建设做贡献，但又不信任他们的独立姿态。一开始，它靠马克思主义意识形态与道德诉求，希望说服老一辈学者参与国家重建，而对年轻一辈的科研人员则用升职机会加以利诱。这其中，经济史学家于尔根·库钦斯基是一个典型的例子。他批驳资产阶级的错误观念，指出"社会主义学术自由观"的优越性——它不仅仅追求客观，同时还致力于人类的进步。[32]为阻止科学家、工程师和医生外流至西德，统社党推出了一套"专为'知识界'成员设计的特权差异系统"，试图通过特殊薪酬、个人合同、官方认可等形式维系知识分子的忠诚度。而在党组织内部，激励的方式则更多是职业发展的机会、行使权力的机会、影响政策的可能性。事实证明，这些好处不但让狂热的公务员非常动心，而且也吸引了一大批同路人。即便如此，格罗提渥仍要求社会主义的新贵们向党奉献更大的忠诚："放弃无用的中立态度吧！"[33]

相比之下，在农业集体化的过程中，统社党则公开使用了强制手段。这是因为虽然激励措施五花八门，却只有少数农民自愿加入生产合作社。20世纪50年代初，统社党曾试图建立"农业机械租借站"，配备苏联生产的拖拉机，以此劝说"新农民"放弃租种的小块土地。如同一名支持者所言，该计划的目标是要"在农村地区彻底实现政治、技术和文化的大改造"。[34] "农业生产合作社"（LPG）追求的理想生产单位是所谓"机器村"：如此一来，地块的合并就会让机械化生产成为可能，而大规模畜牧业也将实现更有效的动物繁育。然而，事与愿违，实际上，这个系统反而让独立农户全都沦为了雇佣劳动者，试行初期更是一度导致农业减产。这是因为没有人对此负责，许多农田里长满了野草，动物的发病率也显著增高。[35]为消除来自农民的阻力，打破其对土地的执念，20世纪50年代末，统社党依靠"人民警察"又发动了一场骚乱与恐吓运动，以加税的方式强行没收私人财产。这些现代"圈地运动"迫使顽固的反抗者纷纷出逃，而其他农民尽管不情愿，也只得被迫加入生产合作社。也因此，截至20世纪60年代末，强制性集体化便已高效完成，"社会主义的大批量生产"也得以正式启动。[36]

此外，针对新教教会的斗争又恢复了。这表明统社党决意要消灭所有剩余的空间，让可能仍然存在的独立公民运动彻底绝迹。以自由德国青年团与新教青年（如天主教青年团）的关系为例，两者间的对立日益严重，冲突不断加剧，因为国家扶植的青年组织无法容忍任何其他组织的存在。为替代教会的坚振礼，统社党引入了一种"无神论青年的祝圣仪式"，并禁止学校开设任何宗教课程，其目的是想通过"系统性的游击战"让新团员们远离教会。[37]不仅如此，统社党还发起了一场"脱教运动"。格罗提渥声称，"社会主义世界观"绝不可能与宗教真正和解，因为宗教只是"资本主义的一份历史遗产"。然而，在这冲突的背后却有个非常矛盾的存在——无神论国家的国家教会。它引出了一个令人困扰的问题："在一个意识形态浓厚的国家，基督徒该如何自处才不会违背自我，又不与国家为敌？"对此，与柏林主教奥托·迪贝柳斯相关的教会保守派表示要坚持和西德保持团结，而主教莫里茨·米岑海姆等左派神学家则更愿意和民主德国达成妥协，创建一个"社会主义教会"。[38]

由于上述及其他措施，到了20世纪50年代末，废除公民文化的强制过程便已大体完成。在政治上，民主德国已经成为一个由统社党"全面控制"的国家。公民的民主权利逐渐被削弱；集团政党尽管存在细微的风格差异，却不再真正代表非主流民意。[39]从社会角度看，整个东德已经被有效地"去活化"。由于财产征收和人员驱逐都强调阶级差别，所以资产阶级的幸存者越来越少。直到1972年，只有一些新教牧师、学者与工匠小心翼翼地保持着自身的独立性。不过，这些中产阶级的遗迹对整个社会并无重大影响。[40]而在联盟方面，共产主义者领导的群众组织已经确立实质的垄断地位，就连无神论社团和园艺小组也都被置于统社党的控制之下。简而言之，除了腹背受敌的教会以外，自主的公民之间再也没有任何独立合作的空间。另外，由于新闻媒体被视为"社会主义改造的集体组织者"，所以可能对破坏公民社会的行径提出批评的自由公共领域也同样不复存在。[41]

恢复社会活力

多数人顺从统社党政权，这倒也不足为奇；让人惊讶的是，即便如此，一些重要的少数群体居然在民主德国逐渐发展了起来。从执政的角度看，这个现象通常被视为向后斯大林主义或晚期极权主义的过渡：在此期间，镇压的形式由直接强制逐渐演变为间接制裁。[42]反对派的文献同样显示，其态度也是从消极勉强缓慢发展为公开抵抗；不过，因为抗议形式固定不变，所以谁也无法就改变的原因给出令人信服的解释。[43]反过来，我们若能专注于独裁统治的局限，倒是能看出些端倪，能发现压迫造成的意外后果。例如人民的"自我意志"，这个概念由研究日常生活的史学家提出，强调群众意愿的独立潜能，是连统社党都无法彻底破除的。[44]然而，重新开启言路、允许异见发声的先决条件却是社会空间的重建，即社会学家所谓"再分化"过程。在部分公共领域中，所有团体都能制订自主的政治替代方案，从而让公民社会重新焕发生机。[45]

实际上，就连统社党本身的执政方式也为人民追求个人利益提供了某些条件，前提是他们要支持而非挑战现有体制。借助于社会主义建设过程中自愿合作的意识形态幻象，饱受压迫的人们掌握了一整套"微抵抗"策略，因为执政党无论处于何种支配地位，都需要人民以象征性的方式表示赞赏与喝彩。由于"没有一个社会组织能够公开作为政治反对派发展的基础"，所以广泛的"内部储备"只能"表达消极但仍然具有集体性的反抗"。例如，"有工人公然反对增加劳动定额，又或者农民被迫加入集体农庄，于是怨声载道，干活总是敷衍了事。还有个电工偷偷给顾客安装电视天线，方便接受'西德的信号'……一名教师鼓励学生批判地思考，而不是一味接受意识形态的灌输。"[46]由此可见，上述情况都反映了某种不合作的态度。实际上，职场不服从、青年反抗、知识分子批评执政党的例子不胜枚举。这表明人们的自我意识相当强烈，并不愿听从统社党的指挥。

既想保持人格的正直，又要遵守社会规范，这其中最常见的妥协便是遁入私生活。因为只有"在家里，在客厅里，在朋友之间"，才能批评统社党的政策，前提是没有政府派来的告密者（IM）把这些情绪和感想报告给斯塔西："越来越多的人，一旦到达某个状态，就会放弃职业生涯的追求，以此回避随之而来的社会责任。"[47]假如有人选择不入党，愿意牺牲"现实社会主义"带来的小恩小惠，例如一辆小型车、一次公派出国的机会，那他勉强还能过上近似独立的生活。有种乡间宅第（dacha）文化颇能体现这一"遁入私人领域"的趋势。人们在自家园地里耕耘，在梅克伦堡湖区露营，在乡间别墅度过周末，远离政治生活。但要掌握这项技能，人们就必须过一种清醒的双面生活：一边在公共场合循规蹈矩，一边在私人领域里进行反抗。对孩子来说，这种精神分裂的状态尤其难以维持；但从长远看，它能转移人们对政权的不满，将压力内化，这显然有利于制度的稳定。

而一种更巧妙也更成功的计策是，移用社会主义制度来为个人利益服务。加入"自由德国青年团"并不只是遵守服从，人们也可以将它用于娱乐消遣，比如一群好友可以集体拒绝"参军入伍"。在统社党控制的大学社团内部，在深入讨论的过程中，学生还有机会读到可能含有"反动观点"的禁忌文献，尤其是著名科学家罗伯特·哈弗曼的文字。就连被证实可靠的连队制度，本该在职场推行社会主义，有时也会冒险向资方提出要求并使其强行通过，譬如屡屡发生的自发停工事件。此外，负责贯彻社会主义方针的社区集体企业，偶尔也会振作起来，为保护历史建筑与文物（如柏林某"新艺术"风格的游泳池）请愿。[48]这种再诠释的策略不是与统社党发生正面冲突，而是让受压迫的人们利用政权属下的组织来达成自己的目标。

假如以社会主义的名义求援，那么，针对具体问题提出的申请还可能像避雷针那样，帮你躲开一些麻烦。比如1961年的夏天，在亨尼希斯多夫有56名机车工人投诉："多年来，为建设国民经济，我们始终努力工作，换来的却是〔粮食〕供应严重不足。"他们要求"立即结束""由冒进的农业合作化所导致的"食物短缺问题，并开除相关负责人。只要诉求中含有"建设性批评"，统社党就会派地区行政官员为政策进行辩护，并承诺采取整改措施。相比之下，莱比锡有个工人匿名批评乌布利希"故意撒谎"（如"赶超西德的生活水平"），痛陈"每天都有冤假错案，每天都在发生暴力和荒唐事件"。但这回执政党的态度就没那么客气了。而谁要是说出"你手上沾满鲜血"之类的话，提出"推倒这可耻的柏林墙！"之类的要求，那当局必然会追究当事人的罪责，并采取更为严厉的压制措施。[49]所以说，民主德国很难算一个真正的"协商社会"。[50]

更具争议性的是，许多东德人纷纷突破品味与批评的限制，试图开拓属于私人的空间。和第三帝国时期一样，舞曲激发起世代冲突，因为古板的统社党将它贬斥为"堕落的消遣"，说它是"世风日下的文化垃圾"。虽然最初摇滚乐也曾在西德遭到批评，但由于"词曲浅陋"，它在东德受诟病的时间更长。20 世纪 60 年代，披头士的狂热所向披靡，于是共产党的立场也有所松动，并为此专门创立了青年电台 DT64。不过，它要求电台播放的音乐中必须有 60% 来自"阿米加"，即一家东德本土的唱片公司。[51] 此外，作为"来自社会主义的回应"，"民主德国的乐坛老将们"还发起了一场"歌咏运动"，呼吁通过歌声"正面宣扬"马克思主义所取得的成就。再就是庆祝世界"反帝国主义斗争"的国际"红歌"节。这也是颇受东德政府青睐的重要活动。除了强劲的摇滚节奏以外，涉及拒服兵役、逃离祖国的歌词内容也让统社党的卫道士十分恼火。他们禁止"伦夫特组合"举办演唱会，却允许非关政治的"普迪斯"乐队征服越来越多的观众。[52]

实际上，在东德公共冲突比较罕见，而且即使发生，也多半源于摇滚音乐会上的骚乱。1977 年 10 月，摇滚乐队"快车"的一场表演被勒令取消，柏林亚历山大广场上群情激愤，约有八千至一万名青年与"人民警察"展开了一场巷战。在这场骚乱中，两名警察被杀，二百名演唱会观众受伤，另有一人意外死亡。此外，还有七百名青年被临时拘留。对于这次事件，官媒《新德意志报》认为"流氓阿飞"难辞其咎，而西德媒体则把重点放在了"德国""苏联人滚出去"等政治口号上。[53] 巧的是，十年后的圣灵降临节当天，大卫·鲍伊和其他乐队在西柏林演出时，同样的一幕再度上演。数千名东德乐迷聚集在柏林墙的另一侧，如痴如醉地倾听着喧闹的音乐。而当警察试图将他们驱离的时候，"石头、瓶子和酒罐"便飞了起来。人们高喊着"争自由""推倒墙""戈尔巴乔夫"等口号，尽情发泄心中的不满。由于类似的冲突同样发生在莱比锡和其他地方，所以政府只得出动大批警力，镇压追求自由生活方式的运动。然而，也正是这种镇压改变了部分东德青年对于当局的政治态度。[54]

小说和戏剧作品在宽松期内设法躲过了新闻审查，对知识分子来说，它们扮演了类似的角色。统社党首先从阶级的角度定义了法西斯主义，以期"为全民创造一种社会主义文化",鼓励艺术家走进工厂车间,寻找"与我们生活的关联"。1958年,"社会主义现实主义"的提法首次出现在比特费尔德,从此人们便以这座工业城为名,将这种创作方式称为"比特费尔德法"。于是,各种争议也随之而起,比如关于运用现代主义风格的问题,尽管审查机构将其贬为"晚期资本主义思想的基础"。另外,也有作家(如彼得·哈克斯)试图描写"社会主义发展当中存在的各种矛盾",以此表现在意识形态上的忠诚。[55]然而,就在作家畅所欲言、批评"现实社会主义"存在各种不足的时候,统社党第十一届全会立即出面干预,指责他们公然"反对社会主义"。结果,那些缺乏"较高马克思主义修养"的艺术家便不再允许公开露面,并被开除公职,其发表的作品也都遭到查禁。乌布利希是这项政策的始作俑者;他把文化简单地理解为一场"反帝国主义斗争",因此对所有人文诉求都嗤之以鼻。[56]

埃里希·昂纳克个人也更青睐"干净的社会、干净的艺术",但其个人好恶同样未能改变艺术家的倾向,报效国家的感召终究难敌对于批判性创造的追求。20世纪70年代初,一些"去意识形态化的迹象"开始出现在文艺作品中,例如乌尔里希·普伦茨多夫的小说《新少年维特之烦恼》、热门影片《保罗和保拉的传奇》、电视剧《彩壶》。这些作品针砭了社会主义社会中存在的各种冲突,因此收获了无数好评。[57]然而,到了20世纪70年代后期,政策再度收紧,限制也越来越多,因为党内的强硬派怀疑"社会主义现实主义的原则"正在形式和意识形态上遭到双重挑战。1976年,因为在西德举办了演唱会,歌手沃尔夫·比尔曼被政府取消了国籍。当时,许多东德著名作家(如克里斯塔·沃尔夫、海纳·穆勒)都曾公开表示抗议。但这样一来,统社党便有充足理由撤销其非正式的"宽容令",要求那些仍然部分忠诚于国家的文学家"坚定社会主义立场",绝不肆意妄言。记得昂纳克曾经吹嘘,在民主德国,"思想与权力"始终相辅相成,但事实证明，它根本就无力解决这一长期存在的冲突。[58]

在东德，有关文化政策的冲突具有"特殊的重要性"，因为在一个封闭的社会里，举凡小说、戏剧、电影都能充当自由表达的替代物。东德人读的书和西德人不一样，因为"书籍都要接受读者大众的审查……尤其是那些'隐秘点'，往往暗含着可疑的指摘与批评"。为此，统社党专门建立了一套完备的文化指导制度，对所有稿件进行严格审批。在正式出版以前，公职人员会反复检查和修改作品的形式与内容。为鼓励建言、推动合作，统社党还为作家提供各种物质与非物质的特权，例如开放西德旅游、允许接触国际文学。相比之下，消极制裁则是花样百出：有人身陷囹圄，多年未获自由（如埃里希·勒斯特）；有人被流放至西德，算是因祸得福（如赖纳·孔策）。而对体制内的批评家（如斯蒂芬·海姆、克里斯塔·沃尔夫）来说，阅读开辟了一个小型的公共领域，一种"无畏者的圣殿"，在这里，知识分子可以交流批评意见。就这样，在民主德国的土地上，终于慢慢出现了一幅有限却相对独立的文化图景。[59]

由于反共的冲动遭到压制，所以批判的声音只能在社会主义的基础上越来越响。这其中，自然科学家罗伯特·哈弗曼首先挺身而出，指出乌托邦承诺与残酷现实之间的差距。纳粹统治期间，哈弗曼曾因共产主义者的身份被当局逮捕；战后，作为一名斯大林主义者，他又在洪堡大学参与过清党工作。然而，尽管地位特殊，但到了20世纪60年代，哈弗曼已经对统社党的行径彻底失望。在题为"哲学问题之科学观"的系列讲座中，他公开批评了统社党的教条主义。[60]为此，他很快就受到处罚，被免除教职、逐出学界、开除党籍。然而，残酷的打击也让他明白人权是何其重要。为了绕过国内的封口令，他只得继续选择西方媒体发表个人意见。他呼吁"发展反对派势力、创建批判性媒体"，结果却遭到一波"心理恐吓"，被软禁在家很多年。但讽刺的是，也正是这些压制措施将哈弗曼塑造成民主社会主义的一种象征，揭示了从内部反抗体制的可能性，并因此吸引了一批同样受到迫害的异议分子。[61]

另一个让当局头疼的人物名叫沃尔夫·比尔曼。他那些针砭时弊的歌曲尤其受到东德青年的欢迎。17岁那年，比尔曼离开汉堡，去了联邦德国。他决心做一名"有见识的共产主义者"，为建设一个更好的德国做出自己的贡献。然而，和朋友哈弗曼一样，他对统社党的"垄断官僚作风"颇为不满，并调侃说要提倡一种"红色民主"，结果却遭到"否定一切、推翻一切"的指责。在被禁止公开露面以后，比尔曼通过磁带录音、半私人演出和教堂音乐会继续发声，并逐渐成为反叛知识分子崇拜的偶像。1976年秋天，比尔曼在科隆举办演唱会，统社党勒令他不得返回祖国，理由是他"严重违反了公民的义务"。[62]令人惊讶的是，事发之后，约有一百名知识分子——包括尤雷克·贝克尔、施泰凡·赫尔姆林、海纳·穆勒、克里斯塔·沃尔夫——声援斯蒂芬·海姆，一致抗议取消比尔曼的国籍，建议"[对其创作的歌曲]采取冷静、理性的包容态度"。虽然统社党曾强迫许多签名者撤销过协议，且从未失手，但"比尔曼案"最终变成它在文化领域的一场败仗，因为比尔曼的被逐表明统社党缺少包容建设性批评的雅量。[63]

哲学家鲁道夫·巴若也是一名响当当的异议分子。他自称左派共产主义者，有二十多年的统社党党龄。巴若同情"布拉格之春"。由于在国营橡胶厂担任过工艺工程师，他对产业经济中的生态问题特别感兴趣。1977年，他在个人专著《选择》（书名本身就充满讽刺意味）中痛批"现实社会主义"。[64]他指控统社党实行"工业专制"，假托纳粹主义之名，故意延长"晚期阶级社会"的寿命，并呼吁建立一个新的"共产主义者联盟"。在西德电视台的采访中，巴若又批评"官僚主义泛滥成灾"，控诉统社党的独裁统治。不出所料，很快他就遭到逮捕，并以"从事间谍活动"的罪名被判八年监禁。为防止人们偏离党的路线,亲政府的《农民报》公然将巴若等异议分子贬称为"社会主义国家的牛鬼蛇神",指责其诋毁自己的祖国:"他们不属于这里,他们是外国进口的人造制品。"[65]

由于表达异议的案例倍增,20 世纪 70 年代末,"东德民权运动"的说法开始出现。实际上,这是在暗指昂纳克签署《赫尔辛基宣言》一事。统社党本想借此稳定边境局势,却有人趁机提出人权要求,尽管东德从未发布过该宣言的全文。例如,有三十三名与约恩·里德塞尔有关的签约人引用了联合国宪章,而以内科医生卡尔·尼奇克为首的另一百人则参考"欧安会"(CSCE)的最后法案,为开放西德旅游的诉求进行辩护。[66]相较而言,于尔根·富克斯等艺术家和作曲家格鲁尔夫·潘纳赫、克律斯缇安·库讷特对公众接触更感兴趣。"无须再保持沉默,/自由正迎面而来,/为此我们在排队等待。"此外,在耶拿有一群年轻人,以米夏埃尔·萨尔曼、托马斯·奥尔巴赫为核心,试图在思想自由的基础上创立一个"社会主义的反对派"。然而,对于所有批评者,统社党的反应都是实行监禁并最终将他们驱逐至西德。不过,这一策略固然阻止了国内反对势力的形成,但同时也引来更多人竞相效仿。[67]

在民主德国,反对势力最终形成较为广泛的基础,是在新教教会影响下和平运动兴起以后。虽然东德另外创立了一个福音教会联盟(BEK),信众人数也从总人口的约 80% 降至 30%,但教会与统社党的根本冲突始终都存在。在这一冲突中,奥斯卡·布鲁塞维茨成为了一名悲壮的牺牲者。1976 年夏天,为表达对当局的控诉,他毅然当众引火自焚:"教会谴责共产主义,压制年轻人。"尽管统社党批评这一自杀行为"疯狂变态",但它毕竟发出了一种信号。更多的冲突随之而来,特别是围绕义务兵役的问题,因为并非所有青年都服从征兵。在那些拒绝参军的人(如东德青年尼克·胡布纳)当中,有些甚至来自根正苗红的党员家庭。他们突然感觉陷入了孤立，要承受巨大的压力，特别是在同龄人并不支持的情况下。尽管如此，胡布纳还是发誓说："假如一个制度只能靠钳制思想、暗中监视、诽谤勒索来维护它的权威，那我是不会屈服的。"[68]

进入20世纪80年代，拒服兵役者、军备竞赛的反对者、批判型神学家开始在新教教会内部组建和平团体。但讽刺的是，他们竟然将政府与教会的和平宣言句句当真。比如他们批评东德教育过于军事化，并要求政府自1964年起，除了每年向数百名建筑兵提供口粮，另外再引入一种替代兵役的制度。尤其是他们佩戴的徽章——"铸剑为犁"，《圣经》上有关转变观念的忠告，更是被当局视为眼中钉、肉中刺，因为这愈加凸显了政府的和平宣传与军国主义现实之间的矛盾。于是，为消除这种阻力，统社党祭出了重拳。他们把抗议者扔进监狱，又将各团体的头目（如耶拿的罗兰·雅恩）强行驱逐至西德。[69]尽管如此，其他和平主义者仍坚持开办和平讲习班，举行守夜静坐，宣扬柏林政府的号召——"放下武器、拥抱和平"。就这样，虽然官方教会试图与政府合作，但各个和平团体不顾警方的禁令，构建起民间反对力量的核心。

环境污染是体制批评者提出的另一个问题。由于使用含硫磺的褐煤燃料，这个问题在很多工业区已经到了十分严重的地步。厄尔士山区的森林正在大片死亡，"化工三角带"（哈雷-莱比锡-比特费尔德）的空气已经无法供人呼吸，人们开始关注东德的生态危机。部分公民甚至独立收集统计资料，加入到救治环境的队伍当中。一群青年环保主义者高举写着"回归生命"的牌子，相约在布纳举行自行车集会。然而，事与愿违，当地消防部门不但向他们喷射泡沫，并且还开罚了五百德国马克，理由是其行为已"危及公共安全"。统社党将所有独立批评都进行妖魔化，即便问题已经无法掩盖，且批评者也只是想要帮助补救。有时，运动的活跃分子仅仅"想要清理河床或打扫操场"，即便如此，也会遭到"上级的质疑"。20世纪80年代中期,一家非官方的"环保图书馆"和一个名为"诺亚方舟"的新网络在东柏林应运而生。"切尔诺贝利灾难"爆发以后,核辐射波及整个中欧地区,环保之忧进一步得到证实,更有三百位市民对核能的使用提出了书面抗议。[70]

由于针对和平与环保运动的报复行为日益增多,最终,人们不得不开始讨论"和平与人权之间的密切关系"。1986年1月,民权活跃分子和激进派社会主义者在柏林创立"和平与人权行动"(IFM),因为他们发现"和平的实现取决于基本民主权利和自由的实现。"此举虽然不无争议,却是新教教会以外政治反对力量崛起的关键,因为该团体的诉求融合了若干问题,并进而形成了针对民主德国的全面批判。其创立者彼得·格林、拉尔夫·希尔施、沃尔夫冈·坦普林、赖纳·艾波曼一致要求政府给予"全体公民不受限制的出行自由",易言之,必须首先推倒柏林墙。此外,他们还呼吁终止刑法和执法过程中对"基本人权"施加的各种限制,允许"提名独立候选人参加地方和人民议会的选举",撤销对"集会权、示威权和结社权"的一切限制。该方案旨在实现社会主义民主化,其根本目的是要重建一个正常的公民社会。[71]

不过,这些反对团体也并未坐等压制政策的结束;相反,它们努力想要尽快开辟一个不同的公共领域。为实现这个目标,那些《赫尔辛基宣言》公布后被允许在东德工作的西德记者提供了重要的帮助,因为他们对暴力使用的报道记录了违反人权的事实,而对异议分子诉求的报道则让两国人民都了解了真相。[72]相较而言,东德地下出版(samizdat)的发展则更多局限于运动本身。这类油印刊物因标明只在"教会内部流通",所以无须得到官方批准。于是,讨论时事的宣传册子和教会分发的传单便逐渐演变为野心更大的报刊,譬如"和平与人权行动"主办的《疑似病例》、"生态书房"主办的《环境读物》。这些报刊登载许多讽刺插图,不仅传递来自外界的消息，同时还发布组织新闻，而它们对民主德国的批判也变得日益尖锐。[73]尽管很快就会受到惩处，但抗议团体还是努力以非暴力的方式（如悬挂横幅、静默游行、就地罢工）来吸引更广泛的社会关注。[74]

就这样，经过社会的再分化，一股反对势力逐渐在共产独裁体制内部形成，并自承它对统社党的"政治行为充满敌意"。在它们招募的成员中，有些是反对独裁的青年，有些来自"非主流文化"的文艺圈，有些是社会主义异议分子，也有些是拥护和平的新教教友。截至20世纪80年代末，这个反对阵营里已经有二百多个团体、数千名成员，其诉求也增加了反对歧视女性、反对剥削"第三世界"等内容。不同于斯塔西所定义的境外阶级敌人的"策反阴谋"，这是东德内部发展起来的力量。它虽然受到邻国反对运动以及戈尔巴乔夫改革的影响，却在努力形成属于自己的思想观念。尽管这些团体组织松散，而且像"基层教会"一样仅仅靠友情和会议保持联系，但联合行动的次数在不断增加。这其中最出色的一次便是观察1989年5月举行的地方选举。在此过程中，它们记录了统社党操纵选举的全过程，并将它编成一本手册，名为"选举弊案"。[75]

与此同时，统社党也在观察公民社会的重建过程及其"幕后操纵者日益严重的思想混乱"。一方面，分裂的反对派势单力薄，零星的示威活动（如纪念奥洛夫·帕尔梅的游行）并没有什么威胁；另一方面，专政极权统治要求国家机关必须坚持"有力打击所有独立团体"。因此，统社党采取了一系列针对措施，例如搜查"环保书房"。1988年1月，在纪念李卜克内西的示威游行结束以后，东德政府又将弗莱亚·科里尔、施泰凡·克拉夫奇克等"内奸"强制驱逐出境。不用说，这些举动让民主德国的海外形象严重受损。[76]如此看来，要压制一个正在崛起的"典型革命阶级"，还不如壮大斯塔西自身的实力，因为后者的"非官方告密者"已经渗透了所有反对团体。然而，警备工作还是变得日趋困难，因为现在就连党内的知识分子（如于尔根·库钦斯基）也开始称道戈尔巴乔夫的改革实践。尽管这样，反对派的形成并未对组织严密的统社党造成威胁，因为东德人民虽然对经济局势日渐失望，对出行自由的渴望日渐强烈，但他们并不支持反对派的主张，即"将权力移交给开明的公民社会"。[77]

一场公民革命

在隐忍了四十年以后，1989年秋天，东德人民突然打破沉默。他们跟随反对派的脚步，开始发泄对穷苦生活的不满，摆脱对无所不在的斯塔西的恐惧，表达对"现实社会主义"的失望。在许多集会和示威游行中，一向沉默的群众手举标语牌，公开发表个人的批评意见，再也不愿忍气吞声。长久以来，芭尔贝·波利等异见领袖都在争取一个"抵抗和辩论的空间"，即维护宪法权利、承认公民身份。现在，他们终于意外获得了群众的支持。而在这场颇为戏剧性的"自我解放"背后，最重要的莫过于公民社会的重建，因为它不但部分重启了旧制度，同时还创造了集体行动的新形式。[78]那么，民主觉醒究竟是如何发生的呢？社会的自我组织有何局限？统社党的独裁又遗留了哪些后患？

社会自决的第一步是争取公开示威的权利。焦躁的市民屡屡以公开抗议的形式表达"我们要出去！"的诉求，并经常因此受到处罚。不过，对统社党更具威胁的却是示威者对其"选举舞弊"的抨击以及他们对在民主德国实现"集会自由"的坚持。群众通常采用非暴力的抗议形式，例如"静默示威""中国离我们不远"的宣传册子、写着"国家开放、人民自由"的横幅、高唱歌词为"我们将留在这里"的歌曲。在这种情况下，保安部队的粗暴干涉只会让旁观者和被捕的抗议者更加团结。实际上，截至当年11月，参加示威的人数已经从8月的几百飙升至数十万。[79]由于异议分子聚集，莱比锡的圣尼古拉教堂逐渐成为示威活动的中心，但抗议的浪潮很快就席卷了全国。11月9日，局势出现重大突破，当地统社党领导未经柏林指示，决定放弃对抗议者的暴力镇压，从而为开展社会对话清除了障碍。[80]

社会自决的第二步是将非正式团体转化为能够公开且有效行事的企业组织。例如同年9月9日，在题为"觉醒89"的公告中，"新论坛"就曾感叹"社会交流的缺乏"，并自称是一个"全国性政治平台"，旨在发起有关必要改革的"民主对话"。"新论坛"的创立者约有三十人，都是知识分子，来自各个和平、人权与生态保护团体，包括芭尔贝·波利、卡佳·哈弗曼、罗尔夫·亨利希、延斯·赖希和赖因哈德·舒尔特。起初，他们想根据宪法第28条将"新论坛"进行官方注册，然而，其申请当即就被内政部驳回，理由是"该平台对国家怀有敌意"。不过，因为有示威者高喊"放'新论坛'一条生路"，又有支持者征集到数千人的签名，所以政府再也无法阻止这个由异议分子和普通市民组成的松散联盟。[81] 不久以后，又诞生了另一个名为"民主进行时"的团体。该团体有一份更为成熟的纲领，呼吁承认民权、改革经济、培养环保意识，进而"在民主德国实现民主的转变"。[82]

与此同时，媒体奇迹般地实现了自由化，并且几乎一夜之间在东德开辟出一个独立的公共领域。因为人们烦透了僵化的思想灌输，更爱看西德的电视节目，所以艺术家便要求当局出台"新的媒体政策"，开启"全面的公开对话"。统社党虽然努力"让人民与政府保持对话"，希望以此间接控制信息，但事实证明，民意如决堤的洪水，已经势不可当。[83] 新闻记者因为早已厌倦唯党是从的成规，便开始对各类禁忌话题（尤其是日渐蓬勃的示威活动）进行详细报道。另外，他们还传达各种不同观点，甚至提出自己的批评意见。读者的来信蜂拥而至，占满了报纸的社论版，宣泄着压抑很久的不满情绪。由于报道内容越来越精确，官方电视新闻节目《时事焦点》的收视率一飞冲天，收看的家庭数量从10%激增至近50%。相反，因为反西德宣传不得人心，卡尔·爱德华·冯·施尼茨勒制作的《黑频道》最终被迫叫停。难怪会有难民这样揶揄道："你别说，他们现在的表现倒挺接近新闻自由的。"[84]

此外，还有一项更重要的进展就是新政党的成立。这些政党"对统社党的领导构成了正面挑战"。这其中，社民党率先于7月24日公开亮相，并于同年10月7日在施万特教区正式成立。这场社会与伦理的民主运动源自新教教会附属的和平与人权团体，其创立者都是牧师（如马库斯·梅克尔、斯特芬·赖歇、马丁·古特蔡特）。和统社党的官僚社会主义截然不同，新生的社民党以推动"生态为中心的社会民主"为己任，有意识地继承了老社民党的优良传统。[85]而9月中旬正式成立的同样具有新教背景的"民主觉醒党"（DA）虽然在基本定位上较为保守，但也试图成为一个综合组织。艾德尔贝特·里希特、赖纳·艾波曼、弗里德里希·朔尔勒默等牧师想要在政治上将反对力量团结在一起，而民主觉醒党则通过与西德基民盟的接触，同时也为顺应国家统一的民意，逐渐走上了资产阶级道路。[86]

同样，由于反对派努力践行宪法规定的权利，议会制度也意外在东德获得了新生。可以说，这是反对运动的一件副产品。在一连串极为坦率的采访中，自由党（LDPD）领袖曼弗雷德·格拉赫率先承认"曾经犯过错误，有过不切实际的幻想"。此举无疑为在社会主义体制内进行适度改革提供了理由。随后，基民盟内部的某青年基督徒团体在一封寄自艾森纳赫的信中也要求恢复公民的正当权利（如出行自由），允许公开辩论，实现党内民主。在推翻基民盟的旧领导班子以后，几位相对清廉的继任者（如洛塔尔·德梅齐埃）还要求其他党派取消与统社党的合作，这样一来，原本的"民族联盟"也就很快瓦解了。[87]结果，因为其他政党的离弃，也因为统社党的领导权从昂纳克转到指定继任者埃贡·克伦茨手中，并最终由更为开明的汉斯·莫德罗掌握，所以政府只得在人民议会中提出一项融合计划。另外，在面对公开批评时，统社党也史无前例地被迫为自己进行辩护。而东德议会目睹人民如此期盼自由讨论和解决自身问题的方法，于是在新选举尚未举行之前便开始有所行动。[88]

当民主觉醒运动发展到高潮时，"圆桌会议"也随之诞生。它将失信的国家渠道以外有关改革的讨论全部纳入了体制。柏林墙开放以后，体制的忠实批评者（如克里斯塔·沃尔夫）担心民主德国会因此大伤元气，所以奋力推动大刀阔斧的改革。圆桌会议是社会政治陷入困境的反映：统社党及其群众组织，一直到公司内部的民兵力量，仍然把控着所有正式的权力机关，而反对派尽管已分裂为彼此竞争的组织和新政党，却拥有更好的信誉和民意支持。于是，经由教会的调停，居间的"圆桌会议"便能够为双方提供一个中立的场域。在这里，主张改革的新锐派（如"新论坛"、社民党）可以和政府当局、群众组织、集团党派共商国家大计。"民主社会主义认为，民主德国是能被改造好的。"正是基于这一基本共识，双方才愿意做出妥协。[89]从此，各种圆桌会议便如雨后春笋般出现在全国各地，成为公民社会制度化的某种尝试，因为圆桌会议的代表已经能够影响改革的进程。

虽然公民运动很善于动员群众，但在决定民主德国未来的斗争中，人们对权力的质疑却让它始终处于劣势。民权斗士们冲进位于诺曼街的斯塔西总部，成功阻止了统社党［当时已改名为"民主社会主义党"（PDS）］的内部整合。然而，在此后的竞选活动中，身为政治素人的异议分子却被打得落花流水。[90]在竞选方面，前西德的政党显然更为专业。他们印制了更多海报，有很老练的演讲高手，并通过投票研究瞬息万变的民意动向。而在这"极不公平的起始条件下"，前东德的反对派（如"新论坛"）却只能依靠语言诙谐的油印传单，推出的竞选人也都羞于面对媒体，无法吸引选民。因此，新党派与较强势的前西德"兄弟党派"合流便成为大势所趋。实际上，起初统一的社民党在选情上还是领先的，但后来，由基民盟集团政党和民主觉醒党组成的"德国联盟"以及一些自由派政党逐渐追了上来。[91]由于边境已对西德开放，所以"联盟90"里的各个公民社会团体也必须主动转变为政党，否则就不可能在竞争中获得成功。

1990年3月，"德国联盟"以48%的得票率意外获得选举胜利。这无疑加速了公民抗议向传统议会形式的转变。事实证明，"民主选举活动"在改变东德人的态度上发挥了关键作用，因为只有赫尔穆特·科尔的个人干预才能让新近诞生的选举联盟变得家喻户晓、广受欢迎。就其本质而言，这个选举结果主要是"为统一投下了一票"，更确切地说，是像基民盟承诺的那样，驶入了加盟德意志联邦共和国的"快车道"，放弃了社民党的社会缓冲，即"慢车道"。同时，某种程度上，这个结果也是"对迄今一切政治决定因素的……否决"，即对"现实社会主义"的否决，虽然它的部分价值观（如劳动权）仍然考虑了大众的看法。最后，这次投票也是希望通过经济与货币的迅速结盟改善物质生活条件，也就是西德知识分子戏称的"香蕉反射"。但讽刺的是，幸存下来的民主社会主义党与倡导民权的小团体最后竟然和"第三条道路"的拥护者走到了一起。他们都希望在独立的民主德国，经过改良的社会主义能够继续发展。[92]

选举失利后，民权倡导者曾发布过一份"圆桌会议"拟定的宪法草案，试图以此延续自身的传统。虽然在东柏林统一联盟形成以后，这个结构严谨的文本已经失去实际功能，但起草人还是希望借此引发一场"有关宪法的全国性辩论"。实际上，草案内容也的确有颇多创新之处，因为起草人不是将宪法视为"主权者的权威法规"，而更多是把它当作"公民之间的彼此承诺"，希望"以此构建一个'公民社会'"。同样令人耳目一新的还有宽松的政策，包括公民运动、通过税收抵免进行政党融资、直接参股、社会指令（如劳动权）、环保和堕胎等诸多问题。不出所料，保守派法学家对这份左翼自由派的文件极为不满，因为这可能就是当初西德修宪的模式，是"通往第二次崩溃的第三条道路"。相反，他们把《基本法》描绘成更适用于整个德国的宪法基础，因为事实已经"证明它极为优秀"："其原则中包含了东德革命为之奋斗的那些理念。"[93]

国家的破产迫使东德必须尽快与西德建立"经济与货币联盟"，也因此，有关独立未来的进一步规划便失去了意义。实际上，2月初的"新论坛"就已发现这一迹象，而总理科尔也很快抓住了时机，因为他想阻止涌向西德的移民大潮，限制给予莫德罗政府的各项补贴。虽然社民党警告这或将引发社会动乱，呼吁"社会融合"，但多数德国人都希望德国马克的购买力最终能满足自己的消费欲望。一方面，要保障东德人的收入与存款，两种马克的汇率就必须平等（即1∶1）；但另一方面，"货币的稳定性"、东德的低生产率、国际竞争力的不足则要求提高兑换率。同样，西德经济学家也在疑惑，"民主德国的经济一旦转变为社会市场经济"，会对商界造成怎样的后果。当批评家们把引入德国马克的休克疗法视为"战败后的投降"时，总理洛塔尔·德梅齐埃则更强调社会市场经济能激发人的"开拓精神与新的勇气"，会带来更多机遇。[94]

统一条约将东德各州的加入赋予了法律形式，这样，东德的那些还很稚嫩的倡议就能融入西德较为成熟的公民社会。实际上，条约的起草过程就已凸显出权力的差距，因为西德提出的法案往往准备充分，而东德的想法却总是含糊不清。所以，最后的谈判只能放缓被现有体制同化的过程，却不可能有任何全新的创造。然而，在过渡时期，契约性规定也有它的好处。它可以规定明确的合并条件（如承认东德学历），从而为受影响的人群创造"法律的确定性"。同年夏天，社民党主动退出联合政府，于是，当局被迫做出一系列实质性妥协——澄清财产问题、向地方提供经济援助、允许进入社会保障体系、继续开放堕胎权，以此回应东德人想要保持"生活条件不变"的愿望。而事实证明，此举对缓解统一造成的心理不适确实有帮助。对于该条约，尽管也有人批评它是一份针对民主德国的"清算协议"，但双方的起草人都盛赞这是"民主的成功"。[95]

虽然东德人完全有理由"昂起头，自信地迎接统一"，但他们乐观的期待只得到了部分满足。[96]从公民社会的角度看，统一过程本身就让人喜忧参半，因为公民运动在纲领和组织上过于碎片化，很快就失去了独立性，所以最后只得与各种西德伙伴进行合作。在安格拉·默克尔等活跃分子当中，务实的多数人或者成功加入政党，或者借机开启了职业生涯。不过，在诸如"新论坛"等团体中，也有少数人在坚持理想。他们对"壮丽革命"的结果非常失望，于是便从公众生活中再次抽身。芭尔贝·波利曾经愤愤地说："我们为正义而战，但换来的是法治。"所以，东德各州的改造最终反倒成了他人表演的舞台，包括集团政党的前成员、民主社会主义党内的后共产主义者，还有心存疑虑的西德"援建人员"。不出所料，面对过渡时期的种种困难，人们很快便失去了最初的乐观，而对未来的忧虑也再度袭上心头。[97]

虽然更多不同的组织应运而生，但由于西德的结构优势，东德利益很少有表达的机会。一方面，地方团体（如体育俱乐部）得以最终摆脱对工厂的依赖，甩掉诸如"火车头"之类社会主义特征明显的名称，恢复依靠自愿精神的老传统。另一方面，西德的政党、工会、慈善机构等大型组织逐渐东扩，试图建立一个覆盖全国的权力基础，达到各自的目的。尽管希望加入西德组织的东德职员会在联邦层面帮助其扩大影响，但现实是，他们往往处于少数地位，而且为了表达个人愿望，根本就无法摆脱这样的地位，更别提去达成自己的愿望。而另一方面，东德的独立组织已经所剩无几，其成员多散见于萎缩的后共产主义团体、政权受害者组织以及战争记忆协会，它们共同形成了一种两极分化的怀旧亚文化。大多数量化指标显示，由于制度化的这一弊端，东德人实际上的社会参与存在严重不足。[98]

其次，虽然东德经济已经崩溃，但公民参与公共事务的程度并未因此加深。过高的马克汇率（1∶1.5）无情地暴露了劳动密集型计划经济的生产力是如何低下，因为它根本就无法应付市场竞争与后工业过渡的双重挑战。托管局（Treuhandanstalt）推行的私有化太过以盈利为导向，导致原本就不景气的企业集团迅速解散，然后被实力较强的西德伙伴收购。所以到最后，东德经济中仅有一小部分在这次巨变中得以幸存。虽然来自西德的巨额财政转移最终修复了物质基础设施，缓和了转变所造成的社会后果，但在新生产活动上的投入仍显不足，所以失业率很快就飙升至总劳动力的约五分之一，令人大为震惊。尽管东德采取各种措施创造就业、为工人（尤其是女性）提供再培训，但移民西德的风潮还是再度兴起。因为新的中产阶级只能逐步得到巩固，所以能获得的投资资本极为有限，财产纠纷瘫痪了新的方案，公民倡议所需的经济前提充其量只能保持适度。[99]

因此，东德公共领域的觉醒虽然让人刮目相看，但最终还是陷入了新颖多彩与间接依赖的矛盾当中。诚然，平面媒体的信息内容，除了臭名昭著的《超级画报》以外，质量要比民主德国时期高很多，读者可以更轻松地关注政治事件。另外，更多的国际交流丰富了电视、电影的选择，而能够更自由地接触全球音乐文化产品则又促进了西化的过程。然而，激烈的竞争很快就导致东德新方案的频频失败，西德出版商迅速收购了多家报社，西德媒体主管很快就占领了改组后的电视与电台董事会。虽然具有鲜明地域特色的媒体市场确已形成，但许多东德知识分子（从达尼埃拉·达恩到汉斯-于尔根·米塞尔维茨）都为"文化殖民"感到痛惜，对没有机会发表不同意见表示愤慨。但另一方面，坚持长期融入新媒体文化、面向整个德国，恰恰是部分报刊（如《周刊》《柏林争论特刊》）的根本主张。[100]

由于东德的新倡议容易被西德的制度湮灭，所以新公民的主观意见也暴露出公民社会的某种弱点。对国家统一的各种反应，从解放的喜悦到对陌生制度的疑虑，再到社会主义的幻影，随着"统一危机"的加深，被蒙上了越来越重的阴影。虽然退休人员对养老金大体满意，但女性和青年对未来忧心忡忡。在各项调查中，超过半数的人自称是"统一的赢家"，但也有三分之一的受访者认为自己在这场大变局中一败涂地。"现实社会主义"留下了糟糕的回忆，激烈的变化又提出了很高的要求，在这双重影响下，人们普遍又退回到个人生活当中，回避所有形式的社交活动。多项调查表明，东德人和西德人优先考虑的分别是社会保障与个人自由，两者的区别相当明显。尽管多数人对统一持正面看法，却对东德的成就缺乏尊重。于是人们对民主制度的普遍怀疑加重了，而这也只能在统一之后，在个人交流的过程中，通过正向经验加以克服。[101]

乌托邦的失落

告别社会主义终究是无法避免的，因为统社党政权已经在东德有计划地摧毁了公民社会的基础。当政客称赞"公民担任名誉职务"、参与志愿工作和"自助"活动的时候，人们必然会表示怀疑。即便如此，还是得承认责任个体自由结合所产生的"社会资本"的确是民主政体的一大优点，因为它通过公开讨论促进了政治意愿的形成。[102]马克思主义乌托邦尽管也诉诸人文传统，但主要还是靠无产阶级的集体主义来实现未来的正义：这表现在它对先锋党干部的列宁式训练上，也表现在官僚与警察的斯大林式压迫上。在西德，公民社会的冲突给人们提供了民主操练的机会；而在东德，中产阶级的毁灭、公共领域的受控和意识形态的禁锢，要求人们无时不刻地服从于独裁政权。只有反对派"公民英勇抵抗的经验"才能挣脱这副枷锁,在1989年的夏天实现公民社会的自我解放。[103]

由于公开批评遭到压制,20世纪60年代中期,社会主义模式的弱化开始逐渐加剧。毫无疑问,德国共产党有能力克服最初的那些困难,比如苏联的占领、经济掠夺、与社民党合并后低落的民望、对其反抗记录的过度强调、自以为成功的战后重建。不过,从长远看,正是过度程式化让反法西斯政策失去了可信度。与此同时,针对青年摇滚以及文学实验的审查措施,则让人对统社党的小资产阶级庸俗化产生了厌恶。然而,让这种意识形态失去正义光环的,主要还是对1953年工人反抗的军事镇压和对此后发生在匈牙利、波兰、捷克斯洛伐克的民主运动的压制,因为武力的使用彻底暴露了共产主义作为少数独裁的本质。最后,在与西德消费社会的物质竞争中,东德明显处于劣势,这也使多数人对社会主义的承诺产生了质疑。结果,越来越多的东德人感觉变成了"祖国的异乡人",于是,他们和统社党的体制也就渐行渐远。[104]

公民社会在社会主义的崩溃中发挥了关键作用,因为它既设定了规范的目标,同时也推荐了变革的实际方法。第一,异议团体积极争取民权、公开发表批评意见、创建集体行动的网络,它们的兴起为从内部瓦解统社党独裁政权铺平了道路。第二,反对力量的意外出现加速了游行示威权的恢复、多元公共领域的重建、非主流思想的传播,而三者又合力打破了统社党对政治的垄断。第三,公民的意外动员迫使统社党不得不更换领导人,就必要的改革展开辩论,并同意在圆桌会议上进行分权。然后,这些措施再通过举办自由选举,将体制改造导入一个非暴力的渠道。但不幸的是,在此后的巩固阶段中,和成熟的西德公民社会的制度相比,东德提出的新方案总是相形见绌,因为西德不但具备经济优势,而且还有一部行之有效的《基本法》。所以到最后,新加入各州的社会动员再次出现急剧下滑。[105]

因为期待目标不同,观察家们对东德后社会主义公民文化的特性也众说纷纭。有个西德医生的妻子明确说,"东德佬"粗俗、土气,让她很失望。对这种老掉牙的说法,我们尽可视之为后殖民的夸大之词,一笑置之。[106]但也有严肃的社会学家认为,在核心价值上,例如政治参与方面,"东德必须更努力地向西德靠拢,而不是反过来"。从中产阶级的角度看,"东德精英阶层的改造和东德经济、文化、社会的转变表现为一个资产阶级化的过程",尽管社会主义价值取向尤其在工人阶级内部仍未完全消失。[107]由于社会主义社会化的影响,出现了一种特殊形式的东德人身份。对此,西德批评家往往表示惋惜,但其实,它也可能产生反作用,变成"利益聚合的工具",从而缓和进入异质竞争世界的过渡过程。如果能这么看,东德人的自我意志与自我组织就会显得更为正面,说明在统一的德国社会冲突中,坚持己见还是很有必要的。[108]

因此,德意志民主共和国对社会主义淡去的回忆有了一种截然矛盾的性质。统社党政权昔日的拥护者和一些左派知识分子仍然沉浸在乌托邦的失落中。那种理想虽然强调解放欲望,却忽视了如何践行"现实社会主义"。相比之下,前斯塔西的受害者却只记得这个"非法治国家"的严重压迫问题,希望在德国第二个独裁政权下所受的苦难得到更好的赔偿。在这两个极端之间,多数东德人生出某种怀旧情绪,部分因为"统一危机"导致的失望,他们经常把对物质产品的占有当作唤回昔日生活的一种方式。[109]所以作家君特·德·布鲁云警告说,不该让民主觉醒的戏剧性时刻被人遗忘,"因为假如不[坦然面对]过去,我们看到的将只是它的幻影,其后果将不堪设想"。尽管只是整个东欧运动的局部,但在德国,共产主义的覆灭却是民主成功的少数例子之一。虽然有利的国际局势肯定有所帮助,但是,这一自我解放的行为势必对崛起中的公民社会起到示范作用。[110]

第八章
寻求常态

  1989年的冬天，"啄木鸟们"叮叮当当地敲打着柏林墙，这表明柏林的物理屏障正在消除，德国的分裂状态也将随之结束。数百人拿着起子、凿子和铁镐，冒着严寒，不断捶打着混凝土墙，希望亲手拆除东西德之间那道可恨的壁垒。精明的小贩向游客出租工具，好让他们带走一块墙砖作为纪念。而在东德一侧，边防警察却在试图阻止人们破坏"反法西斯防护墙"，尽管此举已是徒劳。很快，墙上就凿出一个个洞，令人惊讶的景象映入眼帘，尽管当时钢架尚未拆除，人们还不能偷越国境。最后，当局动用几十辆推土机和工程起重机，才终于推倒这道长约100英里、设有190座岗楼的屏障，其程度十分彻底，以至于十五年后连一丝痕迹都没留下。[1]柏林墙是国家分裂的可恨象征，它的强行拆除和"冷战"、压迫的结束，反映了人们渴望回归常态的强烈愿望，是完全可以理解的，尽管多数人并不清楚，双方关系破裂五十年以后，所谓"常态"究竟是指什么。

实际上，在征服这个战败的帝国以后，就连同盟国也不知该如何定义"德意志"。考虑到此前领土分裂的状况和俾斯麦式民族国家的侵略性，它们计划将德国分为若干个德语国家，以此首先满足自身的安全需要。于是，在波茨坦会议上，各方就解除希特勒的"吞并成果"达成了普遍共识——决定恢复奥地利的独立地位，将苏台德地区归还给捷克斯洛伐克，将阿尔萨斯-洛林地区归还给法国，将东普鲁士的大部分地区划归苏联，并将剩余的领土（波美拉尼亚、西里西亚）暂时割让给波兰。不过，在经济上，德国仍然被视为单一的整体，因为这有利于征收战争赔款。[2]然而，尽管所有大国都聚集在残破的柏林，但四个独立占领区的建立在加强离心的趋势，因为每个战胜国都在根据各自的优先顺序，在各自的领土上执行集体的决议。最后，由于"冷战"已成定局，盟国管制理事会内部的合作关系便突然中断，德国也随之分裂为两个意识形态上敌对的继承国，而这也逐渐成为新的常态。

因此，在战后时期，人们对"正常化"的渴望便具有了十分不同的意义。在第三帝国实施大规模屠杀以后，这个概念主要是指寻求免于经济危机、战争与被占领的正常生活。而在20世纪70年代实行"东方政策"时期，它是指在东西德之间建立正常关系，努力"从可控的邻国关系发展为共存关系"，换句话说，也就是接受分裂的事实。[3]而在共产主义破产以后，这一概念再次发生变化。现在，它是指利用机会结束德国的分裂状态，恢复其在欧洲的正常民族国家地位："在历经漫长的旅程之后，这个国家终于回归了自我。"新保守派的理论家甚至更进一步，旗帜鲜明地提倡"再民族化"，希望这不仅能处理好历史遗留问题，而且能让德国在世界舞台上扮演更为自信的角色，进而改变现状。在此前的四十年里，德国在改造文明方面取得了来之不易的进步。为保护这一成果，左派批评家（如于尔根·哈贝马斯）便将这些正常化的努力统称为"联邦共和国的第二个弥天大谎［Lebenslüge］"。[4]

民族国家的回归在"常态"观念上引发了诸多变化，但迄今为止，有关统一史的研究都只是粗略带过。虽然各种文献汇编和分析研究已经完整重构出当时国内政治冲突的来龙去脉、外交事务上的决策过程，但基本忽略了其文化层面。[5]而温和派学者撰写的综论，尽管视野较为开阔，却往往只满足于陈述阿登纳融入西方的策略、勃兰特东德政策的成功经验。他们认为，这两者最终在欧洲框架内重建了一个后古典时代的民族国家。[6]不过，科学史家米切尔·阿什却批评了这一正常化论述，认为它是在为西德现代化、制度转移和东德的转型做辩护；他建议使用"一套更中立的词汇，以重建与革新为核心"。由于知识分子经常嘲笑"常态"是"原极权主义"，所以现在我们需要对想要再次成为"正常民族"的这一愿望及其隐含的意义进行更仔细的差异化分析。[7]

正常化是个很晦涩的概念。实际上，在相关辩论的背后隐藏着一个很难回答的问题，涉及民族国家与公民社会的关系。因为在奥斯威辛发生过惨剧，所以许多知识分子（如君特·格拉斯）认为两者水火不容，因此，对德国作为一个"文化之邦"继续存在并无异议。[8]不过，也有评论者（如神学家里夏德·施罗德）想要努力调和民族国家的结构与民主的公民社会，希望德国能够向欧洲的主流靠拢。[9]而要打破这些范式之间的对峙，就只能反思历史，将政治与社会秩序的蓝图作为可塑的概念加以分析，而非拘泥于一成不变的国民性范畴。一旦从这个角度切入问题，那么，这个所谓常态的观念就会提出若干新的问题，包括两德统一的原因、过程和影响：20世纪80年代的常态化政策是对分裂事实的一种默认吗？统一的基础在1989年以前就已奠定？在努力实现统一的过程中，哪些内部常态与外部常态的观念发生了冲突？东德各州的加入是否代表德国正在向民族国家回归？又或者，它是否危及了联邦共和国的文明化成果？

接受分裂

东西德建国以后,每过一个十年,德国人就越发习惯于国家分裂的非正常常态。无论是向西德传播社会主义,还是在东德压制共产主义,都未能破坏稳定的现状,相反,倒是造成了一场僵局。虽然勃兰特-谢尔政府对此进行了重新定义,并优雅地称之为"一国两治",但其实,这场僵局制造了层出不穷的矛盾。[10]为求自保,统社党政权坚决要求在内部进行严格划分(Abgrenzung),以此抵御西德的影响,并争取让国际社会尽快承认其主权地位。而同时,位于波恩的社民党-自民党联合政府则强调,虽然双方存在隔阂,但仍需保持联系,并由此构想出一套名为"接触推动改变"的策略。20世纪80年代,超级大国之间曾发生第二次"冷战",彼此关系一度颇为紧张。东西德对继续缓解这一关系都有兴趣,所以双方很快便达成妥协,承诺向公民(尤其是东德公民)提供"人道主义援助"。[11]可是,从长远看,向统社党让步究竟会加深双方的隔阂,还是有助于消除隔阂呢?

虽然西德政府坚持政治统一的长期目标,但其德国政策以短期内"实现两德关系正常化"为重点。实际上,1970年签署的《莫斯科条约》附有一封"德国统一书",其中便确定了这项目标,即"保障欧洲和平……让德国人在自由、自决的前提下再度实现统一"。而1973年联邦宪法法院的决议则重申了《基本法》规定的统一要求,尽管在部分质疑者看来,这一法律立场越来越跟不上时代。同样,每年6月17日发表的演说中也照例会回顾"东部兄弟姐妹们发动的人民起义",尽管这一天正在逐渐成为初夏时节全家出游的假日。[12]最后,在年度"国情报告"中,内阁也会对两德关系的现状进行评估,而这往往会在议会引发激烈的讨论。不过,虽说如此,与东柏林的谈判实际上主要还是集中于签订一系列的共同协议,如放宽两德之间的旅行限制、提供经济援助,这些协议至少在初期壮大了统社党的力量。[13]

到了20世纪80年代初，为突破这一困境，越来越多的知识分子开始公开呼吁放弃国家统一的目标。在君特·格拉斯等批评者看来，分裂就像是对纳粹罪行的应有惩罚，是一项再也无法撤销的裁决。而其他评论者（如彼得·本德尔）则认为"自由比统一更重要"，提倡将德国问题欧洲化，以此争取更多的回旋余地。因而，基于"多数公民已坦然接受德国分裂"的印象，波恩政府驻东柏林的常驻代表君特·高斯，便呼吁"将民族与国家两个概念脱钩"。如果谁想"在德国实行和平政策"，那他就必须承认，"在可预见的未来……将不会有统一的可能"。然而，温和派观察家（如赫曼·鲁道夫）却不认同这一判断。他们认为，"无论如何也不该放弃德国人都是一家人、也想成为一家人"的信念。[14]可是，由于民调显示统一的希望正在迅速消失，所以越来越多的评论家也开始赞成接受两个德国的事实。

不出所料，东德领导人非常乐见这一发展动向，因为它有助于推行其主张的东西分治政策。在1953年6月17日的重创过后，东德政权的决策仍然为"人民的恐惧"所驱动，尽管在"社会主义意识形态崩溃"以后，人民的忠诚度已经显著下降。为应对波恩政府东德政策的潜在破坏力，统社党专门设计了一套复杂的内部禁令制度，旨在杜绝党员和其他权威人物与西德的接触，将出访非社会主义国家的旅行特权限定在少数经过严格审核的忠诚支持者中。随着波兰独立工会运动——统社党称之为"波兰病毒"——的不断扩散，东德政权感受到更大的压力，于是不得不中断过境交通。与此同时，统社党还在努力通过文化交流和体育赛事争取更大的国际认同。为进一步巩固两德并立的现状，昂纳克在格拉发表的一次纲领性演说中要求将常驻代表制度改为常规的大使馆，承认民主德国国籍，在易北河沿岸设置边境管理，更严格地遵守过境协议。[15]

20世纪80年代初，出于经济凋敝等原因，统社党终于被迫向联邦德国做出让步。昂纳克极力标榜"社会与经济政策的统一性"，希望以此创造一种独特的消费经济。然而，这个设想却远远超出了民主德国的经济资源。与此同时，石油与苏联进口原材料的减产和涨价，也严重影响了轻精炼化工产品的出口，而这又恰恰是西德赚取外汇的主要手段。对此，统社党立即做出反应，包括提高非社会主义国家游客兑换外币的最低限额、高速公路的过境费、释放在押异议分子的赎金——这些措施都进一步激怒了它的西德伙伴。由于东德从西德的进口量超过其出口量，所以双边贸易需要巨大的信贷金额。1981年，总理赫尔穆特·施密特出访胡贝图斯托克。虽然《新德意志报》将裁军政策作为报道重点，但其实，此行的目的更多是要改善双方的经济关系，因为许多东德人认为"维持生活水平"才是主要问题。人们都希望，"由两国间各项条约和协议构建的网络"能够恢复"一点常态"。[16]

虽然对偷渡客而言，边境仍然是龙潭虎穴，但旅行限制的放宽却让它不再那么难以穿越，那么令人畏惧。以1979年为例，共约有310万人次从西柏林进入东柏林，360万人次从西德进入民主德国。同样，在1982年一年里，约有155万退休老人、4.6万名其他东德公民前往西德探亲。而同时，随着高速公路和列车换乘的逐步改善，出入西柏林的过境客流量也上升至1 950万人次。然而，尽管双方的行为"看似再正常不过"，但这些接触经常导致十分尴尬的局面，因为西德游客的"金主态度"总是在无意间加重了东德主人的自卑感。同样，到过西德的退休老人也爱把那里夸张地描绘成"流着奶与蜜的地方"、购物和旅游的天堂。[17]几十年的分隔自然会造成各种误会，即便如此，这样的接触和南北朝鲜完全隔绝的状态相比，还是维系了某种同胞亲情。

1982年秋天，赫尔穆特·科尔与汉斯-迪特里希·根舍组建了一个较为保守的内阁，但是，政权过渡并未对两德关系造成太大影响。在基社联盟的施压下，西德官方在措辞上开始强硬起来，特别强调统一的法律授权，痛批射杀偷渡客的命令，并要求双方做出更大让步。但其实，新政府正在努力遵守上届政府订立的各项协议，避免危及东德公民的"人口收益"。所以说，它和社民党的不同更多是在理念而非实践上。事实证明，前任政府更愿意放弃"回归到过去的统一形式"，而科尔却在国情报告中声称："我们无法接受我们的同胞被剥夺民族自决的权利。"[18]统社党虽然大力支持西德的和平运动，但因国内经济形势恶化，所以仍然决定坚持一贯的"务实立场"。最能体现德国政策连续性的一个例子，要算十亿德国马克贷款的发放——这项贷款甚至都看不到明显的"回报"。其背后的推手不是别人，而正是大名鼎鼎的弗兰茨·约瑟夫·施特劳斯。[19]

尽管两德关系日益深化，联邦共和国的自我认同却在 20 世纪 80 年代得到了加强：它已经从一条权宜之计发展为永久性的解决方案。由于双方在体育赛事、电视新闻和旅游指南上的长期隔阂，所以每当提到"德国"的时候，记者指的往往都只是西德。在许多游客看来，民主德国就像是他们的邻邦——固然还存在某些联系，却因为它的共产主义属性而显得相当陌生。1979 年的时候，在西德成年人当中，有 78% 的人认为国家必须统一，而持相同意见的年轻人却只有 59%。另外，64% 的受访者相信，德国统一的机会十分渺茫。因为人们很快就会对关于民族历史的争论失去兴趣，所以西德还专门建造了一座"波恩历史博物馆"，用以纪念其辉煌的历史。不过，虽然学界在努力"让德国的话题保持新鲜"，效果却"不容乐观"；保守派大学生虽然呼吁实现"国家统一"，但腔调越来越落伍。[20]

与此同时，在东德，另一种身份认同也在慢慢形成。不过，这感觉和统社党"建设社会主义国家"的口号却未必完全对应。理论上，1974 年颁布的宪法已不再将政治体制建立在阶级友爱的基础上："民主德国是一个工农联盟的社会主义国家。"可是，无论官方宣传多么排斥统一，多么坚持两国分治的论述，民族问题还是悬而未决，因为多数人仍然自认是"德国人"。20世纪80年代，统社党将目光转向"遗产与传统"，试图将国家建立在地域史这一更为广泛的基础上，承认除工人运动中的英雄以外，还有文化人物的存在。[21]于是，某种被称为"集体情感"的东西便开始慢慢凝聚。这其中既有共同的苦难回忆，又有一份对东德物质与体育成就的自豪，可谓五味杂陈，相当矛盾。即便如此，总体上，闭目塞听的东德人还是比放眼世界的西德人更执着于自己的德国人身份。[22]

由于统一进程停滞不前，所以到了20世纪80年代中期，西德内部各主要政党间达成的长期共识开始瓦解。以绿党为例，它优先考虑的是"和平问题"而非统一，有时，甚至还开始幻想在此问题上保持中立。同样，社民党内的重要思想家，如埃贡·巴尔、于尔根·施穆德，也建议关闭驻萨尔茨吉特的办事处（为记录东德违反人权情况而设立），正式承认民主德国国籍。为了和民族修正主义划清界限，社民党在一份意见书中明确表示，"民族团结不等于国家统一"。[23]相比之下，用总理顾问霍斯特·特尔切克的话说，基民盟坚持认为"德国问题必须保持公开"，而基社联盟则对统社党侵犯人权的行为加大了批判力度，并要求它放宽东德人移居西德的相关政策。同样，苏联问题专家沃尔夫冈·莱昂哈德指出，依靠异议分子，仍有可能在东部的封闭环境中引发"巨变"；法学家鲁佩特·肖尔茨则认为："通过民族国家实现统一的道路并未被封锁。"[24]尽管统社党与社民党就"安全伙伴关系"的问题进行过多次直接对话，但多数社民党员已经开始对统一的命令产生质疑。[25]

1987年，在苏联领导人的首肯下，昂纳克的波恩之旅终于尘埃落定。这次期待已久的国事访问凸显了两德关系正常化的根本悖论。统社党认为此举等于证实了"德国分裂的事实"，但总理科尔从中看到了双方"维护统一的决心"。各项必要的外交礼仪，如东德国歌、绘有锤子和圆规图案的东德国旗，表明西德已部分承认民主德国的主权地位。但是，总统里夏德·冯·魏茨泽克将昂纳克当作"自家人"来欢迎，则又显示两国关系依然十分紧密。[26]无怪乎在发表的联合公报中，双方都宣称将会放宽旅行条例，加强青年交流、城市合作与学术往来，"进一步发展睦邻友好关系"。凡此种种，说明尽管社会制度不同，但两国都有"保卫和平"的意愿。从各种彼此矛盾的解读来看，这必然是"一次未竟之旅"，因为它只是加强了两国的相互联系，却未能消除依然真实存在的对立。所以，这以后波恩与东柏林仍然保持着"分而不裂"的状态。[27]

然而，东西德的和解却也引起了邻国几乎无法掩饰的紧张，因为这似乎足以挑战战后秩序的稳定性。昂纳克说"资本主义和社会主义水火不容"固然很有道理，但科尔所谓"德国政策的突破"也不是完全错误。在"欧洲大家庭"中，只要两德之间的那堵墙不塌，紧张关系的某种缓和还是受欢迎的——就连新上任的苏联领导人戈尔巴乔夫也这么认为。不过，如此一来，苏联的所有卫星国就不免开始担心，生怕东西德将要实现统一。同样，西欧的政客也无数次对德国统一表示支持，但他们之所以这么做，是因为深信自己根本无须信守承诺。[28]然而，在两德关系缓和上各方的意见高度一致，这毕竟预示了未来的发展动向。所以，美国总统罗纳德·里根才会宣布："我们希望推倒柏林墙，这样，柏林城的四个部分就能合一……这能变成现实。"此外，东德异议分子（如瓦茨拉夫·哈维尔）也都拥护两德统一，把这看作欧洲恢复和平的一项前提条件。[29]

虽然取得了部分成功，但因为关于长远未来的问题仍然悬而未决，所以仅仅"对分裂后果进行管控"还不能尽如人意。当然，你在等候室里就能敲定统一协议，即使由于东德出口疲软，两德贸易开始出现萎缩。同样，也可以把东西德之间多达一千万人次的年客流量视为"德国人创造的小奇迹",因为它大大增加了人际交往的数量。[30]然而,在"寻求[新的]统一形式"的过程中,始终不变的仍是"一种新型爱国主义"。而左派和绿党领袖约施卡·菲舍尔则认为,不应该"把分裂理解为诅咒",相反,应该努力发展各种非官方合作形式。为达成这一目标,社民党和统社党还专门共同发表了一份和平政策白皮书,提倡在民主社会主义与专制社会主义之间展开意识形态的竞争,从而促进双方关系的缓和。一方面,有批评者(如社民党元老埃贡·巴尔)指责"基民盟在统一问题上言行不一";另一方面,观察家们(如汉斯-奥托·布罗伊蒂加姆)声称"德国人的凝聚力已经比以前更强大"。[31]

所以到最后,没有一个政党完全掌握结束国家分裂的好办法,因为谁也不想破坏来之不易的两德关系正常化。基民盟虽然希望"终止非自然"的分离状态,却没能找到切实的对策,以至于党内自由派断言"统一不可能马上实现"。基社联盟虽然始终坚持反共立场,高调地宣泄着愤怒,但也仅止于制造无谓的对抗。自民党在根舍的领导下,积极推动与《赫尔辛基宣言》相关的进一步裁军,却无意改变战后秩序。[32]相比之下,倒是社民党发明了一个很实用的概念——"密切关系、促进转变"。不过,因为过度寄希望于和统社党的合作,所以他们终究还是迷失了统一的最终目标。同样,东德领导人也深陷于一种两难的境地:他们既希望与西德"保持良好关系",但同时又对它"怀着绵绵的旧恨"。这其中,只有绿党和正在崛起的东德反对派建立了比较密切的关系;不过,他们也只是想改造社会主义,而不是努力促成统一。[33]

选择统一

1989年的夏天,东欧爆发民主觉醒运动。这场运动对欧陆分裂的常态构成了根本性挑战,同时也动摇了两德分治的现状。不过,在戈尔巴乔夫和老布什的共同努力下，国际局势渐趋缓和，双方的态度也有所软化，核裁军甚至于铁幕的撤除不再是纸上谈兵，而这也是几十年来破天荒第一次。苏联容许波兰独立组织"团结工会"的存在，匈牙利出现了纪念1956年起义的社会运动。种种迹象表明，勃涅日列夫的那一套实际上已被废除。这当然是非常急剧的变化；对苏联的卫星国来说，这意味着它们将有更多的自由来推进内部改革。最后，波恩政府的东德政策也让苏联集团有了足够的信心，不再像过去那样担心德国的报复。在戈尔巴乔夫访问波恩期间，两国领导人讨论了上述的发展动向。这些动向给统一议题注入了新的生命，让"在'政治现实'的阴影之下沉睡已久的"问题再次浮出水面。那么，对于新的契机，德国及其邻国又是如何反应的呢？[34]

最开始的反应是一场激烈的争论。这场争论暴露了每个人对于国家分裂的不同适应程度。这一年的6月，一名西德政府发言人预言"1990年以后昂纳克将留任"，而统社党主席则希望双方的"睦邻友好关系"能够继续发展。"青年社会主义者"也提倡开展"跨国合作"，而不是追求虚无缥缈的国家统一。左派知识分子（如格哈德·茨韦伦茨）批评"统一"是个"空洞又充满民族主义色彩的字眼，连《基本法》当中都找不到"。[35]不过，越来越多的评论者（包括剧作家罗尔夫·霍赫胡特）相信"统一的钟声已经敲响"，并根据苏联的改革情况预言"柏林墙将会倒塌"（如基民盟的奥特弗里德·亨尼希）。而外国观察家，如法国历史学家约瑟夫·罗旺、意大利前驻德大使路易吉·费拉里斯，也开始思考"结束1945年以来的分裂状态、实现欧陆统一的可能性"。虽然联邦德国并未推行"去稳定化政策"，但这些意见分歧表明"人们又在讨论德国问题了"。[36]

东德的移民潮表明稳定的局面已经结束。德国政策的未来在哪里？波恩政府为此一筹莫展。而同时，东德人移民海外的强烈愿望也让"渐进政策"陷入危机。这是因为出于人道主义的正常经济援助已不再能够掌控问题的发展动向。那么，即使在这种情况下，实际政策是否应该"一如既往"，延续和统社党的稳定合作？又或者，移民潮反映了"普遍存在的不满"，政策改革已经箭在弦上，让东德人民主自决已是大势所趋?[37]对此，左翼政客（如格哈德·施罗德）的态度一如既往，认为统一"并不是恰当的说法"，而保守人士（如新闻业者弗里德里希·卡尔·弗罗梅）则要求政府制定积极的统一政策。在经过多次讨论以后，总理科尔与反对派领袖汉斯-约申·福格尔最终达成共识，表示"只要［东德］推行政经改革，我们很愿意开展全方位的合作"。由于低估了东德反对派的力量，起初，西德政客只是尽力巩固已经实行很久的东德政策，此外并无任何动作。[38]

但最终，"东柏林的剧变"迫使西德必须重新审视各种选项，而分裂的常态也因此被彻底打破。一方面，莱比锡的示威游行迅速发展、扩散，对坚守人权价值提出了更高的要求；一方面，昂纳克的倒台说明，在思想僵化的统社党领导层中，一场代际的权力交接终于得以实现。然而，真正决定性的事件还得数11月9日当天柏林墙的开放，因为它在一个分裂的城市里启动了从下而上的自发性统一进程："柏林人是在庆祝团圆啊。"媒体报道这样写道。与此同时，波恩政府也对民主觉醒运动予以支持。它呼吁东德推动改革，增加与新兴反对团体的接触，要求"在民主德国实行自由选举"，并以此作为提供"全方位经济援助"的前提条件。[39]当然，即便如此，统社党仍坚称统一"并未提到日程上来"，有些反对者甚至还号召采取一致行动"抵制统一"。不过，在国际评论当中，"统一这头沉睡的母狮"倒是已经昂起头来，西德人也开始认为政治统一非但必要，而且突然变得可行。[40]

同年11月下旬，赫尔穆特·科尔终于迈出了关键一步，宣称统一将成为其"十点计划"中"日常有效政策"的目标。实际上，科尔之所以有此想法，是因为他误读了苏联外交官尼古拉·博图加洛夫的暗示。尽管如此，霍斯特·特尔切克还是认为，只要科尔能给出一个大胆的方案，他就能夺回舆论的主导权。"十点计划"的起草工作是在总理府内部秘密进行的，为避免削弱计划的力度，其间并未征求外长根舍的意见，也没有和西方盟国进行协商。[41]表面上看，这项计划只是此前政策的演变，因为除了紧急援助以外，它一开始就声明将会延续"和民主德国的合作关系"。不过，在此基础上，它也有所延伸：从此，扩大援助有了新的前提条件，即"民主德国必须在政治、经济制度上厉行改革，且一经实施不得撤销"。更令人震惊的是，该计划还参考了汉斯·莫德罗有关建立"协议同盟"的提议。莫德罗认为，如果把奠定"联邦国家秩序"作为明确目标，并"在两德之间建立联邦体制"，就能扩大协议同盟的规模。虽然"十点计划"在结尾处也提到了欧洲一体化、欧洲安全与合作会议，但只有莫德罗的提议真正启动了统一进程。[42]

果不其然，对于这项意外的方案，各方的反应截然不同。保守派人士相信"我们已经赢得统一"，所以听完后全都欢欣鼓舞。实际上，就连社民党也对此表示赞同。这主要是因为老辈政治家维利·勃兰特坚信"血毕竟浓于水"，尽管萨尔州的民粹派政客奥斯卡·拉方丹仍然持怀疑态度。相比之下，绿党则认为"没有任何理由偏离既定立场"。对于这"来自奥格斯海姆的无理傲慢"，西德的知识分子予以了猛烈抨击。柏林的左派分子更是通过游行示威"一致反对科尔的殖民地"。[43]同样，对于科尔的擅自举动，各盟国与邻国也都意兴阑珊。因为德国没有事先和它们商量，让它们感觉受到了轻视，所以也就对此持很大的保留意见。事实证明，最认可这项计划的人是美国总统乔治·布什。不过，他还是提了一个条件，即德国不得脱离"北约"。相形之下，对于德国实力的潜在增长，法国总统密特朗的感情很矛盾，英国首相撒切尔夫人则干脆否定了统一的选项。然而，对该计划最感到不安的还数戈尔巴乔夫。他固然赞成缓和两德关系，但并不同意双方实现统一。因此，他把根舍狠狠训斥了一顿，言辞间充满各种暗示。这让人不禁想起大约五十年前希特勒对苏联的不宣而战。[44]

而在东德，人们再次对统一公开表示支持，并敦促犹疑的政客立即采取进一步行动。同年11月下旬，在莱比锡的周一示威游行中，群众的口号已经开始从"我们是人民"变成"我们是一家"，甚至还有人高呼"德意志，统一的祖国"。信奉社会主义的知识分子仍然希望走独立的"第三条道路"，对民主德国进行内部改造，而越来越多的反对团体则开始要求实现彻底的统一。[45]其成员多来自宗教界保守派的民主觉醒党——率先呼吁恢复国家统一；东德社民党提议"在欧洲大家庭中建立一个民主、不结盟的德国"；民权团体"民主进行时"希望两德切实推动政治与社会改革，并为逐步实现"双向融合"专门制订了一项计划。1989年圣诞前夕，科尔一行访问德累斯顿，沿途受到大批市民的热烈欢迎。他们挥舞着黑、红、金三色旗，亲切地呼喊着科尔的名字——"赫尔穆特，赫尔穆特"，而多数人则保持沉默。这表明，分裂状态不可能再持续下去。科尔本人也意识到："这个政权已经完了。统一指日可待！"由于一切都已水到渠成，所以波恩政府便决定不再承认东德政权，转而大力推动统一进程。[46]

随着"底层人民对统一"的呼声日渐高涨，国内和各国之间爆发了一场有关德意志民族国家合法性的激辩。许多外国评论家（如《纽约时报》编辑部）担心"这个发展势头已无法避免，"尽管"很少有人乐见其成"。然而，多数民主派观察家则认为，"两德统一将会是民主德国摆脱经济、社会、政治和道德危机的唯一出路"。[47]实际上，这两种反应都带有明显的主观情绪，因为德意志民族国家的回归同时触犯了两大禁忌：第一，欧洲的整个战后秩序本来就建立在德国分裂的事实之上；第二，德国知识分子的身份认同是以一种"后殖民"的自我认知为基础的，而它本身又长期受到纳粹大屠杀的影响。[48]所以最后，到了1989年的冬天，两国的总理府和各派评论家都开始在传统模式里急切地寻求答案，希望既能适当顺应盼望国家统一的民意，又能防止1945年以前那个民族主义国家死灰复燃。在此过程中，各种关于常态的观念，无论是积极的还是消极的，都扮演了关键角色。同样，各派高喊的口号针锋相对，也都决定了各自推荐的模式。

另一方面，统一的反对者因为担心出现"第四帝国"，所以坚决支持两德继续保持分裂；他们认为，多个政权并存才是德国历史的常态。而关于"反统一"的准历史论述也的确五花八门：德意志民族国家本身就是反道德的，因为奥斯威辛已经让德国人名誉扫地；这是反犹之举，因为种族主义并未销声匿迹；"反动、有倾略性"，因为它建立在1937年划定的疆界之上；"完全不可能"，因为这样就必须吞并民主德国；"这简直是痴人说梦"，因为东德的生活水平不可能很快就赶上西德。[49]实际上，正是这种消极又过于简单化的记忆塑造了人们的感情，尤其是那些遭受过纳粹迫害的人。他们分布在以色列、美国、苏联和波兰，他们是政治和种族压迫的受害者，他们的苦难和"德国"这个名字始终紧密相连。但讽刺的是，德国的知识分子（如君特·格拉斯）事后也陷入了一种反法西斯的情绪，希望能够避免重蹈第三帝国的覆辙，所以始终无法抛弃固有的疑虑。[50]不过，从长远看，这种排斥的态度其实并无任何理据，因为它忽略了1945年以后在德国发生的那些根本性变化。

再就是社会主义改良派。他们追求的是"第三条道路"，所以相对来说更赞成"协议同盟"的理念，因为这样才有可能"在联邦德国实现社会主义"。总理办公室负责制订这项方案，并草拟了一份详尽的初稿，其前提是维护民主德国的独立地位，并通过密切经济和文化等各个领域的联系，令其逐渐发展为一种双重国家。"建立一个属于自己的团结社会"，这正是东德努力的目标。该方案的主要支持者不仅有前统社党（即重组后的民主社会主义党）党员，同时也包括"圆桌会议"公民运动的参与者、西德的激进分子——后者拒绝不战而降，拒绝放弃实现社会主义民主化的计划。[51]起初，戈尔巴乔夫也希望通过内部改革让民主德国焕发生机，而部分西德知识分子与工团主义者则更倾向于继续打造一个"更好的德国"，而非缔造一个统一的德国。然而，从长远看，"现实社会主义"已经宣告失败，东德人民又急切盼望统一，所以建立一个松散的协议同盟，即自行改革的东德和必须向它提供资助的富裕的西德，便彻底化为了泡影。[52]

相比之下，"邦联"更像一个折中方案，一条迈向统一的渐进之路，因为它既能满足人们对统一的渴望，又不会立即取消民主德国的独立地位。在很多方面，这个方案都让人回想起 19 世纪的"德意志同盟"，因为它总是试图让不可调和的各方彼此包容，在倡导集体精神的同时允许各方维护自身的主权。实际上，早在 20 世纪 50 年代，统社党就提出过同样的建议，目的是要避免"自由选举"，并在两德融合期间，以法律平等为原则，将"社会主义的成就"写入法典。"邦联"的鼓吹者主要来自民主社会主义党、社民党左翼和绿党。他们都勉强能接受统一，但又不希望看到东西德完全融合。[53]同样，若干邻国也在该方案中发现了这一尚能容忍的弊端。然而，统社党的腐败被曝光以后，莫德罗已经声名狼藉，再加上他进一步支持斯塔西，而东德又面临国家破产，所以双重国家论终究还是被废弃了。在经过多轮激辩以后，即使苏联政府都意识到统一已是"大势所趋"，所以便于次年 2 月，在莫斯科与莫德罗、科尔接连召开新闻发布会，公开表示将在这一问题上做出让步。[54]

与此同时，支持统一者呼吁根据《基本法》，并参照 1956 年萨尔区回归的先例，要求东德"加盟"联邦共和国。实现有序过渡通常有两条途径：一、根据宪法第 146 条的规定，召开联合制宪会议；二、根据宪法第 23 条的规定，迅速合并东部各州，以免"夜长梦多"。关于这一"指定进程"，支持者提供了诸多论据，其中包括民主化的成就、《基本法》的信誉（"最和平也最自由的政治秩序"）、与欧洲大家庭的融合度、西方的联盟体系。现在，德国的领土虽然缩小了，但其边界是国际公认的，而在国际社会中，它也已经不再是个异类。加盟方案的支持者主要是各执政党以及社民党、协助维护两德团结的新教教会、人数持续增加的多数东德公民。[55]同样重要的还有来自美国政府和中东欧异议分子的持续声援，因为他们的鼓励确实减少了外部阻力。然而，这一替代方案的核心问题却不在此；其首要目标还是在部分有争议的问题上表明自身的立场，如是否承认东德与波兰划分的边界，以及是否要保留"北约"会员身份。[56]

相比之下，最后一种方案——创造"欧洲和平秩序"——更强调德国统一与欧洲一体化的相互依存关系。根舍外长着重指出，新的德国应该充分融入欧洲大家庭，应该"充分尊重各项现行条约""不侵犯他国边境""建立合作安全框架"，以此获得周边国家的认可。不过，科尔总理同样也坚称，德国应该"不折不扣地承担起身为欧洲一分子的职责"。他认为，国家统一和欧洲一体化"并不矛盾，相反，它们是《基本法》里两条可以互补的指令"。此外，社民党、绿党、东德民权分子中质疑统一的人也都支持这一立场。[57]当然，欧洲化在邻国同样很受欢迎，因为它让仍然犹豫不决的密特朗在某种条件下接受了必然的趋势，为中东欧回归西方开启了大门。尽管如此，有了这个替代方案，是否就必须废除民族国家、必须在"欧安会"内部保持中立，德国是否必须加入欧盟，这些问题都还存在很大争议。[58]

说到底，裁定"德意志道路"之争的并不是哪个学术委员会，而是广大的东德人民。后者在1990年3月的首次自由选举中做出了自己的选择。"德国联盟"赢得超过48%的选票，在竞争中意外胜出。相反，社民党的得票率还不足22%，自由党更是低至5%左右，其表现令人大失所望。因此，最后赞成统一的人数竟然占总数的四分之三。以洛塔尔·德梅齐埃为首的东德政府尽管主导着该联盟，并且想要"设置优先事项"，但事实证明，在与波恩政府的谈判中，它更愿意成为协作伙伴，而不是像此前的民主社会主义党那样强势。[59]这个明确的"统一主张"对整个进程的形式与步调都具有不可小觑的影响：一方面，它向仍然犹疑的知识分子和部分西德人发出了信号——前者因为误解历史的教训，所以对统一仍然表示怀疑，而后者则担心统一可能"在物质上对个人不利"。[60]另一方面，明确的指令加强了大国（如美国）的干预力度，因为它们都赞成"尽速统一"，也坚决要德国留在"北约"。而统一一旦完成，便只需"以适当的步骤来塑造它既可"。[61]

对国际社会来说，最大的挑战是如何让德国人实现民族自决，但又不破坏欧洲的稳定局势。在受此影响的国家中，很多人因为害怕"潘多拉的盒子再次打开"而忧心忡忡。经过多次秘密协商，美国、苏联和德国最终就所谓"二加四谈判"达成共识，决定既满足两德的意愿，又要尊重第二次世界大战战胜国的剩余权利。[62]尽管周边小国因为感觉被忽视而提出抗议，但事实证明，这一方案还是相当有效的，因为马库斯·梅克尔的中立主义与根舍的多边主义虽然存在分歧，但东西德双方在多数问题上还是意见一致的。与此同时，虽然撒切尔夫人由于在白宫失去特殊地位而怀恨在心，密特朗的态度又始终犹豫不决，但这些都因美国强烈支持统一而变得微不足道。不过，要说真正扮演主角的还数戈尔巴乔夫，因为统一意味着苏联势必要放弃东德这个卫星国。[63]

然而，经过激烈的谈判，双方既没有组成中立的邦联，也未建立欧洲的和平秩序；相反，它变成了一个扩大的联邦德国，仍然深植于西方土壤中的德国。[64]第一，1990年9月12日签订的"二加四条约"规定，"完成统一后，德国领土将覆盖原联邦德国、民主德国与整个柏林"。实际上，这项声明等于承认奥德河-尼斯河线就是德国与波兰的东部边界，尽管这对那些在1945年被驱逐的人来说很难接受。[65]第二，它重申了波恩政府的和平政策，例如"正式放弃原子、生物、化学武器的生产权、所有权和使用决定权"。这也意味着在东德国家人民军加入以后，国防军的总兵力将锐减至37万，从而杜绝再次发动侵略的一切可能性。第三，苏联承诺除驻扎常规部队以外，将于1994年前从东德全面撤军，前提是波恩方面愿意承担相关费用。第四，德国将保留选择盟友的权利，东西德将作为一个整体留在"北约"。对莫斯科而言，这也是最难以接受的让步。第五，战胜国终止"各自的权利与责任"，将"内政外交的全部主权"归还给统一后的德国。综上所述，该条约的达成是"欧洲的历史性时刻，也是德国人的幸运时刻"。[66]

与此同时，统一的国内工作也必须安排就绪，换句话说，就是把西德的制度移植到新并入的东德各州。虽然很多人感觉统一的速度"像飞一样"，但国民经济确实亟须"快速统一"，从而防止破产的民主德国因为"数十万人的离开失血而亡"。为此，总理科尔提议建立一个"经济与货币联盟"——类似于19世纪的"德意志关税同盟"，希望让东德看到一点"未来的希望，也就是坚持下去的勇气和信心"。为摆脱"不断加剧的危机"，西德最终祭出了"它最强大的经济法宝——德国马克"。[67]这项提议是为了"创造合法的先决条件来引入市场经济"，从而对制度进行大刀阔斧的改革，而不是听任两德"尽可能慢地一起发展"。由于在汇率的制定上发生利益冲突，最后双方以1∶1.5的比率达成了妥协。另外，为顺利推进金融转换（要求以十亿为单位计算总额），两国政府还专门在金融市场上设立了一项统一基金。在签订这项国家条约的时候，双方均未理会左派人士的警告。应该说，这是"迈向统一的决定性一步"，因为东德人都"对经济复苏有信心"。[68]

可以说，统一条约是寻求合法形式、促成两德合并的一种必要尝试，因为多数东德人坚决要求采用西德模式。[69]虽然有人希望在《基本法》当中增加"工作权"这一项,但双方政府都更倾向于在第23条的基础上进行修法。因为如果根据第146条的规定,就势必要进行漫长的制宪讨论,而其间必定会充满各种"变数"。[70]然而,由于东德财政突然发生崩溃,所以洛塔尔·德梅齐埃想要"尽快、尽可能有序地"实现统一的愿望并未实现,而"紧急合并也就不可避免"。在经过持久"交锋"以后,东德议会最终将统一日期定在了1990年10月3日。[71]这份冗长的条约试图尽可能控制住过渡时期的混乱局面。这其中,最容易的要数政治一体化。实际上,在恢复设立1952年废除的东德五州以后,双方很快就实现了政治融合。比较难办的是东德学历的认证问题,再就是如何不花一分钱就把东德纳入西德的福利制度。事实证明,最具争议的还是产权界定、堕胎合法性、斯塔西档案是否公开等问题——毕竟后者保存着数百万公民的详细记录。为应对所有这些困难,总统里夏德·冯·魏茨泽克劝告国人:"要学会接纳彼此。"[72]

1990年10月3日举行的统一庆典,象征着"从正常化到正常态"即从应对分裂到恢复统一的过渡。一名瑞士记者是这样描绘当时的欢庆场面的:"到了午夜十二点,只见如潮的欢呼声中……一面黑、红、金三色旗冉冉升起……在柏林的议会大厦前,宣告民主德国已经完全并入联邦德国。"主席台上,科尔总理、德梅齐埃总理和其他党政要人听着舍讷贝格市政厅传来的"自由钟"声,伴着合唱团的朗诵声,一起唱起了国歌。紧接着便是"短暂而令人动容的一刻","带着见证历史的复杂感情"。香槟酒的瓶塞砰砰作响,烟花照亮了整个夜晚,空气中洋溢着"欢乐的节日气氛"。然而,庆祝活动办得并不铺张,以免群众的"爱国热情"高涨,继而回忆起痛苦的往事。统一后的联邦共和国希望通过展示其文明的传承,安抚那些忧心忡忡的国内外质疑者,因为他们一直坚持"不让德国再度崛起！"[73]

常态中的动荡

然而，统一带来的意外之喜很快就结束了，取而代之的是惶惑与不安。人们开始担心重返常态后的生活。1991年夏天，社民党政客克劳斯·冯·多纳尼抛出一个问题："德国——是正常国家吗？"许多知识分子都断言："奥斯威辛之后，德国再别想在政治上恢复常态。"在那些对传统较敏感的评论者（如库尔特·松特海默）看来，回归民族国家是"历史的奇迹"。如同新保守派雷纳·齐特尔曼所希望的，从此人们将不再谈论痛苦的过去，德国对待国际事务也将更为自信。[74]而另一方面，批判型思想家（如于尔根·哈贝马斯）却很厌恶东德的"德国马克民族主义"。他们更关心如何在战后继续推动文明化进程——这是痛恨纳粹罪行带给人的启示，如何努力打造一个后民族主义的地球村。正因如此，外国观察家在德国人身上发现了某种"面对恢复常态的恐惧"。[75]

完成统一后，当务之急是要尽快消除所有分裂的痕迹。这首先包括拆除瞭望塔、地雷区、燃烧区等防御工事，撤销警犬的部署，因为它们横亘在两国的边境线上，绵延800英里，就如同一道很深的伤口。在"德国统一基金会"的资助下，封锁的道路再度开通，毁坏的桥梁得以重建，铁道线路恢复运行，电话线路重新开通，高压电线重新接驳，此外还铺设了新的输气和输油管道。失散多年的亲人终于盼来团聚的一天，中断的友谊（尤其在毗邻边境的市镇上）得以延续，人员重新开始来往，这些对恢复人际关系都很有帮助。至于偏远地区的人们，现在已经能坐公交车去往陌生的地方，年轻人也可借此满足一下好奇心，结交新的朋友。然而，除了欣喜和兴奋以外，初次的相遇也暴露了四十年来德国人在态度与生活经历上的差异。所以，也难怪"脑中的那堵墙"要远比眼里的那堵墙更难拆除。[76]

过渡的另一表现是东德城市、街道和人民在外观上的迅速西化。10月3日以后的西德基本还是老样子，而东德却在五年内发生了惊人的变化。各种豪车开始占领街头；加油站、商店和购物中心遍地开花；房屋外墙粉刷一新；从前只偶尔点缀着红色宣传横幅的市容，也从灰蒙蒙一片变成了广告牌的亮闪闪。起初，人们只要有西德的硬通货，就只买西德货，于是，那些家喻户晓却令人生厌的东德产品便受到冷落。甚至，柏林城郊韦尔德出产的樱桃因为无人问津，最后竟白白烂掉；而同时，美国西岸的水果却在源源不断地空运进来！从邮票到保险单、税收单，一个新奇的规范世界正从西部向新公民们汹涌袭来，简直让人不知所措。偶尔，来自西德的开发顾问也会提供支援，尽管多半是出于个人目的。就这样，"西德优势"终于无所不在，东德人若想尽快成为新国家的正式公民，除了接受几乎别无选择。[77]

伴随着社会转型，大批原东德机构也都被迫解散。这部分是出于实际需要，部分则是因为误解。由于很多公司先后关停，于是在东德出现了一座工业废墟。大片土地被荒废，工厂的机器开始生锈，集体农庄被无情地遗弃。另外，苏联撤军以后，空出了不少营房，操场也被闲置，后共产主义的风景线愈加显得荒凉。因为斯塔西已经解体，所以许多以前的"目标"若不再带来私人收益，同样会陷入衰退。最后，很多托儿所、文化馆和其他社会机构因为被切断资金来源，也都陷入了失修状态。这样，科尔在竞选期间承诺的"荣景"与西德资助的消费热潮，便和统社党独裁统治下衰败的景象形成了强烈对比。结果便是，许多前东德公民都对"拆除"工作大失所望，对"出卖"东德的行径表示愤慨。而在那些失业者看来，"化工三角带"的城市空气和用水质量虽然有所改善，但并无多大意义。[78]

由于坏消息接踵而来，正常的"统一震撼"很快转变为对广泛性"统一危机"的焦虑。托管局的私有化政策是不是过于市场导向，以至于搞垮了众多知名工业企业（如"潘太康"牌相机）？联合工会提出的工资要求是不是太高了，以至于东德的失业率高出西德一倍？劳动力（尤其是年轻劳力）的流失量是不是居高不下——尽管政府出台了那么多再培训计划？[79] 应该说，面对计划经济结构的崩溃，当局的政策反应虽然滞后，但毕竟付出了巨大的努力。政府在收入税以外又征收了所谓"统一附加税"，以此确保1.25亿欧元的资金用于维修基础设施、支付社会成本。然而，不幸的是，这笔资金中只有一小部分用于真正的新生产性投资。许多东德人因此感觉自己成了"故乡的外来客，新时代的局外人"，而急躁、"精明的西德人[Wessis]"却痛斥"爱发牢骚的东德人[Ossis]"一点都不知感恩。[80]

就这样，现实的困难与政治错误终于演变为一场名副其实的"政治统一心理剧"，成为德国报纸上社论与文化评论的热门话题。民意测验显示，由于收入不均和媒体的发达，东德人与西德人之间的隔阂正在日渐扩大。国会调查委员会和媒体对斯塔西丑闻的揭露，逐步削弱了民主德国的合法性，并进而造成"东德人深切的忧虑和西德人的麻木冷漠"，甚至可能导致"疏离、无望与仇恨"。[81]某些西德顾问的傲慢态度，知名东德产品的日渐没落以及剧变带来的茫然与困惑，让许多东德人越来越觉得自己是"二等公民"。于是，随着"现实社会主义"的鄙陋与压迫感逐渐消逝，加上民主社会主义党的竞选宣传，一种"类似文化身份的东西"开始在东德出现。它以"民主德国的感伤回忆"为根本，表现为一种怀旧情绪（N-Ostalgie）。[82]也因此，尽管有许多方案提倡铸造新的"凝聚力"，但依然很难消除这些感情上的隔阂。[83]

此外，作为"新欧洲秩序"的"核心组成部分"，两德统一导致国际事务中出现了一次中断，因为它提出了"未来德国在欧洲与国际政治中扮演何种角色"的问题。东西德一旦完成整合，人口的增长、经济潜能的壮大、领土的扩张势必会增强德国的国力。虽然这股发展势头会因为承担更多责任遭到遏制，但它仍然唤醒了邻国的历史性恐惧。另外，国内的知识分子也对德国重返霸主地位感到焦虑。于是，两种相悖的观点便在公共领域发生了正面交锋。左派同意奥斯卡·拉方丹的看法，认为"民族国家已经过时"，希望"在不远的将来"，统一的德国能够融入"欧洲大家庭"。而保守派评论家（如阿努尔夫·巴林）则要求重新审视德国在国际上扮演的角色，从而明确自身的利益，并在吸收战后文明化元素的前提下，继续发挥它在融通东西方面的作用。[84]

在攻打伊拉克的第一次海湾战争中，统一后的德国并未承担更大的责任，所以严格说并未通过考验。当时兴起了一场以"拒绝鲜血换石油"为口号的群众运动。抗议者认为，所谓解放科威特其实是一场"非正义战争"（彼得·格罗茨语）。在西德，公民不参与冲突的传统得到了延续；而在东德，由统社党煽动的反美和反战情绪却仍然存在。直到后来汉斯·马格努斯·恩岑斯伯格将萨达姆·侯赛因比作"希特勒的幽灵"，沃尔夫·比尔曼指出飞毛腿导弹对以色列的威胁，人们才开始有比较冷静的评价。[85] 在美国的强压之下，科尔-根舍政府一反常态，转而向土耳其与地中海国家派驻支援部队，并提供数十亿美元的资金援助，同时还向以色列运送军事设备。然而，德国人试图"继续做政治侏儒"的举动，却让华盛顿和其他国家大失所望。于是，波恩的政治阶级逐渐开始意识到，"面对日趋复杂的国际形势，我们也该承担起部分政治责任"。[86]

此外，南斯拉夫的解体也带来了一项重大考验——德国积极的外交政策唤醒了各国对它的成见。铁托政府垮台以后，为挽救"至少是一个大塞尔维亚的梦想"，斯洛博丹·米洛舍维奇故意在各民族之间挑起争端，从而激化这个南方斯拉夫国家的内部冲突。尽管如此，作为1919年南斯拉夫政权的缔造者，西方大国和苏联仍希望这个联邦国家能够继续存在。而同时，因为在第一次世界大战中被德奥占领、在第二次世界大战中遭到纳粹蹂躏——尤其在克罗地亚的"乌斯塔沙组织"与希特勒结盟以后，所以每当回首往事，巴尔干人都还心有余悸。在斯洛文尼亚与克罗地亚相继宣布独立以后，外长根舍很快就以民族自决为由予以承认。此举非但引发了塞尔维亚的军事反击，而且也让西方各国对一个"强悍而傲慢的"德国极为愤慨。一时间，似乎只要有人试图扮演地区领导的角色，就必定会触发各种"新仇旧恨"。[87]

此外，参加维和军事行动需要征得国内民众的同意，这个过程同样颇具争议，因为如此一来，德国就不得不重新思考自身的国际定位。这其中，有几个障碍是一定要克服的，比如宪法必须将军力的使用限制在国防范围内、国防军不得与"华约"成员国继续为敌、废除和平运动提倡的"克制文化"。因此，德国在联合国指导下的首次海外部署（索马里），仅限于提供后勤保障。因为"晚间新闻每天播放来自巴尔干的恐怖画面"，于是德国人逐渐明白，不干涉政策或许也是一种道德缺失；纳粹大屠杀的教训告诫世人，或许我们需要更积极地与邪恶势力做斗争。1994年，联邦宪法法院的裁决最终为德国在联合国或"北约"框架内参与维和行动打开了大门。在科索沃战争期间，来自原纳粹德国空军的飞行员们披挂上阵，而这也是他们1945年以后首次参战。与此同时，地面部队也严阵以待，准备随时发动地面攻势。对于上述举措，尽管部分邻国由于历史原因仍有疑虑，但国际社会还是乐见德国承担一定的军事责任，认为这是实现正常化的必经之路。[88]

相比之下，参与欧洲一体化的决定则未引起太大争议，因为德国的团结与欧洲的团结似乎"密不可分"。整个政治阶级的各党派都赞成继续欧洲的统一进程，这主要是由于它能提供某种担保，防止将来可能出现的民族主义回潮。于是，基于个人信念，科尔总理便签署了《马斯特里赫特条约》，表示愿意牺牲德国马克这个德国经济复苏的标志，希望换来欧元的诞生，前提是新货币能够保持稳定以及欧洲央行的总部设在美因河畔的法兰克福。然而，在"北约"东扩的问题上，德国的态度却始终有所保留，它更愿意让美国冲锋在前。尽管如此，德国并未阻止旧敌加入"北约"，因为这只会加强其东部领土的安全。虽然人们担心劳动力市场会发生低薪竞争，可是，联邦政府仍在较为积极地推动欧盟向中东欧扩展，因为这不但对其自身的工业有好处，而且还有望恢复德国的传统中心地位。[89]

至于外交政策，虽然最初仍与西德时期存在明显的连续性，但在统一以后也逐渐形成了自身的特色。当然，其基本坐标系统并未有丝毫改变，包括对"北约"和欧洲一体化的承诺以及与美法两国平行的友好关系。但是，敏锐的观察者（如波兰历史学家亚当·克热明斯基）还是发现了若干政策重点的微妙变化，比如"在东欧与东南欧问题上采取积极政策的强烈愿望"。而要实行这一路线，就必须和苏联建立更紧密的关系，其具体表现包括大规模的资金投入，以及美苏两国关系紧张时出面进行调停。此外有迹象表明，德国已经在多边环境下开始更大胆地维护自身利益。例如，它要求在欧盟国家限制农业补贴，将德国东部各州纳入布鲁塞尔的地区援助计划。尽管海外有人对此发出警告，但这些新方案并不是说德国要恢复威廉二世在世界政坛耀武扬威的做派；相反，它表明德国正试图谨慎而有效地利用欧洲"中部强国"不断加诸它的力量。[90]

事实证明，"回归常态"固然不易，但应对其造成的意识形态冲击更是难上加难，因为多数知识分子对此根本毫无准备。沃尔夫·勒佩尼斯发现人们普遍"不愿正视重建民族国家所带来的职责与任务"，哀叹"这等惊天动地的大事竟未掀起一丝波澜"。占据多数的左派因为早已摒弃民族观念，所以便和哈贝马斯一起抱怨它"败坏了我们最优良也最不堪一击的思想传统"，并将纳粹主义的失败形容为"对理性的摧残"。相比之下，右派少数分子则都赞同文化批评家海因茨·博尔的观点，认为两德统一凸显了"一种虽不自觉但不言而喻的民族感情的缺失"，而当年，正是这一强烈的感情让"只剩半壁江山的西德"变成了边缘地带。于是，寻找身份认同的挑战很快就演变为一场意识形态的权斗，其核心就是国家重建后的话语霸权问题。也因此，东德神学家里夏德·施罗德揶揄道："每个党都把统一看作……推进某项议程的一次机会。这些议程从前在联邦德国没能获得通过，现在却要我们强行接受。"[91]

争论的第一个焦点是德国民主的未来导向问题：既有的西德路线要继续走下去吗？又或者，是否应该融入更多东德特色，缔造一种新式民主？洛塔尔·德梅齐埃很为推翻统社党独裁政权感到自豪，他曾预言统一后的德国必然会"更具东德特色，新教的影响会更大，社会主义将更为昌盛"。然而，西德评论家（如库尔特·松特海默）则认为不必就此"告别联邦共和国"，因为"［统一］并未带来全新的变化"。在一份为民主德国撰写的讣告中，社会学家尼克拉斯·卢曼不无讽刺地说，左派终于发现原来自己以前批评的波恩共和国竟然是个公民社会，而这"既反对又支持"的姿态也就变成了一种悖论。[92]相比之下，保守派文化评论家则更多诉诸新加入各州人民的民族主义感情，希望远离这个"政治懦夫与思想话痨的共和国"。东德知识分子发现，除了无须预约的综合医院，很难确定要在社会主义的残骸中打捞哪些积极成分。尽管如此，他们仍然宣称统一是"送给民主德国的一份嫁妆"。[93]

然而，意识形态的斗争还不止这一个战场。如何对待过去同样是一项艰巨的任务，而德国历史上第二个独裁政权的覆灭更让这变得加倍困难。1998年，在法兰克福国际书展上，作家马丁·瓦尔泽获颁"德国出版业和平奖"。在得奖感言中，他表示"德国现在已经是正常的国家、正常的社会"。然而，由于受害者群体强烈反对，这一异端的希望将注定无法实现。⁹⁴一方面，统社党的压迫留给东德人很深的伤痕，而西德的保守派冷战分子又对他们那么暴虐。因此，他们要求追溯取消民主德国的合法地位，将它认定为一个"非正义的国家"，从而巩固其坚定的反共立场。另一方面，无论在东德还是西德，纳粹暴行的幸存者与左派知识分子对德国人犯下的罪行仍然耿耿于怀。他们坚持要将纳粹大屠杀追责到底，绝不妥协，以此证明其过去的反法西斯立场是正确的。不过，虽然这两场辩论看似已经错位，但其实又是紧密相关的，因为两者都在更大的反极权语境下面对各自优先考虑的问题，而在统一后的德国，反极权主义显然已经成为正统的意识形态。不过，也有一些人慢慢发现，其实这两个议题都有逐渐工具化的趋势，所以必须对其进行更细致的差别分析。⁹⁵

然而，争议最激烈的还数重建民族国家的影响问题，因为"知识分子右派"坚决要求果断实行"再民族化"。在其预言性文章《膨胀的山羊之歌》里，诗人博托·施特劳斯痛斥知识界在"六八"运动中的无知表现，并呼吁"彻底改变生于忧患的心态"。而维利·勃兰特的遗孀、保守派人士布丽吉特·西巴赫更是把对"德国式自我仇恨"的批判扩大为对否定祖国思潮的扬弃："所谓正常是指和别人一样，和别的民主主义者一样；他们也都必须找到各自的常态。"与此同时，为"揭穿对西方近乎神话的赞美"，公法学家雷纳·齐特尔曼对融入西方的路线发起了挑战，其目的是想为制定更加独立的国家政策铺平道路。哥廷根的高中教师卡尔海因茨·韦斯曼对德国人的"罪疚形而上学"深恶痛绝，他同样呼吁回归民族国家的传统。最后，当这些潮流汇合的时候，人们便开始试图在统一的前提下创造新的常态，并以此作为重返"自信强国"的一种手段。⁹⁶

当然，左翼的"宪法派爱国者"对整个民族概念都是持怀疑态度的。当自身的话语权威受到新民族主义者攻击时，他们的反应显得有点歇斯底里。比如君特·格拉斯，他曾大肆批评"丑恶的统一进程"中"泛滥的共同进步"现象，预言中东欧邻国必将因为"毫无节制的贪欲"尝到苦果。同样，为捍卫联邦德国取得的文明成果，社民党智库成员彼得·格罗茨也就"德国的危局"发出警告，其中包括新"国家知识阶层"的崛起。他预言，这些知识分子必将打着"正常化"的幌子重走民族主义的老路。此外，还有著名的比勒费尔德大学历史学家汉斯-乌尔里希·韦勒。他也谴责"知识分子的新梦"，斥其为"神秘民族主义"。而于尔根·哈贝马斯则更是心直口快：他批评那些"盼望出现'民族国家新常态'"的知识分子，将其梦想贬为自魏玛共和国以来新保守主义思想的"第三次复兴"。[97]然而，这种反射性抵制尽管听来十分美妙，却几乎没有回应统一提出的新挑战。

在两大对垒的阵营之间，温和派知识分子想努力发展出一种民主爱国主义。这种爱国主义以战后学习过程为基础，但同时也致力于构建新的身份认同。克里斯蒂安·迈尔是一位知名的古代史专家，他呼吁重视"缔造一个（新的）国家的必要性"；现代史学者海因里希·奥古斯特·温克勒则呼吁"重建一个新的德意志国家"，树立明确的欧洲导向与西方价值观。此外，东德神学家里夏德·施罗德也强调，"为何必须认识到我们是一个"肩负历史重担与统一任务的"国家或民族"：没有立国的民族和分裂的民族都会给自己和别人制造麻烦。所幸，我们现在已经没有这样的困扰。"最后，基民盟政客沃尔夫冈·朔伊布勒还呼吁通过"爱祖国、爱家乡和民族感情"加强德国人之间的情感联系，这样，"全国上下［才能］万众一心，［才能］保障所有人的安全和自由"。[98]也正是为了防止德国重蹈覆辙，再度走上危险的民族主义道路，这些评论家都提倡接受一个与欧洲高度融合的后古典、西方化民族国家。

尽管有很多问题尚未解决，但五年以后，各方对统一进程的回顾性评价还是相当正面的。萨克森州州长库尔特·比登科普夫直接宣布"德国统一已获成功",尽管这有些言之过早。虽然"东德异议分子的许多愿望"仍未实现,一些严重的失误(如"先归还再赔偿"的原则)阻碍了两德的亲近,但大规模的重建依然是"同属全体德国人的杰出成就"。[99] "在国际[方面]取得了成功。"法裔德国研究权威阿尔弗雷德·格罗塞这样总结道。此外,他还表达了如下的愿望:"努力做个乐观者!"事实证明,思想统一才是最艰巨的任务。有些观察家(如克里斯托夫·迪克曼)声称"东西德再度渐行渐远",因为统一后东德的声音并未得到足够重视。而这样的失望可能部分源于不切实际的期待,源于一个建立在所谓全民共识基础上的"社区神话"。正因为如此,保守派专栏作家汉斯-乔基姆·费恩认为,假如把接受"联邦共和国的合法性基础"作为根本标准,那么,内部团结其实早就已经存在。[100]

公民社会与国家

由于多次遭遇动乱,所以对许多德国人来说,回归常态自然就成为20世纪的"民心所向"。起初,这个模糊的概念是指一种不必为政局动荡、军事暴力、经济危机和文化乱象过分担忧的中产阶级生活。然而,关于常态的思想基础与实质内容却又一直争论不休,因为每个党派、教派和利益团体都有各自的理解,而其理解又往往大相径庭。因此,到了20世纪80年代,所谓"正常化"已经兼具两种含义:左派认为这是指承认两德分化的事实,右派则认为是对纳粹历史的否定——历史学家在讨论大屠杀的罪责问题时,右派也是持同样的立场。统一完成以后,类似的争议再度爆发:悲观者警告说,德国在朝"错误的正常化"方向"发生着微妙的变化";乐观者则看到"国家正逐步恢复常态"。实际上,在种种争议的背后隐藏着这个民族的伤痛,人们因此很难"将联邦共和国认定为一种民主、稳定的政治体制"。[101]

德国人虽然接受了"公民社会"的时髦概念,却并未深思它与民族国家是否相容的问题。但这也不足为怪,因为德语中的公民社会一词(Zivilgesellschaft)主要是指介于政治与经济之间的"第三领域"。换句话说,这个概念涵盖了社会中自发性公民行动的范围,它和本土乃至全球的所有问题都有联系。[102]然而,只要深入考察"真正的公民社会",就必然会触及政治条件的问题:这些条件有的对其发展有利,有的则会形成阻碍。此外,以历史眼光来看,德国的某些体制,如威廉二世时期的半立宪政体、总统制内阁、纳粹主义或者共产主义独裁制度,对跨国合作并无太大帮助,也没有真正促进公民的独立活动。实际上,正因为专制传统和反动民族主义不断压制公民社会,德国的特殊道路论才会得出相反的结论,即没有宪法保障与政治团结,公民社会的发展必定困难重重。[103]

那么,统一后的德国到底有没有最终"走上公民社会的道路"呢?又或者像那个"双料毒药"的比喻所暗示的,镇压与侵略手段死灰复燃,前景十分堪忧?一方面,把统一当作"德国的成功故事"未免过于乐观,同时可能也言之过早;但另一方面,左派悲观主义假定灾难必将再度上演,那就更令人难以置信了。[104]即便在统一后的前十年里,战后学习过程(切实改善了德国的政治文化)中的某些夸大成分被删除以后,其文明化的基本导向也并未受到根本挑战。例如对多边维和部署的有限接受,其实并未逆转思想的去军事化进程;民主爱国主义的兴起,并未阻止人们摒弃激进爱国主义;新自由主义的回归,并未破坏一个庇护主义的福利制度赖以生存的社会团结。同样,中东欧的再发现也并未动摇西化的基础,因为就连新公民也都拥护民主制度,海湾战争和伊拉克战争前后,抗议运动照样开展得如火如荼。[105]

然而,这些积极面并不代表统一衍生的所有问题都已得到解决。实际上,东德计划经济的崩溃曾导致大规模的非工业化、失业和人口外流;即便是西德提供的巨额资金转移和专业支持，也只能在个别条件特别优越的地区刺激经济增长。因为双方对彼此的生活知之甚少，而且各自的成长经历与期待截然不同，所以人与人之间难免产生误会。更糟糕的是，由于视同殖民的西方监护制度，以及对东德人不知感恩的厌恶情绪，各种新添的烦恼也接踵而来。直到后来，在有了"如履薄冰的共同经历"以后，这些矛盾才得以逐渐克服，人们才开始将"包办婚姻"引发的冲突视为一种财富，而非苦恼的源头。[106]然而，讽刺的是，也正是对统一危机的专注，才让日益强大的德国并未像怀疑论者预言的那样变得飞扬跋扈。

所以说，真正的挑战不是否定统一，何况这为时已晚；真正的挑战是在欧洲和全球语境下，在这个新建立的民族国家再造文明。东德各州的加入未必与实现这一目标相悖，尽管它的确阻碍了两德在更为平等的基础上相互融合。在国内，它将此前四十年里证明有效的模式移用到新加入的各州；国际上，它将统一的德国纳入西方联盟，使之参与欧洲一体化的进程。毫无疑问，如果有更为明智的投资政策，如果采纳综合医院等行之有效的做法，如果更尊重个体的巨大差异，那将会不无裨益。[107]而在讨论《基本法》改革时，如果能再大胆一点，同样也不会有坏处。尽管如此，我们仍有足够理由相信，将统一进程置于防止欧洲分裂的大背景下，也许能遏制民族主义抬头，进而推动整个欧洲大陆再次实现共同发展。说到底，一切都取决于这个新诞生的民族国家将会被赋予怎样的特质。

第九章
对外来者的恐惧

　　几家移民收容所相继遭烈焰吞噬，这表明统一后德国人对外来者的敌意越来越强烈。20 世纪 90 年代初，曾有大批青年在成年围观者的怂恿下，叫嚣着"外国佬滚出去！"的口号，冲入东德城市霍耶斯韦达和罗斯托克的青年旅社，强行要将外国难民驱逐出境。此后不久，在西德城市默尔恩和索林根，激进派右翼光头党又烧毁土耳其人的民宅，致使数人葬身火海。[1] 两德才刚完成统一，高涨的仇外浪潮就已席卷全国。每天都有"针对外国人施暴"的相关报道，这让政客们十分惊讶，但又束手无策。实际上，为了煽动民粹情绪，他们中有些人就曾批评"收容制度的腐败"，所以说，在这件事上他们也难辞其咎。对此现象，教会、工会和文化协会中的有识之士同样有所警觉。作为回应，他们提议成立"反仇外共同阵线"，并动员数万人参加烛光集会，为社会宽容大声疾呼。于是，仇外种族主义与多元文化世界主义之间的这一冲突，便向我们提出了一个根本问题："统一后，德国的文明程度究竟如何？"[2]

有些令人意外的是，同盟国试图惩罚纳粹罪行的决定，实际上，反而为建立一个单一民族的德意志国家奠定了基础，尽管其规模已大不如前。希特勒靠发动歼灭战进行种族清洗，其最极端的行径便是对犹太人和斯拉夫人实施集体屠杀。为防止此类罪行再度发生，波茨坦会议采取了一些相应措施，但结果就是，在中东欧地区存在数百年的多民族定居地也因此被彻底破坏。纳粹对这些定居地（如苏台德地区）的控制被解除以后，其中有争议的地区都被归还给了德国的邻国。而波兰疆界的西移，加上东普鲁士、波美拉尼亚、西里西亚部分土地的割让，则让更多战前民族杂居的地区从德国分离出来。于是，本该"有序而人道"的人口迁移——从担心遭到报复的德国人的出逃开始——便迅速沦为一场国家批准的驱逐运动，有大约1 250万人因此受害。与此同时，还有数百万来自东欧的"背井离乡者"或被遣送回国，或被流放海外。[3]所以，到最后，除少数丹麦人以外，莱茵河与奥得河流域的居民几乎只剩下德国人，而这绝对是史无前例的。

在与外国人的接触中，德国继承了一项极其矛盾的传统。一方面，1913年根据血统原则对"公民"所做的定义乃是基于文化的渊源，目的是要在历经一个世纪的人口外移后，仍然与东欧和海外的德国侨民保持联系。然而，和法国、美国的出生地原则相比，这一民族优先的做法却对已经在德国扎根并寻求获得公民身份的外国人（如东欧犹太人）构成了歧视。结果就是，外籍劳工虽被雇用参与德国的经济建设，却一律被当作临时工而非永久移民。[4]另一方面，《基本法》的起草人都有过惨遭纳粹流放的经历，因此原则上对所有寻求庇护者都保持开放态度。在个人逃亡记忆的启示下，他们大方承诺"遭受政治迫害者有权享受庇护"。[5]实际上，"冷战"期间，联邦德国不仅接纳海外归国侨民，也收容寻求政治避难者。这两个目标之所以能并行不悖，是因为来自民主德国的难民大多同时符合上述条件。

由于相关文献资料都比较零碎，所以对解释移民与仇外之间的关系帮助并不大。目前，有关移民的重要研究多集中于德国的人口迁出，尽管后期德国已逐渐转变为一个人口迁入国——近几年，这更是成为讨论相当激烈的话题。[6]另一方面，有关右翼激进主义的文献更偏重边缘党派和青少年亚文化（如光头党）的研究，并认定此类现象主要是国内抗争的一种形式，又或者系代际冲突所致。[7]此外，追踪公民身份演变的法制史研究更关注与准入、归化相关的法规变化，而针对归化问题的社会学研究则经常忽略历史背景。[8]由于仇外浪潮的兴起发生在国家统一后不久，所以这不可能只是巧合，也因此，必须从更全面的文化视角对此加以审视，才能厘清移民与仇外之间的某些心理联系。

的确，对外来事物的接受度是衡量一个公民社会是否成熟、有活力的关键指标。因此，评论家都把暴力的肆虐看作对自由宪政国家的攻击，而后者恰恰是四十年来德国一直努力的目标："在萨克森州霍耶斯韦达爆发的事件无异于集体迫害，其行径令人作呕。这些人［及其］东西德的效法者等于在向公民社会宣战。"[9]此类大规模排外事件严重违背了公民社会的某些根本宗旨，譬如"冲突、妥协、谅解"的导向，"对多元性、分歧与冲突的接受"，对"和平非暴力"的坚持。不过，或许也有人反对将公民社会理想化，认为"非文明的倾向"（如右翼激进主义、仇外情绪）也是现代社会的一部分：它暴露了公民结社——虽然缺乏宽容，但毕竟出于自愿——的弊端。[10]所以，如果审视1945年以后德国社会发生的转变，我们必定会发出疑问："这个新的共和国究竟变成了什么样的社会？"

至关重要的移民政策

在纳粹战败的世界里，一切都是颠倒的，种族的区隔与固化好像反而成了当务之急。有个记者注意到，一场看似漫无目的的迁徙运动正在进行:"到处能看见人们拖家带口,推着小车——这些都是来自柏林周边地区的难民,正设法重返久别的故乡。"尽管新划定的国际和区域界线造成了人为的阻隔,但被下放农村的孩子依然很想回到父母身边,被疏散的成年人正急忙赶回千疮百孔的城市,被俘虏的士兵盼望着尽快获释然后回家。与此同时,大难不死的奴工强烈要求立即将他们遣送回国,而那些无国籍的纳粹受害者则在难民营里,和昔日的通敌者一起等待移民到美国、加拿大或者澳大利亚。不过,随着纳粹种族等级制度的瓦解,同样也有外国人来到德国。他们是占领军的官兵。他们不是下等人,而是这里的新主人:在西德,他们身居属于自己的上层社会;在东德,他们居住在对外隔绝的军营。[11]所谓团结,也只限于最亲近的好友,除此以外,或许还有"少数民族兄弟",但极少包括外国人,因为德国人有充分的理由担心会遭到自发的报复。[12]

最大的挑战是如何吸纳来自东边的被驱逐者。这些人源源不断地涌入德国,有的独自一人,有的结伴而行,也有的成群结队。一名男子气愤地说,"在边境上,捷克人直接扒下德国人的衬衫,拿狗鞭打他们"。他的妻子倒是相当坚忍,回答说:"这也怨不得人,都是咱们自找的。"截至1949年,共计有79.45万德国人从前东德领地、捷克斯洛伐克、苏联、匈牙利、罗马尼亚和南斯拉夫来到西德;40.7万德国人进入苏占区和柏林,另有47万人去往奥地利。[13]然而,城市已是如此破败,要解决流民的住宿问题,政府就必须强制征用房产;要喂饱那么多人的肚子,就必须实行粮食配给;要让无业游民有份工作,就必须组织公共清理或者重建。尽管人们对涌入的人潮怀有怨恨,但难民们坚称自己也是德国人,需要同胞的帮助,因此他们最终多半都被战后社会所接纳。实际上,早在20世纪50年代初,民主德国就已宣布完成社会融合,而在西德,被驱逐者有权自由结社,因此能为个人损失争取到部分物质补偿,另外,他们还迫使政府立法,允许海外侨民继续移民回国。[14]

同样令人始料未及的是,由于波恩政府不承认民主德国是个独立国家,所以大批亟须公民身份的东德人便蜂拥而至。在被当局没收口粮卡以后,一个名叫汉斯·赫尔佐克的学生恍然大悟:"我必须马上离开女友和朋友,马上逃离。'非法地',也就是说,我必须在没有官方旅行文件的情况下,穿越边境,逃往西德。"据统计,截至1961年柏林墙建成之际,出于经济和政治原因离开东德的人数已多达380万。相比之下,反向移民的人数则仅有50万左右。[15]面对汹涌的移民潮,西德政客起初很想让它放慢速度,但最后认识到难民的政治价值,因为他们不仅取消了统社党的合法地位,而且还为创造经济奇迹提供了廉价劳动力。也因此,两大政党都很支持接收东德难民,并为其提供慷慨的援助,如房产损失赔偿、养老金、住房补贴、预算限额,以便他们顺利融入新的社会。一开始,西德人虽然很嫌恶新来者,但很快就为他们的勤劳能干所折服,多数人都很欢迎这些来自东部的手足同胞。[16]

然而,即使面对如此规模的难民,德国也并未自认是移民国家,其自我定位仍是单一种族社会,乡土观念依然根深蒂固。而他们之所以有这样的认知,主要是因为对外移民的传统模式仍在延续。据统计,1954年至1973年间,约有160万德国人移民海外,其中一些人只是在继续逃离东德的行程,而另一些则期望在国外过上更好的生活。产生上述认知的另一原因是非德裔避难者的涌入。他们作为他国政权的受害者,可以指望得到联邦德国的特别同情。因为遭受过战争破坏,德国已不再是受人欢迎的移民目的地。此外,"冷战"期间虽然爆发过多次危机(如1956年的匈牙利起义、1968年的"布拉格之春"),但由于铁幕的保护,德国每次都能置身事外。正因如此,1954年至1978年间,每年仅有约7 100人申请寻求庇护。[17]最后,来自东德的难民尽管操持不同的方言,却同样体认到自身的德国传承，将种族歧视看作战争的流毒。从长远看，他们的融合通常都很成功，所以这部分移民并没有真的被当作外国人。[18]

然而，柏林墙建成以后，来自东部的种族移民却突然中断了，所以联邦德国只得到别处（主要是地中海地区）寻找工人。由于一些经济部门出现人员短缺，此前联邦德国已经和意大利（1955）、希腊（1960）签订相关协议，而现在则又加上了土耳其（1961）、葡萄牙（1964）和南斯拉夫（1968）。于是，为填补劳动力空缺，尤其是在需要耗费体力的领域，西德公司便开始向海外招聘"客籍工人"。按照季节工的传统，这些人只能在联邦德国暂时居留，等完成工作任务以后必须回国。1964年，葡萄牙人阿曼多·罗德里格斯来到德国。作为第一百万名客籍工人，他受到了热烈欢迎，并获赠一辆电动自行车。外籍劳工的人数持续增长，到了1973年，该数字已上升至260万，占德国相关工人总数的近12%。其中，约有60.5万名劳工移民来自土耳其，53.5万名来自南斯拉夫，45万名来自意大利。和纳粹时期的奴工不同，这些人都是自愿来到德国。他们虽然必须辛勤劳动，居住在逼仄的宿舍，但同时也获得了比自己国内更高的薪酬。[19]

而当暂住逐渐变为永久居留的时候，许多客籍工人也就意外变成了移民。虽然起初各原籍国也敦促自己的公民尽快返回，但越来越多的劳工移民决定，至少中期之内仍将继续在德国工作、生活。而许多公司也向联邦政府施压，要求延长工作签证的期限，因为它们既想留住技术工人，又不愿失去非技术工人。[20]不过，虽然若干年后这类移民中有不少人回到祖国，加上1967年的经济衰退导致移民人数出现负平衡，但其他人依然决定继续留在德国。这种现象显然有悖于客籍工人充当经济循环缓冲的理论。外来人口的数字不断增加，到1973年已攀升至397万。结果就是，外籍人法的部分条款因此不再适用，并最终迫使部分观察家承认："联邦德国是一个

'移民国家'。"虽然巴伐利亚州坚称"西班牙人不该变成德国人",但社民党-自民党联合政府还是得出了一个自相矛盾的结论:"促进融合,反对移民。"[21]

虽然1973年爆发的石油危机加速了控制移民的进程,但最终,这类限令反而让更多家庭成员想要移民德国。德国政府声称"接纳[新移民]的能力已达"极限,并因此首先提高了雇佣许可的收费标准。此后,波恩方面又正式宣布"停止招聘",并加强了遣送出境的政策,希望以此迫使客籍工人重返祖国。然而,事实证明,更为有效的反而是发生于1974年至1975年间的经济衰退,因为彼时在西德出现了首批"失业外来客",就业前景变得相当黯淡。所以,每年接纳的移民人数也从1970年约100万的峰值降到了1975年的30万左右。与此同时,返回母国的人数则有所增加,居留在联邦德国的外籍人口一度回落至400万以下。[22]然而,到了1980年,随着经济循环的改善,外来人口的数量再度逆势上升至450万。受益于允许家人团聚的特别规定,长期居住在西德的工人把配偶和子女都接到了身边,从此便在德国社会扎下了更深的根基。这种倡导社会融合却又试图推行拒斥移民的政策的做法,因为自相矛盾,最终被证明不过是又一荒谬之举。[23]

由于雇用"临时客籍工人"的政策过于脱离现实,少数族裔开始在城市中心聚居,各种通常与贫民窟相关的问题相继暴露出来。以1981年的法兰克福为例,德国人与外国人的比率达到了1 000∶232,而在斯图加特与慕尼黑,则分别是1 000∶183和1000∶173。语言能力的不足导致外来人口多聚居在特定城区,而拥挤、简陋的住房条件则不断造成人际摩擦。其次,由于学习表现不佳,外籍子女很难融入德国社会。对此,有些表示同情的观察者认为"贫民窟的生活是社会强加给他们的",而其他批评者则强调外国人与德国人的冲突具有"社会爆炸性",认为前者有强烈的犯罪倾向。[24]在被称为"小伊斯坦布尔"的克罗伊茨贝格，很多柏林人都感觉像是来到了国外，因为他们既不会说土耳其语，又不懂安纳托利亚的风俗。同样，在鲁尔区的边缘地带，"胡滕海姆的'前街'"上，外国人和本地青年之间也不断爆发对抗。意大利人和南斯拉夫人虽然同样遭遇偏见，但基本上被德国人视为独立的个体。可是，土耳其人却很不一样。他们因为固守穆斯林的生活方式，所以经常被认为是"无法融入的族群"。[25]

由于无端害怕"外国人反客为主"，社会上开始出现丑陋的仇外言行，种族偏见死灰复燃，这在底层阶级中尤为明显。塞尔维亚人与克罗地亚人的"自相残杀"、犯罪团伙的"人口贩卖"、"外国极端主义者"的暴力行为、"外国人犯罪"的频频发生——种种耸人听闻的报道让酒吧常客的心里滋生起仇外情绪。[26]正因为如此，右翼激进党派国家民主党才会痛斥其"对我国传统的肆意攻击"，并发起"向外国人说不的公民倡议"，强烈要求立法削减移民人数。同样，基社联盟也批评放任外国人归化入籍的政策"有违'德国化'之精神"。他们虽然在言辞上没那么激烈，但意图是很明显的。1982年，甚至部分保守派大学教授都公开发表《海德堡宣言》，呼吁对"外国人反客为主"的现象采取有力措施，而其所依托的也仍然是民族主义的仇恨情绪。就在如此扰攘的环境中，德国人的思想同样发生了变化。五分之四的民众认为"身边的外国人确实太多"，并要求对移民加强限制。[27]

另一方面，自由派人士则坦承"我们需要劳工，但不欢迎移民"本身就是个悖论。他们呼吁德国社会更加包容，尤其在外籍儿童"遭遇困境"的时候。因为德语能力欠缺，少数族裔青年经常"在学校被冷眼相待"，结果，三分之二的人没拿到毕业证就辍学了。一些观察者就此指出，由低学历造成的求职受阻将成为"社会的一颗定时炸弹"，会在一百多万"[感觉]遭到排挤的移民"青年当中催生出对主流社会的仇恨。[28]1980年，社民党下属的某委员会发出警告，说德国社会已经出现"一种新的种族傲慢"。于是，联邦政府被迫推出一项"外籍青年融入计划"，以此确保他们享有"平等的机会"。[29]另外，鉴于外籍"公民同胞"的"新社会问题"造成了严重的后果，联邦政府又任命北莱茵-威斯特伐利亚州前州长海因茨·屈恩为"外来人口事务特派员"，以便更好地代表外国人的利益。西德评论家一致认为，外来人口问题是一个国家文明程度的体现："只有日常生活才能反映我们是否践行了自由、平等的理想，是否将博爱给予了客籍工人。"[30]

20世纪80年代初，由于经济萧条、家庭成员的陆续到来、寻求庇护者日益增多，一波新的排外浪潮再度兴起。虽然外籍劳工的规模并未扩大，但依亲的配偶和子女却在不断增多；与此同时，约有10.8万名寻求庇护者向德国提出了申请。因为保守派政客和担心失业的工会成员持续施压，社民党-自民党联合政府只得采取措施减少"滥用庇护权"的现象，并"限制家庭成员的人数"。[31]1982年以后，保守的科尔政府更是积极响应"船舱已满"的口号，向外来人口提供每人1.5万马克的遣返补助。结果，有14万客籍工人趁此提前领取了退休金，外籍居民的人数因此稍有下降。但另一方面，20世纪80年代中期，经济恢复增长，于是，这一措施本就有限的效果便彻底消失了。另外，来自基社联盟的内政部长弗里德里希·齐默曼试图加强有关外来人口的立法，简化遣返程序，但由于自民党和反对派强烈反对，计划终究未能实施。[32]

与此同时，各个人道主义团体之间的非正式联盟却仍在为"多元文化共存"的理想继续奋斗。例如，新教和天主教的主教们宣布设立一个"外籍同胞公民日"，为外来人口遭遇的问题寻求更深入的理解。而具有自我批判意识的工会代表也克服了恐惧，并鼓励德国和外国工人增加互信。左派的社民党人要求赋予新来者更多的权利，因为"联邦德国是个移民国家"。实际上，就连工业领袖也都承认，由于缺少合格的工人，雇用外籍劳工确实有经济上的好处："我们需要外国人。"[33]相较而言，知识分子则更强调接受文化差异的必要性："土耳其人为什么不能是土耳其人?"同样，人权活动家也大声疾呼："我们必须建立一个人人平等的社会，无论你是不是德国裔，在法律面前都是平等的公民。"最后，还是一位名叫君特·华莱夫的记者公开撰文，用戏剧化的方式揭露了在德土耳其人日常所遭遇的各种歧视。华莱夫有一本畅销书，他在里面记录了自己乔装成一名自称"阿里"的合同工，混入一家钢铁厂工作的经历。[34]

但意外的是，在这场讨论当中，外国人的声音却很难被听到。这是因为他们既缺少有知名度的代表，也缺少发表意见的渠道。据说，这中间"土耳其人受伤害最深"，因为他们是最大的少数族群（160万人），而且与主流文化相距最远。根据劳工的描述，职场的情况还算是相对乐观的："我说德语别人能懂，干活又很勤快，所以大家都喜欢我，我也很爱大家。"而在拥挤的公寓楼里，由于烹饪习惯的不同、宗教习俗的差异，冲突则比较容易发生。这其中，最严重的是"土耳其女性总感觉受到排斥"，因为她们多数是文盲，不会说德语，并且仍然戴着传统头饰。[35]而在学校，情况则更为紧张，因为外国学生不懂德语，无法"表达［自己的］感受"。反过来，由于教师不懂土耳其语，所以各种学习问题层出不穷，学生的成绩表现始终不尽如人意。此外，在和官僚机构打交道的时候，外国人经常被视为"二等公民"，遭到傲慢无理的对待，但他们的反应只能是"恐惧和厌恶"。这其中，只有少数人试图自我组织起来，而有些青年则为求自保"学起了空手道"。[36]

然而，到了20世纪80年代末，一种吊诡的妥协方案开始出现，从此西德变成了一个"有移民的非移民国家"。一方面，越来越多的第二代移民在学校和职场获得成功。实际上，由于异族通婚发展迅速，一种融汇德国与土耳其的混合文化已经初露端倪。虽然很多新移民继续按照以前的方式生活，但不少德国人（尤其是青年）已逐渐习惯与外国人做邻居。在"意大利人的馆子"吃饭，在"土耳其人的铺子"买菜，这些都变得日渐寻常。[37]实际上，民意调查机构也发现，在与外国人的私下交往中，"更友好的"体验多了起来；在打交道的过程中，双方都越来越感觉自在。"日常的仇外情绪"虽然仍笼罩着这个国家，但它更多来自少数青年群体。这些人"在语言和酒精的刺激下"，倾向于采取"暴力行为"。然而，由于缺乏社会共识，新兴的"多元文化社会"还很脆弱，每次寻求庇护者的人数一上升，其地位都不免受到威胁。[38]

到最后，所谓的外来人口问题基本未能在联邦德国得到解决，因为事实证明，德国社会终究无法在移民问题上达成共识。而且，也正由于该话题容易引起强烈的情绪反应，所以就连获取雇用外籍劳工的相关资料都很困难，而所谓"福利诈骗"的传闻也就愈加甚嚣尘上。不过，深入调查却发现，实际上，移民是劳动力市场很关键的储备："最重要的是，他们承担了德国人很少愿意干的工作。"[39]也因此，右翼政党便趁机利用人们对竞争的恐惧和种族偏见。例如民粹主义者弗兰茨·约瑟夫·施特劳斯，他无视所有证据，坚称"我们不是移民国家"。而左派则出于"世界主义者的关切"，在道德上呼吁社会包容其他生活方式。然而，左派也未能考虑到移民问题的现实，因为他们经常忘了新移民也有必要学习尊重东道国的权利和义务。[40]同样，这一社会僵局也让政府很难把握形势，因为其目的更多在于取悦糊涂的选民，而非解决实际问题。

在民主德国，外国人的处境就更艰难了，因为关闭边境以后，国际交流便随之彻底中断。统社党扶植了一个名为"家园"的单独组织，希望借此壮大由索布人构成的斯拉夫少数族群。与此同时，它对残存的犹太人变本加厉，态度比以前更为粗暴。[41]民主德国秉持"社会主义国际主义"的原则，同样实行反帝国主义的收容政策，接纳来自希腊、智利和多个非洲国家的内战难民，将其视为好友对待。然而，来自社会主义邻国以及越南的合同工的实际经历，却并不愉快。他们被勒令居住在军营，所得的报酬远低于德国同事，而且还被系统性地禁止与当地人进行接触。其次，由于当局的旅行政策颇为严格，东德人很少有机会了解别的国家，进而更好地了解外国文化。虽然人数相对较少——总计约19.1万，或许也正因为如此，"老外"在东德要面对更深层次的偏见。[42]

意想不到的难民危机

20世纪80年代末，种族移民和外籍移民急剧增多。由于政策疏失，德国人为此付出了沉重代价。因为铁幕依然存在，种族移民和东德难民的数量始终保持在每年2.5万人以下。所以，帮助这些人融入西德社会的计划一直都很有效。只要进出的劳工移民人数大致平衡，寻求庇护的申请不超过每年10万人次的门槛，那么，联邦德国的外籍总人口就能保持相对稳定，在450万上下浮动。[43]保守派政客可以继续欢迎德裔侨民回国，因为这完全符合"国家利益"；绿党发言人可以要求为来自全世界的难民建立一个多元文化的"开放共和国"。然而，因为苏东共产政权的崩溃、巴尔干内战的爆发，东德难民、被遣返回国的侨民、寻求庇护者与依亲的家属突然人数暴涨。于是，又一波移民潮席卷而来，冲破了一切现有的阻碍，引发了一场严重的危机。[44]

灾难起源于来自东德的大批难民，其强大的压力最终冲破了铁幕。尽管统社党政府曾在1984年允许约4万公民离开东德，但1987年以后，出于政治或经济原因申请移民西德的人数仍在飙升。东德政府试图以劝导和区别对待的方式，尽量让申请者留在国内。可是，这样的措施非但没有奏效，反而坚定了人们想要逃离的意愿。[45]1989年夏天，匈牙利开放边境，引发了第一波难民潮。而同时，绝望的难民占领了联邦德国大使馆，继而成功离开东德。成千上万的民众涌入使馆区，最终酿成了一场人道主义危机。于是，统社党被迫让步，允许人们搭乘密封的火车前往西德。这次大规模的出逃造成了日益严重的恐慌，所以统社党政府只得起草新的旅行条例。而后来，由于该条例过早公布，又最终导致柏林墙被推倒。据统计，在1989年7月至1990年6月期间，共有51.8万名正式注册的东德公民进入联邦德国。[46]起初，西德人还"用气球欢迎来自东边的同胞"，但后来，因为社会融合成本过高，人们的心里便只剩下"怨恨和生存的忧虑"。[47]

由于东欧集团取消了行政限制，想要回国定居的侨民也突然暴增，移民大潮一时方兴未艾。随着苏东共产政权的崩溃，阻止移民的最后障碍在中东欧国家消失了，而那里仍然生活着部分德裔少数群体。诚如一位苏联老太太所言："这得感谢戈尔巴乔夫的好政策，要不然，咱们根本就别想离开。"实际上，20世纪70年代后期，维利·勃兰特的东方政策就曾保证每年有约5万人（主要来自波兰和罗马尼亚）移民到西德。但截至1988年，这一数字却已飙升至20.3万人。到了危机不断的1989年，其数量更是几乎翻了一番（首次将苏联侨民计算在内），达到39.7万人。和祖国同胞安全地生活在一起，这是许多德裔侨民的夙愿，也是他们优先考虑的问题："就算是走也要走回来"，一名新移民很感慨地说。然而，这些侨民的迅速归化却也产生了巨额成本，因为他们的孩子往往不会说德语，而来自农村地区的移民在找到合适的工作以前，还必须先接受再培训。[48]

联邦政府向东德难民和东欧移民提供的补助十分优厚。这让西德民众，尤其是那些自身难保的人，抱怨连连。用于抵补短期支出的赡养费、救济金、住房抵押款和失业津贴，引来了全社会的嫉妒："在德国，沉默的多数人都认为，他们抢走了我们的饭碗，我们的房子，我们的养老金，我们的钱。"政府好心呼吁人们"对移民更加包容"，但三分之二的德国人还是无法消除"对新来竞争者的忧虑"。[49]右派政客（如社民党领袖奥斯卡·拉方丹）要求限制移民流入、削减社会补助，这在群众当中引发了热烈反响。科尔政府虽然欢迎侨胞回国定居，但还是被迫利用行政手段——如扩大移民的地理分布、减少社会融合的补助——来平息移民热潮。1990年，为在一定程度上控制移民带来的压力，联邦议院通过了一部新的"移民准入法"，要求有意者必须在所在国提出相关申请。也因此，次年的申请量骤然减少近一半，降到了22.1万人。[50]

此外，由于希望逃离政治迫害、过上好日子的人越来越多，寻求避难的申请量也在节节攀升，移民规模一度达到了最高潮。斯里兰卡对泰米尔人的镇压，土耳其、伊拉克和伊朗对库尔德人的迫害，发生在前南斯拉夫的种族清洗，这些情况均导致大批难民出逃。因为签证新规已无法继续承受压力，申请人数在1983年至1992年间增加了二十多倍，从每年2万一路飙升至43.8万！即使在接收配额从五分之四降至三分之一以后，面对新一波的移民，当局仍无力应对。右翼政客（如阿尔弗雷德·德雷格尔）怒斥这些疑似的"假避难者"，指责"经济难民""滥用庇护政策"。所以最后，在宣布是否允许居留以前，所有申请人都被规定不得就业。因为办理手续所需的时间越来越长，难民营很快便人满为患。被拒的申请者可就决议提出上诉，许多人甚至在最终驳回以后仍然滞留在西德，所以最后仅有约五分之一的人被递解出境。[51]

由于依亲的家属也在持续增多，不同的移民群体逐渐合流，形成汹涌之势，引起了普遍恐慌。报纸上充斥着诸如"1989年德国输入移民创新高"的标题，排外的恐惧日益加深。1992年，新移民的人数终于突破惊人的160万大关，所以尽管离开西德的人不少，但移民"顺差"仍有约82.2万之多。[52]事实证明，对那些深受影响的社群而言，这不啻为一场中度灾害。虽然联邦政府给予了一定的补助，但用于种族移民和外籍避难者的费用多半还得由地方福利机构承担。因为大都会区（如柏林）、各城邦（如汉堡、不来梅）和工业大省（如北莱茵-威斯特伐利亚州）接收了最多的移民，所以它们都坚持扩大区域分布，将移民分散到农村地区。最后，长相特别、德语又差的外国人全被转移到了小城镇，而那里的居民根本就没有和陌生人打交道的经验。实际上，即便是那些久居西德的外国人也都发现环境在恶化："别人都嫌弃你，这种感觉比以前强烈多了。"[53]

针对这些危言耸听的报道，德国政府对《外侨法令》进行了一次自相矛盾的修正，并于1990年由沃尔夫冈·朔伊布勒强推通过。一方面，该法令"严格限制庇护权的使用"，试图以此遏制难民的涌入；另一方面，它又提议将有条件的"居留许可"改为更加安全的"居留权"，以便外来人口更好地融入德国社会。虽然基社联盟要求对居留许可、依亲人数予以限制，教会、工会和社会福利机构却呼吁改善外国居民的法律保障、放宽移民相关的各项规定。两德统一唤起了外国人——尤其是土耳其人——的"意识觉醒"，他们对自身居住条件的恶化再也无法容忍。于是，在德国历史上，终于爆发了一场由外来人口主导的全国性示威抗议。[54]也因此，1990年4月新颁布的《外侨法令》便成为一项悖论式的妥协。虽然它在巩固居留权、简化入籍程序上取得了些许进步，但其主旨还是要"限制外来人口的大量涌入，因为德国社会的融合能力毕竟有限"。[55]

与此同时，一个被冷落的少数族群越来越仇视外来人口，并用极为不堪的民族主义口号发泄他们的愤怒。1991年夏天，莱比锡青年研究所开展了一项调查，结果发现部分东德公民"对外国人充满了无比的仇恨"，在受访者当中有15%到20%的人表现出"明确的专制主义和民族主义的态度"。以学徒工为例，其中有46%的人同意"外国佬滚出去！"的提议，54%的人讨厌土耳其人，60%的人坚信"外国人太多了。"同样惊人的还有一项在柏林进行的民意测验。测验结果显示，在东西柏林至少有三分之一的人担心"外国人可能会反客为主"。在东德，国家统一以后，人们迷失了方向，这无疑是其仇外的一大原因；而在西德，人们也普遍对民族主义的过分举动"被动默认"。1992年9月，一项更具代表性的民意测验出炉，结果发现德国国内的仇外观点正在"日益趋同"。每四人当中就有一人支持让"外国佬滚出去！"，过半数的人同意"德国是德国人的德国"。[56]

很快，这一泛滥的仇外情绪便引发暴力行为，并迅速从言语污蔑升级为肢体侵犯。首先是一些相对无害的形式，像是夜里偷写的恶毒标语（如"德国称霸"），还有房屋外墙上的纳粹标志。更可恶的是无休止的脏话和"口头侮辱"，而其对象正是街上那些外貌特征明显的陌生人（如非洲人、越南人），因为这样就能散播恐怖情绪，限制人们的行动自由（尤其在夜间）。更恶劣的是针对个别外国人的种族主义攻击，例如对所谓"痛打黑鬼"的狂热追捧。这经常会从"常规殴打"变成不受控制的暴力，导致受害者终身残废。不过，最危险的还得数针对外来人口居住的公寓和收容所的有组织攻击。其间，光头党暴徒不仅用石头砸破窗户，还用自制的汽油弹焚烧整幢建筑。这时候，假如警方出动或者外国人集体自卫，那么就会爆发公开的巷战，而"表示同情的旁观者"有时还会阻止秩序的恢复。[57]

青年歹徒们在暴力行为中发泄愤怒，尽管他们自己也说不清为什么要迫害外国人。这种"对犹太人、外国人、同性恋"，对一切陌生或不同事物的盲目"仇恨"，在各种口号（如"枪毙外国人、枪毙土耳其人"）和威胁（如"砍死你们这些个臭老外"）中表现得尤为明显。一方面，他们如此冲动地"殴打同性恋"、投掷"燃烧瓶"，是因为喊了太多口号、喝了太多酒，肾上腺素水平飙升，于是什么犯法的事都敢做。此外，哥儿们义气、恃强凌弱的心理也是重要原因。另一方面，他们的暴力倾向深受日耳曼种族优越论的影响。右翼极端分子鼓吹仇外的世界观，而新纳粹摇滚乐队又在歌曲中不断予以重复：

> 他们总爱吃大蒜，
>
> 他们臭得像肥猪。
>
> 他们来到德意志，
>
> 偷鸡摸狗像老鼠。
>
> 他们到处搞破坏，
>
> 惹下麻烦遭人恨。
>
> 刁民你们全该死，
>
> 杀光才能平民愤。

由于在审判过程中，那些被控犯有仇恨罪的人很少提及犯罪动机，所以社会评论家都很纳闷，为什么汉娜·阿伦特所谓的"平庸之恶"似乎至今仍在影响着德国。[58]

而就受害的外国人而言，他们日益感到自己"被误解、被歧视、被排挤"。实际上，政府官员的骚扰、在职场所受的冷落、租房时遭到的歧视已经相当严重，尽管只要保持耐心，这些"日常排外"的考验总还可以挺过来。但现在，暴力迅速升级，这让外国人又多面临一种"威胁"，感觉自己得不到法律的保护，尤其是因为警察的干预往往不够及时。每天都有陌生人遭到侮辱和攻击，这说明"整个社会已经中毒"，本国居民和外国人之间的关系已经十分紧张。"我们时刻生活在恐惧当中，"1992年秋天，一名来自马格德堡的非洲女性坦言道，"天黑的时候，只要人在家里，就还感觉挺高兴。几乎所有人都在问自己，这地方还能待下去吗？一想到他们那么恨外国人，真是一点儿希望也看不到啊。"更糟糕的是，无论是青年群体的自我防卫，还是通过体育活动建立友谊的尝试，都很难对抗这种仇恨。[59]

知识分子试图解释仇外主义的成因，可照样不得其解，因为他们距离发生这些暴行的世界实在过于遥远。就以新闻记者为例，在他们的笔下，霍耶斯韦达是个毫无生气又不知名的"社会主义小城"，那里的居民借由种族主义暴力，正在"向民主德国发起最后的复仇"。年轻人"先被旧体制出卖，然后又被新体制欺骗"，对未来已经彻底绝望。所以，除了向一个自己并不理解的世界盲目泄愤，他们似乎不知道还能做些什么。[60]然而，当"针对外国人的恐怖活动"向西扩散，波及默尔恩和索林根的时候，评论者又不得不承认，这问题影响的是整个国家，而不只是新并入的各州。所以，他们必须寻求更具说服力的解释，要把西德光头党亚文化的发展同样考虑在内。年轻人离开家乡，去别处寻衅滋事，这难道不是"暴力旅游"的迹象吗？来自中产阶级的国家民主党极端主义分子公开高喊仇外口号，年轻人难道没受影响吗？至于心理分析学家，其结论同样有些勉强。他们断言，仇恨与暴力的突然爆发是由"近期深远的政治变化所导致"，而外国人正好充当了替罪羊的角色。[61]

暴力的扩散让各大政党颇感意外，但他们一样无法让自身的意识形态"观念与现实相适应"。基民盟想要"无限制地"接收德裔侨民，并立即遣返寻求庇护的外国人，而社民党的主张却正好相反。由于总理科尔不愿表态，内政部长朔伊布勒只得公开"对暴力行为表示忏悔"，家庭事务部部长安格拉·默克尔则被迫加大对东德青年的资助，以此"减少针对外国人的暴力言行"。[62]但即便如此，因为缺少政府支援，联邦外来人口事务特派员莉泽洛特·芬克最终还是被迫请辞了。于是，她在州一级的同事便要求明确"承认［德国是］移民国家"，从而彻底消灭仇外主义。而她的继任者科妮莉亚·施马尔茨-雅各布森也声称，"德国已经［是］多元文化的社会"，并发起一项呼吁承认双重国籍的立法倡议。但联邦总统魏茨泽克则认为，这些暴力行为并不表明"种族主义或民族主义意识形态正在死灰复燃"；相反，它是"人类认知遭遇的一场危机"。[63]

由于政客的态度过于暧昧，自由派人士只得主动承担责任，来解释宽容的实际作用与道德意义。联邦议院议长莉塔·苏斯慕特（基民盟）谴责仇外者的暴行是"对最基本人权的侵犯"。前总理维利·勃兰特声称："谁能敞开心扉，谁就是仁义之士。"另外，工商业联合会主席汉斯·彼得·斯蒂尔警告说，仇外主义正在对德国企业造成负面影响。而德国商会也强调："没有外国人，柏林的体力活就没人干了。"[64]同样，德国工会联合会公布了"反右派歧视的十项主张"，大胆宣称："所谓德国，就意味着文化多元。"正是基于这些明确的诉求，来自教会、工会、雇主协会、体育联盟和青年团体的人们组成了一个"反仇外同盟"，其目标是要谨遵"没有外国人，我们就是孤立的"的告诫，协调各方力量，为捍卫社会包容而战。东德社民党政客沃尔夫冈·蒂尔泽曾一针见血地指出："我们的民主正受到两种东西的威胁：激进右翼的暴力和我们对它的默许。"[65]

然而，对"仇外之耻"的谴责并未遏制暴力的发生。于是，郁闷的市民便开始自问："到底该怎么做才能对抗仇恨呢？"有一个办法就是大声疾呼（如"反暴力、反仇外"），以此唤醒大众的良知。要谴责"德国种族主义的兴起"，谴责"对仇外行径的普遍接受"，而且措辞绝不能含糊："我们对文明与人道社会的想象并不相同。"此外，还有28个组织共同发起了一项名为"和外国人交朋友"的倡议，要极力为"人性尊严和天下一家的理想"辩护。[66]不过，更有效的方法还是"反仇外游行"。1991年，刚举行示威的时候，组织者还很犹豫，但到了第二年，示威活动很快就演变为"大规模抗议"。这些大型集会多由 Pro Asylum 等团体组织。它们在汉堡、慕尼黑及各大城市举办烛光守夜晚会，每次都能吸引成千上万的群众参加。人们聚集在一起，以和平方式表达自己的诉求，同时也昭告天下：

"外国人是我们的朋友。"正如进步评论家米夏·布鲁姆利克所言,"烛光守夜晚会证明,文明是有最低限度的——你不能因为别人长得跟你不一样,就把他往死里打"。[67]

就这样,反对暴力升级的大规模抗议,最终迫使中间和右翼党派的政界要员与仇外主义划清了界线。虽然警方很晚才开始收集准确的数据,但针对外国人的犯罪案件显然在激增(从 1991 年的 2 426 起上升至 1992 年的 6 636 起),特别是当你把 17 起死亡案例也包括在内的话。[68]因此,在柏林的一次集会上,总统魏茨泽克对有些人逃避现实的倾向提出了严正警告:"是反击的时候了。我们都要行动起来。"默尔恩袭击事件发生以后,在一次议会辩论中,社民党党团会议主席汉斯-乌尔里希·克洛泽痛斥政府,说它"在收容难民的问题上处理失当,从而导致国内政治环境恶化"。与此相反,总理科尔则以同年 5 月发生在柏林的无政府主义暴动为例,要求同时抗击"左翼和右翼的恐怖行径"。经过这场辩论以后,各方决定要"一致谴责仇外主义和暴力",并明确表示要更坚定地执行现有法律。不过,尽管如此,这场辩论并未缓解潜在的移民压力。[69]

另外,限制收容权也是个好办法。它既能防止经济难民滥用权利,同时又不会将那些确实遭受政治迫害的人拒之门外。然而,想要区分申请者,就必须修改《基本法》当中与收容保障相关的条款,换言之,必须在议会中获得三分之二多数的支持。内政部长鲁道夫·塞特斯希望"设计出一个方案,将那些不需要我们保护的人排除在冗长的收容程序之外,因为他们要么来自安全的第三国,要么来自不存在压迫的国家"。换句话说,一方面,仍旧为内战难民保留一定的名额;另一方面,那些经由其他欧盟国家或后共产国家来到德国的移民将被自动遣返。其次,来自和平国家的申请也将一律被驳回,这样,其他申请就能得到更仔细的审查。在这场辩论中,社民党承受了尤其"巨大的压力",因为它必须做出决定,究竟是像纳粹时期一样敞开移民的大门,还是遵照许多党员的意愿,把大门关上,从而减少求职竞争。相比之下,绿党、民主社会主义党和教会则认为收容权是个原则问题,绝不该加以任何限制。[70]

在经过痛苦的抉择以后,联邦议院最终出台了一项妥协方案,这预示德国的难民收容政策将会发生根本的路线变化:它将减少难民的流入,但不会把大门完全关闭。此举当然会引发某些争议,比方如何保证一套单独程序,用以维护各项法律保障,从而避免法庭的长期停摆。而如何判断一个国家是否真的不存在迫害,这同样是有待商榷的问题,因为应用的合法性很大程度上取决于德国移民当局对他国内部局势的研判。另外,将移民遣返至安全的第三国等于将控制权移交给欧盟以外的国家和东欧邻国,这必须事先征得对方的同意。[71]在基民盟内部,尽管有左派极力反对,但多数党员还是和社民党、自民党一样,对这项"收容制度的改革"投下了赞成票:不是"封锁"边境,而是限制"对收容权的一贯滥用"。虽然左派将这斥之为"邪恶联盟",但"多数公民都同意对第16条动大刀子",从而收紧《基本法》当中有关难民收容的条款。与此相反,右派都盛赞这部法律"解除了长期的自我封锁",尽管它有些姗姗来迟。[72]

不过,这项"可疑的妥协"虽然限制了收容权,或许还减少了被外国人在数量上赶超的担忧,但它并未针对移民和多元文化共存的问题提供真正的解决之道。关于这个问题,社会学家克劳斯·莱格维做过极为精彩的分析。他呼吁德国人"认识难民问题的新特点",因为仅仅封锁边境已经无法解决问题。来自非洲的贫困移民、来自后共产东欧的人口大出逃、来自前南斯拉夫的内战难民潮,这些都要求政府做出更灵活的反应。其次,德国需要提供"足够的保障,尤其是对种族、文化和宗教的少数群体",同时还要遏制仇外主义的发展。为了给移民管理建立一个明确的法律和制度基础,莱格维设计了一套更为清晰的"政府指导规程",而不只是对移民压力和仇外暴力做出反应。[73]然而，尽管有这样明智的忠告，问题却并未因此改变：在拥抱全球还是拒斥外界的问题上，德国社会已经出现严重分歧。那么，它是否还能完成这项任务呢？

进退两难的移民困境

答案是令人震惊的。仅仅在收容妥协达成后数日，"又一波仇外犯罪"发生了。1993年圣灵降临节当天，在索林根爆发了一起用燃烧弹焚毁公寓楼的恶性事件，两名土耳其妇女和三名女童当场死亡。事发之后，有数百名青年走上街头示威抗议。他们高喊"纳粹滚出去！"的口号，其间还在市中心部分地段进行了打砸。对于新一波的仇外暴行，许多受到震撼的成人都表示出"愤怒、悲伤和难以置信"。虽然总理科尔为这一"背信弃义的罪行"向土耳其政府致歉，但索林根市民还是向赶到现场的政客发出连连嘘声："该干点实事了！你们这些老爷才是真正的纵火犯。"[74]在这次怯懦的谋杀案发生以后，许多愤怒的土耳其人开始担心自身的安危。有人说："我总算明白了，在这儿你就别想交到真心的朋友。"另一方面，左派政客与外来人口的代言人呼吁对右翼激进主义采取更强硬的措施，保障移民的公民权利，从而"在根本上改变有关外来人口和难民收容的政策"。在一场感人至深的悼念活动中，联邦总统魏茨泽克语重心长地告诫国人："热情好客一向被视为文明的象征，而我们从来都是这一文明的继承者啊。"[75]

发生在索林根的仇恨犯罪引起了舆论的显著变化，因为它最终促使沉默的大众决定远离仇外主义。在一份政策声明中，赫尔穆特·科尔感叹"道德败坏到了不可思议的程度"，而经济领袖们则担心这会破坏德国在海外的"正面形象"。其次，联邦刑事调查局和家庭事务部的研究证实，仇外攻击来自"社会中层"，而且显然可以追溯至"德国人自觉遭到'外国人'普遍威胁与歧视的感情和想法"。[76]莉塔·苏斯慕特提醒国人，"外国人不是暴力的根源";法兰克福外来人口事务特派员丹尼尔·孔-本迪也说:"他们不是可以邀请来又送回去的客人。"这些迹象表明,呼吁包容已逐渐产生效果。而同时,舆论观察家也从中发现了"态度的剧变","民众与外国人的关系要比1982年的时候更为正面"。一方面,消极观点变少了;一方面,对赋予外国人投票权和双重国籍的赞成度也在迅速上升。[77]

然而,20世纪90年代中期,仇外攻击的次数却只有小幅下降,因为口头上"抵制暴力和极端主义"很容易,而要将决心化为行动就困难多了。也因此,虽然很多同胞对外国人怀有敌意,但有时警察居然表示同情——例如在埃伯斯瓦尔德发生骚乱的时候,他们都选择袖手旁观。同样,呼吁"加强与移民的友好互动",理性讨论移民的经济利益及其对改善人口结构的必要性,这些言行尽管用意良好,却无法影响有暴力倾向的青年。[78]此外,法律起诉的情况同样令人失望。在庭审中,那些被控犯有暴力罪行的当事人经常显得"危害甚小"。于是,在决定其命运的法官当中,某种"重罪轻罚"的风气便逐渐开始盛行。实际上,只有当暴力涉及更多的受害者时(如默尔恩事件),法庭才会对罪犯处以重罚,从而达到以儆效尤的目的。据统计,1993年,"攻击外国人"的报告案例约有6 721起,创下了历史新高。此后,这一数字开始出现下降,降幅达三分之一左右。[79]

然而,由于全面驳回、加速决策与严格处理,收容限制令实施的同时,难民的流入也在显著减少。因为前东欧集团的主要路线贯穿捷克共和国、奥地利和波兰(占1993年总人流量的89%),所以边防警察有权按照与上述国家签订的特别协议,将寻求庇护者遣返回国。[80]另外,"决策官僚"的人数翻倍大大缩短了处理时间。因此,前两年累积的超过40万份的申请便有望审查完毕。由于政治迫害而非经济需求被当作是否准予收容的唯一标准,所以新规算是取得了预期的效果:"只是偶尔才有人获得一次机会。"现在,一旦翻译出现问题、难民来源国予以否认,那么,只要机场

315

决策部门觉得可疑，它就能比较随意地回绝申请者。所以，在拥挤不堪的遣返营里，总是弥漫着一种纷乱而压抑的氛围："这时候，所谓的人性往往一文不值。"[81]虽然"大赦国际"对德国的限制令严加指责，但基民盟和自民党都认为"新规定的收容权非常成功"，因为紧缩政策确实起到了阻遏作用。[82]

也因此，科尔政府继续推行"限制移民、［促进］融合"的双轨政策，而重点显然更多放在限制上。一方面，自民党、外来人口的代表和反对派呼吁简化移民后代的入籍程序；另一方面，基民盟/基社联盟继续迎合大众的"惧外"心理，要求"对外国人采取更强硬的立场"。[83]1994年初，有库尔德极端分子封锁了一条高速公路。总理科尔便借机谴责"这些暴力行为是对德国人好客精神的肆意践踏，是绝对无法容忍的"。在更多同类事件发生以后，议会通过了一项法案，明确规定"外国人如严重扰乱公共治安"，必须"处以三年或三年以上徒刑，并强制驱离出境"。此后，为减少儿童移民的流入，政府又出台了一项新规，要求16岁以下的外来人口必须办理签证。[84]相较而言，有关移民配偶的政策虽然略有改善（如独立居留权），但影响却很有限。由于自由派和保守派联盟未能就"外来人员子女的入籍保证"达成共识，所以移民政策也就只能继续原地踏步。[85]

随着限制令的确立，移民潮出现了显著回落。然而，在德外国居民的人数却在持续上升，一直到20世纪90年代中期。毫无疑问，1993年引入的语言测试增加了移民申请的难度。而同时，因为针对走私集团的反制措施更为严厉，非法入境的避难者也有所减少。虽然1992年新增移民82.2万人，移民总数到达绝对峰值，但进入1998年以后，由于经济状况恶化等原因，移出人口只增加了5.4万人，移民人数再度出现负值。[86]尽管坊间流传着各种夸张的传闻（如"近十年德国接收移民超1 300万"），但是，外籍合法居民的总数终于在1996年趋于稳定，达到730万人，即德国总人口的约9%。在这些居民当中，近一半人已在德国居住十年以上，因此不能再被当作临时劳工移民。虽然这些人当中有四分之一来自其他欧盟国家，但超过200万的土耳其人占了外来人口的约30%，并形成了独立的亚文化。[87]所以，20世纪90年代后半期，德国社会的融合能力面临越来越大的挑战。

在那些旅居德国的外来人口（尤其是土耳其人）当中，"两栖生活"的挑战既造成了隔阂，又促进了融合。一方面，许多新移民在土耳其文化中寻求庇护，借助母语报纸和有线电视节目保留常见的习俗。由于日益受到歧视的困扰，不少土耳其人皈信了伊斯兰原教旨主义，认同于一套宣扬男性优越和种族差别的反现代世界观："土耳其是我们的身体，我们的灵魂属于伊斯兰。"于是，一个"穆斯林的平行社会"开始出现，而居住环境的贫民窟化更是强化了这一趋势。[88]另一方面，许多比较开放又大胆的移民成功融入主流社会，特别是第二代和第三代。因为约三分之一的外来人口接受了这样或那样的高级培训，所以受教育水平有所上升。约4.5万家小型企业成功实现了经济独立，越来越多的老年移民准备在德国退休养老。[89]而为了避免文化背景与职场或住家之间的身份冲突，受过教育的土耳其年轻人往往会逐步形成一种双重身份，从而不必"为任何一个国家所束缚"。[90]

只有在犹太移民的问题上，自由-保守派联盟特别放宽了限制政策，以此作为对纳粹大屠杀的某种事后补偿。由于苏联解体（1991—1992），想要移居到俄罗斯邻国的犹太人日益增多，于是，德国便成为比美国和以色列更好的选择。对于这一愿望，德国的反应相当积极。只要当事人能够证明自己具有犹太血统，联邦政府就会为其简化申请程序。让犹太事务局大为吃惊的是，整个20世纪90年代，居然有8万多俄裔犹太人移民到德国。实际上，仅仅在1992年，就有约1.9万名犹太人移民到德国而不是以色列。起初，仍然居住在德国的3万名犹太人有些不知所措。所以，为增加成功融合的概率，他们会尽量照顾犹太教友的需求。但即便如此，在宗教与社会问题上，老住户与新移民之间的冲突终究无法避免。尽管遭到部分右翼分子的仇视，但伴随这波突如其来的移民大潮，一个充满活力的犹太人社区还是在德国再度兴起。对此，作家瓦尔迪米尔·卡米内在他的讽刺故事里就有相关的描写。[91]

1989年秋天，由社民党和绿党组成的新政府正式成立。于是，德国人终于有机会"打破数十年的'改革禁锢'"，制定现代化的移民政策。一方面，基民盟继续呼吁限制外来人口；一方面，赢得选举的左派政党得以借此践行开放、融合的全新理念。教会、工会、学界和移民团体都很支持这项倡议，认为应该"承认移民的现实"，通过一部对外国人更友善的法律，促进"融合而非互相排斥"。[92]然而，新任内政部长奥托·席利却一语惊人，坦言"德国已无力接收更多移民"。其理由是：德国目前有400万失业人口，社会资源已经不敷使用。另外，总理施罗德也公开表示，对待该问题必须更为谨慎。这让绿党和外来人口的代言人大为失望。所以最后，改革派决定还是首先在一定条件下简化入籍程序，需要的话，甚至可以接受"双重国籍"。[93]

然而，也正是因为提到入籍的权利，联盟各方才会被激怒。他们担心国籍一旦能"免费"获得，它就必然会贬值。所以，为弥补在联邦选举中最终失利所造成的损失，基社联盟主席埃德蒙·斯托伊波尔建议举办请愿活动，公开抵制所谓的"双护照"制度。基民盟的罗兰·科赫，黑森州州长候选人，为找到一个选举的"热点话题"，欣然接受了这项建议。[94]然而，这种对仇外情绪的粗暴工具化很快就引发众怒。不仅是政府，还有教会、犹太人中央理事会、知识分子、外来人口的代言人，都公开支持通过合法的融合形式，终结移民的"二等公民"身份。[95]不过，尽管有这些警告，征集签名的过程却意外地顺利："谁想成为德国人，谁就得支持只领一张护照",有位不满的市民这样抱怨道。另一名忧心忡忡的老妇也补充说:"这里是我的国家。"很显然,请愿活动触到了许多人的痛处。有三分之二的人投票反对双护照,而科赫本人也凭借煽动性的造势活动在选举中险胜。[96]

在黑森州遭遇惨败后,社民党撤回了双重国籍的提案,转而寻求简化入籍程序的方法,以便为立法妥协打下基础。由于该党必须征得自民党——其在巴拉汀地区的盟友——的同意,才能在参议院获得多数席位,所以它便采纳后者的意见,建议只允许未成年移民拥有双重国籍;23岁以后,外籍青年必须选择其中一国的国籍。绿党人士极为痛恨这一局部妥协,于是继续坚持"加快入籍程序"。而基民盟则由于民粹策略的成功信心大涨,索性拒绝任何妥协方案。[97]但尽管如此,经过与自民党、绿党的激烈谈判,各方最终还是达成了勉强可以接受的妥协:未成年人满23岁以后必须选择国籍;成人申请国籍的时间缩短至八年;归化入籍者必须具备"语言能力过关"、"遵守《基本法》"、无违警记录、有自理能力等条件。对于这项妥协,保守派痛斥其"糟糕透顶",而内政部长席利则称赞它是十分成功的改革,"象征着德国的开放与包容"。[98]

虽然在接受移民归化法的问题上存在激烈争议,但这样的批评并不能阻止它发挥积极作用。很奇怪的是,评论家都对此持保留态度,把这称为"退而求其次的解决办法",认为它"虽有不足但已够好"。可殊不知,这次改革实际上代表德国终于摒弃了一项民族传统,即1913年确立的国籍血统原则,并正在向西方各国通行的出生地原则过渡。这一改变最终克服了德国人国籍观念里的民族中心主义,为"生活的现实"、为移民更安全地融入社会铺平了道路。[99]尽管双护照受到部分限制,尽管有烦人的官僚障碍需要跨越,尽管条文规定写得含糊不清,但是,近一半在德外国人终于有机会成为正式公民。虽然条例的适用范围有限,部分申请者因此打消了念头,但归化入籍的人数还是在迅速增加。1994年转为德国公民的外国人还只有6.17万人，但五年以后，这个数字就已攀升至14.3万人。不可否认，"德国护照正在变得炙手可热"。[100]

因为社会陷于僵局，所以移民问题始终都被高度政治化。2000年初，总理施罗德突然提议在信息技术领域招聘数量有限的外籍熟练工人，以此填补德国在这一重要产业部门的漏洞——预计引进的专家总人数约为7.5万名。和美国的永久居留证一样，这类工作签证也叫"绿卡"，有效期为五年，最多可发放给两万名申请者。由于国内工程训练不足，劳动力异常短缺，而信息技术又是极为关键的产业部门，所以德国才会专门推出这类签证。另外，这一措施也能体现高素质移民带来的经济效益。想要获得这类签证，申请人必须具有大专学历，且承诺的年薪不得低于5万欧元。[101]然而，尽管这项提议相当保守，但于尔根·吕特格斯，基民盟的北莱茵-威斯特伐利亚州州长候选人，还是迎合大众的"惧外"心理，以"要孩子不要印度人"为号召，发起了一场民粹式的竞选活动。不过，所幸仇外口号最终反而导致了他的失败。所以，虽然各方对"绿卡"仍有所保留，但它还是在2000年夏天正式启用，并且在启用后的前两年里，共有约1.5万名信息技术专家成功获得了签证。[102]

在2000年5月的"柏林演讲"中，联邦总统约翰内斯·劳做出了一项很有魄力的举动。他号召国人"消除不安、克服恐惧"，希望以此打破移民问题的僵局。一方面，从人口结构、经济和文化角度看，移民很"符合我们的文明利益"；另一方面，各方都需加倍努力，为社会融合创造更好的环境。为便于议会达成妥协，内政部长席利组建了一个专家委员会，由基民盟的莉塔·苏斯慕特担任主席，其成员包括来自教会、工会和绿党的移民倡导者，来自学界、经济界和各个社群的中立者，以及来自保守党派的反对者。[103]在经过激烈讨论以后，委员会最终达成一项"超党派社会共识"，并根据劳动力市场的需求制定了一套管控移民的新方法，即设置一定的年度配额（约5万人），同时努力帮助在德移民尽快融入社会。事实证明，这一建议既满足了左派扩大开放的愿望，也减少了右派对于外国人反客为主的担忧。[104]

不过，尽管如此，基民盟还是坚持认为，要加速外来人口的融入，就必须重视"德国人主导的文化"，以此替代多元文化的"大杂烩"。而基社联盟则明确要求，"不管谁想要在此永久居住，他都必须主动吸收德国的语言、融入德国的价值体系"。实际上，语言能力不足也的确是移民（尤其是土耳其青年）求职的一大障碍。另一个问题是，某些穆斯林更愿意信奉伊斯兰原教旨主义，很排斥西方的人权观念，极力想维护男性的支配地位（例如从安纳托利亚"邮购"新娘）。[105]2000年10月19日，基民盟议会党团主席弗里德里希·默茨在辩论中抛出了一个新名词，"德国的主导文化（Leitkultur）"，于是各方的争议进一步加深。相比之下，联邦政府则继续以建设"多元文化社会"为目标，最多只愿增加所谓"宪法爱国主义"的概念。实际上，在这场意识形态之争的背后潜藏着一个关键问题："德国究竟能容忍多大的分歧？"但不管如何，各党派至少都同意一点，那就是，所有移民必须把德语学好。[106]

由此可见，2004年6月颁布的移民法其实是妥协的产物，是为了既允许可控移民的存在又能推动社会融合。草案中曾提议缩短收容处理的时间，降低依亲子女的年龄上限，部分开放劳务移民，进一步加强社会融合。然而，2002年夏天，由于基民盟/基社联盟在参议院进行抵制，上述提案均未获通过。联邦宪法法院裁定，社民党-基民盟在勃兰登堡州的配票结果无效。[107]但即便如此，两年以后，内政部长席利还是成功获得了反对党基民盟/基社联盟和绿党的支持，同意制定法律"限制并管控移民，规范［欧盟］公民和外来人口的居留与社会融合"。这项法律的名称颇为复杂，这表明它是"保护和机遇"的矛盾综合体：法令规定，移民对象只限于高素质工人、大学毕业生和富裕的申请者；为加强安全，可简化恐怖分子嫌疑人的遣返程序；强制移民接受语言培训，帮助移民融入社会；出于人道考虑，对必须由济困委员会判定的非政治性迫害予以例外处理。对于上述改革措施，联邦政府十分欢迎，称之为"历史的转折点"，而呼吁扩大开放的个人与团体（如 Pro Asyl）则认为步子还迈得不够大，所以感到很失望。[108]

文明的试金石

20 世纪 90 年代初，排外浪潮到达巅峰。总统魏茨泽克警告说，德国对待外国人的方式将成为"衡量我们整体民主秩序的标尺"。至少在理论上，可以毫无疑问地说，"公民社会融合与歧视外来人口的程度不相上下"，因为志同道合者的自愿结合也显示，他们与非成员之间存在相应的差别。不过，同样明显的是，德国的"文明程度"取决于它是否严格遵守人权的普遍标准——这套标准不仅适用于本国公民，同样也适用于外来人口。其次，为防止仇外暴力，已经生活在德国的外国人最依赖于"化解冲突的文明形式"。虽然右翼民粹主义、仇外和暴力事件在一些邻国更为猖獗，但因为德国有不堪回首的纳粹历史，所以它必须遵守更高的标准。[109]那么，德国过去是怎么经受住考验的？将来又会如何面对这一挑战？

虽然政客们还在争论德国是否"足够国际化"，但 20 世纪后半叶的移民记录显示，它的确取得了骄人的成绩。如果把被驱逐者、东德难民和后来的移民全算在内，我们会发现，"1989 年，德国近三分之一的常住人口都是 1945 年以后陆续到来的"。另外，联邦统计局的数据显示，即便只考虑文化意义上的"外国人"，1959 年至 1999 年间，流入移民仍有约 3 000 万，而流出移民则有 2 100 万，两者差距为 900 万。由于客籍工人及其家属、大批内战难民、寻求庇护者和欧盟劳务移民的不断涌入，截至 2000

年，德国的常住人口已经增加了 9 个百分点。与别国的同类移民相比，德国的问题主要是因为归国侨民和外来移民混杂在一起。事实证明，只要多数民众仍然对"德国是移民国家吗？"这个问题给出否定回答，那么，德国就不可能以自身利益为主导，建立起有效的移民管控系统。[110]

因此，对于"有移民无政策"的后果，德国人的反应普遍存在严重的不安与矛盾。右派欢迎侨民回国定居，是希望文化的亲缘性能够加速社会融合，但同时忽视了新移民的异质性。他们对外国人的反感，多半建立在高犯罪率和福利欺诈的刻板印象上，所以他们才假定外国人无法适应新文化。针对陌生人的暴力攻击多源于"偏狭与仇恨的家庭文化"，是由对"他者"的曲解所致，其目的是想通过施暴来补偿个人的自卑感。[111]同样，左派"对多元文化社会的过度热情"也阻碍了社会融合，因为它倾向于美化外国人的他异性，却不要求对民主的基本准则予以尊重。另外，对原教旨主义的纵容也助长了种族的贫民窟化，加深了外国人对社会融合的敌意，尤其在比较大的移民群体（如土耳其人）当中。而外来人口事务特派员的设立固然用心良苦，但事实证明，只要移民缺乏在语言和法律上融入社会的意愿，那它就无法在主客文化之间发挥调解的作用。[112]

想要发展一个管控移民流入的合理制度，就必须明确承认"我们需要移民"，因为这会带来不可否认的好处。雷纳·明茨等人口学家对德国人口的"老龄化"提出过严重警告，声称目前的生育率（一对夫妻只生 1.4 个孩子）远低于维持现状所需的水平（2.1 个孩子），所以若不继续引入移民，德国人口就会明显萎缩。另外，商业领袖以德国对出口的依赖为例，指出必须"引进外国专家"，以此弥补创新产业中专门人才的短缺，尽管德国的失业率居高不下。相较而言，作家和知识分子通常更强调，移民带来的不同习惯与生活方式会丰富德国固有的文化。[113]不过，也有怀疑者警告不该把移民当作万灵丹，因为在不同的职场、社会体制和文化层面，这同样会给新来者造成严重的适应问题。所以说，关键是不能让这一过程受到种族争端、经济危机或者内战的影响。相反，应该根据劳动力市场的需求、社会吸纳与融合不同移民的能力，谨慎地加以引导。只有这样，移民才会对双方都变得更人性化。[114]

作为"一种现代文明"，德国既需要对文化差异更加包容，也需要有更为连贯的移民政策。如果不想导致片面同化，那么，要实现这一双重目标，"德国人和非德国人"就需要"齐心协力"。一方面，在欢迎移民的时候，本国人的态度必须比以前更开放，更能接受不同的宗教习俗和社会习惯。另一方面，新移民若想在东道国永久扎根，那就应该跳出"种族亚文化"的窠臼，主动内化所在国的各项规则。[115]土耳其裔作家扎菲尔·谢诺贾克曾经说，"除了考虑劳动力市场，未来的移民观念还将对教育和文化政策提出挑战"，而这一点也确实已经被忽视太久。虽然"一项旨在防范种族主义和仇外主义的特别计划"必然以减少本土偏见为目标，但是，为促进外国人对德国文化的理解，也需要为语言学习提供更多支持。相信只要多关注文化杂合的优点，那些具有双重文化身份的政客（如杰姆·厄兹代米尔）、知识分子（如费里敦·扎伊姆奥卢）和电影导演（如法提赫·阿金）必将大有作为，进而保证这一文化协调的过程取得成功。[116]

结　语
剧变的影响

虽然这段历史中止期（1989—1990）已经过去很多年，但无论在舆论界还是学术界，关于它的意义至今仍然众说纷纭。之所以存在关于其重要性有争议，不仅是因为时间间隔较短、对东西德影响的不对称、知识分子的习惯性质疑，同时也和事件本身的复杂性有关。首先，如何命名这场剧变就是个问题。推翻落后的东德领导难道仅仅是统社党的一次政策"转向"（Wende）？是共产党的上层统治发生了崩溃？又或者，是下层爆发了真正的革命？[1]其次，引发转变的原因同样存在争议：其动力究竟来自内部，来自长期的结构性问题，还是短期的东德人口大逃亡？又或者，是国际局势发展的产物——比如超级大国之间关系的缓和、东欧邻国内部兴起的异议分子运动？[2]最后，两德统一对德国公民社会的发展有何影响？这个问题也始终备受质疑：民族国家的重建是否对战后的文明化进步构成了威胁？又或者，它预示了对西方发展的一种长期偏离的结束？[3]

关于东德的民主觉醒，回答似乎大致是肯定的，因为公民社会的复兴在其预备、进程和结果中都扮演了主要角色。民主德国的反对派来自各个小团体、非正式网络和审慎的公共行动。它借用了东欧异议分子的概念，所以其自我定位是针对统社党专政的一种草根挑战。虽然大逃亡基本属于一起无组织群体事件，但1989年秋天不断高涨的示威活动是由一场公民运动中不同团体竞相主导的。它为社会自发组织起来对抗政府压迫提供了一个经典案例。[4]这场声势浩大的公民动员最后以圆桌上的权利分配而告终，其目的是要找到一条改造民主德国的道路。然而，1990年3月18日举行的首次自由选举却开始将抗议转变成议会形式。在把西德的制度移植到东德以后，草根阶层的革命实验也就画上了句号。不过，虽然高涨的革命激情从此消散，但是，公民社会的确为发表东德观点提供了渠道，尽管其利用率并不高。[5]

至于统一的进程，应该说，整个画面并不是很和谐，因为加入联邦共和国虽然实现了部分愿望，但也带来了新的失望。尽管《基本法》提供了法律保障和政治自由，但是西德的许多惯例，从销售合同到保单，都是东德人不熟悉的，也因此在初期造成了恐慌。其次，在托管局严格的私有化政策推动下，东德经济的崩溃导致大面积失业，甚至连基础设施的维修、巨额的社会转移支付都不足以弥补损失。毫无疑问，加入"北约"与欧盟可以强化自身安全，是比核军备竞赛更好的选择。但相应地，它也要求德国承担起新的国际责任，参加与和平主义习惯相违背的军事部署。最后，民族国家的意外重建让人们对未来身份的性质产生了极大的不安，因为从此德国人就必须承受两个独裁政权遗留下来的负担，同时还得在一个渐趋一体化的欧洲扮演新的角色。[6]在努力适应这些矛盾的过程中，许多西德知识分子陷入了迷茫，而对来自东德的公民而言，这更是难上加难。

当仇外暴力频发，标榜多元文化的文明主张不攻自破时，外界关于德国人对待外国人的印象变得更加负面。毋庸讳言，接收数百万东德逃难者、寻求庇护者和来自第三世界的难民,这本身就是一项了不起的成就。可是,对外国人普遍的仇恨也暴露了底层民众惯于歧视的丑恶面目。在右翼党派、资产阶级政客、新纳粹青年的煽动下,他们的恐惧与日俱增。但即便如此,即便在这个领域,还是能发现一些文明进步的积极信号:倡导包容的烛光守夜晚会、反仇外联盟和 Pro Asyl 之类的团体,表达了民意对包容精神的普遍支持。而土耳其亚文化的自组能力不断增强,则证明受歧视的少数族群同样有可能表达自己的愿望。所以说,经过持续争吵才通过的移民法,是本国利益顽强抵抗与对外接受能力日益增强之间的一种妥协,自相矛盾的妥协。还是委员会主席莉塔·苏斯慕特说得好:"我们正在把门打开一条缝。"[7]

根据提莫西·加顿·艾什的敏锐观察,在很多方面,1989 年至 1990 年间发生的剧变重启了部分自 1848 年以来一直存在争议的问题。[8]苏联共产主义的崩溃提出了如何调和公民权利与社会安全的问题。调查结果显示,在两者之间,西德人更倾向于选择自由,而东德人则更青睐平等。和其他国家不同,在德国,分裂状态的结束提出了一项新的挑战,即在不允许民族主义再度泛滥的前提下,如何为一个迷失方向的民族重建一个民主的民族国家。德国意外转变为移民国家的事实,让社会不得不面临一项任务,即如何以文明的方式对待陌生人,如何避免形成以差别歧视为基础的"仇外常态"。[9]魏玛共和国失败以后,再度壮大的德国获得了意外的"第二次机会"。它要为上述的长远问题寻求解决之道,还要让国内的多数民众和邻国都能接受。[10]

另外,在应对先进工业社会共同面临的困难时,德国人还可以利用在 1989 年至 1990 年的剧变中得到强化的一系列正面体验。即使这种体验在部分东德人的圈子里、在某些西德知识分子当中并不完整,但是,对社会主义乌托邦的彻底幻灭让他们抛弃了集体主义,增进了对个人权利的了解。[11]同时，作为国家分裂的产物，旧德国的后民族特性也为"后古典"民族国家的建立创造了条件。这或许有助于防止德国重蹈覆辙，再度陷入具有侵略性的民族主义。[12]最后，低出生率导致社会的迅速老龄化，引发了普遍的关切与担忧，但同时，也让人对移民问题树立起更为务实的态度，能够把与外国人的接触理解为丰富文化内涵的机遇而非社会威胁。[13]所以说，意外统一带来的持久挑战是，如何根据西方文明的积极面来驯化重建之后的民族国家。

结　论
柏林共和国的雏形

　　关于未来的首都与政府所在地，各方同样存在争议。实际上，这正好暴露了统一后德国身份的根本冲突。对批评者而言，柏林象征"普鲁士-德意志的奥秘"、"第三帝国"的罪行、中央集权的趋势——简言之，象征着民族傲慢态度再度抬头的危险。与此相反，他们将波恩视为民主新生的象征、"联邦制度和西方联系"的象征——换句话说，它代表了战后时期的文明与进步。还有些人反对在莱茵河边建立临时首都，批评这想法太过狭隘，而且会助长近亲繁殖。他们提醒国人，统一条约中曾多次承诺迁都，强调首都必须是大都会，必须对统一具有象征性的贡献。因为舆论同样严重分歧，所以1991年6月21日联邦议院经过一场激烈的辩论，最后才以17票的微弱多数决定定都柏林。根据这项妥协方案，在"政府职能核心区"迁至传统首都的同时，波恩的其他行政部门仍将继续运作，如此便可实现"合理的劳动分工"。[1]这一结果尽管依然存在争议，却标志着历史的回归、未来的重启。

说起政府机关的搬迁，"柏林共和国"这名称恰好体现了所有的忧虑和希望。实际上，从20世纪90年代初开始，知识分子就一直把这个概念视为东西德合并后的简称。尽管如此，真正再度引发争议的却主要是公法学家约翰内斯·格罗斯。格罗斯曾在1996年强烈呼吁"建立一个柏林共和国"。他认为波恩的执政方式"一点也不严肃"，"不值得严肃对待"，所以希望"作为联邦首都，柏林能够呈现截然不同的执政风格"。政府的搬迁将带来更多优秀人才、更多包容精神、更深入的政治对话。[2]然而，怀疑者的猛烈攻击（因为害怕文化"东德化"，害怕新民族主义，害怕纳粹历史被淡忘）却把这个名字变成了政治的"战场"，让它映射出不同的身份和殊异的分析。而且，正因为这个问题让人情绪激动，所以，关于"柏林共和国"的论述也就自然成为统一后前十年的一大现象。[3]

实际上，在新闻辩论的背后是各自不同的判断，关于战后转型、关于统一后社会变迁及其影响的判断。在库尔特·松特海默看来，东德各州的加入——《基本法》里唯一的小修改——和议会制度的稳定性表明，与此前的波恩共和国相比，"以柏林为首都的联邦共和国在本质上并不会有何不同"。但尽管如此，人口增长、领土东扩、社会迅速转型还是产生了一系列新问题，而这不可能对政治文化毫无影响。然而，在评估这些因素时，还有个重要的层面必须加以考虑：在1998年的选举中，社民党和绿党获得胜利，终结了基民盟长达十六年的霸权，"68一代人"开始掌权，象征性媒体政治的趋势得到加强。至于对柏林的那些期待是否会实现，对它的保留意见是否会被不幸言中，虽然目前下结论还为时过早，但新政的雏形已逐渐露出端倪。[4]

这其中，争论最激烈的问题是："柏林共和国的新身份"当中会继承哪一种历史遗产？许多外国评论家、左派政客和悲观的知识分子担心，统一以后，20世纪上半叶的危险模式将死灰复燃，强大的德国将恢复昔日的霸权、侵略和剥削。而少数外国观察家、更多保守党派和比较乐观的专栏作家则希望，20世纪后半叶的学习过程将会被发扬光大，新的共和国能够呈现包容、和平、合作的姿态。统一的批评者往往用负面的刻板印象来描述这个民族，而统一的辩护者则更强调正视历史和集体学习的各种好处。这场辩论沿用了英国首相撒切尔夫人的顾问们在契克斯庄园采取的方式。辩论的形式极为规范，但又不乏刀光剑影。辩论的中心议题是：究竟哪一种遗产和教训将会塑造德国的未来？[5]

由于我们太常从历史中得出有害的结论，所以必须弄清楚为什么德国人对20世纪的第二次失败——也是更具毁灭性的失败——反应比第一次更积极。[6]因为对第一次世界大战失利和此后的革命感到失望，所以反民主的民族主义分子断定，只有再进行一次更激进的尝试，德国才能在欧洲恢复霸主地位。可是，第二次世界大战的惨败以及纳粹专制的覆灭，为何让多数德国人选择避免战争、放弃激进民族主义、放弃特殊的现代化道路呢？[7]即便是正面的学习过程，如果用力过猛，一样会在不同情况下产生负面影响。在面对全球化的新挑战之际，纳粹主义的历史教训对德国人有何影响？最后，近几十年来，后殖民批评已经开始对转型的目标提出质疑——不管这个目标是被叫作"西化，自由化，还是文明化"。接连的变化究竟在多大程度上算是进步？想要回答此类问题，我们不仅要重新审阅相关记录，而且应该对判断标准有所反思。

公民学习的过程

1945年以后，拉丁文单词civis所衍生的各种新词一度非常流行。由此，我们或许能窥见德国政治文化转变的一些端倪。越来越多的词典开始收录以形容词civil为基础的复合词。根据《布罗克豪斯百科全书》的说法，civil的义项之一是指"平民"，正好与"军人"相反。托马斯·曼认为，19世纪末20世纪初，内向的德国"文化"与外向的西方"文明"发生了冲突。而在"冷战"时期，由于"西方文明"的概念逐渐用于指称似乎受到共产主义威胁的那套共同价值观，于是这一冲突便在战后被削弱了。另外，诺贝特·埃利亚斯认为，文明化是"一个控制本能与情绪、降低暴力倾向、完善习俗与行为方式的进步过程"。当这个人类学的解读日益受到重视，"文明"的观念也就能逐渐转变为积极的社会目标。最后，作为"国家的对立概念"、社会自组的中介领域，英美的"公民社会"观终于被知识分子普遍接受。然而，在东德，对应的词典里却完全找不到这些概念。[8]

德国人的学习过程始于纳粹罪行带来的震撼。因此，为凸显其特点，我们不妨将它理解为一种"再造文明"的努力，而这也正是"漫漫西行路"的核心内涵。文化批评家于尔根·哈贝马斯认为，"联邦共和国的政治文明化程度还很有限。我们仅仅是意识到文明发生了断裂"。首先，一个文明国家无法阻止残忍的种族灭绝政策，这本身就是个悖论，同时也是上述观点所依据的基础："你很难理解，在德国这种文化上高度文明化的社会，自由的政治文化居然只能出现在奥斯威辛*之后*。"只有在认识到纳粹大屠杀的影响以后，德国人才深刻了解到人权与民主的重要性，"即不将任何人排除在政治共同体之外、对所有个体差异予以同等尊重的简单期望"。[9]也正是基于这样的思路，我在本书中提出如下观点：德国人对这些教训的内化，更多体现在新时代的主动忏悔上，而不是在与过去和解的艰难过程中。

与纳粹罪行的思想交锋最多只能是局部的、三心二意的，因为许多德国人发现正视自己的灵魂很难。起初，在纽伦堡审判和此后的庭审中，同盟国揭露了纳粹的种种暴行，令战败国人民感到震惊、愤怒、难以置信。可是，很快外界强加的认罪命令便引发了防御性反应——人们很反感集体犯罪的设定。于是，政府最终出台了一项政策，从此每个人都对过去讳莫如深。[10]只有少数勇敢的民主派政客（如特奥多尔·霍伊斯、库尔特·舒马赫）以及批判型知识分子（如欧根·科贡、卡尔·雅斯贝斯）不厌其烦地提倡公开认罪。由于东西德都指责对方继承了纳粹的遗产，所以双方在"冷战"中的意识形态之争导致了一种双重简化：在东德，法西斯主义被等同于资本主义，而在西德，纳粹独裁则被归为极权主义的一种。[11]可以说，德国人对"第三帝国"只是一知半解，然而，很多重建和部分转型工作正是在此情况下进行的。

德国人之所以最终能够正视历史，很大程度上是因为西德社会的整体转变，另外也归功于知识分子探究责任问题的不懈努力。实际上，直到1958年，路德维希堡才成立起诉纳粹犯罪的中央文献办公室；直到1963年，德国当局才在法兰克福开启奥斯威辛审判。只是在文学中兴起社会批判以后，在不加掩饰的电视纪录片播出以后，在学校收到新的课程指导以后，人们才开始批判地审视历史，继而在此后的世代反抗中加强了这一意识。[12]只是在国际舆论施压以后，在美国肥皂剧将个人的命运搬上荧屏以后，在"大屠杀"的概念从国外引进以后，德国人才开始不再以受害者自居，才终于认识到自己也参与谋杀了犹太人和斯拉夫人。于是，德国人开始公开纪念纳粹罪行带来的道德教训——这其中结合了两种相悖的元素：道德盲目与自我鞭挞。不过，此举虽然有助于政治改革的合法化，但若没有之前的实践学习，也是难以想象的。[13]

这种对历史教训的切实关注改变了德国的政治文化，其发展大致可分为三个阶段：1945年以后的前几年、1968年前后、1989年至1990年期间。变化始于"战胜国摄政期间那些旨在打造或重新打造德国文明的计划"，而最开始就支持这些计划的战败国人民其实很少。实际上，早在第二次世界大战期间，以美国为首的战胜国就讨论过彻底改造的方案。他们希望不仅能推翻纳粹党的统治,而且能铲除更深层的根源,阻止战争再度爆发。另外,德国的流亡领袖与抵抗组织希望第二次世界大战的彻底失败能够杜绝复仇主义的出现,所以他们同样发出呼吁:"如果我们不想陷入虚无主义的深渊,就必须再次接受西方世界的伦理价值,重新树立起它的权威。"[14]波茨坦会议制定的"三非"计划——去军事化、去纳粹化、去卡特尔化,目的就是为试行第二次民主化预先打下基础。而从长远看,这项强制改造计划也的确卓有成效:德国终于转向了和平主义、后民族主义和经济竞争,老的联邦共和国终于脱胎换骨,变成了文明之邦。

但尽管如此,西方式公民社会的发展还是历经了一代人的时间,因为它需要对社会结构、文化定位进行更深层的改造。即使"重建联邦共和国"的主张有些夸大了社民党-自民党联合政府的重要性,可是,有关同时期文化革命利弊的争议表明,与此相关的变化对推进德国的文明再造确实至关重要。[15]尽管这样,充满争议的1968年还是应该被视为一种象征,代表了追赶现代化的一系列进程。实际上,正因为大众消费与流行文化的兴起,西德社会才得以实现西化。这样的变化帮助德国人从文化上接受了"强加的民主":通过程序实践和实际成果的证明,人们才逐渐感受到它的魅力。[16]最后,因为年轻一代试图扩大政治参与而导致的冲突,也是对民主文明的一种严峻考验。这个第二阶段的产物便是西化、内部民主化和抗议动员,而三者结合又拉开了东德与西德的社会文化距离。

然而,即便如此,要到苏东共产主义政权崩溃,同样的变化蔓延至东德,整个转变过程才算真正完成,尽管并非所有新公民都对移植"文明西部"的制度那么热心。实际上,早在统社党的独裁统治下,公民社会的各种要素就已齐备,而这无疑促进了1989年秋天的民主觉醒。但是,东部各州的加入以及后来的统一危机却又打击了东德公民的积极主动性。[17]其次,统一后有关正常化的辩论表明,德意志民族国家和以人权为基本的文明观念之间的关系始终还不稳定。这个问题在丑恶的仇外暴力事件中暴露得尤为充分。很显然,部分德国人因为担心移民反客为主,所以对外来人口的容忍度并不高。[18]尽管如此,由于影响延伸到了东德,第三波变革还是增进了国民对人权、民族团结与文化差异的认识。不过,虽然这些过程的自由化目标已被普遍接受,但其造成的一些具体影响仍然颇具争议。

一方面,文明化进程的各个部分都还存在明显不足,学习过程的效果因此受到限制。例如,尽管接受过各种启蒙,光头党青年和右翼成年人还是迷恋着战争与不曾中断的民族主义。[19]另外,虽然路德维希·艾哈德的新自由主义倡导市场与竞争,但两者并未长期占据主导地位,因为就在经济衰退期间,"莱茵资本主义"已逐渐形成新社团主义的特征,阻挠了社会的进一步发展。[20]文化界向来指责引进的美国流行文化过于浅薄。现在,虽然这类批评已大为减少,但是,对政治的冷淡、对政党的不信任、对公开抗议的敌意,还是一再露出端倪。[21]即使在"红军旅"被打败以后,左翼阵营中的激进派仍然拒绝远离暴力;尽管"现实社会主义"已经名誉扫地,但阴影仍然挥之不去。[22]最后,右翼一直在努力恢复具有侵略性的民族主义,这同样助长了仇外暴力的发展。[23]所以说,虽然困扰多数人的问题已得到妥善解决,但少数族群的情况在日益恶化,并不断引发新的冲突。

另一方面,过度学习也导致了某些反向的曲解;事实证明,这同样对统一的德国造成了阻碍。半主权地位催生出意识形态上的和平主义,再加上参与多边军事部署,于是,承担国际责任的问题也就变得复杂起来。同样,因为伦理后殖民主义,人们也不可能以民主爱国主义的形式与民族国家建立起情感联系。[24]其次,激进的市场自由主义已经被亲自民党的企业家广泛接受,因此,一波又一波由股东推动的解雇潮也就变得名正言顺。实际上,因为行为过于夸张,人们早就厌弃了对西方生活方式的刻意模仿。但即便如此,绿党成员还是特别痴迷于草根参与的幻象。而另一方面,学生运动鼓吹庸俗的马克思主义，将唯物主义过度简化，结果误导了整整一代的知识分子。[25]此外，存在问题的还包括马后炮的反法西斯主义、阴魂不散的德国例外论、肤浅幼稚的多元文化论——后者对严重违反人权的言行一律视而不见。[26]同样，在遗传学研究等领域，被夸大的历史教训尽管用意很好，但也和麻木顽固的态度一样，容易导致很多问题。

一开始，战胜国利用各种干预和激励手段，从外部推进学习过程，这让战败国除了遵从再也别无选择。主权搁置和军事占领为波茨坦计划的执行创造了不可忽视的政治条件。尽管"冷战"加深了占领区之间的隔阂，但是，意识形态的对抗同时也促使德国改变原有政策，将重点转向善后与恢复工作，从而加速此后的重建进程。"北约"的军事保护、通过欧洲一体化解决鲁尔区的控制问题，这些在早期也都加强了西德与西方的联系；而在东德，《华沙条约》与"经济互助委员会"却未获得同样的青睐。事实证明，在"马歇尔计划"的激励下，西德的经济复苏大获成功。这既巩固了新的民主秩序，同时也借由社会安全网的扩展稳定了社会治安。随着半主权在20世纪50年代中期的回归，直接的外部干预日益减少，外部影响开始以国际舆论的监督与评论为主——这种形式虽然间接，但仍然有效。[27]

从此，德国人便靠自己继续推动内部的反思：一方面，深入认识纳粹独裁统治的可怕后果；另一方面，认真体会联邦共和国的不断进步。作为学习过程中的一种激励，纳粹的溃败发挥了重要的作用，因为它让潜在的复仇欲望彻底化为了泡影。与此同时，德国人终于认识到，自己已经"因为罕见的罪行自绝于文明世界"。也因此，他们的忏悔才会变得更令人信服，德国才会再次被国际社会接纳。[28]由于纳粹的罪行披露后引起极大震撼，所以防止野蛮主义复活便成为制定《基本法》、重建政治体制的核心目标。就这样，在国际认可与国内稳定的土壤中，民主逐渐萌芽，诱人的西方生活方式让人更容易接受"文明"的标准定义。尽管压抑罪恶感、自称受害者的现象仍很普遍，但从长远看，批判态度还是占据了上风，政治文化也因此得以彻底转变。

就结果而论，文明化进程对西德的影响要大过东德，因为只有西德社会具备足够的自由，能够改正自身的一些缺点。而在苏占区，信奉共产主义和社会主义的领袖人物，无论是在抵抗运动中幸免于难的，或者是从海外流亡归来的，都更推崇较为激进的反法西斯主义，认为这种民族精神才更适合"更好的德国"。他们对此深信不疑，并且还吸引了一部分知识分子，比如贝托尔特·布莱希特、斯蒂芬·海姆。然而，因为只有少数人支持"社会主义实验"，所以统社党终究还是建立起新的独裁政权。[29]而在西占区，硕果仅存的魏玛民主派和战败后幡然悔悟的前纳粹分子，却没有走那么激进的路线；相反，他们努力从底层开始建设民主，以至于去纳粹化经常沦为一种粉饰太平的行为。但尽管如此，事实证明，从长远看，联邦德国的学习能力更强，因为它已形成一个批判性的公共领域，可以通过揭露臭名昭著的纳粹余孽，或者发起环保等问题的相关讨论，来强制推动改革。最后，国际压力对西德也更有效，因为它本来就很想成为西方文明的一部分。[30]

从波茨坦改造计划的角度看，战后的发展成就很亮眼，但并不彻底。和平工作完成得异常出色，基于种族歧视的民族主义日渐没落，西德人开始真诚地拥抱欧洲一体化。在与计划经济的竞争中，繁荣的社会市场经济赢得了意识形态的胜利，并成为邻国争相效仿的楷模。由于民主最终在西德扎下了根，所以说，其魅力对推翻东德统社党专政也有一份贡献。在充满活力的公民社会里，人们普遍具备批判能力，因此官僚管制相对减少，公民参与则有所增加。然而，理解的进步（例如对1944年7月刺杀行动的认可）却只能通过激烈冲突实现，因为威权主义的残余尚未除净，守旧派仍然不愿接受自由化。[31]其次，有些过度学习把实用常识的出现变复杂了，有关德国人遭受的苦难——轰炸、强奸、被驱逐——的新禁忌也变多了。[32]所以说，柏林共和国的历史根基并非建筑在想当然的成功之上；相反，它经历了一个努力内化文明标准的漫长过程。

全球性挑战

正当德国人还在全力应对第二次世界大战后果的同时，全球已经在向后工业社会迈进，全球化时代引发了又一轮变革。整个世界都在向高科技过渡，继钢铁、化工、汽车等传统产业之后，新的电子业增长中心也相继出现。大量生产被外包到亚洲"四小龙"国家或地区，传统的制造业领域正面临急速的非工业化，发达国家的就业结构开始从工业劳动转向服务产业。与此同时，1973年和1979年先后爆发的两次石油危机表明，盲目的经济发展一样存在局限，持续增长的能源消耗会对生态造成危害。回顾"短暂的20世纪"，英国历史学家艾瑞克·霍布斯鲍姆将20世纪70年代初定义为一个停顿点，战后黄金期与动荡新时代的分水岭。相比之下，德国政治学家汉斯-彼得·施瓦茨更重视另一个断层期（1989—1990），但他同样把随后的几年称为"距离最近的当代史"。[33]那么，文明化的学习过程究竟是如何帮助柏林共和国迎接新挑战的呢？

乍看之下，德国的转变会让人有些捉摸不透。在外交与安全政策上，紧跟多边联盟、注重谈判协商、利用经济激励、坚持欧洲一体化，这些无疑促进了国家的发展。另一方面，虽然统一以后西德的重要性日益增加，作为美苏共管的"冷战"产物的两德军队的合并，却不足以凸显这一点。所以，经过深思熟虑以后，德国政府最终决定先参与各项和平任务，然后再加入军事实战。当然，这一决定也是受了南斯拉夫内战的影响，因为电视上的内战画面实在令人震惊。同样，备受赞誉的"克制文化"也不可能持续太久，因为德国人都想更奋力地追求自身利益，而同盟国则希望在欧洲扮演更积极的领导角色。[34]实际上，在2002年竞选连任期间，施罗德-菲舍尔内阁曾试图拒绝参加针对伊拉克的预防性战争，希望推行更为独立的外交政策。可是，此举随即引发强烈抗议，因为保守派批评家预言，跨大西洋共同体很快就会终结。

对于民族国家的复兴，德国人的情绪性和象征性反应都充满了矛盾，而这同样表明民族问题尚未完全解决。原来的联邦共和国尽可以自夸已经克服传统的民族主义，发展出"宪法爱国主义"，以至于自由派评论家全都把西德视为"后民族国家"。[35]但另一方面，民粹主义知识分子（如雷纳·齐特尔曼）又试图利用统一营造的喜庆气氛，宣扬所谓的"再民族化"，进而恢复民族概念的导向价值与情感纽带作用。当时，海内外的评论家都要求德国人公开认罪、悔罪。但右派思想家很厌烦这种要求，他们呼吁国人要恢复民族自豪感。面对突如其来的攻击，左派显然有些不知所措，于是便尽量避免使用已被历史染污的"民族"一词，转而大力提倡多元文化与欧洲一体化。而温和派观察家（如柏林神学家里夏德·施罗德）则认为，不能因为西方国家偏爱"民主爱国主义"，所以就把它当作合理的妥协方案。[36]

其次，当前的经济困境表明，有些问题不是源于过度学习，而是因为对历史了解不够。虽然市场、竞争以及福利制度的扩展是德国经济奇迹的主要成因，但早在20世纪60年代中期首次经济衰退发生时，政府干预就已恢复；并且，在企业家、工会和国家的密切合作下，曾诞生过一种"协调式资本主义"。事实证明，几十年来，这种基于共同协商的"德国模式"成功确保了劳资关系的高度和谐。但即便如此，由于过度监管、高社会成本和高赋税，在全球化过渡时期，这还是显得太僵化、太昂贵了。以美国新自由主义的去管制化政策为例，企业主和经济学家都在有系统地推动卡特尔的解体、公营事业（邮政服务与国营铁路）的私有化，并支持通过大批裁员为竞争创造更多自由，进而实现合理化的目标。[37]试想，假如德国谨遵艾哈德的教导，继续坚持市场导向，那么，上述的改革方案或许就会变得多余。

相较而言，德国人的西化倒是收获颇丰。尽管社会上也存在一些反美情绪，但西化的趋势已经不可逆转。1989年夏天的大出逃和1990年3月的选举显示，东德人多么想集体移居到"西部"，多么向往繁荣与自由。也有人警告说，统一后德国有被"东德化"的危险，但事实证明这种说法毫无根据。实际上，完成内部统一之所以艰难，并不是因为东德多么强势，恰恰相反，是因为东部各州的声音过于微弱。[38]德国是否想扮演以前的角色，继续在东西方之间摆荡？其实这个问题源自一个不同的语境，即欧洲的一体化。由于中东欧的异议分子在推翻统社党专制过程中立下了功劳，所以为表示感谢，同时也为市场潜力和军事安全考虑，德国特别提倡欧盟的拓展与"北约"东扩。更讽刺的是，尽管因为历史包袱的缘故，与波兰、捷克的关系正常化困难重重，但德国已经充当起西化的传播者，开始影响它的邻国。[39]

然而，对于民主发展的前景，各方的判断仍然存在很大分歧，因为议会实践常常达不到"文明化冲突管理、非暴力权力斗争、和平的领导换届"等理想目标。批评家纷纷谴责媒体社会中的所谓"旁观者民主"，因为这样一来，公民就无法直接参与，也不必承担责任了。为了对症下药，他们建议提高基层的参与度，即增加公民立法提案、公民投票和全民公决的机会。实际上，也确实有一些先进城市和部分州采纳了这项建议，但它在联邦层级上目前尚未得到推广。[40]其次，在前东德，由于人们普遍对"统一危机"感到失望，所以民主价值很难扎下根来。表面上，各项制度运转良好，但其实，似乎还缺少一种与外在表现无关的感情基础。实际上，在后共产主义转型过程中，其他东欧国家也都遭遇过类似的困境。于是，问题就来了：德国的战后学习过程能否移植到别处呢？最后，有关"民主赤字"的讨论、立宪公投的失败也都表明，欧盟需要加大努力，提升公民参与度和对大众的吸引力。[41]

同样，1968年抗议文化的遗产也仍然存在争议，因为在国际反恐战争中，自由的观念经受了严峻的考验。如同许多和平集会所显示的，在公民行动的努力下，游行示威的权利已经确立，因为只有在抗议者造成重大物质损失或使用暴力的情况下，法庭才会出面干预。[42]但不幸的是，由于对外国极端主义者过于包容——只要他们不直接危及内部安全，所以在德国便出现了"一种避难所"。"基地组织"的汉堡小组就曾利用这种避难所，秘密为针对纽约世贸中心的恐怖袭击做准备。为防止同类事件再度发生，并进一步加强法治，联邦政府随即出台了几项法律。这些法律规定任何组织不得假借宗教名义从事颠覆活动，彻查了机场员工的个人背景，扩大了联邦刑事警察局的监控权力。然而，这些法案当即就触怒了自由派批评家。他们认为，德国的"法治基础"已经岌岌可危，"所有公民都受到了普遍怀疑"。[43]不过，尽管这些限制令人遗憾，但由于大众对纳粹的暴行记忆犹新，所以德国人的公民权利虽有所减少，但相比于同时期美国的《爱国者法案》并不逊色。

同样，关于福利制度的讨论也暴露了一个久已存在的矛盾现象：一方面，在意识形态上贬低社会主义；另一方面，又完全离不开政府的支持。事实证明，只要物价保持稳定，罢工很少发生，长期护理保险也能纳入社会福利计划，那么，德国在自由竞争与社会安全之间所做的妥协便是成功的。然而，全球化和国家统一的双重压力却在转移系统内部引发了严重危机。因为全球化，工资成本上升，增长乏力明显，失业率居高不下；因为国家统一，从未缴费的公民也被纳入社保，系统负担过重。与荷兰、瑞典等邻国相比，必要的福利改革在德国遭遇了极大的阻力，因为各政党都被迫削减其支持者的特权，而这必将引发后者的强烈抗议。虽然新自由主义经济学家证实，要提升"竞争力"就必须减少福利，但是，由伯特·吕鲁普、彼得·哈尔茨等专家主持的改革委员会，在具体执行上却始终有些迟疑。这表明，集体的安全反应往往要大于个人的冒险意愿。[44]

此外，关于正常化应该何去何从，各方也是众说纷纭。这同样显示，统一后的德国仍在苦苦寻觅一个稳定的身份。除了必须承受纳粹的历史负担以外，东德共产主义崩溃之后，德国人还得面对意识形态上截然相反的第二个独裁政权所留下的遗产，所以其烦恼也因此加倍。[45]现在，评论家已不再抱怨国家分裂，相反，他们开始为实现"内部统一"后国家止步不前而感到痛心。有时，他们也会"缅怀"民主德国，美化它的好处，"缅怀"波恩共和国，想要保留过去的惯例。[46]由于托管局的迅速私有化，政府犯下了一些经济错误。尽管借助巨额转移支付，这些错误最终得到了修正，但在东德仍未出现自我维持的经济增长。其次，由于西德制度移植到东德各州，所以有关重要领域（如大中小学重组）的必要讨论便被推迟了十年。[47]同样，德国在欧盟中扮演的角色依然自相矛盾，因为民族国家的重建和在一体化进程中保持进步往往是互相排斥的。[48]

最后，在移民法定位问题上的长期争斗表明，实行包容政策在政治上仍然存在争议。面对不断攀升的"生育赤字"，即使保守派人士都只能选择接受移民，前提是自己的养老金能得到保障。这是因为德国人口正在萎缩，缴纳的社保已经入不敷出。同样，左派批评家也终于意识到，想要融入社会，移民就必须更加尊重宪法所代表的价值观，必须掌握基本的德语，对德国文化有基本的认识。也因此，工会、雇主协会、教会和政党之间逐渐形成了广泛的共识，要求规范移民制度，招聘必需的外国专家，但又不能加剧普遍失业。然而，一般民众还是担心外来人口太多，同时又很羡慕他们享有的社会福利。于是，为防止这些潜在选民互相敌对，基民盟/基社联盟中的民粹主义者便坚持严格执行保护措施，结果，一项原本可能达成的协议最终化为了泡影。[49]由此可见，只有新规的实际执行情况才能告诉我们，这项最新的移民妥协是否找到了可行的解决方案。

所以说，在驾驭全球化的新挑战方面，吸取纳粹的历史教训固然是必要前提，但它不足以指导未来。毫无疑问，价值观的西化、政治决策的民主化、公民行动的动员，为21世纪初的德国政策奠定了良好的基础。但是，过度的去军事化也到了必须修正的地步，因为只有这样，德国才能参与国际维和任务。另外，两德完成统一后，原来的非民族化政策也显得有些莫名其妙。相比之下，经济的去卡特尔化、与共产主义的脱钩、内部统一的开启以及对多元文化的开放，这些方面的进展都还很不够，具体表现为持续对竞争力设置障碍、坚持保留社会福利、东西德人民之间的紧张关系、对外来人口的各种偏见。[50]在吸取历史教训的集体学习过程中，德国的政治文化逐步实现了自由化。这本身是很了不起的成就，但它还不足以为解决所有新的问题提供指导。现在，德国已经达到其他西方民主国家的发展水平，因此也就必须面对所有先进社会都会遭遇的问题。

基于上述思考，现在我们要回答以下这个问题：持续专注于如何避免重复20世纪的数次劫难，一定程度上，会不会妨碍我们正确认识21世纪的新挑战？在克劳斯·瑙曼看来，"制度的老化、[非正式]磋商的弱化、议会结构的逐渐销蚀"，这些趋势甚至显示出某种德国正在"衰败的迹象"。"一代人关于战争、战后时期和建立民主的宝贵经验……有陷入停滞、保守的危险。它使人看不清德国面临的任务，因为太执着于规范与制度的连续性，就会将这些全部予以消解。"换言之，"德国模式"的持续危机是否和过去的学习成就存在某种关联？应该说，这样的警告并非完全没有道理，尤其在政府赤字上升，福利制度过度发展，国际竞争力下降的时候——当然，还包括一些其他问题。[51]这么看来，德国人确实应该更深入地探究当前的全球化问题，试着从中找出一个不同的历史谱系，同时又不让独裁历史的双重负担变得相对化。[52]

文明的任务

历经几度沧桑，古都柏林如今再度焕发新颜。实际上，它本身就是一面镜子，反映了文明化的转变过程。想当年，联邦议院搬入整修过的国会大厦，那时苏占时期的涂鸦都还在，诺曼·福斯特设计的玻璃穹顶风采依旧。然而，就从那一刻起，这幢建于威廉二世时期的丑陋建筑便开始变成一个游客中心，生动地展示着德国的民主成就，吸引了成千上万的访客。环绕着"联邦纽带"的现代总理府和其他行政楼，自建成之日起，就已将柏林城墙下阴暗的荒地变为具有代表性的政府办公区。它展现出非凡的开放姿态，让市民倍感亲切。相较之下，位于波茨坦广场的那些当代建筑，则代表了优雅的媒体文化与消费社会。它们散发着充满活力的国际风范，巧妙地连接起西柏林的文化论坛和东柏林的闹市。此外，在勃兰登堡门附近还建有恢宏的大屠杀纪念碑群，林登大道另一端的霍亨索伦宫也在计划重建当中。凡此种种都表明，德国正在拥抱令人自豪却又心痛的历史遗产。赫然在目的战争创伤，无所不在的独裁痕迹，崭新的后现代建筑……就在这强烈的对比中，首都柏林乃至整个共和国获得了充满张力的全新身份。[53]

和别国相比，德国人在大屠杀问题上的悔罪态度几乎可被视为值得效仿的典范。在日本，尽管有部分知识分子仗义执言，但仍然很少有人批评军国主义扩张，公开承认战争责任，或者为所犯的暴行表示自责。[54]至于意大利，由于在1943年夏天宣布投降，所以得到了同盟国的认可；但另一方面，因为有关抵抗运动的神话越传越广，所以很少有人认真讨论普通民众与法西斯之间的关系。[55]还有奥地利,因为同盟国同意把它当作第一个被侵略者,所以人们便不再反省自己与纳粹的共犯关系。直到20世纪80年代瓦尔德海姆丑闻曝光以后,情况才有所改观。[56]实际上,即便在被解放的战胜国(如法国),长期以来,由于受"维希症候群"的影响,民众也很难就战时通敌、战后过度"自我漂白"的话题公开发表意见。[57]而在德国,因为国际施压和知识分子的批判,类似的神化行为并未发生,精英阶层也最终认识到彻底转变的必要性。

因此,所谓德国民主化可以复制的说法,尽管被布什政府拿来作为入侵伊拉克的借口,但我们还是不该轻易相信。为迎合大众对战后成功经验的记忆,布什总统及其高级顾问声称:"我们鼓励战败的日本和德国,支持它们各自建立代议制政府。"[58]但其实,我们只要稍微想一想,就会发现1945年的世界形势和此前的纳粹时期一样特殊。一方面,在不到一代人的时间内,纳粹国防军再次遭遇惨败;而同时,士兵受到的折磨、炮弹轰炸的梦魇、东德平民的出逃,又让希特勒的独裁统治名誉扫地。因为纳粹犯下的暴行实在过于残忍,任凭谁都无法否认,所以德国人只能和过去决裂,选择重新出发。[59]另一方面,人数可观的少部分魏玛民主派、反抗运动的幸存者、已经回国的海外流亡者,高举起人本主义的大旗,希望传承少数派的民主传统,创造一个新的未来。应该说,没有他们不懈的努力,同盟国的改造计划就不可能取得成功。

与此同时,第三世界国家的知识分子积极倡导后殖民批评。他们质疑"文明"本身的内涵,声称这不过是为了延续白人男性的霸权。实际上,欧美帝国主义也的确暴露了不少阴暗面,例如无所不在的种族主义、经济剥削和性别歧视。可以说,由于种种负面经验,"西方文明"的模式已经黯然失色。[60]但话又说回来,后现代相对主义同样具有误导性,因为它虽然尊重异质文化,拒绝任何通行标准,但又将暴力和压迫视为文化差异。所以说，问题不在人权观念本身；问题在于，如果对象是非白人、底层阶级或者女性，那么人权观念就无法完美落实![61] 如果没有衡量文明行为的标尺——对此，第二次世界大战结束后，联合国的"世界人权宣言"中曾有所提及——那么人类就不可能和平、公正地相处。德国的例子恰好凸显了背离这一准则可能造成的恶果，同时也确证文明的理想具有伟大的力量：它是民主建立的根基，即使遭到滥用，也有能力自我修正。[62]

假如文明的定义是对人权的尊重，那么，它就不该被视为永恒不变的成就，而应该是面向未来的开放性任务。在历经军国主义、民族主义、1945年的国家主义以后，德国人终于响应库尔特·舒马赫的号召，完成了"华丽的转身"，终于秉持《基本法》的精神，实现了政治文化的改造。[63] 尤其是公民社会的那些非政府组织，它们在"人权论坛"上通力合作，并把这些规范当作伦理准则，努力将其付诸实践。但尽管如此，也没有骄傲自满的理由，因为即使已经拥有议会民主，但随着政治冷感、金融腐败、媒体滥权、过度监控的日益加剧，基本权利仍会遭受新的威胁。其次，对于迎接全球化的新挑战，从大屠杀中获得的启示只能提供有限的指导。这是因为它们能揭露种族清洗的罪恶，却无法解释非工业化造成的问题。以上简要介绍了历史学习过程中遭遇的各种困难。这些困难表明，政治的文明化应该是我们必须不懈努力的目标。[64]

专有名词缩写

AfS	Archiv für Sozialgeschichte《社会史档案》
AHR	American Historical Review《美国历史评论》
ApuZ	Aus Politik und Zeitgeschichte《政治与当代史》
BDI	Berliner Debatte Initial《柏林争鸣季刊》
BfdiP	Blätter für deutsche und internationale Politik《德国与国际政治活页》
BK	Bayern-Kurier《巴伐利亚信使报》
BZ	Berliner Zeitung《柏林日报》
CEH	Cenral European History《中欧历史》
DA	Deutschland-Archiv《德国文献》
DAS	Deutsches Allgemeines Sonntagsblatt《德意志星期日汇报》
DUD	Deutschland Union Dienst, Bonn《德意志联盟公报》
DZ	Deutsche Zeitung《德意志报》
DzD	Dokumente zur Deutschlandpolitik《德国政策文件》
FAZ	Frankfurter Allgemeine Zeitung《法兰克福汇报》
FJNSB	Forschungsjournal Neue Soziale Bewegungen《新社会运动学刊》
FR	Frankfurter Rundschau《法兰克福评论报》

GG	Geschichte und Gesellschaft《历史与社会》	
GK	Globus Kartendienst, Hamburg《全球地图服务》	
GSR	German Studies Review《德国研究评论》	
HAZ	Hannoversche Allgemeines Zeitung《汉诺威汇报》	
HB	Handelsblatt《德国商报》	
HSK	H-Soz-u-Kult 网站	
HZ	Historische Zeitschrift《历史杂志》	
JMH	Journal of Modern History《现代史学刊》	
KA	Kempowski Archiv, Nartum《肯波夫斯基档案》	
ND	Neues Deutschland《新德意志报》	
NRZ	Neue Rhein Zeitung《新莱茵报》	
NYT	New York Times《纽约时报》	
NZ	Neue Zeitung《新报》	
NZZ	Neue Zürcher Zeitung《新苏黎世报》	
PNN	Potsdamer Neueste Nachrichten《波茨坦最新消息报》	
RhM	Rheinischer Merkur《莱茵信使报》	
RP	Rheinische Post《莱茵邮报》	
SBZArch	SBZ-Archiv《苏占区档案》	
SZ	Suddeutsche Zeitung《南德意志报》	
taz	tageszeitung《日报》	
TR	Tägliche Rundschau《每日评论》	
TSp	Der Tagesspiegel《每日镜报》	
VfZ	Vierteljahrshefte für Zeitgeschichte《当代史季刊》	
VSWG	Vierteljahrshefte für Sozial-und Wirtschaftsgeschichte《社会经济史季刊》	

WaS	Welt am Sonntag《周日世界报》
WdA	Welt der Arbeit《劳动世界》
WZB	Wissenschaftszentrum für Sozialforschung, Berlin 柏林社会科学研究中心

参考文献

导 论

1. Alexander von Plato and Almut Leh, "Ein unglaublicher Frühling": *Erfahrene Geschichte im Nachkriegsdeutschland 1945—1948* (Bonn, 1997). See also Anonyma, *Eine Frau in Berlin: Tagebuchaufzeichnungen vom 20. April bis 22. Juni 1945* (Frankfurt, 2003), 186.
2. Margret Boveri, *Tage des Überlebens: Berlin 1945* (Frankfurt, 1996), 91 ff. See also Anonyma, *Eine Frau in Berlin*, 62 ff. See also Burkhard Asmuss, Kay Kufeke, and Philipp Springer, eds., *1945: Der Krieg und seine Folgen* (Bönen, 2005).
3. Arnd Bauerkämper et al., eds., *Der 8. Mai 1945 als historische Zäsur: Strukturen, Erfahrungen, Deutungen* (Potsdam, 1995). See also Jörg Hillmann and John Zimmermann, eds., *Kriegsende in Deutschland* (Munich, 2002).
4. Margaret Bourke-White, *Deutschland April 1945* (Munich, 1979). 本段文字描绘了上述照片拍摄的场景。
5. Kielmansegg, Nach der Katastrophe 在其精彩综论 *Eine Geschichte des geteilten Deutschland* (Berlin, 2000), 10, 81 中也提到了这些根本性问题。Quotation from SHAEF-Directive from 3/30/1945, in Klaus-Dietmar Henke, *Die amerikanische Besetzung Deutschlands* (Munich, 1995), 187.
6. 最先见于 "5,000,000 Reported Slain at Oswiecim," *NYT*, 4/11/1945。在西方，更早有关马伊达内克解放的报道同样很少有人相信。
7. "Germans Forced to Bury Victims" and "More Tell of Horror March," *NYT*, 4/15/1945. Norbert Frei, "'Wir waren blind, ungläubig und langsam.' Buchenwald, Dachau und die amerikanischen Medien im Frühjahr 1945," *VfZ 35* (1987), 385 ff.
8. Harold Denny, "Despair Blankets Buchenwald Camp," *NYT*, 4/20/1945, and Bourke-White, *Deutschland April 1945*, 90—96. See also Frank Stern, *Im Anfang war Auschwitz: Antisemitismus und Philosemitismus im deutschen Nachkrieg* (Gerlingen, 1991), 59—64.
9. Gene Currivan, "Nazi Death Factory Shocks Germans on a Forced Tour," *NYT*, 4/18/1945. See also "Richmond Sargeant Writes Dr. Curt Bondy of Mass Burial of Internees in Germany," *Richmond Times Dispatch*, 6/3/1945.
10. Alexander Dicke, "Mit 'Vorwärts, vorwärts' war es nicht getan ... Erinnerungen von 1931 bis 1950," MS, 1991, KA 3228, 127. See also Karl Jering, *Überleben und Neubeginn: Aufzeichnungen eines Deutschen aus den Jahren 1945/1946* (Munich, 1979), 18; Heinz Döll, "Skizzen und Daten 1919/1949," MS, n. d., KA 5940/3, 255, and Wolfgang Prüfer, "Berlin-Rädnitz und dreimal zurück, 1939—1949,"

MS, 1995, KA 4379, 185, 214—215.
11. "Todeslager Sachsenhausen," *TR*, 5/26/1945; "Buchenwald," Editorial, *NYT*, 4/19/1945. "Atrocity Report Issued by Army," *NYT*, 4/29/1945. See also David A. Hackett, ed., *The Buchenwald-Report* (Boulder, 1995), 16 ff., and Henke, *Die amerikanische Besetzung*, 862 ff.
12. "Congressmen and Army Chiefs Get a Firsthand View of Nazi Horror Camps," *NYT*, 4/21/1945, and "American War Chiefs See Concentration Camp Atrocities in Germany," *NYT*, 4/24/1945.
13. "Soviet War Writer Rebuked by Chief," *NYT*, 4/15/1945, and Franklin Delano Roosevelt to Secretary of War, 8/26/1944, in Cordell Hull, *The Memoirs of Cordell Hull* (New York, 1948) 2: 1603. See also Michaela Hönicke, "'Prevent World War III': An Historiographical Appraisal of Morgenthau's Programme for Germany," in Robert A. Garson and Stuart S. Kidd, eds., *The Roosevelt Years: New Perspectives on American History, 1933— 1945* (Edinburgh, 1999), 155—172, and Henke, *Die amerikanische Besetzung*, 67 ff.
14. Henke, *Die amerikanische Besetzung*, 108—109. See also Michaela Hönicke, "'Know Your Enemy': American Interpretations of National Socialism, 1933—1945" (Ph. D. diss., University of North Carolina at Chapel Hill, 1998), and Hönicke, "Wartime Images of the Enemy and German-American Encounters at 'Zero Hour,'" *Borderlines* 2 (1995), 166—194.
15. "Anti-Nazi Feeling Rises, Says Army," *NYT*, 6/8/1945. See also Jering, *Überleben und Neubeginn*, 18 ff.
16. Agathe Matthiesen, "Tagebuch," KA 5958/1, 8.
17. Thomas Mann, "Die deutschen KZ," TR, 9/5/1945. See also Mann, *Deutschland und die Deutschen 1945* (Hamburg, 1992), 32, 36.
18. Lutz Niethammer et al., eds., *Arbeiterinitiative 1945: Antifaschistische Ausschüsse und Reorganisation der Arbeiterbewegung in Deutschland* (Wuppertal 1976). See also Jering, *Überleben und Neubeginn*, 21 ff.
19. "Four Allies Take Control of Reich, Impose '37 Borders, Stern Terms," *NYT*, 6/5/1945. G. Hill, "Running Germany Harder Than Expected," *NYT*, 6/10/1945. See also Bundesminister des Innern, ed., *Dokumente zur Deutschlandpolitik*, 2. series, vol.1: *Die Konferenz von Potsdam*, 3 parts (Neuwied, 1992) , 3: 2101 ff.
20. "Germany Stripped of Industry by Big Three: Five Powers to Plan Peace," *NYT*, 8/3/1945; Editorial, "The Potsdam Decisions," *NYT*, 8/3/1945; and Raymond Daniell, "Big Three Dealt Boldly with Great Problems," *NYT*, 8/5/1945. See also "Geschichtliche Entscheidung," *TR*, 8/5/1945.
21. "Germans Warned, Fate Is Their Own," *NYT*, 8/7/1945. Boveri, *Tage des Überlebens*, 299—230. See also Victor Klemperer, *So sitze ich denn zwischen allen Stühlen*, 2 vols., edited by Walter Nowojski (Berlin, 1999), 1: 64—65.
22. Gerhard Ritter, *Geschichte als Bildungsmacht: Ein Beitrag zur historisch-politischen Neubesinnung* (Stuttgart, 1946) and Klaus Schwabe and Rolf Reichardt, eds., *Gerhard Ritter: Ein politischer Historiker in seinen Briefen* (Boppard, 1984).
23. "Big Four Indict 24 Top Nazis for Plotting against Peace: Atrocities in War Charged," *NYT*, 10/19/1945; Editorial 与起诉书的摘录见于 "The Nazi Regime Indicted," *NYT*, 10/19/1945。Telford Taylor, *Die Nürnberger Prozesse: Hintergründe, Analysen und Erkenntnisse aus heutiger Sicht* (Munich, 1994), 36—61.
24. Jering, *Überleben und Neubeginn*, 166. Robert M. W. Kempner, *Ankläger einer Epoche: Lebenserinnerungen* (Frankfurt, 1983), and Prüfer, "Berlin," 216, 268—269. See also Peter Reichel, *Vergangenheitsbewältigung in Deutschland: Die*

Auseinandersetzung mit der NS-Diktatur von 1945 bis heute (Munich, 2001), 42 ff.
25. G. Hill, "Running Germany Harder Than Expected," *NYT*, 6/10/1945; Drew Middleton, "Extremists Lead German Politics," *NYT*, 8/8/1945, and Middleton, "Germans Unready for Political Life," *NYT*, 8/19/1945.
26. Christoph Kleßmann, *Befreiung durch Zerstörung: Das Jahr 1945 in der deutschen Geschichte* (Hannover, 1995), and Konrad H. Jarausch, "1945 and the Continuities of German History: Reflections on Memory, Historiography and Politics," in Geoffrey J. Giles, ed., *Stunde Null: The End and the Beginning Fifty Years Ago* (Washington, D. C., 1997), 9—24.
27. Saul K. Padover, *Experiment in Germany: The Story of an American Intelligence Officer* (New York, 1946), 18, 34, 36, 42, 60. 参阅 Henke 在 *Die amerikanische Besetzung*, 284 ff 一书中的相关批评。
28. Kathleen McLaughlin, "Reich Democracy Tested in Munich," *NYT*, 8/3/1945.
29. Jering, *Überleben und Neubeginn*, 158. See also Stern, *Im Anfang war Auschwitz*, 65 ff.
30. Harry Elmer Barnes, *The History of Western Civilization* (New York, 1935), and Columbia College (即 Columbia University 的前身), ed., *Chapters in Western Civilization* (New York, 1948)。See also Werner Sombart, *Händler und Helden: Patriotische Besinnungen* (Munich, 1915), and Thomas Mann, *Betrachtungen eines Unpolitischen* (Berlin, 1918).
31. 出自同时代文本的相关引文请见上条注释。See also Alan J. P. Taylor, *The Course of German History: A Survey of the Development of German History since 1815* (London, 1945). 本书旨在为英占领军提供信息便览，但因其反德倾向最终未在军中传阅。
32. Norman M. Naimark 的专著 *The Russians in Germany: A History of the Soviet Zone of Occupation* (Cambridge, 1995) 系该领域的开山之作，但此后有关苏联对德政策的研究却相对欠缺。由于文明的概念主要受西方观点的影响，所以以下思考也多从该角度出发。不过，作者也并未完全忽略苏联的视角。
33. "Die Toten mahnen die Lebenden," *TR*, 9/11/1945. See also Fritz Klein, *Drinnen und draußen: Ein Historiker in der DDR* (Frankfurt, 2000), 101 ff., and Georg G. Iggers et al., eds., *Die DDR: Geschichtswissenschaft als Forschungsproblem* (Munich, 1998).
34. Bernd Faulenbach, *Ideologie des deutschen Weges: Die deutsche Geschichte in der Historiographie zwischen Kaiserreich und Nationalsozialismus* (Munich, 1980) and Helga Grebing, *Der "deutsche Sonderweg" in Europa 1806—1945* (Stuttgart, 1986).
35. Hans-Ulrich Wehler, *Das Deutsche Kaiserreich 1871—1918* (Göttingen, 1973) and Jürgen Kocka, *Sozialgeschichte* (Göttingen, 1977), versus David Blackbourn and Geoff Eley, *The Peculiarities of German History: Bourgeois Society and Politics in Nineteenth-Century Germany* (New York, 1984).
36. Heinrich August Winkler, *Der lange Weg nach Westen*, 2 vols. (Munich, 2000).
37. 参阅美国人围绕"政治正确"的相关讨论。想要初步了解，可参阅 Marilyn Friedman, ed., *Political Correctness: For and Against* (Lanham/MD 1995); Cyril Levitt et al., eds., *Mistaken Identities: The Second Wave of Controversy over "Political Correctness"* (New York, 1999)。
38. Dan Diner, "Vorwort des Herausgebers," in Diner, ed., *Zivilisationsbruch: Denken nach Auschwitz* (Frankfurt, 1988), 7—13. See also Diner, "Zivilisationsbruch, Gegenrationalität, 'Gestaute Zeit': Drei interpretationsleitende Begriffe zum Thema Holocaust," in Hans Erler et al., eds., "Meinetwegen ist die Welt erschaffen": *Das intellektuelle Vermächtnis des deutschsprachigen Judentums* (Frankfurt, 1997).

39. Ian Kershaw, "Trauma der Deutschen," *Der Spiegel* 55 (2001), no. 19, 62 ff. 据 2006 年 1 月 30 日的互联网搜索结果,"文明断裂"一词的点击量超 22 000 次,涵盖了新闻报道与学术论文等各个领域。
40. Norbert Elias, *Über den Prozeß der Zivilisation: Soziogenetische und psychogenetische Untersuchungen*, 2 vols. (Frankfurt, 1976).
41. Zygmunt Bauman, *Dialektik der Ordnung: Die Moderne und der Holocaust* (Hamburg, 1992), 26 ff.
42. Dan Diner, "Den Zivilisationsbruch erinnern: Über Entstehung und Geltung eines Begriffs," in Heidemarie Uhl, ed., *Zivilisationsbruch und Gedächtniskultur: Das 20. Jahrhundert in der Erinnerung des beginnenden 21. Jahrhunderts* (Innsbruck, 2003), 17—34. See also Michael Geyer, "War, Genocide, and Annihilation: A Reflection on the Holocaust," in Konrad H. Jarausch and Michael Geyer, *Shattered Past: Reconstructing German Histories* (Princeton, 2003).
43. 想要初步了解有关该话题的大量文献,可参阅 John Keane, *Democracy and Civil Society: On the Predicaments of European Socialism, the Prospects for Democracy, and the Problem of Controlling Social and Political Power* (London, 1988), 31—68。
44. Jürgen Kocka, "Zivilgesellschaft als historisches Problem und Versprechen," in Manfred Hildermeier et al., eds., *Europäische Zivilgesellschaft in Ost und West: Begriff, Geschichte, Chancen* (Frankfurt, 2000), 13—39. 参阅 www. wz-berlin. de 网站上对该项目的介绍。
45. Wilm Hosenfeld, "Ich versuche jeden zu retten": *Das Leben eines deutschen Offiziers in Briefen und Tagebüchern* (Munich, 2004), 302. See also Frank Trentmann, ed., *Paradoxes of Civil Society: New Perspectives on Modern German and British History* (New York, 2000), 3—46.
46. Jürgen Kocka, "Das europäische Muster und der deutsche Fall," in Kocka, ed., *Bürgertum im 19. Jahrhundert: Deutschland im europäischen Vergleich*, 3 vols. (Göttingen, 1995), 1: 9—84. See also Gerhard Schröder, "Die zivile Bürgergesellschaft," *Die Neue Gesellschaft: Frankfurter Hefte* 47 (2000), 200—207.
47. Kielmansegg, *Nach der Katastrophe*, 10.
48. Hans-Peter Schwarz, *Die Ära Adenauer*, 2 vols. (Stuttgart, 1981/1983), versus Axel Schildt et al., eds., *Dynamische Zeiten: Die 60er Jahre in den beiden deutschen Gesellschaften* (Hamburg, 2000). See also Rolf Badstübner et al., *Die antifaschistischdemokratische Umwälzung: Der Kampf gegen die Spaltung Deutschlands und die Entstehung der DDR von 1945 bis 1949* (Berlin, 1989).
49. Jering, *Überleben und Neubeginn*, 27. See also Peter Graf Kielmansegg, "Lernen aus der Geschichte-Lernen in der Geschichte: Deutsche Erfahrungen im 20. Jahrhundert," in Peter R. Weilemann et al., eds., *Macht und Zeitkritik: Festschrift für Hans-Peter Schwarz zum 65. Geburtstag* (Paderborn, 1999), 3—16.
50. Anonyma, *Eine Frau in Berlin*, 278; Karl Heinrich Knappstein, "Die versäumte Revolution," *Die Wandlung* 2 (1947), 677. See also Walter L. Dorn, *Inspektionsreisen in der US-Zone: Notizen, Denkschriften und Erinnerungen aus dem Nachlaß*, edited by Lutz Niethammer (Stuttgart, 1973).
51. Konrad H. Jarausch, "Towards a Social History of Experience: Some Reflections on Theory and Interdisciplinarity," *CEH* 22 (1989), 427—443. See also Martin Sabrow, *Das Diktat des Konsenses: Geschichtswissenschaft in der DDR 1949—1969* (Munich, 2001).
52. Ralph Giordano, *Die zweite Schuld oder Von der Last Deutscher zu sein* (Cologne, 2000), versus Hermann Lübbe, "Der Nationalsozialismus im politischen Bewußtsein der Gegenwart," in Martin Broszat et al., eds., *Deutschlands Weg in die Diktatur*

(Berlin, 1983), 329—349.
53. Norbert Frei, *Adenauer's Germany and the Nazi Past: The Politics of Amnesty and Integration* (New York, 2002), xii. See also Frei, "Deutsche Lernprozesse: NSVergangenheit und Generationenfolge seit 1945," in Heidemarie Uhl, ed., *Zivilisationsbruch und Gedächtniskultur: Das 20. Jahrhundert in der Erinnerung des beginnenden 21. Jahrhunderts* (Innsbruck, 2003), 87—102.
54. Aleida Assmann and Ute Frevert, *Geschichtsvergessenheit- Geschichtsversessenheit: Vom Umgang mit deutschen Vergangenheiten nach 1945* (Stuttgart, 1999). Reichel, *Vergangenheitsbewältigung*, 199 ff. 至少在司法上造成了影响。
55. Manfred Görtemaker, *Geschichte der Bundesrepublik Deutschland: Von der Gründung bis zur Gegenwart* (Munich, 1999), and Ulrich Mählert, *Kleine Geschichte der DDR* (Munich, 1998).
56. Winkler, *Der lange Weg*, vol. 2, versus Christoph Kleßmann, *Die doppelte Staatsgründung: Deutsche Geschichte 1945—1955*, 5th ed. (Göttingen, 1991), and Kleßmann, *Zwei Staaten, eine Nation: Deutsche Geschichte 1955— 1970*, 2nd ed. (Bonn, 1997).
57. Peter Bender, *Episode oder Epoche? Zur Geschichte des geteilten Deutschland* (Munich, 1996). See also Arnd Bauerkämper et al., eds., *Doppelte Zeitgeschichte: Deutschdeutsche Beziehungen 1945—1990* (Bonn, 1998), and Christoph Kleßmann et al., eds., *Deutsche Vergangenheiten-eine gemeinsame Herausforderung: Der schwierige Umgang mit der doppelten Nachkriegsgeschichte* (Berlin, 1999).
58. "Protokoll einer Podiumsdikussion des Geschichtsforums," *Potsdamer Bulletin für Zeithistorische Studien*, no.15 (1999), and Konrad H. Jarausch, "'Die Teile als Ganzes erkennen': Zur Integration der beiden deutschen Nachkriegsgeschichten," *Zeithistorische Forschungen* 1 (2004), 10—30.
59. *DzD: Die Konferenz von Potsdam*, 3: 2101 ff. See also Henke, *Die amerikanische Besetzung*, 112 ff. 中有关美国参谋长联席会议第 1067 号指令的讨论以及 Udo Wengst, "Kontinuität und Wandel in Deutschland während der Besatzungszeit," 在 ZZF 会议上提交的论文 (5/3/2001)。
60. Schildt et al., *Dynamische Zeiten*; Philipp Gassert and Alan Steinweis, eds., "Coming to Terms with the Past in West Germany: The 1960s" (2006 年待出) 的导言部分。Ulrich Herbert, "Liberalisierung und Radikalisierung: Die BRD auf dem Weg nach Westen," Centre-Marc-Bloch-Lecture on 5/21/2001. 与 Andreas Rödder 在 "Die Umkehrer," *FAZ*, 10/19/2004 中的误导性评论恰好相反,德国政治文化转型的广度和深度都超过了 1968 年以后发生的后物质主义价值转移。
61. Konrad H. Jarausch, *The Rush to German Unity* (New York, 1994), and Charles S. Maier, *Dissolution: The Crisis of Communism and the End of East Germany* (Princeton, 1997).
62. Konrad H. Jarausch, ed., *After Unity: Reconfiguring German Identities* (Providence, 1997), and Klaus J. Bade, *Europa in Bewegung: Migration vom späten 18. Jahrhundert bis zur Gegenwart* (Munich, 2002).
63. Padover, *Experiment in Germany*, 399—400, and Klemperer, *So sitze ich denn zwischen allen Stühlen*, 2: 6 ff.
64. Fritz René Allemann, *Bonn ist nicht Weimar* (Cologne, 1956).
65. Kielmansegg, *Nach der Katastrophe*, 661 ff. See also Andrei S. Markovits and Simon Reich, *Das deutsche Dilemma: Die Berliner Republik zwischen Macht und Machtverzicht* (Berlin, 1998).

上 篇

1. Gerhard L. Weinberg, *A World at Arms: A Global History of World War II* (Cambridge,

1994).
2. "Programmatische Richtlinien der Association of Free Germans vom Oktober 1942," in Clemens Vollnhals, ed., *Entnazifizierung: Politische Säuberung und Rehabilitierung in den vier Besatzungszonen 1945—1949* (Munich, 1991), 74—75, and Sigrid Undset, "Die Umerziehung der Deutschen," *NZ*, 10/25/1945.
3. U. S. Department of State, ed., *Foreign Relations of the United States, 1945* (Washington, DC, 1960), II: 1502—1505. See also Manfred Müller, *Die USA in Potsdam 1945: Die Deutschlandpolitik der USA auf der Potsdamer Konferenz der Großen Drei* (Berlin 1996), and Hans-Jürgen Küsters, *Der Integrationsfriede: Viermächteverhandlungen über die Friedensregelung mit Deutschland 1945—1990* (Munich, 2000).
4. Alliierte Militärbehörde, ed., "Merkblatt für zur Landarbeit entlassene deutsche Kriegsgefangene," 重印稿 in Heinz Döll, "Skizzen und Daten 1919/1949," MS, n. d., KA 5940/3.
5. 美国人对再教育的理解 ("Americans Facing Shifts in Germany: Emphasis Now Being Placed in Re-education but Economic Crisis Makes This Hard," *NYT*, 6/24/1946) 远远超出了学校的范围，涵盖德国文化的所有层面。
6. "Der Anfang" and "Der 'Neuen Rheinischen' zum Geleit," *NRZ*, 7/15/1945. See also K. Hofmann, "Der Weg zum Wiederaufleben Deutschlands," *TR*, 5/25/1945, and Dicke, "Mit 'Vorwärts, vorwärts' war es nicht getan," KA 3228.
7. Karl Jaspers, "Antwort an Sigrid Undset," *NZ*, 11/4/1945. See also Werner Krauss, Alfred Weber 和 Dolf Sternberger 为其刊物 *Die Wandlung* 1 (1945), 3—6 撰写的序言。
8. 布痕瓦尔德宣言的文本 in Clemens Vollnhals, ed., *Entnazifizierung: Politische Säuberung und Rehabilitierung in den vier Besatzungszonen 1945—1949* (Munich, 1991), 81 ff.。See also Klemperer, *So sitze ich denn zwischen allen Stühlen*, 1: 57 ff.
9. Hönicke, "Know Your Enemy." 在波茨坦，民主化仍是个遥不可及的目标，而"三化"（去军事化、去纳粹化、去卡特尔化）的推行只是要为此创造适当的条件。参阅本书的第五章。
10. Peter Graf Kielmansegg, "Konzeptionelle Überlegungen zur Geschichte des geteilten Deutschlands," *Potsdamer Bulletin für Zeithistorische Studien* no. 23—24 (2001), 7—15, and Konrad H. Jarausch, "Geschichte der Deutschen 'diesseits der Katastrophe': Anmerkungen zu einem großen Werk," *Potsdamer Bulletin für Zeithistorische Studien* no. 23—24 (2001), 16—18.

第一章

1. Dicke, "Mit 'Vorwärts, vorwärts,' war es nicht getan," KA 3228; Erwin Schmidt, "Vom Eisernen Vorhang zum Golden Gate," KA 4595, and Jering, *Überleben und Neubeginn*, 16 ff. See also Michael Geyer, "Der Untergang," *TSp*, 2/29/2004.
2. Armin Nolzen, coference report, "Das Kriegsende 1945 in Deutschland," Potsdam 11/17—19/2000, H-Soz-u-Kult (http://hsozkult.geschichte.hu-berlin.de/), 1/23/2001.
3. "Kapitulationsforderungen an Deutschland," *NRZ*, 9/29/1945. See also Earl F. Ziemke, *The U. S. Army in the Occupation of Germany 1944—1946* (Washington, 1975), 291 ff.
4. Volker Berghahn, *Militarism: The History of an International Debate, 1861—1979* (New York, 1982); Ulrich Albrecht, "Der preussisch-deutsche Militarismus als Prototyp: Aspekte der internationalen wissenschaftlichen Diskussion," in Wolfram

Wette, ed., *Militarismus in Deutschland 1871 bis 1945: Zeitgenössische Analysen und Kritik* (Münster, 1999), 41—46; and Ute Frevert, *A Nation in Barracks: Modern Germany, Military Conscription and Civil Society* (Oxford, 2004).

5. John Gimbel, *The American Occupation of Germany: Politics and the Military* (Stanford, 1968). See also Edward N. Peterson, *The American Occupation of Germany: Retreat to Victory* (Detroit, 1978).

6. Gerhard Wettig, *Entmilitarisierung und Wiederbewaffnung in Deutschland 1943—1955* (Munich, 1967), and Militärgeschichtliches Forschungsamt, ed., *Anfänge westdeutscher Sicherheitspolitik 1945—1956*, 4 vols. (Munich, 1990).

7. Hans-Erich Volkmann, "Die innenpolitische Dimension Adenauerscher Sicherheitspolitik in der EVG-Phase," in Militärgeschichtliches Forschungsamt, ed., *Anfänge westdeutscher Sicherheitspolitik 1945—1956*, 4 vols. (Munich, 1990), 2: 235—604. 参阅备受好评的独到见解: Klaus Naumann, ed., *Nachkrieg in Deutschland* (Hamburg, 2001), 9—26 以及 Thomas U. Berger, *Cultures of Antimilitarism: National Security in Germany and Japan* (Baltimore, 1998)。

8. 例如 Robert G. Moeller, *War Stories: The Search for a Usable Past in the Federal Republic of Germany* (Berkeley, 2001), and Richard Bessel and Dirk Schumann, eds., *Life after Death: Approaches to a Cultural and Social History of Europe during the 1940s and 1950s* (Cambridge, U. K.: 2003)。

9. 想要初步了解, 可参阅 David Clay Large, *Germans to the Front: West German Rearmament in the Adenauer Era* (Chapel Hill, 1996)。

10. 参阅 "The War in Europe Is Ended; Surrender Is Unconditional" and "Germany's Act of Military Surrender," 以及 "Germans Played for Time in Reims," *NYT*, 5/9/1945 中的相关描述。

11. "Appendix 'A' Draft Directive to the US UK USSR Commander-in-Chief: Elimination and Prohibition of Military Training in Germany," 9/19/1944, National Archives, RG 260, OMGUS Records, Control Council, Box 11, cited in Kathryn Nawyn, "Striking at the Roots of German Militarism" (M. A. Thesis, University of North Carolina at Chapel Hill, 2001). See also Wettig, *Entmilitarisierung und Wiederbewaffnung*, 28—74.

12. Drew Middleton, "Reich's Staff Seen as Uncurbed Peril," *NYT*, 5/10/1945, and Middleton, "Germans Start to Disband Army," *NYT*, 5/12/1945. 有关这一概念的起源, 可参阅流亡作家 Alfred Vagts 影响深远的专著 *A History of Militarism: Romance and Realities of a Profession* (New York, 1937), 15, and "Zur Geschichte des deutschen Militarismus," *TR*, 11/10/1945。

13. "Surrender of Criminals Required" and "Oswiecim Killings Placed at 4,000,000," *NYT*, 5/8/1945. See also "Wehrmacht unterstützte Massenermordungen," *TR*, 1/4/1946.

14. "US Soldiers Bitter at Brutality, Enemy Plainly Well Treated," *NYT*, 5/14/1945, and "Urges Executions of 150, 000 Nazis," *NYT*, 5/23/1945.

15. "Boehme Says Troops Were Unbeaten," *NYT*, 5/8/1945; "Germans Yielding to Russian Army" and "Contacts Made with U—Boats Expected to Yield in US Ports," *NYT*, 5/12/1945. See also "Latvia Fighting Goes On," *NYT*, 5/9/1945, and Lutz Graf Schwerin von Krosigk, *Memoiren* (Stuttgart, 1977), 247—248.

16. 有关粉饰这一行径的企图, 请看 "Für Deutschland wurden sie gefangen," *TR*, 8/13/1945。此外, 还可参阅 Arnold Krammer, *Nazi Prisoners of War in America* (New York, 1979)。

17. OMGUS, "Report of the Military Governor," No.1, August 1945, "Demobilization" 的附录。See also "Nazi Prisoners Work in France," *NYT*, 5/18/1945, and "British to

Free 1. 500. 00 Germans," *NYT*, 5/31/1945.
18. Dicke, "Mit 'Vorwärts, vorwärts' war es nicht getan"; 120; OMGUS, "Report of the Military Governor," no. 1, August 1945 中有关 "Disarmament," "Demobilization of German Air Force," and "Naval Disarmament and Demobilization" 的各项材料。See also "Germans Start to Disband Army," *NYT*, 5/12/1945, and "Befehl Nr. 3," *TR*, 6/18/1945.
19. "War Crime Trials Near, Wright Says," *NYT*, 6/1/1945; "German Staff to Be Kept in Exile," *NYT*, 6/22/1945; "US Counts Link Germans in a Conspiracy against the Laws of Civilization," *NYT*, 10/19/1945.
20. "Allies to Reject Doenitz Regime," *NYT*, 5/18/1945, and "Allies Take Control of Reich, Impose '37 Borders, Stern Terms," *NYT*, 6/6/1945. See also "Unterzeichnung der Deklaration Über die Niederlage Deutschlands," *TR*, 6/5/1945, and OMGUS, "Report of the Military Governor," no. 1, August 1945 的引言部分。
21. Leopold Schwarzschild, "Occupy Germany for Fifty Years," *NYT*, 7/8/1945; "General Eisenhower an die NZ," *NZ*, 10/18/1945. 有关社会文化领域的去军事化问题，可参阅 Kathryn Nawyn 的 Ph. D. diss. (Chapel Hill, 2006, 待出)。
22. "Big Four Issue Code to Bar German Rise," *NYT*, 9/26/1945, and Schwarzschild, "Occupy Germany for Fifty Years." See also Wettig, *Entmilitarisierung und Wiederbewaffnung*, 102 ff.
23. "Befehl Nr. 12," *TR*, 7/26/1945; "Verbot von Uniformen und Abzeichen," *NRZ*, 9/15/1945; "Keine militärische Kleidung mehr," *NRZ*, 6/4/1946. See also Dicke, "Mit 'Vorwärts, vorwärts' war es nicht getan," 148, 150.
24. 有关各项禁令的具体出台过程，可参阅 Nawyn, "Striking at the Roots," and Wettig, *Entmilitarisierung und Wiederbewaffnung*, 104 ff.。
25. "Berlin Council Ends Militaristic Schools," *NYT*, 8/21/1945; "Entmilitarisierung des Sports," *NZ*, 12/21/1945; "Militaristischer Sport," *NZ*, 9/16/1946. See also James Diehl, *The Thanks of the Fatherland: German Veterans after the Second World War* (Chapel Hill, 1993), 6 ff.
26. Wettig, *Entmilitarisierung und Wiederbewaffnung*, 104 ff.
27. "Grundsätze der Schulerziehung," *NRZ*, 8/15/1945; Richard Hartmann, "Entmilitarisierte Begriffe," *NZ*, 11/30/1945; "Welche Literatur ist verboten?" *NZ*, 5/31/1945; and "Allies to Wipe out All Pro—Nazi Books," *NYT*, 5/14/1946. See also Wettig, *Entmilitarisierung und Wiederbewaffnung*, 105 ff.
28. "Ein Abrüstungsvertrag für Deutschland," *RP*, 5/1/1946, and "Prüfung der deutschen Rüstung beschlossen," *RP*, 5/15/1945. See also "Erklärung Achesons zur deutschen Abrüstung," *NZ*, 8/30/1946.
29. "Vier—Mächte Kontrolle der Abrüstung," *NZ*, 10/4/1945; "Entmilitarisierung wird geprüft," *NZ*, 1/6/1947; and "Sicherheitsamt für Westdeutschland," *NZ*, 1/20/1949. See also Wettig, *Entmilitarisierung und Wiederbewaffnung*, 153 ff. 因为去军事化的经济层面与去卡特尔化密切相关，所以两者将在第三章中一并讨论。
30. "Entmilitarisierung in der britischen Zone," *NZ*, 6/17/1946. 对此，卢修斯·克莱在 1948 年也有过类似的判断，具体可 See also Jean Edward Smith, ed., *The Papers of General Lucius D. Clay: Germany 1945—1949* (Bloomington, 1974), 2: 966。
31. "U-Boat Commander Says His Men Should Be Treated Like 'Brothers,'" *NYT*, 5/18/1945; "Surly Germans Still View Allies Victory as 'Fluke,'" *NYT*, 5/26/1945; "Germans Hail Own Army," *NYT*, 5/28/1945; and "'Conquest' Meaning Dawns on Germans," *NYT*, 5/15/1945.
32. Egon Schönmeier, "Der gestorbene Idealismus: Erinnerungen eines ehemaligen Ordensjunkers," KA 6235, 47—50. See also Ernst von Salomon, *Der Fragebogen*

(Hamburg, 1951), 409 ff.
33. Schönmeier, "Der gestorbene Idealismus," 54 ff.; Friedrich Hermann Jung, "Mein Jahrhundert," MS, 1996, KA 6352/1, 89 ff.; Jürgen Reinhold, *Erinnerungen* (Essen, 2000), 215 ff.; Kurt Wrubel, "So war's! Erinnerungen," MS, 1996, KA 5573, 80 ff.; Manfred Clausen, "Lebenserinnerungen," KA 6451, 21—22.
34. Hans Herzog, "Eine bewegte Zeit," KA 6368, 64, 108, and Jering, *Überleben und Neubeginn*, 26 ff. See also Svenja Goltermann, "The Imagination of Disaster," in Paul Betts et al., eds., *Death in Modern Germany* (New York, 2006).
35. "Fraternizing Irks Reich's Ex—Soldier," *NYT*, 8/23/1945; Anonyma, *Eine Frau in Berlin*, 51. See also Elizabeth D. Heineman, *What Difference Does a Husband Make? Women and Marital Status in Nazi and Postwar Germany* (Berkeley, 1999), and Maria Höhn, *GIs and Fräuleins: The German-American Encounter in 1950s West Germany* (Chapel Hill, 2002).
36. Quotes from Hans Joachim Schröder, *Die gestohlenen Jahre: Erzählgeschichten und Geschichtserzählung im Interview: Der Zweite Weltkrieg aus der Sicht ehemaliger Mannschaftssoldaten* (Tübingen 1992), 284 ff. See also Robert G. Moeller, "War Stories: The Search for a Usable Past in the Federal Republic of Germany," *AHR* 101 (1996), 1008—1048, and Andreas Austilat, "Das Schweigen der Männer," *TSp*, 3/28/2004.
37. Helmut Kohl, *Erinnerungen 1930—1982* (Munich, 2004), 45; "Als letzter Deutscher in Schlesien," *RP*, 1/3/1948, and "Im Herzen deutsch geblieben: Wiedersehen mit Ostpreußen," *RP*, 8/4/1948. See also Moeller, *War Stories*, 51 ff., and Jörg Friedrich, *Der Brand: Deutschland im Bombenkrieg 1940—1945* (Berlin, 2002).
38. Harro Müller, "Stalingrad und kein Ende: Zur Präsentation des Zweiten Weltkriegs in drei historischen Romanen," in Wolfgang Küttler et al., eds., *Geschichtsdiskurs* (Frankfurt, 1993—1999), 5: 297—313.
39. Jürgen Thorwald, *Die große Flucht: Es begann an der Weichsel: Das Ende an der Elbe* (Stuttgart, 1991). See also Peter Fritzsche, "Volkstümliche Erinnerung und deutsche Identität nach dem Zweiten Weltkrieg," in Konrad H. Jarausch and Martin Sabrow, eds., *Verletztes Gedächtnis: Erinnerungskultur und Zeitgeschichte im Konflikt* (Frankfurt, 2002), 75—97.
40. Heide Fehrenbach, *Cinema in Democratizing Germany: Reconstructing National Identity after Hitler* (Chapel Hill, 1995), and Moeller, *War Stories*, 123 ff. See also Reinhold Wagnleitner, *Coca-Colonization and the Cold War: The Cultural Mission of the United States in Austria after the Second World War* (Chapel Hill, 1994), 222 ff.
41. "Wo ruhen unsere Kriegsgefallenen?" *RP*, 10/11/1949. See also George L. Mosse, *Fallen Soldiers: Reshaping the Memory of the World Wars* (New York, 1990), and Jörg Echternkamp, "Von Opfern, Helden und Verbrechern: Anmerkungen zur Bedeutung des Zweiten Weltkriegs in den Erinnerungskulturen der Deutschen 1945—1955," in Jörg Hillmann and John Zimmerman, eds., *Kriegsende in Deutschland* (Munich, 2002), 301—316.
42. Otto Schulz to the U. S. news control office in Regensburg, 8/22/1947, KA 4707. See also Thomas Kühne, "Zwischen Vernichtungskrieg und Freizeitgesellschaft: Die Veteranenkultur der Bundesrepublik 1945—1995," in Klaus Naumann, ed., *Nachkrieg in Deutschland* (Hamburg, 2001), 90—113.
43. "Soldaten vor Gericht," *NZ*, 12/7/1945; "Das OKW auf der Anklagebank," *NZ*, 1/7/ 1946; "Soldatische Ehrbegriffe," *NZ*, 4/8/1946; "Das Fazit von Nürnberg," *NZ*, 10/21/1946. See also "Das Urteil des hohen Gerichts," *RP*, 10/2/1946.

44. 军国主义思想的延续迄今未受到学术界的重视。想要初步了解，可参阅 Donald Abenheim, *Bundeswehr und Tradition: Die Suche nach dem gültigen Erbe des deutschen Soldaten* (Munich, 1989)。
45. Jering, *Überleben und Neubeginn*, 26, 38.
46. "Zufriedenstellende Fortschritte in der Entwaffnung," *RP*, 6/15/1946, and Schmidt, "Vom Eisernen Vorhang," 31 ff.
47. "Gefährliche Denkmäler und Straßennamen," *RP*, 2/21/1948; Wolfgang Prüfer, "Berlin-Rädnitz und dreimal zurück, 1939—1949,"原版影印稿 (1995), KA 4379, 238。另一项选择是法国的外籍军团。战后早期，该军团曾招募过大批不想复员回家的德国士兵。
48. 例如 Schönmeier, "Der gestorbene Idealismus"。
49. "Die Reorganisation der deutschen Polizei," *RP*, 10/30/1945, and "Polizei: Diener des Volkes," *RP*, 4/20/1946. See also "US-Zonenpolizei: Eine neue Sicherheitstruppe," *NZ* 7/1/1946, and Thomas Lindenberger, *Volkspolizei: Herrschaftspraxis und öffentliche Ordnung im SED-Staat 1952—1968* (Colonge, 2003).
50. "Monatlich 15, 000 Heimkehrer," *RP*, 9/14/1946; "Das Gefangenenlager als Akademie," *RP*, 11/13/1946; "Die USA fordern Freilassung deutscher Kriegsgefangener in Westeuropa," *RP*, 12/7/1946; "Heimkehrer aus Afrika und aus Rußland," *RP*, 10/22/1947; "Wie leben sie hinter Stacheldraht?" *RP*, 1/14/1948; "Wo blieben die zwei Millionen?" *RP*, 1/15/1949; "Gebt die Kriegsgefangenen frei," *RP*, 12/23/1949.
51. Dicke, "Mit 'Vorwärts, vorwärts' war es nicht getan," 140, and Frank Biess, "The Protracted War: Returning POWs and the Making of East and West German Citizens 1945—1955" (Ph. D. diss., Brown University at Providence, 2000).
52. "Das Problem der Kriegsinvaliden," *NZ*, 11/5/1946; "Kriegsbeschädigten muss geholfen werden," *RP*, 8/10/1949; Herzog, "Eine bewegte Zeit." See also Diehl, *Thanks of the Fatherland*, 227 ff., and Birgit Schwelling, "Krieger in Nachkriegszeiten: Veteranenverbände als geschichtspolitische Akteure der frühen Bundesrepublik," in Claudia Fröhlich and Horst-Alfred Heinrich, eds., *Geschichtspolitik: Wer sind ihre Akteure, wer ihre Rezipienten?* (Stuttgart, 2004), 68—80.
53. Heinz Medelind, "Bonn unterscheidet sich von Weimar," *NZ*, 10/28/1948; Theodor Steltzer, "Laßt uns einen neuen Anfang finden!" *NZ*, 12/24/1948; "Das Recht auf Sicherheit," *NZ*, 2/22/1949, and "Besetzte Gebiete durch Pakt geschützt," *NZ*, 3/15/1949.
54. "Dienst am Frieden Deutschlands und der Welt," *RP*, 9/8/1949. Carl—Christoph Schweitzer et al., eds., *Politics and Government in the Federal Republic of Germany. Basic Documents* (Leamington Spa, 1984), 31 ff., and Wettig, *Entmilitarisierung*, 221 ff., 238 ff.
55. "Deutsche Miliz ohne deutsches Wissen?" *RP*, 11/27/1949; "Remilitarisierung: Eine Theorie," *NZ*, 12/14/1948; and "Wir brauchen keinen Krieg," *NZ*, 1/12/1949. See also Norbert Wiggershaus, "Die Überlegungen für einen westdeutschen Verteidigungsbeitrag von 1948 bis 1950," in Militärgeschichtliches Forschungsamt, ed., *Entmilitarisierung und Aufrüstung in Mitteleuropa 1945—1956* (Herford, 1983), 93—115.
56. "Widerstand gegen jeden Angriff," *RP*, 3/19/1949; "Nicht unter deutschem Befehl," *RP*, 11/29/1949; "Keine deutsche Wehrmacht," *RP*, 12/5/1949; "Diskussion unzweckmäßig," *RP*, 12/7/1949; "Bundestag gegen Aufrüstung," *RP*, 12/17/1949.
57. "Bedenkliche deutsche 'Wiederaufrüstung,'" *RP*, 11/4/1949; "Militärischer 'Werkschutz' in der Ostzone," *RP*, 3/16/1949; "Deutsches Kanonenfutter in

Griechenland," *RP*, 5/18/1949; "Volkspolizei soll Deutschland erobern," *RP*, 6/7/ 1949. See also Helmut Bohn, *Die Aufrüstung der sowjetischen Besatzungszone Deutschlands* (Bonn, 1960).

58. Konrad Adenauer, *Erinnerungen* (Stuttgart 1965—1966), 1: 341 ff., 442 ff., 513 ff., 2: 163 ff., 270 ff., 328 ff. See also Large, *Germans to the Front*, 31 ff.
59. 调查数据来自 Anna J. Merritt and Richard L. Merritt, *Public Opinion in Occupied Germany: The OMGUS Surveys, 1945—1949* (Urbana, 1970) 以及 Merritt and Merritt, *Public Opinion in Semisovereign Germany: The HICOG Surveys, 1949—1955* (Urbana, 1980)。See also Hans—Erich Volkmann, "Die innenpolitische Dimension Adenauerscher Sicherheitspolitik in der EVG—Phase," in Militärgeschichtliches Forschungsamt, ed., *Anfänge westdeutscher Sicherheitspolitik 1945—1956*, 4 vols. (Munich, 1990), 2: 235—601.
60. "OKW—Urteil wird verkündet," *NZ*, 10/28/1948. See also Norbert Frei, *Adenauer's Germany and the Nazi Past: The Politics of Amnesty and Integration* (New York, 2002), 164.
61. Georg Meyer, "Zur inneren Entwicklung der Bundeswehr bis 1960/61," in Militärgeschichtliches Forschungsamt, ed., *Anfänge westdeutscher Sicherheitspolitik 1945—1956*, 4 vols. (Munich, 1990), 3: 851—1162. See also Douglas Peifer, *Three German Navies: Dissolution, Transition and New Beginnings, 1945—1960* (Gainesville, 2002).
62. Michael Geyer, "The Place of the Second World War in German Memory and History," *New German Critique*, no. 71 (1997), 5—40.
63. 这方面的研究目前还很欠缺。
64. "Der ideale Deutsche," *RP*, 11/24/1949. See also Large, *Germans to the Front*, 265 ff. See also Detlef Bald, *Die Bundeswehr: Eine kritische Geschichte 1955—2005* (Munich, 2005).
65. Helga Haftendorn and Lothar Wilker, "Die Sicherheitspolitik der beiden deutschen Staaten," in Werner Weidenfeld and Hartmut Zimmermann, eds., *Deutschland—Handbuch: Eine doppelte Bilanz 1949—1989* (Bonn, 1989), 605—620.
66. Helga Haftendorn, *Sicherheit und Entspannung: Zur Außenpolitik der Bundesrepublik Deutschland 1955—1982*, 2nd ed. (Baden—Baden, 1986) 以及 Dennis L. Bark and David R. Gress, *A History of West Germany* (Oxford, 1989), 1: 366 ff., 386 ff., 399 ff.。
67. "Einsatz im Machtspiel," *Der Spiegel 55* (2001), no. 46, 34 ff. 总理赫尔穆特·科尔甚至允许联邦安全委员会宣布,在"北约"以外的领土上部署国防军是违宪的。
68. Willy Brandt, *Erinnerungen* (Frankfurt, 1989), 239 ff. Werner Link, "Die Außenpolitik und internationale Einordnung der Bundesrepublik Deutschland," in Werner Weidenfeld and Hartmut Zimmermann, eds., *Deutschland—Handbuch: Eine doppelte Bilanz 1949—1989* (Bonn, 1989), 578 ff.
69. Helmut Hoffmann, ed., *Nachbelichtet* (Dresden, 1997), 135 ff.
70. Helmut Schmidt, *Menschen und Mächte* (Berlin, 1987). See also Helga Haftendorn, *Sicherheit und Stabilität: Außenbeziehungen der Bundesrepublik zwischen Ölkrise und NATO-Doppelbeschluß* (Munich, 1986), and Jeffrey Herf, *War by Other Means: Soviet Power, West German Resistance and the Battle of the Euromissiles* (New York, 1991).
71. Detlef Bald, *Militär und Gesellschaft 1945—1990: Die Bundeswehr der Bonner Republik* (Baden-Baden, 1994), 89 ff., 113 ff. 关于统一社会党的渗透,Hubertus Knabe, *Die unterwanderte Republik: Stasi im Westen* (Berlin, 1999)中有相当耸人听

闻的描述。
72. Konrad H. Jarausch, "Nation ohne Staat: Von der Zweistaatlichkeit zur Vereinigung," *Praxis Geschichte 13* (2000), no. 3, 6—12.
73. Erhart Neubert, *Geschichte der Opposition in der DDR 1949—1989* (Berlin, 1997), 597—600.
74. Christian Hacke, *Weltmacht wider Willen: Die Außenpolitik der Bundesrepublik Deutschland* (Frankfurt, 1993).
75. "Abmarsch in die Realität," *Der Spiegel 55* (2001), no. 46, 22 ff. 可参考当期杂志的封面：图中有一桦木制的十字架和头盔，暗指 1945 年春天阵亡的德国将士。
76. U. S. Department of State, *Occupation of Germany: Policy and Progress, 1945—1946* (Washington 1947), 2, and Harper to the deputy military governor, 10/16/1945, OMGUS, Records of Executive Office, Box 96, National Archives.
77. 读者致 *FR* 的一封信（9/21/1950）。Schröder, *Die gestohlenen Jahre*, 911—920; Jering, *Überleben und Neubeginn*, 62; and Otto Nickel, "Der totale—der total zwecklose Krieg," *Die Wandlung 2* (1947), 116—123. See also Richard Bessel and Dirk Schumann, eds., *Life after Death: Approaches to a Cultural and Social History of Europe during the 1940s and 1950s* (Cambridge, 2003) 以及 Michael Geyer 发表在 H-German 网站（http://www.h—net.org/~german/）上的评论文章（10/21/2004）。
78. Joyce M. Mushaben, *From Post-War to Pos-Wall Generations: Changing Attitudes toward the National Question and NATO in the Federal Republic of Germany* (Boulder, 1998), 171 ff.
79. Berger, *Cultures of Antimilitarism*, x.
80. Hamburger Institut für Sozialforschung, ed., *Verbrechen der Wehrmacht: Dimensionen des Vernichtungskrieges 1941—1944*, exihibition catalogue (Hamburg, 2002), 3 ff. See also Henryk M. Broder, "Die Arroganz der Demut," *Der Spiegel 55* (2001), no. 47, 42 ff., and Klaus Naumann, *Der Krieg als Text: Das Jahr 1945 im kulturellen Gedächtnis der Presse* (Hamburg, 1998).

第二章

1. Günter Esdor, "'Haben Sie das gehört: Es ist Krieg!!!' Die Geschichte meiner ersten 23 Lebensjahre in einer bewegten Zeit von 1933 bis 1955," MS, Bremen 1998, KA 6479. See also Stadtarchiv Karlsruhe, "Das Tagebuch der Marianne Kiefer," KA 6515/3.
2. Ruth-Kristin Rößler, ed., *Die Entnazifizierungspolitik der KPD/SED 1945—1948: Dokumente und Materialien* (Goldbach, 1994); "Mission and Objectives of the US Occupation," 美军宣传手册（1947 年），重印本 in von Plato and Leh, "Ein unglaublicher Frühling," 98。
3. Carl Goerdeler 预先准备的电台演讲稿（7/20/1944），and "Programmatische Richtlinien der Association of Free Germans aus dem Jahre 1943," in Vollnhals, ed., *Entnazifizierung*, 67 ff., 74 ff.。
4. Hönicke, "'Know Your Enemy,'" 159 ff.
5. Hönicke, "'Know Your Enemy.' American Wartime Images of Germany 1942—1943," in Ragnhild Fiebig von Hase and Ursula Lehmkuhl, eds., *Enemy Images in American History* (Providence, 1997), 245 ff.
6. "Genosse Ehrenburg vereinfacht," *TR*, 5/15/1945; Raymond Daniell, "To Wipe out the Mark of the Beast," *NYT Magazine*, 5/13/1945. See also Michaela Hönicke, "'Prevent World War III': An Historiographical Appraisal of Morgenthau's Programme for Germany," in Robert A. Garson and Stuart S. Kidd, eds., *The Roosevelt Years:*

New Perspectives on American History, 1933—1945 (Edinburgh, 1999), 155 ff.
7. Lutz Niethammer, *Die Mitläuferfabrik: Die Entnazifizierung am Beispiel Bayerns*, 2nd ed. (Berlin, 1982), 653—666, and Armin Schuster, *Die Entnazifizierung in Hessen 1945—1954: Vergangenheitspolitik in der Nachkriegszeit* (Wiesbaden, 1999). See also Michael Hayse, *Recasting German Elites: Higher Civil Servants, Business Leaders and Physicians in Hesse between Nazism and Democracy, 1945—1955* (New York, 2003).
8. Helga Welsh, *Revolutionärer Wandel auf Befehl? Entnazifizierungs- und Personalpolitik in Thüringen und Sachsen (1945—1948)* (Munich, 1989) 以及 Olaf Kappelt, *Die Entnazifizierung in der SBZ sowie die Rolle und der Einfluß ehemaliger Nationalsozialisten in der DDR als ein soziologisches Phänomen* (Hamburg, 1997)。
9. Karl-Heinz Füssl, *Die Umerziehung der Deutschen: Jugend und Schule unter den Siegermächten des Zweiten Weltkriegs 1945—1955*, 2nd ed. (Paderborn, 1995), and Caspar von Schrenck-Notzing, *Die Politik der amerikanischen Umerziehung* (Frankfurt, 1994). See also Brian Puaca, "Reform before the Reform" (Ph. D. diss., Chapel Hill, 2005).
10. Michael Lemke, *Einheit oder Sozialismus? Die Deutschlandpolitik der SED 1949—1961* (Cologne, 2001), and Peter Brandt, *Schwieriges Vaterland: Deutsche Einheit, nationales Selbstverständnis, soziale Emanzipation. Texte von 1980 bis heute*, 2nd ed. (Berlin, 2001).
11. Konrad H. Jarausch, "Die Postnationale Nation: Zum Identitätswandel der Deutschen, 1945—1995," *Historicum 14* (Spring 1995), 30—35. See also Dieter Langewiesche, *Nation, Nationalismus, Nationalstaat in Deutschland und Europa* (Munich, 2000), 228.
12. Dicke, "Mit 'Vorwärts, vorwärts' war es nicht getan," KA 3228, 146—147.
13. "Hard Policy Fixed for Ruling Reich," *NYT*, 5/17/1945. See also Vollnhals, *Entnazifizierung*, 98 ff. 中美国参谋长联席会议第1067号指令的措辞。
14. 详见 von Salomon, *Der Fragebogen*, 535—633. See also Niethammer, *Mitläuferfabrik*, 663。
15. 具体数字见 "Denazification during the First Month," in OMGUS, "Report of the Military Governor," no. 1, August 1945。See also Jering, *Überleben und Neubeginn*, 29, 36, and Christian Bauer and Rebekka Göpfert, *Die Richtie Boys: Deutsche Emigranten beim US-Geheimdienst* (Munich, 2005).
16. "Namen unter Abfallpapier: Wie die NS-Parteikartei gefunden wurde," *NZ*, 10/28/1945. 有关谢弗—巴顿丑闻以及去纳粹化危机的详情，可参阅 Niethammer, *Mitläuferfabrik*, 159 ff.。
17. OMGUS, "Report of the Military Governor," September 1945, and Heinz Döll, "Skizzen und Daten 1919/1949," MS, n. d., KA 5940/3, 275.
18. "Frontbericht der Säuberung," *NZ*, 8/11/1945; "Deutsche Pläne zur Säuberung," *NZ*, 12/20/1945; " 'Entlastete': Ein neuer Begriff," *NZ*, 1/17/1946; and "Das Gesetz zur politischen Säuberung," *NZ*, 3/8/1946. See also "Entnazifizierung," *TR*, 3/10/1946, and Vollnhals, *Entnazifizierung*, 16 ff.
19. Heinrich Schmitt, "Die Reinigung," *NZ*, 3/3/1946; "Die Durchführung des Säuberungsgesetzes," *NZ*, 4/11/1946; "Probleme um das Säuberungsgesetz," *NZ*, 5/19/1946; "Ernste Worte zum Säuberungsgesetz," *NZ*, 6/13/1946.
20. 去纳粹化委员会决议 (10/1/1946); "Military Government of Germany: Fragebogen" of 3/18/1946; "40jähriges Betriebsjubiläum," *Heimatnachrichten aus Neustadt*, 8/11/1969, KA 3760; and Nedebock to Hüttenbach, 5/30/1948, KA 6457/1。See also Michael H. Kater, *The Nazi Party: A Social Profile of Members and Leaders* (Cambridge, MA, 1983), 72 ff.

21. 英国管理局，"Einreihungsbescheid" of 6/6/1947；德国军政府，Fragebogen, n. d.; and 致戏剧顾问委员会的一封信（4/8/1947）。有关宣誓证词，可参阅 Clearing Certificate of 9/1/1947, KA 6349。另外，也可参阅 Juliane Freifrau von Bredow, *Leben in einer Zeitwende*（私人出版, n. d.），53 ff.; Dr. Ing. A. H. 证明信的草稿, 6/28/1946, KA 1099; and Jering, *Überleben und Neubeginn*, 200 ff.。

22. "Säuberungsgesetz unverändert," *NZ*, 5/26/1946; "Reserviert für Nazis," *NZ*, 9/2/1946; and "Krise der politischen Säuberung," *NZ*, 11/7/1946. See also "Gedanken zum Entnazifizierungsgesetz," 转载自 *Die Tat*, early September 1946, KA 662; Hermann Freiherr von Lünigk to the Deutschen Entnazifizierungsvorstand Rhein-Berg Kreis, 10/1/1946, and Dr. H. Thielecke 的 1947 年耶稣受难日布道文。

23. von Salomon, *Der Fragebogen*, 8 ff.

24. "Krise der politischen Säuberung," *NZ*, 11/7/1946; "Kontrolle der Säuberung verschärft," *NZ*, 12/2/1946; and "Eine Millionen amnestiert," *NZ*, 12/29/1946. See also Vollnhals, *Entnazifizierung*, 20 ff.

25. "Für Revision des Säuberungsgesetzes," *NZ*, 8/3/1947; "Keine Einigkeit Über Säuberung," *NZ*, 9/25/1947; "Bizonaler Postdirektor verteidigt Pgs," *NZ*, 10/20/1947; "Neue Entlassungen von Internierten," *NZ*, 2/12/1948; and "Säuberung vor dem Abschluß," *NZ*, 5/6/1948.

26. "Nazi-Säuberung in den Verwaltungsstellen," *NRZ*, 10/3/1945; "Stand und Ergebnisse der Nazisäuberung," *NRZ*, 11/24/1945; "Säuberung der Wirtschaft und Verwaltung," *NRZ*, 3/20/1946; "Ein Jahr Entnazifizierung," *NRZ*, 4/15/1947.

27. "Reform der Entnazifizierung," *RP*, 12/6/1947; "Politische Säuberung verhindert," *RP*, 2/11/1948; "Neues Entnazifizierungsgesetz," *RP*, 4/30/1948; and Vollnhals, *Entnazifizierung*, 24 ff.

28. "鬼子"（boches）一词是对德国人的蔑称，系 Alboche 的缩写，意为"阿莱曼人"（Allemand），最初被广泛使用可能是在普法战争期间（1870—1871）。

29. Edgar Wolfrum, *Französische Besatzungspolitik und deutsche Sozialdemokratie: Politische Neuansätze in der "vergessenen Zone" bis zur Bildung des Südweststaates 1945—1952*（Düsseldorf, 1991）.

30. 想要深入了解有关苏占区去纳粹化的讨论，可参阅 Timothy R. Vogt, *Denazification in Soviet-Occupied Germany: Brandenburg, 1945—1948*（Cambridge, MA, 2001）。

31. 相关文件见于 Vollnhals, *Entnazifizierung*, 168 ff., and Rößler, *Die Entnazifizierungspolitik*, 64 ff.。See also Welsh, *Revolutionärer Wandel*, 18 ff., 167 ff., and Damian van Melis, *Entnazifizierung in Mecklenburg-Vorpommern: Herrschaft und Verwaltung 1945—1948*（Munich, 1999），321 ff.。

32. "Achtung, getarnte Nazis," *ND*, 5/10/1946; "Eingliederung in den demokratischen Neuaufbau," *ND*, 9/6/1946; Wilhelm Pieck, "Der Sinn der Entnazifizierung," *ND*, 2/21/1947; and "Gerechte Entnazifizierung," *ND*, 8/27/1947. See also "Entnazifizierung in der Ostzone," *NZ*, 8/21/1947.

33. "Säuberung, nicht Entkapitalisierung," *NZ*, 2/21/1947, versus "Nazi-Eldorado in Bayern," *ND*, 8/20/1946. 有关编制统计数据的难处，可参阅 Vollnhals, *Entnazifizierung*, 224 ff., 332 ff.。

34. Vollnhals, *Entnazifizierung*, 333, and Rolf Badstübner, *Vom "Reich" zum doppelten Deutschland: Gesellschaft und Politik im Umbruch*（Berlin, 1999），254.

35. "Schlußstrich unter die NSDAP," *NRZ*, 10/17/1945; "Weiteres Nazikomplott zerschlagen," *NRZ*, 3/29/1947; "Liste Prominenter in Verwaltung und Industrie des Westens," *ND*, 12/3/1946. Vollnhals, *Entnazifizierung*, 55 ff. See also Annette Weinke, *Die Verfolgung von NS-Tätern im geteilten Deutschland: Vergangenheitsbewältigung 1949—1969*（Paderborn,

2002).
36. Vollnhals, *Entnazifizierung*, 55 ff. See also Steven P. Remy, *The Heidelberg Myth: The Nazification and Denazification of a German University* (Cambridge, MA, 2000).
37. Sigrid Undset, "Die Umerziehung der Deutschen," *NZ*, 10/25/1945, and Dolf Sternberger, "Der Begriff des Vaterlands," *Die Wandlung 2* (1947), 494—511. See also "Der lange Weg," *NRZ*, 12/29/1945.
38. Dicke, "Mit 'Vorwärts, vorwärts' war es nicht getan," KA 3228, 124.
39. Matthiesen, "Tagebuch," KA 5958/1, 14; Jering, *Überleben und Neubeginn*, 31. See also Boveri, *Tage des Überlebens*, 195 ff.
40. "Die Auflösung Preußens," *ND*, 2/15/1947. 这些措施都建立在一种片面的历史观上, 即认为两次世界大战都应该由普鲁士人负责。
41. Dicke, "Mit 'Vorwärts, vorwärts' war es nicht getan," 120; Agathe Matthiesen, "Tagebuch," KA 5958/1, 10 ff.; "Deutschlandlied 1949" from Hans Doerry, KA 6349.
42. "Die Zeitung der Roten Armee in Berlin," *TR*, 5/13/1945; Heinrich Graf von Einsiedel, *Tagebuch der Versuchung* (Frankfurt, 1985); "Der Anfang," *NRZ*, 7/15/1945; and Dwight D. Eisenhower, "Zum Geleit," *NZ*, 10/18/1945. See also Boveri, *Tage des Überlebens*, 223 ff.
43. Prüfer, "Berlin," KA 4379, 208, 214; Ruth Reimann-Möller, *Die Berichterstatterin von Burg: Schule-mein Leben* (Norderstedt, 2000), 2 ff., 216 ff.; and Hans Herzog, "Eine bewegte Zeit," KA 6368, 80. See also Kimberly Redding, *Growing up in Hitler's Shadow: Remembering Youth in Postwar Berlin* (Westport, 2004).
44. Arnold Döblin, "Die beiden deutschen Literaturen," *NZ*, 2/5/1946; "Gründung des Kulturbundes zur demokratischen Erneuerung Deutschlands," *Sonntag*, 7/3/1960; Prüfer, "Berlin," 230 ff.; and Dicke, "Mit 'Vorwärts, vorwärts' war es nicht getan," 149. See also Konrad H. Jarausch and Hannes Siegrist, eds., *Amerikanisierung und Sowjetisierung in Deutschland 1945—1970* (Frankfurt, 1997).
45. Dicke, "Mit 'Vorwärts, vorwärts' war es nicht getan," 121; Matthiesen, "Tagebuch," 8; Döll, "Skizzen und Daten," 255.
46. Jering, *Überleben und Neubeginn*, 28 ff.; Dicke, "Mit 'Vorwärts, vorwärts' war es nicht getan," 145.
47. Dicke, "Mit 'Vorwärts, vorwärts' war es nicht getan," 126 ff.; Matthiesen, "Tagebuch," 10—11; and Reimann-Möller, *Die Berichterstatterin*, 221 ff. See also Bernhard Recker, "Die Geschichte der Familie Zita und Bernhard Recker," KA 6406, 13: "在胜利者的眼中, 所有德国人都有罪。"
48. "Wortlaut der umstrittenen Rede," *NZ*, 2/21/1946. 引文来自 Matthiesen, "Tagebuch," 14—15 中收录的一首诗, 题目为 "Hammerschlag!", 作者为 Hildebrandt。
49. Julius Ebbinghaus, "Patrioten und Nationalisten," *NZ*, 4/22/1946; Veit Valentin, "Antisemistismus und Nationalsozialismus," *NZ*, 1/17/1947; and Walter Goetz, "Nationalsozialistische Geschichtsfälschungen," *NZ*, 2/14/1947.
50. Paul Merker, "Der Irrweg einer Nation," *ND*, 9/7/1946; "Aussprache Über die Friedensfrage," *NZ*, 2/14/1947; and Wilfried Loth, *Der Weg nach Europa: Geschichte der europäischen Integration 1939—1957*, 3rd ed. (Göttingen, 1996).
51. Jering, *Überleben und Neubeginn*, 37; Heinrich Döll 的推荐信, August 1946, in Döll, "Skizzen und Daten," 275 ff.。See also Erwin Schmidt, "Vom Eisernen Vorhang zum Golden Gate," KA 4595.
52. Johannes Dieter Steinert, "Drehscheibe Westdeutschland: Wanderungspolitik im Nachkriegsjahrzehnt," in Klaus J. Bade, ed., *Deutsche im Ausland-Fremde in Deutschland: Migration in Geschichte und Gegenwart* (Munich, 1992), 386—392;

Fritz-Bauer-Institut, ed., *Überlebt und unterwegs: Jüdische Displaced Persons im Nachkriegsdeutschland* (Frankfurt, 1997); and Burghard Ciesla, "Das 'Project Paperclip': Deutsche Wissenschaftler und Techniker in den USA (1946 bis 1952)," in Jürgen Kocka, ed., *Historische DDR-Forschung: Aufsätze und Studien* (Berlin, 1993), 287—301.

53. Reinhold, *Erinnerungen*, 222; Dr. August Wolfgang Koberg 有关自己被捷克斯洛伐克政府驱逐的报告, n. d.; and Otto Schulz to Trix-Günter Stövhase, 8/25/1947, KA 4707。See also Elizabeth Heineman, "The Hour of the Woman: Memories of Germany's 'Crisis Years' and West German National Identity," *AHR 101* (1996), 354—395.
54. Dicke, "Mit 'Vorwärts, vorwärts' war es nicht getan," 155 ff., and Herbert Puin, "Eine Familiengeschichte," KA 6175, 56 ff. See also Herzog, "Eine bewegte Zeit," 91 ff.
55. Michael L. Hughes, *Shouldering the Burden of Defeat: West Germany and the Reconstruction of Social Justice* (Chapel Hill, 1999). See also Hans Günter Hockerts, ed., *Drei Wege deutscher Sozialstaatlichkeit: NS-Diktatur, Bundesrepublik und DDR im Vergleich* (Munich, 1998).
56. Jering, *Überleben und Neubeginn*, 32 ff.; Boveri, *Tage des Überlebens*, 279 ff.; "Düsseldorfs Bekenntnis zur Reichseinheit," *NRZ*, 7/3/1946; "Es gibt nur einen Staat: Deutschland," *NRZ*, 7/10/1946; "Die Einheit der Arbeiterklasse ist die Einheit Deutschlands," *ND*, 4/23/1946; "Für die Wirtschaftseinheit Deutschlands," *ND*, 5/12/1946.
57. "Die deutschen Länder untrennbar verbunden," *RP*, 6/7/1947; "Protest gegen Gebietsabtretung," *RP*, 11/15/1947; "Nationalismus," *RP*, 4/30/1948; "Grenzberichtigungen?" *RP*, 12/2/1948. See also Kohl, *Erinnerungen*, 94 ff.
58. Schweitzer, *Politics and Government*, 373 ff.
59. 想了解更具批判性的观点，可参阅 Hajo Funke, *Brandstifter: Deutschland zwischen Demokratie und völkischem Nationalismus* (Göttingen, 1993)。
60. Elisabeth Noelle-Neumann and Renate Köcher, *Die verletzte Nation: Über den Versuch der Deutschen ihren Charakter zu ändern* (Stuttgart, 1987), versus Karl Dietrich Bracher, *Wendezeiten der Geschichte: Historisch-politische Essays 1987—1992* (Stuttgart, 1992), 272—296, and Konrad H. Jarausch, "Die Postnationale Nation: Zum Identitätswandel der Deutschen 1945—1990," *Historicum 14* (Spring, 1995), 30—35.
61. See also Kurt Georg Kiesinger, *Dunkle und helle Jahre: Erinnerungen 1904—1958* (Stuttgart, 1989), 331. 此外，还有 Rainer Zitelmann et al., eds., *Westbindung: Chancen und Risiken für Deutschland* (Frankfurt, 1993)。
62. Rainer Zitelmann, *Demokraten für Deutschland: Adenauers Gegner-Streiter für Deutschland* (Frankfurt, 1993), and Leo Kreuz, *Das Kuratorium Unteilbares Deutschland: Aufbau, Programmatik, Wirkung* (Opladen, 1980).
63. 有关 Wilfried Loth 的争议，可参阅 *Stalins ungeliebtes Kind: Warum Moskau die DDR nicht wollte* (Berlin, 1994) 以及 Lemke, *Einheit oder Sozialismus?* 。
64. Jarausch and Siegrist, *Amerikanisierung und Sowjetisierung*. See also Volker Berghahn, *Unternehmer und Politik in der Bundesrepublik* (Frankfurt, 1985), and Uta G. Poiger, *Jazz, Rock and Rebels: Cold War Politics and American Culture in a Divided Germany* (Berkeley, 2000).
65. Klemperer, *So sitze ich denn zwischen allen Stühlen*, and Michael Lemke, ed., *Sowjetisierung und Eigenständigkeit in der SBZ/DDR (1945—1953)* (Cologne, 1999).

66. Loth, *Der Weg nach Europa*, passim, Wolfgang Schmale, *Geschichte Europas* (Vienna, 2000).
67. Jürgen Habermas, *Die nachholende Revolution: Kleine politische Schriften VII* (Frankfurt, 1990), 205—224. See also Harold James, *A German Identity: 1770— 1990* (New York, 1990) and Tina Pfeiffer and Norbert Seitz, "Was symbolisiert das Wunder von Bern?" *APuZ* B 54 (2004), 3—6.
68. Konrad H. Jarausch, "Die Krise des deutschen Bildungsbürgertums im ersten Drittel des 20. Jahrhunderts," in Werner Conze et al., eds., *Bildungsbürgertum im 19. Jahrhundert* (Stuttgart, 1989—1992), 4: 180—205. See also Paul Noack, *Deutschland, deine Intellektuellen: Die Kunst, sich ins Abseits zu stellen* (Stuttgart, 1991), 16 ff.
69. Dirk van Laak, "Der Platz des Holocaust im deutschen Geschichtsbild," in Konrad H. Jarausch and Martin Sabrow, eds., *Die historische Meistererzählung: Deutungslinien der deutschen Nationalgeschichte nach 1945* (Göttingen, 2002), 163—193. See also Bernhard Giesen, *Kollektive Identität* (Frankfurt, 1999).
70. Ronald Inglehart, *The Silent Revolution: Changing Values and Political Styles among Western Publics* (Princeton, NJ, 1995).
71. Konrad H. Jarausch, "1968 and 1989: Caesuras, Comparisons, and Connections," in Carole Fink et al., eds., *1968: The World Transformed* (Cambridge, 1998), 461—477, and Wolfgang Kraushaar, *1968: Das Jahr, das alles verändert hat* (Munich, 1998).
72. 各种相关文本见于 Dolf Sternberger, *Verfassungspatriotismus* (Frankfurt, 1990), 11—38, and Jürgen Habermas, *Eine Art Schadensabwicklung: Kleine politische Schriften VI* (Frankfurt, 1987), 161—178。
73. Hans Mommsen, "Aus Eins mach Zwei: Die Bi-Nationalisierung Rest-Deutschlands," *Die Zeit*, 2/6/1981. See also Winkler, *Der lange Weg*, 2: 435 ff. Jens Hacker 撰文批评了温克勒的立场，文章 in Deutsche Irrtümer: *Schönfärber und Helfershelfer der SED-Diktatur im Westen*, 3rd ed. (Berlin, 1992)。
74. Noelle-Neumann and Köcher, *Die verletzte Nation*, passim; Heinz Niemann, *Meinungsforschung in der DDR: Die geheimen Berichte des Instituts für Meinungsforschung an das Politbüro der SED* (Cologne, 1993), 30 ff.; and Peter Förster, "Die deutsche Frage im Bewusstsein der Bevölkerung in beiden Teilen Deutschlands: Das Zusammengehörigkeitsgefühl der Deutschen. Einstellungen junger Menschen in der DDR," in Deutscher Bundestag, ed., *Materialien der Enquete-Kommission* "Aufarbeitung von Geschichte und Folgen der SED-Diktatur in Deutschland," vol. 5: *Deutschlandpolitik, innerdeutsche Beziehungen und internationale Rahmenbedingungen*, part 2 (Frankfurt, 1995), 1212—1380.
75. Edgar Wolfrum, "Nationalstaat und Nationalfeiertag: Gedächtnis und Geschichtspolitik in Deutschland (und Österreich) 1871—1990," *Historicum 14* (Spring, 1995), 26—29, and Wolfrum, *Geschichtspolitik in der Bundesrepublik Deutschland: Der Weg zur bundesrepublikanischen Erinnerung 1948—1990* (Darmstadt, 1999).
76. Timothy Garton Ash, *In Europe's Name: Germany and the Divided Continent* (New York, 1993); Heinrich Potthoff, ed., *Die "Koalition der Vernunft": Deutschlandpolitik in den 80er Jahren* (Munich, 1995); and Konrad H. Jarausch, "Nation ohne Staat: Von der Zweistaatlichkeit zur Vereinigung," *Praxis Geschichte 13* (2000), no. 3, 6—11.
77. Heiner Best, "Nationale Verbundenheit und Entfremdung im zweistaatlichen Deutschland," *Kölner Zeitschrift für Soziologie und Sozialpsychologie 42* (1990), 1 ff.
78. Erhard Hexelschneider and Erhard John, *Kultur als einigendes Band? Eine*

Auseinandersetzung mit der These von der "einheitlichen deutschen Kulturnation" (Berlin, 1984).
79. Mark Lehmstedt and Siegfried Lokatis, eds., *Das Loch in der Mauer: Der innerdeutsche Literaturaustausch* (Wiesbaden, 1997).
80. Jan Herman Brinks, *Die DDR-Geschichtswissenschaft auf dem Weg zur deutschen Einheit: Luther, Friedrich II, und Bismarck als Paradigmen politischen Wandels* (Frankfurt, 1992); Dieter Dowe, ed., *Die Ost- und Deutschlandpolitik der SPD in der Opposition 1982—1989: Papiere eines Kongresses der Friedrich-Ebert-Stiftung am 14. und 15. September 1993 in Bonn* (Bonn, 1993).
81. Gerhard Herdegen, "Perspektiven und Begrenzungen. Eine Bestandsaufnahme der öffentlichen Meinung zur deutschen Frage," *DA* 20 (1987), 1259—1272, and 21, 1987, 391—401.
82. Stefan Wolle, *Die heile Welt der Diktatur: Alltag und Herrschaft in der DDR 1971—1989* (Berlin, 1998), 63 ff.
83. See also Gebhard Schweigler, *Nationalbewußtsein in der BRD und der DDR*, 2nd ed. (Düsseldorf, 1974), versus Tilman Mayer, *Prinzip Nation: Dimensionen der nationalen Frage, dargestellt am Beispiel Deutschlands*, 2nd ed. (Opladen, 1987).
84. Klaus Harpprecht, "D-Formation der Geschichte," *SZ*, 9/29/2000, and Klaus Hettling, "Ein Picknick für die Freiheit," *FAZ*, 6/16/2001.
85. Eric J. Hobsbawm, "Eine gespaltene Welt geht ins 21. Jahrhundert," *FR*, 12/4/1999, versus Carsten Dippel, "Renaissance des Nationalstaates?" *PNN*, 8/2/1999.
86. Fritz René Allemann, *Bonn ist nicht Weimar*, edited by Xenia von Bahder (Frankfurt, 2000), 115—116, and Theodor Spitta, *Neuanfang auf Trümmern: Die Tagebücher des Bremer Bürgermeisters Theodor Spitta 1945—1947*, edited by Ursula Büttner and Angelika Voß-Louis (Munich, 1992), 100 ff.
87. Ricarda Huch, "Loslösung vom Nationalgefühl?" *TR*, 4/13/1946, and Heinrich August Winkler, "Nationalismus, Nationalstaat und nationale Frage in Deutschland seit 1945," in Winkler and Hartmut Kaelble, eds., *Nationalismus-Nationalitäten-Supranationalität* (Stuttgart, 1993), 12—33. See also Heiner Timmermann, ed., *Nationalismus in Europa nach 1945* (Berlin, 2001), 41 ff., 361 ff.
88. European Commission, ed., "The First Year of the New European Union," *Report on Standard Eurobarometer 42* (1995), 66 ff. See also Klaus Wagenbach, "Distanz zum nationalen Erbe?" *Freitag*, 10/3/1997.
89. Richard Schröder, *Deutschland, schwierig Vaterland: Für eine neue politische Kultur* (Freiburg, 1993), and "Man muss nicht stolz sein, aber man darf," *TSp*, 3/21/2001. See also Heinrich-August Winkler, "Abschied von der Abweichung," *Die Zeit*, 12/14/2000.

第三章

1. Spitta, *Neuanfang auf Trümmern*, 72 ff. See also Walter Rohland, *Bewegte Zeiten: Erinnerungen eines Eisenhüttenmannes* (Stuttgart, 1976), 107 ff.
2. "Aufruf der Kommunistischen Partei Deutschlands," *TR*, 6/14/1945. See also Fritz Schenk, *Das rote Wirtschaftswunder: Die zentrale Planwirtschaft als Machtmittel der SED-Politik* (Stuttgart-Degerloch, 1969).
3. "Baruch Urges Plan for Foe in Defeat," *NYT*, 6/1/1945; Drew Middleton, "US to Push Curb on Reich Industry," *NYT*, 7/1/1945; C. P. Trussell, "Reich War Power Declared Strong," *NYT*, 7/10/1945.
4. Howard S. Ellis, 致编辑的一封信, *NYT*, 6/9/1945; Hanson W. Baldwin, "Occupation and Peace," *NYT*, 7/11/1945; and "European Reconstruction," *NYT*, 7/

12/1945。See also Wilfried Mausbach, *Zwischen Morgenthau und Marshall: Das wirtschaftspolitische Deutschlandkonzept der USA, 1944—1947* (Düsseldorf, 1996).
5. Gimbel, *The American Occupation of Germany*.
6. Eberhard Schmidt, *Die verhinderte Neuordnung, 1945—1952: Zur Auseinandersetzung um die Demokratisierung der Wirtschaft in den westlichen Besatzungszonen und in der Bundesrepublik Deutschland* (Frankfurt, 1970).
7. Werner Abelshauser, *Wirtschaftsgeschichte der Bundesrepublik Deutschland 1945—1980* (Frankfurt, 1983), and Abelshauser, *Kulturkampf: Der deutsche Weg in die Neue Wirtschaft und die amerikanische Herausforderung* (Berlin, 2003).
8. Andre Steiner, *Von Plan zu Plan: Eine Wirtschaftsgeschichte der DDR* (Munich, 2004), and Peter Hübner, ed., *Eliten im Sozialismus: Beiträge zur Sozialgeschichte der DDR* (Cologne, 1999).
9. Jürgen Kocka, "Was heißt 'Zivilgesellschaft'?" *TSp*, 3/25/2002, and Helmut Fehr, "Die Macht der Symbole: Osteuropäische Einwirkungen auf den revolutionären Umbruch in der DDR," in Konrad H. Jarausch and Martin Sabrow, eds., *Weg in den Untergang: Der innere Zerfall der DDR* (Göttingen, 1999), 213—238.
10. 有关初期反应，可参阅 Berghahn, *Unternehmer und Politik*, and Anthony J. Nicholls, *Freedom with Responsibility: The Social Market Economy in Germany 1918—1963* (Oxford, 1994)。
11. Joseph Borkin and Charles A. Welsh, *Germany's Master Plan* (New York, 1943); "Disarmed Germany Urged by Crowley: Bombed and Defeated County Has Power to Rebuild War Machine, Says FEA Chief," *NYT*, 6/27/1945, and "Reich War Power Declared Strong," *NYT*, 10/7/1945.
12. 请见波茨坦会议的会议记录（8/2/1945）。"Die deutsche Regelung," *Economist*, 8/11/1945. See also "Germany Stripped of Industry By Big Three: Economy Mapped," *NYT*, 8/3/1945.
13. "Die Wiederaufnahme der Industrie," *TR*, 8/5/1945; Rainer Karlsch and Jochen Laufer, eds., *Sowjetische Demontagen in Deutschland 1944—1949: Hintergründe, Ziele und Wirkungen* (Berlin, 2002), 19—78.
14. 美国军政府首领的报告，"Control of IG Farben," September 1945。See also "Hitlers Geldgeber und Brandstifter des Krieges," *TR*, 7/21/1945, and Rohland, *Bewegte Zeiten*, 115 ff.
15. Drew Middleton, "US to Push Curb on Reich Industry," *NYT*, 7/1/1945; Middleton, "US Seizes Farben Plants To Bar Reich Arms Output," *NYT*, 7/6/1945; "Forty Industrialists in Ruhr Arrested," *NYT*, 9/7/1945; "British Seize Ruhr Industrialists as Allies Investigate Six Trusts," *NYT*, 2/12/1945; and "Ruhr Trusteeship Urged as War Curb," *NYT*, 12/21/1945. See also Günter Henle, *Weggenosse des Jahrhunderts: Günter Henle als Diplomat, Industrieller, Politiker und Freund der Musik* (Stuttgart, 1968), 75 ff.
16. Gladwyn Hill, "Allies' Delay Bars Recovery in Ruhr," *NYT*, 8/6/1945, and 德国军政府，"Monthly Report of Military Governor US Zone 20, August 1945" 中名为 "German Industry and Utilities" 的章节。可参阅 Spitta, *Neuanfang auf Trümmern*, 94 ff. 中的相关描述。
17. Drew Middleton, "German Industry's Fate Studied," *NYT*, 7/15/1945; Middleton, "More German Factories Will Run in US Zone Than First Implied," *NYT*, 7/21/1945; "Reduction of Germany to Agrarian State Branded Economic Absurdity by Experts," *NYT*, 8/29/1945; "Engineers Offer Plan for Germany," *NYT*, 9/27/1945. 有关进一步的警告，可参阅 Harley H. Kilgore, "Germany Is Not Yet Defeated," *NYT Magazine*, 8/12/1945。

18. Raymond Daniell, "US Experts Urge Reich Export Rise: Russia Suspicious," *NYT*, 10/8/1945; Anthony H. Leviero, "Smash IG Farben Empire, Eisenhower Advises Allies," *NYT*, 10/21/1945; Raymond Daniell, "US Agents Clash on Reich Cartels," *NYT*, 11/18/1945.
19. "12 Punkte für Deutschland," *NZ*, 12/14/1945; "Stahlproduktion und Zukunft," *NZ*, 1/28/1946; "Neuplanung der deutschen Industrie," *NZ*, 4/1/1946. See also "Plan für Reparationen und den Nachkriegsstand der deutschen Wirtschaft entsprechend den Beschlüssen der Berliner Konferenz," *TR*, 3/28/1946.
20. "Der Nürnberger Prozeß," *NZ*, 11/15/1945; "Erster Tag des Flick-Prozesses," *NZ*, 4/20/1947; "24 IG Direktoren vor Gericht," *NZ*, 5/5/1947; "Der dritte Industrieprozeß," *NZ*, 8/18/1947; "IG-Farben Urteil verkündet," *NZ*, 7/31/1948. See also Rohland, *Bewegte Zeiten*, 134 ff., and Berghahn, *Unternehmer und Politik*, 40 ff.
21. 可参阅 OMGUS 中有关 "Activities of the Directorate of Economics, Allied Control Authority 1945—1949" of August 1949, Part 1 的具体报告,以及 Werner Plumpe, "Desintegration und Reintegration: Anpassungszwänge und Handlungsstrategien der Schwerindustrie des Ruhrgebietes in der Nachkriegszeit," in Eckart Schremmer, ed., *Wirtschaftliche und soziale Integration in historischer Sicht: Arbeitstagung der Gesellschaft für Sozial- und Wirtschaftsgeschichte in Marburg 1995* (Stuttgart, 1996), 290—303。
22. "Die Mitschuld der deutschen Bankwelt," *NZ*, 11/7/1946; "Erster Schritt zur Konzernentflechtung," *NZ*, 7/27/1947; Dr. Bauer, "Entflechtung der Stahlindustrie," *NZ*, 7/18/1947; "Auswirkungen der Entflechtung," *NZ*, 10/30/1948; "IG Farben Entflechtung steht bevor," *NZ*, 12/16/1948. See also Rohland, *Bewegte Zeiten*, 154 ff., and Günther Schulz, "Die Entflechtungsmaßnahmen und ihre wirtschaftlicheBedeutung," in Hans Pohl, ed., *Kartelle und Kartellgesetzgebung in Praxis und Rechtsprechung vom 19. Jahrhundert bis zur Gegenwart* (Stuttgart, 1985), 210—228.
23. "Einzelheiten des Antitrustgesetzes," *NZ*, 2/21/1947, and "Neues 12-Punktememorandum der USA zur Entkartellierung veröffentlicht," *NZ*, 7/1/1949. See also H. G. Schröter, "Kartellierung und Dekartellierung 1890—1990," *VSWG 81* (1994), 457—493, and Robert Franklin Maddox, *The War within World War II: The United States and International Cartels* (Westport, 2001).
24. "Die Demontagen und ihr Echo," *NZ*, 10/20/1947, and "Demontage-Echo wird ruhiger," *NZ*, 10/24/1945. Berghahn, *Unternehmer und Politik*, 69 ff. 和 Nicholls, *Freedom with Responsibility*, 122 ff. 都低估了反拆除抗议的政治影响。
25. "USA gegen Demontage Einstellung," *NZ*, 2/12/1948; "Demontagestopp für 18 deutsche Werke," *RP*, 11/25/1949; and "Kein Zutritt für Demonteure," *RP*, 11/26/1949. See also Gustav Stolper, *Die deutsche Wirklichkeit: Ein Beitrag zum künftigen Frieden Europas* (Hamburg, 1949), 159 ff. 以及观点非常片面的 Hanns D. Ahrens, *Demontage: Nachkriegspolitik der Alliierten* (Munich, 1982)。
26. "Die Rolle des Grundbesitzes in Deutschland," *TR*, 9/14/1945; "Die deutschen Industriemagnaten müssen bestraft werden," *TR*, 10/20/1945; "Der Volksentscheid ist Sache jedes friedliebenden Menschens," *ND*, 6/14/1946; "Der Sieg des Volksentscheids," *ND*, 7/2/1946; "Wirtschaft des Friedens!" *ND*, 8/8/1946. See also Badstübner, *Vom "Reich" zum doppelten Deutschland*, 153 ff.
27. "Bodenreform-Zwischenbilanz in den Westzonen," *NZ*, 7/15/1946, and "Die umstrittene Bodenreform," *NZ*, 3/14/1947.
28. Burghard Ciesla, "Das 'Project Paperclip.' Deutsche Naturwissenschaftler und Techniker in den USA (1946 bis 1952)," in Jürgen Kocka, ed., *Historische*

DDRForschung: Aufsätze und Studien (Berlin, 1993), 287—301.
29. "Die Hungersnot im Westen," *ND*, 11/22/1946, and "Das Entkartellisierungsgesetz," *ND*, 2/12/1947; "Entflechtung?" *ND*, 2/25/1947, versus "Die Parteien vor ernsten Entscheidungen," *NZ*, 6/24/1946.
30. "Zwei-Zonen-Pakt unterzeichnet," *NZ*, 12/6/1946; "Der neue Industrieplan," *NZ*, 9/1/1947; "12-Punkteplan für den Ruhrbergbau," *NZ*, 9/12/1947.
31. Karl Albrecht, *Das Menschliche hinter dem Wunder: 25 Jahre Mitwirkung am deutschen Wirtschaftsaufbau* (Düsseldorf, 1970), 16—17, and Rohland, *Bewegte Zeiten*, 143 ff. See also Wilhelm Röpke, *Die deutsche Frage*, 3rd ed. (Erlenbach-Zürich, 1948), 251 ff.
32. Spitta, *Neuanfang auf Trümmern*, 120 ff. See also Jering, *Überleben und Neubeginn*, 33 ff.
33. Dicke, "Mit 'Vorwärts, vorwärts' war es nicht getan," KA 3228, 122—144, 161. See also Agathe Matthiesen, KA 5958/1, 15 ff 日记中同样精彩的描述; and Döll, "Skizzen und Daten," KA 5940/3, 265 ff.; Kurt Wrubel, "So war's! Erinnerungen," MS, 1996, KA 5573, 87 ff.; and Hans Herzog, "Eine bewegte Zeit," MS, 1998, KA 6368, 87 ff.。
34. Dicke, "Mit 'Vorwärts, vorwärts' war es nicht getan," 131—156.
35. 具体出处请见第 33 条注释。See also Schmidt, "Vom Eisernen Vorhang zum Golden Gate," KA 4595, 28 ff.
36. 经济史学家尤其重视这一事后回顾的角度，例如 Werner Abelshauser, *Wirtschaft in Westdeutschland 1945—1948: Rekonstruktion und Wachstumsbedingungen in der amerikanischen und britischen Zone* (Stuttgart, 1975), 167 ff.。
37. "Wiederaufbau einer Großstadt," *RP*, 3/23/1946; "Wirtschaftsfragen der Eisenverarbeitung," *RP*, 10/17/1945; "Kohle genug-aber keine Waggons," *RP*, 11/21/1945; "Gedanken und Anregungen zur Ernährungslage," *RP*, 4/3/1946; and "Deutsche Industrieproduktion 50—55 Prozent von 1938," *RP*, 3/30/1946. See also Paul Kleinewefers, *Jahrgang 1905: Ein Bericht* (Stuttgart, 1977).
38. "Der Anfang des deutschen Wiederaufstiegs," *NZ*, 1/30/1947; "Weitere Demontage der Untergang Deutschlands," *RP*, 12/11/1946; and "Kohle als Schlüssel zum Erfolg oder Mißerfolg," *RP*, 1/25/1947.
39. "Feierlicher Auftakt in Frankfurt," *NZ*, 6/27/1947; "Positive amerikanische Politik in Deutschland," *NZ*, 7/18/1947; and "Dr. Semler seines Amtes enthoben," *RP*, 1/28/1948. See also Theodor Eschenburg, *Letzten Endes meine ich doch: Erinnerungen 1933—1999* (Berlin, 2000), 74 ff.; Henle, *Weggenosse des Jahrhunderts*, 85 ff.; and Volker Hentschel, *Ludwig Erhard: Ein Politikerleben* (Munich, 1996).
40. Ludwig Erhard, *Gedanken aus fünf Jahrzehnten: Reden und Schriften*, edited by Karl Hohmann (Düsseldorf, 1988), 55 ff., 69 ff., 95 ff. See also Albrecht, *Das Menschliche hinter dem Wunder*, 34 ff., and Nicholls, *Freedom with Responsibility*, 151 ff.
41. "Für ehrliche Arbeit wieder ehrliches Geld!" *RP*, 6/19/1948, and "Erste positive Wirkungen der Geldreform," *NZ*, 6/20/1948. See also Erhard, *Gedanken aus fünf Jahrzehnten*, 120 ff.; Albrecht, *Das Menschliche hinter dem Wunder*, 78 ff.; and Nicholls, *Freedom with Responsibility*, 178 ff.
42. Dicke, "Mit 'Vorwärts, vorwärts' war es nicht getan," 163 ff. and Herzog, "Eine bewegte Zeit," 111—112. See also Wrubel, "So war's!" 90, "Bankkonten werden 1 : 10 abgewertet" and "Eine Woche neues Geld," *NZ*, 6/27/1948, and "Die Stadt mit den zwei Währungen," *RP*, 6/26/1948.
43. Döll, "Skizzen und Daten," 277; Wrubel, "So war's!" 90—91; Reinhold,

Erinnerungen, Teil VI; Herzog, "Eine bewegte Zeit," 111 ff.
44. Dicke, "Mit 'Vorwärts, vorwärts' war es nicht getan," 164—165; "Wie man mit der D-Mark lebt," *NZ*, 8/4/1958; Eschenburg, *Letzten Endes meine ich doch*, 125 ff.; and Nicholls, *Freedom with Responsibility*, 216 ff.
45. "Sieben Monate Wirtschaftsaufbau," *TR*, 1/4/1946; "Manifest an das deutsche Volk," *ND*, 4/23/1946; "Wirtschafts-Chaos abgewendet," *ND*, 7/2/1946; "Enteignung statt Entflechtung," *ND*, 3/23/1947; Walter Ulbricht, "Der Weg zum wirtschaftlichen Aufstieg," *ND*, 5/23/1947; and A. Ackermann, "Kann es für unser Volk wieder besser werden?" *ND*, 7/12/1947. See also André Steiner, "Zwischen Länderpartikularismus und Zentralismus: Zur Wirtschaftslenkung in der SBZ bis zur Bildung der Deutschen Wirtschaftskommission im Juni 1947," *APuZ* B 49—50 (1993), 32—39.
46. R. Reutter, "Erhöhung des Lebensstandards," *ND*, 2/12/1947. See also "Die Hungersnot im Westen," *ND*, 11/22/1946; "Liste prominenter Nazis in Verwaltung und Industrie des Westens," *ND*, 12/3/1946; and "Ostzone vorbildlich gegen Trusts," *ND*, 2/2/1947.
47. "Entschließung des 1. Hessischen Gewerkschaftskongress am 8/25/1946," 425—426; Viktor Agartz 在 1946 年 5 月社民党第一次全体会议上的发言, 411—421; and "Ahlener Wirtschaftsprogramm der CDU für Nordrhein-Westfalen 2/3/1947," 428—430, 以上都 in Klaus-Jörg Ruhl, ed., *Neubeginn und Restauration: Dokumente zur Vorgeschichte der Bundesrepublik Deutschland 1945—1949*, 3rd ed. (Munich, 1989)。See also "CDU fordert Gemeinwirtschaft," *RP*, 2/3/1947.
48. "Die Berliner fordern Übereignung der Kriegsverbrecherbetriebe," *ND*, 9/19/1946; "Mehrheit in Großhessen," *ND*, 12/3/1946; and "Mißachtung des Volkswillens," *ND*, 3/2/1947. 参阅罗伯逊将军向占领区顾问委员会呈递的报告 (8/14—15/1946), 1: 661 ff., and "Clay at the meeting of the state council of the US zone, 9/8—9/1947," 3: 402 ff., 以上都 in Bundesarchiv und Institut für Zeitgeschichte, ed., *Akten zur Vorgeschichte der Bundesrepublik Deutschland 1945—1949*, 5 vols. (Munich, 1976—1983)。See also Wolfgang Rudzio, "Die ausgebliebene Sozialisierung an Rhein und Ruhr: Zur Sozialisierungspolitik von Labour-Regierung und SPD 1945—1948," *AfS* 18 (1978), 1—39.
49. "Die Stadt mit den zwei Währungen," *RP*, 6/26/1948; "Nur noch Luftbrücke nach Berlin offen," *NZ*, 7/1/1948; and "Berliner behalten die Ruhe," *NZ*, 7/3/1948. See also Prüfer, "Berlin," KA 4379, 310 ff.
50. "Berlin wählte trotz Terror die Freiheit," *NZ*, 12/7/1948; "Überraschendes Echo der Berliner Wahl," *RP*, 12/8/1948; and Burghard Ciesla et al., eds., *Sterben für Berlin? Die Berliner Krisen 1948 und 1958* (Berlin, 2000).
51. Horst Heffle, "Leben in Deutschland: Ein Jahr nach dem Währungstausch," *NZ*, 6/18/1949, and "Dollarmilliarden aus Onkel Sams Tasche," *NZ*, 7/7/1949. See also Nicholls, *Freedom with Responsibility*, 167 ff.
52. Alfred Müller-Armack, *Wirtschaftslenkung und Marktwirtschaft* (Munich, 1990), 6 ff. "必须承认,市场经济的绝迹是造成目前问题的最根本原因。"
53. "Vertrauen für Dr. Erhard," *RP*, 8/18/1948; "Geburtstag der D-Mark," *RP*, 6/20/1949; and "Soziale Marktwirtschaft," *RP*, 7/18/1949.
54. "Zur Kritik an der neuen Ordnung," 8/6/1948, and "Marktwirtschaft im Streit der Meinungen," 8/28/1948, in Erhard, *Gedanken aus fünf Jahrzehnten*, 127 ff., 134 ff.
55. Erhard, *Gedanken aus fünf Jahrzehnten*, 217 ff., 346 ff., 393 ff., 450 ff. Gerold Ambrosius, "Die Entwicklung des Wettbewerbs als wirtschaftspolitisch relevante Norm und Ordnungsprinzip in Deutschland seit dem Ende des 19. Jahrhunderts," *Jahrbuch für*

Sozialwissenschaft 32 (1981), 154—201.
56. Horst Satzky, "Grundsätze, Entstehung und Novellierungen des Gesetzes gegen Wettbewerbsbeschränkungen," in Pohl, *Kartelle und Kartellgesetzgebung*, 229—243; and Berghahn, *Unternehmer und Politik*, 152 ff.
57. Erhard, *Gedanken aus fünf Jahrzehnten*, 249 ff., 252 ff., 478 ff. See also Werner Plumpe, "'Wir sind wieder wer!': Konzept und Praxis der Sozialen Marktwirtschaft in der Rekonstruktionphase der westdeutschen Wirtschaft nach dem Zweiten Weltkrieg," in Marie-Luise Recker, ed., *Bilanz: 50 Jahre Bundesrepublik Deutschland* (St. Ingbert. 2001), 242 ff., and Nicholls, *Freedom with Responsibility*, 322 ff.
58. Döll, "Skizzen und Daten," 265 ff., and Bernhard Recker, "Die Geschichte der Familie Zita und Bernhard Recker," KA 6406, 34 ff.
59. Herbert Puin, "Eine Familiengeschichte," KA 6175, 61 ff., and Reinhold, *Erinnerungen*, 291 ff.
60. 数据引自 Plumpe, "Wir sind wieder wer!" 240 ff.。可参阅 Christoph Buchheim 比较东西德经济发展的演讲, Akademie für politische Bildung, Tutzing, April 23, 2005。
61. Wrubel, "So war's!" 90 ff.; Dicke, "Mit 'Vorwärts, vorwärts' war es nicht getan," 169—170.
62. Albrecht, *Das Menschliche hinter dem Wunder*, 109 ff., and Plumpe, "Wir sind wieder wer!" 270 ff. See also Abelshauser, *Wirtschaftsgeschichte der Bundesrepublik*, 32 ff.; Nicholls, *Freedom with Responsibility*, 390—397.
63. "Anteil der Eigentumsformen am Aufkommen des gesellschaftlichen Gesamtprodukts," *Statistisches Jahrbuch der DDR* (1973), 39; "Daten zum ersten Fünfjahrplan," in Hellmuth Kalus, *Wirtschaftszahlen aus der SBZ: Eine Zusammenstellung statistischer Daten zur wirtschaftlichen Entwicklung in der Sowjetischen Besatzungszone und in Ost-Berlin*, 2nd ed. (Bonn, 1960), 120.
64. Prüfer, "Berlin," 316 ff. See also Jeffrey Kopstein, *The Politics of Economic Decline in East Germany, 1945—1989* (Chapel Hill, 1997).
65. Albrecht Ritschl, "Aufstieg und Niedergang der Wirtschaft der DDR: Ein Zahlenbild 1945—1989," *Jahrbuch für Wirtschaftsgeschichte 2* (1995), 11—46.
66. Friedrich-Wilhelm Henning, *Das industrialisierte Deutschland 1914 bis 1992*, 8th ed. (Paderborn, 1993), 194 ff.
67. Erhard, *Gedanken aus fünf Jahrzehnten*, 915 ff., 940 ff., 978 ff., 1021 ff. See also Eschenburg, *Letzten Endes meine ich doch*, 172 ff.; Nicholls, *Freedom with Responsiblility*, 364 ff.
68. Karl Schiller, *Der Ökonom und die Gesellschaft: Das freiheitliche und soziale Element in der modernen Wirtschaftspolitik* (Stuttgart, 1964). See also Manfred Kern, *Konzertierte Aktion als Versuch einer Verhaltensabstimmung zwischen Regierung und Interessenverbänden* (Cologne, 1973), and Abelshauser, *Wirtschaftsgeschichte der Bundesrepublik*, 111 ff.
69. André Steiner, *Die DDR-Wirtschaftsreform der sechziger Jahre: Konflikt zwischen Effizienz- und Machtkalkül* (Berlin, 1999), and Monika Kaiser, *Machtwechsel von Ulbricht zu Honecker: Funktionsmechanismen der SED-Diktatur in Konfliktsituationen 1962 bis 1972* (Berlin, 1997).
70. Henning, *Das industrialisierte Deutschland*, 238 ff.; Abelshauser, *Wirtschaftsgeschichte der Bundesrepublik*, 87 ff.
71. Schmidt, *Menschen und Mächte*. See also Jens Hohen, *Der erste Ölpreisschock 1973/74: Die politischen und gesellschaftlichen Auswirkungen der arabischen Erdölpolitik auf die BRD und Westeuropa* (Stuttgart, 1996), and Harm G. Schröter, "Ölkrise und Reaktionen in der chemischen Industrie beider deutscher Staaten," in Johannes Bähr and

Diemar Petzina, eds., *Innovationsverhalten und Entwicklungsstrukturen* (Berlin, 1996), 109 ff.
72. André Steiner, "Zwischen Konsumversprechen und Innovationszwang: Zum wirtschaftlichen Niedergang der DDR," in Konrad H. Jarausch and Martin Sabrow, eds., *Weg in den Untergang: Der innere Zerfall der DDR* (Göttingen, 1999), 153—192.
73. Henning, *Das industrialisierte Deutschland*, 268 ff. See also Helmut Kohl, *Erinnerungen 1982—1990* (Munich, 2005), 50—54.
74. Röpke, *Die deutsche Frage*, passim; Erhard, *Gedanken aus fünf Jahrzehnten*, 55 ff.
75. Berghahn, *Unternehmer und Politik*, 9 ff. See also Götz Aly, *Hitlers Volksstaat: Raub, Rassenkrieg und Nationaler Sozialismus* (Frankfurt, 2005).
76. 相关的自我表述，可参阅 Institut für Wirtschaftsgeschichte der Akademie der Wissenschaft der DDR, ed., *Handbuch für Wirtschaftsgeschichte*, 2 vols. (Berlin, 1981), 2: 862 ff.。
77. Charles S. Maier, *Dissolution: The Crisis of Communism and the End of East Germany* (Princeton, 1997).
78. Oskar Schwarzer, "Der Lebensstandard in der SBZ/DDR 1945—1989," *Jahrbuch für Wirtschaftsgeschichte 2* (1995), 119—146. See also Ina Merkel, *Utopie und Bedürfnis: Die Geschichte der Konsumkultur in der DDR* (Cologne, 1999).
79. Kielmansegg, *Nach der Katastrophe*, 456 ff., versus Werner Polster and Klaus Voy, "Von der politischen Regulierung zur Selbstregulierung der Märkte: Die Entwicklung von Wirtschafts- und Ordnungspolitik in der Bundesrepublik," in Klaus Voy et al., eds., *Marktwirtschaft und politische Regulierung* (Marburg, 1991), 169—226.
80. Gabriele Metzler, "Von Wundern und Krisen: Wirtschaft und Gesellschaft der Bundesrepublik seit 1949," in Eckart Conze and Gabriele Metzler, eds., *50 Jahre Bundesrepublik Deutschland: Daten und Diskussionen* (Stuttgart, 1999), 167 ff. See also Konrad H. Jarausch and Michael Geyer, *Shattered Past: Reconstructing German Histories* (Princeton, 2003), 269—314.

上篇结语

1. Sidney Shalett, "General Defends Rule of Germany," *NYT*, 2/15/1946; Stefan Heym, "But the Hitler Legend Isn't Dead," *NYT Magazine*, 1/20/1946; Edwin L. Sibert, "The German Mind: Our Greatest Problem," *NYT Magazine*, 2/17/1946.
2. "Grundlagen für den Wiederaufbau," *TR*, 8/13/1945; Tania Long, "US Teaching Plan in Germany Fails," *NYT*, 2/23/1946; and Raymond Daniell, "McNarney Report and Aides Differ," *NYT*, 3/1/1946.
3. Drew Middleton, "Pan-Germanism, Militarism Goals of Ex-Soldier Students at Erlangen," *NYT*, 2/18/1946, and Middleton, "Germans Return to Nationalism," *NYT*, 2/25/1946, versus Paul Herzog, "Cholm-Schädelstätte," *Die Wandlung 1* (1946), 143—147 以及 Marie Louise Kaschnitz, "Von der Schuld," *Die Wandlung 1* (1946), 431—448。See also Wolfgang Schivelbusch, *Die Kultur der Niederlage: Der amerikanische Süden 1865, Frankreich 1871, Deutschland 1918* (Berlin, 2001), 9—49.
4. Drew Middleton, "Germans Unready for Political Life," *NYT*, 8/19/1945; Raymond Daniell, "Germans to Regain County, City Rule," *NYT*, 10/9/1945; Drew Middleton, "Rebirth of Nazism Called Possibility," *NYT*, 1/14/1946; C. L. Sulzberger, "US Psychology Fails in Germany," *NYT*, 3/26/1946.
5. Dana Adams Schmidt, "Land of Questions without Answers," *NYT Magazine*, 5/26/1946. See also Manuel Borutta and Nina Verheyen, "Akteure der Zivilgesellschaft:

Individuelle Ressourcen, soziale Basis, Vergesellschaftung," Berlin 4/18—20/2002, H-Soz-u-Kult, 7/18/2002.
6. "Das Wollen der antifaschistischen Einheitsfront," *TR*, 8/14/1945, and "Antifaschistische Parteien und Deutschlands Zukunft," *TR*, 8/15/1945.
7. 由于别处已有讨论，此处不再涉及形式民主化的话题。想要初步了解，可参阅 Winkler, *Der lange Weg*, vol. 2。

中 篇

1. Axel Schildt and Arnold Sywottek, eds., *Modernisierung im Wiederaufbau: Die westdeutsche Gesellschaft der 50er Jahre* (Bonn, 1998).
2. Claus Leggewie, "1968 ist Geschichte," *APuZ* B 22—23 (2001), 3—6. 想要初步了解，可 See also Detlef Siegfried, "Forschungsbericht 1968," H-So-u-Kult, 12/12/2002。
3. Schildt et al., *Dynamische Zeiten*, 13 ff. See also Stefan Wolle, "Die versäumte Revolte: Die DDR und das Jahr 1968," *APuZ* B 22—23 (2001), 37 ff.
4. Schildt et al., *Dynamische Zeiten*, 16 ff. 可参考 Hanna Schissler, ed., *The Miracle Years: A Cultural History of West Germany, 1945—1968* (Princeton, 2001) 中的观点, and Matthias Frese et al., eds., *Demokratisierung und gesellschaftlicher Aufbruch: Die sechziger Jahre als Wendezeit der Bundesrepublik* (Paderborn, 2003)。
5. Elisabeth Peifer, "1968 in German Political Culture, 1967—1993: From Experience to Myth," (Ph. D. diss., University of North Carolina at Chapel Hill, 1997), and Fink et al., *1968*.
6. Ingrid Gilcher-Holtey, *Die 68er Bewegung: Deutschland, Westeuropa, USA* (Munich, 2001). See also Edgar Wolfrum, "'1968' in der gegenwärtigen deutschen Geschichtspolitik," *APuZ* B 22—23 (2001), 28 ff.
7. Thomas Welskopp, "Identität ex negativo: Der 'deutsche Sonderweg' als Metaerzählung in der bundesdeutschen Geschichtswissenschaft der siebziger und achtziger Jahre," in Konrad H. Jarausch and Martin Sabrow, eds., *Die historische Meistererzählung: Deutungslinien der deutschen Nationalgeschichte nach 1945* (Göttingen, 2002), 109.
8. Axel Schildt, "Materieller Wohlstand, pragmatische Politik, kulturelle Umbrüche: Die 60er Jahre in der Bundesrepublik," in Axel Schildt et al., eds., *Dynamische Zeiten: Die 60er Jahre in den beiden deutschen Gesellschaften* (Hamburg, 2000), 21—53. See also Michael Geyer, "In Pursuit of Happiness: Consumption, Mass Culture and Consumerism," in Konrad H. Jarausch and Michael Geyer, *Shattered Past: Reconstructing German Histories* (Princeton, 2003), 269 ff.
9. Jarausch and Siegrist, *Amerikanisierung und Sowjetisierung*.
10. Ronald Inglehart, *The Silent Revolution: Changing Values and Political Styles among Western Publics* (Princeton, 1977), and Andreas Rödder, *Die Bundesrepublik Deutschland 1969—1990* (Munich, 2004).
11. Anselm Doering-Manteuffel, *Wie westlich sind die Deutschen? Amerikanisierung und Westernisierung im 20. Jahrhundert* (Göttingen 1999). See also Ulrich Herbert, ed., *Wandlungsprozesse in Westdeutschland: Belastung, Integration, Liberalisierung 1945—1980* (Göttingen, 2002), 7 ff.
12. Leggewie, "1968 ist Geschichte," 3, and Görtemaker, *Geschichte der Bundesrepublik*, 475 ff.
13. Arnd Bauerkämper, Konrad H. Jarausch, and Markus Payk, eds., *Demokratiewunder: Transatlantische Mittler und die kulturelle Öffnung Westdeutschlands 1945—1965* (Göttingen, 2005).

14. Axel Schildt, "Vor der Revolte: Die sechziger Jahre," *APuZ* B 22—23 (2001), 7—13.
15. Jarausch und Siegrist, *Amerikanisierung und Sowjetisierung.*

第四章

1. Margret Boveri, *Amerika-Fibel für erwachsene Deutsche: Ein Versuch Unverstandenes zu erklären* (Freiburg, 1946). See also Michaela Hönicke Moore, "Heimat und Fremde. Das Verhältnis zu Amerika im journalistischen Werk von Margret Boveri und Dolf Sternberger," in Arndt Bauerkämper et al., eds., *Demokratiewunder: Transatlantische Mittler und die kulturelle Öffnung Westdeutschlands 1945—1970* (Göttingen, 2005), 218—252.
2. Jering, *Überleben und Neubeginn*, 161. See also Axel Schildt, *Zwischen Abendland und Amerika: Studien zur westdeutschen Ideenlandschaft der 50er Jahre* (Munich, 1999).
3. Jering, *Überleben und Neubeginn*, 161. Jessica C. E. Gienow-Hecht, "Shame on US? Academics, Cultural Transfer, and the Cold War: A Critical Review," *Diplomatic History* 24 (2000), 465—494, and Gienow-Hecht, *Transmission Impossible: American Journalism as Cultural Diplomacy in Postwar Germany, 1945—1955* (Baton Rouge, 1999).
4. Jarausch and Siegrist, *Amerikanisierung und Sowjetisierung.* 也有学者为旧概念做辩护的，相关情况可参阅 Richard Kuisel, "Commentary: Americanization for Historians," *Diplomatic History* 24 (2000), 509—515。
5. Axel Schildt, "Sind die Westdeutschen amerikanisiert worden? Zur zeitgeschichtlichen Erforschung kulturellen Transfers und seiner gesellschaftlichen Folgen nach dem Zweiten Weltkrieg," *APuZ* B 50 (2000), 3—10, and Bernd Greiner, "'Test the West': Über die 'Amerikanisierung' der Bundesrepublik Deutschland," in Heinz Bude und Bernd Greiner, eds., *Westbindungen: Amerika in der Bundesrepublik* (Hamburg, 1999), 16—54.
6. Doering-Manteuffel, *Wie westlich sind die Deutschen?* See also Axel Schildt, *Ankunft im Westen: Ein Essay zur Erfolgsgeschichte der Bundesrepublik* (Frankfurt, 1999).
7. Ernst Birke and Rudolf Neumann, eds., *Die Sowjetisierung Ost-Mitteleuropas: Untersuchungen zu ihrem Ablauf in den einzelnen Ländern* (Frankfurt, 1959), and Hans Lemberg, ed., *Sowjetisches Modell und nationale Prägung, Kontinuität und Wandel in Ostmitteleuropa nach dem Zweiten Weltkrieg* (Marburg, 1991).
8. Lemke, *Sowjetisierung und Eigenständigkeit.*
9. Blackbourn and Eley, *The Peculiarities of German History*, as well as Gienow-Hecht, "Shame on US," 489 ff. See also Ruth Nattermann, "Die Imagination des Westens," 德意两国会议报告, H-Soz-u-Kult (HSK), 10/29/2004。
10. Matthias Middell, "Europäische Geschichte oder global history-master narratives oder Fragmentierung? Fragen an die Leittexte der Zukunft," in Konrad H. Jarausch and Martin Sabrow, eds., *Die historische Meistererzählung: Deutungslinien der deutschen Nationalgeschichte nach 1945* (Göttingen, 2002), 214 ff.
11. Winkler, *Der lange Weg*, and Wagnleitner, *Coca-Colonization*, xii ff.
12. Ronald J. Granieri, *The Ambivalent Alliance: Konrad Adenauer, the CDU/CSU, and the West 1949—1966* (New York, 2003).
13. Kaspar Maase, *BRAVO Amerika: Erkundungen zur Jugendkultur der Bundesrepublik in den fünfziger Jahren* (Hamburg, 1992). See also Agnes C. Muller, ed., *German Pop Culture: How 'American' Is It?* (Ann Arbor, 2004).
14. Prüfer, "Berlin," KA 4379, 195 ff.

15. Egon Schönmeier, "Der gestorbene Idealismus: Erinnerungen eines ehemaligen Ordensjunkers," KA 6235, and Philipp Gassert, *Amerika im Dritten Reich: Ideologie: Propaganda und Volksmeinung 1933—1945* (Stuttgart, 1997).
16. Boveri, *Tage des Überlebens*, 99 ff. See also Naimark, *The Russians in Germany*.
17. "Das Tagebuch der Marianne Kiefer," Stadtarchiv Karlsruhe, KA 6515/3, 2.
18. Manfred Clausen, "Lebenserinnerung," KA 6451, 22.
19. "Das Tagebuch der Marianne Kiefer," 3; Hans Herzog, "Eine bewegte Zeit," KA 6368, 133. See also Henke, *Die amerikanische Besetzung*, 187.
20. "Dicke Luft in Kaiserslautern," *SZ*, 7/2/1952; Esdor, "'Haben Sie das gehört,'" KA 6479, 208, 228 ff. Prüfer, "Berlin," 242 ff. See also Höhn, *GIs and Fräuleins*.
21. Esdor, "Haben Sie das gehört," 196—197, 208—209, 228 ff.
22. Esdor, "Haben Sie das gehört," 195—196, 221, 227, 239. See also Petra Goedde, *GIs and Germans: Culture, Gender, and Foreign Relations, 1945—1949* (New Haven, 2003).
23. "Das Ludwigsburger Experiment," *RhM*, 9/30/1951; Hermann-Josef Rupieper, *Die Wurzeln der westdeutschen Nachkriegsdemokratie: Der amerikanische Beitrag 1945— 1952* (Opladen, 1993), 156 ff.; and Höhn, *GIs and Fräuleins*, 60 ff. See also Ilko-Sascha Kowalczuk and Stefan Wolle, *Roter Stern Über Deutschland: Sowjetische Truppen in der DDR* (Berlin, 2001).
24. Theodor Bäuerle, "Deutsche Erzieher in den USA," *NZ*, 12/7/1948; "Deutsche Studenten erleben internationale Verständigung" and "Deutsche Gewerkschaftler und ihre amerikanischen Kollegen," *NZ*, 5/12/1949; and Walter Hallstein, "Ein aufgeschlagenes Buch von Jahrmillionen Erdgeschichte," *NZ*, 7/4/1949. See also Oliver M. A. Schmidt, "A Civil Empire by Co-optation: German-American Exchange Programs as Cultural Diplomacy, 1945—1961" (Ph. D. diss., Harvard University, Boston 1999).
25. Annette Puckhaber, "German Student Exchange Programs in the United States 1946— 1952," *GHI Bulletin 30* (2002), 123—141. See also Richard H. Pells, *Not Like Us: How Europeans Have Loved, Hated and Transformed American Culture since World War II* (New York, 1997), and Rupieper, *Die Wurzeln der Nachkriegsdemokratie*, 390 ff.
26. Alfons Söllner, "Normative Verwestlichung: Der Einfluß der Remigranten auf die politische Kultur der frühen Bundesrepublik," in Heinz Bude und Bernd Greiner, eds., *Westbindungen: Amerika in der Bundesrepublik* (Hamburg, 1999), 72—92. See also David Pike, *Deutsche Schriftsteller im sowjetischen Exil 1933—1945* (Frankfurt, 1981).
27. Alfred Kantorowicz, "Mein Platz ist in Deutschland," *NZ*, 2/14/1947, and Hans Mayer, *Der Turm von Babel: Erinnerungen an eine Deutsche Demokratische Republik* (Frankfurt, 1991), 16 ff. See also Mario Keßler, *Exil und Nach-Exil: Vertriebene Intellektuelle im 20. Jahrhundert* (Hamburg, 2002), 33 ff.
28. Volker Berghahn, *America and the Intellectual Cold Wars in Europe: Shepard Stone between Philanthropy, Academy, and Diplomacy* (Princeton, 2001), and Uwe Soukup, *Ich bin nun mal Deutscher: Sebastian Haffner: Eine Biographie* (Berlin, 2001), 156 ff.
29. Manfred Heinemann, ed., *Umerziehung und Wiederaufbau: Die Bildungspolitik der Besatzungsmächte in Deutschland und Österreich* (Stuttgart, 1981), and David Pike, *The Politics of Culture in Soviet Occupied Germany, 1945—1949* (Stanford, 1992).
30. Smith, *The Papers of General Clay*, and Thomas A. Schwartz, *Die Atlantik-Brücke: John McCloy und das Nachkriegsdeutschland* (Frankfurt, 1992).

31. Höhn, *GIs and Fräuleins*, 52 ff.; Jan C. Behrends, "Gesellschaft für Deutsch-Sowjetische Freundschaft," in Wolfgang Benz, ed., *Deutschland unter alliierter Besatzung 1945—1949/1955* (Berlin, 1999), 266 ff.; and Ludger Kühnhardt, *Atlantik Brücke: Fünfzig Jahre deutsch-amerikanische Freundschaft* (Berlin, 2002).
32. Henle, *Weggenosse des Jahrhunderts*. See also Christian Kleinschmidt, *Der productive Blick: Wahrnehmung amerikanischer und japanischer Management- und Produktionsmethoden durch deutsche Unternehmer 1950—1985* (Berlin, 2002).
33. 我母亲负责组织了女生的里维埃拉之旅，而我个人则参加了在英国举行的童军大露营。
34. "Auf die zweite germanische Invasion," *Der Spiegel 8* (1954), no. 18, 10, and "Unsere deutschen Helden," *Der Spiegel 8*, no. 30, 16 ff. See also Rudy Koshar, *German Travel Cultures* (Oxford, 2000).
35. Evemarie Badstübner-Peters, "Ostdeutsche Sowjetunionerfahrungen: Ansichten Über Eigenes und Fremdes in der Alltagsgeschichte der DDR," in Konrad H. Jarausch and Hannes Siegrist, eds., *Amerikanisierung und Sowjetisierung in Deutschland 1945—1970* (Frankfurt, 1997), 291—311.
36. Axel Schildt, *Moderne Zeiten: Freizeit, Massenmedien und "Zeitgeist" in der Bundesrepublik der 50er Jahre* (Hamburg, 1995), 398 ff. See also Greiner, "Test the West," 21.
37. "Wesen und Verantwortung der Demokratie" 以及 "Dr. Schumacher sprach in Düsseldorf," *RP*, 3/27/1946。See also "Es lebe der 28. Jahrestag der großen sowjetischen Oktoberrevolution" and Max Fechner, "Offener Brief an Dr. Schumacher," *TR*, 11/7/1945 and 3/23/1946.
38. Adenauer, *Erinnerungen*, 1: 40—41; Richard Löwenthal, *Gesellschaftswandel und Kulturkrise: Zukunftsprobleme der westlichen Demokratien* (Frankfurt, 1979), 274. See also Kurt Sontheimer, *So war Deutschland nie: Anmerkungen zur politischen Kultur der Bundesrepublik* (Munich, 1999), 34 ff.
39. Kohl, *Erinnerungen*, 56. See also Schildt, *Zwischen Abendland und Amerika*, 24—38, and Vanessa Conze, "Das Europa der Deutschen: Ideen von Europa in Deutschland zwischen Reichstradition und Westorientierung (1920—1970)" (Ph. D. diss., University of Tübingen, 2001).
40. Carl Misch, "Wie die Amerikaner zu Deutschland stehen," *NZ*, 12/23/1946.
41. Adenauer, *Erinnerungen*, 1: 96—97; Schildt, *Zwischen Abendland und Amerika*, 167—195.
42. Klemperer, *So sitze ich denn zwischen allen Stühlen*, 1: 57—58, 146—147, and "Das Wollen der antifaschistischen Einheitsfront," *TR*, 8/14/1945.
43. "Deutschland: Ein politisches Vakuum," *RP*, 7/16/1947, and von Salomon, *Der Fragebogen*.
44. "Tor der Hoffnung," *NZ*, 9/13/1946; "Europa berät Marshall Plan," *NZ*, 6/20/1947; "Berliner behalten die Ruhe," *NZ*, 3/7/1948. See also Franz Josef Strauß, *Die Erinnerungen* (Berlin, 1989), 65, 80 ff.
45. "Hitler: Der Mörder der deutschen Arbeiterschaft," *TR*, 6/1/1945; "Generalissimus der Sowjetunion," *TR*, 6/29/1945; and "Grundlagen für den Wiederaufbau," *TR*, 8/13/1945. See also Prüfer, "Berlin," 221—222; Anonyma, *Eine Frau in Berlin*, 164 ff.; and Naimark, *Die Russen in Deutschland*, 91 ff.
46. Schmidt, "Vom Eisernen Vorhang zum Golden Gate," KA 4595, 13 ff., and Herzog, "Eine bewegte Zeit," KA 6368, 89.
47. "Das Memorandum der Gouverneure," *Die Welt*, 3/5/1949, and Edmund Spevack, "Amerikanische Einflüsse auf das Grundgesetz: Die Mitglieder des Parlamentarischen

Rates und ihre Beziehungen zu den USA," in Heinz Bude und Bernd Greiner, eds., *Westbindungen: Amerika in der Bundesrepublik* (Hamburg, 1999), 55—71.
48. "Aufruf der Kommunistischen Partei Deutschlands," *TR*, 6/14/1945; "Manifest an das Deutsche Volk," *ND*, 4/23/1946; "Deutsche Einheit als nationale Aufgabe: Warum Verfassungsentwurf?" *ND*, 11/16/1946.
49. "Volksentscheid für die Einheit Deutschlands," *ND*, 3/2/1946; Otto Grotewohl, "Das ganze Deutschland muss es sein," *ND*, 6/8/1947; "Der Volkskongress tagt," *ND*, 12/7/1947.
50. "Die Bestimmungen des Besatzungsstatuts," *Telegraf*, 4/12/1949; "Kommuniqué der Außenminister: Schnelle Aufnahme in die Europa-Gemeinschaft," *Der Tag*, 5/8/1950; "Ende und Anfang," *DUD*, 3/6/1951.
51. "Deutschland und der Westen," *Englische Rundschau*, 9/14/1951; "Kernfrage Souveränität," *DUD*, 9/22/1951; "Schlusspunkt hinter Washingtoner Konferenz," *DUD*, 11/22/1951; "Versailles ist tot!" *DUD*, 11/23/1951; and "Adenauer erreicht Gleichberechtigung," *Der Tag*, 11/23/1951.
52. Paul Sehte, "Die europäische Lösung," *Die Zeit*, 3/29/1951; Bundesregierung, "Mitteilung an die Presse," 5/9/1950; and SPD-Vorstand, "Was weißt Du vom Schumanplan?" (Hannover, 1951).
53. "Bergarbeiter organisieren Kampf gegen Schuman-Plan," *TR*, 1/20/1952; Walter Hallstein "Wandlung und Entwicklung des Schuman-Planes," *Die Zeit*, 3/29/1951; "Alles oder nichts?" *DUD*, 6/28/1951; "Die Annahme des Schuman-Plans," *Das Parlament*, 1/16/1952; and "Die Erklärung der Bundesregierung," *NZZ*, 1/11/1952.
54. "Die verzögerte Antwort," *Deutsche Politik*, 12/28/1950; "Klare Fragen an Moskau," *DUD*, 2/26/1952; "Was will Rußland?" *DUD*, 3/7/1952. See also Adenauer, *Erinnerungen*, 2: 63 ff.
55. "Es gibt kein Gegenargument mehr," *National-Zeitung*, 3/14/1952; "Die Antwort der Westalliierten," *DUD*, 3/26/1952; "Einheit nur mit Hilfe des Westens," *Der Tag*, 4/4/1952; "Jetzt muß das deutsche Volk seinen Willen bekunden!" *TR*, 5/22/1952; and "Zuallererst die Wiedervereinigung," *FAZ*, 8/7/1952. See also Rolf Steininger, *Eine vertane Chance: Die Stalin-Note vom 10. März 1952 und die Wiedervereinigung: Eine Studie auf der Grundlage unveröffentlichter britischer und amerikanischer Akten* (Berlin, 1985).
56. "Demonstrationen in Ostberlin," *DUD*, 6/17/1953; "Ostberlin im Aufruhr gegen SED-Regime," *NZ*, 6/17/1953; "Niederlage," *FAZ*, 6/17/1953; and "Der Volksaufstand in der deutschen Sowjetzone," *NZZ*, 6/18/1953.
57. "Schüsse in Ostberlin," *DUD*, 6/18/1953; "Der Zusammenbruch des faschistischen Abenteuers," *ND*, 6/19/1953; Herbert Wehner, "Die Unterdrückten siegen," *Berliner Stimmen*, 6/20/1953; and "Panzer zerstören 'Arbeiterpartei' -Mythos," *NZ*, 6/22/1953. See also Christoph Kleßmann and Bernd Stöver, eds., *1953: Krisenjahr des Kalten Krieges in Europa* (Cologne, 1999).
58. "Volle Übereinstimmung mit Bonn," *DUD*, 2/6/1953; "Rundfunkansprache des Bundeskanzlers im Wortlaut," *Deutsche Kommentare*, 9/11/1954; "L'admission de l'Allemagne à l'OTAN est la solution la plus rapide et la plus simple," *Le Monde*, 9/12/1954; and Adenauer, *Erinnerungen*, 2: 270 ff.
59. "Deutschlands Schicksal steht auf dem Spiel," *Vorwärts*, 1/21/1955; "Die westdeutsche Opposition gegen die Pariser Abkommen," *NZZ*, 1/31/1955; "Integrität des Grundgesetzes," *DUD*, 2/3/1955; "Verantwortungsbewusstes Ja," *DUD*, 2/7/1955; and Wilhelm Pieck, "Pariser Verträge ablehnen," *TR*, 2/24/1955.
60. "Das Ja des Bundestages," *DUD*, 2/27/1955; "Die Schlussdebatte im Bundestag,"

FAZ, 2/27/1955; "Bewegte Ratifikationsdebatte in Bonn," *NZZ*, 2/27/1955; and Hans Baumgarten "Mit dem Westen zum Osten," *FAZ*, 2/28/1955. See also Adenauer, *Erinnerunge*n, 2: 384 ff., and Strauß, *Die Erinnerungen*, 261 ff.
61. "Neue europäische Phase," *DUD*, 6/7/1955; "Hoher Kaufpreis für Europa," *DZ*, n. d.; "Sechs europäische Länder als einheitliches Zollgebiet," *Das Parlament*, 3/2/1957; "Die Debatte Über den Gemeinsamen Markt in Bonn," *NZZ*, 3/22/1957; and Wilfried Loth et al., eds., *Walter Hallstein: Der vergessene Europäer?* (Bonn, 1995).
62. "Ollenhauer vor dem Parteitag: Absage an Überholte Doktrin," *Die Welt*, 11/14/1959; "Programmrevision der deutschen Sozialdemokratie," *NZZ*, 11/14/1959; Harri Crepuck, "Schwarz und kein Rot," *ND*, 11/16/1959; and "Leben in Freiheit ohne Ausbeutung," *Die Welt*, 11/19/1959. See also Detlef Lehnert, *Sozialdemokratie zwischen Protestbewegung und Regierungspartei 1848 bis 1983* (Frankfurt, 1983), 184 ff., and Hartmut Kaelble, "Deutschland, Frankreich, Nordamerika: Transfers, Imaginationen, Beziehungen," 会议报告见 HSK 网站, 10/28/2004。
63. Granieri, *The Ambivalent Alliance*, passim, and Bernd Stöver, *Die Befreiung vom Kommunismus: Amerikanische Liberation Policy im Kalten Krieg 1947—1991* (Cologne, 2002).
64. Maurice Couve de Murville, "Deutschland und Frankreich seit 1945," *Deutsche Rundschau* (June 1958). 有关德法两国关系的和解, 可参阅 Elana Passman 即将发表的博士论文。
65. "Adenauer bei de Gaulle," *NZZ*, 9/15/1958, and "Paris spricht von vollem Erfolg in Kreuznach," *FAZ*, 11/27/1958. See also Rudolf Morsey and Hans-Peter Schwarz, eds., *Adenauer: Teegespräche 1961—1963* (Berlin, 1992).
66. Frank Roy Willis, France, *Germany and the New Europe, 1945—1967*, 2nd ed. (London, 1968).
67. Strauß, *Die Erinnerungen*, 415 ff., and Granieri, *Ambivalent Alliance*, passim.
68. Aktionskomitee gegen die fünfte Kolonne, *Stalins Agenten als* 'Friedenskämpfer' (n. p. 1950); "Warnliste Nr. 3" and "Kommunistisch gesteuert und finanziert," *RP*, 6/28/1952; "Zweierlei Reaktion," *DUD*, 3/23/1953; and Carola Stern, "Ferngesteuerte Apparatschiks," *SBZArch 4* (1953), 251—252.
69. Untersuchungsausschuss Freiheitlicher Juristen, *Kommunistische Infiltration und ihre Abwehr*, 6/4/1956; "Menschliche Offensive gegen die Sowjetisierung," *WdA*, 4/7/1955; "Vor einem Hungersommer," Eastern edition, *WdA*, May 1953; and "Alarmzeichen für Schwerhörige," *DUD*, 12/27/1955.
70. Dieter Vorsteher, "The Image of America as the Enemy in the former GDR," *Deutsches Historisches Museum Magazin 3* (1993), no. 3; 1950 年的宣传手册, "Der Ami-Käfer fliegt in den kalten Krieg!"; Robert Havemann, "Der Mörder ist Adenauer!" *TR*, 5/14/1952; and "Polizeistaat Westdeutschland," *TR*, 7/21/1954。
71. "Wochenbericht des Arbeitskreises für deutsche Verständigung," *TR*, 1/7/1952; "Die ganze Welt horcht auf!" *TR*, 3/22/1952; and "Deutsche Verständigung für gerechten Friedensvertrag," *TR*, 7/14/1952.
72. "Der Unrechtsstaat," *ND*, 5/27/1956; Franz Thedieck, "Kommunistische Infiltration: Maßnahmen zu ihrer Bekämpfung," *Bulletin des Presse- und Informationsamtes der Bundesregierung* (August, 1956); and Kampfgruppe gegen die Unmenschlichkeit, "Anziehungskraft des Westens und Ostens" (March, 1955).
73. Kaspar Maase, " 'Amerikanisierung der Gesellschaft': Nationalisierende Deutung von Globalisierungsprozessen?" in Konrad H. Jarausch and Hannes Siegrist, eds., *Amerikanisierung und Sowjetisierung in Deutschland 1945—1970* (Frankfurt, 1997), 219—241. See also Alf Lüdtke, Inge Marssolek, and Adelheid von Saldern, eds.,

Amerikanisierung: Traum und Alptraum im Deutschland des 20. Jahrhunderts (Stuttgart, 1996); and Alexander Stephan, ed., *Americanization and Anti-Americanism: The German Encounter with American Culture after 1945* (New York. 2005).
74. F. Panter, "Die Kriegsgeneration ist nicht verloren," *Neuer Vorwärts*, 12/24/1953. See also Maase, *BRAVO Amerika*, 73 ff., and Richard Kuisel, *Seducing the French: The Dilemma of Americanization* (Berkeley, 1993).
75. "Amerika," *NZ*, 11/21/1946, and " Den Frieden noch gewinnen! Der amerikanischeMilitärgouverneuer zum zweiten Jahrestag des alliierten Sieges," *NZ*, 5/8/1947.
76. Jering, *Überleben und Neubeginn*, 162. Wagnleitner, *Coca-Colonization*, 128 ff., 166 ff.; and Schildt, *Zwischen Abendland und Amerika*, 167 ff.
77. Eschenburg, *Letzten Endes meine ich doch*, 189 ff., and Sontheimer, *So war Deutschland nie*, 67—86. See also Matthias Stoffregen, *Kämpfen für ein demokratisches Deutschland: Emigranten zwischen Politik und Politikwissenschaft* (Opladen, 2002).
78. 想要初步了解，可参阅 Willi Paul Adams and Knut Krakau, eds., *Deutschland und Amerika: Perzeption und historische Realität* (Berlin, 1985)。
79. "Das Problem der jungen Generation," *DUD*, 7/26/1956 与广播电视杂志 *Hör-Zu* 中的人物形象。See also Sabrina P. Ramet and Gordana P. Crnkovic, "Kazaam! Splat! Ploof!" *The American Impact on European Popular Culture since 1945* (Lanham, MD, 2003).
80. Detlef K. Peukert, *Die Edelweißpiraten: Protestbewegungen jugendlicher Arbeiter im "Dritten Reich": Eine Dokumentation*, 3rd ed. (Cologne, 1988), and Michael H. Kater, *Different Drummers: Jazz in the Culture of Nazi Germany* (New York, 1992).
81. "Das Problem der jungen Generation," *DUD*, 7/26/1956; "Eine Jugend, die sich langweilt," *DZ*, 9/15/1956; and "Deutsche Jugend in Ost und West," *Das ganze Deutschland*, 7/17/1954. See also Poiger, *Jazz, Rock and Rebels*.
82. Prüfer, "Berlin," 230. See also Fehrenbach, *Cinema in Democratizing Germany*, and Wagnleitner, *Coca-Colonization*, 222 ff.
83. Ludwig Kroll, "Erweiterter Jugendschutz beim Film," *DUD*, 11/2/1956, and Elisabeth Pitz, "Sinnvoller Jugendschutz," *DUD*, 12/17/1956, versus "DGB-Jugend fordert mehr demokratische Aktivität," *DGB Nachrichten*, 5/9/1959.
84. Esdor, "Haben Sie das gehört," 196—197, 241. See also Höhn, *GIs and Fräuleins*, 109 ff.
85. Uta G. Poiger, "Rock 'n' Roll, Kalter Krieg und deutsche Identität," in Konrad H. Jarausch and Hannes Siegrist, eds., *Amerikanisierung und Sowjetisierung in Deutschland 1945—1970* (Frankfurt, 1997), 275—289. See also Michael Geyer, "In Pursuit of Happiness: Consumption, Mass Culture and Consumerism," in Konrad H. Jarausch and Michael Geyer, *Shattered Past: Reconstructing German Histories* (Princeton, 2003), 269 ff.
86. Michael Wildt, "Amerika auf Raten: Konsum und Teilzahlungskredit im Westdeutschland der fünfziger Jahre," in Heinz Bude und Bernd Greiner, eds., *Westbindungen: Amerika in der Bundesrepublik* (Hamburg, 1999). 202—230. See also Schildt et al., *Dynamische Zeiten*.
87. Michael Wildt, *Am Beginn der "Konsumgesellschaft": Mangelerfahrung, Lebenshaltung, Wohlstandshoffnung in Westdeutschland in den fünfziger Jahren* (Hamburg, 1994), and Erica Carter, *How German Is She? Postwar West German Reconstruction and the Consuming Women* (Ann Arbor, 1997).

88. Wolfgang Kraushaar, "Transatlantische Protestkultur: Der zivile Ungehorsam als amerikanisches Exempel und bundesdeutsche Adaptation," in Heinz Bude und Bernd Greiner, eds., *Westbindungen: Amerika in der Bundesrepublik* (Hamburg, 1999), 257—284, and Uwe Timm, *Heißer Sommer: Roman* (Munich, 1974).
89. "Kultur des Sowjetlandes," *TR*, 5/27/1945. See also Simone Barck, "Die fremden Freunde: Historische Wahrnehmungsweisen deutsch-sowjetischer Kulturbeziehungen in der SBZ in den Jahren 1948 und 1949," in Konrad H. Jarausch and Hannes Siegrist, eds., *Amerikanisierung und Sowjetisierung in Deutschland 1945—1970* (Frankfurt, 1997), 335—359.
90. Stephan Merl, "Sowjetisierung in der Welt des Konsums," in Konrad H. Jarausch and Hannes Siegrist, eds., *Amerikanisierung und Sowjetisierung in Deutschland 1945—1970* (Frankfurt, 1997), 167—194 以及 Heiner Stahl, "Hausherren von Morgen: Die Jugend- und Medienpolitik der SED und ihre Umsetzung bei Jugendstudio DT64 im Zeitraum von 1964 bis 1971," M. A. Thesis (Potsdam, 2002)。
91. 想了解对一名东德间谍的暧昧印象，可参阅 Ingrid Deich, *Zwischen Dallas und New York: Wie ich die USA erlebte-Notizen eines Aufenthalts* (Leipzig, 1986)。
92. Barbara Engels, *Gebrauchsanstieg der lexikalischen und semantischen Amerikanismen in zwei Jahrgängen der Welt 1954 und 1964* (Frankfurt, 1976). See also die *Bibliographie zu Anglizismen* of the Institut für deutsche Sprache (Mannheim, 2002).
93. Verein Deutsche Sprache, *Die VDS-Anglizismenliste* (http://www.vds-ev.de/denglisch/anglizismen/anglizismenliste.php, 2005), and Gerlinde Ulm Sanford, "Amerikanismen in der deutschen Sprache der Gegenwart," *TRANS: Internetzeitschrift für Kulturwissenschaften 3* (1998), n. p. See also Dieter E. Zimmer, *Deutsch und anders: Die Sprache im Modernisierungsfieber* (Reinbek, 1997).
94. DDR Informationsamt, *Ami go home!* (Berlin, 1950); Otto Schulz to Trix-Günter Stövhase, August 25, 1947, KA 4707. See also Konrad H. Jarausch, "Mißverständnis Amerika: Antiamerikanismus als Projektion?" in Arndt Bauerkämper, Konrad H. Jarausch, and Markus Payk, eds., *Demokratiewunder: Transatlantische Mittler und die kulturelle Öffnung Westdeutschlands 1945—1970* (Göttingen, 2005).
95. Sebastian Knauer, *Lieben wir die USA? Was die Deutschen Über die Amerikaner denken* (Hamburg, 1987), 15—31, 51 ff., 81 ff., 128 ff., 148 ff.
96. Hermann Bausinger, *Typisch deutsch: Wie deutsch sind die Deutschen?* (Munich, 2000).
97. Maase, *BRAVO Amerika*, 14—15; "'Die Sonderwege sind zu Ende,'" *Der Spiegel 54* (2000), no. 40, 85 ff.
98. Leo L. Matthias, *Die Entdeckung Amerikas Anno 1953 oder das geordnete Chaos* (Hamburg 1953), and Rolf Winter, *Ami go home: Plädoyer für den Abschied von einem gewalttätigen Land* (Frankfurt, 1989).
99. Frei, *Adenauer's Germany and the Nazi Past*.
100. Axel Schildt, "Überlegungen zur Historisierung der Bundesrepublik," in Jarausch and Sabrow, eds., *Verletztes Gedächtnis*, 253—272.
101. Philipp Gassert, "Die Bundesrepublik, Europa und der Westen," in Jörg Baberowski et al., *Geschichte ist immer Gegenwart: Vier Thesen zur Zeitgeschichte* (Munich, 2001), 67—89.
102. Alfons Söllner, "Ernst Fraenkel und die Verwestlichung der politischen Kultur in der Bundesrepublik Deutschland," *Leviathan 39* (2002), 151—154. See also Bauerkämper et al., *Demokratiewunder*, ssim.

第五章

1. OMGUS, "Report of the Military Governor" No. 1, August 1945, "Political

Situation," 1—2; Allemann, *Bonn ist nicht Weimar*, 101 ff.
2. Walter Dirks, *Die zweite Republik* (Frankfurt, 1947), 10, 23 ff., 112 ff.
3. *Das Potsdamer Abkommen* (Offenbach, 2001); "Germans Warned Fate Is Their Own" and "Statements by Eisenhower and Montgomery," *NYT*, 8/7/1945. See also Felicitas Hentschke, *Demokratisierung als Ziel der amerikanischen Besatzungspolitik in Deutschland und Japan, 1943—1947* (Münster, 2001), 10 ff.
4. 近著有 Wolther von Kieseritzky and Klaus—Peter Sick, eds., *Demokratie in Deutschland: Chancen und Gefährdungen im 19. und 20. Jahrhundert: Historische Essays* (Munich, 1999), and Margaret L. Anderson, *Practicing Democracy: Elections and Political Culture in Imperial Germany* (Princeton, 2000)。
5. Josef Wirth et al., eds., *Das demokratische Deutschland: Grundsätze und Richtlinien für den deutschen Wiederaufbau im demokratischen, republikanischen, föderalistischen und genossenschaftlichen Sinne* (Bern, 1945); Hans Mommsen, "Von Weimar nach Bonn: Zum Demokratieverständnis der Deutschen," in Axel Schildt and Arnold Sywottek, eds., *Modernisierung im Wiederaufbau: Die westdeutsche Gesellschaft der 50er Jahre* (Bonn, 1998), 745—758. See also Winfried Becker and Rudolf Morsey, eds., *Christliche Demokratie in Europa: Grundlagen und Entwicklungen seit dem 19. Jahrhundert* (Cologne, 1988), 189 ff.
6. Rudolf Agricola, "Ist Demokratie in Deutschland möglich?" *NZ*, 11/11/1945; "Wesen und Verantwortung der Demokratie," *RP*, 3/17/1946; and Kurt Schumacher, "Deutschland und die Demokratie," *NZ*, 3/27/1946.
7. *Haus der Geschichte der Bundesrepublik Deutschland*, www. hdg. de. See also Diethelm Prowe, "Demokratisierung nach 1945: Neubeginn, Amerikanisierung, konservative Integration," *Potsdamer Bulletin für Zeithistorische Studien*, no. 16 (1999), 5—13.
8. Richard Löwenthal and Hans-Peter Schwarz, eds., *Die zweite Republik: 25 Jahre Bundesrepublik Deutschland-eine Bilanz* (Stuttgart, 1974), 9 ff. See also Peter H. Merkl, ed., *The Federal Republic of Germany at Fifty: The End of a Century of Turmoil* (Houndmills, 1999).
9. Hans-Peter Schwarz, *Der Ort der Bundesrepublik in der deutschen Geschichte* (Opladen, 1996), versus Rainer A. Roth and Walter Seifert, eds., *Die zweite deutsche Demokratie: Ursprünge, Probleme, Perspektiven* (Cologne, 1990), 23 ff., and Ulrich Herbert, "Liberalisierung als Lernprozeß: Die Bundesrepublik in der deutschen Geschichte-eine Skizze," in Herbert, ed., *Wandlungsprozesse in Westdeutschland: Belastung, Integration, Liberalisierung 1945—1980* (Göttingen, 2002), 7 ff.
10. Klaus Schroeder, *Der SED-Staat: Partei, Staat und Gesellschaft 1949—1990* (Munich, 1998), versus Mählert, *Kleine Geschichte der DDR*.
11. Sigrid Meuschel, *Legitimation und Parteiherrschaft: Zum Paradox von Stabilität und Revolution in der DDR, 1945—1989* (Frankfurt, 1992), 23. See also Gert-Joachim Glaeßner and Michal Reiman, eds., *Systemwechsel und Demokratisierung: Russland und Mittel-Osteuropa nach dem Zerfall der Sowjetunion* (Opladen, 1997).
12. "Die Demokratie im Werden," *TR*, 6/16/1945, and "Das Wollen der antifaschistischen Einheitsfront," *TR*, 8/14/1945.
13. "Aufruf der Kommunistischen Partei Deutschlands," *TR*, 6/14/1945, 以及威廉·皮克的宣言, *TR*, 11/1/1945。
14. Theodor Schulze, "Ohne geeinigte Arbeiterschaft keine Demokratie," *TR*, 11/1/1946, and Max Kreuziger, "Ehrliche Demokratie-ehrliche Einheit," *TR*, 1/25/1946.
15. Kornejew, "Über die Demokratie," *TR*, 2/7/1946 and 2/10/1946, and Walden, "Die künftige deutsche Demokratie," *TR*, 3/10/1946.

16. Drew Middleton, "Germans Unready for Political Life," *NYT*, 8/19/1945; Jering, *Überleben und Neubeginn*, 44, 183; Lucius D. Clay, *Decision in Germany* (Westport, 1950), 84 ff; James K. Pollock, *Besatzung und Staatsaufbau nach 1945: Occupation Diary and Private Correspondence, 1945—1948*, edited by Ingrid Krüger Bulcke (Munich, 1994), 50 ff., 60 ff., 80 ff.
17. Dolf Sternberger, "Herrschaft der Freiheit," *Die Wandlung 1* (1946), 556—571; Sternberger, "Über die Wahl, das Wählen und das Wahlverfahren," *Die Wandlung 1* (1946), 923—942; Hans Habe, "Mißverstandene Demokratie," *NZ*, 3/6/1946; and Jering, *Überleben und Neubeginn*, 127.
18. Hans Modrow, *Ich wollte ein neues Deutschland* (Berlin, 1998).
19. Gustav H. Blanke, *Vom Nazismus zur Demokratisierung Deutschlands: Erinnerungen und Erfahrungen 1933 bis 1955* (Hamburg, 1999), 121—197. See also Friedrich Hermann Jung, "Mein Jahrhundert," MS, 1996, KA 6352/1, 98.
20. Paul Wandel, "Die Demokratisierung der deutschen Schule: Eine nationale Forderung," *TR*, 10/24/1945. See also Ruth Reimann-Möller, "Die Berichterstatterin von Burg: Zwischen den Schatten von Königin Luise und Hermann Matern" (Norderstedt, 2000), KA 6122, 211 ff., 229 ff.
21. Tania Long, "US Teaching Plan in Germany Fails," *NYT*, 2/24/1946; "Bekenntnisschule als Probefall," *RP*, 4/20/1946; and "Der christliche Volkslehrer," *RP*, 11/20/1946. See also Brian Puaca, "Learning Democracy: Education Reform in Postwar Germany, 1945—1065" (Ph. D. diss., Chapel Hill, 2005).
22. Alexander Dicke, "Mit 'Vorwärts, vorwärts' war es nicht getan," KA 3228, 161, and Einsiedel, *Tagebuch der Versuchung*, 231 ff.
23. Christina von Hodenberg, *Konsens und Krise: Eine Geschichte der westdeutschen Medienöffentlichkeit 1945—1973* (Göttingen, 2006), 101ff. See also Markus Payk, "Der Amerika Komplex," in Arndt Bauerkämper, Konrad H. Jarausch, and Markus Payk, eds., *Demokratiewunder: Transatlantische Mittler und die kulturelle Öffnung Westdeutschlands 1945—1970* (Göttingen, 2005).
24. Raymond Daniell, "Germans to Regain County, City Rule," *NYT*, 10/9/1945; Jering, *Überleben und Neubeginn*, 861 and Spitta, *Neuanfang auf Trümmern*.
25. Arthur Werner, "Unsere Stadt im ersten halben Jahr der antifaschistischen Ära," *TR*, 11/18/1945; "Militärgouverneur erläutert neues Verwaltungssystem," *RP*, 12/4/1945; and "Probefeld für demokratische Praxis," *FAZ*, 1/1/1953. 在苏占区，反法西斯委员会接管了食物与住房的分配工作。See also Rebecca Boehling, "U. S. Military Occupation, Grass Roots Democracy, and Local German Government," in Jeffrey M. Diefendorf et al., eds., *American Policy and the Reconstruction of West Germany, 1945—1955* (Cambridge, 1993), 281—306.
26. "Eisenhower Bars Nazis from Polls," *NYT*, 10/13/1945; Daniel E. Rogers, *Politics after Hitler: The Western Allies and the German Party System* (Houndmills, 1995); and Andreas Malycha, ed., *Auf dem Weg zur SED: Die Sozialdemokratie und die Bildung einer Einheitspartei in den Ländern der SBZ* (Bonn, 1995).
27. "Wege zum demokratischen Staat," *NZ*, 12/14/1945, and "Die Selbstverwaltung auf einer neuen Stufe," *TR*, 7/5/1945.
28. Kathleen McLaughlin, "Schaeffer Is Ousted by Patton: Pro-Nazi Leaders Seized in Raid," *NYT*, 9/30/1945, and Henric L. Wuermeling, *Die weiße Liste: Umbruch der politischen Kultur in Deutschland 1945* (Frankfurt, 1981).
29. "Forderungen für föderalistische Staatsform werden formuliert," *NZ*, 4/23/1948; "Arbeit auf Herrnchiemsee beendet," *NZ*, 8/22/1948; and "Väter der Verfassung," *NZ*, 9/25/1948. See also Edmund Spevack, *Allied Control and German Freedom:*

American Political and Ideological Influences on the Framing of the West German Basic Law (Münster, 2001).
30. "Deutschlands Weg zum neuen Staat," *NZ*, 5/7/1949, and "Bonner Werk auf fester Basis," *NZ*, 5/10/1949. Heinrich Oberreuter, "Die Demokratiebegründung im westlichen Deutschland als Verpflichtung für die Zukunft," in Rainer A. Roth and Walter Seifert, eds., *Die zweite deutsche Demokratie: Ursprünge, Probleme, Perspektiven* (Cologne, 1990), 231—254.
31. 统社党, "Manifest an das deutsche Volk," *ND*, 4/23/1946, and Fred Oelßner, "Was ist Demokratie?" *ND*, 7/11/1946。
32. "Die SED die weitaus stärkste Partei," *ND*, 9/2/1946, and "Absolute Mehrheit der sozialistischen Einheitspartei," *ND*, 9/9/1946. 在萨克森州, 直到宣布212 000张选票无效以后, 统社党才勉强获得多数。
33. "Entwurf der Verfassung," *ND*, 11/15/1946, and Otto Grothewohl, "Warum Verfassungsentwurf," *ND*, 11/16/1946.
34. Karl Dietrich Bracher, "Die Kanzlerdemokratie," in Richard Löwenthal and Hans-Peter Schwarz, eds., *Die zweite Republik: 25 Jahre Bundesrepublik Deutschland-eine Bilanz* (Stuttgart, 1974), 179—202. See also Hans-Peter Schwarz, *Adenauer*, 2 vols. (Stuttgart, 1986, 1969), and Gordon A. Craig, *From Bismarck to Adenauer: Aspects of German Statecraft* (Baltimore, 1958).
35. Wolfgang Leonhard, *Die Revolution entläßt ihre Kinder*, 21st ed. (Cologne, 2003), and Thomas Klein, "Für die Einheit und Reinheit der Partei": *Die innerparteilichen Kontrollorgane der SED in der Ära Ulbricht* (Cologne, 2002).
36. Kurt Rabl, "Die Durchführung der Demokratisierungsbestimmungen des Potsdamer Protokolls in der SBZ Deutschlands und später in der DDR," *Zeitschrift für Politik* 17 (1970), 246 ff. 有关 Klemperer 的理想幻灭, 可参阅 *So sitze ich den zwischen allen Stühlen*。
37. Barbara Mettler, *Demokratisierung und Kalter Krieg: Zur amerikanischen Informations- und Rundfunkpolitik in Westdeutschland 1945—1949* (Berlin, 1975). See also Berghahn, *America and the Intellectual Cold Wars*.
38. See also Sean Forner, "Catastrophe and Democratic Renewal: German Left Intellectuals between East and West, 1945—1960" (Ph. D. diss., University of Chicago, 2005).
39. Otto Schulz to the American news control office, 8/22/1947, KA 4707; Egon Schönmeier, "Der gestorbene Idealismus: Erinnerungen eines ehemaligen Ordensjunkers," KA 6235, 53; Juliane Freiin von Bredow, *Leben in einer Zeitenwende*, n. d., 67 ff; Reinhold, *Erinnerungen*, 227—228; and Kohl, *Erinnerungen*, 70—71.
40. Eugen Kogon, *Die unvollendete Erneuerung. Deutschland im Kräftefeld 1945—1963: Politische und gesellschaftspolitische Aufsätze aus zwei Jahrzehnten*, edited by Hubert Habicht (Frankfurt, 1964), and Allemann, *Bonn ist nicht Weimar*, 106 ff. See also Arnold Sywottek, "Wege in die 50er Jahre," in Axel Schildt and Arnold Sywottek, eds., *Modernisierung im Wiederaufbau: Die westdeutsche Gesellschaft der 50er Jahre* (Bonn, 1998), 13—39.
41. James B. Conant, "The Foundations of a Democratic Future for Germany," *Department of State Bulletin*, 5/17/1954.
42. 可参阅新闻稿 "Die deutsche Demokratie zwischen innerer Lähmung und äußerer Hemmung," *Informationsdienst Presse und Rundfunk* (Bonn), 4/25/1950。
43. Gabriel A. Almond and Sidney Verba, *The Civic Culture: Political Attitudes and Democracy in Five Nations* (Princeton, 1963).
44. Kiesinger, *Dunkle und helle Jahre*, and Strauß, *Die Erinnerungen*. See also Wilfried Loth,

"Verschweigen und Überwinden: Versuch einer Bilanz," in Loth and Bernd-A. Rusinek, eds., *Verwandlungspolitik: NS-Eliten in der westdeutschen Nachkriegsgesellschaft* (Frankfurt, 1998), 353—360, and Frei, *Adenauer's Germany and the Nazi Past*, 42 ff.

45. Martin Niemöller, "Der Wortlaut der umstrittenen Rede," *NZ*, 2/21/1946; Gösta von Uexküll, "Drei Tage Demokratie zwischen Klostermauern," *Die Welt*, 6/30/1969; and Gustav W. Heinemann, *Einspruch: Ermutigung für entschiedene Demokraten*, edited by Diether Koch (Bonn, 1999), 58 ff., 65 ff.
46. 有关新教的民主化，可参阅 Benjamin Pearson 的 Ph. D. diss.（待出）；有关战后时期的世俗天主教，可参考 Klaus Große Kracht 的相关研究。
47. Jering, *Überleben und Neubeginn*, 172—173.
48. Richard Löwenthal, "Bonn und Weimar: Zwei deutsche Demokratien," in Heinrich August Winkler, ed., *Politische Weichenstellungen im Nachkriegsdeutschland 1945—1953* (Göttingen, 1979), 9—25. 因为社民党的融入假定在先，所以它与联邦德国之间早期的紧张关系还有待专门分析。
49. Otto Büsch and Peter Furth, *Rechtsradikalismus im Nachkriegsdeutschland: Studien Über die "Sozialistische Reichspartei" (SRP)*, 2nd ed. (Cologne, 1967).
50. Spitta, *Neuanfang auf Trümmern*, 128.
51. Schroeder, *Der SED-Staat*.
52. Heinz Liepmann, "Politik? Um Himmels willen…" *Die Welt*, 7/2/1960, and Henle, *Weggenosse des Jahrhunderts*, 137 ff. See also Merritt and Merritt, *Public Opinion in Occupied Germany*, 103 ff., 167—168, 191—192, 210 ff., 294 ff., and Merritt and Merritt, *Public Opinion in Semisovereign Germany*, 65, 78, 85.
53. 在众多调查中，Meritt and Merritt, *Public Opinion in Occupied Germany*, 87, 134, 139, 163, 172, 205, 218, 221, 241, and following 尤其值得参考。See also Merritt and Merritt, *Public Opinion in Semisovereign Germany*, 68, 79 ff., 103, 113, 144, 153, 167, 203, 213, 255.
54. Merritt and Merritt, *Public Opinion in Occupied Germany*, 286 ff., 294, 307, 314 ff.; Merritt and Merritt, *Public Opinion in Semisovereign Germany*, 57, 71, 75, 116, 123—124, 147, 150, 154, and following.
55. Prüfer, "Berlin," KA 4379, 317. 可参考 Michael Lemke 的相关研究项目。该研究发现，实际上，东、西柏林都是各自政治体制的"展示窗口"。
56. Sebastian Haffner, "Rückfall in Schrecken und Willkür," *Der Spiegel 16* (1962), no. 46, 53. See also Hodenberg, *Konsens und Krise*, 293 ff.
57. Hermann Glaser, *Deutsche Kultur: Ein historischer Überblick von 1945 bis zur Gegenwart*, 2nd ed. (Bonn, 2000).
58. Konrad H. Jarausch, "Critical Memory and Civil Society: The Impact of the Sixties on German Debates about the Past," in Philipp Gassert and Alan Steinweis, eds., *Coping with the Nazi Past in 1960s West Germany* (Cambridge, 2006).
59. Jürgen Habermas, *Strukturwandel der Öffentlichkeit: Untersuchungen zu einer Kategorie der bürgerlichen Gesellschaft* (Neuwied, 1962), 8—9, 268 ff.
60. Ralf Dahrendorf, *Gesellschaft und Demokratie in Deutschland* (Munich, 1965), 23 ff., 480.
61. 同样，还有 Fritz Erler, *Demokratie in Deutschland* (Stuttgart, 1965)。See also Moritz Scheibe, "Auf der Suche nach der demokratischen Gesellschaft," in Ulrich Herbert, ed., *Wandlungsprozesse in Westdeutschland: Belastung, Integration, Liberalisierung 1945—1980* (Göttingen, 2002), 245—277.
62. Willy Strzelewicz, *Industrialisierung und Demokratisierung in der modernen Gesellschaft* (Hannover, 1971), 45 ff., 51 ff., 73 ff.
63. Fritz Vilmar, *Strategien der Demokratisierung*, 2 vols. (Darmstadt, 1973), 1: 32—

33. 可参考 Karl Jaspers 在 *Wohin treibt die Bundesrepublik? Tatsachen, Gefahren, Chancen* (Munich, 1966), 127 ff., 257 ff. 中的夸张警告。
64. Bruno Heck, "Demokraten oder Demokratisierte? Eine notwendige Auseinandersetzung," *Die Politische Meinung* 128 (1969). See also Evangelischer Arbeitskreis der CDU, ed., *Unsere Demokratie zwischen gestern und morgen* (Bonn, 1969).
65. Wilhelm Hennis, *Demokratisierung: Zur Problematik eines Begriffs* (Cologne, 1970), 12—13, 32 ff., 39. See also Scheibe, "Auf der Suche nach der demokratischen Gesellschaft," 265 ff.
66. Erwin K. Scheuch, "Der Umbruch nach 1945 im Spiegel der Umfragen," in Uta Gerhardt and Ekkehard Mochmann, eds., *Gesellschaftlicher Umbruch 1945—1990: Re-Demokratisierung und Lebensverhältnisse* (Munich, 1992), 9—25, and Harold Hurwitz, *Demokratie und Antikommunismus in Berlin nach 1945*, 3 vols. (Cologne, 1983), 1: 139 ff.
67. Merritt and Merritt, *Public Opinion in Occupied Germany*, 39 ff., 178—179, and Merritt and Merritt, *Public Opinion in Semisovereign Germany*, 43 ff., 61 ff.
68. Merritt and Merritt, *Public Opinion in Semisovereign Germany*, 107, 114, 118—119, 125, 135, 141, 148, 154, 158, 163, 189, 214, 219.
69. Merritt and Merritt, *Public Opinion in Semisovereign Germany*, 14, 16 ff., 138, 186 ff., 199, 223 ff., 242 ff.
70. Dirk Moses, "Das Pathos der Nüchternheit: Die Rolle der 45-er Generation im Prozess der Liberalisierung der Bundesrepublik," *FR*, 7/2/2002. See also Mushaben, *From Post-War to Post-Wall Generations*.
71. Schönmeier, "Der gestorbene Idealismus," 53—54; von Bredow, *Leben in einer Zeitenwende*, 67; and Jung, *Mein Jahrhundert*, 157 ff.
72. Konrad H. Jarausch, "Deutsche Einsichten und Amerikanische Einflüsse: Kulturelle Aspekte der Demokratisierung Westdeutschlands," in Arndt Bauerkämper et al., eds., *Demokratiewunder: Transatlantische Mittler und die kulturelle Öffnung Westdeutschlands 1945—1970* (Göttingen, 2005).
73. Margrit Gerste, "Der Freiheit treu: Hildegard Hamm-Brücher wird 80," *Die Zeit*, 5/18/2001. 可参考本章第 11 条注释。
74. Rüdiger Altmann, "Seht-welch ein Staat!" *Der Spiegel 16* (1962), no. 46, 50; "CDU und FDP wollen in Bonn wieder gemeinsam regieren," *Die Welt*, 12/8/1962; Georg Schröder, "Kanzler für zehn Monate," *Die Welt*, 12/8/1962; and Alfred Rapp, "Keine Rückkehr nach Weimar," *FAZ*, 12/15/1962. 可参阅联邦政府 1963 年年度报告的新闻稿，4/13/1964。See also Karl-Rudolf Korte, "Der Anfang vom Ende: Machtwechsel in Deutschland," in Gerhard Hirscher and Korte, eds., *Aufstieg und Fall von Regierungen: Machterwerb und Machterosionen in westlichen Demokratien* (Munich, 2001), 23—64.
75. "Wachsende Kritik am Regierungsstil," *Die Welt*, 4/9/1966; Immanuel Birnbaum, "Wechsel gehört zur Demokratie," *SZ*, 11/3/1966; Georg Schröder, "CDU sucht eine neue Politik unter einem anderen Kanzler," *Die Welt*, 11/1/1966; and "Erhard: Glücklos und verlassen," *Die Zeit*, 8/19/1966. See also Klaus-Heinrich Dedring, *Adenauer, Erhard, Kiesinger: Die CDU als Regierungspartei 1961—1969* (Pfaffenweiler, 1989).
76. Theo Sommer, "Große Koalition oder nicht?" *Die Zeit*, 11/25/1966; Hans Schuster, "Das Wagnis der großen Koalition," *SZ*, 11/29/1966; "Studenten demonstrieren gegen die SPD," *Die Welt*, 11/29/1966; "Kartell der Angst," *Der Spiegel 20* (1966), no. 50; and Golo Mann, "Was die Deutschen suchen," *Die Zeit*, 12/10/1966. See also Klaus Hildebrand, *Von Erhard zur Grossen Koalition, 1963—1969*

(Stuttgart, 1984), and Philipp Gassert, *Kurt Georg Kiesinger, 1904—1988* (Munich, 2004).

77. "Brandt ergreift Initiative zum Regierungsbündnis," *FR*, 9/30/1969; Hans Schuster, "Das legitime Bündnis," *SZ*, 10/3/1969; Karl-Hermann Flack, "Spannende Demokratie," *FR*, 10/6/1969; and Jürgen Tern, "Der Bundeskanzler Willy Brandt" and "Brandts Stichwort: Erneuerung," *FAZ*, 10/22/1969 and 10/29/1969. See also Arnulf Baring, *Machtwechsel: Die Ära Brandt-Scheel* (Stuttgart, 1982).
78. 就职演说文本, 10/29/1969; Brandt-Interview, "Für Bildungs-und Wissenschaftsreform," *SZ*, 10/22/1969; Brandt, "Wir wollen mehr Demokratie wagen," *FAZ*, 10/29/1969; and Rolf Zundel, "Ohne Schwüre, ohne Schnörkel," *Die Zeit*, 10/31/1969。
79. Bruno Deschamps, "Zurück zur Normalität," *FAZ*, 11/21/1972; "Bewährung im Alltag," *SZ*, 1/20/1973; Eduard Neumaier, "Noch einmal setzt die SPD auf Brandt," *Die Zeit*, 3/15/1974; "Reformansprüche zu hoch gesetzt," *FAZ*, 5/8/1974; and Wolfgang Wagner, "Kanzlerwechsel in Bonn," *DA 29* (1974), 345 ff. See also Peter Merseburger, *Willy Brandt 1913—1992: Visionär und Realist* (Stuttgart, 2002).
80. Bruno Deschamps, "Kanzlerwechsel-Klimawechsel," *FAZ*, 5/9/1974; Hans Schuster, "Unter Helmut Schmidts Regie," *SZ*, 5/11/1974; Gerd Kübler, "Kanzler der Konzentration," *FR*, 5/13/1974; and Hans Schuster, "Nicht nur eine Schönwetter-Demokratie," *SZ*, 1/5/1974.
81. "Rücktrittserklärung von Ulbricht und erste Erklärung von Honecker," *ND*, 5/5/1971; "Ein ungewohnter Führungswechsel," *TSp*, 5/5/1971; Hans Schuster, "Ulbrichts Erbe," *SZ*, 5/5/1971; Walter Osten, "Wechsel ohne Wandel," *Die Welt*, 5/6/1971; and Dettmar Cramer, "Von Ulbricht zu Honecker," *DA*, 4 (1971), 449 ff. See also Kaiser, *Machtwechsel von Ulbricht zu Honecker*.
82. 有关"Innere Sicherheit"的报告, Bonn, 2/9/1967; 有关"Innere Sicherheit"的报告, Bonn, 4/2/1968。See also Lutz Niethammer, *Angepaßter Faschismus: Politische Praxis der NPD* (Frankfurt, 1969).
83. "Korrekturen an der Demokratie," *TSp*, 10/8/1967; Marion Döhnhoff, "Krise der Demokratie? Resümee einer Diskussion," *Die Zeit*, 10/2/1968; and Gerhard Willke and Helmut Willke, "Die Forderung nach Demokratisierung von Staat und Gesellschaft," *APuZ* B 7 (1970), 33—62.
84. Michael Freund, "Ist der Mehrheit alles erlaubt? Über Fug und Unfug der Demokratisierung," *Die Welt*, 2/7/1970; Dieter Grosser, "Linksradikale Demokratiekritik und politische Bildung," *APuZ* B 22 (1970), 3 ff.; and Richard Löwenthal, "Demokratie und Leistung," *Berlin Stimme*, 2/26/1972.
85. "Mehr linke als rechte Radikale," *SZ*, 4/16/1971; "Die Demokratie muß verteidigt werden," *Das Parlament*, 7/24/1972; Hans Buchheim, "Zum Terror von links sind Fragen nicht erlaubt," *FAZ*, 6/23/1972; and Peter Glotz, "SystemÜberwindende Reformen?" *Berliner Stimme*, 4/14/1972.
86. "Radikalismus und Demokratie," *Das Parlament*, 7/1/1972; Hermann Rudolph, "Nach dem Radikalismus-Potential gefragt," *FAZ*, 7/18/1976; Gustav Heinemann, "Freiheitliche Gesellschaft ist Gesellschaft in Bewegung," *WdA*, 7/16/1976; and Robert Leicht, "Freiheit, die sie nicht meinen," *SZ*, 7/22/1976.
87. Fritz Ulrich Fack, "Wie jeder andere Prolli," *FAZ*, 9/1/1977; Ludolf Herrmann, "Die Republik hat sich verändert," *DZ*, 9/16/1977; Kurt Reumann, "Spiel mit den Spielregeln," *FAZ*, 9/13/1977; and Jürgen Heinrichsbauer, "So schließt sich der Kreis," *Der Arbeitgeber*, 11/10/1977.
88. Theo Sommer, "Vom Staate, den wir wollen," *Die Zeit*, 9/23/1977; Christian von Krockow, "Stabilisierung nach rückwärts?" *Die Zeit*, 9/30/1977; "Briefe zur

Verteidigung der Republik," *FR*, 10/11/1977; and Walter Jens, "Der liberale Staat hat Millionen von Verteidigern," *Vorwärts*, 10/6/1977.
89. Ursula von Kardorff, "Mit rotem Punkt und schwarzen Fahnen," *SZ*, 12/31/1971; Hanno Beth, "Bürgerinitiativen," *FR*, 4/20/1972; "Heinemann ermutigt den Bürger," *SZ*, 2/12/1973; and Carl Gustav Ströhm, "Mißverständnis um den 'mündigen Bürger,'" *Die Welt*, 2/13/1973. See also Peter Cornelius Mayer-Tasch, "Bürgerprotest im demokratischen Rechtsstaat," in Hans Sarkowicz, ed., *Aufstände, Unruhen, Revolutionen: Zur Geschichte der Demokratie in Deutschland* (Frankfurt, 1998), 179—196.
90. "Polizei vertreibt die Umweltschützer von Wyhl," *FAZ*, 2/21/1975; "Reigen und Revolution," *Die Zeit*, 3/7/1975; "Ein Coup reizt zur Wut," *SZ*, 11/2/1976; and "Der Einsatz der Polizei war beeindruckend," *FR*, 12/21/1976.
91. Hans-Jochen Vogel, "Absage an die Gewalt," *SPD-Pressedienst*, 2/18/1977; Gerhard Schröder, "Plädoyer für einen anderen Umgang mit staatlicher Gewalt," *SPD-Pressedienst*, 2/25/1977; and "Erleichterung Über den gewaltlosen Verlauf der Demonstrationen," *FAZ*, 2/21/1977.
92. Rainer Klose, "Die Grünen fühlen sich als Sieger von Hamburg," *SZ*, 2/25/1977; "Frage der Bundespartei droht 'die Grünen' zu spalten," *TSp*, 4/11/1978; "SPD kritisiert Parteienbürokratie," *SZ*, 1/9/1980; and Helmut Kerscher, "Der Bürger soll am Entscheidungsprozeß teilnehmen können," *SZ*, 6/12/1982. See also Andrei S. Markovits and Philip S. Gorski, *Grün schlägt rot: Die deutsche Linke nach 1945* (Hamburg, 1997).
93. "Probleme und Aufgaben der Friedensbewegung," *links* (June, 1981); "Pazifismus '81: 'Selig sind die Friedfertigen,'" *Der Spiegel 35* (1981), no. 25, 24 ff.; "Friedensbewegung: Beispiele aus diesen Tagen," *Unsere Zeit*, 8/28/1981; and Alfred Grosser, "'Diese Krise ist die schwerste,'" *Der Spiegel 35* (1981), no. 43, 32 ff.
94. "Veranstalter der Bonner 'Friedens' —Kundgebung versichern: Wir fangen erst an," *FAZ*, 10/12/1981; "Demonstration der 250. 000," pamphlet (October, 1981); "Einäugig für Frieden und Abrüstung," *NZZ*, 10/13/1981; "Der Zug der Aussteiger aus der Geschichte," *RhM*, 10/16/1981; "Das Bonner Schattenboxen und die wirkliche Politik," *links* (November, 1981); and "Die Sehnsucht nach Opposition setzt sich durch," *Morgenpost*, 10/11/1981.
95. "Koalitionsnöte in Bonn," *NZZ*, 4/4/1982; Theo Sommer, "Besser ein Ende mit Schrecken," *Die Zeit*, 6/18/1982; and "Aus eine Parteikrise wird eine Staatskrise," *Deutsche Wochenzeitung*, 8/6/1981.
96. "Ich denke nicht an Rücktritt," *SZ*, 9/10/1982; "Ich persönlich will mich nicht länger demontieren lassen," *FR*, 9/18/1982; "Die Bonner Koalition ist zerbrochen," *FAZ*, 9/18/1982; and Peter Gillies, "Die Woche in der die Koalition zerbrach," *Die Welt*, 9/18/1982. See also Kohl, *Erinnerungen 1982—1990*, 17—25.
97. "Wenn die Parteien auseinanderstreben, ist die Politik stärker als das Grundgesetz," *FAZ*, 6/28/1982; Wilfried Hertz-Eichenrode, "Kohls Regierungsprogramm," *Die Welt*, 9/18/1982; Claus Genrich, "Ein Wechsel-zur Kontinuität," *FAZ*, 9/13/1982; and "Kohl: Bonns Politik bleibt berechenbar," *FR*, 5/10/1982. See also Andreas Rödder, *Die Bundesrepublik Deutschland 1969—1990* (Munich, 2004), 75—76.
98. Bruno Heck, "Autorität der Freiheit wegen," *RhM*, 8/26/1983; "Leben wir in einer anderen Republik?" *Der Spiegel 39* (1985), no. 32, 30 ff.; Gunter Hofmann, "Weniger Demokratie wagen," *Die Zeit*, 3/2/1984; and Kurt H. Biedenkopf, "Der Volkssouverän Überfordert den Staat," *RhM*, 5/11/1985.

99. Hans Heigert, "Erschöpfte Utopien," *SZ*, 8/4/1985; Wolfgang Bergsdorf, "Zehn Gründe für neue Zuversicht," *RhM*, 3/1/1986, versus Rudolf Wassermann, "Parteienfinanzierung und Karrieren der Politiker in der 'Zuschauer-Demokratie,'" *TSp*, 2/23/1986; and "Ein Riß geht durch das Land," *links* (January, 1982).

100. "Dahrendorf beklagt 'gewisse Verrottung' der Politik," *SZ*, 10/9/1984, and Theo Sommer, "Kaufen und sich kaufen lassen," *Die Zeit*, 10/26/1984.

101. "Wallmann: Ich bitte um Verzeihung," *FAZ*, 12/3/1987; "Jenninger ruft zur Überwindung der 'Vertrauens- und Glaubwürdigkeitskrise' auf," *FAZ*, 1/2/1988; "Grass: Eine Republik der Skandale," *Die Welt*, 2/8/1988; and Ulrich von Alemann, "Affären und Skandale sind kein Privileg von Politik und Parteien," *FR*, 8/20/1988.

102. Hans Schuster, "Nicht nur Schönwetter-Demokratie," *SZ*, 1/5/1974, and Rörich, "Am Anfang war Adenauer," *FR*, 8/27/1983.

103. Anton Böhm, "Grundwerte und was nun?" *RhM*, 4/4/1980, and "Auf Freiheit, Gerechtigkeit und Solidarität berufen sich alle," *FR*, 2/28/1979.

104. "Hat der Bürger Anlaß zur Verdrossenheit?" and "Die politische Rolle der Bürgerinitiativen," *SZ*, 10/25/1978, and Hartmut von Hentig, "Die entmutigte Republik," *SZ*, 5/8/1980.

105. Eckhard Jesse, "Zerrbilder von einem demokratischen Land," *FAZ*, 10/7/1980, and "Die bayerische Bevölkerung ist am zufriedensten," *FAZ*, 9/4/1987.

106. "Ein Plädoyer für die Bonner Demokratie," *NZZ*, 2/15/1978; Hans Heigert, "Die Republik kommt in die Jahre," *FAZ*, 5/26/1979; and "Ein Porträt der Bundesrepublik Deutschland," *NZZ*, 5/26/1989. See also Max Kaase and Günther Schmid, eds., *Eine lernende Demokratie: 50 Jahre Bundesrepublik Deutschland* (Berlin, 1999).

107. Theodor Adorno, "Was ist deutsch?" *FAZ*, 4/2/1966, and Berghahn, *America and the Intellectual Cold Wars*, passim. See also Bauerkämper et al., eds., *Demokratiewunder* 中各处的相关文章。

108. Claudia Fröhlich und Michael Kohlstruck, eds., *Engagierte Demokraten: Vergangenheitspolitik in kritischer Absicht* (Münster, 1999), 7—30. 想了解具体的例子，可参阅 Sarkowicz, *Aufstände, Unruhen, Revolutionen*。

109. Eckhard Jesse, *Die Demokratie der Bundesrepublik Deutschland*, 8th ed. (Baden-Baden, 1997), 49 ff.

110. Ralf Dahrendorf, "Wanken die Fundamente unseres Staates?" *Die Zeit*, 8/12/1977; Peter Graf Kielmansegg, "Ist streitbare Demokratie möglich?" *FAZ*, 7/2/1979; and J. Kurt Klein, "Vergangenheit darf uns nicht unfähig machen für Aufgaben der Zukunft," *Die Welt*, 4/8/1988. See also Kurt Sontheimer, *Grundzüge des politischen Systems der Bundesrepublik Deutschland* (Bonn, 2000).

111. Ernst Köhler, "Einige zaghafte Einwände gegen linken Pessimismus," *Die Zeit*, 8/31/1979, and Heinz Eyrich, "Wohin führt der Weg der Bürgerinitiativen?" *DUD*, 7/27/1977. See also Grosser, "Linksradikale Demokratiekritik," 9 ff.; Hermann Rudolph, "Wissen wir wer wir sind?" *FAZ*, 6/23/1979; and Rolf Zundel, "Bonn kann nicht Weimar werden," *Die Zeit*, 12/31/1982.

第六章

1. Eschenburg, *Letzten Endes meine ich doch*, 24.
2. 自由大学学生的决议, 22/23 June 1966, in Jürgen Miermeister and Jochen Staadt, eds., *Provokationen: Die Studenten- und Jugendrevolte in ihren Flugblättern 1965—1971* (Darmstadt, 1980), 45。

3. Sontheimer, *So war Deutschland nie*, 107 ff.
4. Knabe, *Die unterwanderte Republik*, and Knabe, *Der diskrete Charme der DDR: Stasi und Westmedien*, 3rd ed. (Berlin, 2001).
5. Hermann Lübbe, *Endstation Terror: Rückblick auf lange Märsche* (Stuttgart, 1978), 7—13.
6. 根据 Theo Pinkus, in Siegward Lönnendonker, ed., *Linksintellektueller Aufbruch zwischen "Kulturrevolution" und "kultureller Zerstörung": Der Sozialistische Deutsche Studentenbund (SDS) in der Nachkriegsgesch ichte (1946—1969): Dokumentation eines Symposiums* (Opladen, 1998), 160—161, 以及同 Jürgen Habermas 在 FR3/11/1988 中的采访。
7. Friedrich-Martin Balzer, "Es wechseln die Zeiten ...": *Reden, Aufsätze, Vorträge, Briefe eines 68ers aus vier Jahrzehnten (1958—1998)* (Bonn, 1988), and Inga Buhmann, *Ich habe mir eine Geschichte geschrieben*, 2nd ed. (Frankfurt, 1987).
8. Claus Leggewie, "1968 ist Geschichte," *APuZ* B 22—23 (2001), 3—6.
9. Wolfgang Kraushaar, *1968 als Mythos: Chiffre und Zäsur* (Hamburg, 2000), 7 ff., 253 ff.
10. Ingrid Gilcher-Holtey, ed., *1968: Vom Ereignis zum Gegenstand der Geschichtswissenschaft* (Göttingen, 1998). See also Olaf Dinné et al., eds., *68 in Bremen: Anno dunnemals* (Bremen, 1998).
11. Peifer, "1968 in German Political Culture."
12. Gilcher-Holtey, *Die 68er Bewegung*, 10, 111 ff. See also Klaus Schönhoven, "Aufbruch in die sozialliberale Ära: Zur Bedeutung der 60er Jahre in der Geschichte der Bundesrepublik," *GG* 25 (1999), 123—145.
13. Axel Schildt, "Vor der Revolte: Die sechziger Jahre," *APuZ* B 22—23 (2001), 7—13. See also Schildt et al., *Dynamische Zeiten*.
14. 相关文献的综述可参阅 Philipp Gassert and Pavel A. Richter, eds., *1968 in West Germany: A Guide to Sources and Literature of the Extra-Parliamentarian Opposition* (Washington, 1998)。
15. See also Hans-Peter Schwarz, *Geschichte der Bundesrepublik Deutschland*, 5 vols. (Stuttgart, 1981), vols. 2 and 3, versus Wolfgang Kraushaar, *Die Protest-Chronik 1949—1959: Eine illustrierte Geschichte von Bewegung, Widerstand und Utopie*, 4 vols. (Hamburg, 1996).
16. "Der lange Weg," *NRZ*, 12/29/1945, and Konrad H. Jarausch, *The Unfree Professions: German Lawyers, Teachers and Engineers, 1900—1945* (New York, 1990), 202 ff. See also Siegrist, "Wie bürgerlich war die Bundesrepublik, wie antibürgerlich die DDR?" in Hans Günter Hockerts, ed., *Koordinaten der deutschen Geschichte in der Periode des Ost-West Konflikts* (Munich, 2003), 207—243.
17. "Richters Richtfest," *Der Spiegel* 16 (1962), no. 13, 91 ff. See also Forner, "Catastrophe and Democratic Renewal."
18. "Die goldenen Sessel," *Der Spiegel* 6 (1952), no. 20, 7 ff. See also Kraushaar, *Die Protest-Chronik*, 1: 600 ff.
19. 大量相关文献的综述可参阅 Armin Mitter and Stefan Wolle, *Untergang auf Raten: Unbekannte Kapitel der DDR-Geschichte* (Munich, 1993), 27 ff.; Kleßmann and Stöver, *1953*; and Edda Ahrberg, Hans-Hermann Hertle, and Tobias Hollitzer, eds., *Die Toten des Volksaufstandes vom 17. Juni 1953* (Münster, 2004)。
20. Jens Daniel, "Atomschreck Bundesrepublik?" *Der Spiegel* 11 (1957), no. 16, 8, 以及致编辑的支持信, *Der Spiegel* 11 (1957), no. 19, 3—4。具体数字 cited in Kraushaar, *Die Protest-Chronik*, 4: 2508 ff.。
21. "Das Ansehen der Staatsführung steht auf dem Spiel," *Der Spiegel* 16 (1962), no. 45,

22 ff.; "Sie kamen in der Nacht," *Der Spiegel 16* (1962), no. 45, 55 ff.; David Schoenbaum, *Die Affäre um den* "Spiegel" (Vienna, 1968); Bark and Gress, *A History of West Germany*, 1: 490—509; and " 'Dummheiten des Staates,' " *Der Spiegel 56* (2002), no. 43, 62 ff.

22. "Neue Linke: Kuh und Klasse," *Der Spiegel 18* (1964), no. 46, 54—55. See also Anson Rabinbach, *In the Shadow of Catastrophe: German Intellectuals between Apocalypse and Enlightenment* (Berkeley, 1997).

23. 有关国际语境（"Port Huron Statement"）可参阅 Gilcher-Holtey, *Die 68er Bewegung*, 11 ff.。

24. "Blick zurück," *Der Spiegel 18* (1964), no. 34, 28—29; "Heißer Sommer," *Der Spiegel 19* (1965), no. 21, 76 ff. See also Tilman Fichter and Siegward Lönnendonker, *Macht und Ohnmacht der Studenten: Kleine Geschichte des SDS* (Hamburg, 1998).

25. "Anstoß gesucht," *Der Spiegel 18* (1964), no. 3, 42—43. See also Dieter Kunzelmann, *Leisten Sie keinen Widerstand! Bilder aus meinem Leben* (Berlin, 1998), 25 ff. See also Buhmann, *Ich habe mir eine Geschichte geschrieben*, 24 ff., 51 ff., 85 ff.

26. Ernst Bloch 的演讲稿, in Miermeister and Staadt, *Provokationen*, 150 ff.。See also Karl A. Otto, "Thesen zur Rolle des SDS in der Antinotstandsbewegung," in Siegward Lönnendonker, ed., *Linksintellektueller Aufbruch zwischen* "Kulturrevolution" und "kultureller Zerstörung": *Der Sozialistische Deutsche Studentenbund (SDS) in der Nachkriegsgeschichte (1946—1969): Dokumentation eines Symposiums* (Opladen, 1998), 153 ff.

27. Michael Schneider, *Demokratie in Gefahr? Der Konflikt um die Notstandsgesetze: Sozialdemokratie, Gewerkschaften und intellektueller Protest (1958—1968)* (Bonn, 1986).

28. Schildt et al., *Dynamische Zeiten*, 13 ff.

29. Neubert, *Geschichte der Opposition*, and Thomas Klein et al., *Visionen: Repression und Opposition in der SED (1949—1989)* (Frankfurt am Oder, 1996).

30. 有关1985年的相关讨论, in Lönnendonker, *Linksintellektueller Aufbruch*。passim。See also Kraushaar, *1968 als Mythos*, 254 ff.

31. Lewis S. Feuer, *The Conflict of Generations: The Character and Significance of Student Movements* (New York, 1969); Seymour Martin Lipset and Philip Altbach, *Why Students Revolt* (Boston, 1969); and Mark Roseman, ed., *Generations in Conflict: Youth Revolt and Generation Formation in Germany 1770—1968* (Cambridge, 1995).

32. Klaus R. Allerbeck, *Soziologie radikaler Studentenbewegungen: Eine vergleichende Untersuchung in der Bundesrepublik Deutschland und den Vereinigten Staaten* (Munich, 1973); Theodore Roszak, *The Making of a Counter Culture: Reflections on the Technocratic Society and its Youthful Opposition* (Garden City, 1969); and Dieter Rucht et al., eds., *Acts of Dissent: New Developments in the Study of Protest* (Berlin, 1998).

33. Kunzelmann, *Leisten Sie keinen Widerstand*, 12 ff.; Buhmann, *Ich habe mir eine Geschichte geschrieben*, 24 ff.; Gretchen Dutschke, *Rudi Dutschke: Wir hatten ein barbarisches, schönes Leben: Eine Biographie* (Cologne, 1996), 20 ff.; and Balzer, "Es wechseln die Zeiten," 25—26.

34. Kunzelmann, *Leisten Sie keinen Widerstand*, 15 ff.; Buhmann, *Ich habe mir eine Geschichte geschrieben*, 43—220; Dutschke, *Rudi Dutschke*, 27 ff.; and Balzer, "Es wechseln die Zeiten," 25 ff.

35. Marion Gräfin Dönhoff, *Im Wartesaal der Geschichte: Vom Kalten Krieg zur Wiedervereinigung- Beiträge und Kommentare aus fünf Jahrzehnten* (Stuttgart, 1993),

189 ff., and Eschenburg, *Letzten Endes meine ich doch*, 242 ff.; Sontheimer, *So war Deutschland nie*, 97 ff.
36. Jörg Streese, "Das Schweigen, Die Sprache, Der Aufbruch," in Olaf Dinné et al., eds., *68 in Bremen: Anno dunnemals* (Bremen, 1998), 45 ff.; Mushaben, *From Post-War to Post-Wall Generations*; and Dirk Moses, "Conservatism and the 45er Generation of Intellectuals in West Germany," 在2002年圣迭戈德国研究学会大会上提交的论文（10/5/2002）。
37. Poiger, *Jazz, Rock and Rebels*, and Kraushaar, *Die Protest-Chronik*, 4: 2504 ff.
38. Fink et al., *1968*, and Gilcher-Holtey, *Die 68er Bewegung*, 25 ff.
39. Georg Picht, *Die deutsche Bildungskatastrophe: Analyse und Dokumentation* (Olten, 1964), and "Heißer Sommer," *Der Spiegel 19* (1965), no. 21, 76—77.
40. 引自 *Auditorium*, Peter Schneider 的纪念演说，有关"批判大学"的传单及其他资料，in Miermeister and Staadt, *Provokationen*, 41 ff.。
41. 知识分子有关越战的宣言；传单"Erhard and die Bonner Parteien unterstützen MORD"；马尔库塞在法兰克福越南问题大会上的发言，in Miniermeister and Staadt, *Provokationen*, 73 ff.。
42. 传单"Studenten, Lahmärsche, Karrieremacher!"，尤其是 Kommune I, "Wann brennen die Berliner Kaufhäuser?", in Miermeister and Staadt, *Provokationen*, 25, 28。
43. "Offene Erklärung vor dem Urteil der zweiten Instanz im SPUR-Prozess," in Dieter Kunzelmann, *Leisten Sie keinen Widerstand! Bilder aus meinem Leben* (Berlin, 1998), 31; SPUR 传单, in Miermeister and Staadt, *Provokationen*, 11。See also Dagmar Herzog, *Sex after Fascism: Memory and Morality in Twentieth-Century Germany* (Princeton, 2004).
44. Harald-Gerd Brandt, "Diese Schule ist eine Kadettenanstalt," in Olaf Dinné et al., eds., *68 in Bremen: Anno dunnemals* (Bremen, 1998), 71 ff.; "Blick zurück," *Der Spiegel 18* (1964), no. 34, 28—29; and Flyer, "Organisieren wir den Ungehorsam," in Miermeister and Staadt, *Provokationen*, 54.
45. 匿名诗，发表于 *linkeck*, 2/29/1968, 重印版 in Miermeister and Staadt, *Provokationen*, 37。See also Streese, "Das Schweigen," 52 ff.
46. Wolfgang Kraushaar, "Denkmodelle der 68er-Bewegung," *APuZ* B 22—23 (2001), 14—27. 因为许多作者撤回了先前的声明，所以想要回溯并在理论上予以精确定位恐怕极为困难。See also Lönnendonker, *Linksintellektueller Aufbruch*, 33—57.
47. Dutschke, *Rudi Dutschke*, 37 ff., 61 ff., 66 ff. See also Rudi Dutschke, *Jeder hat sein Leben ganz zu leben: Die Tagebücher 1963—1979*, edited by Gretchen Dutschke (Cologne, 2003), 39 ff., 51 ff.
48. Theodor W. Adorno, *Studien zum autoritären Charakter* (Frankfurt, 1973), and Herbert Marcuse, *Der eindimensionale Mensch: Studien zur Ideologie der fortgeschrittenen Industriegesellschaft* (Neuwied, 1967). See also Martin Jay, *The Dialectical Imagination: A History of the Frankfurt School and of the Institute for Social Research, 1928—1953* (Boston, 1973).
49. Johannes Agnoli and Peter Brückner, *Die Transformation der Demokratie* (Berlin, 1967), 13 ff.
50. Reinhard Rürup, *Probleme der Revolution in Deutschland 1918/1919* (Wiesbaden, 1968); Gerhard Ritter and Susanne Miller, eds., *Die deutsche Revolution 1918—1919: Dokumente* (Frankfurt, 1968); and Wilfried Gottschalch, *Parlamentarismus und Rätedemokratie* (Berlin, 1968).
51. Dutschke, *Jeder hat sein Leben*, 41; Ulrich Preuß, cited in Lönnendonker, *Linksintellektueller Aufbruch*, 252—301.

52. Dutschke, *Jeder hat sein Leben*, 57 ff. 有关的探索过程，可参阅 Hans-Jürgen Krahl, "Angaben zur Person," in Lutz Schulenburg, ed., *Das Leben ändern, die Welt verändern! 1968: Dokumente und Berichte* (Hamburg, 1998), 351 ff., 389 ff., and Kraushaar, *Denkmodelle*, 25 ff。
53. 有关思想的国际传播，可参阅 Gilcher-Holtey, *Die 68er Bewegung*, 62 ff.。
54. 有关对比照片，可参阅 Michael Ruetz, *1968: Ein Zeitalter wird besichtigt* (Frankfurt, 1997)。控告巴列维的海报和维尔纳党卫军的标语牌均 in Miermeister and Staadt, *Provokationen*, 96。
55. Ruetz, *1968*, 43 ff., 69 ff., 95 ff., 102 ff., and Kunzelmann, *Leisten Sie keinen Widerstand*, 83 ff.
56. Ruetz, *1968*, 38—39, 82 ff., 122 ff., and Dutschke, *Jeder hat sein Leben*, 48 ff.
57. Heinrich Hannover, "Landgraf werde hart!" in Olaf Dinné et al., eds., *68 in Bremen: Anno dunnemals* (Bremen, 1998), 59 ff.; Dutschke, *Rudi Dutschke*, 67 ff., 130 ff.; and Miermeister and Staadt, *Provokationen*, 177 ff.
58. 《图片报》行动，6/26/1967，社会主义学生联盟的行动纲领、原则声明等 in Miermeister and Staadt, *Provokationen*, 139 ff.。See also Peifer, "1968 in German Political Culture," passim.
59. Ruetz, *1968*, 52—53, 98—99, versus 79 ff., 91 ff. or 308 ff., 315 ff.
60. "情绪是如此高涨，仿佛革命一触即发。" in Buhmann, *Ich habe mir eine Geschichte geschrieben*, 301; Dutschke, *Jeder hat sein Leben*, 53 ff.。
61. Reinicke, "Wanderlust"; Internationale Befreiungsfront, "Mord"; and Provo Amsterdam, "Was ist das Provotariat?", in Lutz Schulenburg, ed., *Das Leben ändern, die Welt verändern! 1968: Dokumente und Berichte* (Hamburg, 1998), 15 ff., 20 ff., 29 ff.
62. "Von diesem Gespräch haben wir nichts zu erwarten"; "Studenten, Lahmärsche und Karrieremacher"; and "Befragung zur Person Langhans und Teufel", in Lutz Schulenburg, ed., *Das Leben ändern, die Welt verändern! 1968: Dokumente und Berichte* (Hamburg, 1998), 30 ff., 36 ff., 43 ff.
63. Dutschke, *Rudi Dutschke*, 87 ff., and "Empfang für Humphrey", in Miermeister and Staadt, *Provokationen*, 87 ff.
64. Christian Geissler, "Hamburg, 2. Juni 1967"; 社会主义学生联盟宣言，"Niederlage oder Erfolg der Protestaktion"; AUSS, "Es gibt Schüler, die machen jetzt nicht mehr mit"; and Reinicke, "Wanderlust", in Schulenburg, *Das Leben ändern, die Welt verändern!* 50 ff., 54 ff., 60 ff., 64 ff.。
65. Hans-Peter Ernst, "Die Provos sind tot"; SDS-Hamburg, "Stürzt die Ordinarien"; Michael Buselmeier, "Rotlackierter Frühling", in Lutz Schulenburg, ed., *Das Leben ändern, die Welt verändern! 1968: Dokumente und Berichte* (Hamburg, 1998), 72 ff., 96 ff., 115—116.
66. Dutschke, *Rudi Dutschke*, 184 ff. See also SDS-Munich, "Vietnam: Das totale Kunstwerk!" and "Schlußerklärung der internationalen Vietnamkonferenz," in Lutz Schulenburg, ed., *Das Leben ändern, die Welt verändern! 1968: Dokumente und Berichte* (Hamburg, 1998), 125 ff.
67. Dutschke, *Rudi Dutschke*, 197 ff. See also Detlev Albers, "Ostern 1968: Verlauf der Aktionen in Hamburg," and SDS-Frankfurt, "Liebe Ostermarschierer, Genossinnen und Genossen!", in Lutz Schulenburg, ed., *Das Leben ändern, die Welt verändern! 1968: Dokumente und Berichte* (Hamburg, 1998), 141 ff.; Buhmann, *Ich habe mir eine Geschichte geschrieben*, 288 ff. See also Stefan Reisner, ed., *Briefe an Rudi D.* (Frankfurt, 1968), 91—92.
68. Buhmann, *Ich habe mir eine Geschichte geschrieben*, 291 ff.

69. Gilcher-Holtey, *Die 68er Bewegung*, 91 ff.
70. Dutschke, *Jeder hat sein Leben*, 58 ff., 68, and Lönnendonker, *Linksintellektueller Aufbruch*, 302 ff.
71. Olaf Dinné, "Olafs Kryptokarriere," in Dinné et al., eds., *68 in Bremen: Anno dunnemals* (Bremen, 1998) 123 ff.; Dutschke, *Rudi Dutschke*, 190 ff.; SDS-Hamburg, "Presseerklärung," in Lutz Schulenburg, ed., *Das Leben ändern, die Welt verändern! 1968: Dokumente und Berichte* (Hamburg, 1998), 299 ff.
72. Dutschke, *Rudi Dutschke*, 230 ff.; Buhmann, *Ich habe mir eine Geschichte geschrieben*, 314 ff. See also Zentralrat der umherschweifenden Haschrebellen, "Die APO ist tot," in Lutz Schulenburg, ed., *Das Leben ändern, die Welt verändern! 1968: Dokumente und Berichte* (Hamburg, 1998), 436.
73. Kunzelmann, *Leisten Sie keinen Widerstand*, 126 ff.
74. Willi Hoss, "Aufbruch"; Peter Schuldt, "Springerblockade und Solidarität mit Rockwell-Arbeitern"; and "Eins teilt sich in zwei", in Lutz Schulenburg, ed., *Das Leben ändern, die Welt verändern! 1968: Dokumente und Berichte* (Hamburg, 1998), 168—169, 191 ff., 296 ff.
75. Ronald Inglehart, *The Silent Revolution: Changing Values and Political Styles among Western Publics* (Princeton, 1977); Gerd Langguth, *Suche nach Sicherheiten: Ein Psychogramm der Deutschen* (Stuttgart, 1994), 21 ff.; and Ulrich Herbert, "Liberalisierung als Lenrprozess: Die Bundesrepublik in der deutschen Geschichte," in Herbert, *Wandlungsprozesse in Westdeutschland. Belastung, Integration, Liberalisierung 1945—1980* (Göttingen, 2002), 35 ff.
76. "Schmeißt das gesamte Notstandsgesindel in die Außenalster"; "Wir besetzen am 27. Mai das Germanische Seminar auf unbefristete Zeit"; and Reinicke, "Wanderlust", in Lutz Schulenburg, ed., *Das Leben ändern, die Welt verändern! 1968: Dokumente und Berichte* (Hamburg, 1998), 176 ff., 186 ff., 219 ff.
77. Concept of Rudi Dutschke, in Dutschke, *Rudi Dutschke*, 177 ff. See also Reinicke, "Wanderlust," in Lutz Schulenburg, ed., *Das Leben ändern, die Welt verändern! 1968: Dokumente und Berichte* (Hamburg, 1998), 218 ff.
78. Kunzelmann, *Leisten Sie keinen Widerstand*, 59 ff., and Buhmann, *Ich habe mir eine Geschichte geschrieben*, 259. See also Bernward Vesper, *Die Reise: Romanessay* (Frankfurt, 1977).
79. Frank Wendler, "Die Partei hat nicht mehr recht," in Olaf Dinné et al., eds., *68 in Bremen: Anno dunnemals* (Bremen, 1998), 97 ff., and Peter Schneider, *Lenz: Eine Erzählung* (Berlin, 1973).
80. Bommi Baumann, *Terror or Love? Bommi Baumann's Own Story of His Life as a West German Urban Guerrilla* (New York, 1978), 49 ff. See also Astrid Proll 拍摄的精彩照片, *Baader Meinhof: Pictures on the Run 1966—77* (Zürich, 1998)。
81. Jillian Becker, *Hitler's Children: The Story of the Baader-Meinhof Terrorist Gang* (Philadelphia, 1977), 179 ff. See also Hanno Balz, "Terrorismus und innere Sicherheit in der Bundesrepublik der 1970er Jahre," HSK, 10/5/2004.
82. Becker, *Hitler's Children*, 280 ff. See also Anette Vowinkel, "Das Phänomen RAF," HSK, 10/26/2004 和 Belinda Davis, Jonathan Wiesen, 以及 Karrin Hanshew 有关德国恐怖主义的研究项目。
83. Balzer, "Es wechseln die Zeiten," 63 ff., 67 ff., and Michael Filzen-Salinas, "Fünfundsechzig, sechsundsechzig, siebenundsechzig, achtundsechzig," in Olaf Dinné et al., eds., *68 in Bremen: Anno dunnemals* (Bremen, 1998), 77 ff. See also Klaus Schönhoven, *Wendejahre: Die Sozialdemokratie in der Zeit der großen Koalition 1966—1969* (Bonn, 2004).

84. See also Kunzelmann, *Leisten Sie keinen Widerstand*, 21, 64—65, 71, 89 ff., 104—105, 127.
85. Michael Schultz, "Vanity fair auf politisch," in Olaf Dinné et al., eds., *68 in Bremen: Anno dunnemals* (Bremen, 1998), 101 ff.
86. Buhmann, *Ich habe mir eine Geschichte geschrieben*, 292 ff. See also Hartmut Sander, "Das Schicksal einer schönen Frau" and "Rede des 'Aktionsrates zur Befreiung der Frau,'" in Lutz Schulenburg, ed., *Das Leben ändern, die Welt verändern! 1968: Dokumente und Berichte* (Hamburg, 1998), 291 ff., 339 ff.
87. Joyce Mushaben, Geoffrey Giles, and Sara Lennox, "Women, Men and Unification: Gender Politics and the Abortion Struggle Since 1989," in Konrad H. Jarausch, *After Unity: Reconfiguring German Identities* (Providence, 1997), 137—172.
88. Sandra Chaney, "Visions and Revisions of Nature: From the Protection of Nature to the Invention of the Environment in the Federal Republic of Germany, 1945—1975" (Ph. D. diss., Chapel Hill, 1996), and Mark Cioc, *The Rhine: An Ecobiography, 1815—2000* (Seattle, 2002).
89. Grenzen des Wachstums: Club of Rome, 1972, www. nachhaltigkeit. aachener-stiftung. de; Erhard Eppler, *Maßstäbe für eine humane Gesellschaft: Lebensstandard oder Lebensqualität?* (Stuttgart, 1974), 18—21; and Klaus Wagner, "Die Bürger wehren sich," *FAZ*, 10/27/1973.
90. Walter Mossmann, "Die Bevölkerung ist hellwach," *Kursbuch 39* (1975), 129 ff; Christian Schütze, "Kernkraft spaltet den Rechtsstaat," *SZ*, 11/3/1976; Rolf Zundel, "Anschlag auf die Parteien oder Ventil der Verdrossenheit?" *Die Zeit*, 8/5/1977; and Cornelia Frey, "Wachsam in Holzpalästen," *Die Zeit*, 5/30/1980.
91. "Die Friedensdiskussion der Gewerkschaften," *Neue Zeit*, 7/6/1981; "Die Friedensbewegung muß gemeinsam verstärkt gegen Kriegsgefahr kämpfen," *Die Wahrheit*, 10/8/1981; Peter Meier-Bergfeld, "Der Zug der Aussteiger aus der Geschichte," *RhM*, 10/16/1981; and "Nach der Demo der 300, 000 in Bonn," *Die Neue*, 10/13/1981.
92. Jeffrey Herf, *War by Other Means: Soviet Power, West German Resistance and the Battle over Euromissiles* (New York, 1991). See also Kohl, *Erinnerungen*, 1982—1990, 140—145.
93. "绿党"党纲, in Ingrid Wilharm, ed., *Deutsche Geschichte* (Frankfurt, 1985), 2: 226—230。See also Christian Schneider, "Den Etablierten das Grün aufzwingen," *FR*, 5/17/1978; Barbara Winkler, "Im Zeichen des Igels," *Streitgespräch 2* (1979), 14—16; and Wilhelm Bittorf, "Die Wiederkehr der Angst," *Der Spiegel*, 6/15/1981.
94. "Wir stehen vor einem ökologischen Hiroschima," *Der Spiegel 37* (1983), no. 7, 72—92; "Industrie-Schreck Joschka Fischer Erster Grüner Umweltminister," *Der Spiegel 39* (1985), no. 45, 24—31; "Sie haben versagt," *Die Zeit*, 5/23/1986.
95. Hans Maier and Michael Zöller, eds., *Bund Freiheit der Wissenschaft: Der Gründungskongreß in Bad Godesberg 1970* (Cologne, 1970), 7 ff., 76 ff. See also Kohl, *Erinnerungen*, 1982—1990, 50—51.
96. 比如可参阅Peter Mosler, *Was wir wollten, was wir wurden: Studentenrevolte-10 Jahre danach* (Reinbek, 1977), 233 ff., and Oskar Negt, *Achtundsechzig: Politische Intellektuelle und die Macht* (Göttingen, 1995) 或者 Heinz Bude, *Das Altern einer Generation: Die Jahrgänge 1938 bis 1948* (Frankfurt, 1995)。
97. Franz-Werner Kersting, "Entzauberung des Mythos? Ausgangsbedingungen und Tendenzen einer gesellschaftsgeschichtlichen Standortbestimmung der westdeutschen '68er'-Bewegung," *Westfälische Forschungen 48* (1998), 1—19.
98. Gilcher-Holtey, *1968*, 7 ff.

99. Ronald Fraser, *1968: A Student Generation in Revolt: An International Oral History* (New York, 1988), and Arthur Marwick, *The Sixties: Cultural Revolution in Britain, France, Italy, and the United States c. 1958—1974* (Oxford, 1998).
100. Christoph Köhler, "1968: Höhenflug und Absturz," in Olaf Dinné et al., eds., *68 in Bremen: Anno dunnemals* (Bremen, 1998), 111 ff. See also Geoff Eley, *Forging Democracy: The History of the Left in Europe, 1850—2000* (Oxford, 2002), 342 ff.
101. Heinz Gollwitzer, quoted in Lönnendonker, *Linksintellektueller Aufbruch*, 205. See also Peter Kuckuk, "Annäherungen an 1968: Eine persönliche Bilanz," in Olaf Dinné et al., eds., *68 in Bremen: Anno dunnemals* (Bremen, 1998), 149 ff.; and Herzog, *Sex after Fascism*, 259 ff.
102. Wolfgang Schieches, "Bruder Schieches' Weg zu Gott," in Olaf Dinné et al., eds., *68 in Bremen: Anno dunnemals* (Bremen, 1998), 143 ff.; and Konrad H. Jarausch, "1968 and 1989: Caesuras, Comparisons, and Connections," in Fink et al., *1968*, 461—477.

中篇结语

1. Hans-Ulrich Wehler, *Deutsche Gesellschaftsgeschichte*, 3 vols. (Munich, 1987—2003), and Jeffrey Herf, *Reactionary Modernism: Technology, Culture, and Politics in Weimar and the Third Reich* (Cambridge, 1984).
2. Schildt and Sywottek, *Modernisierung im Wiederaufbau*.
3. Hans-Ulrich Wehler, *Modernisierungstheorie und Geschichte* (Göttingen, 1975); Jürgen Kocka, "The GDR: A Special Kind of Modern Dictatorship," in Konrad H. Jarausch, ed., *Dictatorship as Experience: Towards a Socio-Cultural History of the GDR* (New York, 1999), 17 ff.
4. Jarausch and Siegrist, *Amerikanisierung und Sowjetisierung*, and Michael Geyer, "In Pursuit of Happiness: Consumption, Mass Culture and Consumerism," in Konrad H. Jarausch and Michael Geyer, *Shattered Past: Reconstructing German Histories* (Princeton, 2003), 269 ff.
5. Detlef Pollack, "Wie modern war die DDR?" *Discussion Paper 4* (2001), 在法兰克福转型研究学院提交的论文. See also Dierk Hoffmann, *Die DDR unter Ulbricht: Gewaltsame Neuordnung und gescheiterte Modernisierung* (Zürich, 2003), 196 ff.
6. Merkl, *The Federal Republic of Germany at Fifty*.
7. 用词来自 Konrad H. Jarausch, "Realer Sozialismus als Fürsorgediktatur: Zur begrifflichen Einordnung der DDR," *APuZ* B 20 (1998), 33—46。See also Sebastian Simsch, *Blinde Ohnmacht: Der Freie Deutsche Gewerkschaftsbund zwischen Diktatur und Gesellschaft in der DDR 1945 bis 1963* (Aachen, 2002).
8. Martin and Sylvia Greiffenhagen, *Ein schwieriges Vaterland: Zur politischen Kultur im vereinigten Deutschland* (Munich, 1993). See also Werner Faulstich, ed., *Die Kultur der 60er Jahre* (Munich, 2003), 7 ff.
9. Stefan Wolle, *Die heile Welt der Diktatur: Alltag und Herrschaft in der DDR 1971—1989* (Berlin, 1998), 82 ff.
10. 有关对西德发展的批评, 可参阅 Erich Kuby, *Mein ärgerliches Vaterland* (Berlin, 1990)。
11. Bernd Faulenbach, "'Modernisierung' in der Bundesrepublik und in der DDR während der 60er Jahre," *Zeitgeschichte* 25 (1998), 282—294. See also Schildt, *Ankunft im Westen*.
12. Rainer Geißler, "Modernisierung," *Informationen zur politischen Bildung* No. 269 (Bonn, 2004), and Ulrich Beck et al., *Reflexive Modernisierung: Eine Kontroverse* (Frankfurt, 1996). See also Norbert Bolz, "Der Bundesphilosoph," *TSp*, 5/3/2003.

下 篇

1. Konrad H. Jarausch and Volker Gransow, eds., *Uniting Germany: Documents and Debates, 1944—1993* (Providence, 1994).
2. 概念来自 Jürgen Kocka, *Vereinigungskrise: Zur Geschichte der Gegenwart* (Göttingen, 1995)。
3. Jarausch, *The Rush to German Unity*.
4. Rainer Eckert and Bernd Faulenbach, eds., *Halbherziger Revisionismus: Zum postkommunistischen Geschichtsbild* (Munich, 1996).
5. Ash, *In Europe's Name*, and Gale Stokes, *The Walls Came Tumbling Down: The Collapse of Communism in Eastern Europe* (New York, 1993).
6. Wolfgang Merkel, ed., *Systemwechsel: Theorien, Ansätze und Konzeptionen*, 5 vols. (Opladen, 1994—2000), 5: 9—49. See also Winfried Thaa, *Die Wiedergeburt des Politischen: Zivilgesellschaft und Legitimitätskonflikt in den Revolutionen von 1989* (Opladen, 1996), 18 ff.
7. Friedrich Pohlmann, *Deutschland im Zeitalter des Totalitarismus: Politische Identitäten in Deutschland zwischen 1918 und 1989* (Munich, 2001).
8. Richard Bessel and Ralph Jessen, eds., *Die Grenzen der Diktatur: Staat und Gesellschaft in der DDR* (Göttingen 1996), and Thomas Lindenberger, ed., *Herrschaft und Eigen-Sinn in der Diktatur: Studien zur Gesellschaftsgeschichte der DDR* (Cologne, 1999).
9. Neubert, *Geschichte der Opposition in der DDR*, and Wolle, *Die heile Welt der Diktatur*. See also Konrad H. Jarausch, *Aufbruch der Zivilgesellschaft: Zur Einordnung der friedlichen Revolution von 1989* (Bonn, 2004).
10. Konrad H. Jarausch, "Normalisierung oder Re-Nationalisierung? Zur Umdeutung der deutschen Vergangenheit," *GG 21* (1995), 571—584.
11. Markovits and Reich, *Das deutsche Dilemma*.
12. Dieter Gosewinkel, *Einbürgern und Ausschließen: Die Nationalisierung der Staatsangehörigkeit vom Deutschen Bund bis zur Bundesrepublik Deutschland* (Göttingen, 2001).
13. Bade, *Europa in Bewegung*.
14. Merkel, *Systemwechsel*, 5: 37.
15. Klaus von Beyme, "Zivilgesellschaft: Von der vorbürgerlichen zur nachbürgerlichen Gesellschaft?" in Wolfgang Merkel, ed., *Systemwechsel: Theorien, Ansätze und Konzeptionen*, 5 vols. (Opladen, 1994—2000), 5: 51—70. See also Nina Verheyen and Ute Hasenöhrl, "Zivilgesellschaft: Historische Forschungsperspektiven," Berlin 12/6—7/2002, HSK, 5/4/2003.

第七章

1. Matthias Geis and Petra Bornhöft, "Jubelfeier im 'volkspolizeilichen Handlungsraum,'" *taz*, 10/9/1989. 详情可参阅 *taz*, ed., *DDR-Journal zur Novemberrevolution* (Berlin, 1989), 41—42。
2. "Tausende demonstrierten in der Ost-Berliner Innenstadt" and "Zuversicht trotz ungewisser Zukunft," *TSp*, 10/8/1989; Karl-Heinz Baum, "Unser Forum ist der Alexanderplatz," *FR*, 10/9/1989.
3. Vojtech Mastny, *The Cold War and Soviet Insecurity: The Stalin Years* (New York, 1996).
4. "Zwei Perspektiven für 1948," *ND*, 1/1/1948, and "Gruß und Glückwunsch J. W.

Stalin, dem Genius unserer Epoche," *ND*, 12/20/1949. See also Sheila Fitzpatrick, *Everyday Stalinism: Ordinary Life in Extraordinary Times: Soviet Russia in the 1930s* (New York, 1999).
5. Wilhelm Pieck, "Die SU als Besatzungsmacht," *ND*, 11/7/1948, and Rudolf Herrnstadt, "Über 'die Russen' und Über uns," *ND*, 11/19/1948. See also Lemke, *Sowjetisierung und Eigenständigkeit*.
6. "Unsterblicher Geist des 18. März," *ND*, 3/18/1948, and Wilhelm Pieck, "30 Jahre KPD," *ND*, 11/1/1949. See also Eric D. Weitz, *Creating German Communism 1890—1990: From Popular Protests to Socialist State* (Princeton, 1997).
7. Klein, *Für die Einheit und Reinheit der Partei*.
8. Klemperer, *So sitze ich denn zwischen allen Stühlen*; Mayer, *Der Turm von Babel*.
9. Ulrich Mählert, ed., *Vademekum DDR-Forschung: Ein Leitfaden zu Archiven, Forschungsinstituten, Bibliotheken, Einrichtungen der politischen Bildung, Vereinen, Museen und Gedenkstätten* (Berlin, 2002). See also Corey Ross, *The East German Dictatorship: Problems and Perspectives in the Interpretation of the GDR* (London, 2002), 126 ff.
10. Eckhard Jesse, ed., *Totalitarismus im 20. Jahrhundert: Eine Bilanz der internationalen Forschung*, 2nd ed. (Baden-Baden, 1999), and Alfons Söllner et al., eds., *Totalitarismus: Eine Ideengeschichte des 20. Jahrhunderts* (Berlin, 1997).
11. Eckert and Faulenbach, *Halbherziger Revisionismus*.
12. Jarausch, *Dictatorship as Experience*, 3—14.
13. Timothy Garton Ash, *The Magic Lantern: The Revolution of '89 Witnessed in Warsaw, Budapest, Berlin and Prague* (New York, 1990), 134 ff; Helmut Fehr, "Eliten und Zivilgesellschaft in Ostmitteleuropa: Polen und die Tschechische Republik (1968—2003)," *APuZ*, B5/6, 2004; and Karsten Timmer, *Vom Aufbruch zum Umbruch: Die Bürgerbewegung in der DDR 1989* (Göttingen, 1999), 16—17, 389 ff., and 63 ff.
14. Thaa, *Die Wiedergeburt des Politischen*, 158 ff., and Arnd Bauerkämper, ed., *Die Praxis der Zivilgesellschaft: Akteure, Handeln und Strukturen im internationalen Vergleich* (Frankfurt, 2003), 7—30.
15. "Aufruf der KPD," *TR*, 6/14/1945; "Das Wollen der antifaschistischen Einheitsfront," *TR*, 8/14/1945; and Gründungsaufruf der SED, "Manifest an das deutsche Volk," *ND*, 4/23/1946. See also Meuschel, *Legitimation und Parteiherrschaft*.
16. "Gibt es in der SBZ Klassenkampf?" *ND*, 10/7/1948. See also Konrad H. Jarausch, "Die gescheiterte Gegengesellschaft: Überlegungen zu einer Sozialgeschichte der DDR," *AfS 39* (1999), 1—17.
17. "Am Beginn des demokratischen Aufbaus," *ND*, 6/12/1946; "Grosser Wahlsieg der SED in der Zone," *ND*, 10/22/1946; and "Blockpolitik erneut bestätigt," *ND*, 8/6/1948. See also Hermann Weber, *Die DDR 1945—1990*, 3rd ed. (Munich, 2000).
18. "Sieben Monate Wirtschaftsaufbau," *TR*, 1/4/1946; "Ergebnisse der Bodenreform in der SBZ," *TR*, 4/14/1946; "Eine demokratische Wirtschaft entsteht," *ND*, 3/18/1948; "Ein deutscher Zweijahresplan," *ND*, 6/30/1948; and "Volksbetriebe als Rückrat der Friedenswirtschaft," *ND*, 7/7/1948.
19. "Erste Gewerkschaftskonferenz für die gesamte SBZ," *TR*, 2/12/1946, and Herbert Warnke, "Sozialisten und Gewerkschaften," *ND*, 11/19/1948. See also Simsch, *Blinde Ohnmacht*.
20. "Die Freie Deutsche Jugend Sachsens," *TR*, 4/11/1946, and "Deutsche Jugend für Fortschritt," *TR*, 8/15/1948. See also Ulrich Mählert and Gerd-Rüdiger Stephan, *Blaue Hemden-Rote Fahnen: Die Geschichte der Freien Deutschen Jugend* (Opladen, 1996).

21. "Das hohe Ziel des Kulturbundes," *TR*, 2/19/1946, and "Kulturbund im Kontrollrat," *ND*, 2/3/1948.
22. "Demokratischer Frauenbund gegründet," *ND*, 3/7/1948. See also Donna Harsch, "Approach/Avoidance: Communists and Women in East Germany, 1945—1949," *Social History 25* (2000), 156—182.
23. "SED und Christentum," *ND*, 8/30/1946; "Landespastor Schwartze an Dr. Dibelius," *ND*, 6/23/1949; and "Es bleibt dabei: Eure Rede aber sei ja, ja, nein, nein," *ND*, 6/17/1949. See also Horst Dähn, ed., *Die Rolle der Kirchen in der DDR: Eine erste Bilanz* (Munich, 1993).
24. Walter Ulbricht, "Die Rolle der Partei," *ND*, 8/22/1948; Franz Dahlem, "Zur Frage der Partei neuen Typus," *ND*, 12/16/1948; and Wolfgang Hager, "Was heißt innerparteiliche Demokratie?" *ND*, 9/13/1949.
25. Wilhelm Pieck, "Die nationale Front," *ND*, 7/24/1948; Gerhard Heidenreich, "Von Brandenburg nach Leipzig," *ND*, 6/2/1949; and "Jugendparlament nimmt FDJ-Verfassung an," *ND*, 6/5/1949.
26. "Die westdeutschen Wahlen," *ND*, 8/23/1949; "Tag der nationalen Schande," *ND*, 9/7/1949; "Zustimmungserklärung der Millionen," *ND*, 5/18/1949; and "Manifest des deutschen Volksrats," *ND*, 10/8/1949.
27. "Volkskontrolle auch in der Justiz," *ND*, 9/20/1949, and "Eine Bande von Verbrechern am Volkseigentum gefaßt," *ND*, 11/23/1949.
28. Friedrich Noppert, "Mit Steuerschraube und Kautschukparagraphen," *NZ*, 8/14/1952; "Plauener Spitzen und die SED," *TSp*, 3/23/1960; "Wer den Karren aus dem Dreck zieht ..." *Die Welt*, 6/11/1960; and Karl Pernutz, "Offensive gegen die Privatwirtschaft," *SBZArch 11* (1960), 101—107.
29. "Die Kampfgruppe gegen Unmenschlichkeit," *TSp*, 12/10/1949; O. E. H. Becker, "Jugend im Widerstand," *SBZArch 2* (July 1951); and Karl Wilhelm Fricke, *Opposition und Widerstand in der DDR: Ein politischer Report* (Cologne, 1984).
30. "Volksaufstand im Sowjetsektor von Berlin," *NZZ*, 6/17/1953; "Der Zusammenbruch des faschistischen Abenteuers," *ND*, 6/19/1953; and Werner Zimmermann, "Die Träger des Widerstandes," *SBZArch 4* (1953), 306—309. See also Torsten Diedrich and Hans-Hermann Hertle, eds., *Alarmstufe "Hornisse": Die geheimen Chef-Berichte der Volkspolizei Über den 17. Juni 1953* (Berlin, 2003).
31. "Sowjetzonen-Arbeiter verlassen FDGB," *NZ*, 7/4/1953; "Die Gewerkschaften und der neue Kurs," *TR*, 8/19/1953; Thomas Lindenberger, *Volkspolizei: Herrschaftspraxis und öffentliche Ordnung im SED-Staat 1952—1968* (Cologne, 2003); and Burghard Ciesla, ed., *"Freiheit wollen wir!" Der 17. Juni 1953 in Brandenburg: Eine Dokumentation* (Berlin, 2003).
32. "Die SED und die Intellektuellen," *ND*, 1/9/1949, and Jürgen Kuczynski, "Die Freiheit der Wissenschaft in der bürgerlichen und in der sozialistischen Gesellschaft," *ND*, 2/13/1949. See also Ralph Jessen, *Akademische Elite und kommunistische Diktatur: Die ostdeutsche Hochschullehrerschaft in der Ulbricht-Ära* (Göttingen, 1999).
33. "Die Stellung der Intellektuellen in der Sowjetzone Deutschlands," *NZ*, 10/3/1954; "Funktionäre am Telefon," *DZ*, 6/25/1955; "SED gibt Widerstand der Intelligenz zu," *Die Welt*, 7/14/1958; and Ilko Sascha Kowalczuk, *Geist im Dienste der Macht: Hochschulpolitik in der SBZ/DDR 1945 bis 1961* (Berlin, 2003).
34. "1, 8 Millionen Menschen bekamen das Junkerland," *TR*, 9/4/1949; "Dorfleben in der Sowjetischen Zone," *FAZ*, 8/9/1952; "Verzuckerte Kollektive," *NZ*, 8/13/1952; and "In der Landwirtschaft bricht sich der Sozialismus Bahn," *TR*, 2/28/1953.

35. Ernest J. Salter, "Auf dem Wege zum totalitären Dorf," *NZ*, 7/15/1954, and "Maschinendörfer für die Sowjetzone," *Die Zeit*, 2/11/1954. See also Arnd Bauerkämper, *Ländliche Gesellschaft in der kommunistischen Diktatur: Zwangsmodernisierung und Tradition in Brandenburg 1945—1963* (Cologne, 2002), 493 ff.
36. Wolfgang Weinert, "So verlor der Bauer Wilhelm Niemann seinen Hof," *Die Welt*, 10/6/1959; "Bauern vor Ulbrichts Pflug," *FAZ*, 11/7/1959; "Wer auf die Partei hört, der geht den richtigen Weg," *ND*, 3/6/1960; Siegried Göllner, "Das Bauernlegen in Mitteldeutschland," *SBZArch 11* (1960), 97—101.
37. "Razzien gegen die evangelische Jugend," *NZ*, 1/16/1953; "Atheistische Kampagne der ostdeutschen Regierung," *NZZ*, 12/29/1954; and Helmut Bunke, "Jugendweihe und Konfirmation," *Die Andere Zeitung*, 3/1/1956.
38. "SED leitet Kampagne zum Austritt aus der Kirche ein," *Die Welt*, 12/2/1957; "Scharfe Rede Grotewohls gegen die Kirchen," *FAZ*, 3/31/1959; "Stillhalte-Abkommen mit der Kirche der Zone," *FAZ*, 7/24/1958; and Ansgar Skriver, "Die Evangelische Kirche und der SED-Staat," *SBZArch 11* (1960), 210—213.
39. 发明这个概念的是 Jürgen Kocka, "Eine durchherrschte Gesellschaft," in Hartmut Kaelble and Hartmut Zwahr, eds., *Sozialgeschichte der DDR* (Stuttgart, 1994), 547—553。
40. Christoph Kleßmann, "Relikte des Bürgertums in der DDR," in Hartmut Kaelble and Hartmut Zwahr, eds., *Sozialgeschichte der DDR* (Stuttgart, 1994), 254—270. See also Hannes Siegrist, "Wie bürgerlich war die Bundesrepublik, wie entbürgerlicht die DDR? Verbürgerlichung und Antibürgerlichkeit in historischer Perspektive," in Hans-Günther Hockerts, ed., *Koordinaten deutscher Geschichte in der Epoche des Ost-West Konflikts* (Munich, 2003), 207—243.
41. Albert Norden, "Unsere Presse: Kollektiver Organisator der sozialistischen Umgestaltung," *ND*, 4/21/1959, and "Der Sowjetstaat nach zehn Jahren," *NZZ*, 9/25/1959. See also Simone Barck et al., eds., *Zwischen "Mosaik" und "Einheit": Zeitschriften in der DDR* (Berlin, 1999).
42. Klaus von Beyme, "Stalinismus und Poststalinismus im osteuropäischen Vergleich," *Potsdamer Bulletin für Zeithistorische Studien 13* (1998), 8—23, and Juan Jos Linz, *Totalitäre und autoritäre Regime*, edited by Raimund Krämer (Berlin, 2000). See also Gerhard Sälter, "Herrschaftswandel und Oppositionsbildung in der Ära Honecker," HSK, 8/31/2005.
43. Neubert, *Geschichte der Opposition in der DDR*; Detlef Pollack and Dieter Rink, eds., *Zwischen Verweigerung und Opposition: Politischer Protest in der DDR 1970—1989* (Frankfurt, 1997); and Christoph Kleßmann, "Opposition und Resistenz in zwei Diktaturen in Deutschland," *HZ 262* (1996), 453—479.
44. Bessel and Jessen, *Die Grenzen der Diktatur*; Lindenberger, *Herrschaft und Eigen-Sinn*.
45. Detlef Pollack, "Die konstitutive Widersprüchlichkeit der DDR. Oder: War die DDR-Gesellschaft homogen?" *GG 24* (1998), 110—131 以及 Pollack, *Politischer Protest: Politisch alternative Gruppen in der DDR* (Opladen, 2000)。See also Konrad H. Jarausch, "Aufbruch der Zivilgesellschaft: Zur Einordnung der friedlichen Revolution von 1989," *Gesprächskreis Geschichte*, edited by Friedrich Ebert Stiftung, No. 55 (Bonn, 2004).
46. Karl Wilhelm Fricke and Günther Zehm, "Opposition im Ulbricht-Staat?" *SBZArch 12* (1961), 46—47 and 144—146. See also "Zuchthausstrafen gegen Ost-Berliner," *TSp*, 8/29/1961; "Anschlag auf Güterzug in der Zone," *TSp*, 9/7/1961; and "SED fahndet nach Parteifeinden," *DZ*, 9/27/1961.

47. Hendrik Bussiek, "Die Flucht ins Private hält an," *Vorwärts*, 7/7/1977; Thomas Ammer, "Die Köpfe der Hydra wachsen immer nach," *DZ*, 2/3/1978; and Günter Gaus, *Wo Deutschland liegt: Eine Ortsbestimmung* (Hamburg, 1983).
48. "Widerstand in der Zone wächst," *DZ*, 8/30/1961; "'Polit-Information' vor dem Unterricht," *Die Welt*, 11/3/1961; "Bevölkerung fordert offene Grenzen," *Die Welt*, 2/27/1963; and "Widerstand in Dresden und Jena," *Die Welt*, 5/20/1964. See also Peter Hübner, *Konsens, Konflikt und Kompromiß: Soziale Arbeiterinteressen und Sozialpolitik in der SBZ/DDR 1945—1970* (Berlin, 1995).
49. "Ulbricht soll Rechenschaft geben," *TSp*, 6/21/1961; " SED-Funktionäre in Henningsdorf ausgelacht und niedergesungen," *Die Welt*, 7/6/1961; "Offener Brief an Ulbricht," *Blätter für Politik und internationale Beziehungen*, 5/17/1962; and Alf Lüdtke and Peter Becker, eds., *Akten, Eingaben, Schaufenster: Die DDR und ihre Texte: Erkundungen zu Herrschaft und Alltag* (Berlin, 1997).
50. Wolfgang Engler, *Die zivilisatorische Lücke: Versuche Über den Staatssozialismus* (Frankfurt, 1992).
51. "Gegen die dekadente Amüsierkunst," *ND*, 6/23/1949; "Musikkunst," *ND*, 6/6/1963; "Schlagerparade im neuen SED-Rhythmus," *SZ*, 8/10/1965; and Hermann Meyer, "Probleme der Beatmusik," *ND*, 6/23/1966. See also Dorothee Wierling, *Geboren im Jahr Eins: Der Jahrgang 1949 in der DDR und seine historischen Erfahrungen-Versuch einer Kollektivbiographie* (Berlin, 2002), 215 ff.
52. "Musikopas in der DDR," *Berliner Stimme*, 5/27/1972; "Kraftvoll erklang das Lied des antiimperialistischen Kampfes," *ND*, 2/9/1987; "Der King vom Prenzlauer Berg kriegt die ideologische Kurve," *Die Welt*, 1/20/1979; and Poiger, *Jazz, Rock and Rebels*.
53. "Zusammenstöße mit der DDR-Polizei," *FR*, 10/10/1977; "Die Kritik der Jugend am SED-Regime wird lauter," *Die Welt*, 10/11/1977; " Brennende Uniform," *Der Spiegel 31* (1977), no. 47, 65—66; and Lindenberger, *Volkspolizei*, 367 ff.
54. Peter Thomas Krüger, "Die Rocknacht auf der anderen Seite," *FR*, 6/9/1987; Peter Jochen Winters, "Der Ruf 'Die Mauer muß weg' wird der SED noch lange in den Ohren klingen," *FAZ*, 6/10/1987; and Robert Leicht, "Wut an der Mauer," *Die Zeit*, 6/25/1987. See also Erich Loest, *Es geht seinen Gang oder Mühen in unserer Ebene: Roman* (Munich, 1998).
55. Alfred Kurella, "Wir schaffen die sozialistische Kultur für die ganze Nation," *ND*, 10/18/1982; "Lockerung der Kulturpolitik in der DDR," *NZZ*, 3/5/1964; and "Die SED hält am 'sozialistischen Realismus' fest," *FAZ*, 4/27/1964. See also Angela Borgwardt, *Im Umgang mit der Macht: Herrschaft und Selbstbehauptung in einem autoritären politischen System* (Wiesbaden, 2002).
56. "Das große Reim-und-ich-freß-dich," *FAZ*, 12/22/1965; "Unbeirrbar," *ND*, 1/13/1966; "Fruchtlose Kulturpolitik Pankows," *NZZ*, 8/17/1966; and Walter Ulbricht, "Die sozialistische Nationalkultur ist unser gemeinsames Werk," *ND*, 10/9/1968. See also Günter Agde, ed., *Kahlschlag: Das 11. Plenum des ZK der SED 1965: Studien und Dokumente* (Berlin, 1991).
57. "Saubere Kunst im sauberen Staat," *SZ*, 5/8/1971; " Neue Tendenzen in der Kulturpolitik der DDR," *DW Dokumentation*, 6/27/1972; "Nicht mehr so dogmatisch," *Die Zeit*, 4/20/1973; and "Wechsel in den Führungspositionen der DDRKulturpolitik," *NZZ*, 4/29/1973.
58. "Der sozialistische Realismus als Prinzip," *FAZ*, 5/28/1975; "Aufhebung des Toleranzedikts," *SZ*, 8/30/1977; "Honeckers Maulkorb-Edikt," *SZ*, 6/27/1979; and "Geist und Macht vereint," *FR*, 4/15/1981. See also Borgwardt, *Im Umgang mit der*

Macht.
59. Walter Leo, "Eine neue Chance für Biermann," *Vorwärts*, 3/18/1974; Irene Böhme, "Zuckerbrot und Peitsche", *FR*, 9/18/1982; and Manfred Jäger, "Spielraum für Beherzte," *DAS*, 3/31/1989. See also David Bathrick, *The Powers of Speech: The Politics of Culture in the GDR* (Lincoln, 1995).
60. Robert Havemann, "Zehn Thesen zum 30. Jahrestag der DDR," *europäische ideen 48* (1980), 33—36. See also Katja Havemann and Joachim Widmann, *Robert Havemann oder wie die DDR sich erledigte* (Munich, 2003), 35 ff., and Clemens Vollnhals, *Der Fall Havemann: Ein Lehrstück politischer Justiz* (Berlin, 1998).
61. "Havemann wünscht in der DDR Opposition und kritische Presse," *SZ*, 8/9/1976; "Weil viele noch hoffen, harrt Robert Havemann aus," *Die Welt*, 6/2/1978; " 'Das ist die Tragödie der DDR,' " *Der Spiegel 32* (1978), no. 40, 68 ff.; and "500 Personen nahmen an der Beisetzung Havemanns teil," *TSp*, 4/18/1982.
62. "Biermann bleibt in der Schußlinie," *Die Welt*, 3/16/1966; "Biermanns Rauswurf," *SZ*, 11/17/1976; "Rummel um Biermann," *ND*, 11/17/1976; and Lothar Romain, "Sozialismus oder Barbarei," *Vorwärts*, 11/17/1976. See also Fritz Pleitgen, ed., *Die Ausbürgerung: Anfang vom Ende der DDR* (Berlin, 2001).
63. "Offener Protest von DDR-Autoren gegen Ausbürgerung Biermanns," *TSp*, 11/19/1976; "DDR-Intellektuelle distanzieren sich in Erklärungen von Biermann," *TSp*, 11/21/1976; "Fall Biermann: Honecker im Teufelskreis," *Der Spiegel 30* (1976), no. 48, 30 ff.; and Joachim Nawrocki, "Es knistert im Gebälk der DDR," *Die Zeit*, 11/26/1976.
64. Rudolf Bahro, *Die Alternative: Zur Kritik des real existierenden Sozialismus* (Cologne, 1977). See also " 'Das trifft den Parteiapparat ins Herz,' " *Der Spiegel 31* (1977), no. 35, 30 ff.
65. "Ostdeutscher System-Kritiker Rudolf Bahro festgenommen," *SZ*, 8/25/1977; "Der Dissident, das künstliche Produkt," *FR*, 7/1/1977; "Proteste gegen die Verurteilung Bahros," *NZZ*, 7/3/1978. 20世纪80年代中期，巴若获释并被驱逐至西德。在西德，他变成了绿党的拥护者。
66. "Als ihre Kritik zu laut wurde, mußten die Dissidenten in Haft," *Die Welt*, 8/29/1977; Angela Nacken, "Immer mehr wagen den Kampf mit den DDR- Behörden," *FAZ*, 8/21/1976; Rainer Hildebrandt, " Menschenrechtserklärung wörtlich genommen," *TSp*, 11/7/1976; and "DDR: Die Bürger werden aufsässig," *Der Spiegel 31* (1977), no. 43, 46 ff.
67. " 'DDR' schiebt fünf prominente Kritiker in den Westen ab," *Die Welt*, 8/29/1977; "Mauer auf, Gefängnistor zu," *DZ*, 9/2/1977; and "Ein fremdes nahes Land," *RhM*, 1/12/1979.
68. "Ost-Berlin spricht der versuchten Selbstverbrennung moralische und politische Bedeutung ab," *FAZ*, 8/23/1976; " Du sollst nicht falsch' Zeugnis reden," *Universitäts-Zeitung* (*UZ*), 9/1/1976 (reprinted from *ND*); and "Ich beuge mich dem System nicht," *Die Welt*, 3/31/1978.
69. Klaus Wolschner, "Jena: Vorbote eines Neuen Deutschland?" *Die Zeit*, 6/17/1983, and Marlies Menge, "Eine Art Mahnwache," *Die Zeit*, 9/9/1983. See also Johann Gildemeister, "Friedenspolitische Konzepte und Praxis der Kirchen," in Horst Dähn, ed., *Die Rolle der Kirchen in der DDR: Eine erste Bilanz* (Munich, 1993), 159—173.
70. "Nackt durchs Dorf," *Der Spiegel 37* (1983), no. 39, 44 ff.; Otto Jörg Weis, "Ein paar Graswurzeln ringen täglich mit der Erdkruste," *FR*, 2/8/1984; and "... wächst der Druck zu einem militärischen Präventivschlag," *FR*, 6/20/1986.
71. Initiative Frieden und Menschenrechte (IFM) 的创始文件，January 1986, in

Wolfgang Rüddenklau, *Störenfried: DDR-Opposition 1986—1989*。 *Mit Texten aus den "Umweltblättern"* (Berlin, 1992), 56 ff.; "Die Reisefreiheit aller Bürger ist nötig," *Der Spiegel 40* (1986), no. 10, 78 ff.; "Demokratie und Sozialismus," *FR*, 5/21/1986; and "Damit Vertrauen wächst," *FR*, 8/11/1986.

72. 比如可参考 Albrecht Hinze, "Hart zugreifen, schnell loslassen," *SZ*, 10/12/1988, and "Die SED muß ihre Politik jetzt ändern," *Die Welt*, 7/30/1988。 See also Havemann and Widmann, *Robert Havemann*, 71 ff.

73. Ulrich Schacht, "Bückware des Geistes aus dunklen Hinterzimmern," *Die Welt*, 9/17/1986. See also Rüddenklau, *Störenfried*, 81—359, and Ilko-Sascha Kowalczuk, ed., *Freiheit und Öffentlichkeit: Politischer Samisdat in der DDR 1985—1989-Eine Dokumentation* (Berlin, 2002).

74. Helmut Lohlhöffel, "Der Stumme Kreis von Jena," *SZ*, 7/19/1983; Peter Bolm, "SED unter Druck," *Die Welt*, 12/22/1983; Sabine Katzke, "Die Haft kam prompt, als sie im Betrieb die Arbeit verweigerten," *FR*, 3/3/1984; and Peter Jochen Winters, "Jegliche 'Zusammenrottung' wird von der Polizei observiert," *FAZ*, 10/23/1986.

75. "DDR-Opposition: SED behandelt ihre Kritiker als Feinde," *TSp*, 5/19/1989; "Demokratisierung gefordert," *SZ*, 12/19/1988; and "Erneut Festnahmen in Leipzig," *TSp*, 5/10/1989. See also Armin Mitter and Stefan Wolle, eds., *Ich liebe Euch doch alle! Befehle und Lageberichte des MfS*, *Januar-November 1989* (Berlin, 1990).

76. Dieter Dose and Hans-Rüdiger Karutz, "Symptome der Ratlosigkeit bei den ideologischen Vordenkern," *Die Welt*, 1/29/1988; "Auch das innere Feindbild schwindet," *Vorwärts*, 9/26/1987; and "DDR-Organe gehen weiter hart gegen unabhängige Gruppen vor," *FAZ*, 11/28/1987. See also Gerhard Rein, *Die protestantische Revolution 1987—1990: Ein deutsches Lesebuch* (Berlin, 1990), 42—86.

77. Günter Zehm, "Das große Zittern," *Die Welt*, 2/16/1988; "Kritiker der DDRVerhältnisse berufen sich auf Gorbatschow," *TSp*, 9/3/1988; and "Opposition in Ost-Berlin fordert von Honecker Verzicht auf Mauer," *TSp*, 1/28/1989. See also Ulrike Poppe et al., eds., *Zwischen Selbstbehauptung und Anpassung: Formen des Widerstandes und der Opposition in der DDR* (Berlin, 1995), 244—272; Timmer, *Vom Aufbruch zum Umbruch*, 69 ff.; and Walter S, *Staatssicherheit am Ende: Warum es den Mächtigen nicht gelang, 1989 eine Revolution zu verhindern* (Berlin, 1999).

78. Bärbel Bohley, "Vierzig Jahre warten," in Bohley et al., eds., *40 Jahre DDR ... und die Bürger melden sich zu Wort* (Frankfurt, 1989), 5—11. See also Helmut Dubiel, Günter Frankenberg, and Ulrich Rödel, " 'Wir sind das Volk': Die Geburt der Zivilgesellschaft in der demokratischen Revolution," *FR*, 1/2/1990, and Hartmut Zwahr, *Ende einer Selbstzerstörung: Leipzig und die Revolution in der DDR* (Göttingen, 1993).

79. "Hunderte demonstrierten in Leipzig für Ausreise aus der DDR," *TSp*, 3/14/1989; "Heute in China, morgen in der DDR?" *TSp*, 8/5/1989; "Ausreiser und Bleiber marschieren getrennt," *taz*, 9/9/ 1989; and "Sicherheitskräfte hielten sich bei Demonstrationen in Leipzig zurück," *TSp*, 9/27/1989. See also Steven Pfaff, *Fight or Flight? Exit-Voice Dynamics and the Collapse of East Germany* (Durham, 2005).

80. "Festnahmen und Verletzte bei Massendemonstration in Leipzig," *TSp*, 10/4/1989; Karl-Heinz Baum, "SED wechselt die Signale auf Dialog," *FR*, 10/11/1989; and Karl-Dieter Opp and Peter Voß, *Die volkseigene Revolution* (Stuttgart, 1993).

81. "Oppositionsgruppe in der DDR gegründet," *TSp*, 9/12/1989; "Neues Forum ist staatsfeindlich," *Kieler Nachrichten*, 9/22/1989; "Wir werden immer mehr," *Der Spiegel 43* (1989), no. 49: 25—26. See also "Das Neue Forum: Selbstportrait einer

Bürgerbewegung," in DGB, ed., *Materialien zur gewerkschaftlichen Bildungsarbeit* (Bonn, 1990), 4 ff.

82. Hans-Jürgen Fischbeck, Ludwig Mehlhorn, Wolfgang Ullmann, and Konrad Weiss, "Aufruf zur Einmischung," *taz*, 9/12/1989. See also Ulrike Poppe, "Bürgerbewegung 'Demokratie Jetzt,' " in Hubertus Knabe, ed., *Aufbruch in eine andere DDR: Reformer und Oppositionelle zur Zukunft ihres Landes* (Reinbek, 1989), 160—162.

83. "Künstler der DDR rufen nach einer neuen Medienpolitik," *SZ*, 10/13/1989; Peter J. Winters, "Angelika Unterlauf darf unerhörte Dinge sagen," *FAZ*, 10/14/1989; and Günter Schabowski, "Mündige Bürger und mündige Journalisten brauchen einander," *ND*, 11/11/1989.

84. Hans B. Karutz, "Nachdenkliche Stimmen in den Medien der DDR," *Die Welt*, 12/10/1989; Walter Hömbert, "Klassenfeind mitten im Wohnzimmer," *RhM*, 20/10/1989; "Seit Montag guckt Schnitzler in die Röhre," *FR*, 11/1/1989; and "Immer mehr Zuschauer sehen Aktuelle Kamera," *FAZ*, 11/13/1989.

85. "Parteigründung in der DDR," *FR*, 10/9/1989; "Trügerische Hoffnungen," *Vorwärts*, 11/1/1989; and "Wir werden nach dem 6. Mai mit am Regierungstisch sitzen," *Augsburger Allgemeine*, 12/22/1989. See also Konrad H. Jarausch, " 'Die notwendige Demokratisierung unseres Landes': Zur Rolle der SDP im Herbst 1989," in Bernd Faulenbach and Heinrich Potthoff, eds., *Die deutsche Sozialdemokratie und die Umwälzung 1989/1990* (Essen, 2001), 52—68.

86. "In dieser Lage wird's ungeheuer spannend," *Die Welt*, 9/16/1989; "Das wird sehr bunt sein müssen," *taz*, 10/3/1989; and Christian Wernicke, "Eine neue Partei mit Bonner Bügelfalten," *Die Zeit*, 12/22/1989.

87. "Manfred Gerlach," *Stuttgarter Zeitung*, 10/7/1989; "CDU-Mitglieder in der DDR fordern zu Reformvorschlägen auf," *FAZ*, 9/18/1989; Heinrich Jämecke, "Preusse, Christ und Demokrat," *Der Stern*, 12/7/1989; and "Der Block ist zerbrochen," *ND*, 12/7/1989.

88. Gero Neugebauer, "Von der SED zur PDS 1989 bis 1990," in Andreas Herbst et al., eds., *Die SED: Geschichte, Organisation, Politik. Ein Handbuch* (Berlin, 1997), 100—116.

89. "Oppositiongruppen fordern Gespräche am Runden Tisch," *TSp*, 11/15/1989; "Alte Hasen aus dem Untergrund," *SZ*, 12/2/1989; and "Rauhe Zeiten," *Der Spiegel* 43 (1989), no. 52, 23—24. See also Uwe Thaysen, *Der Runde Tisch oder Wo blieb das Volk? Der Weg der DDR in die Demokratie* (Opladen, 1990).

90. "Sturm auf Stasi-Zentrale ist die Folge der Verschleierungspolitik," *Die Welt*, 1/17/1990. See also Süß, *Staatssicherheit am Ende*, 723 ff.

91. 有关绿党的新闻报道, 1/9/1990; Bärbel Bohley 访谈, *Schweizer TZ*, 2/10/1990; Joachim Nawrocki, "Betäubt vom Tempo der Profis," *Die Zeit*, 2/9/1990; Klaus-Dieter Frankenberger, "Beim Stichwort Canvassing sind einige Leute ratlos," *FAZ*, 2/24/1990; and "Kinder der Demokratie," *Der Spiegel* 44 (1990), no. 7。

92. 政客的选举评论, 3/18/1990, 德国电视一台 (ARD); Infas, " 'Revolutionäre' rücken in den Hintergrund," *SZ*, 3/21/1990; Elisabeth Nölle-Neumann, "Ein demokratischer Wahlkampf gab den Ausschlag," *FAZ*, 3/23/1990; and Manfred Berger, Wolfgang Gibowski, and Diether Roth, "Ein Votum für die Einheit," *Die Zeit*, 3/23/1990。

93. "Gesamtdeutsche Verfassungsdebatte statt Wahlkampf," *taz*, 3/3/1990; Ulrich K. Preuss, "Auf der Suche nach der Zivilgesellschaft," *FAZ*, 4/28/1990; Gerd Roellecke, "Dritter Weg zum zweiten Fall," *FAZ*, 6/12/1990; and "Deutscher Einigungsprozeß: Nicht die Zeit für Verfassungsexperimente," 基民盟新闻公报, 6/

28/1990。
94. "Wirtschafts- und Währungsunion," *taz*, 1/30/1990; "Akzeptabel ist nur eine Sozialunion," *Presse*, 4/9/1990; "Die wichtigste soziale Aufgabe für jeden ist die Stabilität der Mark," *Die Welt*, 4/30/1990; "Das gleicht Kapitulation nach verlorenem Krieg," *ND*, 5/6/1990; "Schocktherapie statt Besinnung," *taz*, 5/23/1990; and Lothar de Maizière, "Gründergeist und neuer Mut," *FAZ*, 5/28/1990.
95. Günther Krause 访谈, *Deutscher Fernsehfunk*, 8/25/1990; Lothar de Maizière, "Dieser Vertrag regelt den Beitritt in ausgewogener Balance," *HAZ*, 9/1/1990; "Hans-Jochen Vogels politischer Bericht vor der Fraktion," SPD-Pressedienst, 9/4/1990; and Ulrich K. Preuss, "Der Liquidationsvertrag," *taz*, 9/14/1990。
96. "Erhobenen Hauptes in die Einheit gehen," *Kölner Stadt-Anzeiger*, 8/18/1990; "DDR-Identität?" *ND*, 9/29/1990; and Thomas Bulmahn, "Zur Entwicklung der Lebensqualität im vereinigten Deutschland," *APuZ* B 40 (2000), 30—38.
97. Rainer Schedlinski, "die phase der schönen revolution ist vorbei," in Stefan Heym and Werner Heiduczek, eds., *Die sanfte Revolution: Prosa, Lyrik, Protokolle, Erlebnisberichte, Reden* (Leipzig, 1990), 339—345. See also Jan Wielgohs, "Auflösung und Transformation der ostdeutschen Bürgerbewegung," *DA* 26 (1993), 426—434; Detlef Pollack, "Was ist aus den Bürgerbewegungen und Oppositionsgruppen der DDR geworden?" *APuZ* B 40—41 (1995), 34—45.
98. Eckhard Priller, "Veränderungen in der politischen und sozialen Beteiligung in Ostdeutschland," in Wolfgang Zapf and Roland Habich, eds., *Wohlfahrtsentwicklung im vereinten Deutschland: Sozialstruktur, sozialer Wandel und Lebensqualität* (Berlin, 1996), 285 ff.
99. Jörn Ewaldt et al., "Zwischenbilanz der Wirtschaftsentwicklung in Ostdeutschland," *DA 31* (1998), 371—383, and Klaus-Peter Schwitzer, "Ältere und alte Menschen in den neuen Bundesländern im zehnten Jahr nach der Wende: Eine sozialwissenschaftliche Bilanz," *APuZ* B 43—44 (1999), 32—39. See also Rainer Geißler, "Nachholende Modernisierung mit Widersprüchen: Eine Vereinigungsbilanz aus modernisierungstheoretischer Perspektive," *APuZ* B 40 (2000), 22—29.
100. Karin Rohnstock, "Mentalität ist eine Haut," *FAZ*, 7/10/1999; Laurence Mseealls, "Die kulturelle Vereinigung Deutschlands: Ostdeutsche politische und Alltagskultur vom real existierenden Sozialismus zur postmodernen kapitalistischen Konsumkultur," *APuZ* B 11 (2001), 23—29; and Dietrich Mühlberg, "Beobachtete Tendenzen zur Ausbildung einer ostdeutschen Teilkultur," *APuZ* B 11 (2001), 30—38. See also Daniela Dahn, *Westwärts und nicht vergessen: Vom Unbehagen an der Einheit* (Berlin, 1996) 以及 Hans-Jürgen Misselwitz, *Nicht mehr mit dem Gesicht nach Westen: Das neue Selbstbewußtsein der Ostdeutschen* (Bonn, 1996)。
101. Peter Förster, "'Es war nicht alles falsch, was wir früher über den Kapitalismus gelernt haben': Empirische Ergebnisse einer Längsschnittstudie zum Weg junger Ostdeutscher vom DDR-Bürger zum Bundesbürger," *DA* 34 (2001), 197—218, and Detlef Pollack, "Wirtschaftlicher, sozialer und mentaler Wandel in Ostdeutschland: Eine Bilanz nach zehn Jahren," *APuZ* B 40 (2000), 13—21.
102. Karin Kortmann, "Mit mehr Verantwortung zu einer aktiveren Gesellschaft in Deutschland," *Das Parlament*, 4/16/2003. See also Ansgar Klein, *Der Diskurs der Zivilgesellschaft: Politische Kontexte und demokratietheoretische Bezüge der neueren Begriffsverwendung* (Opladen, 2001).
103. Lutz Rathenow, "Mit Befürchtungen, aber ohne Angst," *Bonner Generalanzeiger*, 9/29/1990. See also Bauerkämper, *Ländliche Gesellschaft*, 494.
104. "Abkehr von dem Sozialismus," *Die Zeit*, 3/19/1982, and Anette Simon, "Fremd

im eigenen Land," *Die Zeit*, 6/17/1999. See also Corey Ross 引用的文献, "Grundmerkmal oder Randerscheinung: Überlegungen zu Dissens und Opposition in der DDR," *DA 35* (2002), 747—760。

105. Wolfgang Merkel and Hans-Joachim Lauth, "Systemwechsel und Zivilgesellschaft: Welche Zivilgesellschaft braucht die Demokratie?" *APuZ* B 6—7 (1998), 3—12. Thaa, *Die Wiedergeburt des Politischen*, 357 ff., 未谈及东德的情况。

106. Thomas Ahbe, "Hohnarbeit und Kapital: Westdeutsche Bilder vom Osten," *DA 33* (2000), 84—89; Ahbe, "Nicht demokratisierbar: Westdeutsche Bilder vom Osten (II)," *DA 35* (2002), 112—118; and Rita Kuczynski, "Von der Wupper an die Oder," *SZ*, 3/22/2000.

107. Heiner Meulemann, "Aufholtendenzen und Systemeffekte: Eine Übersicht Über Wertunterschiede zwischen Ost- und Westdeutschland," *APuZ* B 40—41 (1995), 21—33; Albrecht Göschel, "Kulturelle und politische Generationen in Ost und West: Zum Gegensatz von wesenhafter und distinktiver Identität," *BDI 10* (1999), no. 2, 29—40; and Siegrist, "Wie bürgerlich war die Bundesrepublik."

108. Dietrich Mühlberg, "Schwierigkeiten kultureller Assimilation: Freuden und Mühen der Ostdeutschen beim Eingewöhnen in neue Standards des Alltagslebens," *APuZ* B 17 (2002), 3—11, and Joyce M. Mushaben, "Democratization as a Political-Cultural Process: Social Capital and Citizen Competence in the East German Länder" (manuscript, St. Louis, 1998).

109. Kocka, *Vereinigungskrise*; Thomas Ahbe, "Ostalgie als Laienpraxis: Einordnung, Bedingungen, Funktion," *BDI 10* (1999), no. 3, 87—97; Paul Betts, "The Twilight of the Idols: East German Memory and Material Culture," *JMH 72* (2000), 731—765.

110. Günter de Bruyn, "Deutsche Zustände," *TSp*, 8/8/1999, and Gerhard A. Ritter, *Der Umbruch von 1989/1990 und die Geschichtswissenschaft* (Munich, 1995).

第八章

1. www. Mauerspechte. de, www. ddr-im-www. de 等网站。See also Heinz J. Kuzdas, *Berliner MauerKunst* (Berlin, 1990), 77 ff., and Axel Klausmeier and Leo Schmidt, *Mauerreste-Mauerspuren* (Bad Münstereifel, 2004).

2. Müller, *Die USA in Potsdam*. See also Görtemaker, *Geschichte der Bundesrepublik*.

3. "Über die Frage, wie die Deutschen die Spaltung betrieben haben," *Die Neue*, 6/28/1982, and "Bonn hält an Bemühungen um innerdeutsche Normalisierung fest," *TSp*, 7/30/1982. See also Richard Bessel and Dirk Schumann, eds., *Life after Death: Approaches to a Cultural and Social History of Europe during the 1940s and 1950s* (Cambridge, 2003), 5 ff.

4. Hans-Peter Schwarz, "Das Ende der Identitätsneurose," *RhM*, 9/7/1990; Rainer Zitelmann, *Wohin treibt unsere Republik?* 2nd ed. (Frankfurt, 1995); and Jürgen Habermas, "Wir sind wieder 'normal' geworden," *Die Zeit*, 12/18/1992. See also Konrad H. Jarausch, "Normalisierung oder Re-Nationalisierung? Zur Umdeutung der deutschen Vergangenheit," *GG 21* (1995), 571—584.

5. *Geschichte der deutschen Einheit*, 4 vols. (Stuttgart, 1998), and Alexander von Plato, *Die Vereinigung Deutschlands-ein weltpolitisches Machtspiel: Bush, Kohl, Gorbatschow und die geheimen Moskauer Protokolle* (Berlin, 2002).

6. Winkler, *Der lange Weg*, vol. 2; Kielmansegg, *Nach der Katastrophe*.

7. Mitchell Ash, "Becoming Normal, Modern, and German (Again?)," in Michael Geyer, ed., *The Power of Intellectuals in Contemporary Germany* (Chicago, 2001), 298—313, and Moshe Zuckermann, *Gedenken und Kulturindustrie: Ein Essay zur*

neuen deutschen Normalität (Berlin, 1999), 21 ff. 想了解更加危言耸听的观点, 可参阅 Stefan Berger, *The Search for Normality: National Identity and Historical Consciousness in Germany since 1800* (Providence, 1997)。

8. Rudolf Augstein and Günter Grass, *Deutschland, einig Vaterland? Ein Streitgespräch* (Göttingen, 1990).
9. Schröder, *Deutschland schwierig Vaterland*.
10. Stöver, *Die Befreiung vom Kommunismus*, and Kleßmann, *Zwei Staaten, eine Nation*.
11. Egon Bahr, *Zu meiner Zeit* (Munich, 1996), 284 ff., and Strauß, *Die Erinnerungen*.
12. Wolfrum, *Geschichtspolitik in der Bundesrepublik*.
13. Hendrik Bussiek, "Visionen in Ost und West," *Vorwärts*, 8/28/1980; Jürgen Engert, "Dilemma der Halbstarken," *RhM*, 11/21/1980; and "Schmidt: Rückschläge, aber kein Ende unserer Politik der Minderung von Spannungen," *FAZ*, 4/12/1981.
14. Robert Leicht, "Turbulenz um den Begriff," *SZ*, 4/3/1981; Peter Bender, "Geisterkampf um die Nation," *Der Spiegel 35* (1981), no. 9, 48—49; Günter Gaus, "Politik des Friedens für Deutschland," *Berliner Liberale Zeitung*, 11/27/1981; Hermann Rudolph, "Zwischen Trennen und Verbundensein," *Die Zeit*, 4/17/1981.
15. Hans Heigert, "Die Angst vor dem Volk," *SZ*, 10/18/1980; "Die DDR schottet sich ab," *Berliner Stimme*, 11/1/1980; and "Honecker richtet Forderungskatalog an Bonn," *TSp*, 10/14/1980. See also Manfred Schaller, "Das Jahrzehnt der offenen Grenze: Die DDRBevölkerung und Polen in den 70er Jahren" (M. A. Thesis, Potsdam 2004), and Hans-Hermann Hertle and Konrad H. Jarausch, eds., *Risse im Bruderbund? Die Gespräche von Erich Honecker and Leonid I. Breshnew, 1974—1982* (Berlin, 2006).
16. Hendrik Bussiek, "Hoffen, dass es nicht schlechter wird," *Vorwärts*, 10/12/1981; "Treffen am Werbellinsee ist von großer Bedeutung für Frieden, Abrüstung und Zusammenarbeit der Völker," *ND*, 12/16/1981; Helmut Schmidt, "Ein aktiver Beitrag zum Dialog Über Sicherheit," *ND*, 12/14/1981; and Peter Kutschke, "Bonn: Ostberlin Wieder Hoffnung für die Deutschen," *Vorwärts*, 12/17/1981.
17. "Es begann in Erfurt," *Das Parlament*, 6/6/1983; Irene Böhme, "Als wäre es das Normalste der Welt," *FR*, 12/24/1981; "Normales als Zugeständnis teuer erkauft," *BK*, 2/20/1982; and Karl-Heinz Baum, "Schielen nach dem Milch- und Honigland," *FR*, 10/2/1982.
18. Eduard Lintner, "Rechtspositionen sind kein 'Formelkram,'" *BK*, 11/13/1982; Hendrik Bussiek, "DDR-Bürger: Um Gottes willen, was habt ihr vor?" *Vorwärts*, 5/5/1983; "Kohl: Wir wollen die Teilung erträglich machen," *FAZ*, 6/24/1983; and Kohl, *Erinnerungen 1982—1990*, 83—86.
19. "Die Beziehung zur Regierung Kohl," *NZZ*, 11/19/1982, and Dettmar Cramer, "Kontinuität in der Deutschlandpolitik," *Vorwärts*, 7/7/1983. See also Karl-Rudolf Korte, *Deutschlandpolitik in Helmut Kohls Kanzlerschaft: Regierungsstil und Entscheidungen 1982—1989* (Stuttgart, 1998).
20. "Jugend zur Wiedervereinigung," *Die Welt*, 8/4/1983; Eberhard Straub, "Die langwierige deutsche Frage," *FAZ*, 10/12/1981; "Burschenschaften für Einheit der Nation," *FAZ*, 5/31/1983; and "Die deutsche Frage lebendig erhalten," *Das Parlament*, 10/31/1981.
21. Dietrich Müller-Römer, *Die neue Verfassung der DDR* (Cologne, 1974), 78 ff.; Helmut Meier and Walter Schmidt, eds., *Erbe und Tradition in der DDR: Die Diskussion der Historiker* (Cologne, 1989); and Brinks, *Die DDR-Geschichtswissenschaft*.
22. Klaus Erdmann, *Der gescheiterte Nationalstaat: Die Interdependenz von Nations- und Geschichtsverständnis im politischen Bedingungsgefüge der DDR* (Frankfurt, 1996).

23. "Heftiger Disput Über den Fortbestand der Nation," *Die Welt*, 3/12/1984; "Zur Deutschlandpolitik," SPD Press Service, 3/20/1984; "Bahr: Drei DDR-Forderungen zu erfüllen," *SZ*, 9/17/1984; and "Einheit der Nation heißt nicht Wiedervereinigung," *Vorwärts*, 11/20/1984.
24. "Deutsche Frage muß offenbleiben," *Die Welt*, 11/9/1984; "Wünschbares und Machbares," *BK*, 3/9/1985; "Warnung vor Kurzatmigkeit in der deutschen Frage," *Die Welt*, 11/26/1984; and "Der Weg zur Einheit Über den Nationalstaat ist nicht verboten," *FAZ*, 10/16/1985.
25. "Politisches Feld mit Tretminen," *Vorwärts*, 12/22/1984; "Neue Aufregung um die deutsche Frage," *NZZ*, 5/21/1985; and "Ostpolitik nur unter dem Dach der Präambel," *Die Welt*, 2/26/1986.
26. "Von Normalität weit entfernt," *FR*, 3/16/1984; Horst Stein and Eberhard Nitschke, "Ein Arbeitsbesuch mit 16 Fahnen," *Die Welt*, 9/8/1987; and Thomas Oppermann, "Beim Klang der Hymnen hatte ich das Gefühl, das war die Besiegelung der deutschen Teilung," *Die Welt*, 9/12/1987.
27. "Das gemeinsame Kommuniqué," *TSp*, 9/9/1987; "Honecker sagt Kohl weitere Erleichterungen im innerdeutschen Reiseverkehr zu," *SZ*, 9/9/1987; Klaus Dreher, "Ein Besuch, der vieles offen läßt," *SZ*, 9/9/1984; and Hans-Herbert Gaebel, "Gemeinsam getrennt," *FR*, 9/9/1987. See also Kohl, *Erinnerungen 1982—1990*, 564—579.
28. Karl-Christian Kaiser, "Viele Wahrheiten, kein Augenzwinkern," *Die Zeit*, 9/19/1987; "Kohl spricht von Durchbruch in der Deutschlandpolitik," *TSp*, 10/16/1987; "Honecker nennt Wiedervereinigung Träumerei," *FAZ*, 9/30/1987; and "Kampagne der SED gegen innere Aufweichung," *NZZ*, 9/16/1987. See also von Plato, *Die Vereinigung*, 52 ff.
29. "Reagan: Die Berliner Mauer soll fallen," *SZ*, 6/4/1987, and " 'Prager Aufruf' tritt für deutsche Einheit ein," *Die Welt*, 3/13/1985. See also Ash, *In Europe's Name*.
30. "Deutschlandpolitik der Regierung: Management der Teilungsfolgen," *FAZ*, 8/10/1987; Karl-Christian Kaiser, "Ein kleines Wunder für die Deutschen," *Die Zeit*, 2/1/1988; and "Ungebrochener Schrumpfkurs," *Vorwärts*, 9/24/1988.
31. Axel Schützsack, "Ein neuer Patriotismus auf der Suche nach Formen der Einheit," *Die Welt*, 8/20/1986; Kurt Sagatz, "Teilung nicht als Fluch begreifen," *TSp*, 11/24/1987; Marion Dönhoff, "Als ob endlich die Zukunft beginnt!" *Die Zeit*, 9/14/1987; "Bahr nennt CDU-Bekenntnis zur Wiedervereinigung Heuchelei," *FAZ*, 7/20/1988; and "Bräutigam: Zusammenhalt der Deutschen stärker geworden," *SZ*, 12/20/1988.
32. Eduard Schnitzler, "Kohl und die Widernatürlichkeit," *ND*, 10/27/1988; "CDU: Wiedervereinigung jetzt nicht erreichbar," *SZ*, 2/19/1989; "Im Bundestag erstmals offener Streit Über das Fernziel Wiedervereinigung," *FAZ*, 12/2/1988; and Hans-Dietrich Genscher, *Erinnerungen* (Berlin, 1995).
33. " 'Wir haben einen Modus vivendi,' " *Der Spiegel 39* (1985), no. 4, 26 ff.; Carl-Christian Kaiser, "Das Geflecht wird enger," *Die Zeit*, 4/7/1989; and "Zweigleisige Politik Ostberlins gegenÜber Bonn," *NZZ*, 12/25/1988.
34. "Pro und Contra: Ist die Wiedervereinigung eine dringliche Zukunftsaufgabe für Deutschland?" *Die Welt*, 5/13/1989. See also Günter Gaus, "Zwei deutsche Staaten-und welcher Zukunft zugewandt?" *Die Zeit*, 1/20/1989. See also Bundesministerium des Innern, ed., *Dokumente zur Deutschlandpolitik: Deutsche Einheit: Sonderedition aus den Akten des Bundeskanzleramtes 1989/1990* (Munich, 1998), 276 ff.
35. D. Dose and H. Karutz, "Bundesregierung rechnet mit Honeckers Verbleiben im Amt Über 1990 hinaus," *Die Welt*, 6/27/1989; "Honecker wünscht gute Beziehungen zu

Bonn," *FAZ*, 9/8/1989; Ingo Arend 致编辑的一封信, "Statt der Lebenslüge Wieder-vereinigung transnationale Kooperation," *FAZ*, 7/3/1989; and Gerhard Zwerenz, "Romantische Geister gibt es hüben wie drüben," *Die Welt*, 5/13/1989。

36. Rolf Hochhut, "Die deutsche Uhr zeigt Einheit an," *Die Welt*, 5/13/1989; "Mit Europa zur deutschen Wiedervereinigung," *FAZ*, 5/8/1989; "Freiheit und Einheit als Aufgabe," *Die Welt*, 5/22/1989; and "Deutsche Fragen" *TSp*, 7/3/1989. See also *DzD: Deutsche Einheit*, 283—284.

37. Walter Bajohr, "Hinter den Ritualen Angst vor der deutschen Frage," *RhM*, 9/8/1989; "Ratlosigkeit in Ost und West," *Der Spiegel 43* (1989), no. 38, 14 ff.; "Deutschlandpolitik nach der Flüchtlingswelle," *NZZ*, 24/9/1989; and "'Wir müssen Kurs halten,'" *Der Spiegel 43* (1989), no. 39, 16 ff. See also *DzD: Deutsche Einheit*, 323 ff., 393 ff., 413 ff.

38. "Wiedervereinigung ein untauglicher Begriff," *FAZ*, 9/28/1989; Karl Friedrich Fromme, "Flüchtlinge und deutsche Frage," *FAZ*, 9/26/1989; and "Kohl und Vogel Über Haltung zur DDR-Führung einig," *TSp*, 10/7/1989. See also Kohl, *Erinnerungen 1982—1990*, 941 ff.

39. "Forderung Bonns nach freien Wahlen in der DDR," *NZZ*, 11/10/1989, and "Die Deutschen feiern ihr Wiedersehen: Berlins Herz beginnt wieder zu schlagen," *Die Welt*, 11/13/1989. See also *DzD: Deutsche Einheit*, 425 ff., 455 ff., 504—519, and Hans-Hermann Hertle, *Der Fall der Mauer: Die unbeabsichtigte Selbtsauflösung des SEDStaates* (Opladen, 1996).

40. Gerd Prokop, "Nicht auf der Tagesordnung," *ND*, 11/14/1989; "Wider die Vereinigung," *taz*, 11/15/1989; Wolfgang Bergsdorf, "Staunen vor offenen Türen," *RhM*, 10/27/1989; and Rudolf Augstein, "Eine Löwin namens Einheit," *Der Spiegel 43* (1989), no. 38, 15.

41. "Der Bonner Stufenplan," *FR*, 11/29/1989; *DzD: Deutsche Einheit*, 567 ff.; Horst Teltschik, *329 Tage: Innenansichten der Einigung* (Berlin, 1991), 42—86; Werner Weidenfeld, *Außenpolitik für die deutsche Einheit: Die Entscheidungsjahre 1989/1990* (Stuttgart, 1998), 97 ff.; and Kohl, *Erinnerungen 1982—1990*, 988 ff.

42. "Zehn-Punkte-Plan" zur Deutschlandpolitik, *BfdiP* (January, 1990), 119 ff. See also "Zehn Punkte Kohls für einen deutsch-deutschen Weg," *FAZ*, 11/29/1989, and Karl-Feldmeyer, "Kohl nutzt die Stunde," *FAZ*, 30/11/1989; and "Ein Staatenbund? Ein Bundesstaat?" *Der Spiegel 43* (1989), no. 49, 24 ff.

43. Thomas Kielinger, "Wir haben uns die Einheit verdient," *RhM*, 12/8/1989; "SPD stimmt Plänen Kohls für deutsche Konföderation zu," *TSp*, 11/29/1989; "Die Grünen sind gegen die Wiedervereinigung," *FAZ*, 9/22/1989; "Wiedervereinigung," *taz*, 11/23/1989; and "Vereint gegen die Kohl-Plantage," *taz*, 12/11/1989.

44. Eduard Neumaier, "Der Plan, die Einheit und die Freunde," *RhM*, 12/1/1989, and "Weitgehende Übereinstimmung zwischen Mitterrand und Gorbatschow," *FAZ*, 12/8/1989. See also *DzD: Deutsche Einheit*, 546 ff., 574 ff.; Philip Zelikow and Condoleezza Rice, *Germany Unified and Europe Transformed: A Study in Statecraft* (Cambridge, 1995), 102 ff.; and von Plato, *Die Vereinigung*, 125 ff.

45. "'Deutschland, einig Vaterland': Die Stimmung in Leipzig kippt," *taz*, 12/29/1989; "In der DDR wird der Ruf nach Verhandlungen über Kohls zehn Punkte lauter," *FAZ*, 12/5/1989; and "Eine Doppelseite zur Einheit Deutschlands," *FAZ*, 12/11/1989. See also *DzD: Deutsche Einheit*, 590 ff., 621 ff.

46. Georg Reißmüller, "Drüben wollen viele die Einheit," *FAZ*, 12/15/1989; "Deutscher Bund ohne Waffen," *FR*, 12/16/1989; "Recht auf Einheit gefordert," *FAZ*, 12/18/1989; "Auf dem Weg zu einer Vertragsgemeinschaft," *ND*, 12/20/1989;

"Brandenburger Tor wird geöffnet," *Die Welt*, 12/20/1989. See also *DzD: Deutsche Einheit*, 663 ff.; and Kohl, *Erinnerungen 1982—1990*, 1020 ff.
47. "Für Brandt ist die Einheit der Deutschen eine Frage der Zeit," *TSp*, 12/19/1989; Editorial, *NYT*, 11/19/1989; and Peter Jochen Winters, "Deutsche Weihnachten," *FAZ*, 12/21/1989. See also Harold James and Marla Stone, eds., *When the Wall Came Down: Reactions to German Unification* (New York, 1992). See also *DzD: Deutsche Einheit*, 636 ff., 645 ff.
48. "Deutsche Fragen, alliierte Antworten," *taz*, 9/25/1989. See also Bernhard Giesen, *Die Intellektuellen und die Nation*, 2 vols. (Frankfurt, 1993, 1999).
49. Conor Cruise O'Brien, "Beware the Reich is Reviving," *London Times*, 10/31/1989; "'Viertes Reich' mit starken Muskeln," *taz*, 2/3/1990; "Argumente gegen die Wiedervereinigung," *ND*, 12/22/1989; and "'Anderer Alltag' in der DDR: Mühsame Schwimmzüge gegen den Strom," *Vorwärts*, 2/10/1990.
50. Yonah Cohen, "The Unification of the Germanys: A World Disaster," *Ha'Zafeh*, 17/11/1989, and Günter Grass, "Don't Reunify Germany," *NYT*, 1/7/1990. See also *DzD: Deutsche Einheit*, 676 ff., and Renata Fritsch-Bournazel, *Europa und die deutsche Einheit* (Stuttgart, 1990).
51. "Die Einheit liegt bei den Deutschen drüben," *FAZ*, 11/17/1989; "Aufruf 'Für unser Land' vom 26. November 1989," in Volker Gransow and Konrad H. Jarausch, eds., *Die deutsche Vereinigung: Dokumente zu Bürgerbewegung, Annäherung und Beitritt* (Cologne, 1991), 100—101; Jörg Bremer, "Dritter Weg und s e Träume," *FAZ*, 12/11/1989; and Gregor Gysi, *Wir brauchen einen dritten Weg: Selbstverständnis und Programm der PDS* (Hamburg, 1990).
52. "Modrows Entscheidung findet die Zustimmung der Bundesregierung," *FAZ*, 1/12/1990; "Geschichte entscheidet Über Wiedervereinigung," *taz*, 12/13/1989; and Tilman Fichter, "Chancen für einen dritten Weg?" *taz*, 1/23/1990. See also *DzD: Deutsche Einheit*, 695 ff., 707 ff., 713 ff.
53. "Genugtuung Bonns Über Modrows Konzessionen," *NZZ*, 1/17/1990; "Wirtschaftsund Währungsunion vorrangig," *FAZ*, 1/24/1990; "Grüne geben Prinzip der Zweistaatlichkeit auf," *SZ*, 2/8/1990; and Jochen Dankert, "Die bessere Variante ist Rechtsgleichheit der Partner," *ND*, 3/3/1990.
54. "Vorschläge Modrows für ein 'einig Vaterland,'" *FAZ*, 2/2/1990; Peter Bender, "Ein Magnet, stärker als die Macht," *Die Zeit*, 2/9/1990; "Kohl und Modrow verabreden Schritte zur Währungsunion," *Die Welt*, 2/14/1990; and "Kohl: Chance für Einheit entschlossen wahrnehmen," *SZ*, 2/16/1990. See also *DzD: Deutsche Einheit*, 722 ff., 795—813; von Plato, *Die Vereinigung*, 164 ff; and Kohl, *Erinnerungen 1982—1990*, 1062 ff.
55. Otto B. Roegele, "Beitritt und kein langes Abenteuer," *RhM*, 3/9/1990; "Koalitionsparteien und SPD bekennen sich zum Ziel der deutschen Einheit," *FAZ*, 1/13/1990; "SPD rechnet mit DDR-Beitritt," *SZ*, 2/7/1990; "Jugend in der DDR für vereintes Deutschland," *Die Welt*, 12/27/1989; and "Die 'Allianz' will die Wiedervereinigung so schnell wie möglich," *FAZ*, 3/2/1990. See also *DzD: Deutsche Einheit*, 727 ff., 749 ff., 759 ff., 879 ff.
56. 老布什总统访谈, *NYT*, 10/25/1989; "Bush und Mitterrand für nur langsame Schritte in Richtung Wiedervereinigung," *TSp*, 12/29/1989; and "Wiedervereinigung in Polens Interesse," *FAZ*, 9/19/1989。See also Konrad H. Jarausch, "American Policy towards German Reunification: Images and Interests," in David E. Barclay and Elisabeth Glaser-Schmidt, eds., *Transatlantic Images and Perceptions: Germany and America since 1776* (Cambridge, 1997), 333 ff.

57. "Deutsche Einheit nur im Rahmen einer europäischen Friedensordnung," *Die Welt*, 9/28/1989; "Bonn steht ohne Wenn und Aber zur europäischen Verantwortung," *FAZ*, 1/18/1990; and "Deutsche Einheit und europäische Integration sind kein Gegensatz," *FAZ*, 3/12/1990. See also *DzD: Deutsche Einheit*, 596 ff., 771 ff., 1005 ff.
58. "Mitterrand vollzieht eine Wende," *Die Welt*, 12/21/1989; "Polen und Ungarn unterstützen deutschen Wunsch nach Einheit," *TSp*, 2/6/1990; Bernd Conrad, "Militärisch neutral?" *Die Welt*, 2/3/1990; and "Genscher erläutert in Washington Vorteile des KSZE-Prozesses für die deutsche Einigung," *FAZ*, 2/5/1990.
59. Detlev Ahlers, "Wege nach Deutschland," *Die Welt*, 3/17/1990; "DDR-Regierung will bei Vereinigung eigenständige Akzente setzen," *SZ*, 4/14/1990; and Eghard Mörbitz, "Jetzt beginnt die Arbeit," *FR*, 3/19/1990. See also *DzD: Deutsche Einheit*, 961 ff., 1018 ff., and Jarausch, *Die unverhoffte Einheit*, 178 ff.
60. Hellmuth Karasek, "Mit Kanonen auf Bananen?" *Der Spiegel 44* (1990), no. 13, 56—57; "Mit gemischten Gefühlen zur Einheit," *SZ*, 2/20/1990; and Theo Sommer, "Die Geschichte wechselt ihr Tempo," *Die Zeit*, 4/13/1990. See also Konrad H. Jarausch, "The Double Disappointment: Revolution, Unification, and German Intellectuals," in Michael Geyer, ed., *The Power of Intellectuals in Contemporary Germany* (Chicago, 2001), 276—294.
61. "USA für schnelle Vereinigung," *SZ*, 3/21/1990; "'Anschluß' ist ein falscher Begriff," *Der Spiegel 44* (1990), no. 12, 48 ff.; "Der Beitritt über Artikel 23 ist der richtige Weg zur deutschen Einheit," *Die Welt*, 3/28/1990; and *DzD: Deutsche Einheit*, 1126 ff., 1191.
62. "Genscher: Einheit trägt zur Stabilität in Europa bei," *SZ*, 2/14/1990; "Baker: Die Nachbarn werden einbezogen," *SZ*, 2/24/1990; "Die Büchse der Pandora ist weiterhin offen," *FR*, 3/27/1990; and Henryk M. Broder, "Ja zur Vereinigung," *taz*, 3/29/1990. See also *DzD: Deutsche Einheit*, 860 ff., 950 ff., 1074 ff., and Zelikow and Rice, *Germany Unified*, 149 ff.
63. "Was haben wir von der Vereinigung?" *taz*, 3/19/1990; "Bonn stimmt sich vor der Zwei-Plus-Vier-Konferenz mit Washington ab," *FAZ*, 4/5/1990; and "Plädoyers und Entwürfe für die deutsche Einheit," *NZZ*, 4/8/1990. See also *DzD: Deutsche Einheit*, 857 ff., 921 ff., 970 ff., and von Plato, *Die Vereinigung*, 207 ff.
64. "Erstes 2+4 Gespräch in Bonn eröffnet den Weg zur Vereinigung Deutschlands," *SZ*, 5/7/1990; "'Alle werden sehen: Es geht,'" *Der Spiegel 44* (1990), no. 24, 18 ff.; "Genscher sieht Erfolg bei den 2 + 4 Verhandlungen," *SZ*, 6/25/1990; "Bekenntnis Kohls zur Einheit Europas," *NZZ*, 7/19/1990; and Richard Kiessler and Frank Elbe, *Ein runder Tisch mit scharfen Ecken: Der diplomatische Weg zur deutschen Einheit* (Baden-Baden, 1993), 106 ff.
65. "Bundestag bestätigt Garantie für Polens Westgrenze," *SZ*, 3/9/1990, and "Polen mit Grenzvertrag nach der Vereinigung einverstanden," *SZ*, 7/18/1990. 在该问题上，科尔迫于国际压力最终做出了妥协。See also *DzD: Deutsche Einheit*, 937 ff., 1063 ff., 1147 ff., 1185 ff.
66. "'Zwei-Plus-Vier'-Vertrag über Deutschland vom 12. September 1990," in Volker Gransow and Konrad H. Jarausch, eds., *Die deutsche Vereinigung: Dokumente zu Bürgerbewegung, Annäherung und Beitritt* (Cologne, 1991), 224—226. See also Michael Stürmer, "Entscheidung in der Mitte," *FAZ*, 6/21/1990; "Ein souveränes Deutschland in Europa," *NZZ*, 7/24/1990; Johannes Leithäuser, "Nach der Unterzeichnung nehmen die Minister die Füllfederhalter mit," *FAZ*, 9/13/1990; *DzD: Deutsche Einheit*, 1090 ff., 1249 ff., 1261 ff., 1340 ff., 1531 ff.; and von Plato, *Die Vereinigung*, 394 ff.

67. Roderich Reifenrath, "Die Deutschen haben alles-nur keine Zeit," *FR*, 2/3/1990; Günter Nonnenmacher, "Die Einheit-zu schnell?" *FAZ*, 3/10/1990; "Wirtschaft für schnelle Vereinigung," *SZ*, 3/13/1990; and "Kohl und Modrow verabreden Schritte zur Währungsunion," *Die Welt*, 2/14/1990. See also *DzD: Deutsche Einheit*, 768 ff., 948 ff., 1024 ff., 1108 ff.
68. "Kohl: Chance der Einheit entschlossen wahrnehmen," *SZ*, 2/16/1990; "1: 1 entzweit die Deutschen," *Der Spiegel 44* (1990), no. 17, 100 ff.; "Entscheidender Schritt zur Einheit," *TSp*, 5/19/1990; and "Die Deutschen in der DDR vertrauen auf einen wirtschaftlichen Aufschwung," *FAZ*, 7/19/1990. See also Dieter Grosser, *Das Wagnis der Währungs-, Wirtschafts- und Sozialunion: Politische Zwänge im Konflikt mit ökonomischen Regeln* (Stuttgart, 1998), 277 ff.
69. "Große Mehrheit für die Einheit," *FAZ*, 7/22/1990; "Allianz der Ängste," *FAZ*, 6/7/1990; German Bishops, "Für eine gemeinsame Zukunft," *FAZ*, 6/27/1990; and "Trend zur Einheit hat sich stabilisiert," *TSp*, 8/16/1990.
70. Ulrich Everling, "Der Weg nach Deutschland ist langwierig," *FAZ*, 3/15/1990, 以及 100 名国家法教授的联合决议, "Der Beitritt Über Artikel 23 ist der richtige Weg zur deutschen Einheit," *Die Welt*, 3/28/1990。See also "Ruf nach neuem Einigungsvertrag," *SZ*, 8/7/1990, and *DzD: Deutsche Einheit*, 1151 ff., 1214 ff., 1265 ff., 1324 ff., 1379 ff., 1425 ff.
71. "De Maizière will den Beitritt 'so schnell wie möglich und so geordnet wie nötig,'" *FAZ*, 7/21/1990; "'Notanschluß unvermeidlich,'" *Der Spiegel 44* (1990), no. 34, 16 ff.; "Nächtliche Jubelszenen in der Volkskammer," *TSp*, 8/24/1990; and Friedrich Karl Fromme, "Der 3. Oktober," *FAZ*, 8/24/1990.
72. Richard von Weizsäcker, "Einander annehmen," *Die Welt*, 7/2/1990; "Eine große Mehrheit der Deutschen in Ost und West befürwortet die Einheit," *FAZ*, 8/28/1990; and Friedrich Karl Fromme, "Spätfolge des Krieges," *FAZ*, 8/31/1990. See also *DzD: Deutsche Einheit*, 1464 ff., 1490 ff., 1508 ff., and Wolfgang Jäger, *Die Überwindung der Teilung: Der innerdeutsche Prozeß der Vereinigung 1989/1990* (Stuttgart, 1998), 478 ff.
73. Helmut Kohl, "Die Erfüllung eines geschichtlichen Auftrags," *FAZ*, 10/2/1990; "Vollendung der Einheit Deutschlands," *NZZ*, 10/4/1990; and "Die deutsche Einheit als Volksfest," *NZZ*, 10/5/1990. See also Elke Schmitter, "Nach Toresschluß," *FAZ*, 8/12/1990, and "Nie wieder Deutschland!" *TSp*, 6/28/1990.
74. Klaus von Dohnanyi, "Deutschland: Ein normales Land?" *Die Zeit*, 8/16/1991, and Kurt Sontheimer, "Die Einheit ist kein Kuckucksei," *RhM*, 11/30/1990. 想了解更激进的解读, 可参阅 Rainer Zitelmann, "Das deutsche Zimmer vor dem europäischen Haus herrichten?" *TSp*, 9/27/1990, and "Unbequeme Fragen," *Die Welt*, 10/13/1990。
75. Jürgen Habermas, "Der DM-Nationalismus," *Die Zeit*, 3/30/1990; Habermas, *Die Normalität einer Berliner Republik: Kleine politische Schriften VIII* (Frankfurt, 1995), 167 ff.; and Manfred Seiler, "Die Furcht, wieder normal zu werden," *RhM*, 12/14/1990.
76. Klaus Brill, "Die neuen Nachbarn aus der fremden Welt," *SZ*, 11/13/1990; Thomas Aders, "Keine Gefühle von gegenseitiger Fremdheit," *SZ*, 9/14/1991; and "Wie dick ist die Mauer in den Köpfen?" *FAZ*, 4/23/1994.
77. "Vom Ausweis Über die Briefmarken bis zum Hausarbeitstag," *SZ*, 9/29/1990; Hans-Peter Schwarz, "Stimmungsdemokratie 91," *Die Welt*, 3/28/1991; and Karl Hondrich, "Das Recht des Erfolgreichen," versus Peter Bender, "Die Schwäche des Starken," *TSp*, 9/22/1991.
78. Friedrich Schorlemmer, "Vom Aufbruch zum Ausverkauf," *Die Zeit*, 11/9/1990;

" 'Plattmachen' heißt die Devise," *taz*, 10/7/1991; "Sabotage an der Einheit," *Der Spiegel 46* (1992), no. 13, 22 ff.; and Wilhelm Bittorf, "Das Glitzern in der Wüste," *Der Spiegel 47* (1993), no. 39, 42—43.

79. Martin and Sylvia Greiffenhagen, "Der Schock der Vereinigung," *Spiegel Dokument*, no. 2 (1994), 4—9; Kerstin Ullrich, "Demokratie als vernünftige Lebensform," *FAZ*, 9/8/1995; and Kocka, *Vereinigungskrise*.

80. "Hoffen und Bangen im anderen Deutschland," *NZZ*, 9/9/1990; Gregor Gysi, "Die ungewollten Verwandten," *Der Spiegel 45* (1991), no. 24, 34 ff.; "Nur noch so beliebt wie die Russen," *Der Spiegel 45* (1991), no. 30, 24 ff.; and "Fremde in der Heimat, Fremde in der neuen Zeit," *FR*, 10/2/1995.

81. Jens Reich, "Das Psychodrama um die politische Einheit," *FR*, 8/12/1994; Elisabeth Noelle-Neumann, "Aufarbeitung der Vergangenheit im Schatten der Stasi," *FAZ*, 8/6/1992; " 'Distanz, Enttäuschung, Haß,' " *Der Spiegel 46* (1992), no. 34, 30 ff.; and " 'Ein schmerzhafter Prozeß,' " *Der Spiegel 47* (1993), no. 34, 24 ff.

82. Konrad Weiß, "Verlorene Hoffnung der Einheit," *Der Spiegel 47* (1993), no. 46, 41 ff.; "Wie erst jetzt die DDR entsteht," *Die Welt*, 1/21/1995; "Sehnsucht nach F6 und Rotkäppchen-Sekt," *FAZ*, 8/14/1995; and Dieter Schröder, "Ein Staat-zwei Nationen?" *SZ*, 9/30/1995.

83. "Einheit, von zwei Seiten betrachtet," *SZ*, 3/27/1992; Richard Schröder, "Neues Miteinander braucht das Land," *TSp*, 3/28/1993; Richard Hilmer and Rita Müller-Hilmer, "Es wächst zusammen," *Die Zeit*, 10/1/1993; and "Ost-West wächst zusammen," *Die Welt*, 1/17/1995.

84. "Deutschlands Vereinigung im Blickfeld Europas," *NZZ*, 9/30/1990; "Alle Fäden in der Hand," *Der Spiegel 44* (1990), no. 40, 18 ff.; "Lafontaine: Nationalstaat Überholt," *SZ*, 9/18/1990; and Arnulf Baring, *Deutschland, was nun? Ein Gespräch mit Dirk Rumberg und Wolf Jobst Siedler* (Berlin, 1991).

85. Peter Glotz, "Der ungerechte Krieg," *Der Spiegel 45* (1991), no. 9, 38—39, versus Hans Magnus Enzensberger, "Hitlers Widergänger," *Der Spiegel 45* (1991), no. 6, 26 ff.; and Wolf Biermann, "Ich bin für diesen Krieg," *Die Zeit*, 2/8/1991. See also Theo Sommer, "Nur die Logik des Krieges?", versus Helmut Schmidt, "Jammern allein hilft nicht," *Die Zeit*, 2/1/1991.

86. "Germans Are Told of Gulf-War Role," *NYT*, 1/31/1991; " 'Die Deutschen an die Front,' " *Der Spiegel 45* (1991), no. 6, 18 ff.; Marion Dönhoff, "Die bittere Bilanz des Golfkrieges," *Die Zeit*, 4/19/1991; Arnulf Baring, "Schluss mit der Behaglichkeit," *Die Welt*, 10/2/1991; and Sven Papke, "Deutschland auf der Suche nach politischem Profil," *Das Parlament*, 9/27/1991.

87. Michael Schwelien, "Ein Staat zerbirst," *Die Zeit*, 8/16/1991; "Groß und arrogant," *Der Spiegel 46* (1992), no. 2, 22; Jürgen Habermas, "Gelähmte Politik," *Der Spiegel 47* (1993), no. 28, 50 ff. See also Genscher, *Erinnerungen*, 899 ff., and Daniele Conversi, *German-Bashing and the Breakup of Yugoslavia* (Seattle, 1998).

88. Olaf Ihlau, "Nato, Bonn und Bihac," *Der Spiegel 48* (1994), no. 49, 21, versus Rudolf Augstein, "Vater aller Dinge," *Der Spiegel 48* (1994), no. 50, 23; "Einsatz im Machtspiel," *Der Spiegel 55* (2001), no. 46, 34 ff.; Max Otte, *A Rising Middle Power? German Foreign Policy in Transformation, 1989—1999* (New York, 2000); and Eric Schroeder, "In the Shadow of Auschwitz: Responses to Genocide in the German Press, 1975—1999" (M. A. Thesis, Chapel Hill, 2004).

89. Helmut Kohl, *Deutschlands Zukunft in Europa: Reden und Beiträge des Bundeskanzlers* (Herford, 1990), 163—180. See also Volker Berghahn, Gregory Flynn, and Paul Michael Lützeler, "Germany and Europe: Finding an International Role," in Jarausch,

After Unity, 173—199.
90. Adam Krzeminski, "Das neue Deutschland hat sich geändert," *TSp*, 10/3/1001, and "Planetarische Visionen," *Der Spiegel 53* (1999), no. 45, 30 ff. See also Jürgen Kocka, *Consequences of Unification: German Society and Politics in a Changing International Framework* (Washington, 1995).
91. Friedrich Dieckmann, "Unsere oder eine andere Geschichte?" *TSp*, 7/31/1991; Richard Schröder, "Die Einheit macht noch wenig Freude," *Die Zeit*, 3/17/1995; and Wolf Lepenies, *Folgen einer unerhörten Begebenheit: Die Deutschen nach der Vereinigung* (Berlin, 1992). See also Jan-Werner Müller, *Another Country: German Intellectuals, Unification and National Identity* (New Haven, 2000).
92. Lothar de Maizière, 政府项目, 4/19/1990, DA 23 (1990), 795—809; Kurt Sontheimer, "Kein Abschied von der Bundesrepublik," *Die Welt*, 10/1/1990; Niklas Luhmann, "Dabeisein und Dagegensein," *FAZ*, 8/22/1990; and Katharina Belwe, "Innere Einheit schwieriger als erwartet," *Das Parlament*, 11/28/1991.
93. Andreas Kuhlmann, "Blick zurück im Zorn," *FR*, 1/16/1993; Friedrich Karl Fromme, "Das Selbstbewußtsein wächst langsam," *FAZ*, 10/2/1991; Monika Zimmermann, "Die Mitgift der DDR: Einheit," *TSp*, 10/2/1995; and Gerd HenghÜber, "Umdenken im neuen Deutschland," *BZ*, 10/4/1994.
94. Martin Walser, "Die Banalität des Guten," *FAZ*, 12/12/1998, and Jan Holger Kirsch, "Identität durch Normalität: Der Konflikt um Martin Walsers Friedenspreisrede," *Leviathan 27* (1999), 309—354.
95. Iggers et al., *Die DDR-Geschichtswissenschaft*; A. D. Moses, "Structure and Agency in the Holocaust: Daniel J. Goldhagen and His Critics," *History and Theory 37* (1998), 194—219, and Konrad H. Jarausch, "A Double Burden: The Politics of the Past and German Identity," in Jörn Leonhard and Lothar Funk, eds., *Ten Years of German Unification: Transfer, Transformation, Incorporation?* (Birmingham, 2002), 98—114.
96. 相关文本 in Heimo Schwilk and Ulrich Schacht, eds., *Die selbstbewußte Nation: "Anschwellender Bocksgesang" und weitere Beiträge zu einer deutschen Debatte* (Berlin, 1994); Zitelmann et al., *Westbindung*; Karlheinz Weißmann, *Rückruf in die Geschichte: Die deutsche Herausforderung* (Berlin, 1992); and Stefan Berger, "Der Dogmatismus des Normalen," *FR*, 4/16/1996。
97. Günter Grass, "Kleine Nestbeschmutzerrede," *taz*, 9/28/1990; Peter Glotz, "Wider den Feuilleton-Nationalismus," *Die Zeit*, 4/27/1991; Glotz, "Deutsche Gefahren," *Der Spiegel 48* (1994), no. 17, 30—31; Hans-Ulrich Wehler, "Gurus und Irrlichter: Die neuen Träume der Intellektuellen," *FAZ*, 4/6/1994; and Jürgen Habermas, "Gelähmte Politik," *Der Spiegel 47* (1993), no. 28, 50 ff. See also Klaus Hartung, "Wider das alte Denken," *Die Zeit*, 5/17/1991.
98. Christian Meier, *Die Nation, die keine sein will* (Munich, 1991), 28—29; Heinrich August Winkler, "Nationalismus, Nationalstaat und nationale Frage in Deutschland seit 1945," *APuZ B 40* (1991), 12—24.; Richard Schröder, "Warum sollen wir eine Nation sein?" *Die Zeit*, 5/2/1997; and "Schäuble: Nationalbewußtsein stärken," *FAZ*, 4/16/1994.
99. "Biedenkopf: Die deutsche Einheit ist gelungen," *SZ*, 10/6/1995; "Träume von 'Narren, Illusionisten und Abgewickelten,'" *FR*, 11/2/1994; "Die Folgen eines 'Wunders der Geschichte,'" *BZ*, 11/10/1994; and "Fünf Jahre deutsche Einheit," *TSp*, 10/4/1995.
100. "Frau Süssmuth und Rau würdigen die Gemeinschaftleistung aller Deutschen," *FAZ*, 10/4/1995; Alfred Grosser, "Es hätte schlimmer kommen können," *TSp*, 11/9/

1994; Christoph Dieckmann, "Das schweigende Land," *Die Zeit*, 6/20/1997; and Hans-Joachim Veen, "Die Einheit ist schon da," *FAZ*, 6/22/1997.
101. Günter Kunert, "Ein Sehnsuchtsziel," *Die Welt*, 10/11/1994, and Reinhard Meier, *Die Normalisierung Deutschlands: Bonner Protokolle und Reportagen aus der DDR* (Zürich, 1986), 7—30. See also Joachim Perels, *Wider die 'Normalisierung' des Nationalsozialismus: Intervention gegen die Verdrängung* (Hannover, 1996); Jan W. van Deth et al., eds., *Die Republik auf dem Weg zur Normalität? Wahlverhalten und politische Einstellungen* (Opladen, 2000); and Peter Glotz, *Die falsche Normalisierung: Die unmerkliche Verwandlung der Deutschen 1989 bis 1994-Essays* (Frankfurt, 1994).
102. "Zivilgesellschaft," *info-blatt der servicestelle politische bildung*, June 2002; "Perspektiven der Zivilgesellschaft" and "Die Zivilgesellschaft in Deutschland," *Deutschland 5* (2000; 另见于网站 www. magazine-deutschland. de).
103. "Konturen einer Zivilgesellschaft: Zur Profilierung eines Begriffs," *FJNSB 16*, no. 2 (2003). 参阅 Wissenschaftszentrum Berlin (WZB) working group 的观点, "Zivilgesellschaft: historisch-sozialwissenschaftliche Perspektiven." (www. wzberlin. de)。
104. "Eine deutsche Erfolgsgeschichte," *NZZ*, 9/30/1995, versus Klaus Bittermann, *Gemeinsam sind wir unausstehlich: Die Wiedervereinigung und ihre Folgen* (Berlin, 1990).
105. Martin and Sylvia Greiffenhagen, "Deutschland und die Zivilgesellschaft," *Der Bürger im Staat 49*, no. 3 (1999), 148 ff.
106. "Gemeinsame Erfahrungen auf dünnem Eis," *TSp*, 10/5/1995; Jürgen Engert, "Szenen einer schwierigen Ehe," *RhM*, 12/23/1994; and "Umgang mit der Einheit spaltet das Parlament," *FR*, 10/13/1995.
107. "Zwei Arten deutscher Gefühlshygiene," *FR*, 10/27/1993; Rudolf von Thadden, "Ein 80-Millionen-Staat ohne klare Konturen?" *TSp*, 10/3/1993; and "Ein Experiment für die Zukunft," *Der Spiegel 53* (1999), no. 45, 40 ff.

第九章

1. Matthias Matussek, "Jagdzeit in Sachsen," *Der Spiegel 45* (1991), no. 40, 41 ff.; "Schwere ausländerfeindliche Ausschreitungen in Rostock," *TSp*, 8/24/1992; and "Meine Kinder die verbrennen!" *SZ*, 11/24/1992.
2. Walter Bajohr, "Die Scherben von Hoyerswerda," *RhM*, 9/27/1991; "Gemeinsame Front gegen den Fremdenhaß," *SZ*, 10/10/1991; "Lichterkette und Rockkonzert," *Die Welt*, 12/14/1992; Norbert Kostede, "Eine Erleuchtung für die Politik," *Die Zeit*, 1/29/1993; and Reinhard Mohr, "Der Casus belli," *taz*, 10/2/1991.
3. "Die dänische Minderheit will in den Bundestag," *Die Welt*, 7/18/1961. See also Eugene M. Kulischer, *Europe on the Move: War and Population Changes*, 1917—1947 (New York, 1948).
4. Rogers Brubaker, *Citizenship and Nationhood in France and Germany* (Cambridge, MA, 1992), and Dieter Gosewinkel, "Die Staatsangehörigkeit als Institution des Nationalstaats: Zur Entstehung des Reichs- und Staatsangehörigkeitsgesetzes von 1913," in Rolf Grawert et al., eds., *Offene Staatlichkeit: Festschrift für Ernst-Wolfgang Böckenförde zum 65. Geburtstag* (Berlin, 1995), 359—378.
5. *Grundgesetz für die Bundesrepublik Deutschland vom 23. Mai 1949*, edited by Friedrich Giese, 9th ed. (Frankfurt, 1976).
6. Bade, *Deutsche im Ausland*. See also Ulrich Herbert, *Geschichte der Ausländerpolitik in Deutschland: Saisonarbeiter, Zwangsarbeiter, Gastarbeiter, Flüchtlinge* (Munich,

2001).
7. Iring Fetscher, ed., *Rechtsradikalismus* (Frankfurt, 1967), and Peter Longerich, *Der neue alte Rechtsradikalismus*, edited by Ulrich Wank (Munich, 1993).
8. 可参阅第 4 条注释以及 Rainer Münz et al., *Zuwanderung nach Deutschland: Strukturen, Wirkungen, Perspektiven*, 2nd ed. (Frankfurt, 1999)。
9. Reinhard Mohr, "Casus belli," *taz*, 10/2/1991; Robert Leicht, "Hoyerswerda in den Köpfen," *Die Zeit*, 9/26/1991; and Beate Winkler, ed., *Zukunftsangst Einwanderung*, 3rd ed. (Munich, 1993).
10. Jürgen Kocka, "Zivilgesellschaft in historischer Perspektive," *FJNSB 16* (2003), no. 2, 29—37, versus Roland Roth, "Die dunklen Seiten der Zivilgesellschaft," *FJNSB 16* (2003), no. 2, 59—73.
11. Anonyma, *Eine Frau in Berlin*, 253—254. See also Höhn, *GIs and Fräuleins*.
12. "Schleswig-Holsteins Flüchtlingslager sind geräumt," *DZ*, 1/4/1964.
13. Anonyma, *Eine Frau in Berlin*, 275—276. See also Münz, *Zuwanderung*, 28 ff. and Klaus J. Bade, ed., *Neue Heimat im Westen: Vertriebene, Flüchtlinge, Aussiedler* (Münster, 1990).
14. Hubert Heinelt and Anne Lohmann, *Immigranten im Wohlfahrtsstaat am Beispiel der Rechtspositionen und Lebensverhältnisse von Aussiedlern* (Opladen, 1992).
15. Münz, *Zuwanderung*, 36 ff. 参阅 Bernd Stöver 有关东西德移民问题的研究项目（未发表原稿）。
16. 可参阅以下个案：Hans Herzog, "Eine bewegte Zeit," KA 6368, 107 ff., and Ruth Reimann-Möller, "Die Berichterstatterin von Burg: Zwischen den Schatten von Königin Luise und Hermann Matern," KA 6122, 286 ff.。
17. "Bonn's Expulsion of Refugees Is Criticized as Too Inflexible," *NYT*, 11/10/1965. See also Münz, *Zuwanderung*, 40 ff., 53 ff. See also Patrice Poutrus, "Asyl im Kalten Krieg," *Totalitarismus und Demokratie 2* (2005), 273—288.
18. Klaus J. Bade, *Vom Auswanderungsland zum Einwanderungsland? Deutschland 1880—1980* (Berlin, 1983).
19. Herbert, *Geschichte der Ausländerpolitik*, 202 ff.
20. Ernst Müller-Meiningen, "Das Ausländergesetz in Theorie und Praxis," *SZ*, 9/16/1972; Heinz Guradze, "Etwas weniger gleich als andere," *FAZ*, 6/8/1974; and "Aufenthaltsrecht für Ausländer verbessert," *HB*, 7/12/1978. See also Herbert, *Geschichte der Ausländerpolitik*, 211 ff.
21. "Spanier sollen nicht zu Deutschen werden," *SZ*, 12/12/1972; "Bundesrepublik ist 'Einwanderungsland,'" *FAZ*, 6/14/1972; "Integration ja-Einwanderung nein," *FAZ*, 4/27/1973; and "Um soziale Integration der Ausländerkinder kümmern," SPD Press Service, 1/26/1978.
22. Ernst Müller-Meiningen, "Wende in der Ausländerpolitik?" *SZ*, 10/10/1972; Manfred Nitschke, "Ausländergesetz wird resoluter angewandt," *Die Welt*, 10/16/1972; and Michael Müller, "Die Disziplinierung der Ausländer," *Die Neue Gesellschaft* (May, 1973), 378 ff. See also Münz, *Zuwanderung*, 48 ff.
23. "Zuzug von Ausländern wird begrenzt," *SZ*, 3/27/1975, and Winfried Didzoleit, "Das Dilemma der Ausländerpolitik," *FR*, 12/23/1976. See also Herbert, *Geschichte der Ausländerpolitik*, 238 ff.
24. "Minoritäten in Ballungsräumen," *Das Parlament*, 2/22/1975; "Ausländer in deutschen Großstädten," *GK 4* (1982); Key L. Ulrich, "Das Leben im Getto ist ihnen aufgezwungen worden," *FAZ*, 6/26/1978; and "In Frankfurt läutet die Alarmglocke," *SZ*, 6/2/979.
25. "'Klein-Istanbul' in Berlin," *NZZ*, 1/10/1979; Stefan Klein, "Die 'Frontstrasse'

von Hüttenheim," *SZ*, 11/10/1980; Hans-Joachim Hoffmann-Nowotny, "Integration und Segregation von Ausländern in der Schweiz und der BRD," *NZZ*, 10/3/1981; and "Eine geringe Bereitschaft zur Integration," *Die Welt*, 11/27/1981.

26. "Bruderkampf," *Die Zeit*, 5/5/1967; " Mit gefälschten Pässen in die Bundesrepublik," *TSp*, 3/2/1969; "Ausländische Extremisten in der BRD," *Politik und Wirtschaft*, 8/21/1974; Hans-Jörg Sottorf, "Gewaltakte nahmen zu," *HB*, 7/26/1979; and Hans-Peter Schütz, "Der Kampf um die Stammtische," *DAS*, 10/30/1988.

27. "Helmut Schmidt macht aus Türken Deutsche!" *Deutsche Nachrichten*, 9/14/1979; "NPD macht gegen Ausländer mobil," *Die Neue*, 2/21/1980; Fritz Pirkl, "Irrweg der 'Eindeutschung,'" *BK*, 11/17/1979; "Zu viele Ausländer?" *FAZ*, 12/12/1981; and Hanno Kühnert, "Rassistische Klänge," *Die Zeit*, 2/5/1982. See also Herbert, *Geschichte der Ausländerpolitik*, 239 ff.

28. Renate I. Mreschar, "Von der Schule an den Rand gedrängt," *Vorwärts*, 7/14/1977; Mascha M. Fisch, "Allahs kleine Emigranten tragen Schleier und Blue Jeans," *Vorwärts*, 7/14/1977; "Zwei Drittel aller Ausländerkinder ohne Schulabschluß," *FAZ*, 1/22/1979; and Horst Heinemann, "Eingewandert, ausgeschlossen," *Vorwärts*, 5/31/1979.

29. "Kühn warnt Deutsche vor einem neuen rassischen Hochmut," *FR*, 12/17/1979; Jürgen Schmude, "Gleiche Chancen für Ausländerkinder," *Bundesministerium für Bildung und Wissenschaft*, *Informationen Bildung und Wissenschaft* (January 1980); "Stärkere Hilfe für Ausländer," *FR*, 3/20/1980; and Bundesministerium für Arbeit und Soziales, *Sozialpolitische Informationen*, 3/27/1980.

30. Heiner Geißler, "Eine neue Soziale Frage," *DUD*, 3/20/1980; "Kultur für die Türken?" *FAZ*, 5/28/1980; "Sich informieren und andere informieren," *FR*, 3/17/1981; and Christian Graf von Krockow, "Auf der Suche nach einer neuen Heimat," *Die Zeit*, 12/21/1979.

31. "Ausländerfeindlichkeit: Exodus erwünscht," *Der Spiegel 36* (1982), no. 18, 37 ff.; "Sofortmaßnahmen der Bundesregierung gegen den Missbrauch des Asylrechts," *SZ*, 6/19/1980; "Bonn bremst den Ausländer-Zuzug," *FR*, 12/3/1981; and "Zuspitzung der Ausländerproblems in der BRD," *NZZ*, 4/4/1982.

32. "Das volle Boot," *FAZ*, 2/5/1982; "Einigung Über Ausländer Rückkehrhilfe," *FAZ*, 6/22/1983; "Bonn zahlt für Heimkehr arbeitsloser Ausländer," *FR*, 11/11/1983; "Hunderttausend Anträge auf Rückkehrhilfe," *FAZ*, 7/5/1983; "Zimmermann betreibt stur eine Politik der Vertreibung," *FR*, 3/14/1984; and Udo Bergdoll, "Abschied von der Ausländerpolitik," *SZ*, 4/18/1984. See also Herbert, *Geschichte der Ausländerpolitik*, 249 ff.

33. "Kirchen setzen sich für Ausländer ein," *SZ*, 9/25/1980; "Der offene Haß auf die Fremden," *RhM*, 9/26/1980; "Kirchen und DGB Seite an Seite," *FAZ*, 6/19/1981; "SPD-Wählerinitiative fordert mehr Rechte für Ausländer," *FR*, 16/11/1981; and "Ausländer werden gebraucht," *FR*, 5/12/1982.

34. Jutta Szostak, "Warum kommen wir mit Türken nicht klar?" *Vorwärts*, 5/16/1982; "CDU-Parolen von 'erschreckender Inhumanität,'" *FR*, 10/12/1982; "Der Preis der Multikultur," *FAZ*, 11/23/1982; "Thesen zur Ausländerpolitik," *FR*, 9/3/1983; and "Wallraffs Erlebnisse als Türke 'Ali,'" *NZZ*, 12/18/1985.

35. "Die Türken haben es am schwersten," *FAZ*, 8/16/1980; "Sie leben und leiden in einem fremden Land," *WdA*, 5/1/1980; and "Was Frau Keskin erlebte," *Die Zeit*, 3/2/1984.

36. "Wir können nicht mal sagen, was wir fühlen," *Der Spiegel 36* (1982), no. 46, 84 ff.; "Kälte, welche die seele krank macht," *SZ*, 8/17/1982; "Und jetzt 'Türken

raus,' " SPD Press Service, 2/11/1981; and "Manche lernen Karate," *Die Zeit*, 1/16/1987.
37. Gerhard Spörl, "Die Angst vor den Fremden: Die BRD-Ein Nichteinwanderungsland mit Einwanderern," *Die Zeit*, 9/21/1984, and Hilmar Hoffmann, "Im Laboratorium fürs Überleben," *SZ*, 6/3/1989.
38. "Für Ausländerfeindlichkeit fanden Befrager keine Belege," *FR*, 12/7/1985; Dieter Strothmann, "Der alltägliche Fremdenhaß," *Die Zeit*, 8/8/1986; "Ausländerintegration nur bei Übernahme der deutschen Kultur," *FR*, 11/2/1987; and " SPD lehnt Verschärfung des Ausländerrechtes ab," *SZ*, 1/5/1988.
39. "Ausländer und Ausländerbeschäftigung in der Bundesrepublik Deutschland," *DIW Wochenbericht 49* (1982), 455—461; Manfred Werth, " Brain Drain oder Reintegrationschance?" *AK-Journal 4* (1977), 14—18; and "Belasten Ausländer das Sozialsystem?" *FAZ*, 10/20/1983.
40. "Strauß: Wir sind kein Einwanderungsland," *SZ*, 9/3/1984; Dankwart Guratzsch, "Rushdie und die Multikultur," *Die Welt*, 3/20/1989, versus Gerhard Spörl, "Nirgends zu Hause: Vom Auswanderungsland zum Einwanderungsland," *Die Zeit*, 10/26/1984; and "Sorge um Weltoffenheit," *FR*, 4/25/1989.
41. "DDR wahre Heimat der Sorben," *ND*, 4/14/1961, and "Eine Minderheit, die nicht nur tanzen will," *SZ*, 8/20/1975. See also Cora Granata, "Celebration and Suspicion: Sorbs and Jews in the Soviet Occupied Zone and German Democratic Republic, 1945—1989" (Ph. D. diss., Chapel Hill, 2001).
42. "Leidensweg eines Schwarzen in der DDR," *FR*, 7/18/1989. See also Jan C. Behrends et al., eds., *Fremde und Fremd-Sein in der DDR: Zu historischen Ursachen der Fremdenfeindlichkeit in Ostdeutschland* (Berlin, 2003).
43. "Ausländer, die bleiben wollen," *GK*, 10/18/1986; "4, 7 Millionen Ausländer," *GK*, 7/18/1988; "Mehr denn je zuvor," *GK*, 3/7/1989; and Münz, *Zuwanderung*, 28 ff., 53 ff.
44. "CSU: Deutschland soll kein Einwanderungsland werden," *SZ*, 11/9/1988; " 'Offene Republik' kontra 'nationale Interessen,' " *taz*, 3/21/1989; and "Ausländerpolitik am Scheideweg," *SZ*, 7/11/1989.
45. "Das droht die DDR zu vernichten," *Der Spiegel 43* (1989), no. 33, 18 ff. 参阅联邦政府新闻事务处收藏的丰富资料, *Deutschland 1989: Dokumentation zu der Berichterstattung Über die Ereignisse in der DDR und die deutschlandpolitische Entwicklung*, vol. 4 (Bonn, 1990)。
46. Hertle, *Der Fall der Mauer*, and Jarausch, *Die unverhoffte Einheit*, 100.
47. "200. 000 DDR-Flüchtlinge: Wie verkraften wir das?" *BILD*, 9/3/1989; "Luftballons für die Landsleute von drüben," *SZ*, 9/12/1989; "Arbeitgeber halten Anpassungsprobleme der DDR-Bürger für Überwindbar," *TSp*, 9/13/1989; and "Da brennt die Sicherung durch," *Der Spiegel 44* (1990), no. 4, 28 ff. 更多新闻报告，可查阅联邦新闻处文件的第五部分。
48. "Dank Gorbatschow durften wir raus," *Die Welt*, 6/15/1989; "Ich bin gekommen, um in Deutschland zu sterben," *FAZ*, 7/5/1989; "Wir wären auch zu Fuß gegangen," *FR*, 7/9/1989; and "Wenn Kinder von Polen nach Herne siedeln," *FR*, 6/8/1989.
49. Astrid Hölscher, "Verwelkte Girlanden," *FR*, 5/13/1989; Arne Daniels, "Heim und reich?" *Die Zeit*, 4/14/1989; "Angst vor Aussiedlern wächst," *FR*, 6/29/1989; and "Höhere Akzeptanz für Aussiedler," *Die Welt*, 6/30/1989.
50. "Leistungen für Aus- und Übersiedler werden gekürzt," *TSp*, 6/7/1989; "Zuzug von Aussiedlern soll begrenzt werden," *FAZ*, 7/13/1989; "Lafontaine will Erwerb eines Vertriebenenstatus verhindern," *Die Welt*, 1/24/1990; and "Aussiedleraufnahme nur

noch nach Verfahren im Herkunftsland," *TSp*, 3/29/1990. See also Münz, *Zuwanderung*, 32 ff.
51. "Der Rest Deutschlands soll den Deutschen vorbehalten bleiben," *FR*, 1/8/1983, and "Ausländer in Deutschland," *GK*, 8/10/1990. See also Herbert, *Geschichte der Ausländerpolitik*, 263 ff.
52. "Deutschland nahm 1989 die meisten Ausländer auf," *SZ*, 8/14/1989, and "In diesem Jahr 800. 000 Menschen in die Bundesrepublik," *FAZ*, 12/29/1989. See also Münz, *Zuwanderung*, 58.
53. "Man spürt starker, dass man unerwünscht ist," *taz*, 10/2/1990. See also Herbert, *Geschichte der Ausländerpolitik*, 273 ff.
54. "Von der Aufenthaltsgenehmigung zur Aufenthaltsberechtigung," *FAZ*, 9/30/1989; "Stoiber kritisiert Referentenentwurf zum Ausländerrecht," *FAZ*, 10/28/1989; "Kritik von Gewerkschaft und Kirchen unfair," *FAZ*, 11/7/1989; "Grosse Koalition gegen Ausländergesetz formiert sich," *SZ*, 3/21/1990; and "Multikulturelle Gesellschaft ade!" *taz*, 4/25/1990.
55. "Die Bonner Koalition einigt sich auf ein neues Ausländergesetz," *FAZ*, 5/12/1989; "Neues Ausländergesetz verabschiedet," *FAZ*, 4/27/1990; and "Fremde im Paragraphendschungel," *TSp*, 4/28/1990.
56. "Ein Abgrund von Fremdenhaß," *FR*, 8/22/1981; "Ventil für eigene Frustration," *BZ*, 1/8/1992; "Ausländerfeindlichkeit im vereinten Deutschland," *NZZ*, 1/19/1992; and "Jeder vierte Deutsche gehört zur 'Ausländer-raus' -Fraktion," *FR*, 9/12/1992.
57. "Überfallserie auf Ausländerheime," *taz*, 8/19/1991; "Gewalt gegen Ausländer nimmt zu," *FR*, 9/30/1991; "In der Nacht gingen sie dann 'die Neger holen,' " *FR*, 3/27/1992; "Schwere ausländerfeindliche Ausschreitungen in Rostock," *TSp*, 8/24/1992; and "Eine schleichende Vergiftung der Gesellschaft," *TSp*, 11/15/1992.
58. "Skin Heads gröhlen 'Wir sind deutsch!' " *SZ*, 5/7/1984; "Tote Hose, soweit die Fuße tragen," *FR*, 8/31/1992; 歌词引自 Hans-Jochen Vogel, "Was zuerst geschehen muss," *Die Welt*, 12/4/1992, and "Die Banalität des Bösen," *taz*, 5/15/1993。See also Rainer Erb, "Rechtsextremistische Jugendszene in Brandenburg," Alliance against Violence, Rightwing Extremism and Xenophobia (1999), 网站链接：www. aktionsbuendnis. brandenburg. de。
59. Dietrich Strothmann, "Der alltägliche Fremdenhass," *Die Zeit*, 8/8/1986; "Unverstanden, benachteiligt, ausgeschlossen," *Die Zeit*, 4/5/1991; and Rainer Hank, "Ausländer sind immer die Anderen," *FAZ*, 3/20/1993.
60. Peter Jochen Winters, "Hoyerswerda：Die Anonymität und Seelenlosigkeit einer sozialistischen Stadt," *FAZ*, 9/14/1991; Heribert Prantl, "Hoyerswerda：Die letzte Rache an der DDR," *SZ*, 10/2/1991; and Otto Jörg Weis "Tote Hose, so weit die Fuße tragen," *FR*, 8/31/1992.
61. Robert Leicht, "Hoyerswerda in den Köpfen," *Die Zeit*, 9/26/1991; Walter Bajohr, "Die Scherben von Hoyerswerda," *RhM*, 9/27/1991; Wolfgang Thierse, "Fremdenhaß ist kein spezifisch ostdeutsches Phänomen," *FR*, 1/13/1992; and "Erklärung der Deutschen Psychoanalytischen Vereinigung zu Fremdenhaß und Gewalt in Deutschland," *FAZ*, 11/27/1992.
62. Rüdiger Scheidges, "Die Konzepte mit der Realität in Einklang bringen," *TSp*, 4/20/1991; "Schäuble：Aussiedler werden ohne Einschränkungen aufgenommen," *FAZ*, 4/13/1991; "SPD warnt Bonn vor einer Massenabschiebung in Krisengebiete," *FR*, 6/29/1991; and "Bonn will Gewalt gegen Ausländer bremsen," *SZ*, 12/11/1991.
63. "Frau Funcke scheidet enttäuscht aus dem Amt," *FAZ*, 7/13/1991; "Bekenntnis zum Einwanderungsland," *taz*, 9/10/1991; "Deutschland längst eine multikulturelle

Gesellschaft," *SZ*, 2/3/1992; and "Kein neuer Nazismus in Deutschland," *SZ*, 12/5/1991.

64. "Wir wollen mit den Ausländern leben," *SZ*, 10/11/1991; "Wer sich öffnet, erzielt mitmenschlichen Gewinn," *Die Welt*, 11/19/1991; " Deutschland profitiert von Ausländern," *FAZ*, 10/25/1991; "Handwerk ohne Ausländer nicht vorstellbar," *TSp*, 11/5/1991; and "Ausländer stützen die Sozialversicherung," *FAZ*, 12/5/1991.

65. "Wir werden die Zukunft miteinander gewinnen oder verlieren," *FR*, 7/26/1991; "Gemeinsame Front gegen Fremdenhaß," *SZ*, 10/10/1991; Eckhart Spoo, " Ohne Fremde sind wir allein," *FR*, 10/20/1991; and "Wer wagt überhaupt noch den Kopf zu schütteln," *FR*, 9/11/1992.

66. Theo Sommer, "Das Schandmal des Fremdenhasses," *Die Zeit*, 10/10/1991; "Was tun gegen den Haß?" *taz*, 10/5/1991; "Gegen Gewalt und Fremdenhaß," *taz*, 11/4/1991; and "Fremde brauchen Freunde," *FR*, 11/23/1991.

67. "Demonstrationen gegen Ausländerhaß," *FAZ*, 11//11/1991; " Aufrufe zu Massenprotesten gegen den Ausländerhaß," *SZ*, 9/30/1992; " Zehntausende demonstrieren gegen Rassismus und Fremdenhaß," *FR*, 10/5/1992; "Lichterkette und Rockkonzert," *Die Welt*, 12/14/1992; and "Kerzen über Berlin," *taz*, 1/29/1993.

68. Herbert, *Geschichte der Ausländerpolitik*, 320.

69. Richard von Weizsäcker, "Es ist hohe Zeit, sich zur Wehr zu setzen," *FR*, 11/9/1992; "Bundestag debattiert über Gewalt," *FR*, 11/26/1992; "Kohl: Terror von Rechts und Links bekämpfen," *SZ*, 12/11/1992; and "Einhellige Verurteilung von Fremdenfeindlichkeit und Gewalt," *Das Parlament*, 12/18/1992.

70. "Koalition und SPD legen Streit über Asylrecht bei," *SZ*, 1/16/1993; "Ein weltoffenes Land," *Die Welt*, 1/22/1993; "Wie weit geht die SPD?" *FR*, 1/28/1993; "Einigung über Einzelheiten des Asylrechts," *FAZ*, 2/5/1993; "Die SPD steht in der Asyldiskussion weiter unter großem Druck," *TSp*, 3/4/1993; and "Asyldebatte im deutschen Bundestag," *NZZ*, 3/6/1993.

71. "Die Deutschen investieren, die anderen parieren," *SZ*, 2/6/1993; "Es wird höchste Zeit," *BK*, 3/13/1993; " SPD geht im offenen Streit in die Abstimmung zur Asylrechtsänderung," *TSp*, 5/23/1993; and " Sozialdemokratinnen und Sozialdemokraten appellieren an die MdB," *taz*, 5/25/1993.

72. "Verabschiedung der Asylrechtsreform in Bonn," *NZZ*, 5/27/1993; Roderich Reifenrath, "Eine unheilige Allianz," *FR*, 5/27/1993; Thomas Kröter, "Der große Durchbruch in die andere Richtung," *Die Welt*, 5/27/1993; Jutta Falke, "Ende der Selbstblockade," *RhM*, 5/28/1993; and Jens Reich, "Was heisst schon 'politisch'?" *Die Zeit*, 6/3/1993.

73. Eckhard Fuhr, "Am Tag danach," *FAZ*, 5/28/1993, and Claus Leggewie, "Multi-Kulti: Schlachtfeld oder halbwegs erträgliches Leben?" *FR*, 1/29/1993.

74. "Neue fremdenfeindliche Untat in Deutschland," *NZZ*, 6/2/1993; Frank Hansen and Alexander Richter, " Fassungslosigkeit, Wut und Trauer," *TSp*, 6/1/1993; and Herbert Prantl, "Solinger Signale," *SZ*, 6/2/1993.

75. "Vorwürfe gegen Bonner Politiker," *FR*, 6/1/1993. "Türken fürchten um ihr Leben," *SZ*, 6/1/1993; Dilek Zaptcioglu-Rogge, "Jetzt weiß ich, daß ich hier keine wahren Freunde habe," *TSp*, 6/3/1993; "Dann liegt die Schuld bei uns allen," *FR*, 6/4/1993; and Thomas Kielinger, "Mitbürger brauchen Bürgerrechte," *RhM*, 6/4/1993.

76. "Unfassbares Maß an sittlicher Verrohung," *FR*, 6/17/1993; "Wirtschaft sorgt sich um positives Deutschlandbild," *HB*, 9/6/1993; "Anschläge auf Ausländer kommen 'aus der Mitte der Gesellschaft,' " *FR*, 6/16/1993; and "Fremdenfeindliche Gewalt durch 'diffuse Gefühle' motiviert," *FAZ*, 5/30/1993.

77. "Die Fremden sind nicht die Ursache der Gewalt," *TSp*, 6/20/1993; "Deutschland gehört den Menschen, die hier leben und wohnen," *SZ*, 1993, no. 131; "Erst das Grauen macht mitfühlend," *BZ*, 6/29/1993; and Renate Köcher, "Die Ausländerfeindlichkeit in Deutschland ist gering," *FAZ*, 8/18/1993.
78. "Absage Bonns an Gewalt und Extremismus," *NZZ*, 9/29/1993; "Und alles unter den Augen der Polizei," *FR*, 10/26/1993; "Die Würde des Menschen ist unantastbar," *Das Parlament*, 11/13/1993; "Ausländer und die deutsche Wirtschaft. Zehn Thesen," *Bundesministerium für Wirtschaft-Dokumentation 339* (1994); and Ingrid Müller, "Die Deutschen von morgen werden in einer veränderten Welt leben," *TSp*, 7/23/1993.
79. "Zweieinhalb Jahre Haft für 22jährigen," *SZ*, 3/4/1993; Jasper von Altenbockum, "Die Angeklagten von Mölln erscheinen fast harmlos," *FAZ*, 8/27/1993; "Die peinigende Suche nach dem Bösen," *SZ*, 11/27/1993; "Höchststrafen für die Brandstifter von Mölln," *NZZ*, 12/10/1993; and "Angriffe auf Ausländer," *GK*, 4/25/1994.
80. "Entwicklung der Asylbewerberzahlen," *HB*, 2/4/1993; "Die Fluchtwege nach Deutschland," *GK*, 4/26/1993; "Wien, Budapest, Laibach, Preßburg, Prag und Warschau für klare Abmachungen," *FAZ*, 3/18/1993; and "Bonn will auf Abschiebung von bisher abgelehnten Asylbewerbern verzichten," *HB*, 3/29/1993.
81. "Asylverfahren laufen schneller," *SZ*, 1/15/1993; Sabine Sütterlin, "Nur selten hat einer noch eine Chance," *Junge Freiheit*, 8/12/1993; Martin Hagenmaier, "Die Menschlichkeit bleibt oft auf der Strecke," *Christ und Welt*, 7/1/1994; "80 Mark in zwei Raten und täglich Lebensmittelpäckchen," *FAZ*, 1/19/1994; and Kurt Teske, "Abschiebehaft," *Die Welt*, 9/13/1994.
82. Klaus-Peter Klingelschmitt, "Amnesty kritisiert deutsche Asylpolitik," *taz*, 7/9/1993; "Erste Erfahrungen mit dem neuen Asylrecht," *SZ*, 7/13/1993; and "Union und FDP werten neues Asylrecht als Erfolg," *SZ*, 1/13/1994.
83. Erwin Marschewski, "Zuzugsbegrenzung und Integration," *Das Parlament*, 11/22/1996; "Schmalz-Jacobsen fordert Konzept für Zuwanderung," *FR*, 3/4/1994; "Ein Unwort für christliche Parteien," *FAZ*, 1/11/1994; and "Härtere Gangart gegen Ausländer," *Die Welt*, 1/25/1996.
84. "Kohl droht mit Abschiebung militanter Kurden," *NZZ*, 3/25/1994; "Maßnahmen Bonns gegen Ausländerkrawalle," *NZZ*, 3/28/1996; Rainer Zitelmann, "Gewalt-Täter abschieben?" *Die Welt*, 3/14/1996; "Bundesrat billigt Visumpflicht," *FR*, 3/15/1997; and "Kanthers 'Handstreich' gegen Kinder," *SZ*, 1/14/1997.
85. "Koalition mildert Ausländerrecht," *FR*, 11/9/1995; Martina Fietz, "Wer sich hier zu Hause fühlt," *Die Welt*, 11/20/1995; Jochen Buchsteiner, "Am liebsten abschirmen," *Die Zeit*, 2/2/1996; "Koalition plant eine Einbürgerungsgarantie für Ausländerkinder," *TSp*, 10/8/1997; and "Koalitionsgezänk in Bonn um junge Ausländer," *NZZ*, 10/29/1997.
86. "Schöne Zeiten für Schlepper," *Der Spiegel 47* (1993), no. 27, 18 ff.; "Zahl der Asylanträge stark gesunken," *SZ*, 3/10/1994; and "Schleuser-Büros werben fürs Paradies Deutschland," *TSp*, 10/8/1996. See also Münz, *Zuwanderung*, 58.
87. Jochen Kummer, "Über 13 Millionen Menschen ziehen in diesem Jahrzehnt nach Deutschland," *Die Welt*, 9/24/1995; "Die Deutschen nahmen viermal so viele Ausländer auf wie der Schmelztiegel USA," *WaS*, 4/20/1997; and "Ausländer: Mehr als ein Viertel lebt seit 20 Jahren oder länger in Deutschland," *FAZ*, 6/20/1997.
88. Dilek Zaptcioglu-Rogge, "Leben in zwei Welten," *TSp*, 6/20/1993; "Die Welt aus türkischer Sicht," *SZ*, 5/19/1995; Wilhelm Heitmeyer, "Die Hinwendung zu einer religiös begründeten Gesellschaft," *FR*, 3/7/1997; Karin Hummel, "Die vergessen,

421

woher sie kommen," *FAZ*, 8/2/1997; and Konrad Schuller, "Die Türken Deutschlands: Eine Minorität im Werden?" *FAZ*, 6/25/1998.
89. "Bildungsstand bei Ausländern wächst," *FAZ*, 3/3/1994; "Otto und Ali," *Der Spiegel 47* (1993), no. 38, 117 ff.; "Die Zwitterstellung der dritten Generation," *Die Welt*, 9/10/1995; "23 Pillen und die Last zweier Herzen," *SZ*, 8/25/1994; and "Zurück in die Heimat: Nur zum Urlaubmachen," *FR*, 1/10/1995.
90. " 'An kein Land binden,' " *Der Spiegel 50* (1996), no. 29, 48 ff.; Hans-Christian Rößler, "Man kann seine Identität nicht von heute auf morgen aufgeben," *FAZ*, 7/29/1997; and Zafer Senocak, "Aber das Herz schlägt noch türkisch," *taz*, 8/22/1998.
91. Dieter Wulf, "Gute Juden-böse Israelis," *RhM*, 2/17/1985; Andreas Nechama, "Die jüdische Einwanderung besser absichern," *hagalil*, 5/9/1999; Toby Axelrod, "Deutschland für GUS-Juden attraktiver als Israel," *tacheles*, 8/8/2003; and "Ausländer in Deutschland-Deutsche Ausländerpolitik," www. schutzbund. de. See also Wladimir Kaminer, *Russendisko* (Munich, 2000).
92. "Rückkehr zur Politik," *taz*, 10/5/1998; "Kohl und Schäuble verteidigen CSU-Linie zur Ausländerpolitik," 7/10/1998; "SPD und Grüne werben für neues Ausländerrecht," *FR*, 1/11/1995; Ekkehard Wienholtz et al., "Wie die Ausländer zum Wohlstand in Deutschland beitragen," *FR*, 8/19/1998; and "Neue Ausländerpolitik gefordert," *TSp*, 11/2/1998.
93. "Bewegung in der deutschen Rechtspolitik," *NZZ*, 11/17/1998; "Mehr Zuwanderung ist nicht verkraftbar," *TSp*, 11/20/1998; "Schröder stellt sich in der Ausländerdebatte hinter Schily," *Die Welt*, 11/26/1998; and "Neues Staatsbürgerschaftsrecht noch vor der Sommerpause," *FAZ*, 1/6/1999.
94. Martina Fietz, "Deutsche zum Nulltarif," *Die Welt*, 10/17/1998; Daniel Goffart, "Legitime Kampagne mit schrillen Tönen," *HB*, 1/5/1999; "Ausländerpolitische Kampagne der CDU/CSU," *NZZ*, 1/5/1999; and "CDU hält an der Unterschriftensammlung fest," *NZZ*, 1/11/1999.
95. Giovanni di Lorenzo, "Eine ganz unsinnige Polarisierung," *TSp*, 1/10/1999; "Hitzige Kontroverse um die doppelte Staatsangehörigkeit," *HB*, 1/12/1999; "Koalition einig Über neues Doppelpass-Gesetz," *Die Welt*, 1/13/1999; "Bubis verurteilt CDUKampagne," *FR*, 1/14/1999; and "Katholische Kirche für Doppel-Pass," *TSp*, 1/16/1999.
96. Roland Koch, "Der Wille zur Integration ist nötig," *Die Welt*, 1/15/1999; "Der Griff zur Liste," *BZ*, 1/18/1999; "Im Laufschritt zur Wurst," *Der Spiegel 53* (1999), no. 3, 28; "Mehrheit gegen den Doppelpass," *RhM*, 1/29/1999; and "Denkzettel für die rotgrüne Koalition in Bonn," *NZZ*, 2/9/1999.
97. "SPD auf Kompromisssuche beim Bürgerrecht," *NZZ*, 2/11/1999; "Schröder will deutliche Einschränkungen beim Doppel-Pass," *TSp*, 2/10/1999; "SPD setzt beim Staatsbürgerrecht nun auf die FDP," *FR*, 2/11/1999; "Für die rasche Einbürgerung sind sie alle," *SZ*, 2/3/1999; and "CDU-Vorstand lehnt Gesetzentwurf zur Staatsangehörigkeit ab," *FAZ*, 3/16/1999.
98. "Rot-Grün lenkt bei Doppelpass ein," *BZ*, 2/25/1999; "SPD und FDP einig Über deutsches Bürgerrecht," *NZZ*, 3/12/1999; "Bundestag beschließt Doppelpass," *Die Welt*, 5/8/1999; "Fauler Kompromiss," *Die Welt*, 5/8/1999; and "Schily: Ein Zeichen für ein modernes und weltoffenes Deutschland," *FAZ*, 3/17/1999.
99. Werner Kolkhoff, "Besser die zweitbeste Lösung als gar keine," *BZ*, 3/13/1999; Eberhard Seidel-Pielen, "Mangelhaft und trotzdem gut," *taz*, 3/13/1999; Vera Gaserow, "Ein Anfang mit Schlussstrich," *FR*, 5/8/1999; and "Territorialprinzip ergänzt Abstammungsregel," *FAZ*, 3/19/1999. See also Brubaker, *Citizenship, and*

Gosewinkel, Einbürgern und Ausschließen.
100. Johannes Leithäuser, "Einbürgerung nach sechs Jahren?" *FAZ*, 10/21/1999; "Kein Ansturm auf den deutschen Pass in Bayern," *NZZ*, 1/6/2000; Elke Spanner, "Der deutsche Pass kommt in Mode," *taz*, 5/16/2000; and "Mehr Einbürgerungen in Deutschland," *FAZ*, 12/29/2000.
101. "Green Card," www. germany-info. org; "Aufholjagd um talentierte Köpfe," *Focusonline*; and "Green Card: Karriere und Gehalt locken," press release, www. wzberlin. de, 4/9/2002.
102. "CSU und Gewerkschaften kritisieren Green Card," *Die Welt*, 3/15/2000; "Zukunft statt Rüttgers," press release, www. FIfF. de, 4/26/2000; "Schulte irrt: Green Card kein Rohrkrepierer," press release, www. gi-ev. de, 8/1/2001; and "Green Card drei Jahre alt: Verlängerung bis 2004," www. Bundesregierung. de, 7/31/2003.
103. Johannes Rau, "Ohne Angst und Träumereien: Gemeinsam in Deutschland leben," *SZ*, 5/13/2000; "Zwang zum Handeln," *FAZ*, 5/19/2000; "Streit Über die Besetzung der Einwanderungskommission," *SZ*, 7/3/2000; "Das Einwanderungsgesetz kommt," *Die Welt*, 7/7/2000; and "Mit Rita Süssmuth an der Spitze," *TSp*, 7/13/2000.
104. "Schily will Gespräche zur Einwanderungspolitik," *SZ*, 5/16/2000; "Streit und Bewegung in der Asyl-Frage," *Die Welt*, 6/29/2000; Stefan Dietrich, "Fremdbestimmte Ausländerpolitik," *FAZ*, 7/6/2000; "Bonussystem für Ausländer in Deutschland?" *NZZ*, 4/19/2001; and *Zuwanderung gestalten-Integration fördern: Bericht der Unabhängigen Kommission* "Zuwanderung" (Berlin, 2001).
105. "CSU: Ausländer müssen Deutsch lernen," *SZ*, 7/9/1998; "Stoiber lehnt 'Mischmasch' ab," *SZ*, 2/18/1999; "Notfall Deutschstunde," *RhM*, 1/15/1999; "Bayern führt schriftlichen Sprachtest für Ausländer ein," *BZ*, 3/11/2000; and Dilek Güngör, "Die Augen sollen sich nicht öffnen," *FAZ*, 6/9/2000.
106. "Multikultur funktioniert nicht ohne Leitkultur," *WaS*, 11/22/2000; "Künast: Kein Abschied vom Wort 'multikulturell,'" *FAZ*, 11/2/2000; Mark Terkessidis, "Das Spiel mit der Herkunft," *taz*, 11/4/2000; and "Büffeln für die Einbürgerung," *BZ*, 12/15/2000. See also Andrea Mrozek, "Heavy on the Leitkultur," *Central Europe Review 2* (2000), no. 42; www. ce-review. org/0042/mrozek42. html.
107. "Gesetz zur Steuerung und Begrenzung der Zuwanderung und zur Reglung des Aufenthalts und der Integration von Unionsbürgern und Ausländern (Zuwanderungsgesetz)," *Bundesgesetzblatt*, 6/25/2002. "Das deutsche Ausländerrecht als Zankapfel," *NZZ*, 9/8/2001; and "Zuwanderung: Eklat im Bundesrat," *TSp*, 3/23/2002.
108. "Zuwanderungsgesetz," www. aufenthaltstitel. de. zuwg; "Schwarz-rote Lösung," *TSp*, 6/18/2004; "Zuwanderung: Jetzt ist sie geregelt," *TSp*, 6/18/2004; and "Zuwanderungsgesetz kann in Kraft treten," www. bundesregierung. de, 7/9/2004.
109. "Bundespräsident nennt Umgang mit Ausländern Prüfstein für Demokratie," *TSp*, 10/4/1992; Werner Schiffbauer, "Assoziationen der Freiheit," *taz*, 12/12/1992; and "Zivile Konfliktbewältigung ist keine deutsche Tugend," *taz*, 12/11/1991. See also Wilhelm von Sternburg, ed., *Für eine zivile Republik: Ansichten Über die bedrohte Demokratie in Deutschland* (Frankfurt, 1992).
110. Jochen Kummer, "Sind wir ein Einwanderungsland?" *WaS 2* (1997); "Die Zahl der Ausländer sagt wenig Über die Migrationsdynamik," *FAZ*, 11/11/2000; and Rolf Geffken, "Erst raus, dann rein?" *FR*, 3/17/2000.
111. "'Sie sind ein Utopist,'" *Der Spiegel 52* (1998), no. 14, 48 ff.; "Generalmobilmachung gegen Ausländer," *SZ*, 2/21/1998; Klaus Weber, "Der neue Totmacher kommt aus der deutschen Normalität," *FR*, 10/15/1999; and

"Familienkultur der Intoleranz und des Hasses," *taz*, 3/23/1999. See also Klaus J. Bade, *Ausländer, Aussiedler, Asyl in der Bundesrepublik Deutschland*, 3rd ed (Hannover, 1994).

112. Margarita Mathiopoulos, "Europa, einig Mutterland," *ND*, 6/23/1990; Sonja Margolina, "Der Ethnizismus im multikulturellen Gewand," *taz*, 1/2/1995; "Wer zu spät kommt," *Die Zeit*, 6/10/1998; "Ein Amt zwischen den Stühlen," *taz*, 11/9/1999; and Daniel Bax, "Wie verkaufe ich einen Türken," *taz*, 2/1/2000.
113. "Wir brauchen Zuwanderung," *BZ*, 2/14/2000; "Das Werk des Rassismus," *SZ*, 9/25/2000; "Warnung vor Ghettos: Angst vor Vergreisung," *SZ*, 3/1/2000; and "Die Republik ist in Gefahr," *SZ*, 10/2/1992. See also Klaus J. Bade and Rainer Münz, eds., *Migrationsreport 2000: Fakten, Analysen, Perspektiven* (Frankfurt, 2000).
114. Marie Luise Knott, "Fremd ist der Fremde nur in der Fremde," *TSp*, 12/16/1992; Thomas Lackmann, "Mutterheimat, Vaterland," *TSp*, 6/7/1998; and Robert Leicht, "Die List der Vernunft," *TSp*, 2/2/2001.
115. Gerd Held, "Tischsitten, Stahlbrücken, Verfassungsartikel," *FAZ*, 10/7/2001; "Was tun gegen die neuen nationalen und rassistischen Töne?" *SZ*, 4/14/1998; and "Türken bilden an vielen Orten eine ethnische Subkultur," *FR*, 12/28/1999.
116. Zafer Senocak, "Heimatwunsch in der Fremde," *TSp*, 11/3/2001; Bassam Tibi, "Hischra nach Europa," *FAZ*, 12/18/2000; "Ich bin stolz, ein Kanake zu sein," *TSp*, 11/31/2000; "Ich gehör' hier dazu," *Die Welt*, 11/11/2000; and Carsten Baumgardt, "Gegen die Wand," www. filmstarts. de. See also Matthias Konzett, "Zafer Senocak im Gespräch," *German Quarterly 76* (2003), 131—139.

下篇结语

1. Konrad H. Jarausch, "Etiketten mit Eigenleben: Wende, Zusammenbruch, friedliche Bürgerrevolution," *Das Parlament*, 8/25/2000. See also Hans-Joachim Veen, ed., *Nach der Diktatur: Demokratische Umbrüche in Europa-Zwölf Jahre später* (Cologne, 2003).
2. Jarausch and Sabrow, *Weg in den Untergang*, versus von Plato, *Die Vereinigung*.
3. Jürgen Kocka, "Reform and Revolution: Germany 1989—1890," in Reinhard Rürup, ed., *The Problem of Revolution in Germany, 1789—1989* (Oxford, 2000), 161—179.
4. Pfaff, *Fight or Flight?* 想了解持续时间更长的相关研究，可参阅 Konrad H. Jarausch, "Aufbruch der Zivilgesellschaft: Zur Einordnung der friedlichen Revolution von 1989."。
5. Misselwitz, *Nicht mehr mit dem Gesicht nach Westen*, and Staatskanzlei des Landes Sachsen-Anhalt, ed., *Fragen zur deutschen Einheit: Reinhard Höppner im Gespräch mit Daniela Dahn, Egon Bahr, Hans Otto Bräutigam, Erhard Eppler, Günter Gaus, Regine Hildebrandt, Günter Grass* (Halle, 1999).
6. Detlef Pollack, "Wirtschaftlicher, sozialer und mentaler Wandel in Ostdeutschland: Eine Bilanz nach zehn Jahren," *APuZ* B 40 (2000), 13—21.
7. Hermann Rudolph, "Es geht längst nicht mehr darum, ob die Bundesrepublik ein Einwanderungsland ist," *TSp*, 7/11/1996, and Ayhan Bakirdögen, "Wegbereiter für die multikulturelle Gesellschaft," *TSp*, 11/24/1996. See also "Wir öffnen die Tür einen Spalt," *TSp*, 7/3/2004.
8. Timothy Garton Ash, *The Magic Lantern: The Revolution of '89 Witnessed in Warsaw, Budapest, Berlin, and Prague* (New York, 1990), 134 ff.
9. Wilhelm Heitmann, "Feindselige Normalität," *Die Zeit*, 12/11/2003.
10. Fritz Stern, *Verspielte Größe: Essays zur deutschen Geschichte* (Munich, 1996).
11. 想了解西德的例子，可参阅 Eley, *Forging Democracy*。

12. Konrad H. Jarausch, "Die Postnationale Nation: Zum Identitätswandel der Deutschen 1945—1995," *Historicum 14* (Spring 1995), 30—35.
13. 专号投稿, "Der letzte Deutsche," *Der Spiegel 58* (2004), no. 2, 38 ff. See also Bade, *Europa in Bewegung*.

结 论

1. Erich Nickel, "Der Streit um die deutsche Hauptstadt," *Berlinische Monatsschrift 10* (2001), no. 7, 20—27. See also Udo Wengst, ed., *Historiker betrachten Deutschland: Beiträge zum Vereinigungsprozeß und zur Hauptstadtdiskussion* (Bonn, 1992).
2. Johannes Gross, *Begründung der Berliner Republik: Deutschland am Ende des 20. Jahrhunderts* (Stuttgart, 1995), 84 ff. 作为回应, 可 See also Habermas, *Normalität einer Berliner Republik*, 167 ff。
3. Max A. Höfer, "Die 'Berliner Republik' als Kampfbegriff?" *APuZ* B 6—7 (2001), 27—30. See also Willy-Brand-Kreis, ed., *Zur Lage der Nation: Leitgedanken für eine Politik der Berliner Republik* (Berlin, 2001).
4. Kurt Sontheimer, "Berlin schafft keine neue Republik-und sie bewegt sich doch," *APuZ* B 1—2 (2001), 3—5. See also Roland Czada and Hellmut Wollmann, eds., *Von der Bonner zur Berliner Republik: 10 Jahre Deutsche Einheit* (Wiesbaden, 2000), 13 ff., and Dieter Dettke, ed., *The Spirit of the Berlin Republic* (New York, 2003).
5. Frank Brunssen, "Das neue Selbstverständnis der Berliner Republik," *APuZ* B 1—2 (2001), 6—14. See also James and Stone, *When the Wall Came Down*, 233—239, and Brian Ladd, *The Ghosts of Berlin: Confronting German History in the Urban Landscape* (Chicago, 1997).
6. Hans-Ulrich Wehler, ed., *Aus der Geschichte lernen: Essays* (Munich, 1988), 11—18; Peter Graf Kielmansegg, "Lernen aus der Geschichte-Lernen in der Geschichte: Deutsche Erfahrungen im 20. Jahrhundert," in Peter R. Weilemann et al., eds., *Macht und Zeitkritik: Festschrift für Hans-Peter Schwarz zum 65. Geburtstag* (Paderborn, 1999), 3—16.
7. Gerhard L. Weinberg, "Reflections on Two Unifications," *GSR 21* (1998), 13—25. Hans-Ulrich Wehler, *Deutsche Gesellschaftsgeschichte* (Munich, 2003), 4: 981 ff. 中有对这一转变的评论, 但并未仔细分析转变背后的学习过程。See also Horst Carl et al., eds., *Kriegsniederlagen: Erfahrungen und Erinnerungen* (Berlin, 2004).
8. *Brockhaus Enzyklopädie*, 20 vols. (Wiesbaden, 1974), 20: 719—720; Johannes Weiß, "Zivilisation," in Günter Endruweit and Gisela Trommsdorff, eds., *Wörterbuch der Soziologie*, 2nd rev. ed. (Stuttgart, 2002), 715—717; and Hans-Günther Thien, "Zivilgesellschaft," in Werner Fuchs-Heinritz et al., eds., *Lexikon zur Soziologie*, 3rd rev. ed. (Opladen, 1995), 757. See also *Kleines Politisches Wörterbuch*, 3rd rev. ed. (Berlin, 1978), 1043—1044.
9. Habermas, *Normalität einer Berliner Republik*, 167 ff. See also Winkler, *Der lange Weg*.
10. Frei, *Adenauer's Germany and the Nazi Past*. 过度关注涉及记忆文化的问题容易夸大其重要性, 忽略德国人为摆脱灾难而投入的实际学习过程。
11. Jeffrey Herf, *Divided Memory: The Nazi Past in the Two Germanys* (Cambridge, MA, 1997); Annette Weinke, *Die Verfolgung von NS-Tätern im geteilten Deutschland: Vergangenheitsbewältigungen 1949—1969 oder: Eine deutsch-deutsche Beziehungsgeschichte im Kalten Krieg* (Paderborn, 2002).
12. Peter Reichel, *Politik mit der Erinnerung: Gedächtnisorte im Streit um die nationalsozialistische Vergangenheit* (Munich, 1995). See also Konrad H. Jarausch,

"Critical Memory and Civil Society: The Impact of the Sixties on German Debates about the Past," in Philipp Gassert and Alan Steinweis, eds., *Coping with the Nazi Past* (New York, 2006).
13. Dirk van Laak, "Der Platz des Holocaust im deutschen Geschichtsbild," in Konrad H. Jarausch and Martin Sabrow, eds., *Die historische Meistererzählung: Deutungslinien der deutschen Nationalgeschichte nach 1945* (Göttingen, 2002), 163—193, and Michael Jeismann, *Auf Wiedersehen Gestern: Die deutsche Vergangenheit und die Politik von morgen* (Stuttgart, 2001).
14. Kielmansegg, *Nach der Katastrophe*, 81. See also Wirth et al., *Das demokratische Deutschland*.
15. Edgar Wolfrum, *Die Bundesrepublik Deutschland 1949—1990* (Stuttgart, 2005), vol. 23 of *Gebhardt: Handbuch der deutschen Geschichte*, 303 ff. Kraushaar, *1968: Das Jahr*.
16. Konrad H. Jarausch, "Deutsche Einsichten und Amerikanische Einflüsse: Kulturelle Aspekte der Demokratisierung Westdeutschlands," in Arndt Bauerkämper, Konrad H. Jarausch, and Markus Payk, eds., *Transatlantische Mittler* (Göttingen, 2005).
17. Hans Misselwitz, "Die unvollendete Berliner Republik: Warum der Osten zur Sprache kommen muss," in Willy-Brandt-Kreis, ed., *Zur Lage der Nation: Leitgedanken für eine Politik der Berliner Republik* (Berlin, 2001), 32 ff.
18. 可参阅本书的第八章、第九章。
19. Hajo Funke, *Paranoia und Politik: Rechtsextremismus in der Berliner Republik* (Berlin, 2002).
20. Susanne Lütz, "Vom koordinierten zum marktorientierten Kapitalismus?" in Roland Czada and Hellmut Wollmann, eds., *Von der Bonner zur Berliner Republik: 10 Jahre Deutsche Einheit* (Wiesbaden, 2000), 651 ff.
21. Konrad H. Jarausch, "Mißverständnis Amerika: Antiamerikanismus als Projektion," in Jan C. Behrends et al., eds., *Antiamerikanismus im 20. Jahrhundert: Studien zu Ost- und Mitteleuropa* (Bonn, 2005), 34—49. See also Jürgen Maier, *Politikverdrossenheit in der Bundesrepublik Deutschland: Dimensionen, Determinanten, Konsequenzen* (Opladen, 2000).
22. Daniela Dahn, "Vereintes Land-geteilte Freude" and in Willy-Brandt-Kreis, ed., *Zur Lage der Nation: Leitgedanken für eine Politik der Berliner Republik* (Berlin, 2001), 12 ff. 中的其他文本。
23. Konrad H. Jarausch, "Normalisierung oder Re-Nationalisierung? Zur Umdeutung der deutschen Vergangenheit," *GG 21* (1995), 571—584.
24. 可参阅本书的第一章、第二章。
25. Markovits and Gorski, *Grün schlägt rot*.
26. Günter Grass, "Mein Deutschland," in Willy-Brandt-Kreis, ed., *Zur Lage der Nation: Leitgedanken für eine Politik der Berliner Republik* (Berlin, 2001), 136 ff.; and Daniel Cohn-Bendit and Thomas Schmid, *Heimat Babylon: Das Wagnis der multikulturellen Demokratie*, 2nd ed. (Hamburg, 1993).
27. Kielmansegg, *Nach der Katastrophe*, 46 ff., 131 ff.
28. Kielmansegg, "Lernen aus der Geschichte," 8 ff.
29. Simone Barck, *Antifa-Geschichte (n): Eine literarische Spurensuche in der DDR der 1950er und 1960er Jahre* (Cologne, 2003). See also Konrad H. Jarausch, "Die gescheiterte Gegengesellschaft: Überlegungen zu einer Sozialgeschichte der DDR," *AfS 39* (1999), 1—17.
30. "Martin Sabrow, ed., *Skandal und Diktatur: Formen öffentlicher Empörung im NSStaat und in der DDR* (Göttingen, 2004). See also Schildt, *Ankunft im Westen*, 15 ff.

31. Herbert, *Wandlungsprozesse in Westdeutschland*, 7 ff.
32. 这些禁忌可以解释受众对 Friedrich, *Der Brand* 和 Anonyma, *Eine Frau in Berlin* 的情绪反应，以及近来围绕是否要在柏林建立反驱逐中心的问题所引发的争议。
33. Eric Hobsbawm, *The Age of Extremes: The Short Twentieth Century, 1914—1991* (London, 1994). See also Hans-Peter Schwarz, "Die neueste Zeitgeschichte," *VfZ 51* (2003), 5—28.
34. Michael Staack, "Abschied vom 'Frontstaat': Deutschlands veränderte Außen- und Sicherheitspolitik," in Roland Czada and Hellmut Wollmann, eds., *Von der Bonner zur Berliner Republik: 10 Jahre Deutsche Einheit* (Wiesbaden, 2000), 159 ff. See also Hans-Ulrich Klose, "The Foreign Policy of the Berlin Republic," and Daniel Hamilton, "The Berlin Republic in a Global Age," in Dieter Dettke, ed., *The Spirit of the Berlin Republic* (New York, 2003), 48 ff., 56 ff.
35. Till Müller, "Verfassungspatriotismus," *Mitteilungen der Humanistischen Union 165* (1999), www. humanistische-union. de. See also Konrad H. Jarausch, "Die Postnationale Nation: Zum Identitätswandel der Deutschen 1945—1995," *Historicum 14* (Spring 1995), 30—35.
36. Jay Julian Rosellini, *Literary Skinheads? Writing from the Right in Reunified Germany* (West Lafayette, 2000); Jürgen Habermas, *Die postnationale Konstellation: Politische Essays* (Frankfurt, 1998), versus Gerhard Schröder, "Programm für die Zukunft," 在社民党大会上有关政治变化的发言, 6/29/1998 in Berlin。
37. Edgar Grande and Burkhard Eberlein, "Der Aufstieg des Regulierungsstaates im Infrastrukturbereich," in Roland Czada and Hellmut Wollmann, eds., *Von der Bonner zur Berliner Republik: 10 Jahre Deutsche Einheit* (Wiesbaden, 2000), 651 ff.; Paul Nolte, *Generation Reform: Jenseits der blockierten Republik* (Munich, 2004), versus Oskar Negt, "Die Gewinne von heute ... sind die Arbeitslosen von morgen," in Willy-Brandt-Kreis, ed., *Zur Lage der Nation: Leitgedanken für eine Politik der Berliner Republik* (Berlin, 2001), 224 ff.
38. Friedrich Dieckmann, "Top down oder bottom up? Zum Prozess der deutschen Vereinigung," in Willy-Brandt-Kreis, ed., *Zur Lage der Nation: Leitgedanken für eine Politik der Berliner Republik* (Berlin, 2001), 79 ff.; Rolf Reißig, "Nach dem Systemschock: Transformation im Osten und Wandel der 'alten' Bundesrepublik," in Roland Czada and Hellmut Wollmann, eds., *Von der Bonner zur Berliner Republik: 10 Jahre Deutsche Einheit* (Wiesbaden, 2000), 73 ff.
39. Vladimir Handl, "Ungleiche Partner: Deutschland-aus tschechischer Sicht gesehen," in Roland Czada and Hellmut Wollmann, eds., *Von der Bonner zur Berliner Republik: 10 Jahre Deutsche Einheit* (Wiesbaden, 2000), 228 ff., and Anna Wolff-Poweska, "The Berlin Republic from a Polish Perspective," in Dieter Dettke, ed., *The Spirit of the Berlin Republic* (New York, 2003), 180 ff.
40. Friedrich Schorlemmer, "Die Forderungen der Bürger an die Demokratie—die Forderungen der Demokratie an die Bürger," in Willy-Brandt-Kreis, ed., *Zur Lage der Nation: Leitgedanken für eine Politik der Berliner Republik* (Berlin, 2001), 201 ff., and Peter Graf Kielmansegg, "Soll die Demokratie direkt sein?" *FAZ*, 4/25/2001.
41. Detlef Pollack, "Das geteilte Bewusstsein: Einstellungen zur sozialen Ungleichheit und zur Demokratie in Ost- und Westdeutschland 1990—1998," in Roland Czada and Hellmut Wollmann, eds., *Von der Bonner zur Berliner Republik: 10 Jahre Deutsche Einheit* (Wiesbaden, 2000), 281 ff. See also Hartmut Kaelble, *Wege zur Demokratie: Von der Französischen Revolution zur Europäischen Union* (Stuttgart, 2001).
42. Constanze von Bullion, "Das bewegte Dorf," *TSp*, 3/2/2003. See also "Von der APO zu ATTAC: Politischer Protest im Wandel," *vorgänge 42* (2003), no. 4, passim.

43. "Neuregelung verschärft Kampf gegen internationalen Terrorismus," www. bundesregierung. de, 4/29/2002; "Schily: BKA erfolgreich im Kampf gegen den Terrorismus," press release, www. bmi. bund. de, 9/4/2002; and Stefan Krempl, "Schilys Geheimplan im Kampf gegen den Terrorismus," www. telepolis. de, 10/12/2001.
44. Manfred G. Schmidt, "Immer noch auf dem 'mittleren Weg'? Deutschlands politische Ökonomie am Ende des 20. Jahrhunderts," and Frank Bönker and Hellmut Wollmann, "Sozialstaatlichkeit im Übergang: Entwicklungslinien der bundesdeutschen Sozialpolitik in den Neunzigerjahren," in Roland Czada and Hellmut Wollmann, eds., *Von der Bonner zur Berliner Republik: 10 Jahre Deutsche Einheit* (Wiesbaden, 2000), 491 ff., 514 ff. See also Frank Thies, "The Economic and Social Fabric of the Berlin Republic," in Dieter Dettke, ed., *The Spirit of the Berlin Republic* (New York, 2003), 85 ff.
45. Konrad H. Jarausch, "A Double Burden: The Politics of the Past and German Identity," in Jörn Leonhard and Lothar Funk, eds., *Ten Years of German Unification: Transfer, Transformation, Incorporation?* (Birmingham, 2002), 98—114.
46. "Die OSTalgie-Show," www. ZdF. de 和其他商业网站；以及 Tobias Dürr, "On 'Westalgia': Why West German Mentalities and Habits Persist in the Berlin Republic," in Dieter Dettke, ed., *The Spirit of the Berlin Republic* (New York, 2003), 24 ff.。
47. Edelbert Richter, "Aufschwung unter neoliberalem Vorzeichen: Zur wirtschaftlichen Lage im Osten der Nation," in Willy-Brandt-Kreis, ed. *Zur Lage der Nation: Leitgedanken für eine Politik der Berliner Republik* (Berlin, 2001), 102 ff. See also Konrad H. Jarausch, "Creative Destruction: Transforming the East German Academic System," in Jürgen Büschenfeld et al., eds., *Wissenschaftsgeschichte heute: Festschrift für Peter Lundgreen* (Bielefeld, 2001), 192—210.
48. Philippe Moreau Desfarges, "In Search of a New Balance: France, Germany and the New Europe," in Dieter Dettke, ed., *The Spirit of the Berlin Republic* (New York, 2003), 162 ff.
49. "Zuwanderung: Alle rügen die Union," *TSp*, 2/20/2004. See also Faruk Sen, "Berlin's Turkish Community," in Dieter Dettke, ed., *The Spirit of the Berlin Republic* (New York, 2003), 130 ff.
50. Herbert, *Wandlungsprozesse in Westdeutschland*, 48 f.
51. Klaus Naumann, "Die Historisierung der Bonner Republik: Zeitgeschichtsschreibung in zeitdiagnostischer Absicht," *Mittelweg 36* (2000), no. 3, 53—66. See also Gabor Steingart, "Die Wohlstands-Illusion," *Der Spiegel 58* (2004), no. 11, 52 ff., and Steingart, "Der deutsche Irrweg," *Der Spiegel 58* (2004), no. 12, 52 ff.
52. Michael Gehler, "Zeitgeschichte zwischen Europäisierung und Globalisierung," *APuZ*, B 51—52 (2002), 23—35, and Gerhard Schulz, "Gegen die Vermehrung ist der Markt ein Nichts: Überlegungen zu einer Geschichte im Zeitalter der Globalisierung," *FAZ*, 7/26/2003.
53. Peter Conradi, "The Architectural Rebirth of a Capital," in Dieter Dettke, ed., *The Spirit of the Berlin Republic* (New York, 2003), 110 ff. See also Anne Costabile-Heming et al., eds., *Berlin—The Symphony Continues: Orchestrating Architectural, Social, and Artistic Change in Germany's New Capital* (Berlin, 2004).
54. Sebastian Conrad, *Auf der Suche nach der verlorenen Nation: Geschichtsschreibung in Westdeutschland und Japan, 1945—1960* (Göttingen, 1999).
55. R. J. B. Bosworth, *Explaining Auschwitz and Hiroshima: History Writing and the Second World War 1945—1990* (London, 1993).
56. Gerhard Botz and Gerald Sprengnagel, eds., *Kontroversen um Österreichs Zeitgeschichte:*

Verdrängte Vergangenheit, Österreich-Identität, Waldheim und die Historiker (Frankfurt, 1994).
57. Robert O. Paxton, *Vichy France: Old Guard and New Order, 1940—1944* (New York, 1972), and Henry Rousso, *Vichy: L'événement, la mémoire, l'histoire* (Paris, 2001).
58. Daniel Benjamin, "Condi's Phony History: Sorry, Dr. Rice, Postwar Germany Was Nothing Like Iraq," *Slate Magazine*, www. slate. msn. com, 8/29/2003; Robert Gerald Livingston, "Does Iraq 2004 Resemble Germany 1946?" *American Institute for Contemporary German Studies Advisor*, 1/9/ 2004.
59. Kielmansegg, *Nach der Katastrophe*, 654 ff.
60. Ute Frevert, *Eurovisionen: Ansichten guter Europäer im 19. und 20. Jahrhundert* (Frankfurt, 2003). See also Eric Frey, *Schwarzbuch US* (Frankfurt, 2004).
61. Ludger Kühnhardt, *Die Universalität der Menschenrechte*, 2nd rev. ed. (Bonn, 1991), and Jeffrey N. Wasserstrom, Lynn Hunt, and Marilyn B. Young, eds., *Human Rights and Revolution* (Lanham, 2000).
62. "Die Allgemeine Erklärung der Menschenrechte," 联合国决议 217 A (Ⅲ), 12/10/1948, www. unhchr. ch. 更多文件 in Kühnhardt, *Die Universalität der Menschenrechte*, 314—429。
63. Kurt Schumacher, *Nach dem Zusammenbruch* (Hamburg, 1948), 10.
64. "Jahresbericht Forum Menschenrechte 2002," www. forum-menschenrechte. de., and Georg Nolte and Hans-Ludwig Schreiber, eds., *Der Mensch und seine Rechte: Grundlagen und Brennpunkte der Menschenrechte zu Beginn des 21. Jahrhunderts* (Göttingen, 2004).

索 引

（条目后数字为原书页码，参见本书边码）

Abendroth, Wolfgang, 阿本德罗特, 沃尔夫冈, 160
Abetz, Otto, 阿贝茨, 奥托, 118
Abusch, Alexander, 阿布施, 亚历山大, 59
Accession to the Federal Republic, 加盟联邦共和国, 参见 unification
Adenauer, Konrad, 阿登纳, 康拉德, 37, 38, 40, 86, 111, 114, 115, 116, 131, 135, 136—137, 140, 142, 145, 147—148, 160, 215
Adorno, Theodor W., 阿多诺, 西奥多·W., 154, 160, 167
Agartz, Viktor, 阿加兹, 维克多, 80
Agnoli, Johannes, 阿尼奥利, 约翰内斯, 168
Agricola, Rudolf, 阿格里科拉, 拉鲁道夫, 131
Ahlen program of the CDU, 基民盟的阿赫伦计划, 86
Ahlers, Conrad, 阿勒斯, 康拉德, 160
Air lift, 空运, 86, 113, 142
Albertz, Heinrich, 阿尔贝茨, 海因里希, 171
Allemann, Fritz René, 阿勒曼, 弗里兹·勒内, 17
Alliance for Germany, 德国联盟, 208, 227
Almond, Gabriel A., 阿尔蒙德, 加布里埃尔·A., 139
America Houses, 美国之家, 57, 121, 134
Americanization: 美国化: in GDR, 在民主德国, 125; language, 语言, 125—126; popular culture, 流行文化 16, 120—127; use of term, 术语的使用, 104
Anti-Americanism, 反美国化, 125, 126, 128, 232, 276
Antiauthoritarianism, 反威权主义, 参见 "1968"
Anti-Communism, 反共产主义, 55, 67, 112, 119, 137
Anti-Fascism, 反法西斯主义, ix, 59, 225, 235; as GDR ideology, 作为民主德国的意识形态, 119—120, 137; failure of, 失败, 225
Anti-Fascists, 反法西斯主义者, 69, 80, 113
Arendt, Hannah, 阿伦特, 汉娜, 11
Ash, Mitchell G., 阿什, 米切尔·G., 215
Ash, Timothy Garton, 艾什, 提莫西·加顿, 66
Asylum: 收容制度: abuse of, 滥用, 239, 245, 249; compromise, 妥协, 250, 254; law, 法律, 245, 250, 254, 256, 261; seekers, 寻求者, 242, 246, 249
Atlanticists, 大西洋主义者, 118—119
Atomic, biological and chemical weapons, 原子、生物与化学武器, 40, 228
Auerbach, Thomas, 奥尔巴赫, 托马斯, 202
Augstein, Rudolf, 奥格斯坦, 鲁道夫, 134, 143, 160
Auschwitz, 奥斯威辛, 5, 11, 26, 66, 216, 269; 参见 Holocaust

430

索 引

Baader, Andreas, 巴德尔, 安德里亚斯, 150, 175
Bachmann, Josef, 巴赫曼, 约瑟夫, 172
Baez, Joan, 贝兹, 琼, 124
Bahr, Egon, 巴尔, 埃贡, 220, 221
Bahro, Rudolf, 巴若, 鲁道夫, 201
Barck, Dennis, 巴克, 丹尼斯, viii
Baring, Arnulf, 巴林, 阿努尔夫, 232
Barschel, Uwe, 巴舍尔, 乌韦, 152
Baruch, Bernard, 巴鲁克, 伯纳德, 73
Basic Law of FRG, 联邦德国的《基本法》, 14, 36, 62, 114, 131, 135—136, 139, 141, 183, 209, 213, 222, 228—229, 238, 240
Baudissin, Wolfgang Count von, 鲍迪辛, 沃尔夫冈爵士·冯, 39
Bäuerle, Theodor, 博伊尔勒, 特奥多尔, 108
Bauman, Zygmunt, 鲍曼, 齐格蒙特, 12
Bausinger, Hermann, 鲍辛格, 赫尔曼, 127
Becker, Jurek, 贝克尔, 尤雷克, 201
Bender, Peter, 本德尔, 彼得, 217
Benét, Stephan Vincent, 贝内, 斯蒂芬·文森特, 121
Berg, Fritz, 伯格, 弗里茨, 88
Berger, Thomas, 伯格, 托马斯, 45
Bergsträsser, Arnold, 贝尔格施特拉瑟, 阿诺德, 121
Bergsträsser, Ludwig, 贝尔格施特拉瑟, 路德维希, 114
Berlin: 柏林: blockade, 封锁, 86; city of, 城市, 7, 105, 134, 143, 229, 279; debate about capital, 关于建都的争论, 267—268; republic, 共和国, 267—268
Berlin wall: 柏林墙: building of, 建造, 67, 242; fall of, 倒塌, 207, 214, 223, 248
Biedenkopf, Kurt, 比登科普夫, 库尔特, 36
Biermann, Wolf, 比尔曼, 沃尔夫, 99, 200, 201, 232
Black market, 黑市, 56, 81, 107
Blackbourn, David, 布莱克伯恩, 大卫, 11
Blank, Theodor, 布兰克, 特奥多尔, 37
Blanke, Gustav, 布兰克, 古斯塔夫·H., 133
Bloc parties, 集团党派, 137, 193, 196, 207
Bloch, Ernst, 布洛赫, 恩斯特, 109, 159, 162, 167
Blüm, Norbert, 布吕姆, 诺伯特, 93
Böhme, Franz, 博梅, 弗朗茨, 26
Bohley, Bärbel, 波利, 芭尔贝, 43, 205, 206, 210
Bohrer, Karl Heinz, 博尔, 卡尔·海因茨, 186, 234
Böll, Heinrich, 伯尔, 海因里希, 33, 40, 65, 68, 143
Borchert, Wolfgang, 博尔歇特, 沃尔夫冈, 33
Bormann, Martin, 鲍曼, 马丁, 72
Bourke-White, Margaret, 伯克—怀特, 玛格丽特, 4
Boveri, Margret, 博韦里, 玛格丽特, 3, 103, 106
Bowie, David, 鲍伊, 大卫, 199
Bracher, Karl Dietrich, 布拉赫, 卡尔·迪特里希, 63
Brandt, Willy, 勃兰特, 维利, 67, 91, 108, 118, 148, 149, 215, 224, 252—253
Brauchitsch, Eberhard von, 布劳希奇, 埃贝哈德·冯, 152
Bräutigam, Hans Otto, 布罗伊蒂加姆, 汉斯·奥托, 221
Brecht, Berthold, 布莱希特, 贝尔托, 273
Brezhnev Doctrine, 勃列日涅夫主义, 222
Briand, Aristide, 白里安, 阿里斯蒂德, 118
Brumlik, Micha, 布鲁姆利克, 米夏,

431

Brüsewitz, Oskar，布鲁塞维茨，奥斯卡，202
Bruyn, Günter de，布鲁云，君特·德，213
Buback, Siegfried，布巴克，西格弗里德，150
Buchenwald：布痕瓦尔德：liberation，解放，5, 6; Manifesto，《宣言》，20
Buhmann, Inga，布曼，因加，163, 171
Bukharin, Nikolai，布哈林，尼古拉，167
Bundeswehr：联邦国防军：building of，建立，38, 39—41, 45, 160; foreign deployment of，海外部署，233; internal leadership of，内部领导，39, 139; unification and，与统一，228
Bund Freiheit der Wissenschaft，学术自由联盟，178
Bush, George，布什，乔治，222, 224
Bush, George W.，布什，乔治·W.，7, 280
Byrnes, James F.，伯恩斯，詹姆斯·F.，79, 113

CARE packages，爱心包裹，60, 81, 107
Carson, Rachel，卡森，蕾切尔，177
Chamberlain, Austin，张伯伦，奥斯丁，118
Chancellor democracy，总理民主制，136, 139, 146
Churches：教会：Catholic，天主教，140; in the FRG，在联邦德国，140; in the GDR，在民主德国，42, 196, 202, 205, 207; Protestant，新教，37, 42, 43, 51—52, 59, 140
Churchill, Winston，丘吉尔，温斯顿，19, 25
Citizen movements（FRG），公民运动（联邦德国），101, 151, 177
Civic movement（GDR），民权运动（民主德国），201, 204, 209—210, 253
225, 264—265, 276—277
Citizenship：公民身份：dual，双重，258; German，德国，240, 259
Civil society，公民社会，74; as concept，理念，ix, 12—14, 237, 269; as practice，实践，97, 127, 184, 187, 208, 237, 261
Civility, culture of，礼仪文化，98
Civilization：文明：critiques of，批判，ix, 11, 104, 269, 280; rupture of，断裂，ix, 11—12; values of，价值，44, 55, 187; Western，西方，ix, 10, 55, 104, 184
Clay, Lucius D.，克莱，卢修斯·D.，8, 49, 52, 83, 86, 109, 132, 134
Coalitions：联合政府：Christian-liberal（CDU-FDP），基民盟－自民党（CDU-FDP），9, 93, 147; grand（CDU-SPD），基民盟－社民党（CDU－SPD），90, 148, 168; social-green，社民党－绿党，275; social-liberal（SPD-FDP），社民党－自民党（SPD－FDP），41, 67, 91, 101, 148, 150, 151, 176, 243
Collectivization，集体化，86, 113, 146, 192, 195
Communes，公社，174, 176
Cohn-Bendit, Daniel，孔－本迪，丹尼尔，124, 179, 256
Communism：共产主义：collapse of，崩溃，185—187, 211—213; practice of real existing socialism，现实社会主义实践，173, 185—186, 201, 211
Conant, James B.，科南特，詹姆斯·B.，139
Concentration camps，集中营，5—6
Concerted action, policy of，联动政策，91
Conscientious objection，基于良知的拒绝，36, 42, 202
Constitution of GDR，民主德国宪法，37, 115, 136; 参见 Basic Law of FRG

432

索 引

Consumption，消费：in FRG，在联邦德国，100，120，123—124；in GDR，在民主德国，92，212，218
Copland, Aaron，科普兰，阿隆，121
Corporatism，社团主义，94—95
Cosmopolitanism，世界主义，187，247，253，262，263
CSCE（Conference for Security and Cooperation in Europe），CSCE（欧洲安全与合作会议），41，223，227
Currency reform，货币改革，14，64，73，85，88

Dahn, Daniela，达恩，达尼埃拉，211
Dahrendorf, Ralf，达伦多夫，拉尔夫，11，144，152
Daniell, Raymond，丹尼尔，雷蒙德，47
Decartelization，去卡特尔化，75，77—78，88
Defeat, total，全面战败，17，28
Demilitarization，去军事化，24，28—30，43—45
Democracy：民主：critiques of，批判，150—151；defense of，辩护，137，150，175；direct，直接，151，168；fair weather，顺境，147，153；parliamentary，议会，147—153；participatory，参与性的，101，144；people's，人民的，130，136；spectator，旁观者的，152，276
Democratic awakening (in GDR)：民主觉醒（在民主德国）：as event，事件，207，222，264；as party，党派，206—207，224
Democratization，民主化，14，130—131；cultural，文化，17，101，139—147；direct，直接，168；formal，形式，132—139；social，社会，145
Demonstrations：示威游行：direct action，直接行动，151，171；Leipzig，莱比锡，223；sit-in and teach-in，静坐与宣讲，124，156，168，169

Denazification，去纳粹化，16，46—55；American questionnaire，美国人发的问卷，48，52；boards，委员会，48，51—52，54；effect of，成效，54—55；in Soviet Zone，在苏占区，53
Dibelius, Friedrich Karl Otto，迪贝柳斯，弗里德里希·卡尔·奥托，196
Dieckmann, Christoph，迪克曼，克里斯托夫，236
Diner, Dan，迪纳，达恩，ix，11
Dirks, Walter，德克斯，瓦尔特，130，137
Disarmament，解除武装，16，25—30，27—28，30，74—75
Dismantling of industry，工业拆除，75—79
Displaced Persons，流民，60
Dissidents：异议分子：East European，东欧的，221，264；in the GDR，在民主德国，43，201，236
Division, German，德国的分裂，185，216—221
D-Mark，德国马克，84，86，88，228，233
Döblin, Alfred，德布林，阿尔弗雷德，57
Doering-Manteuffel, Anselm，德林-曼陀菲尔，安塞尔姆，viii，104
Dohnanyi, Klaus von，多纳尼，克劳斯·冯，229
Dönhoff, Marion Countess von，德恩霍夫，玛里昂女爵·冯，143，163
Dönitz, Karl，邓尼茨，卡尔，28，56
Dulles, John Foster，杜勒斯，约翰·福斯特，118
Dutschke, Rudi，杜契克，鲁迪，124，163，167，170，172，173

East German states，东德各州，48，87，229，238，268
Ebbinghaus, Julius，埃宾豪斯，尤利乌斯，59
Economic：经济：collapse of GDR，在民

433

主德国的崩溃, 92, 210, 238; competitiveness, 竞争, 74, 93; currency union, 货币联盟, 228; liberalism, 自由主义, 83, 86—88, 89; miracle, 奇迹, 74, 89

Economy: 经济: planned, 计划, 74, 85—87, 90, 91, 92; social market, 社会市场, 74, 87—93

Educational crisis, 教育危机, 164

Ehrenburg, Ilja, 爱伦堡, 伊利亚, 47

Ehrmann, Henry, 埃尔曼, 亨利, 133

Eisenhower, Dwight D., 艾森豪威尔, 德怀特·D., 6, 25, 28, 38, 131

Eley, Geoff, 埃利, 杰夫, 11

Elias, Norbert, 埃利亚斯, 诺贝特, 12, 269

Elysée Treaty, 爱丽舍条约, 119

Emergency Law, 紧急法, 101, 160, 172

Environmental movement: 环保运动: in the FRG, 在联邦德国, 151, 177, 203; in the GDR, 在民主德国, 201—203

Enzensberger, Hans Magnus, 恩岑斯伯格, 汉斯·马格努斯, 232

Eppelmann, Rainer, 艾波曼, 赖纳, 43, 203, 207

Eppler, Erhard, 艾普勒, 埃哈德, 151, 177

Erhard, Ludwig, 艾哈德, 路德维希, 41, 83, 87, 88, 90, 119, 147, 148, 276

Erler, Fritz, 厄勒尔, 弗里茨, 117

Eschenburg, Theodor, 埃森伯格, 特奥多尔, 121, 164

Eucken, Walter, 欧根, 瓦尔特, 80

Euro, 欧元, 233

European Coal and Steel Community (ECSC), 欧洲煤钢共同体(ECSC), 115—116, 142

European integration, 欧洲一体化, 117, 186, 223, 233—234

Exchange programs, 交流项目, 108

Expellees, 被驱逐者, 99, 137, 240, 241—242

Expropriation, 没收财产, 53, 73, 79, 85—86, 97

Extraparliamentary opposition, 议会外反对运动, 101, 162, 172, 179

Extremism: 极端主义: left wing, 左翼, 171—173; right wing, 右翼, 68, 140, 148

Fanon, Frantz, 范恩, 弗朗兹, 167

Fascism, theories of, 法西斯主义, 理论, 10—12, 72—73

FDJ, 自由德国青年团, 145, 163, 197

Fechner, Max, 菲希纳, 麦克斯, 111

Federalism, 联邦制, 114

Fellow travellers: 同路人: Nazi, 纳粹, 10, 65; SED, 统社党, 141, 195

Ferraris, Luigi Vittorio, 费拉里斯, 路易吉·维托里奥, 222

Feuchtwanger, Lion, 孚希特万格, 里昂, 58

Fischer, Joschka, 菲舍尔, 约施卡, 175, 178, 221

Fischer, Mark, 费希尔, 马克, 7

Flick, Friedrich, 弗里克, 弗里德里希, 77

Foreigners: 外国人: hatred of, 仇恨, 参见 xenophobia; in the GDR, 在民主德国, 247; integration of, 融入, 244—245; ombudsman for, 特派员, 245, 256, 258, 262

Foster, Norman, 福斯特, 诺曼, 279

Fraenkel, Ernst, 弗伦克尔, 恩斯特, 108, 121

Frank, Niklas, 弗兰克, 尼克拉斯, 166

Frankfurt School, 法兰克福学派, 101, 157, 160, 167, 174

Freud, Sigmund, 弗洛伊德, 西格蒙德, 167

Friedeburg, Hans Georg von, 弗雷德堡, 汉斯·格奥尔格·冯, 25, 56

Fromme, Karl Friedrich, 弗罗梅, 卡尔·弗里德里希, 223

Fuchs, Hans, 富克斯, 汉斯, 20

Fuchs, Jürgen，富克斯，于尔根，202

Fulbrook, Mary，弗尔布鲁克，玛丽，viii

Funcke, Liselotte，芬克，莉泽洛特，252

Funk, Walther，冯克，瓦尔特，77

Gaulle, Charles de，戴高乐，夏尔，118

Gaullists，戴高乐主义者，90，117，118—119，148

Gaus, Günter，高斯，君特，217

Generations：世代：conflict between，冲突，100，163—164，166，179；Hitler Youth，希特勒青年团，46，57，107，146，166；revolt of younger，年轻一代的反抗，66，156—158

Genscher, Hans-Dietrich，根舍，汉斯-迪特里希，42，152，221，223，226，227，233

Gerlach, Manfre，格拉赫，曼弗雷德，207

German Autumn, 1977，德国之秋（1977），151，175

German-German relation，两德关系，41，220；community of responsibility，责任共同体，42，67；cultural exchanges，文化交流，67，68；Eastern demarcation，东部领土的划定，216，217；economic，经济，42，218；existence of two states，两国并存，61，66，216；state visits，国事访问，42，60，67，220

German history：德国史：everyday，日常，ix，186，196；Fischer controversy，费舍尔争议，11，109；integration of East and West，东西德合并，15—16；restoration thesis，复辟论，138；Sonderweg thesis，特殊道路论，10—12；success story，成功故事，14，128，185，237

"German Model"，"德国模式"，60，69，92，93—95，276，279

German policy：德国政策：allied，同盟国，28，35，39，44，75，214—215；West German，西德，215，216—221

Gerstäcker, Friedrich，格斯戴克，弗里德里希，122

GIs，美国兵，34，49，106—108；fraternization of，友善，4，32，106

Girnus, Walter，吉努斯，瓦尔特，193

Globalization，全球化，69，269，276

Glotz, Peter，格罗茨，彼得，232，236

Godesberg Program of the SPD，社民党的哥德斯堡纲领，90，117，161

Goebbels, Joseph，戈培尔，约瑟夫，3

Goetz, Walter，戈尔茨，瓦尔特，59

Goldhagen, Daniel J.，戈德哈根，丹尼尔·J.，vii

Gollwitzer, Helmut，戈尔维策，赫尔穆特，40，117

Gorbachev, Mikhail，戈尔巴乔夫，米哈伊尔，204，221，222，224，227

Government, change of：政权更迭：in the FRG，在联邦德国，101，147—148，151—152，157，218；in the GDR，在民主德国，91，101，149，207

Grass, Günter，格拉斯，君特，65，68，143，152，186，216，217，225，235—236

Green Card，绿卡，260

Green Party，绿党，42，151，152，178，220，247，258

Gress, David，格雷斯，大卫，viii

Grimm, Peter，格林，彼得，203

Gross, Johannes，格罗斯，约翰内斯，267

Grosser, Alfred，格罗塞，阿尔弗雷德，236

Grotewohl, Otto，格罗提渥，奥托，149，190，193，195—196

Guest workers：客籍工人，hiring of，雇用，91，243—245；recruitment stop，停止招聘，243

Guevara, Che，格瓦拉，切，167

Guillaume, Günter，纪尧姆，君特，149

Guilt：犯罪：collective, thesis of, 集体犯罪论, 58; consciousness of, 犯罪意识, 42, 65
Guttenberg, Karl Theodor Freiherr zu, 古滕贝格，卡尔·特奥多尔, 119
Gutzeit, Martin, 古特蔡特，马丁, 206

Habe, Hans, 哈贝，汉斯, 107
Habermas, Jürgen, 哈贝马斯，于尔根, 66, 144, 157, 172, 184, 215, 230, 234, 236, 269
Hacks, Peter, 哈克斯，彼得, 199
Haffner, Sebastian, 哈夫纳，塞巴斯蒂安, ix, 109
Halbstarke（rowdies）, 大老粗（粗人）, 122, 125, 164
Hallstein, Walter, 哈尔斯坦，瓦尔特, 108
Hallstein Doctrine, 哈尔斯坦主义, 67
Hamm-Brücher, Hildegard, 哈姆-布鲁切尔，希尔德加德, 147
Hartmann, Richard, 哈特曼，里夏德, 30
Hartshorne, Edward Y., 哈特肖恩，爱德华·Y., 109
Hartz, Peter, 哈尔茨，彼得, 277
Hassel, Kai-Uwe von, 哈塞尔，凯-乌韦·冯, 119
Havel, Vaclav, 哈维尔，瓦茨拉夫, 221
Havemann, Katja, 206
Havemann, Robert, 哈弗曼，罗伯特, 101, 198, 200
Heck, Bruno, 黑克，布鲁诺, 144
Hegel, Georg Wilhelm Friedrich, 黑格尔，格奥尔格·威廉·弗里德里希, 14
Heinemann, Gustav, 海涅曼，古斯塔夫, 38, 40, 64, 116, 125, 140, 150, 160
Helsinki, 赫尔辛基, 201, 203, 221; 参见 CSCE
Hennecke, Adolf, 亨内克，阿道尔夫, 90
Hennig, Ottfried, 亨尼希，奥特弗里德, 222
Hennis, Wilhelm, 亨尼斯，威廉, 145
Henrich, Rolf, 亨利希，罗尔夫, 206
Herf, Jeffrey, 赫夫，杰弗里, ix
Hermlin, Stephan, 赫尔姆林，施泰凡, 201
Herzog, Hans, 赫尔佐克，汉斯, 84, 242
Heusinger, Adolf, 豪辛格，阿道夫, 37
Heuss, Theodor, 霍伊斯，特奥多尔, 270
Heym, Stefan, 海姆，斯蒂芬, 65, 96, 200, 273
Hirsch, Ralf, 希尔施，拉尔夫, 203
Hitler, Adolf, 希特勒，阿道夫, 4, 10, 15, 19, 25, 28, 34, 46, 49, 63, 70, 119, 214, 239
Hobsbawm, Eric, 霍布斯鲍姆，艾瑞克, 274
Hochhuth, Rolf, 霍赫胡特，罗尔夫, 65, 143, 222
Hoegner, Wilhelm, 霍格纳，威廉, 135
Holocaust, 纳粹大屠杀, ix, 11, 12, 26, 66, 216, 269, 270; memory of, 记忆, 15, 157, 235, 279
Hollywood films, 好莱坞电影, 34, 64, 122—123
Honecker, Erich, 昂纳克，埃里希, 42, 67, 91, 92, 101, 149, 199, 200, 201, 207, 217, 218, 220, 222, 223
Horkheimer, Max, 霍克海默，麦克斯, 167
Hübner, Nico, 胡布纳，尼克, 202
Huch, Ricarda, 胡赫，里卡达, 70
Human rights, 人权, 70, 87, 114, 130, 150
Humphrey, Hubert, 汉弗莱，休伯特, 171
Hussein, Saddam, 侯赛因，萨达姆, 232

Identity, German：身份，德国人：Holocaust, 纳粹大屠杀, 65; in

索 引

GDR，在民主德国，219—220；search for，寻求，63—69, 128, 184, 234

Immigration：移民：country，国家，243, 245, 252；ethnic German，德裔侨民，240, 241—242, 247, 248—249；economic，经济，242；Jewish，以色列人，258；law，法律，参见 asylum law；opposition against，反移民，257

Inglehart, Ronald，英格尔哈特，罗纳德，173

Intellectuals：知识分子：Eastern，东德，65, 66, 101, 108, 159, 211, 235；Western，西德，59, 65, 108—109, 113, 130, 143—144, 148, 159, 217, 222, 252

Iraq War，伊拉克战争，232, 238

Jahn, Roland，雅恩，罗兰，202

Jaspers, Karl，雅斯贝斯，卡尔，20, 270

Jodl, Alfred，约德尔，阿尔弗雷德，25

Johnson, Lyndon B.，约翰逊，林登·B.，40, 119

Joint Chiefs of Staff order，参谋长联席会议指令，10, 19, 25, 74

Jones, Howard Mumford，琼斯，霍华德·芒福德，133

June 17, 1953, uprising，暴动（1953年6月17日），67, 116, 159, 212

Junge Gemeinde，青年团，195

Junkers，容克，10, 53, 78, 112

Kaisen, Wilhelm，凯森，威廉，109

Kaiser, Jakob，凯泽，雅各布，64, 137

Kaminer, Wladimir，卡米内，瓦尔迪米尔，258

Kant, Immanuel，康德，伊曼努尔，12

Kantorwicz, Alfred，康特洛维奇，阿尔弗雷德，108—109

Katz, Rudolf，卡茨，鲁道夫，114

Keiser, Günter，凯泽，君特，83

Keitel, Wilhelm，凯特尔，威廉，25

Kempowski, Walter，肯波夫斯基，瓦尔特，ix

Kennedy, John F.，肯尼迪，约翰·F.，118

Khrushev, Nikita，赫鲁晓夫，尼基塔，40

Kielmansegg, Peter Count von，基尔曼斯埃格，彼得爵士·冯，viii, 14

Kiesinger, Kurt Georg，基辛格，库尔特·格奥尔格，91, 139, 148

Kilgore, Harvey M.，基尔戈，哈利·M.，73

Kirst, Hans Hellmut，基斯特，汉斯·赫尔穆特，33

Klemperer, Victor，克伦佩雷尔，维克托，7, 17, 20, 64, 113

Kleßmann, Christoph，克勒斯曼，克里斯托夫，16

Klier, Freya，科里尔，弗莱亚，204

Klose, Hans-Ulrich，克洛泽，汉斯-乌尔里希，253

Klotz-Dutschke, Gretchen，克洛茨-多茨克，格雷琴，179

Kluge, Alexander，克鲁格，亚历山大，33

Koch, Roland，科赫，罗兰，259

Kocka, Jürgen，科哈，于尔根，13, 74

Kogon, Eugen，科贡，欧根，6, 37, 121, 138, 159, 270

Kohl, Helmut，科尔，赫尔穆特，42, 92, 138, 152, 178, 208, 219, 220, 222, 223, 226, 229, 231, 233, 252, 253—254, 255

Konkret,《具体》，157

Konsalik, Heinz G.，孔萨利克，海因茨·G.，34

Korn, Karl，科恩，卡尔，134

Krahl, Hans-Jürgen，克拉尔，汉斯-于尔根，167

Kramer, Jane，克雷默，简，7

Krawczyk, Stephan，克拉夫奇克，斯特凡，204

Krenz, Egon，克伦茨，埃贡，207

Krippendorff, Ekkehard，克里彭多夫，

437

埃克哈特，156
Krupp von Bohlen und Halbach, Gustav, 克虏伯·冯·波伦与哈尔巴赫，古斯塔夫，77
Krzemiński, Adam, 克热明斯基，亚当，234
Kuby, Erich, 库比，埃里希，156
Kuczynski, Jürgen, 库钦斯基，于尔根，204
Kühn, Heinz, 屈恩，海因茨，245
Kulturbund, East German, 文化协会，东德，57
Kunert, Christian, 库讷特，克律斯缇安，202
Kunze, Reiner, 孔策，赖纳，200
Kunzelmann, Dieter, 孔策尔曼，迪尔特，161，163，165，169，174
Kurras, Karl-Heinz, 库拉斯，卡尔-海因茨，171

Lafontaine, Oskar, 拉方丹，奥斯卡，224，232，249
Langguth, Gerd, 朗古特，哥尔特，173
Land reform, 土地改革，53，78—79，192，195
"Lead culture", German, 主导文化，德国人，260—261
Learning processes：学习过程：civil, 公民，ix，14—17，45，58，68，73，99，127—129，153—155，269—274；excessive, 过度，98，272；incomplete, 未完成，272
Leggewie, Claus, 莱格维，克劳斯，255
Lenin, Vladimir I., 列宁，弗拉基米尔·I.，161
Lenz, Siegfried, 伦茨，西格弗里德，33
Leonhard, Wolfgang, 莱昂哈德，沃尔夫冈，220
Lepenies, Wolf, 勒佩尼斯，沃尔夫，234
Liberalization, cultural, 自由化，文化，参见 democratization
Löbe, Paul, 勒贝，保罗，169
Loest, Erich, 勒斯特，埃里希，200

Löwenthal, Richard, 洛文塔尔，里夏德，112
Lübbe, Hermann, 吕伯，赫尔曼，157
Luhmann, Niklas, 卢曼，尼克拉斯，234—235
Lukács, Georg, 卢卡奇，格奥尔格，161，167
Lünigk, Hermann Freiherr von, 吕宁克，赫尔曼·冯，52
Luxemburg, Rosa, 卢森堡，罗莎，161，167

Mahler, Horst, 马勒尔，霍斯特，172—173
Maier, Charles, 迈尔，查尔斯，ix
Maier, Reinhold, 迈尔，赖因霍尔德，135
Maizière, Lothar de, 德梅齐埃，洛塔尔，207，227，229，234
Mangoldt, Hermann von, 曼戈尔特，赫曼·冯，114
Mann, Heinrich, 曼，海因里希，58
Mann, Thomas, 曼，托马斯，6，10，269
Mao Tse-tung, 毛泽东，167
Marcuse, Herbert, 马尔库塞，赫伯特，157，161，165，167
Marshall Plan, 马歇尔计划，73，83，89，110，113
Marx, Karl, 马克思，卡尔，157，167
Marxism：马克思主义：K-Groups, K团体，173，174—175；reform attempts, 改革尝试，196，205—208；SED orthodoxy, 统社党的正统性，67，141，191—196，211—212；student movement, 学生运动，160—161，167
Matthias, Leo L., 马基雅斯，列夫·L.，128
May, Karl, 梅，卡尔，122
Mayer, Hans, 迈耶，汉斯，109，137，159
McCloy, John J., 麦克洛伊，约翰·J.，109

McNamara, Robert, 麦克纳马拉, 罗伯特, 41

McNarney, Joseph T., 麦克纳尼, 约瑟夫·T., 52

Meckel, Markus, 梅克尔, 马库斯, 43, 206, 227

Meier, Christian, 迈尔, 克里斯蒂安, 236

Meinhof, Ulrike, 迈因霍夫, 乌尔丽克, 150, 175

Memory: 记忆: community of fate, 命运共同体, 63; GDR nostalgia, 怀念民主德国, 213, 232; Holocaust, 纳粹大屠杀, 15, 157, 279; 1968, 163, 179; postwar, 战后, 73; victimhood, 受害者身份, 34, 60; war, 战争, 33—34, 44

Merkel, Angela, 默克尔, 安格拉, 252

Merz, Friedrich, 默茨, 弗里德里希, 261

Meuschel, Sigrid, 莫伊舍尔, 西格丽德, 132, 147

Middle class: 中产阶级: dismantling of in GDR, 在民主德国被消灭, 183, 191—196; family tensions in, 家庭紧张关系, 163; Indian Summer of, 小阳春, 158; restoration of in FRG, 在联邦德国的恢复, 183

Migration from East to West Germany, 迁往西德的东德移民, 120; mass exodus of, 1989, 1989年的大出逃, 205, 222, 248

Militarism: 军国主义: movement away from, 远离, 24, 31—32, 38, 45; persistence of, 坚持, 35, 45; Prussian, 普鲁士, 26

Mills, C. Wright, 米尔斯, C. 赖特, 161

Milosevic, Slobodan, 米洛舍维奇, 斯洛博丹, 232

Misselwitz, Hans-Jürgen, 米塞尔维茨, 汉斯-于尔根, 211

Mitterrand, François, 密特朗, 弗朗索瓦, 224, 227

Mitzenheim, Moritz, 米岑海姆, 哈特穆特·莫里茨, 196

Modernization, 现代化, 99—101, 182—184; catch-up, 追赶, 100; conservative, 保守的, 138

Modrow, Hans, 莫德罗, 汉斯, 133, 207, 223, 226

Monnet, Jean, 莫内, 让, 117

Morgenthau, Henry, 莫根陶, 亨利, 6, 47, 73

Müller, Heiner, 穆勒, 海纳, 68, 200, 201

Müller-Armack, Alfred, 穆勒-阿尔马克, 阿尔弗雷德, 83

Multiculturalism, 多元文化主义, 246, 247, 262

Münz, Rainer, 明茨, 雷纳, 263

Nation: 民族: cultural, 文化, 68, 216; distancing from, 疏远, 48, 68; renationalization, 再民族化, 186, 215, 235; as trauma, 作为创伤, 69—71

Nationalism: 民族主义: D-Mark, 德国马克, 65, 230; negative, 消极的, 63, 65, 98; post, 后民族主义, 63, 69; radical, 激进的, 55, 62, 63—69; retreat from, 放弃, 48, 55—63, 63—69

National Socialism: 纳粹主义: coming to terms with, 接受, 17, 32—33, 46, 48—55, 235; crimes of, 罪行, 10—12, 45, 49, 58, 270; judicial punishment of, 司法惩戒, 48—55, 77

NATO, 北约, 142; creation of, 创立, 37; dual track decision, 双轨决议, 41—42, 151; membership, 成员资格, 38, 117, 160, 183, 224, 226, 227

Naturalization, 归化, 258—261

Naumann, Klaus, 瑙曼, 克劳斯, 279

Neoliberalism, 新自由主义, 80, 88, 95, 277

439

Neo-Nazism, 新纳粹主义, 62, 137, 141; NPD, 德国国家民主党, 149—150, 244, 252; skinheads, 光头党, 45, 252
Neues Forum, 新论坛, 205—206, 207, 210
Neutralism, 中立主义, 111
New Economic System of GDR, 民主德国的新经济体制, 91, 99
New social movements, 新社会运动, 65, 101, 158, 178; 参见 environmental, peace and women's movements
New York Times, 《纽约时报》, editorial policy of, 编辑方针, 73, 224
Niche society, 夹缝社会, 197
Nicholls, Anthony J., 尼科尔斯, 安东尼·J., viii
Niemöller, Martin, 尼莫拉, 马丁, 59, 140, 160
Niethammer, Lutz, 尼特哈默尔, 卢茨, 47
"1968", "一九六八", 65, 156, 162—173; analysis of, 分析, 157, 163, 167, 173—181, 277; as symbol, 象征, 99, 157; as cultural revolution, 文化革命, 179—181; culture of, 文化, 124, 158, 161—162, 176; New Left, 新左派, 10, 160—161, 179
Nitschke, Karl, 尼奇克, 卡尔, 202
Noelle-Neumann, Elisabeth, 诺埃尔-诺伊曼, 伊丽莎白, 63
Normalization, 正常化, 215—216, 229—230, 237—238
Nuremberg Trials, 纽伦堡审判, 7—8, 35, 38, 54, 76—77, 270
NVA (GDR army), 国家人民军（民主德国军队）, 40, 41, 43, 202

Occidentalism, 西方主义, 112
Oder-Neisse Line, 奥德河-尼斯河线, 228
Ohnesorg, Benno, 欧内索格, 本诺, 157, 170, 171

Oil shocks, 石油危机, 92, 100, 149, 243, 274
Ollenhauer, Erich, 奥伦豪尔, 埃里希, 117
OMGUS (Office of Military Governor of US), OMGUS (美国军政府办公室), 50, 52, 76
Opinion, freedom of, 意见, 自由, 114, 143, 158, 204
Ostpolitik, 东方政策, 41, 42, 67, 101, 149, 176, 215
Özdemir, Cem, 厄兹代米尔, 杰姆, 263

Padover, Saul K., 帕多弗, 绍尔·K., 17
Palme, Olof, 帕尔梅, 奥洛夫, 204
Parliamentary Council, 议会委员会, 13, 36, 114, 154
Pannach, Gerulf, 潘纳赫, 格鲁尔夫, 202
Pacifism, 和平主义, 42—43
Patriotism, 爱国主义, 68; constitutional, 宪法, 66, 235; democratic, 民主, 236, 275
PDS (Party of Democratic Socialism), 民社党（民主社会党）, 207—208, 210, 225
Peace movements: 和平运动: in FRG, 在联邦德国, 41—42, 151, 160, 177—178; in GDR, 在民主德国, 42—43, 160, 202—203
People's Congress Movement, East German, 人民议会运动, 东德, 64, 115
Pfeiffer, Anton, 菲佛, 安东, 114
Picht, Georg, 皮希特, 格奥尔格, 164
Pieck, Wilhelm, 皮克, 威廉, 149, 193
Planck, Max, 普朗克, 马克斯, 40
Planned economy, 计划经济, 85—86, 90—94, 98, 192, 238
Plenzdorf, Ulrich, 普伦茨多夫, 乌尔里希, 68, 200
Plievier, Theodor, 普利维埃, 特奥多

尔，33
Pollack, Detlef, 波拉克，德特勒夫，183
Pollock, James K., 波洛克，詹姆斯·K., 132
Portugalov, Nikolai, 博图加洛夫，尼古拉，223
Potsdam Conference, 波茨坦会议，6—7, 16, 19—20, 61, 75, 111, 130, 214, 239
Prague Spring, 布拉格之春，100, 101, 164, 172, 201, 242
Press：新闻界：influence of, 影响，134, 145; licensing of, 执照审批，54, 56—57, 134, 143; Springer, 施普林格，170
Protest culture：抗议文化：FRG, 联邦德国，158—162; GDR, 民主德国，100, 162, 204; nonviolent, 非暴力，101, 124, 151, 168—169; student, 学生，100, 124, 158, 168—173; union, 联盟，159, 172
Public sphere, 公共领域，134; alternative, 替代性，170; critical, 批判性，144, 147, 150, 154—155
Pulitzer, Joseph, 普利策，约瑟夫，26

Rabehl, Bernd, 拉贝尔，贝恩特，167
Radbruch, Gustav, 拉德布鲁赫，古斯塔夫，x
Rau, Johannes, 劳，约翰内斯，260
Reagan, Ronald, 里根，罗纳德，9, 221
Rearmament, 再武装，24; in GDR, 在民主德国，37, 40; opposition against, 反对，37; plans for, 计划，37—38
Recivilization. 再文明化，参见 learning processes
Reconstruction：重建：effort, 努力，80—87; generation, 一代人，94
Red Army, 红军，34, 37, 40, 64, 111, 116, 159, 172
Reeducation, 再教育，20, 47, 57

Reich, Jens, 赖希，延斯，206
Reich, Wilhelm, 赖希，威廉，161, 167
Reiche, Steffen, 赖歇，斯特芬，206
Reinstatement according to article 131 GG, 根据《基本法》第131条的复职决议，139
Remigration, 再移民，108, 121, 154
Reparations, 赔偿，79, 142—143, 215
Resettlers, 移民，247—249, 262
Reunification. 重新统一，参见 unification
Reuter, Ernst, 37, 108
Revolution：革命：1848, tradition of, 1848年，传统，131, 266; 1989/1990, 1989/1990年，17, 186
Richter, Edelbert, 里希特，艾德尔贝特，207
Richter, Hans Werner, 里希特，汉斯·维尔纳，159
Riedsel, Jörn, 里德塞尔，约恩，202
Ritter, Gerhard, 李特尔，格哈德，7, 63
Robertson, Sir Brian, 罗伯逊，布莱恩爵士，30
Rock music, 摇滚乐，64, 122; in GDR, 在民主德国，125, 198—199
Rodriguez, Armando, 罗德里格斯，阿曼多，243
Roosevelt, Franklin D., 罗斯福，富兰克林·D., 6, 19, 25, 47
Roosevelt, Theodore, 罗斯福，西奥多，118
Röpke, Wilhelm, 洛普克，威廉，80
Rothfels, Hans, 罗特费尔斯，汉斯，108
Round Table, 圆桌，207, 208, 225, 265
Rovan, Joseph, 罗旺，约瑟夫，222
Rudolph, Hermann, 鲁道夫，赫曼，217
Rürup, Bert, 吕鲁普，伯特，277
Rüttgers, Jürgen, 吕特格斯，于尔根，260

Saarland, 萨尔州，61, 226
Sallmann, Michael, 萨尔曼，米夏埃尔，202

441

Sander, Helke, 桑德, 赫尔克, 176
Saukel, Fritz, 绍克尔, 弗里茨, 77
Schacht, Hjalmar, 沙赫特, 亚尔马, 8, 77
Schäffer, Fritz, 谢弗, 弗里茨, 135
Schäuble, Wolfgang, 朔伊布勒, 沃尔夫冈, 71, 236, 250, 252
Scheel, Walter, 谢尔, 瓦尔特, 67, 148
Schildt, Axel, 希尔特, 阿克塞尔, viii
Schiller, Karl, 席勒, 卡尔, 90, 91
Schily, Otto, 席利, 奥托, 258, 259, 260
Schleyer, Hans Martin, 施莱尔, 汉斯-马丁, 150
Schmalz-Jacobsen, Cornelia, 施马尔茨-雅各布森, 科妮莉亚, 252
Schmidt, Carlo, 施密特, 卡洛, 114
Schmidt, Helmut, 施密特, 赫尔穆特, 4, 42, 92, 118, 149, 152, 218
Schmitt, Heinrich, 施密特, 海因里希, 50
Schmude, Jürgen, 施穆德, 于尔根, 220
Schneider, Peter, 施耐德, 彼得, 175
Schnitzler, Karl Eduard von, 施尼茨勒, 卡尔·爱德华·冯, 206
Scholz, Rupert, 肖尔茨, 鲁佩特, 220
Schorlemmer, Friedrich, 朔尔勒默, 弗里德里希, 207
Schröder, Gerhard (Chancellor), 施罗德, 格哈德（总理）, 223, 258, 260
Schröder, Gerhard (CDU Foreign Minister), 施罗德, 格哈德（基民盟外长）, 119
Schröder, Richard, 施罗德, 里夏德, 7, 186, 216, 234, 236, 275
Schult, Reinhard, 舒尔特, 赖因哈德, 206
Schumacher, Kurt, 舒马赫, 库尔特, 64, 111, 116, 117, 131, 135, 140, 270, 281
Schuman Plan, 舒曼计划, 115; 参见 European Coal and Steel Community (ECSC)
Schwarz, Hans-Peter, 施瓦茨, 汉斯-彼得, 274—275
Schwarzer, Alice, 施瓦策尔, 阿莉塞, 176
Schwerin von Krosigk, Lutz Count, 什未林·冯·科洛希克, 卢茨爵士, 27
Scientific-technological revolution, 科技革命, 91
SED dictatorship: founding of, 统社党专政: 建立, 114, 136, 137; mass organizations of, 大型组织, 141, 196; policies of, 政策, 37, 38, 41, 78, 158, 197, 200, 202; revolt against, 反抗, 116, 196, 205—211
SDP, 社民党, 206
SDS (Socialist German Student League), SDS（德国社会主义学生联盟）, 161, 165, 170, 171, 172, 173
Seebacher, Brigitte, 西巴赫, 布丽吉特, 235
Seiters, Rudolf, 塞特斯, 鲁道夫, 254
Semler, Johannes, 泽姆勒尔, 约翰内斯, 83
Senocak, Zafer, 谢诺贾克, 扎菲尔, 263
Shah Mohammed Reza Pahlawi, 国王穆罕默德·礼萨·巴列维, 169
Sinclair, Upton, 辛克莱, 厄普顿, 58
Slave labor, 奴工, 31—32, 77
SMAD (Soviet Military Administration of Germany), SMAD（苏联驻德军政府）, 53
Smith, T. V., 史密斯, T. V., 133
Soccer world cup (1954), 足球世界杯 (1954), 64
Social market economy, 社会市场经济, 74
Socialization of industry, 工业社会化, 86
Sokolovski, Vasilii, 索科洛夫斯基, 瓦西里, 86
Sombart, Werner, 松巴特, 维尔纳, 10
Sommer, Theo, 苏默, 提欧, 152

Sontheimer, Kurt, 松特海默, 库尔特, 234, 268
Sovereignty, German, 主权, 德国, 28, 56, 115, 117
Sovietization, 苏维埃化, 100, 104, 109, 113, 124—125
Spaak, Paul-Henri, 斯巴克, 保罗-亨利, 117
Speer, Albert, 施佩尔, 阿尔伯特, 77
Speidel, Hans, 斯派德尔, 汉斯, 37
Spiegel Affair, 《明镜》事件, 101, 147, 160
Spontis, 激进分子, 175
Spitta, Theodor, 施皮塔, 特奥多尔, 69, 72
Springorum, Otto, 施普林戈鲁姆, 奥托, 75
Stalin, Joseph, 斯大林, 约瑟夫, 19
Stalinism, 斯大林主义, 114, 137, 159
Stasi (MfS), 斯塔西 (MfS), 43, 155, 157, 197, 204, 229
Sternberger, Dolf, 斯滕贝尔格, 道尔夫, 55, 66, 133
Stihl, Hans Peter, 斯蒂尔, 汉斯·彼得, 253
Stimson, Henry, 史汀生, 亨利, 6
Stoiber, Edmund, 斯托伊波尔, 埃德蒙, 258
Stolper, Gustav, 斯托尔帕, 古斯塔夫, 78
Stone, Shepard, 斯通, 谢泼德, 109, 154
Strauß, Botho, 施特劳斯, 博托, 235
Strauß, Franz Josef, 施特劳斯, 弗兰茨·约瑟夫, 40, 91, 119, 139, 147, 160, 247
Stresemann, Gustav, 施特雷泽曼, 古斯塔夫, 118
Strzelewicz, Willy, 斯切莱维茨·维利, 144
Süssmuth, Rita, 苏斯慕特, 莉塔, 252, 256, 260, 265

Task Force against Inhumanity, 反暴力专案组, 119, 120
Teltschik, Horst, 特尔切克, 霍斯特, 220, 223
Templin, Wolfgang, 坦普林, 沃尔夫冈, 203
Ten point plan, 十点计划, 223
Terrorism (RAF, June 2nd Movement), 恐怖主义（红军旅，"六二"运动）, 150, 175
Thatcher, Margaret, 撒切尔, 玛格丽特, 93, 224, 227, 268
Thierse, Wolfgang, 蒂尔泽, 沃尔夫冈, 253
Third way, 第三条道路, 208, 225
Third world internationalism, 第三世界的国际主义, 41, 65, 165
Thompson, Edward P., 汤普森, 爱德华·P., 160
Thorwald, Jürgen, 托瓦尔德, 于尔根, 33
Totalitarianism, 极权主义, 186
Trade unions: 工会: comanagement, 共同管理, 86; in FRG (DGB), 在联邦德国（德国工会联合会）, 91; in GDR (FDGB) 在民主德国（自由德国工会联盟）, 141
Travel: 旅行: cadres, 干部, 67; wave, 大潮, 110; between GDR and FRG, 民主德国与联邦德国之间, 218
Treaty community, 协议同盟, 223, 225
Trotsky, Leo, 托洛茨基, 列夫, 167
Trusteeship Agency (Treuhandanstalt), 托管局 (Treuhandanstalt), 210, 231
Turks: 土耳其人: immigration of, 移民, 245—246, 257; subculture of, 亚文化, 246, 257—258, 260—261, 263, 265; relations with Germans, 与德国人的关系, 250
Turner, Henry, 特纳, 亨利, viii
Tschombé, Moïse, 冲伯, 莫伊兹, 165
Two-Plus-Four: 二加四: negotioations, 谈判, 227; treaty, 条约, 228

Ulbricht, Walter, 乌布利希, 瓦尔特,

443

91, 101, 125, 137, 146, 149, 199
Undset, Sigrid, 温塞特, 西格丽德, 19
Unemployment, 失业, 258
Unification, 统一, 222—229; crisis of, 危机, 185, 231, 276; opposition to, 反对, 224, 226; plans for, 计划, 223, 226; treaty, 条约, 209, 228
"Unity of economic and social policy", "社会经济政策的统一性", 218
Universities, 高校: overcrowding of, 人满为患, 164; power of chairs, 教授的权力, 165; protests at, 抗议, 156, 161, 165, 171

Value change, 价值观的变化, 65, 100, 173
Vansittart, Sir Robert, 范西塔特, 罗伯特爵士, 47
VEB (People's Companies), VEB（人民企业）, 85
Veen, Hans-Joachim, 费恩, 汉斯-乔基姆, 237
Verba, Sydney, 维巴, 西德尼, 139
Vergangenheitsbewältigung, 接受过去, 参见 memory
Vesper, Bernward, 费斯佩尔, 伯恩瓦德, 166, 174
Vietnam War, 越南战争, 40, 124, 165
Vogel, Hans-Jochen, 福格尔, 汉斯-约申, 223

Wallman, Walter, 沃尔曼, 瓦尔特, 153
Wallraff, Günter, 华莱夫, 君特, 245
Walser, Martin, 瓦尔泽, 马丁, 144, 234
Wandel, Paul, 汪戴尔, 保罗, 133
War, 战争: destruction of, 破坏, 3—4; prisoners of, 俘虏, 23, 26, 35—36, 49, 207; trauma of, 创伤, 44—45; veterans, 退伍老兵, 36
Weber, Alfred, 韦伯, 阿尔弗雷德, 59
Wehler, Hans-Ulrich, 韦勒, 汉斯-乌尔里希, 236
Wehner, Herbert, 魏讷, 赫伯特, 118
Weiss, Peter, 魏斯, 彼得, 65, 143
Weißmann, Karlheinz, 韦斯曼, 卡尔海因茨, 235
Weizsäcker, Richard von, 魏茨泽克, 里夏德·冯, 220, 229, 252, 253, 255, 261
Welfare dictatorship, 福利专制, 183
Welfare state, 福利国家, 9, 238, 277
Werner, Arthur, 维尔纳, 阿瑟, 134
Western alliance, 西方联盟, 16, 111—120
Westernization, 西化: concept of, 概念, 104; in East Germany, 在东德, 230; in FRG, 在联邦德国, 11, 16, 100—101, 103—111, 127—129
Wettig, Gerhard, 韦蒂希, 格哈德, 24
Wicki, Bernhard, 维基, 伯恩哈德, 34
Wilder, Billy, 怀尔德, 比利, 122
Wilder, Thornton, 桑顿·怀尔德, 121
Wilhelm I, 威廉一世, 35
Wilhelm II, 威廉二世, 118, 137
Williams, Raymond, 威廉斯, 雷蒙德, 160
Winkler, Heinrich August, 温克勒, 海因里希·奥古斯特, viii, 71, 236
Winter, Rolf, 温特, 罗尔夫, 128
Wirsing, Giselher, 维尔辛, 吉泽尔赫, 134
Wolf, Christa, 沃尔夫, 克里斯塔, 33, 65, 200, 201, 207
Women's movement, 妇女运动, 176—177
Wöss, Fritz, 沃斯, 弗里茨, 33

Xenophobia, 仇外, 239—241, 244, 249—256, 261; protests against, 抗议, 253

Yalta Conference, 雅尔塔会议, 19, 25
Youth consecration, 青年祝圣仪式, 195
Yugoslav Civil War, 南斯拉夫内战,

232—233, 248

Zaimoğlu, Feridun, 扎伊姆奥卢, 费里敦, 263
Zehrer, Hans, 策雷尔, 汉斯, 134
Zero hour, 零时, 12

Zimmermann, Friedrich, 齐默曼, 弗里德里希, 245
Zitelmann, Rainer, 齐特尔曼, 雷纳, 229, 235
Zwerenz, Gerhard, 茨韦伦茨, 格哈德, 222

致 谢

本书的撰写工程浩大，它的完成离不开许多同事给予的切实帮助与启发。因篇幅所限，在此仅列举几位以表谢忱。感谢瓦尔特·肯波夫斯基允许我使用他丰富的自传藏书，感谢玛丽安·克尔克霍夫帮我挑选相关的新闻剪报文档。感谢克丽斯塔·施耐德、英格·施默克、卡佳·施滕德尔帮我整理本书的德文原稿。另外，也十分感谢布兰登·亨齐克的英译初稿，感谢牛津大学出版社苏珊·费伯针对译文提出的建议，让我能够在此基础上进行修改，感谢萨马拉·海费兹为本书编写索引。感谢迈克尔·盖耶、吕迪格·霍尔斯、扬-霍尔格·基尔施、克里斯托夫·克勒斯曼、赫尔佳·韦尔什拨冗审阅书稿并分享宝贵意见。同样，还要感谢波茨坦当代史研究中心的各位同仁，包括汉斯-赫尔曼·赫特尔、彼得·许布纳、迈克尔·莱姆克、托马斯·林登贝格尔和马丁·萨布罗。身为中心的主任，我很感谢几年来他们在研究生课上和我共同切磋探讨。最后，我想声明一点，我之所以写这本书，其实是想回答北卡罗来纳大学研究生提出的问题：德国，一个产出了希特勒、发生过大屠杀的国家，究竟是如何改过自新，走上和平与民主之路的？